中国科技金融发展报告

（2012）

经济管理出版社

ECONOMY & MANAGEMENT PUBLISHING HOUSE

促进科技和金融结合试点工作
部际协调指导小组

组　长　万　钢

副组长　王伟中　刘士余　蔡鄂生　刘新华　李克穆

成　员　张晓原　林建华　黄　毅　王建军
　　　　张雁云　赵明鹏　邓天佐　房汉廷

编辑委员会

主　编　张晓原　王　元　赵明鹏　邓天佐　房汉廷　朱海雄

副主编　沈文京　马贱阳　李劲松　戚　力　高大宏　郭　戎

常务编委（以姓氏笔画排序）

卞雨昕　王　旸　王　建　王　洵　王云岗　王孝成　王学军　王秋颖
王朝平　王锡涛　付剑峰　叶景图　田玉奇　乔旭东　任瑞祥　刘彦超
刘智博　孙安卡　朱素萍　朱瑞琪　牟小云　严若如　何　存　吴正光
寿剑刚　张　芳　张　健　张　萌　张　缨　张永安　张明喜　张俊芳
张勇勤　李　勇　李文雷　李希义　李忠祥　李银安　杜俊华　杨　军
杨　鹏　杨功菊　汪　锦　邱旭东　陆文萍　陈　伟　陈自强　陈鸣波
陈喆龙　周鲁飞　易卫红　郑南磊　金开红　胡永佳　赵怀斌　唐凤泉
夏正淮　莫一平　贾建平　高　松　崔文健　康　蕾　盛晓红　隋　强
黄伟鹏　黄福宁　程晓明　董　梁　蒋　琇　蒋小铭　韩亚欣　韩利军
鲁　东　靳海涛　廖国华　缪晓波　潘洁晞　薛　薇　薛小平　魏世杰

编写审校组

沈文京　郭　戎　蒋　琇　张明喜　李希义　薛　薇　张俊芳　贾建平
魏世杰　付剑峰　黄福宁　杜俊华　陈喆龙

序 言

　　当前，世界范围内的新科技革命和产业变革正在孕育兴起，将对各国发展和竞争格局产生重大影响。我们党和国家对科技事业的发展更加重视，强调要将科技创新摆在国家发展全局的核心位置。党的十八大确立创新驱动发展战略，对科技工作提出新的更高要求。党中央、国务院召开全国科技创新大会，颁布《关于深化科技体制改革加快国家创新体系建设的意见》（中发〔2012〕6 号，以下简称中央 6 号文件），对科技改革发展作出系统部署。中央经济工作会议进一步强调要增强创新驱动发展新动力。发挥好科技创新在推进"四化同步"发展和"五位一体"建设中的战略支撑作用，成为科技改革和创新的重大使命。我国科技事业发展站在了实现更大发展的新起点上。

　　实施好创新驱动发展战略，强化科技金融结合是"十分关键的一招"。历次科技革命和产业变革的实践表明，科技创新和金融创新紧密结合是社会生产方式变革的重要引擎。中央 6 号文件明确强调，要促进科技和金融结合，创新金融服务科技的方式和途径，引导银行等金融机构加大对科技型中小企业的信贷支持，加大多层次资本市场对科技型企业的支持力度，引导民间资本参与自主创新。

　　近年来，科技部会同中国人民银行、中国银监会、中国证监会、中国保监会，在财政、税务、国资等部门的支持下，与北京、上海等 16 个地方密切配合，积极开展促进科技和金融结合试点工作，探索科技资源与金融资源对接的新机制，取得重要进展。中央 6 号文件颁布后，科技和金融管理部门、各创新主体和金融机构迅速行动，加大力度、加强协同，共同筹划和部署相关工作，努力创造环境条件，进一步吸引金融资金和民间投资聚集到科技创新上来，推动创新要素优化配置，积极为实施创新驱动发展战略提供有力支撑，科技金融结合呈现出更加紧密的良好态势。

　　新形势下强化科技金融结合，应以促进科技创新成果转移转化、壮大科技型中小企业、培育战略性新兴产业为核心，加快发展具有中国特色的创业投资，加大科技信贷和科技保险力度，大力发展多层次资本市场；应充分发挥好财政投入对民间投资的放大、带动作用，完善落实研发费用加计扣除、高新技术企业认定、创业投资税收优惠、技术转移收入减免等政策措施，引导金融资源向科技创新聚集；应建立健全综合性科技金融服务平台，进一步扩大金融服务的覆盖面；应加强科技金融复合型人才队伍建设，努力打造一支既具有国际视野又扎根本土的专业化队伍。

新形势下强化科技金融结合，需要我们进一步做好"统筹、服务、改革、开放"等工作。通过科技政策和经济政策的统筹，使各区域、各行业、各领域的政策更好地发挥集成、叠加效应，形成支持创新的强大政策合力。通过加强服务，在金融资金与科技创新之间，实现信息、人才等要素更为顺畅、更为有效的沟通交流，为科技金融紧密结合搭建平台、营造环境。通过深化改革，进一步创新科技经费投入机制，建立健全征信体系，促进民间投资的透明化、科学化。通过扩大开放，借鉴国外先进经验，打造与国际接轨的市场环境，吸引全球资源投入我国的科技创新。

促进科技和金融结合，是党中央、国务院的重大部署，是深化科技体制改革、实现创新驱动发展的重要着力点，是科技工作和金融工作的共同使命。促进科技和金融深入结合，既需要顶层设计，更需要真抓实干，需要在实践中持续积累和创造。我们相信，有各方面的共同努力，科技金融结合的内涵将不断丰富、外延将不断拓展，科技金融在实施创新驱动发展战略中的重要作用将进一步得到彰显。

全国政协副主席　科技部部长

万钢

2013 年 3 月 19 日

目 录

CONTENTS

区域篇

机构篇

政策篇

二、创业风险投资 ·· 294

三、科技信贷与担保 ·· 333

四、资本市场 ·· 351

大事记

总 论

※ 第一章　科技金融发展概况

第一章　科技金融发展概况

科学技术是第一生产力，金融是现代经济的核心。历次产业革命的实践都充分证明，科技创新和金融创新紧密结合是人类社会变革生产方式和生活方式的重要引擎。胡锦涛同志在 2006 年全国科学技术大会上明确指出，要增强政府投入调动全社会科技资源配置的能力，形成多元化、多渠道、高效率的科技投入体系，为提高自主创新能力提供坚实保障。科技金融是指通过创新财政科技投入方式，引导和促进银行业、证券业、保险业金融机构及创业投资等各类资本，创新金融产品，改进服务模式，搭建服务平台，实现科技创新链条与金融资本链条的有机结合，为初创期到成熟期各发展阶段的科技企业提供融资支持和金融服务的一系列政策和制度的系统安排。加强科技与金融的结合，不仅有利于发挥科技对经济社会发展的支撑作用，也有利于金融创新和金融的持续发展。主要涉及：企业投入、政府投入、创业风险投资、科技担保和贷款、多层次资本市场、科技保险、科技债券以及中介服务平台等方面。

多年以来，科技部与财政部、中国人民银行、国家税务总局、中国银监会、中国证监会、中国保监会以及国家开发银行、中国进出口银行、中国农业发展银行、光大银行、中国出口信用保险公司等部门与机构，在有关地方科技、财政、金融部门以及国家高新区的支持和配合下，不断探索建立新型科技金融合作机制，加强科技与金融的结合，取得了积极成效。

一、科技金融政策环境得以优化

1985 年《中共中央关于科学技术体制改革的决定》提出设立创业投资、开办科技贷款以来，我国科技和金融结合工作已经走过近三十年的发展历程。

1996 年 5 月《促进科技成果转化法》颁布，提出"国家鼓励设立科技成果转化基金和风险基金，其资金来源由国家、地方、企业、事业单位以及其他组织或者个人提供，用于支持高投入、高风险、高产出的科技成果的转化，加速重大科技成果的产业化"。同年，《国务院关于"九五"期间深化科学技术体制改革的决定》颁布，提出"积极探索发展科技风险投资机制，促进科技成果转化"。

1999 年《中共中央　国务院关于加强技术创新发展高科技实现产业化的决定》颁布，提出"培育有利于高新技术产业发展的资本市场，逐步建立风险投资机制"，"适当时候在现有的上海、深圳证券交易所专门设立高新技术企业板块"。同年，《国务院办公厅转发科技部等部门关于建立风险投资机制若干意见的通知》（国办发〔1999〕105 号）出台。

2006 年《国家中长期科学和技术发展规划纲要（2006~2020 年）》（简称《规划纲要》）及其配套政策，把科技和金融结合工作推向了新阶段，提出了建立包括财政税收、政府采购、创业风险投资、资本市场、银行、保险等在内的多元化科技投融资体系的目标和任务。截至 2010 年底，在国家层面出台的近百项《规划纲要》配套政策中，涉及科技金融工作的政策多达 20 余项；各省市出台的 600 多个政策文件中，也有近 1/3 属于科技金融范畴。这些财税政策、金融政策、科技政策都从不同侧面对科技金融发展给予了关注和支持。

2007 年修订颁布的《科学技术进步法》明确提出，加大财政性资金投入，并制定产业、税收、金融、政府采购等政策，鼓励、引导社会资金投入。利用财政性资金设立基金，为企业自主创新与成果产业化贷款提供贴息、担保。政策性金融机构应当在其业务范围内对国家鼓励的企业自主创新项目给予重点支持。完善资本市场，建立健全促进自主创新的机制，支持符合条件的高新技术企业利用资本市场推动自身发展。鼓励设立创业投资引导基金，引导社会资金流向创业投资企业，对企业的创业发展给予支持。

此外，科技部会同银监会、证监会、保监会等相继出台了《关于进一步加大对科技型中小企业信贷支持的指导意见》、《关于选聘科技专家参与科技型中小企业项目评审的指导意见》、《关于支持科技成果出资入股确认股权的指导意见》、《关于进一步做好科技保险有关工作的通知》等政策措施。

2010 年，党的十七届五中全会指出要"促进科技和金融结合"，对科技金融工作提出了更高要求。为贯彻中央精神，2011 年 2 月，科技部与中国人民银行、中国银监会、中国证监会、中国保监会（以下简称"一行三会"）共同启动促进科技和金融结合试点工作，出台了《促进科技和金融结合试点实施方案》，扎实推进科技和金融结合试点工作。2011 年 8 月，科技部会同"一行三会"、财政部、国资委、国家税务总局等出台《关于促进科技和金融结合 加快实施自主创新战略的若干意见》，全面指导和推进"十二五"时期的科技金融工作。

2011 年，财政部、科技部发布《国家科技成果转化引导基金管理暂行办法》（财教〔2011〕289号），探索综合运用设立创业投资子基金、对银行贷款风险补偿以及对企业、科研单位及人员绩效奖励等方式，推动财政性资金支持形成的科技成果转化。

2011 年，国家"十二五"科技发展规划中强调，要创新科技投入方式。完善多元化、多渠道科技投入体系，激励企业大幅增加研发投入，促进全社会资金更多投向科技创新。完善科技和金融结合机制，建立多渠道科技融资体系。

2012 年，全国科技创新大会召开，《中共中央 国务院关于深化科技体制改革 加快国家创新体系建设的意见》（中发〔2012〕6 号）明确提出，要完善支持企业创新的财税、金融政策，要发挥好政府投入的引导作用，拓展金融为企业科技创新服务的方式和途径。特别要加强对科技型中小企业的金融支持，解决他们的资金困难，要引导金融机构加大对科技型中小企业的信贷支持力度，充分发挥资本市场支持科技型中小企业创新创业的重要作用，大力发展创业风险投资基金，支持地方规范设立创业投资引导基金，促进多层次资本市场健康发展等。

上述一系列法律、法规和政策文件已经初步形成了有利的政策环境，为我国科技金融工作奠定了坚实基础。

二、科技金融工作机制建设稳步推进

各级科技部门和金融部门等创新合作方式，建立了多层次的工作机制。

（一）科技部与"一行三会"建立了部行（会）合作机制

科技部先后与中国银监会、中国证监会建立了部会合作机制。

2011 年，成立了以万钢部长为组长，科技部和"一行三会"相关负责同志为副组长的促进科技和金融结合试点工作部际协调指导小组。

（二）科技部与金融机构建立战略合作关系

科技部与国家开发银行、中国进出口银行、中国农业发展银行、中国银行、招商银行、光大银行、中国农业银行、交通银行、深圳证券交易所、中国国际金融有限公司、中国出口信用保险公司等建立了合作关系，引导和推动金融机构积极开展科技金融工作。

（三）地方科技部门、国家高新区与金融部门建立合作机制

地方科技部门、国家高新区积极落实科技部和金融部门（机构）有关合作部署，与地方金融部门（机构）建立区域性合作机制。广东省科技厅与国家开发银行、招商银行、中国出口信用保险公司等多家金融机构的分支机构开展了全面合作；陕西省科技厅与长安银行等 8 家银行签署合作协议；乌鲁木齐市科技局与多家银行、产权交易所和担保机构建立了银政企合作平台。

（四）各类科技金融服务平台快速发展

科技金融服务平台的主要功能是聚集科技和金融资源，通过信息沟通和增值服务，提高投融资效率。主要包括科技金融服务中心、科技金融信息服务平台、科技专家咨询服务系统、科技金融专业投融资机构等。

全国已有 26 家不同类型的科技金融服务中心，面向科技型中小企业提供投融资服务；在国家科技支撑计划的支持下，成都、武汉、天津等地正在联合组建面向科技型中小企业的科技金融信息服务平台；科技部、银监会积极推动建立"科技型中小企业信贷项目评审科技专家咨询服务平台"，目前已有近 3000 名专家为银行提供技术咨询服务；中关村科技园区、苏州高新区、无锡高新区等地分别成立了专业投资科技型中小企业的投融资机构；中新力合、阿里金融、全球网、融资城等社会中小微企业融资平台蓬勃发展。

三、科技金融工作成效显著

在政策环境不断优化和体制机制创新的推动下，科技创新的投融资瓶颈得以缓解，为科技成果转化、科技型中小企业发展以及战略性新兴产业培育提供有力支撑。

（一）促进科技和金融结合试点全面启动

2011 年，科技部与"一行三会"依托国家自主创新示范区、技术创新工程试点省、创新型试点城市和国家高新区等地区，确定了中关村国家自主创新示范区、天津市、上海市、江苏省、浙江省"杭温湖甬"地区、安徽省合芜蚌自主创新综合试验区、武汉市、长沙高新区、广东省"广佛莞"地区、重庆市、成都高新区、绵阳市、关中—天水经济区（陕西）、大连市、青岛市、深圳市等为首批试点地区。

（二）发挥财政科技投入的引导和带动作用

2011 年，国家财政科技支出 4902.6 亿元，比上年增加 788.2 亿元，增长 19.2%。其中，中央财政技拨款达到 2469 亿元（占比 50.4%），比上年增长 20.7%。近年来，财政科技投入机制不断创新，通过贴息、补贴、投资等方式，提高财政资金使用效率，支持企业创新。在科技型中小企业技术创

新基金中，财政资金可以通过贷款贴息、资本金投入等多种方式支持项目实施和企业发展；给予企业研发投入 150%的加计扣除税收优惠；通过用户补贴方式启动实施了"十城千辆"、"金太阳"、"十城万盏"等一批科技应用示范工程。北京、宁夏、贵州、江苏、云南等地深化科技计划和经费管理改革，设立科技金融计划（专项），安排资金用于支持科技金融工作。

（三）科技创业风险投资蓬勃发展

2011 年，中国创业风险投资各类机构数达到 1096 家[①]，其中，创投企业（基金）860 家，管理资本总量达到 3198.0 亿元。当年新增投资项目 1894 项，投资金额 545.3 亿元，其中，投资于高新技术企业项目数为 987 项，投资金额 229.8 亿元；累计投资 9978 项，投资金额达 2036.6 亿元，其中，投资高新技术企业项目数 5940 项，占比 59.5%，投资高新技术企业金额 1038.6 亿元，占比 51.0%。政府引导基金面不断增大，各级政府创业风险投资引导基金累计出资 260.08 亿元，引导带动的创业风险投资管理资金规模达 1407 亿元。

科技型中小企业创业投资引导基金投入力度不断加大，截至 2012 年底，引导基金累计投入财政资金 20.59 亿元，其中通过风险补助和投资保障方式共立项 1153 项，累计安排补助资金 8.5 亿元，支持创业投资机构 249 家，对创业投资机构重点跟踪的 545 家初创期科技型中小企业给予了直接资助，这些企业有望获得投资机构 19.78 亿元股权投资；对创投机构已投资的 1421 家初创期科技型中小企业的 69.94 亿元股权投资给予了风险补助。通过阶段参股方式，共出资 12.09 亿元参股 46 家重点投资于科技型中小企业的创业投资企业，累计募集资金 77.4 亿元。

（四）多层次资本市场成为支持自主创新的重要平台

截至 2011 年底，中小板市场挂牌上市公司数量达到 639 家，创业板市场挂牌上市公司数量达到 281 家，总上市中小企业数达到 920 家，其中高新技术企业占比约 75.33%。科技部、中国证监会和北京市政府共同开展的"中关村非上市公司股份代办转让系统试点"工作顺利开展，挂牌的企业达到 106 家，28 家挂牌公司完成了 35 次定向增资，增资股数 3.05 亿股，募集资金 16.84 亿元，有 5 家公司转板到中小板或创业板上市。截至 2011 年底，中小板市场和创业板市场中高新技术企业累计获得发明专利 20820 项，实用新型专利 44871 项，外观设计专利 23643 项，分别占深市全部上市公司专利总数的 88.28%、80.25%及 79.65%。在资本市场的助力下，上市高新技术企业进入跨越发展的"高速通道"，近三年净利润年增长率达 20%以上，部分企业已成为新兴产业领域内的领军者。

（五）债券成为国家高新区和中小企业融资的重要渠道

科技部分别于 1998 年和 2003 年成功组织发行了国家高新技术产业开发区企业债券，为高新区建设开拓了新的融资渠道，各地积极借鉴高新区集合发债的模式，为中小企业通过债券市场直接融资。2007~2011 年，中小企业集合债共发行 8 只，总融资额 38.21 亿元；银行间债券市场共发行了中小企业集合票据 45 只，融资额为 125.45 亿元。2012 年 5 月，上海和深圳证券交易所出台中小企业私募债券业务试点办法，目前已发行中小企业私募债 79 只，融资额 88.23 亿元。同年 6 月，苏州高新区成功发行全国首只科技型中小企业集合票据。

[①] 为实际存量机构数，主要包括：创业投资企业（基金）、创业投资管理企业以及少量的从事政府创业投资业务的事业单位。该数据已剔除不再经营创投业务或注销的机构数。

中国科技金融发展报告 2012

（六）科技贷款不断增加

2011 年，银监会结合新出台的《中小企业划型标准规定》（工信部联企业〔2011〕300 号），将金融服务的重点支持对象进一步确定为小型和微型企业。截至 2011 年底，全国银行业金融机构小企业贷款余额 10.8 万亿元，占全部贷款余额的 19.6%，同比增长 25.8%。全国银行业金融机构小微企业贷款余额（小企业贷款余额与个人经营性贷款余额之和）15 万亿元，占全部贷款余额的 27.3%。据统计，全国有 7 个省份设立了 24 家科技支行。2012 年 12 月，美国硅谷银行和浦发银行在上海合资成立了浦发硅谷银行。全国小额贷款公司机构共 4282 家，贷款余额达 3914.74 亿元；江苏省政府办公厅制定了《关于开展科技小额贷款公司试点的意见》（苏政办发〔2010〕103 号），组建了 44 家科技小额贷款公司。抽样调查显示，目前国内科技担保机构大约 200 家。担保科技型中小企业超过 1.8 万家，担保金额合计 883.7 亿元，担保资金平均放大 5~7 倍。

（七）科技保险探索推进

2006 年，保监会和科技部联合启动科技保险试点工作。2007 年，确立了在北京、天津、重庆、深圳、武汉等地开展首批科技保险试点，仅在两年试点期间，试点城市科技保险保费就已达到 13 亿元，为科技企业提供了 3874 亿元的风险保障，已决赔款 7 亿多元。中关村科技园区试点自主创新产品首台（套）保险分担机制，设计首台（套）重大技术装备质量保证保险、产品责任保险、运输保险等产品，引导保险机构积极参与首台（套）保险工作。2011 年，科技保险对高新技术产业的支持规模继续扩大，全年实现承保金额超过 5200 亿元。2012 年，中国人保财险在苏州设立全国首家科技保险支公司，阳光财险、国泰财险、太平财险等六家保险公司联合交通银行苏州分行成立全国第一个科技型中小企业贷款保证保险共保体，银行、保险、保险经纪等金融机构联手提供创新的集成金融服务。

（八）科技金融结合成功培育一批龙头科技企业（项目）

在创业风险投资支持下，一大批科技产业化项目成功转化，涌现出中国半导体和芯片产业龙头——中星微、3G 通讯中关键技术企业——展讯通讯等一大批成功的高技术企业，创造了近年来世界资本市场的"中国技术概念"。在债权融资方面，如国家开发银行对奇瑞公司发动机、大唐移动 TD-SCDMA、大飞机以及节能与新能源汽车等多个处于产业化关键环节的重大科技项目进行了融资支持；中国进出口银行支持中芯国际集成电路制造（北京）有限公司出口高新技术产品，帮助北京华胜天成科技股份有限公司通过收购兼并做大做强，对中国航空技术国际控股有限公司收购美国大陆航空发动机公司进行融资安排，为我国战略性产业的自主研发和产业化注入了强大的资金动力。

尽管我国科技金融工作取得了一定成效，但仍不能满足我国科技创新的融资需要。由于在管理体制、制度设计和运行模式上存在障碍，企业资金、政府投入、天使投资、创业风险投资、银行贷款、股票融资、债券资金等不同性质的资金缺乏协调互动，存在着不同程度的功能缺失和政策失调的状况。

四、"十二五"时期科技金融工作的主要思路

"十二五"时期，是我国经济发展方式转变的攻坚克难期，科技金融工作作为重要的推动与支撑手段，一方面为科技创新营造良好的投融资环境，促进科技企业成长，加快科技成果转化，培育新兴产业；另一方面为金融机构提供优良投资对象，帮助其实现资本收益和增值。

科技和金融结合工作将深入贯彻落实党的十八大和全国科技创新大会精神，加快实施创新驱动发展战略，深化科技体制改革，建立科技金融统筹协调机制，优化科技金融环境，整合科技金融资源，引导金融资源向科技领域集聚。此外，还将深入开展促进科技和金融结合试点，建立有利于科技金融有机结合的体制机制，创新科技投入方式和金融产品，加快形成多元化、多层次、多渠道的科技投融资体系；继续开展科技金融前瞻性研究和培育科技金融复合型人才。科技金融工作将继续发挥科技资源市场化配置作用，提高金融对自主创新的支撑能力，最终实现科技与金融的共同发展和深度融合。

领域篇

第二章　中国科技发展

　　党的十六大以来，在党中央、国务院的坚强领导下，我国科技工作以邓小平理论和"三个代表"重要思想为指导，深入贯彻科学发展观，坚持"自主创新，重点跨越，支撑发展，引领未来"的指导方针，全面落实《国家中长期科学和技术发展规划纲要（2006~2020年）》确定的各项战略部署，深入推进科技体制改革，广大科技工作者奋力拼搏、勇于创新、无私奉献，全社会积极参与、大力支持，科技发展和改革取得了重大进展，自主创新能力大幅提升，国际影响力持续提高。科技对经济社会发展的支撑引领作用显著增强，全社会创新氛围日益浓厚，创新型国家建设取得显著成效。

一、自主创新成为国家发展战略的核心

　　2006年，颁布实施了《国家中长期科学和技术发展规划纲要（2006~2020年）》，对未来15年科技发展作出全面部署，标志着我国进入了提高自主创新能力、建设创新型国家的新阶段。党的十七大明确提出，提高自主创新能力，建设创新型国家，这是国家发展战略的核心，是提高综合国力的关键。

　　2008年，党中央、国务院积极应对金融危机，及时果断推出一揽子计划，把扩大内需、振兴产业和科技支撑结合起来，科技作为四大举措之一，为我国经济在全球率先回升向好作出了重要贡献。

　　2010年，党的十七届五中全会制订实施"十二五"规划，强调加快转变经济发展方式，最根本的是要靠科技的力量，最关键的是要大幅提高自主创新能力，形成了科技推动经济发展方式转变的战略导向，成为我国走创新驱动、内生增长道路的核心要求。

　　2012年，召开全国科技创新大会、发布《关于深化科技体制改革　加快国家创新体系建设的意见》，对深化科技体制改革、加快国家创新体系建设作出系统部署，开启了加快建设创新型国家，迈向科技强国的新征程。

　　党的十八大确定实施创新驱动发展战略，把科技创新作为提高社会生产力和综合国力的战略支撑，摆在国家发展全局的核心位置。

二、战略高技术成果举世瞩目

　　在航天、探月、对地观测、深海探测等事关国家发展全局的战略高技术领域取得一批举世瞩目的重大成果，增强了综合国力，提振了民族信心。

◄ 神舟九号与天宫一号对接成功

两代嫦娥探月比较图

▲ 嫦娥一号、二号探月成功

北京时间6月27日5时下潜
深度7062.68米
完成任务：
定点 定高 摄像 取样试验

◄ "蛟龙号"深海探测器
成功潜入7000米海底

承担航天、探月、对地观测、深海探测重大战略任务的大型科技企业集团，大多是改革开放以来由科研院所转制的科技型企业，营业收入的 70% 以上来自于民用产品，在承担国家科研任务的同时，把高新科技成功转化为市场产品。

三、国家科技重大专项实施成效显著

国家科技重大专项的组织实施成功探索了市场经济条件下的新型举国体制，在电子信息、能源环保、生物医药、先进制造等领域突破了一批关键核心技术，一批高端产品陆续进入市场，为培育发展战略性新兴产业发挥了重要的支撑和引领作用。重大专项承担单位累计申请专利近 4 万项，成果产业化新增产值达到 1.1 万亿元。

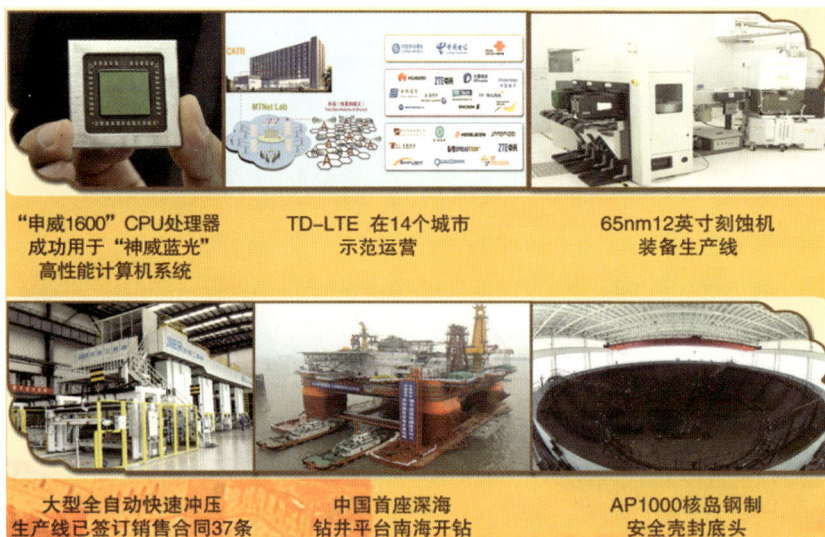

"申威1600"CPU处理器
成功用于"神威蓝光"
高性能计算机系统

TD-LTE 在14个城市
示范运营

65nm12英寸刻蚀机
装备生产线

大型全自动快速冲压
生产线已签订销售合同37条

中国首座深海
钻井平台南海开钻

AP1000核岛钢制
安全壳封底头

水污染治理、新药创制、传染病防治和转基因新品种培育专项直接惠及民生。通过突破一批关键技术，太湖、辽河、滇池、松花江等重点流域水质全面好转；新药创制获得62个新药证书并实现产业化，累计新增产值近800亿元；重大传染病诊防治能力和生物新品种培育能力显著提升。

四、科技创新有力支撑国家重大工程建设

承担国家重大工程的企业，高度重视高新技术的研发和应用。在重大工程实施中，我国高速铁路、水电装备、特高压输变电、高难度油气田、长距离燃气输运等技术逐渐成熟，企业的装备制造能力和技术创新能力快速提升，一些技术和产品已经世界领先。

2007年，科技部和铁道部联合实施《中国高速列车自主创新联合行动计划》，成功突破新一代高速列车十大关键技术，实现了把引进的250公里/小时高速列车提升至380公里/小时的目标，已申请专利188项，其中发明专利52项。和谐号CRH380新一代高速列车全面投入商业运行，整体技术达到世界领先水平。

五、科技示范工程开拓战略性新兴产业市场

通过组织实施"十城千辆"、"十城万盏"、"金太阳"等科技示范工程，加快了重大创新产品的规模化应用，有力促进了战略性新兴产业发展和产业优化升级。

六、重大创新成果促进节能减排带动产业转型升级

电解铝、煤炭、钢铁、水泥等高能耗、高污染行业重大创新成果的推广应用，加快了现有产业工艺技术的改造，促进了节能减排和产业转型升级。

七、农业科技推动现代农业和新农村建设

全国主要农作物良种覆盖率超过96%，农业科技进步贡献率达到54.5%。24万科技特派员活跃

在全国 90% 以上县（市）农业生产第一线，辐射带动 5700 多万农民增收致富。

八、科技成果惠及民生改善

立足科技惠及民生，在人口健康、资源环境、公共安全等民生领域取得了一批重大成果。深入实施全民健康科技行动，创新医疗器械产品在 17 个省市示范应用。

九、科技创新在重大活动和应对突发事件中发挥重要作用

科技创新在应对国际金融危机，成功举办北京奥运会、上海世博会等国家重大活动，以及战胜雨雪冰冻灾害、抗震救灾过程中发挥了重要作用。

十、基础研究不断取得突破

原始创新能力显著增强。国际科技论文 16.8 万篇，位居世界第二；高质量、高影响力科学论文增长显著。基础研究成果促进了新技术的产生以及经济社会可持续发展。

我国科学家首次用ips干细胞克隆小鼠

我国科学家发现第三种中微子振荡，开启了未来中微子物理发展的大门，入选2012年世界科学十大进展

铁基超导材料将中国物理推向世界前沿

我国在世界上首次实现存储和读出功能的量子纠缠交换

全超导托卡马克东方超环首次获得长时间等离子体和高约束等离子体放电，两创托卡马克运行世界记录

新的设计理论迅速转化为生产力，研制出具有自主知识产权的盾构装备，获得2012年国家科技进步一等奖

十一、科技创新基地和基础条件建设不断完善

国家重点实验室达到 387 家，国家工程技术研究中心达到 294 家。形成了包括研究实验基地、大型科学仪器、自然科技资源、野外试验台站、科学数据、科技文献等较完备的科技基础条件平台体系。

十二、国家高新区蓬勃发展

自中关村电子一条街起步，国家高新区经过 20 多年的努力，不断发展壮大，已经成为区域经济重要增长极。全国国家高新区营业总收入从 2002 年的 1.53 万亿元增长至 2012 年的 16.7 万亿元，年均增长 27%，工业增加值占全国工业增加值的 14.5%。2011 年，高新区企业研发经费支出占全国企业的 34.7%，获得发明专利授权量占全国企业的 50.7%。中关村、东湖、张江国家自主创新示范区为推动新时期创新发展进行了积极探索，引领示范效果显著。

北京中关村国家自主创新示范区

武汉东湖国家自主创新示范区　　上海张江国家自主创新示范区

十三、形成国际科技合作新局面

我国与 154 个国家和地区建立科技合作关系，签订了 106 个政府间科技合作协定，科技合作成为国家双边、多边外交的重要内容。创新政策对话为中美、中欧消除分歧、互信合作搭建了稳定的平台。中国—非洲、中国—东盟科技伙伴计划有力提升了中国国际影响力。构建了 10 个国际创新园、55 个国际联合研究中心、259 个国际科技合作基地。

十四、科技资源总量跃居世界前列

科学研究与试验发展人员
总量世界第1位

科学研究与试验发展经费世界第3位

2011年，全国科学研究与试验发展人员全
时当量达288.3万人年，是2002年的2.8倍

2011年，中央财政科技投入达2469亿元，是
2002年的4.8倍。全国科学研究与试验发展
（R&D）支出达8687亿元，占国内生产总值
比重提高到1.84%，是2002年的6.7倍。企业
R&D支出占全社会的74%

十五、科技产出总量快速增加

科技论文被SCI数据库收录数世界第2位

2011年，我国科技论文被SCI数据库收录16.8万篇，占世界总数的11.2%，从2002年世界第
6位跃升至世界第2位，引用率上升到第6位

中国科技金融发展报告 2012

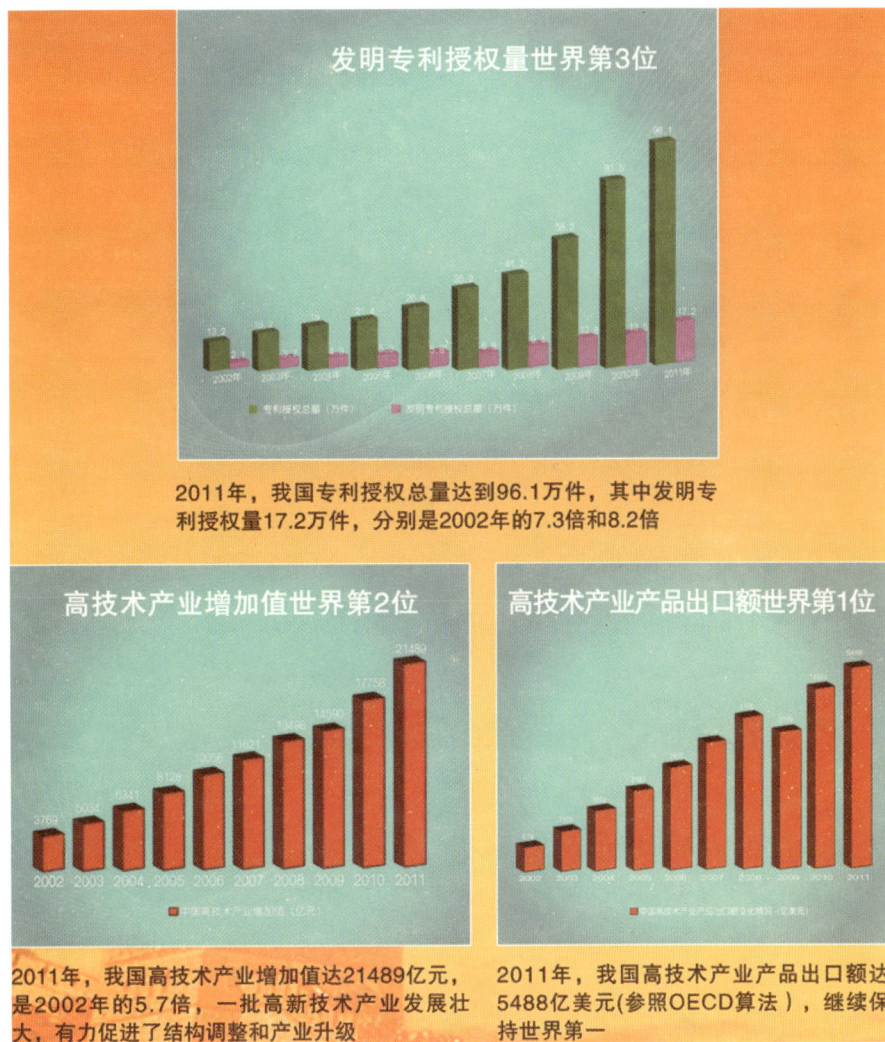

发明专利授权量世界第3位

2011年，我国专利授权总量达到96.1万件，其中发明专利授权量17.2万件，分别是2002年的7.3倍和8.2倍

高技术产业增加值世界第2位

2011年，我国高技术产业增加值达21489亿元，是2002年的5.7倍，一批高新技术产业发展壮大，有力促进了结构调整和产业升级

高技术产业产品出口额世界第1位

2011年，我国高技术产业产品出口额达5488亿美元(参照OECD算法)，继续保持世界第一

十六、科技体制改革不断深入推进

2012年7月，党中央、国务院召开全国科技创新大会，发布《关于深化科技体制改革　加快国家创新体系建设的意见》，吹响了在新的历史起点上深入落实中长期科技发展规划纲要、努力开拓创新型国家建设新局面、奋力开启迈向科技强国新征程的号角。

十七、资源配置方式发生重大变化

通过国家战略任务、重点建设工程和科技重大专项，带动企业增加研发投入，提升创新能力；通过税收优惠政策、技术转移政策、促进科技和金融结合、科技型中小企业创新基金和创投引导基金等引导社会资本加大科技创新投入。

全社会科技投入结构

投入新格局

全社会研发支出预计破万亿

政府　其他　企业占74%

龙头骨干企业创新能力大幅提升；一批科技型中小企业成长起来；一些战略性产品世界领先

改革新举措

政府科技投入	引导企业加大投入 政府减免收税	激励企业加大投入 政府优化环境	企业获得市场资源 政府科技投入	引导社会资本投入 政府资本引导	引导企业加大投入 政府产品补贴	广阔市场资源 政府市场资源
重大专项重点工程	高新技术企业优惠	促进技术市场交易	中小企业基金和创投	科技和金融结合	引导开拓市场

初步形成市场导向的科技资源配置格局

中央财政科技投入结构

| 自然科学基金 170亿，资助项目3.4万项 | 973计划 40亿，支持180个项目 | 中科院创新2020 18.4亿，部署11个先导性专项 | 863计划 民口55亿，支持229个项目 | 支撑计划 64亿，通过部省会商，带动地方企业投入146亿 | 重大专项 民口专项财政投入145亿，带动地方和企业投入200多亿 | 行业科技 公益性行业专项新增财政立项预算37.5亿 |

更加重视基础研究　更加重视战略高技术研究　更加重视引导和带动

中央财政科技投入 2012年

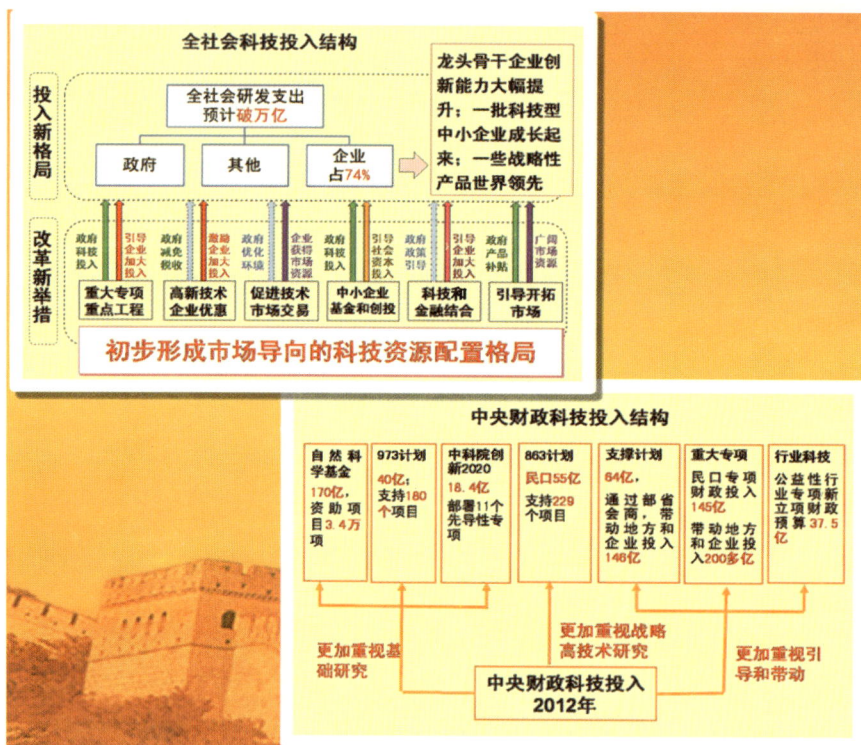

十八、技术创新体系建设稳步推进

构建了 95 个产业技术创新战略联盟，依托骨干企业和转制院所建设 99 个国家重点实验室和 164 个国家工程技术研究中心。676 家创新型试点企业研发投入强度、人均发明专利、新产品收入等指标达到行业平均水平的 3~4 倍。科技服务体系加速发展，技术市场成交额快速增长。

十九、科技管理科学化水平不断提升

加强各类国家科技计划的协同配合，形成按重大任务配置资源的新机制；加强信息化建设，采取一站式电子申报、网络视频评审、凝练备选项目等重点措施，提高科技计划项目透明度，实现管理过程的"可查询、可申述、可追溯"。

完善科技计划过程管理的责任体系，强化承担单位法人责任，实施项目专员制；深化科技经费管理改革，提高间接费用比例；简化优化预算编制、调整程序，增加承担单位和科研人员经费使用自主权；实行科研经费预拨制度，切实保证经费拨款及时到位；建立经费巡视制度，强化经费使用过程中的纪律和监督责任。

站在新的历史起点上，我们将深入学习贯彻党的十八大精神，深入实施《国家中长期科学和技术发展规划纲要（2006~2020 年）》，坚持走中国特色自主创新道路，以科学发展为主题，以支撑加快经济发展方式转变为主线，加快实施创新驱动发展战略，全面落实全国科技创新大会各项任务，着力深化科技体制改革，着力提高科技创新能力，团结科技战线广大人员，不断开拓创新，充分发挥科技支撑引领作用，更加有效地服务于国民经济发展与社会进步，为加快建设创新型国家、全面建成小康社会做出新贡献！

第三章　创业风险投资

第一节　募资与投资情况

一、募资总体情况

2011 年，中国创业风险投资各类机构数达到 1096 家。[①] 其中，创投企业（基金）860 家，较 2010 年增加 140 家，增幅 19.4%；管理资本总量达到 3198.0 亿元，较 2010 年增加 791.4 亿元，增幅 32.9%；新募企业（基金）171 家，募集资本 364.5 亿元，通过增资扩股等方式增加管理资本 548.1 亿元，占新增资本的 60.1%；企业（基金）平均规模为 3.7 亿元，较 2010 年增长 12.7%，如图 3-1 所示。

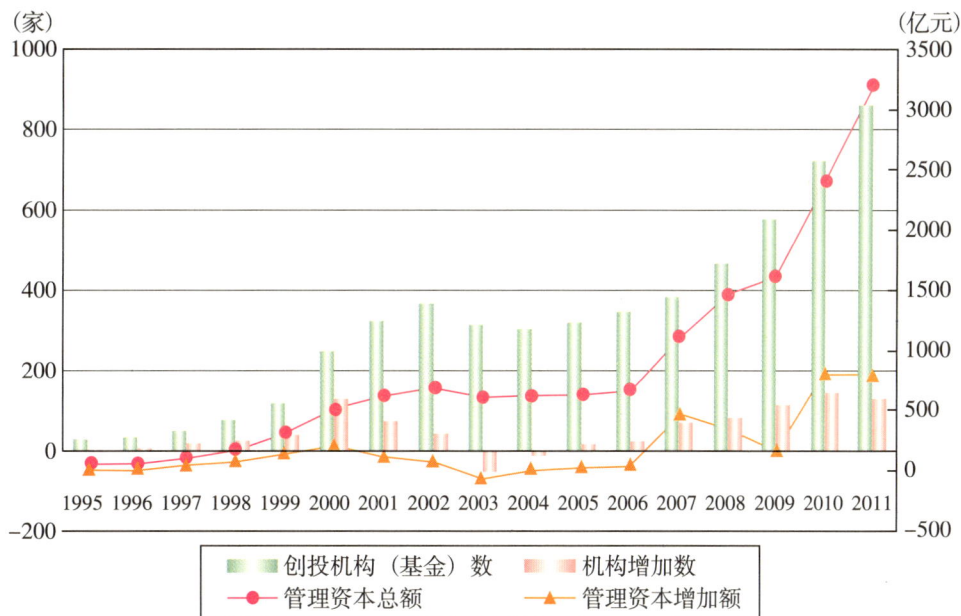

图 3-1　中国创业风险投资机构数、管理资本总量变化趋势（1995~2011）

[①] 为实际存量机构数，主要包括创业投资企业（基金）、创业投资管理企业以及少量的从事政府创业投资业务的事业单位。该数据已剔除不再经营创投业务或注销的机构数。

从中国创业风险投资的资本来源结构来看（见图3-2），2011年，中国创业风险投资的资本来源结构仍以非上市企业为主体，占总资本的40.6%，较2010年增长7.3个百分点，增幅较大；政府与国有独资投资机构合计占比32.3%，较2010年下降5.3个百分点，但绝对出资额略有上升。其中，政府公共财政出资占比下降较快，国有独资投资机构占比基本保持稳定；个人、外资、银行以及非银行金融机构资本占比均出现不同程度的下滑。

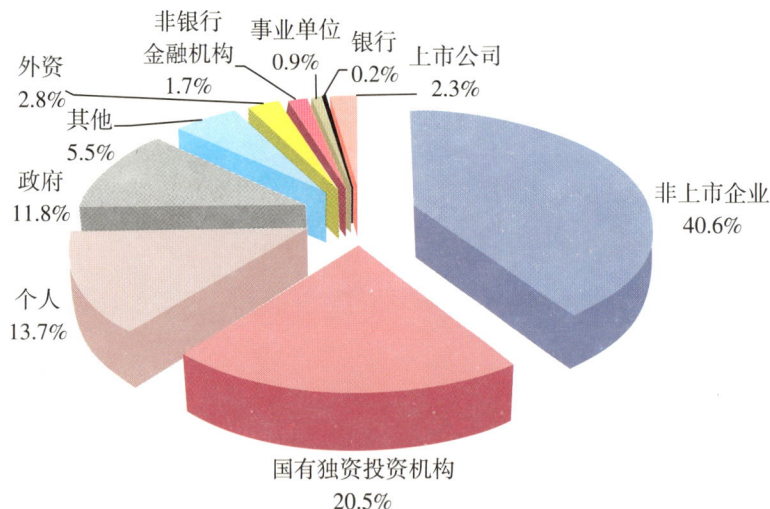

图3-2 中国创业风险投资资本来源（2011）

总体而言，2011年，中国创投业的发展延续了2010年的蓬勃发展之势，募资、投资均创下历史新高，但增速明显放缓，主要表现为以下两个特征：

一是创投基金的正常到期清算和竞争淘汰加剧。尽管全年新募企业（基金）171家，但当年累计企业（基金）数与2010年相比，仅增加140家，可见，仅2011年就有30余家创投企业（基金）正常或不正常停业。

二是创业投资机构之间的委托和外包式管理方式盛行。2011年，全国共有261家创投基金委托了236家创投管理公司进行管理，委托管理资金规模达1417.8亿元，管理机构平均规模为6.0亿元；同时，全国共有48家母基金，投资了236家创投子基金，最大母基金管理的子基金数多达76家，管理资金规模达200亿元。

二、投资总体情况

据统计，2011年中国创业风险投资机构当年新增投资项目1894项，投资金额为545.3亿元。其中，投资于高新技术企业项目为987项，投资金额229.8亿元。截至2011年底，累计投资项目9978项，较2010年增加1285项，[①]增长14.8%，其中投资高新技术企业项目5940项，占比59.5%；累计投资金额2036.6亿元，较2010年增长36.6%，其中投资高新技术企业金额1038.6亿元，占比51.0%（见表3-1）。相比而言，高新技术企业项目单笔投资均值1748.5万元，略小于总体项目投资均值2041.1万元。

---

① 由于创投投资项目为多轮投资，因此，在计算当年投资时后续投资项目也计为当年投资项目数，但在计算累计投资时，多轮投资项目仅为一个项目投资，因此实际累计项目数的增加值少于当年项目数。

表 3-1 截至 2011 年底中国创业风险投资累计投资情况

年 度	累计投资项目总数 （项）	投资高新技术企业项目数 （项）	累计投资金额 （亿元）	投资高新技术企业金额 （亿元）
2010	8693	5160	1491.3	808.8
2011	9978	5940	2036.6	1038.6

第二节　投资活动主要特征分析

一、新能源与节能环保成为投资最为密集领域

2011 年，中国创业风险投资机构投资行业，按项目数统计，前五大行业依次为新能源与环保业、软件和信息服务业、计算机和通信设备制造业、其他行业、其他制造业，合计占比 59.9%；按投资金额统计，依次为新能源与环保产业、其他行业、消费产品和服务业、软件和信息服务业、其他制造业，合计占比 55.6%。总体而言，2011 年，我国创业风险投资业的投资行业集中度略有下调，行业领域不断细分，投资重点仍以制造业为主体，对战略性新兴产业领域的投资依然是行业热点，但相对占比略有下降。同时，消费产品和服务、农林牧副渔、传播与文化娱乐等行业的投资项目数与投资金额则快速上升，成为行业新宠（见表 3-2）。创投行业的投资方向与国家的政策导向密不可分。2011 年，资本市场持续疲软，扩大消费者需求成为扩大内需的战略重点；国务院政府工作报告中进一步强调了对"三农"的支持力度，并将"农业产业结构的调整和升级"纳入"十二五"规划，大力倡导发展现代农业。同时，中共十七届六中全会首次明确提出"加快发展文化产业，推动文化产业成为国民经济支柱性产业"，使文化产业在国民经济中的地位得到进一步提升。这些政策导向很快被创投市场敏感地捕捉到。

表 3-2 中国创业风险投资业投资项目的前十大行业分布（2010~2011）[1]

单位：%

行业划分	年度	2011		2010	
		投资金额	投资项目	投资金额	投资项目
新能源和环保业	新能源、高效节能技术 新材料工业 环保工程 核应用技术	17.9	19.2	20.9	21.2
软件和信息服务业	网络产业 IT 服务业 软件产业 其他 IT 产业	9.0	13.2	10.1	18.3

① 本次调查统计对行业分类标准进行了调整，将原有分类标准与国家统计局分类标准（GB/T4754-2011）接轨，以国家统计局的行业标准为一级行业划分，原有行业标准为二级行业划分。

年度 行业划分		2011		2010	
		投资金额	投资项目	投资金额	投资项目
计算机和通信设备 制造业	通信设备	8.2	10.8	7.5	12.4
	计算机硬件产业				
	半导体				
	光电子与光机电一体化				
其他行业[①]		11.2	8.4	15.7	11.7
其他制造业		8.2	8.3	—	—
传统制造业		7.7	8.0	10.1	7.3
医药生物业	医药保健	7.7	7.7	9.2	11.4
	生物科技				
消费产品和服务业		9.4	7.2	7.1	4.1
农林牧副渔业		4.1	4.8	4.1	3.2
传播与文化娱乐业		2.2	2.4	2.1	1.9

二、投资阶段后移明显

2011 年，中国创业风险投资机构的投资重心进一步后移，对成长（扩张）期的投资项目占比高达 48.3%，对种子期和起步期的投资项目占比仅为 32.4%，创历史新低，尤其是对种子期的投资项目占比低至 9.7%，投资金额仅占 4.3%（见表 3-3）；项目退出平均时间为 3.85 年，明显小于 2010 年的 4.37 年。可见，伴随着中国创业风险投资业的快速扩容，大量资本集中于 Pro-IPO 项目，后端投资过于拥挤。

表 3-3　中国创业风险投资项目所处阶段的总体分布（按投资项目占比）

单位：%

年度 成长阶段	2004	2005	2006	2007	2008	2009	2010	2011
种子期	15.8	15.4	37.4	26.6	19.3	32.2	19.9	9.7
起步期	20.6	30.1	21.3	18.9	30.2	20.3	27.1	22.7
成长（扩张）期	47.8	41.0	30.0	36.6	34.0	35.2	40.9	48.3
成熟（过渡）期	15.5	11.9	7.7	12.4	12.1	9.0	10.0	16.7
重建期	0.3	1.6	3.6	5.4	4.4	3.4	2.2	2.6

三、江苏省继续领先其他区域

2011 年，中国创业风险投资机构分布在全国 29 个省（直辖市、自治区）内，仍主要集中在沿海发达地区。其中，江苏省、广东省、浙江省的管理资本总量仍位居前三甲。相对而言，广东省的创投管理机构数较多，单笔基金规模较大（见图 3-3）。

与 2010 年遍地开花的局势有所不同，2011 年，中国创投行业竞争加剧，受地方政策影响，各地区发展呈现出较大差异。其中，江苏省、浙江省等地仍保持着高速增长态势，北京市、上海市、广东省以及湖南省、湖北省等地增速放缓，而天津市、辽宁省、陕西省等地则略有萎缩之势。

---

① 是指纳入国家统计局分类标准（GB/T4754-2011），但未被纳入创业风险投资关注的主要领域的行业。

中国科技金融发展报告 2012

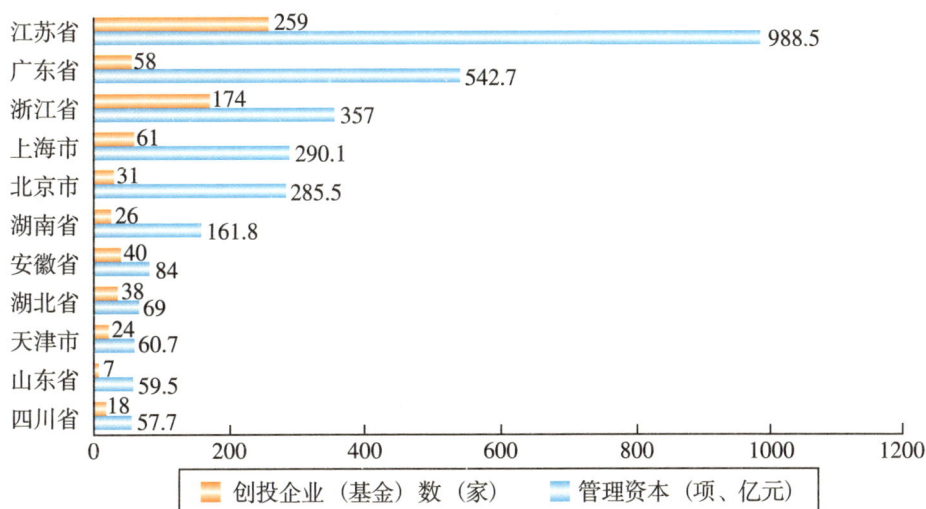

图 3-3 中国创业风险投资机构地区分布（2011）

四、投资项目上市退出略有减少

据统计，2011 年，全球市场共有 356 家中国企业成功上市，其中，具有 VC/PE 背景的上市企业 165 家。上市退出（IPO）比例占全部退出项目的 29.40%，较 2010 年略有下降，IPO 项目的平均账面回报为 7.85 倍。其中，80.9% 的创投机构选择境内中小板及创业板实现上市退出；同时，并购和回购方式的占比略有上升，成为行业退出的主导方式，全行业项目退出收益率为 193.71%，小于 2010 年的 221.87%，如表 3-4 所示。

表 3-4 中国创业风险投资的退出方式分布（2005~2011）

单位：%

年度 \ 退出方式	上市	并购	回购	清算	其他
2005	11.90	44.40	33.30	10.40	0.00
2006	12.70	28.40	30.40	7.80	20.70
2007	24.20	29.00	27.40	5.60	13.80
2008	22.70	23.20	34.80	9.20	10.10
2009	25.30	33.00	35.30	6.30	0.10
2010	29.80	28.60	32.80	6.90	1.90
2011	29.40	30.00	32.30	3.20	5.10

第三节　政策与运营环境分析

总体而言，2011 年，国家对创业风险投资业的发展与扶持依然向好，但资本市场监管力度不断从严，对创投行业而言，机遇与挑战并存。

一、 鼓励民间资本和中小微企业的政策频繁出台

近年来，国家与地方层面出台了一系列促进创投业发展的政策措施，营造出有利的政策环境。据调查显示，2011年，各地方约1/3以上的创业风险投资机构获得了政府资金支持，94.2%的创业风险投资机构税负占比在30%以下。同时，创业风险投资在促进中小微企业发展，引导社会资源的优化配置、推动产业结构升级等方面的重要作用被日益重视。2011年，科技部发布的《关于进一步促进科技型中小企业创新发展的若干意见》，科技部、财政部联合印发的《国家科技成果转化引导基金管理暂行办法》，财政部、国家发展改革委联合印发的《新兴产业创投计划参股创业投资基金管理暂行办法》，均强调了创业风险投资的重要作用，通过进一步加强创业投资引导基金的实施力度，大力发展创业风险投资，鼓励和引导民间资本进入金融服务领域，为种子期中小微企业提供资金支持，促进科技成果转化，培育和发展战略性新兴产业。

二、 政府引导基金带动面不断增大

截至2011年底，由财政部、科技部设立的"科技型中小企业创业投资引导基金"共安排财政资金15.59亿元，通过风险补助、投资保障、阶段参股三种支持方式共立项904项。其中，风险补助、投资保障项目累计安排财政预算6.5亿元，217家创业投资机构获支持，已投或拟投科技型中小企业1460家，累计预计投资规模约67亿元；阶段参股项目，累计安排财政预算9.09亿元，参股37家创投机构，累计实收资本56.7亿元。全国共有188家创业风险投资机构获得各类政府引导基金支持，政府创业风险投资引导基金累计出资260.08亿元，引导带动的创业风险投资管理资金规模达1407亿元，简单平均放大5~6倍。政府引导基金的介入，不仅扩大了对科技型中小企业的融资供给，充分发挥了财政资金的杠杆效应，而且通过引导民间资本进入，扶持早期投资的企业、项目、团队成长，在一定程度上缓解了民营中小企业融资难困境。

三、 创业板市场降温加快创投行业回归理性

据统计，2011年，创业板上市的128家创业板公司中，有78家企业获得了创业风险投资机构支持，IPO项目的平均账面回报仅为7.85倍，与2010年相比，被投资企业平均募集资金同比下降25.37%，而创业风险投资机构平均持股价值同比下降24.27%。[①]另据深圳证券交易所统计，2010年12月31日，创业板滚动市盈率为74，2011年12月30日仅为37。证监会曾表态2012年将把"抓紧推进主板、中小板上市公司退市改革，建立创业板公司退市制度，促进退市各环节有序衔接，健全退市责任追究机制"列为工作重点之一，包括创业板在内的资本市场在规范中降温，创业风险投资也将难以在高市盈率的驱使下继续维系原有扩张模式。

---

① 根据 Wind 数据库数据进行统计整理而成。

四、对创业投资行业自身的监管力度不断加强

2011 年，国家发改委发布了《关于促进股权投资企业规范发展的通知》，从企业设立、资本募集与投资领域，风险控制，基本职责，信息披露，以及备案管理和行业自律五个方面提出了一系列规范要求，旨在打击非法集资等不规范的募资行为。在资本市场上，"放松管制、加强监管"也成为全年发展的主要目标之一，证监会发布了《证券公司直接投资业务监管指引》，在为证券公司直投业务确立合法身份的同时，也加强了对直投业务的监管与信息披露力度。基金公平交易新规也指出，要加强诚信监管，充分保护投资者的合法权益。

五、未来几点趋势浅析

（一）天使投资或将成为创业风险投资业的新热点

正如 2011 年所预测的，我国创业风险投资链条将不断延伸，天使投资成为未来发展的新热点。一方面，国家对中小微企业的扶持与发展，培育和促进战略性新兴产业的要求，为加大对初创期企业的投资创造了有利的外部条件。与此同时，以成功企业家为代表的高收入人群的增长，以及优秀投资人才的培养和储备也为天使投资造就了丰沃的土壤。另一方面，随着行业内洗牌和竞争的加剧，后端投资的拥挤所导致的收益率下降，也迫使更多的投资机构开始改变投资策略，将投资阶段前移。事实上，一些经验丰富的创投机构已开始大举进入早期投资，未来的早期投资将会大有作为。

（二）创业风险投资业尽快从"泛粗快"向"专精深"发展

在创投业飞速发展的过程中，一些机构对行业缺少认识，通过炒作概念募集资金，将大量投资置于中后期项目，造成一哄而上的恶性竞争。在外部环境降温和监管力度加大的条件下，能够进一步发展甚至生存下去的投资机构必须关注特定行业领域内的精细化发展道路，也必须更加注重对项目投资后期的辅导与管理，即通过设立专门的投后管理部门，或是采取外包管理的形式，以增加自身的竞争能力。可以预见，未来创投行业的专业化管理能力将成为竞争的关键。

（三）创投行业增速或将放缓，应加快发展中国"FOF"

据 2011 年行业调查显示，由于目前国内外宏观经济形势与资本市场发展尚不明朗，仅有 22.7% 的机构看好 2012 年的投资前景，行业整体预期不太乐观，未来行业增速将在很大程度上放缓。同时，从创业风险投资发展历程来看，由于该行业所面临的高风险，为了风险的再分散，行业内分层化、分工化的发展趋势进一步加快，越来越多的创投机构向"基金的基金"（Fund of Fund, FOF）方向发展。发展 FOF 机构不仅使得抗风险能力较小的投资人可以通过投资 FOF 间接进入创业风险投资领域，也将成为解决我国创业风险投资机构缺乏"合格长期投资者"的有效途径之一。因此，预计未来将有更多专业化的 FOF 机构出现，并成为机构投资者的主流发展方向。

参考文献

《中国创业风险投资发展报告 2013》，撰稿人：全国创业风险投资调查写作分析组（成员：郭戎、李希义、张俊芳、张明喜、魏世杰、付剑峰、黄福宁等）。

（本章供稿：张俊芳　郭　戎）

第四章 科技信贷

第一节 制度建设

2011 年，银监会引导银行业金融机构将信贷资源用于支持实体经济发展，重点支持下述行业和关键领域：①鼓励银行业金融机构加强对战略性新兴产业、节能环保、科技创新、现代服务业的信贷支持，推动传统产业改造升级，引导出口结构优化。②着眼于扩大消费需求，引导中小商业银行将发展零售业务作为战略基点，创新产品，推进零售业务转型。③引导银行业金融机构加大对民生领域的信贷支持；督促银行业金融机构重点支持供给缺口较大的农产品生产、加工和流通环节，鼓励银行业金融机构在加强管理、防范风险的前提下支持保障性安居工程建设。

同时，银监会积极推进小微企业金融服务。2011 年，银监会结合新出台的《中小企业划型标准规定》（工信部联企业〔2011〕300 号），将金融服务的重点支持对象进一步确定为小型和微型企业，要求广大银行业金融机构从商业可持续原则出发，优先支持符合国家产业和环保政策、有利于扩大就业、有偿还意愿和偿还能力的小微企业的融资需求。具体措施包括：

（1）制定差异化监管政策。印发《关于支持商业银行进一步改进小企业金融服务的通知》和《关于支持商业银行进一步改进小型微型企业金融服务的补充通知》，要求商业银行将单户授信总额 500 万元（含）以下的小微企业作为授信重点，并提出优先审批小微企业金融服务机构准入事项等一系列差异化监管和激励政策，规定商业银行在计算资本充足率时，对符合相关条件的小微企业贷款在权重法下适用较低的风险权重，在内部评级法下比照零售贷款适用资本监管要求，提高商业银行服务小微企业的积极性。

（2）推动完善小微企业金融服务体系。鼓励商业银行从自身实际情况出发，探索建立多种形式、灵活有效的小企业金融服务专营机构，不断优化小微企业信贷业务流程，集中人力、信贷、IT技术等资源服务小微企业。

（3）争取财税优惠政策。多次就小微企业融资问题与工业和信息化部、财政部等部委磋商，形成有效的跨部门联合工作机制，争取多项财税优惠政策。如将中小企业贷款损失准备金税前扣除政策的执行期限延长至 2013 年底，暂免征小微企业贷款合同的印花税等。

（4）放宽对小微企业贷款不良贷款率的容忍度。根据银行业金融机构实际平均不良贷款率，适当放宽对小微企业贷款不良贷款率的容忍度。

2011 年，银行业金融机构在为小微企业提供服务的同时，完善风险控制体系，创新风险管理技术，提升小微企业贷款业务的质量和效益。

（1）完善风险控制体系。①设计各岗分离的小微企业信贷流程，同时运用科技手段全流程控制信贷风险；②完善小微企业业务条线的风险管理组织架构，通过设立风险管理委员会、风险总监、风险官、风险经理，实现对小微企业金融业务风险的多级监控。

（2）创新风险管控技术。引入发达国家信贷技术中的信息交叉检验方法，实现企业非财务信息内部、财务信息内部、非财务信息与财务信息间的多重逻辑验证。

（3）加强小微企业贷款风险分类和不良贷款处置。针对小微企业贷款制定差异化资产质量分类办法，并制定不良贷款处理专项政策，对满足核销条件的小微企业不良贷款建立快速核销通道，以加快核销频率和进度。

此外，促进银行业金融机构与融资性担保机构的业务合作，完善小微企业融资担保体系；通过召开小企业金融服务评优表彰大会，参与主办"第八届中国国际中小企业博览会"，推动政府、银行业金融机构和企业三方对话等，营造小微企业金融服务良好环境。

截至 2011 年底，全国银行业金融机构小企业贷款余额 10.8 万亿元，占全部贷款余额的 19.6%，小企业贷款顺利实现"两个不低于"目标。小企业贷款余额同比增长 25.8%，比全部贷款平均增速高 10 个百分点；比 2011 年初增加 1.9 万亿元，比 2010 年同期增量高 2093 亿元。截至 2011 年底，全国银行业金融机构小微企业贷款余额（小企业贷款余额与个人经营性贷款余额之和）15 万亿元，占全部贷款余额的 27.3%。

从地方层面而言，北京市科委设立专项资金，通过奖励和风险补偿方式鼓励银行贷款支持科技型中小企业，促进科技成果的转化和产业化。在这项政策的推动下，2012 年北京市有 24 家银行获得奖励和风险补偿，发放科技信贷总量达到了 274 亿元，支持企业 500 多家。

第二节　科技担保机构

2011 年，按照国务院的部署和要求，融资性担保业务监管部际联席会议（以下简称联席会议）以促进规范发展、防范化解风险为主线，加快完善制度建设，推动各省（直辖市、自治区）人民政府及其融资性担保机构监管部门（以下简称地方监管部门）完成融资性担保行业规范整顿工作，融资性担保行业发展与监管取得积极进展，融资性担保机构经营管理逐步规范，监管架构基本建立，融资性担保行业初步进入良性发展的轨道。

从行业发展情况来看，2011 年融资性担保行业总体运行基本平稳，发展速度较快。

（1）机构和业务增长较快。截至 2011 年末，全国融资性担保行业共有法人机构 8402 家，较 2010 年末增加 2372 家，增长 39.3%。其中，国有控股占 18.7%，民营及外资控股占 81.3%，民营及外资控股机构占比同比增加 5 个百分点。在保余额总计 19120 亿元，较 2011 年初增加 5374 亿元，增长 39.1%。

（2）资本和拨备增多。截至 2011 年末，融资性担保机构资产总额 9311 亿元，同比增长 57.2%；净资产总额 7858 亿元，同比增长 63.8%；未到期责任准备金余额 184 亿元，较 2010 年末增长 71.8%，占年度担保业务收入的 51%；担保赔偿准备金余额 316 亿元，较 2010 年末增长 82.7%，占年末担保责任余额的 1.7%。担保准备金合计 560 亿元，较 2010 年末增长 34.1%；担保责任拨备覆盖率为 607.5%，较 2010 年末增加 100 个百分点。

（3）支持中小微企业融资的作用进一步增强。截至 2011 年末，融资性担保贷款余额 12747 亿元（不含小额贷款公司融资性担保贷款），同比增长 39.8%。其中，中小企业融资性担保贷款余额 9857 亿元，同比增长 40.5%，占融资性担保贷款余额的 77.3%。融资性担保机构在一定程度上缓解了中小微企业融资难的问题。

（4）融资性担保机构与银行业金融机构合作进一步加强。截至 2011 年末，与融资性担保机构开展业务合作的银行业金融机构总计 15997 家（含分支机构），同比增长 32.6%；融资性担保贷款户数 18.1 万户，较 2010 年末增加 1.6 万户，增长 9.6%；融资性担保贷款在银行业金融机构各项贷款中余额占比 2.2%，户数占比 9.7%，较 2010 年末分别增加 0.4 和 0.5 个百分点。

在各地方政府的积极推动下，各地科技部门、高新区也先后出资成立了一些科技担保公司。根据科技部对北京、天津、重庆、广西、甘肃、新疆、广东、江苏、浙江、福建、上海、宁夏等 27 个省（直辖市、自治区）科技部门和国家高新区的抽样调查，目前国内科技担保机构约 200 家。其中，由各级科技部门设立的科技担保机构共有 44 家，注册资金 35.5 亿元，共为 8014 家科技型中小企业提供担保，担保金额合计 198.5 亿元；平均每家机构为 182 家企业提供过担保服务，每家企业平均担保金额为 248 万元，担保资金放大 5.58 倍。在国家高新区内设立的担保机构共 70 家，注册资金合计 93.6 亿元，担保科技型中小企业共 10641 家，担保金额合计 685.2 亿元；平均每家机构为 152 家企业提供过担保服务，每家企业平均担保金额为 644 万元，担保资金放大倍数是 7.31。如北京中关村高科技园区以中关村科技担保公司为平台，已累计为企业提供贷款担保 641 亿元，其中 2012 年新增担保 120 亿元。累计组织 149 家（次）中小企业发行直接融资产品，融资额共计 27.7 亿元。表4-1 显示了国内比较活跃的几家科技担保机构运行状况。

表 4-1　国内比较活跃的科技担保公司的担保业务

企业名称	累计担保金额（亿元）	累计担保企业数（家）	累计担保科技型中小企业数（家）	累计担保科技型中小企业金额（亿元）
北京首创投资担保有限责任公司	750	8000	5500	500
苏州融创担保投资有限公司	37.5	513	177	11.5
北京中关村科技担保有限公司	407	8500	7200	320
厦门火炬集团科技担保有限公司	3	60	60	3
重庆科技融资担保有限公司	2	30	14	20
武汉科技担保有限公司	40	800	650	33
杭州高科技担保有限公司	10	360	360	10
成都高投融资担保有限公司	46	720	630	40

从行业监管情况来看，2011 年融资性担保行业完成全面规范整顿，监管制度体系不断完善，风险防范化解力度不断加强。

（1）全面完成规范整顿，为行业健康发展奠定基础。2011 年，通过融资性担保机构规范整顿，提升规范了融资性担保行业的准入门槛，一批相对较为规范的融资性担保机构取得经营许可证。这在一定程度上净化了行业环境、规范了经营行为、明确了监管对象、锻炼了监管队伍，行业地位和形象有所提升，银担合作的基础和环境有所改善，促进了融资性担保行业的规范有序发展。

（2）深入推进制度建设，监管制度体系不断完善。2011 年，联席会议进一步完善以《融资性担保公司管理暂行办法》为核心的融资性担保行业规章制度体系，针对融资性担保机构跨省设立分支机构、再担保机构管理、保证金监管、资本金运用等问题进行深入调研和论证，已下发了《关于规范融资性担保机构客户担保保证金管理的通知》，从制度上消除客户保证金被挪用的风险隐患，进一步完善制度建设，促进融资性担保机构的健康发展。

（3）积极研究行业发展的政策措施，为行业健康发展创造环境。2011 年，联席会议制定出台了《关于促进银行业金融机构与融资性担保机构业务合作的通知》，通过促进和规范银担合作，推动融资性担保行业依法合规经营、健康发展。国务院办公厅转发了银监会等八部门的《关于促进融资性担保行业规范发展的意见》，对融资性担保行业"十二五"期间的发展进行了较为系统的规划，提出了明确的目标和措施，为行业可持续健康发展创造了良好的内外部环境。

（4）加大风险提示，加强风险防范化解。2010 年以来，针对融资性担保机构的风险问题，联席会议高度重视，加大风险提示指导力度，积极稳妥推进风险化解，督促各地建立健全风险预警和应急机制，及时报告处理重大风险事件。同时，在全国范围内开展银担合作风险自查和抽查，防范化解银担合作风险隐患，促进银担合作健康可持续发展。

（5）进一步建立完善监管机制，监管队伍得到锻炼和提高。联席会议 2010 年组织融资性担保监管专题培训、统计制度培训以及大型融资性担保机构高管人员培训等，进一步明确了地方监管部门的监管职责，推动其工作重心逐步从准入为主转移到加强日常监管，提高了地方监管部门的监管执行力和监管有效性，为行业监管队伍的建设和有效监管机制的建立打下了良好的基础。

尽管融资性担保行业的发展与监管取得了积极进展，但多年不规范经营聚集的风险隐患和深层次矛盾与问题短期内难以根本解决，融资性担保机构数量过多、增长过快和违规经营等问题仍较为突出。

第三节　科技支行

自 2008 年以来，银监会相继颁布了《关于银行建立小企业金融服务专营机构的指导意见》（银监发〔2008〕82 号）、《关于进一步加大对科技型中小企业信贷支持的指导意见》（银监发〔2009〕37 号），鼓励设立专门经营机构支持中小企业。银监会 2011 年先后发布了《关于支持商业银行进一步改进小企业金融服务的通知》（银监发〔2011〕59 号）和《关于支持商业银行进一步改进小企业金融服务的补充通知》（银监发〔2011〕94 号），明确鼓励小企业专营机构要延伸服务网点，对于小企业贷款余额占企业贷款余额达到一定比例的商业银行，银监会支持其在机构规划内筹建新的专营机构、网点。同时，在有效控制风险的基础上，鼓励和支持商业银行通过制度、产品和服务创新，积极与地方科技部门（国家高新区）合作建设一批主要为科技型中小企业提供信贷等金融服务的、符合我国国情的科技支行。

在此背景下，国内一大批专门支持科技型中小企业的专营机构——科技支行相继在全国设立（见表 4-2）。科技支行模式的实践源于 2009 年 1 月 11 日在成都高新区设立的全国首批两家科技支行：成都银行科技支行和建设银行科技支行。这类科技支行的创新性在于其专门的业务范围、专门的监管政策、专门的绩效评估和专门的扶持政策。截至 2011 年 12 月，全国有 7 个省份至少设立了

24 家科技支行。其中，江苏省的科技支行数占全国科技支行总数的 2/3，超过一半的科技支行由当地城市商业银行或农村商业银行设立。

表 4-2　部分科技支行一览

地　区	科技支行名称	备　注
四川成都	成都银行科技支行	全国首批两家科技支行
	建设银行科技支行	
浙江杭州	杭州银行科技支行	中国东部首家科技支行
湖北武汉	汉口银行光谷支行	中国中部首家科技支行
广东深圳	平安银行深圳科技支行	广东省首家科技支行
江苏无锡	农业银行无锡科技支行	江苏省首家科技支行 中国农业银行首家科技支行
江苏苏州	交通银行苏州科技支行	苏州地区首家科技支行
江苏无锡	江苏银行无锡科技支行	江苏银行首家科技支行
江苏镇江	江苏银行镇江科技支行	镇江地区首家科技支行
江苏徐州	江苏银行徐州科技支行	苏北首家科技支行
江苏南通	南通农商行新城科技支行	南通首家科技支行
江苏盐城	农行盐城开发区科技支行	盐城首家科技支行
江苏南京	南京银行南京科技支行	南京首批七家科技支行
	江苏银行南京科技支行	
	中国银行南京科技支行	
	建设银行南京科技支行	
	工商银行南京科技支行	
	交通银行南京科技支行	
	农业银行南京科技支行	
湖南长沙	长沙银行科技支行	湖南首家科技支行
浙江宁波	中国银行宁波科技支行	宁波首家科技支行
江苏南通	农业银行南通科技支行	南通第二家科技支行
云南昆明	中信银行昆明科技支行	云南首家科技支行
江苏镇江	农业银行镇江新区科技支行	

　　国内新设立的科技支行，针对科技型中小企业的特点，进行了多种金融创新，为企业提供贷款融资在内的多项服务，以解决科技型中小企业的贷款融资困难，促进科技成果的转化和产业化，扶持本地企业的快速成长。总体来看，目前成立的科技支行的金融创新主要有以下几点：

　　（1）设立专门的科技金融委员会。为了适应科技支行服务对象的特点要求，很多科技支行建立了专门的科技金融委员会，如，2012 年 6 月汉口银行成立了以总行党委成员为主要委员的科技金融创新委员会，领导和统筹全行的科技金融业务，同时成立总行一级部室——科技金融创新部，负责统筹和组织推动全行科技金融业务的发展，从而形成了以科技金融创新委员会为领导机构，以科技金融创新部为总行一级管理部门，以科技金融服务中心为实验先锋和培训基地，以各地分中心和工作组为前台营销机构的科技金融完整体系。

　　（2）引入科技专家进入银行贷款评审委员会。为了提高对科技项目的认知和准确评价程度，科技支行均与当地科技部门合作，引入科技专家。如，杭州银行科技支行在成立时，制定了单独的客户准入标准，引入科技专家委员会，对企业技术含量进行定性打分，权重达到 50%；成都银行科技支行运行时，成都科技局组建专家系统，对科技贷款项目进行审贷前技术评估，科技支行依据的是独立审贷原则。

（3）建立专门的银行贷款评审指标体系。鉴于科技支行服务的对象主要是科技型中小企业，这些企业的特点与大型企业的特点明显不同。为了适应科技型中小企业的特点，科技支行设立了单独的审贷流程，建立了不同于传统银行贷款的专门评价体系，如杭州银行科技支行实行内部单独核算和审贷。

（4）开办了以知识产权质押贷款为主的多种金融产品和服务。目前，科技支行将知识产权质押贷款业务作为一个解决科技型中小企业贷款融资难的主要金融创新产品。企业利用拥有的知识产权向银行质押获得贷款融资，解决了很多科技型中小企业由于缺乏固定资产而不能获取银行贷款的问题，同时也提高了企业知识产权的价值，所获取的资金有助于企业科技成果的转化，使企业更专注于研发活动，表现出了良性循环的效果。

为了提高服务科技型中小企业的质量，科技支行还提供多项融资服务。如成都银行科技支行、建设银行成都科技支行开展了联合保理业务；杭州银行科技支行还开发了应收账款质押贷款、订单质押贷款等产品。

（5）与其他金融机构合作，创新经营模式。科技支行在开展业务时，还与其他金融机构合作，以降低银行贷款风险，提高服务企业质量。如，杭州银行科技支行制定了三位一体的经营模式，即银行与政府、创投机构和担保公司合作，开展银政合作、银投合作和银保合作。杭州银行科技支行与创投机构合作，采取银投连贷方式，创投机构投资、银行跟贷方式，企业高管授信；与担保公司尝试期权贷款，担保公司获得贷款企业的期权并和银行分享，为企业提供多种金融产品，丰富银行的服务。平安银行深圳科技支行则与风投、担保公司、行业协会建立合作关系，并与平安信托、平安证券等平安集团旗下机构联手，提供风险投资、上市、理财、资产管理等一站式、综合化、全方位金融服务。

（6）探索建立单独的贷款风险容忍度和风险补偿机制。针对科技型中小企业成长较快、资产以知识产权轻资产为主、经营波动较大、经营风险较大的特点，科技支行设定了较宽的贷款风险容忍度。如，杭州银行科技支行在发放科技型中小企业贷款时，实行单独的风险容忍度，不良资产比例可以放大到3%。同时，各地政府还提供资金支持，与银行建立贷款风险补偿基金。如，杭州市政府为杭州银行科技支行补贴基准利率20%，补贴纳入风险准备金池，与银行资金共同建立长效的风险机制。

第四节　科技小额贷款公司

为全面落实科学发展观，有效配置金融资源，引导资金流向农村和欠发达地区，2008年，中国银监会、中国人民银行颁布了《关于小额贷款公司试点的指导意见》（银监发〔2008〕23号），全国各地设立了多家小额贷款公司。截至2011年底，全国小额贷款公司机构总数有4282家，从业人员47088人，实收资本3318.66亿元，贷款余额达3914.74亿元。

小额贷款公司的成立，对促进中小企业的发展起到了积极作用。为了更有效地缓解科技型中小企业贷款融资难题，很多地方还专门设立针对科技型中小企业的科技小额贷款公司。如湖北省武汉市有科技小额贷款公司3家，2012年10月末，贷款余额1.71亿元，新增贷款额1.26亿元。

2010 年 8 月 14 日，江苏省发布了《省政府办公厅关于开展科技小额贷款公司试点的意见》（苏政办发〔2010〕103 号），按照积极稳妥、有序推进的原则，江苏省率先开展投贷结合的科技小额贷款公司试点。目前全省已批准设立科技小额贷款公司 44 家，实现了省辖市和省级以上高新区两个"全覆盖"。其中，已开业的 33 家科技小额贷款公司实收资本 60.15 亿元，累计为 2171 家中小企业发放贷款 209 亿元，信贷客户中科技型中小企业占 60% 以上，科技小额贷款公司在引导社会资金支持科技型中小企业、促进经济转型升级中发挥了积极作用。江苏省科技小额贷款公司模式的创新主要体现在四个方面：①可以以不高于资本净额的 30% 从事创业投资业务；②资本来源除不超过两个银行业金融机构外，还增加了经批准的股东借款和科技小额贷款公司之间资金调剂拆借两条渠道；③杠杆率由 1.5 提高到了 2，"资本充足率"要求由 66.67% 降低到了 50%；④不设置单笔贷款额的绝对额限制，放宽了最低贷款额的限制。科技小额贷款公司设立在高新技术企业聚集地区，其目标客户是科技型中小企业，并可以按企业所处周期的不同进一步细分其业务，可以采用"利息 + 期权"乃至"利息 + 股权 + 期权"的盈利模式。此外，由于大部分科技小额贷款公司的主发起人是创投机构，这也方便了科技小额贷款公司与创投机构的紧密合作。

第五节　科技信贷产品和服务创新

一、信贷产品

根据科技型企业的融资需求和企业特点，银监会出台相关文件，鼓励和支持商业银行开展产品和服务创新，探索支持科技型企业融资发展的多种方式。

银监会要求商业银行根据（科技型）中小微企业信贷需求的短、小、频、急等特点，积极开展产品创新，并力争创立品牌。鼓励商业银行为（科技型）中小微企业提供流动资金贷款、周转贷款、循环贷款、打包贷款、出口退税账户托管贷款，商业汇票承兑、贴现、买方或协议付息票据贴现、信用卡透支、法人账户透支、进出口贸易融资、应收账款转让、保理、保函、贷款承诺等。

推动担保方式的创新。建立新的担保机构体系，如建立科技贷款担保基金等；同时针对科技创新过程中的商业模式特点，提高担保体系和产品的恰当运用；推进多层次的中小企业担保体系建设。

扩大具有稳定物流和现金流的科技型中小企业信用贷款、应收账款质押和仓单质押贷款。根据《关于支持商业银行进一步改进小企业金融服务的通知》（银监发〔2011〕59 号）精神，商业银行在支持科技型中小企业过程中，可扩大抵押、质押范围，鼓励将具有稳定物流和现金流的科技型中小微企业应收账款、仓单、知识产权、股权等纳入质押物范畴，有效扩大知识产权质押贷款规模，并推进高新技术企业股权质押贷款工作。

在银监部门和科技部门的联合推动下，国内银行进行金融创新，研究并开发了多种适应科技型企业特点的金融产品和金融服务。

（一）单一金融产品

知识产权质押贷款是一种可以有效解决科技型中小企业轻资产、缺乏固定资产抵押的金融产品。目前许多国内银行都开展了知识产权质押贷款业务。18家银行在中关村科技园区已累计发放知识产权质押贷款97.6亿元。广东省佛山市深化开展知识产权质押贷款，通过创建知识产权投融资综合试验区，吸引了8家国内外知名知识产权高端服务机构、投融资机构以及知识产权产业化项目落户，搭建起知识产权与金融资本对接平台，带动社会投资规模超过100亿元，目前共计为19家企业提供知识产权融资1.4亿元。交通银行北京市分行开展"展业通"知识产权质押贷款。江苏省无锡市、镇江市国家知识产权质押融资试点取得新进展，镇江市通过江苏银行发放知识产权质押贷款1亿元，无锡市专利权质押贷款单笔最大额度达3000万元。汉口银行、民生银行、浦发银行、光大银行等也开展了这项业务。

应收账款质押贷款和股权质押贷款也是商业银行针对科技型企业提供的较常见的金融产品。杭州银行北京分行推出针对中关村代办挂牌企业的股权质押贷款，累计为38家（次）企业发放贷款6.6亿元。交通银行北京市分行、招商银行、浦发银行、汉口银行等也都开展了这两项业务。

信用贷款和履约保证贷款也是银行开展较多的服务科技型企业的信贷产品。中关村科技园区内18家银行累计为347家企业提供了705笔信用贷款，实际发放135亿元，无一违信行为；信用保险及贸易融资试点工作进展顺利，累计为65家（次）企业提供近200亿元的信用保险和10亿元的贸易融资贷款。2011年，上海市科委与浦发银行合作，推出了基于科技小巨人（培育）企业特点的纯信用贷款产品——科技小巨人信用贷款产品（以下简称信用贷）。小巨人企业贷款上限1000万元，小巨人培育企业贷款上限500万元。目前，共有90余家企业获得5亿元贷款。2010年，上海市与浦发银行等银行和太平洋保险合作，在国内率先推出了科技型中小企业履约保证保险贷款（以下简称履约保）产品。企业在获得贷款的同时购买贷款履约保险，不需要提供任何担保或抵质押，市科委、银行和保险公司分别承担25%、30%和45%的坏账风险，贷款额度平均为300万元。交通银行苏州科技支行推出的"科贷通"、"投贷通"、"履约保证保险贷款"等科技金融创新产品深受科技企业的欢迎，仅"科贷通"业务已累计向600余家科技型中小企业发放贷款31.36亿元，其中45%的企业为首次获贷。

合同能源管理等融资产品。绿色发展是国家"十二五"规划的重要方向，更是建设"两型社会"的现实选择。中国光大银行以国家政策为导向，为推动全行对节能减排企业的进一步支持，于2010年推出了"光合动力"低碳金融服务套餐，将目标市场定位于合同能源管理（Energy Management Contract，EMC）、清洁发展机制（Clean Development Mechanism，CDM）及绿色权益三大低碳经济领域：①建立绿色信贷机制。②租赁融易贷，是光大银行建立以设备生产商和租赁公司为主体的风险共担平台，通过授信支持租赁公司项下科技型中小企业的发展，并以设备回购等风险缓释手段保障授信安全及业务的可持续性，并同时推动核心企业、租赁公司及科技企业群体的发展。③支票易，是光大银行根据企业结算流水情况事先给予企业不高于200万元的小额授信，专项用于企业资金结算过程中临时性资金需求。本款金融产品已在全国范围内推广，更适于产品和技术有市场，且轻资产的科技型中小企业。

（二）金融组合信贷产品

很多银行根据企业的行业特点及发展阶段，设计了包含多种金融产品的组合信贷。比较典型的组合信贷产品包括：

上海的"3＋X"科技信贷产品体系。2012年，针对不同成长阶段企业的需求，上海市联合银行开发形成了完整的"3＋X"科技信贷产品体系。"3"即微贷通（创新基金项目企业贷款）、履约保

（履约保证保险贷款）和信用贷（科技小巨人信用贷款）三大核心科技信贷产品，分别覆盖初创期、成长早中期、成长中后期科技企业的融资需求，"X"即融资租赁、出口信用保险融资、知识产权质押融资、信用互助等产品，用以满足企业个性化融资需求。

招商银行初步开发了三大系列的科技类融资产品，以满足不同科技型中小企业的融资需求，主要包括：①基础系列，即从科技型中小企业的一般资源和普遍特征出发，通过创新担保和创新授信组织方式等手段盘活企业自有资产，基础系列产品包括订单贷、账款贷、知产贷、1＋N、自主贷等；②行业系列，即基于科技型企业所处行业的独特资源和个性特征所开发的面向特定行业的解决方案，行业系列融资产品包括文创贷、绿色贷、医药贷、教育贷等；③特色系列，即从科技型企业处于特定发展阶段的经营特征和迫切需求出发，整合银行与PE、政府、园区等第三方机构的合作资源，共同向科技型企业提供金融服务，特色系列融资产品包括投联贷、增值贷、上市贷、转化贷、补贴贷等。

交通银行北京市分行"视融通"——影视版权供应链融资服务。该服务方案包含以下产品系列：国内回购型保理业务；应收账款质押担保贷款；应收账款质押与版权质押组合担保贷款；应收账款质押、版权质押与固定资产抵押组合担保贷款；固定资产抵押贷款；版权质押贷款；信用贷款。

汉口银行的"投贷通"是专门针对科技型中小企业轻资产特点开发的融资产品。它为处在不同生长周期的科技型中小企业提供全面的综合金融服务，分为基础性融资和嵌入式融资两大系列。其中，基础性融资产品包括专利质押贷款、著作权质押贷款、信用贷款、非上市企业股权质押贷款、版权质押贷款、订单融资贷款、财政收入搭桥贷款、科技担保贷款、供应链融资等。嵌入式融资产品包括债务融资工具、三板通、创融通、贷融通、租融通、银融通。

浦发银行针对科技型中小企业的经营特征和金融诉求，整合创新融资工具——"信贷融"、"集合融"、"成长融"，为科技型中小企业提供全方位金融服务。"信贷融"是浦发银行以科技型中小企业核心特质为依托，为其量身定做的间接融资产品组合。包括订单融资、应收账款融资、保理融资、发票融资、动产质押融资、知识产权质押贷款、股权质押贷款、科技履约保险贷款等。"集合融"是浦发银行以科技型中小企业集体信用增级需求为依托，为其量身定做的集合类直接融资产品组合，包括中小企业集合票据、集合信托、集合债等。"成长融"是指浦发银行根据科技型中小企业独特成长周期和发展模式，在立足于企业未来的跨越成长需求的基础上，为企业提供综合产品组合。

二、服务创新

银行业金融机构坚持以市场为导向，以客户为中心，在服务模式上大力开拓创新。①提升服务效率。借鉴国际先进银行流程再造实践，积极推进信贷业务集中作业和服务改造，自主创新设计开发出全流程、标准作业、电子化处理的信贷业务管理系统，推动金融服务趋于标准化、专业化、批量化、信息化。②创新服务体制。设立小企业专营支行、科技型支行，强化专营机构条线管理，利用"专营机构＋专营支行"、"专营机构＋业务团队"等多种形式向基层延伸服务网点。部分商业银行深入实施管理体制改革，通过完善经营授权、业务流程、资源分配、激励约束等措施，有效提升了在大中城市和重点县域的竞争发展能力，增强了县域和新农村市场的金融支持服务能力。③创新营销方式。通过创新开展银企融资对接会，强化银企信息沟通，探索建立依托行业协会、农村专业经济组织的信贷服务模式，提升专业化服务水平。

目前，金融服务模式创新主要有：

（一）引入科技专家，提高银行对科技型企业的服务能力

在科技部和银监会联合指导和大力支持下，中国银行业协会依靠工商银行数据中心的技术支持，开发完成了中国银行业科技专家选聘系统。系统共收纳了 2695 名由科技部推荐、银监会初步审核通过的、全国性的、覆盖宽泛专业领域的、懂技术懂市场的科技专家，在银行面向科技型中小企业进行贷款审批出现科技困难时，这些专家可提供强大的专业指导和技术咨询服务。该系统以科技创新技术审核、技术成果转化、科技型专利实用价值咨询等为切入点，增强科技资源和金融资源的结合，在提高银行贷款科学性和银行风险防范能力的同时，提升银行对科技型企业扶持的积极性和支持力度。

科技专家选聘系统是银行业支持科技进步与创新、支持科技型中小企业的创业与发展的行业公共平台系统。中国银行业协会以此为抓手，增强银行业金融机构社会责任履行意识，推动银行业金融机构对中小企业尤其是科技型中小企业支持，逐渐完善银行业金融机构内部业务转型调整，增速银行业金融机构风险控制创新体系建设。

（二）建立科技金融专员制度

天津市建立科技金融专员制度服务科技型中小企业。按照金融机构的服务类型不同，分别从银行、信托、保理、小贷、保险、担保、证券、VC/PE、会计师事务所、律师事务所等金融机构选取工作人员作为科技金融专员，面向科技企业宣传科技金融政策，介绍科技金融创新产品，接受科技企业融资咨询，为企业提供专业化解答，提供融资顾问服务，调查解决科技企业融资所存在的问题。

上海市科委依托全市各区县科委、孵化器和部分金融机构，建立了一支 100 多人的"科技金融专员"队伍。有别于传统的服务方式，"科技金融专员"的服务体现"全覆盖"，突出"零距离"，为企业寻找合适的科技金融产品，提供量身定制的科技金融服务。同时，通过对企业实际经营情况的掌握和跟踪，大幅减少目前中小微企业融资中潜在的"道德风险"问题，提高了融资效率，降低了融资成本。

（三）联合地方政府，构建地方科技金融合作平台，整合担保公司、中介等资源

许多地方政府为了促进科技和金融结合，由政府出资成立了多家科技金融合作服务平台，目的是整合聚集包括中介机构、投资机构等在内的多种资源，解决企业与银行之间的信息不对称。比较典型的科技金融平台如下：

天津市科技金融服务中心。2012 年，天津市科委与浦发银行天津分行合作建立的天津市科技金融服务中心是科技金融综合服务机构，总建筑面积 3800 平方米，2012 年 6 月正式对外营业。中心内分别设立"银行服务区"、"综合金融服务区"、"股权投资服务区"与"路演对接服务区"，为综合性科技金融服务创造了良好的硬件条件与环境。在服务职能方面，中心集银行服务、科技企业政策咨询、项目申请、股权融资、专利融资、担保评估等多种服务职能为一体，为科技型企业提供专业化、全方位、一站式综合金融服务。

上海市科技金融支撑服务平台。上海市把建设科技金融支撑服务平台作为科技与金融结合试点方案的一项重要工作，主要针对目前科技金融支撑条件保障能力较弱，不能满足企业和金融机构需求的现状，试点工作将重点建设科技金融综合信息和信用平台。作为建设科技金融支撑服务平台的核心工作，上海市科技金融信息服务平台是由上海市科委主办、上海市科技创业中心管理，为科技型中小企业提供投融资服务的公益性服务平台，是科技资源与金融投资资源对接的有效载体，是上

海市科技金融服务体系的重要环节。平台包含信息与服务两大职能，力求解决目前中小企业融资中的关键问题——信息不对称。"信息"是在建设全市科技企业信息数据库的基础上，向科技企业发布政策资金信息、金融产品信息，向金融机构发布企业金融服务需求，向政府相关部门提供融资动态和统计研究信息；"服务"则以灵活多样的手段、线上线下结合的方式为企业提供融资申请、项目对接、项目查询服务，同时为金融机构提供专家咨询、科技企业信用评价服务。平台的服务对象既包括科技企业和金融机构，又包括政府相关部门和研究机构。

江苏省科技金融服务平台。江苏省支持鼓励地方建立科技金融服务平台和一站式服务中心。南京、无锡、常州、南通、连云港、泰州及有条件的县（市、区）和高新区均成立了科技金融服务中心。无锡市企业金融服务中心为全额拨款事业单位，专职从事企业与金融机构对接服务。泰州市科技局搭建市科技金融服务平台，设立科技企业信息库、科技企业项目库、科技企业金融需求库、专家咨询委员会三库一委员会，增强科技金融服务能力。常州市实现科技金融服务网和科技金融服务平台的两网融合，有效构建银企对接桥梁，成功帮助 21 家企业获得银行贷款约 8000 万元。此外，各地还纷纷在科技企业孵化器中设立种子资金，支持科技园区、科技企业加速器、科技企业孵化器等创新创业载体增加投融资功能，进一步加大金融资源对科技型企业的支持力度。

武汉市科技金融服务平台。①积极搭建科技和金融结合的物理平台。2011 年底，全市在整合相关资源基础上打造"光谷资本大厦"，目前，资本大厦一期二阶段改造初步完成，已聚集银行、证券、保险、股权投资基金等机构 50 余家以及股权托管交易中心、农畜产品交易所、金融资产交易所等 7 家交易所。②打造各类专业性的科技和金融结合联动平台。武汉市先后成立了"武汉金融超市"、"武汉科技金融公共服务平台"等机构，2012 年累计受理科技型企业 600 多项融资需求，对接金融机构近 1000 家，约 100 家科技型企业实现融资授信 40 亿元，实际放款约 15 亿元。③创新科技和金融结合服务新模式。武汉市科技局联合湖北省银监局，共同批准成立了武汉市科技金融创新俱乐部，依托武汉市科技金融公共服务平台，吸纳优秀的科技型企业、银行、创投、担保等机构成为会员，目前已吸纳科技型企业近 50 家，金融机构会员近 30 家。通过引导、激励、风险分担等方式，实现信息共享、激励约束、孵化做强、优胜劣汰四大功能，积极发挥银行、保险、风投、基金等金融资源的合力，为科技型企业提供高效的金融服务。

成都高新区建设科技金融合作平台，培育中介机构发展。成都高新区按照科技部科技金融应用示范工程要求，打造以"盈创动力"为核心的中小企业投融资服务平台。①坚持平台独立性，加快推进载体建设。投资 2 亿元建成 5A 级"盈创动力"大厦，总建筑面积达到 69000 平方米，已吸引 40 多家金融服务机构入驻；构建"盈创动力"远程网络投融资服务平台，已收录近 2 万家企业信息，与近 100 家投融资机构建立起战略合作伙伴关系。②强调平台公正性，持续深化服务功能。专门成立第三方投融资服务公司——成都高投盈创动力投资发展有限公司，在天使投资、担保贷款、改制服务、上市路演、数据增值服务、科技项目监理等方面提供全方位、专业型、定制化投融资解决方案，较为有效地破解了中小企业融资难题。

光大银行的科技孵化器模式。光大银行以国家级高新技术产业园区、国家级科技孵化器或其他集聚型高新科技中小企业群体等为目标市场，通过引入地方政府风险补偿基金或创投基金等风险缓释手段，以高新区、科技孵化器作为平台，针对有集聚特征的优质中小企业群体开展融资业务合作。如，深圳市已经形成 LED 半导体行业的产业集群，相关企业 700 余家，占全国的近 50%。深圳市分行通过行业协会等平台积极拓展业务，通过引入专业担保公司等方式控制风险，已成功授信该产业领先企业若干家，企业融资总额上千万元。

浦发银行"科技金融α模式"，是以契合科技型中小企业成长全程金融需求为主线，以整合全社会支持科技型中小企业发展的资源为支撑而打造的一个多方共赢、多元服务的综合金融服务平台。这个平台集科技金融专营机构、科技金融专营机制、科技金融专属产品和流程、专业的风险防范体系于一体，是针对科技型中小企业的全方位、立体化、全流程的金融服务模式。

（四）与 VC 等创业风险投资机构合作，投贷结合提供多种服务

鉴于创业风险投资机构在识别和选择早期阶段的高科技企业上具有明显的优势，许多银行都选择了和 VC、PE 等投资机构合作，建立投贷联盟，采取"先投后贷"、"先贷后投"等方式支持科技型企业融资。

交通银行北京市分行投贷一体化金融服务模式。投贷一体化服务方案是交通银行北京市分行针对北京地区高新技术产业持续快速增长，创新型、科技型企业规模不断扩大，以实现创业投资的物理聚集和业务聚集，与境内外创投机构之间建立的高效对接机制和金融服务平台。该行与创业投资机构形成深层次战略联盟，充分发挥各自的优势，将间接融资和直接融资相结合，在客户资源共享、优先授信支持、开户结算、宣传合作和产品研发等领域进行全面合作，构建起商业银行与投资机构长期合作的有效途径，向中小企业提供全流程、多角度的金融服务。

光大银行的 PE 模式。PE 模式是光大银行通过与国家级高新技术产业园搭建融资合作平台，为区内企业发放股权按揭贷款，由指定 PE 或 VC 在企业上市后行使认股权，并由园区政府提供认股权贷款风险补偿的融资模式。

"投贷融"是浦发银行以科技型中小企业的股权融资需求为依托，为其量身定做的股债结合产品组合，包括为引入直接股权融资的项目提供对接服务、投贷联动服务。项目对接服务是指浦发银行依托与股权投资基金的良好合作关系及对科技型企业融资需求的深入理解，搭建起企业客户和股权投资基金的桥梁，根据科技型企业经营的行业、所处生命周期、未来发展规划等情况，帮助企业选择合适的股权投资基金，协助企业尽职调查及推进投资进程，并配套相应的金融服务支持，提高科技型企业引入直接股权融资的成功率和运作效率。投贷联动服务是指浦发银行与股权投资基金结成战略同盟，在股权投资基金投资或承诺投资的前提下，浦发银行以债权形式为科技型企业提供融资支持，形成股权投资和银行债权融资之间的联动，通过股债结合的模式拓宽科技型企业的融资渠道。

民生银行深圳分行利用创投机构集聚发展的平台优势，一方面，在对创投机构的综合实力进行全面评判的基础上，优选核心创投机构，以其持有的科技企业上市公司股权为质押提供综合授信，提高创投机构的杠杆水平；另一方面，对于创投机构直接投资的部分科技企业，银行结合企业的核心竞争力和管理的规范程度、创投机构提供的企业培植（上市）计划等因素，按照企业未来的规模和前景核定中长期额度，分阶段予以支持。

长春市推广"政+投+保+银"模式，建立金融要素联动机制。以高新区政策性科技计划立项资助，引导股权投资机构跟投，促进信贷资金跟进，在"政+投+保+银"模式成功案例的基础上，与金融机构深度合作，在高新区建立起信贷机构、股权投资机构、担保公司联合业务机制，包括联动的项目筛选、评审、风险防范和利益分享机制，提高对企业资金投放能力和风险管理能力。

交通银行苏州科技支行比照"硅谷银行"模式，进行本土化创新，创建"科技+金融"的"苏州模式"，建立起"政府+银行+担保+保险+创投"的业务发展模式，即政府出台对科技支行的扶

持政策，科技支行对科技型中小企业提供"低门槛、低利率、高效率"的贷款，专业担保公司等机构对科技型中小企业实行优惠的担保措施，保险公司对银行贷款设计专门的信用保险产品，创投、风投公司和银行合作进行银投联贷。同时，陆续推出"投贷通"、"履约保证保险贷款"、"基金宝"、"股权质押"、"农贷通"、"合同能源管理"等业务品种。

（五）建立和完善科技企业信用评价体系

建立适合科技型企业的信用评价体系，对于促进银行提供贷款支持非常重要。目前，很多商业银行联合地方科技部门，建立和完善科技型企业，尤其是中小科技型企业的信用评价体系。

武汉市科技局联合中国人民银行武汉分行营管部、武汉东湖高新区等共同开展科技企业信用评级工作，成立了武汉东湖企业信用促进会，对参与信用评级的信用促进会会员企业补贴50%的信用评级费用，对按期还本付息的试点企业按照基准利率给予20%~35%的贷款贴息，对试点银行给予3‰~5‰的贷款补贴，对担保机构给予5‰的担保补贴，对银行信用贷款损失给予本金30%的补贴，对担保机构给予损失本金20%的风险补偿等。

成都高新区正在积极依托中国人民银行企业征信系统和四川省中小企业信用信息辅助查询系统，整合科技型中小企业的科技、质检、工商、税务、融资等信息，建立科技型中小企业信用信息数据库，为政府部门、金融机构、担保公司、投资机构等部门提供信息查询服务。在建立和完善科技型中小企业数据库的基础上，通过信用创建、信用评级、信用对接、信用宣传，进一步提升科技型企业的信用意识和信用水平，优化科技金融信用环境。

上海市制定和实施上海市科技企业信用体系建设方案。通过信息化方式，整合本市政府项目、税务、工商等信息，收集企业信用信息，建立科技型企业信用评价模型，并将科技型企业信用评价结果用于科技企业立项、融资等方面。

三、趋势与展望

（1）建立更加合理有效的科技信贷风险补偿机制，吸引更多的社会资金建立专项风险基金池，对科技金融专营机构的业务风险进行分担或补偿，提高财政资金的使用效率，为早期阶段的科技型中小企业提供更好的信贷融资服务。

（2）加大对科技金融专营机构建设的支持力度，积极鼓励位于国家级高新技术产业开发区的银行网点、在科技型企业或创新型成长企业的开拓服务方面具备一定经验和优势的银行网点、具备良好业务创新和产品创新能力的银行网点转型为科技支行；提升现有科技支行为科技分行。

（3）推动银行进行金融产品和服务创新，为各个阶段的科技型企业提供贷款服务。

（4）进一步促进银行与中介机构、投资机构、技术交易所的合作，充分发挥这些机构在银行和科技型中小企业之间的信息交流作用，提高银行的积极性。

（5）探索建立合理的科技信贷人员激励和评价制度，提高银行员工的积极性。

（6）推进科技创新企业信用评价体系建设，促进科技金融健康发展。

（本章摘编：李希义）

参考文献

[1] 朱鸿鸣，赵昌文，姚露，付剑峰. 中美科技银行比较研究——兼论如何发展我国的科技银行. 科技进步与对

策，2012（5）.

［2］朱鸿鸣，赵昌文，李十六，付剑峰.科技支行与科技小贷公司：谁是较优的"科技银行"中国化模式?.中国软科学，2011（12）.

［3］李希义.当前国内科技银行的发展现状和问题思考.中国科技投资，2011（2）.

［4］2012年促进科技和金融结合试点工作经验交流会地方总结材料.

第五章　多层次资本市场

第一节　股票市场科技板块

经过多年发展，我国多层次资本市场体系逐渐形成了由中小板、创业板和场外交易市场构成的科技创新含量较高的科技板块。截至 2011 年底，中小板市场挂牌上市公司数量达到 639 家，创业板市场挂牌上市公司数量达到 281 家，总上市中小企业数达到 920 家，其中高新技术企业占比约75.33%，大批上市企业属于战略性新兴产业。科技板块促进科技型中小企业实现了跨越式发展，促进了科技成果的转化和产业化，有效地推动了战略性新兴产业的培育和发展。

截至 2011 年底，中小板、创业板上市公司平均营业收入增长率分别为 22.83% 和 26.27%，总体较 2010 年增长 19.97%，净利润增长率分别为 8.89% 和 12.84%，总体同比增长 6.90%。其中，83.28% 的上市公司实现营业收入增长，63.19% 的上市公司实现净利润增长。上市公司净资产收益率为 11.54%，与 2010 年基本持平，总体资产收益情况良好，如表 5-1 所示。

表 5-1　2011 年上市公司总体业绩情况

单位：%，元

板　块	平均营业收入增长率	平均净利润增长率	净利润增长率（剔除金融行业）	扣除非经常损益后净利润增长率（剔除金融行业）	平均每股收益	净资产收益率	平均销售毛利率
主板	15.76	4.98	6.06	-2.74	0.41	11.64	18.22
中小板	22.83	8.89	8.41	5.66	0.52	11.92	22.46
创业板	26.27	12.83	12.83	10.99	0.53	9.53	35.22
全部公司	17.97	6.90	7.42	1.55	0.45	11.54	19.93

一、助力战略性新兴产业持续发展

根据深圳证券信息公司发布的战略性新兴产业指数统计，截至 2012 年 4 月 30 日，在公布 2011年年报的 1429 家上市公司中，属于战略性新兴产业上市公司达到 477 家，占全部上市公司总数的33.38%，比 2010 年上升 4.46 个百分点，其中 2011 年新增 95 家。这些公司主要集中于中小板和创业板，其中中小板 214 家，创业板 180 家，占上述板块上市公司总数的比例分别为 32.77% 和61.64%。

2011 年战略性新兴产业上市公司募集资金 846.43 亿元，占 2011 年深圳证券交易所上市公司募集资金总额的 19.82%，2011 年累计投入募集资金 824.22 亿元用于项目建设。资本市场科技板块为战略性新兴产业发展提供了有力的支撑。以创业板为例，2011 年，已披露固定资产投资数据的 102 家创业板战略性新兴产业上市公司累计完成固定资产投资 62.41 亿元，同比增长 45.08%。

从行业来看，2011 年，158 家新一代信息技术行业上市公司的募集资金占所有战略性新兴产业上市公司的 24.9%，其次是新能源行业、节能环保产业和生物产业，占比分别为 18.57%、17.82% 和 15.28%，四个行业占比合计为 76.57%。

从板块来看，创业板市场科技含量更高，大多数公司属于战略性新兴产业范畴。创业板上市公司主要集中于电子信息技术、环保、新材料、新能源、高端制造、生物医药等战略性新兴产业，具有相对较高的研发投入比例，一定程度上有利于维持较高的销售毛利率。2011 年，创业板上市公司平均毛利率达 35.22%，显著高于主板市场和中小板市场，表现出较强的盈利能力。其中，乐普医疗、汇川技术、碧水源等 12 家公司净利润已经超过 2 亿元。大多数创业板上市公司所在的子行业在产业链、价值链中已处于较为有利的地位，61% 分布在相关产业链中游，另有 23% 处在上游，这与现阶段我国企业群体的国际比较优势集中在"制造环节"是吻合的。在价值链上，90% 的企业处在相关产业链的中、高端位置，其中 46% 的企业在相对高端位置，体现了中国企业群体正沿着国际分工体系的价值链向上位移。值得注意的是，约 47% 的创业板上市公司是所属子行业在国内的开拓者。开拓者的地位赋予了这批公司长期的市场优势，它们绝大多数也成为了行业内的"龙头"。在七大战略性新兴产业中，中、高端企业占比分别为 49% 和 64%。

二、积极推动高新技术企业发展

截至 2011 年底，具备高科技含量、高成长性特征的高新技术企业在中小板市场、创业板市场中占据重要地位，数量分别达到 423 家和 270 家，占比分别为 66.20%、96.09%（见图 5-1）。在资本市场的助力下，高新技术企业进入跨越发展的"高速通道"，近三年净利润年增长率达 20% 以上，部分高新技术企业已成为新兴产业领域内的领军者。

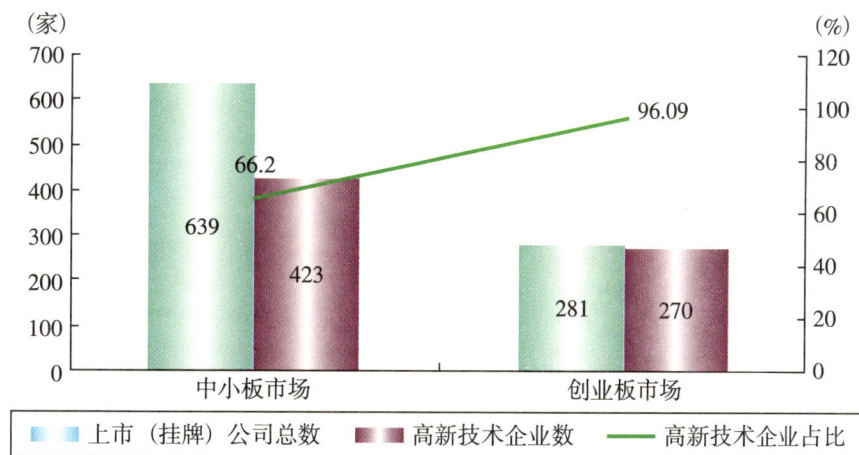

图 5-1 资本市场科技板块高新技术企业数量及占比情况（2011）

截至 2011 年底，中小板市场和创业板市场高新技术企业累计获得发明专利 20820 项，实用新型专利 44871 项，外观设计专利 23643 项，分别占深圳证券交易所全部上市公司专利总数的 88.28%、80.25% 及 79.65%。平均每家公司获得 24 项发明专利，52 项实用新型专利，27 项外观设计专利，均超过我国上市公司的总体平均水平（分别为 6.5 项、39 项和 21 项），充分体现出自主创新主力军的作用。特别是，2011 年是高新技术上市公司专利的丰收年，近半的发明专利和实用新型专利、超过 1/3 的外观设计专利均来自 2011 年，全年共获得 10101 项发明专利、21600 项实用新型专利及 9041 项外观设计专利，高新技术上市公司研发及创新能力获得较大提升，有助于创新型国家战略的实施。

三、上市公司研发投入显著提高

2011 年，中小板和创业板上市公司研发支出金额合计 992.30 亿元，平均每家 0.69 亿元，较 2010 年增加 27.73%。其中，研发投入占营业收入比例超过 5% 的有 266 家，占全部上市公司的 18.61%，较 2010 年略有上升。研发强度较高的上市公司主要集中于中小板市场和创业板市场，在上述 266 家公司中，中小板市场和创业板市场分别有 124 家和 119 家。就板块平均水平而言，创业板研发支出占营业收入比重居首，达到 5.04%，显著高于中小板市场的 2.53% 和主板市场的 3.05% 水平。

战略性新兴产业及国家级高新技术上市公司成为多层次资本市场研发投入的主力军。2011 年，477 家战略性新兴产业上市公司贡献了 456.46 亿元的研发投入，同比增长 30.76%，增幅高出平均水平 3 个百分点，其中新能源汽车行业、新能源行业、节能环保产业及高端装备制造业上市公司研发投入增速均超过 35%。战略性新兴产业上市公司研发支出占多层次资本市场全部上市公司研发投入比重的 46%，较 2010 年上升 1 个百分点。2011 年，862 家国家级高新技术上市公司共投入 752.26 亿元研发资金，同比增长 29.13%，增幅高出平均水平 1.4 个百分点。高新技术上市公司研发支出占多层次资本市场全部上市公司研发投入比重的 75.81%，较 2010 年上升 0.82 个百分点。

四、促进创业风险投资行业健康发展

2011 年，中小板市场新上市 115 家企业，低于 2010 年的 204 家，其中有 73 家上市公司获得创业风险投资机构 212 笔投资。总体来看，2011 年中小板市场新上市公司数量相对 2010 年明显减少，但是创业风险投资支持上市公司比例却显著增强，2010 年中小板市场新上市企业中 56.37% 获得了创业风险投资支持，而 2011 年这一比例提高至 63.48%，如表 5-2 所示。

表 5-2　中小板创业风险投资机构投资企业情况（2011）

	数量（家）	平均首发数量（万股）	平均募集资金（亿元）	平均超募资金（亿元）	创投机构平均持股价值（亿元）	平均首发市盈率（倍）	年平均净资产收益率（%）
国有创投投资企业	12	3177	7.97	3.94	3.51	43	33.17
民资创投投资企业	70	3510	8.39	3.87	1.78	43	30.86
外资创投投资企业	3	4517	14.63	7.40	11.74	54	30.28
有创投参与的企业	73	3506	8.49	3.97	2.04	43	31.82

资料来源：根据 Wind 数据库整理而成。

同期，创业板市场新上市 128 家企业，高于 2010 年的 117 家，其中有 78 家上市公司获得创业风险投资机构 194 笔投资。总的来看，2011 年由于创业板市场新上市公司数量的进一步增长，创业风险投资增长较快。相比 2010 年，被投资企业平均募集资金同比下降 25.37%，而创业风险投资机构平均持股价值同比下降 24.27%，主要原因是创业板上市公司首发市盈率大幅回落，如表 5-3 所示。

表 5-3　创业板创业风险投资机构投资企业情况（2011）

	数量（家）	平均首发数量（万股）	平均募集资金（亿元）	平均超募资金（亿元）	创投机构平均持股价值（亿元）	平均首发市盈率（倍）	平均净资产收益率（%）
国有创投投资企业	11	3392	9.91	5.60	3.24	71	26.91
民资创投投资企业	75	2253	6.32	3.32	1.41	56.32	33.63
外资创投投资企业	4	2878	7.90	4.72	2.97	55	37.84
有创投参与的企业	78	2336	6.50	3.37	1.56	55.99	33.35

从行业来看，2011 年创业风险投资机构投资中小板市场上市公司行业分布与 2010 年相比没有明显变化，机械设备制造及化工行业依然是创业风险投资机构投资中小板市场上市公司的重要领域。相比较，创业板市场中，投资医药生物行业占比从 2010 年的 8% 上升到 14.10%，而电子元器件、信息服务、信息设备等 IT 行业占比依然较高，达 30% 左右，如图 5-2、图 5-3 所示。

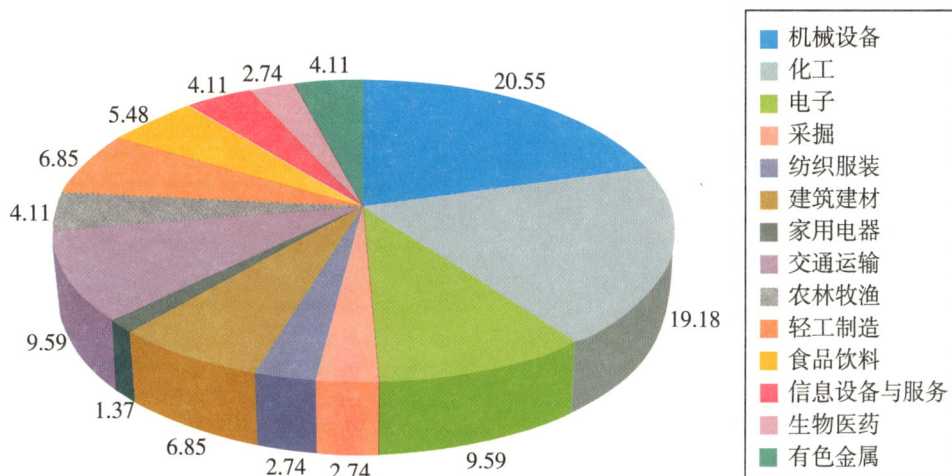

图 5-2　中小板创业风险投资机构投资企业行业分布（2011）（单位：%）

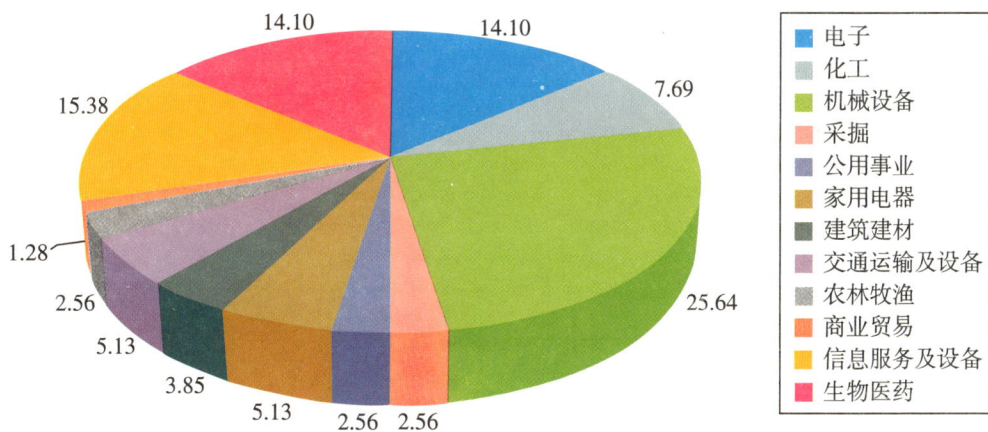

图 5-3　创业板创业风险投资机构投资企业行业分布（2011）（单位：%）

五、场外交易市场推进科技企业协同发展

自 2006 年我国建立证券公司代办股份转让系统以来，经过多年的发展，我国场外交易市场进入了加速发展阶段。2012 年 8 月 3 日，中国证监会宣布，扩大非上市股份公司股份转让试点，除北京中关村科技园区外，新增上海张江高新技术产业开发区、武汉东湖新技术产业开发区、天津滨海高新区三个国家级高新区。2012 年 9 月 7 日，扩大试点合作备忘录签署暨首批企业挂牌仪式在京举行。来自北京中关村、天津滨海、上海张江和武汉东湖四家高新技术园区的 8 家公司集体挂牌。2012 年 9 月 20 日，全国中小企业股份转让系统有限责任公司正式在国家工商总局登记注册，全国场外市场运管机构正式成立。2012 年 10 月 11 日，中国证监会发布《非上市公众公司监督管理办法》，将于 2013 年 1 月 1 日起正式实施，在全国场外市场的挂牌公司将纳入非上市公众公司统一监管范畴。

截至 2012 年 12 月底，园区公司累计挂牌 193 家，其中 90% 以上的企业具有高新技术企业资格，涵盖了信息技术、先进制造、生物制药、新材料、文化传媒等新兴产业。挂牌公司总股本 54.53 亿股，平均股本 2900 万股。试点以来，累计成交 4.76 亿股，成交金额 25.72 亿元。在试点过程中，探索建立了适应中小企业融资需求的定向增资制度，具有小额、快速、按需融资、可不定期融资等特点。试点以来，共 43 家挂牌公司完成 53 次定向增资，融资额 22.82 亿元。

非上市股份公司股份转让试点对挂牌企业支持作用明显，一批具有较强自主创新能力的挂牌公司在经济周期较大波动和产业结构转型升级中表现出良好的成长性和市场空间。2012 年上半年，125 家挂牌公司合计实现营业收入 594368 万元，同比增长 22%；加权平均每股收益为 0.09 元，同比增长 24%。自开始试点以来，共 50 家公司进行了现金分红，累计派现 6.25 亿元；7 家公司实现首发上市，其中 1 家在中小板上市，其余 6 家在创业板上市；场外市场"孵化器"与"蓄水池"的作用日益显现。

非上市股份公司股份转让试点为园区公司提供了有序的股份转让平台，方便了创业资本的退出，对创投机构和战略投资者的吸引和聚集效应明显。各类创投机构通过定向增资参与挂牌企业的热情高涨，截至 2012 年 2 月底，共有 72 家创投机构参与 26 家挂牌公司的定向增资，投资额 8.3 亿元。随着部分挂牌公司成功上市，创投机构获得了良好的收益。

总体来说，中国由中小板、创业板和非上市股份公司股份转让系统构建形成的权益市场科技板块，集聚了具有高成长性、高科技含量的优秀科技型中小企业，促进了科技成果转化和产业化，推动了战略性新兴产业的培养和发展，成为中国未来新兴经济增长点的风向标。

第二节 债券市场支持中小企业情况

一、我国债券市场总体情况

（一）债券发行

作为金融市场重要组成部分的债券市场，2011年继续保持健康发展态势，当年债券总发行量为78196.79亿元，通过发挥积极的直接融资功能，有效地服务了我国经济建设和社会发展。

表5-4 我国债券发行总体情况（2006~2011）

单位：亿元

年　　度	2006	2007	2008	2009	2010	2011
国债	9850.00	23599.48	8615.00	16418.10	17881.90	15417.59
地方政府债	—	—	—	2000.00	2000.00	2000.00
央行票据	36522.70	40571.00	42960.00	38240.00	42350.00	14140.00
政策银行债	8996.00	10945.90	10811.30	10677.50	12424.70	19071.80
商业银行债	393.00	486.20	250.00	165.00	10.00	386.50
商业银行次级债券	132.00	336.50	724.00	2681.00	919.50	3132.00
保险公司债	—	—	11.00		80.00	430.00
证券公司债	15.00	—	—	—	—	44.00
其他金融机构债	30.00	150.00	—	225.00	50.00	10.00
一般企业债	615.00	1096.30	1566.90	3247.18	2821.20	2471.30
集合企业债	—	13.05		5.15	5.83	14.18
公司债	—	112.00	288.00	734.90	511.50	1291.20
一般中期票据	—	—	1737.00	6900.00	4924.00	8133.70
集合票据	—	—		12.65	46.57	66.23
一般短期融资券	2919.50	3349.10	4338.50	4612.05	6742.35	8072.30
超短期融资债券					150.00	2090.00
证券公司短期融资券						
国际机构债	8.70	—	—	10.00	—	—
政府支持机构债	400.00	600.00	800.00	1000.00	1890.00	1000.00
资产支持证券	163.84	178.08	302.01	—		12.79
可转债	43.87	106.48	77.20	46.61	717.30	413.20
可分离转债存债	99.00	188.80	632.85	30.00	—	—
合计	60188.61	81732.89	73113.76	87005.14	93524.85	78196.79

资料来源：Wind资讯。

企业融资在债券市场中的比重逐渐提高。企业债券（包括一般企业债、集合企业债、公司债、一般中期票据、集合票据、一般短期融资券、超短期融资债券）占债券市场总发行额的28.31%，如图5-4、图5-5所示。

（亿元）

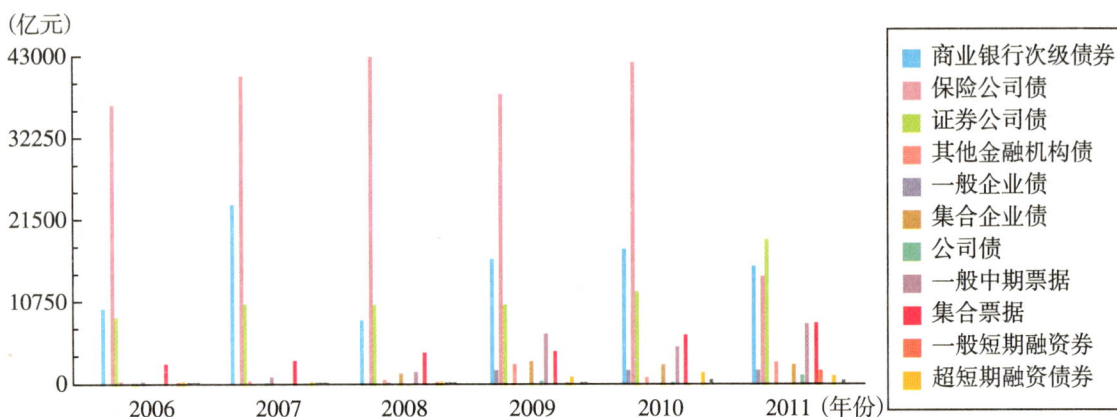

图 5-4　我国债券发行量（按债券种类分）（2006~2011 年）

注：为分析直观简便，此图剔除国债、地方政府债、央行票据、政策银行债、商业银行债、证券公司短期融资券、国际机构债、政府支持机构债、资产支持证券、可转债、可分离转债存债。

资料来源：Wind 资讯。

（%）

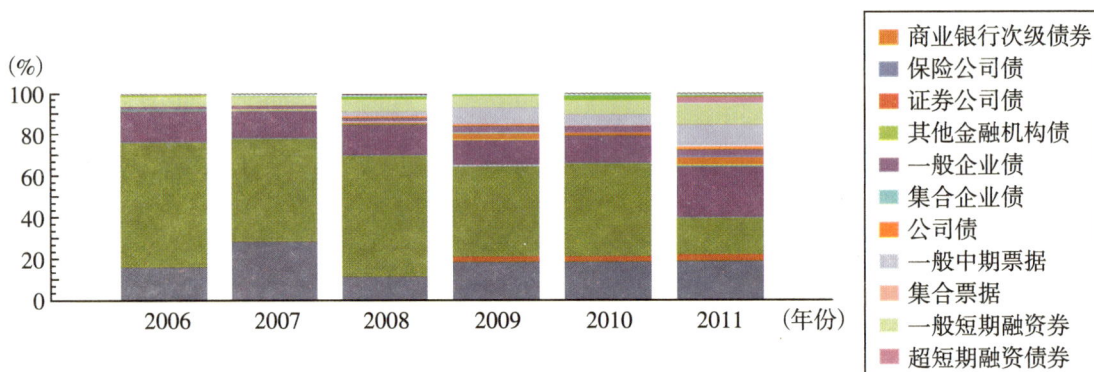

图 5-5　我国债券发行结构（按债券种类分）（2006~2011 年）

注：为分析直观简便，此图剔除国债、地方政府债、央行票据、政策银行债、商业银行债、证券公司短期融资券、国际机构债、政府支持机构债、资产支持证券、可转债、可分离转债存债。

资料来源：Wind 资讯。

从债券发行的行业看，银行、资本货物、运输、公用事业、能源、材料等行业无论是发行数量还是融资金额均较为突出，如表 5-5 所示。

表 5-5　债券发行按行业分类（2011）

行业名称	发行数	发行数占比（%）	发行金额（亿元）	发行金额占比（%）
银行	139	8.99	22590.30	48.45
资本货物	395	25.55	4877.41	10.46
运输	159	10.28	4446.20	9.54
公用事业Ⅱ	167	10.80	4325.90	9.28
能源Ⅱ	102	6.60	3069.80	6.58
材料Ⅱ	219	14.17	3009.10	6.45
多元金融	76	4.92	993.59	2.13
电信服务Ⅱ	9	0.58	724.00	1.55
保险Ⅱ	6	0.39	430.00	0.92
零售业	33	2.13	321.00	0.69
耐用消费品与服装	42	2.72	304.00	0.65
汽车与汽车零部件	28	1.81	259.00	0.56
食品、饮料与烟草	42	2.72	252.00	0.54
房地产	16	1.03	219.00	0.47

行业名称	发行数	发行数占比（%）	发行金额（亿元）	发行金额占比（%）
制药、生物科技与生命科学	29	1.88	185.50	0.40
消费者服务Ⅱ	19	1.23	166.50	0.36
技术硬件与设备	22	1.42	154.40	0.33
食品与主要用品零售Ⅱ	9	0.58	89.00	0.19
半导体与半导体生产设备	12	0.78	77.00	0.17
商业和专业服务	7	0.45	59.50	0.13
媒体Ⅱ	12	0.78	56.00	0.12
软件与服务	3	0.19	12.00	0.03

资料来源：Wind 资讯。

从债券发行的区域看，北京市、广东省、上海市、江苏省、浙江省位居债券发行量前五位，如表 5-6 所示。

表 5-6　债券发行按地域分类（2011）

地　区	发行数	发行数占比（%）	发行金额（亿元）	发行金额占比（%）
北京市	407	26.16	35255.90	72.53
广东省	134	8.61	1740.39	3.58
上海市	78	5.01	1724.50	3.55
江苏省	119	7.65	1099.98	2.26
浙江省	103	6.62	871.30	1.79
山东省	80	5.14	774.00	1.59
福建省	41	2.63	644.00	1.32
辽宁省	47	3.02	589.80	1.21
安徽省	41	2.63	555.50	1.14
河北省	40	2.57	541.70	1.11
山西省	36	2.31	500.50	1.03
陕西省	28	1.80	373.30	0.77
河南省	38	2.44	369.70	0.76
湖北省	29	1.86	347.60	0.72
四川省	48	3.08	344.50	0.71
天津市	20	1.29	314.00	0.65
甘肃省	18	1.16	272.00	0.56
内蒙古自治区	20	1.29	261.00	0.54
重庆市	27	1.74	257.00	0.53
新疆维吾尔自治区	35	2.25	254.20	0.52
广西壮族自治区	27	1.74	249.60	0.51
湖南省	29	1.86	245.70	0.51
云南省	24	1.54	238.50	0.49
江西省	26	1.67	188.00	0.39
黑龙江省	16	1.03	145.24	0.30
吉林省	14	0.90	123.00	0.25
海南省	9	0.58	118.00	0.24
青海省	8	0.51	83.00	0.17
贵州省	9	0.58	71.50	0.15
宁夏回族自治区	4	0.26	43.00	0.09
西藏自治区	1	0.06	10.00	0.02

资料来源：Wind 资讯。

（二）债券存量与托管

截至 2011 年底，我国债券市场总存量 22.43 万亿元。从债券数量看，中期票据和企业债占比较多，两者合计 48.65%；从债券票面总额看，国债和金融债占比较多，两者合计 65.00%，如表 5-7 所示。

表 5-7　我国债券市场债券存量（截至 2011 年 12 月 31 日）

类　别	债券数量（只）	债券数量比重（%）	票面总额（亿元）	票面总额比重（%）
国债	218	6.27	72984.54	32.54
地方政府债	76	2.19	6000.00	2.68
央行票据	81	2.33	19420.00	8.66
金融债	516	14.84	72796.16	32.46
政策银行债	320	9.20	62399.66	27.82
商业银行债	28	0.81	1221.50	0.54
商业银行次级债券	128	3.68	8108.00	3.62
保险公司债	14	0.40	481.00	0.21
证券公司债	3	0.09	59.00	0.03
其他金融机构债	23	0.66	527.00	0.23
企业债	811	23.32	13179.94	5.88
一般企业债	804	23.12	13151.78	5.86
集合企业债	7	0.20	28.16	0.01
公司债	172	4.95	2926.60	1.30
中期票据	881	25.33	20662.65	9.21
一般中期票据	845	24.30	20556.70	9.17
集合票据	36	1.04	105.95	0.05
短期融资券	605	17.40	8351.30	3.72
一般短期融资券	599	17.22	7901.30	3.52
超短期融资债券	6	0.17	450.00	0.20
国际机构债	4	0.12	40.00	0.02
政府支持机构债	52	1.50	5810.00	2.59
资产支持证券	24	0.69	69.22	0.03
可转债	19	0.55	1162.88	0.52
可分离转债存债	19	0.55	871.15	0.39
合计	3478	100.00	224274.44	100.00

资料来源：Wind 资讯。

截至 2011 年底，全国债券市场总托管量达 22.3 万亿元，比 2010 年末增加 1.46 万亿元，增幅为 6.5%。[①] 其中，银行间债券市场托管面额 21.20 万亿元，比 2010 年末增长 7.5%；交易所托管面额（包含公司债、可转债和可分离可转债）8428.4 亿元，比 2010 年末增长 34%；商业银行国债柜台市场托管面额为 2287.99 亿元，比 2010 年末增长 33.27%。

（三）债券交易

2006~2011 年，我国债券市场交易不断活跃，尤其是企业债、公司债、中期票据交易量呈不断上升趋势，如表 5-8、图 5-6 所示。

2011 年，银行间债券市场交易结算量为 180.6 万亿元，同比上涨 10.43%。其中，现券交易结算量为 68.35 万亿元，与 2010 年基本持平；回购交易结算量为 112.15 万亿元，同比上涨 18.31%；债券远期交易结算量为 1081.4 亿元；债券借贷额为 0.3 亿元。现券交易市场占比和回购交易市场占

---

① 中国人民银行上海总部《中国金融市场发展报告》编写组. 2011 年中国金融市场发展报告 [M]. 中国金融出版社，2012.

表 5-8　债券交易成交量（2006~2011）

单位：亿元

年　度	2006	2007	2008	2009	2010	2011
国债	13336.44	21751.59	36622.68	40101.84	75612.60	85679.48
地方政府债	0	0	0	1124.68	1965.58	6559.83
央行票据	41640.22	86063.22	225618.20	139735.61	173168.58	117984.09
金融债	32164.14	31754.86	70290.36	178672.91	216932.32	191211.66
企业债	3911.37	4046.96	5482.94	20239.54	40124.24	49357.58
公司债	0	3.4	329.79	347.51	477.28	610.05
中期票据	0	0	6068.34	59516.92	84769.00	122829.10
短期融资券	10618.52	11668.11	23444.92	25156.88	38581.29	51238.67
国际机构债	74.05	15.97	0.69	2.91	6.43	238.6
政府支持机构债	264.16	274.75	1039.52	2772.59	3006.81	4306.33
资产支持债券	0.18	0	2.82	15.43	11.08	0.89
可转债	270.63	407.16	435.55	632.2	1370.68	2114.12
可分离债	63.22	189.01	1007.37	559.68	445.29	426.07
债券成交总额	102342.94	156175.02	370343.19	468878.70	636471.18	632556.46

资料来源：Wind 资讯。

比分别为 37.65% 和 62.34%。

　　从现券交易的券种结构看，信用类债券交易结算量占比最高，比重达到 38.32%，交易结算量同比增长 32.45%；政策性银行债券交易结算量同比减少 10.66%，占现券交易结算总量比重下降至 29.18%；中央银行票据交易结算量占比 18.4%，交易结算量同比减少 30.66%；政府债券交易结算量在 2010 年大幅增加的基础上进一步放大，同比增长 18%，交易结算量占比 13.71%。

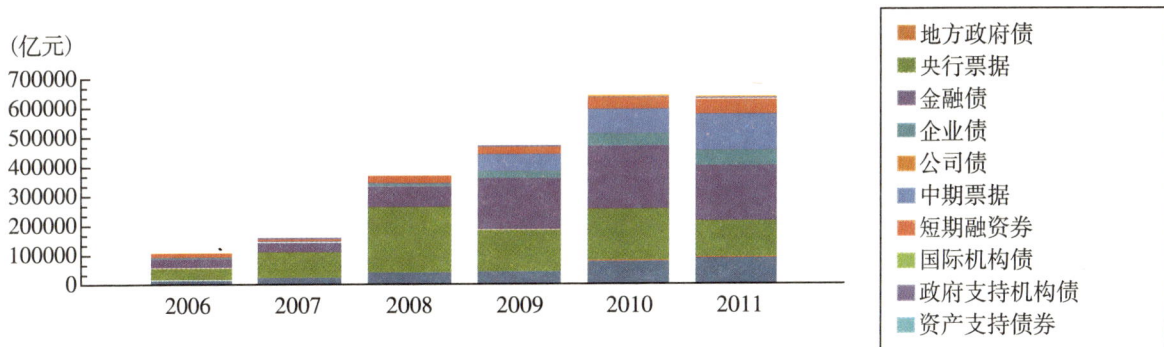

图 5-6　我国债券交易成交量（2006~2011）

资料来源：Wind 资讯。

　　2011 年，银行间市场债券平均换手率达 322.24%。其中，短期融资券与中期票据流动性最为良好，周转率分别为 1041.36% 和 725.14%；其余依次为国际机构债券、中央银行票据、集合票据、企业债和政策性银行债，周转率分别为 629.5%、585.7%、498.83%、332.27% 和 305.19%。

二、债券市场支持中小企业情况

（一）债券市场积极支持中小企业融资

　　2011 年，中小企业的融资状况更加严峻，为了支持中小企业融资，债券市场的创新举措不断推出。中国银监会 2011 年下发了《关于支持商业银行进一步改进小企业金融服务的通知》，其中明确提出，对小企业贷款余额占企业贷款余额达到一定比例的商业银行，优先支持其发行专项用于小企业贷款的金融债券。该通知下发后，有多家商业银行开始积极筹划发放专项用于小微企业的金融债券。①

除了小微企业专项金融债券的推出及之前推出的主要针对中小企业融资的集合票据外，在中国人民银行的指导下，中国银行间市场交易商协会又试点推出了区域集优融资模式下的中小企业集合票据。此种融资工具将一定区域内具有核心技术、产品具有良好前景的中小非金融企业，通过政府设立专项偿债基金和引入担保公司等措施，在银行间债券市场发行中小企业集合票据的方式融资。由于有政府遴选和担保，可以将低信用等级但符合国家产业支持政策的优秀中小企业引入银行间市场，有利于拓宽市场发行主体的范围，同时还能分散风险，降低中小企业融资成本。

（二）集合企业债拓宽中小企业融资渠道

中小企业集合债券是指通过牵头人组织，以多个中小企业所构成的集合为发债主体，发行企业各自确定发行额度并分别负债，使用统一的债券名称，统收统付，向投资人发行的约定到期还本付息的一种企业债券形式。它是以银行或证券机构作为承销商，由担保机构担保，评级机构、会计师事务所、律师事务所等中介机构参与，并对发债企业进行筛选和辅导以满足发债条件的新型企业债券形式。这种"捆绑发债"的方式，打破了只有大企业才能发债的惯例，开创了中小企业新的融资模式。

2007~2011年，我国总发行集合债券8只，总融资额38.21亿元，票面利率算术平均值为6.045%。其中，2007年发行2只集合债，融资额13.05亿元；2009年发行1只集合债，融资额5.15亿元；2010年发行2只集合债，融资额5.83亿元；2011年发行3只集合债，融资额14.18亿元，如表5-9所示。

表5-9　我国集合债券发行情况（2007~2011）

名称	发行总额（亿元）	期限（年）	票面利率（%）	债券信用评级	上市日期	发行人	交易市场	交易状态
07深中小债	10	5	5.70	AAA	2007-11-29	深圳市远望谷信息技术股份有限公司等20家企业	银行间债券市场	已到期
07中关村债	3.05	3	6.68	AAA	2008-1-21	中关村高新技术中小企业	深圳证券交易所	已到期
09大连中小债	5.15	6	6.53	AA+	2009-5-19	大连市中小企业	银行间债券市场 深圳证券交易所	未到期
10武中小债	2	3	4.66	A+	2010-5-13	武汉市中小企业	银行间债券市场	未到期
10中关村债	3.83	6	5.18	AA+	2010-10-22	中关村高新技术中小企业	银行间债券市场 深圳证券交易所	未到期
11常州中小债	5.08	3	5.03	AA+	2011-3-21	常州市中小企业	银行间债券市场	未到期
11蓉中小债	4.2	6	6.78	AA	2011-5-4	成都市中小企业	银行间债券市场 深圳证券交易所	未到期
11豫中小债	4.9	6	7.80	AA	2011-2-23	河南省中小企业	银行间债券市场 深圳证券交易所	未到期

资料来源：Wind资讯。

2011年发行的3只集合债券中，从发行区域看有2只债券在中西部地区；从信用评级看，2只债券的信用评级为AA级；从发行期限看，3只债券发行期限平均为5年；从融资成本看，3只集合

① 中国人民银行上海总部《中国金融市场发展报告》编写组. 2011年中国金融市场发展报告［M］. 中国金融出版社，2012.

债券的票面利率算术平均值 6.54%。

（三）集合票据成为推动中小企业发展的重要力量[1]

中小企业集合票据自推出以来，交易商协会、地方政府、中国人民银行、主承销商和增信机构通力合作，克服重重困难，推动了中小企业集合票据快速发展，为中小企业开辟了高效和成本节约的融资渠道。截至 2011 年底，银行间债券市场共发行了中小企业集合票据 45 只，发行总额为 125.45 亿元。其中 2009 年共发行 4 只，发行总额占当年债券发行额的 0.01%；2010 年共发行 19 只，发行总额占当年债券发行额的 0.05%；2011 年共发行了 22 只，发行总额占当年债券发行额的 0.08%，其中区域集优中小企业集合票据 5 只、发行额 13.89 亿元。区域集优融资模式是指一定区域内具有核心技术、产品具有良好市场前景的中小非金融企业，通过政府专项风险缓释措施的支持，在银行间债券市场发行中小企业集合票据的债务融资方式。与一般的中小企业集合票据相比，区域集优融资模式在企业遴选阶段、发行准备阶段及发行后续管理阶段进行了多方面的改进和完善。区域集优融资模式，依托地方政府、金融管理部门、承销机构、信用增进机构和其他中介机构，建立起贯穿发行遴选、信用增进、风险缓释、后续管理等环节的风险分散分担机制，从而实现中小企业直接融资的长期可持续发展目标。

中小企业集合票据发行总额占比增长迅速（如图 5-7 所示），但与其他债务融资的发行量相比，中小企业集合票据在债券融资总量中仍占较小的比例，这与中小企业相对较小的体量有关。

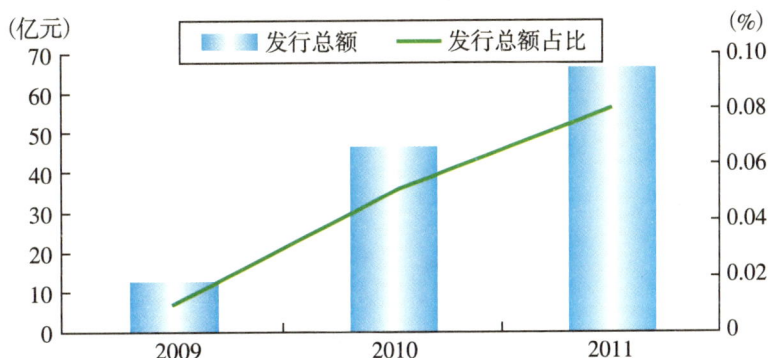

图 5-7　中小企业集合票据发行总额和发行占比（2009~2011）

资料来源：Wind 资讯。

同时，我国中小企业集合票据市场还呈现如下特征：

（1）在发行区域方面，中小企业集合票据的发行主体区域分布与区域经济发展有着密切联系。截至 2011 年末，共涉及 11 个省和 3 个直辖市，主要集中于山东、江苏、上海和北京等地，如图 5-8 所示。这些区域都是经济发展快、中小企业较为集中且优质企业数量较多的地区，方便组成集合发行人。

（2）在信用评级方面，由于我国发行的中小企业集合票据绝大多数均有增信措施（目前仅有 10 诸暨 SMECN1、10 诸暨 SMECN2 债券未增信），债项信用级别整体较高。1 年期仅有 1 只 10 诸暨 SMECN2 的债项级别为 B 级，其余均为 A-1 级；1 年期以上的集合票据一般都在 AA-级以上，其中大部分为 AAA 级，占整体集合票据发行额的 35.6%。这不仅有利于中小企业在信用级别普遍较高的银行间债券市场上融资，且有利于降低中小企业的融资成本。其中，5 只区域集优中小企业集合

---

① 感谢中国银行间市场交易商协会提供的材料。

票据的债项评级均为 AAA 级，如图 5-9 所示。

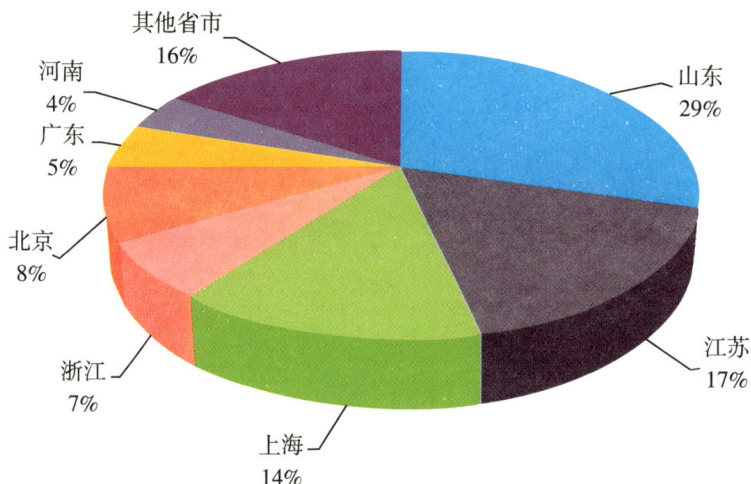

图 5-8 截至 2011 年底中小企业集合票据发行主体区域分布

资料来源：Wind 资讯。

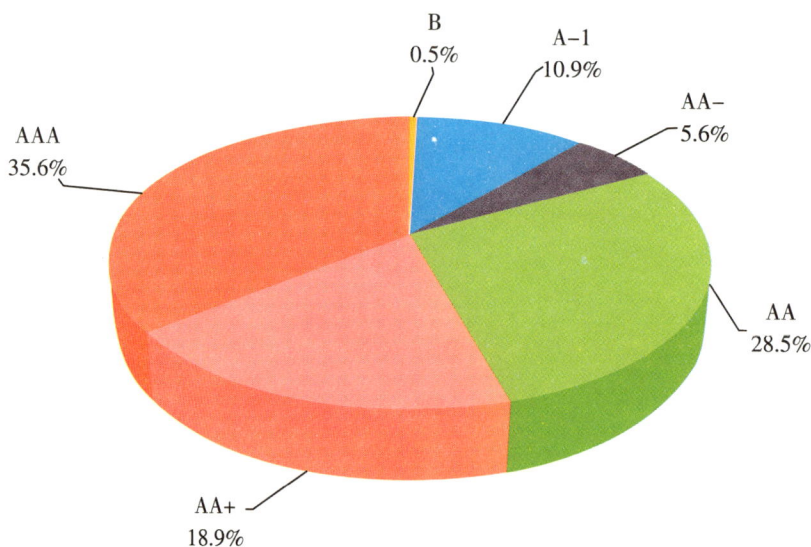

图 5-9 截至 2011 年底中小企业集合票据债项评级分布

资料来源：Wind 资讯。

（3）在期限结构方面，截至 2011 年末，中小企业集合票据的发行主体主要偏好 2 年期和 3 年期品种。从 2009 年首次发行集合票据至 2011 年末，3 年期集合票据发行金额占总发行额的 52.7%，2 年期集合票据发行金额占总发行额的 35.8%，且 2 年期、3 年期集合票据的信用评级均为 AA-级以上，如表 5-10 所示。

表 5-10 中小企业集合票据的期限结构分布

期限结构	发行只数	发行金额（亿元）	发行金额占比（%）	评级
3 年	23	66.2	52.7	AA-以上
2 年	14	45.0	35.8	AA-以上
1 年	8	14.3	11.5	A-1 或 B

资料来源：Wind 资讯，数据截至 2011 年 12 月 31 日。

（4）在融资成本方面，除少数月份外，中小企业集合票据发行利率总体低于同期贷款基准利率。考虑到中小企业借贷机会有限，借贷成本高于贷款基准利率的现状，集合票据的发行成本低于实际信贷成本，具有优越性。5 只区域集优中小企业集合票据发行利率低于同期贷款基准利率和同期发行的中小企业集合票据发行利率，如图 5-10 所示。

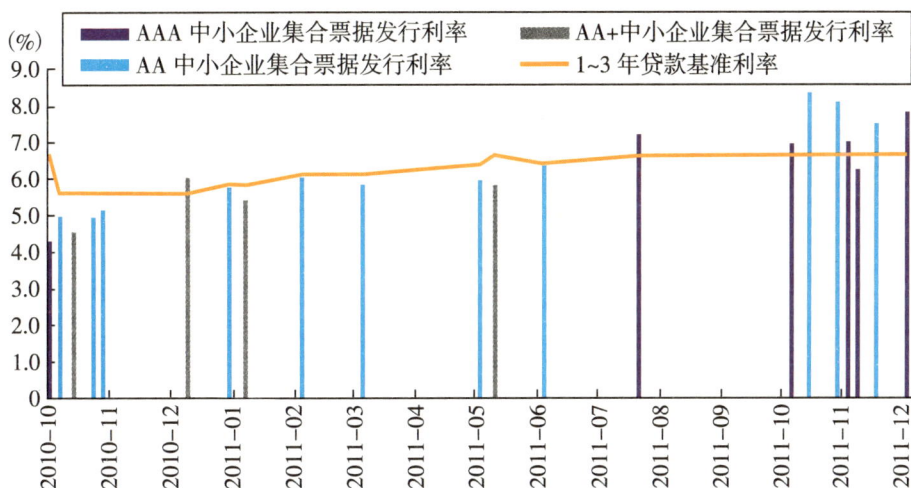

图 5-10　中小企业集合票据发行利率和同期贷款基准利率对比

资料来源：Wind 资讯。

（四）中小企业私募债试点 2012 年顺利启动

2012 年 5 月，《上海证券交易所中小企业私募债券业务试点办法》和《深圳证券交易所中小企业私募债券业务试点办法》（以下简称《试点办法》）正式发布，标志着中小企业私募债业务试点正式启动。开展中小企业私募债券试点，是贯彻落实中央金融工作会议关于"坚持金融服务实体经济"要求以及国务院"拓宽小型微型企业融资渠道"工作部署的重要举措，有利于提升我国资本市场服务实体经济的能力，有利于资本市场自身结构的优化完善。

《试点办法》明确中小企业私募债券是指中小微型企业在中国境内以非公开方式发行和转让，约定在一定期限还本付息的公司债券。试点期间，符合工信部《关于印发中小企业划型标准规定的通知》的未上市非房地产、金融类的有限责任公司或股份有限公司，只要发行利率不超过同期银行贷款基准利率的 3 倍，并且期限在 1 年（含）以上的，可以发行私募债券。中小企业私募债采取备案制发行，交易所在接受备案材料的 10 个工作日内完成备案，并在上海证券交易所固定收益证券综合电子平台或证券公司、深圳证券交易所综合协议交易平台进行债券转让。

由于对发行人没有净资产和盈利能力的门槛要求，中小企业私募债券是完全市场化的信用债品种。为控制风险，《试点办法》要求对试点初期参与私募债的投资者实行严格的投资者适当性管理，合格投资者应当签署风险认知书；同时，《试点办法》还在借鉴公司债现有受托管理人、债券持有人大会等投资者权益保护措施的基础上，要求发行人设立偿债保障金专户，建立偿债保障金机制等，用于派息兑付资金的归集和管理。

上海证券交易所和深圳证券交易所还发布了《中小企业私募债券试点业务指南》，对《试点办法》框架内容进行细化，明确了中小企业私募债备案登记表、募集说明书及合格投资者风险认知书等材料的内容与格式要求。同时，还明确了备案、转让服务及信息披露申请的渠道和程序，其中备案申请拟采用全电子化流程，由证券公司通过交易所会员业务专区办理，备案流程公开，证券公司可实时查询备案工作进度，实现备案流程的公开、透明。

2012 年，我国私募债券发行情况如表 5-11 所示。

表 5-11　我国私募债券发行情况（2012）

名称	发行总额（亿元）	发行期限（年）	票面利率（发行参考利率）（%）	上市日期	GICS一级行业	发行人	债券类型
12 苏镀膜	0.50	2.00	9.5000	2012-6-11	材料	苏州华东镀膜玻璃有限公司	公司债
12 中欣 01	0.20	2.00	10.0000	2012-6-18	材料	浙江中欣化工股份有限公司	公司债
12 九恒星	0.10	1.50	8.5000	2012-6-18	信息技术	北京九恒星科技股份有限公司	公司债
12 浔旅债	0.50	3.00	8.9000	2012-6-18	可选消费	浙江南浔古镇旅游发展有限公司	公司债
12 拓奇债	0.28	1.00	9.0000	2012-6-18	材料	深圳市拓奇实业有限公司	公司债
12 巨龙债	0.20	1.00	13.5000	2012-6-18	信息技术	深圳市巨龙科教高技术股份有限公司	公司债
12 锡物流	2.50	2.00	9.5000	2012-6-18	工业	无锡高新物流中心有限公司	公司债
12 森德债	1.50	3.00	8.1000	2012-6-18	可选消费	海宁森德皮革有限公司	公司债
12 嘉力达	0.50	3.00	9.9900	2012-6-18	能源	深圳市嘉力达实业有限公司	公司债
12 德福莱	2.00	3.00	9.3000	2012-6-18	可选消费	深圳市德福莱首饰有限公司	公司债
12 乐视 01	2.00	3.00	9.9900	2012-6-25	信息技术	乐视网信息技术（北京）股份有限公司	公司债
12 新宁债	1.00	2.00	7.5000	2012-6-27	公用事业	苏州新区新宁自来水发展有限公司	公司债
12 百慕债	0.20	1.50	8.5000	2012-6-27	材料	北京航材百慕新材料技术工程股份有限公司	公司债
12 同捷 01	1.00	3.00	8.1500	2012-6-28	可选消费	上海同捷科技股份有限公司	公司债
12 钱四桥	1.00	2.00	9.3500	2012-6-28	工业	杭州钱江四桥经营有限公司	公司债
12 凡登债	1.00	3.00	8.0500	2012-6-29	材料	凡登（常州）新型金属材料技术有限公司	公司债
12 天科债	1.00	3.00	7.3000	2012-6-29	信息技术	天津市天房科技发展有限公司	公司债
12 宁水务	2.00	2.00	9.4000	2012-6-29	公用事业	南京江宁水务集团有限公司	公司债
12 新丽债	1.00	2.00	7.0000	2012-7-6	可选消费	新丽传媒股份有限公司	公司债
12 向日 01	3.00	5.00	9.6000	2012-7-16	信息技术	浙江向日葵光能科技股份有限公司	公司债
12 浙富立	0.80	3.00	10.5000	2012-7-18	材料	浙江富立轴承钢管有限公司	公司债
12 中欣 02	0.30	2.00	9.9900	2012-7-18	材料	浙江中欣化工股份有限公司	公司债
12 太子龙	1.00	3.00	9.9900	2012-7-19	可选消费	浙江太子龙实业发展有限公司	公司债
12 金泰 01	0.15	3.00	9.0000	2012-7-24	材料	湖州金泰科技股份有限公司	公司债
12 金泰 02	0.15	3.00	11.0000	2012-7-24	材料	湖州金泰科技股份有限公司	公司债
12 优必胜	0.25	2.00	9.7000	2012-7-24	工业	优必胜（上海）精密轴承制造有限公司	公司债
12 大丰港	1.00	1.00	8.5000	2012-7-24	工业	大丰市大丰港工程建设有限公司	公司债
12 孚信债	1.00	2.00	7.0000	2012-7-25	工业	杭州西子孚信科技有限公司	公司债
12 鸿仪债	0.20	2.00	8.0000	2012-7-31	信息技术	北京鸿仪四方辐射技术股份有限公司	公司债
12 信威债	2.00	2.00	9.8000	2012-7-31	信息技术	北京信威通信技术股份有限公司	公司债
12 江南债	0.50	2.00	9.2000	2012-8-9	工业	江南阀门有限公司	公司债
12 天外债	2.00	3.00	9.9000	2012-8-9	工业	湖州天外绿色包装印刷有限公司	公司债
12 四方债	2.00	3.00	8.5000	2012-8-17	工业	武汉四方交通物流有限责任公司	公司债
12 乐视 02	2.00	3.00	8.5000	2012-8-22	信息技术	乐视网信息技术（北京）股份有限公司	公司债
12 同里债	1.00	2.00	8.6000	2012-8-30	可选消费	苏州同里国际旅游开发有限公司	公司债
12 中科债	1.00	2.00	9.5000	2012-8-31	工业	中科恒源科技股份有限公司	公司债
12 武广债	2.00	3.00	8.2000	2012-9-7	可选消费	常州市武进广播电视投资发展有限公司	公司债
12 中锐债	0.50	2.00	8.6500	2012-9-10	可选消费	上海中锐教育投资有限公司	公司债
12 星美债	2.00	3.00	9.5000	2012-9-17	可选消费	北京回龙观星美国际影城管理有限公司	公司债
12 雅润债	0.30	2.00	8.5000	2012-9-18	可选消费	上海雅润文化传播有限公司	公司债
12 申环 01	0.80	3.00	10.0000	2012-9-20	工业	申环电缆科技有限公司	公司债
12 甬绿能	2.00	2.00	7.2800	2012-9-20	工业	宁波枫林绿色能源开发有限公司	公司债
12 大丰债	1.00	1.00	8.5000	2012-9-20	工业	大丰市大丰港农业发展有限公司	公司债
12 东宝债	1.10	3.00	8.0000	2012-9-21	医疗保健	包头东宝生物技术股份有限公司	公司债
12 漕湖债	1.50	2.00	9.5000	2012-10-10	金融	苏州漕湖科技发展股份有限公司	公司债

名称	发行总额（亿元）	发行期限（年）	票面利率（发行参考利率）（%）	上市日期	GICS一级行业	发行人	债券类型
12 五洲债	0.80	3.00	8.6800	2012-10-11	工业	保定天威集团（江苏）五洲变压器有限公司	公司债
12 淹城债	2.00	3.00	8.0000	2012-10-17	可选消费	常州市春秋淹城建设投资有限公司	公司债
12 天楹01	1.40	3.00	9.0000	2012-10-19	工业	江苏天楹环保能源股份有限公司	公司债
12 金豪债	0.20	2.00	7.9000	2012-10-19	医疗保健	北京金豪制药股份有限公司	公司债
12 永鹏债	0.30	2.50	10.0000	2012-10-24	信息技术	重庆永鹏网络科技股份有限公司	公司债
12 中能01	1.00	3.00	9.3000	2012-10-24	金融	中兴能源有限公司	公司债
12 民爆债	1.40	1.00	7.2800	2012-10-24	材料	重庆市涪陵区民用爆破器材专营有限公司	公司债
12 南菱01	0.50	2.00	9.5000	2012-10-30	可选消费	广州南菱汽车股份有限公司	公司债
12 漕湖02	0.50	2.00	9.5000	2012-11-5	金融	苏州漕湖科技发展股份有限公司	公司债
12 如顾庄	1.00	3.00	9.8000	2012-11-6	可选消费	如皋市顾庄生态园开发建设有限公司	公司债
12 金建设	2.00	3.00	8.0000	2012-11-7	金融	上海金丰建设发展有限公司	公司债
12 西游发	1.00	3.00	8.5000	2012-11-8	可选消费	浙江西塘旅游文化发展有限公司	公司债
12 湖上跃	0.70	3.00	9.7000	2012-11-19	日常消费	湖州上跃龟鳖特种养殖有限公司	公司债
12 常科试	3.00	3.00	9.2000	2012-11-20	工业	常州科研试制中心有限公司	公司债
12 杭益汽	2.00	2.00	11.2000	2012-11-27	可选消费	杭州益维汽车工业有限公司	公司债
12 福星债	3.00	3.00	10.5000	2012-11-30	材料	湖北福星生物科技有限公司	公司债
12 派特01	1.00	3.00	8.0000	2012-11-30	能源	北京派特罗尔油田服务股份有限公司	公司债
12 四环01	1.10	3.00	9.5000	2012-11-30	医疗保健	北京中关村四环医药开发有限责任公司	公司债
12 东钢构	2.00	2.00	9.3000	2012-12-4	工业	浙江大东吴集团钢构有限公司	公司债
12 华安达	0.20	2.00	10.0000	2012-12-5	可选消费	安徽华安达集团工艺品有限公司	公司债
12 苏东升	0.60	2.00	7.3500	2012-12-5	工业	江苏东升水务建设工程有限公司	公司债
12 武医债	0.80	2.00	9.8000	2012-12-7	医疗保健	武汉医药（集团）股份有限公司	公司债
12 蒙农科	2.50	2.00	9.9500	2012-12-7	日常消费	内蒙古奈伦农业科技股份有限公司	公司债
12 澳洋01	1.00	1.00	8.5000	2012-12-7	材料	青岛澳洋塑料制品有限公司	公司债
12 中实债	0.80	3.00	10.3000	2012-12-7	材料	北京中实混凝土有限责任公司	公司债
12 蓝标01	2.00	3.00	7.9000	2012-12-24	可选消费	北京蓝色光标品牌管理顾问股份有限公司	公司债
12 宣酒债	1.00	3.00	9.0000	2012-12-25	日常消费	安徽宣酒集团股份有限公司	公司债
12 澳洋02	1.00	1.00	8.5000	2012-12-25	材料	青岛澳洋塑料制品有限公司	公司债
12 瑞昌01	0.30	3.00	9.5000	2012-12-25	日常消费	广东瑞昌食品进出口有限公司	公司债
12 天彩债	0.60	1.00	9.0000	2012-12-25	材料	重庆天彩铝业有限公司	公司债
12 长公债	2.00	3.00	8.3500	2012-12-25	工业	长兴县公路工程有限责任公司	公司债
12 新大禹	0.50	2.00	10.0000	2012-12-28	工业	广东新大禹环境工程有限公司	公司债
12 建通债	1.50	3.00	7.4000	2012-12-28	工业	佛山市建通混凝土制品有限公司	公司债
12 浩蓝债	0.50	3.00	10.0000	2012-12-28	工业	浩蓝环保股份有限公司	公司债

资料来源：Wind 资讯。

截至 2012 年 12 月底，中小企业私募债发行 79 只，融资额 88.23 亿元，平均发行期限 2.41 年，发行利率算术平均值 9.055%，发行行业分类中工业 21 只，可选消费 18 只。

（本章摘编：付剑峰　张明喜）

参考文献

［1］中国人民银行上海总部《中国金融市场发展报告》编写组. 2011 年中国金融市场发展报告［M］. 中国金融出版社，2012（3）.

［2］中央结算公司. 2011 年度银行间债券市场年度统计分析报告［R］. 2012-1-4.

［3］中国银行间市场交易商协会提供的中小企业集合票据相关材料.

第六章　科技保险

第一节　科技保险发展历程

为落实《国家中长期科学和技术发展规划纲要（2006~2020 年)》和《国务院关于保险业改革发展的若干意见》有关要求，进一步发挥保险功能作用，支持高新技术企业发展，促进国家自主创新战略实施，2006 年初，保监会会同科技部启动了科技保险创新发展工作。科技保险采取政策引导和商业化运作的经营模式，由政府提供财政补贴和税收优惠，通过保险公司的商业化运作，为高新技术企业提供财产、人员、责任以及融资等方面的保险保障和服务，以提高企业的生存和发展能力。几年来，科技保险工作从无到有，从试点到推开，取得了突破性进展。科技保险有效分散了科技创新风险，增强了科技企业的自主创新能力，日益成为科技界与保险界共同创新、融合发展的新舞台。科技保险的发展，经历了试点、全面推广，再到科技与金融结合升级发展三个阶段。

一、试点阶段

《国家中长期科学与技术发展规划纲要（2006~2020 年)》及其配套政策明确提出"鼓励保险公司加大产品和服务创新力度，为科技创新提供全面的风险保障"。《国务院关于保险业改革发展的若干意见》要求保险业要"推进自主创新，提升服务水平，为自主创新提供风险保障"。科技部、保监会认真贯彻落实，积极推进科技保险工作。2006 年，保监会下发了《关于加强和改善对高新技术企业保险服务有关问题的通知》。

2007 年，科技部会同保监会下发了《关于开展科技保险创新试点工作的通知》，提出了保险行业服务科技企业的具体要求，确定了开展科技保险的基本思路、工作要求和政策支持。同时，科技部和保监会积极协调财政部和地方政府，为推动科技保险的发展争取优惠的财政政策和税收政策。2007 年，科技部和保监会分别与北京市、天津市、重庆市、深圳市、武汉市政府以及苏州高新区管委会签署了《科技保险创新试点合作备忘录》，各地承诺给予科技保险财政支持。截至 2007 年底，在六个试点地区共有 102 家企业投保了科技保险，保费收入共 12025.36 万元，承保金额 156.23 亿元；已经兑现财政保费补贴 386.4 万元；发生的索赔案例 3 起，获得的赔付金额 6.36 万元。另外，在试点地区以外的山东省、安徽省、云南省、陕西省、厦门市、南昌市等地，高新技术企业投保的科技保险，也享受到了由地方科技主管部门或商务主管部门出台的鼓励企业投保信用保险扶持政策。

2008 年，科技部会同保监会发布《关于确定成都市等第二批科技保险创新试点城市（区）的通知》，增加成都市、上海市、沈阳市、无锡市、西安国家高新区和合肥国家高新区为第二批科技保险创新试点城市（区）。中国人保、华泰等首批参加试点的保险公司，组织专门力量，根据科技企业发展需要，创新研发了 15 个保险险种。其中，高新技术企业产品研发责任保险和关键研发设备保险，是在充分借鉴美国 ACE 保险集团等国际知名保险机构产品的基础上开发出的新险种，此前国内尚无保险公司经营同类产品。截至 2009 年底，科技保险中商业性险种保费和政策性出口信用险保费（短期）分别突破 1 亿元和 12 亿元，风险保额 3874 亿元，已决赔款 7.21 亿元，财政补贴 4187 万元。

二、推广阶段

科技保险在十二个试点地区进行了为期两年的探索实践，取得了良好效果。参加试点的地方政府、保险公司、高新技术企业对科技保险有了新的认识，对科技保险工作的深入开展，积累了经验，增加了信心。越来越多的保险机构参与到科技保险中来，保险产品日渐丰富，承保范围逐步扩大；越来越多的科技企业购买科技保险，运用保险手段进行风险管理。2010 年，保监会发布《关于进一步做好科技保险有关工作的通知》，提出"鼓励开展科技保险业务；支持创新科技保险产品；完善出口信保功能；加大对科技人员保险服务力度；提高保险中介服务质量；实施有关科技保险支持政策；创新科技风险分担机制；探索保险资金支持科技发展新方式"八项要求，标志着科技保险工作正式在全国范围内进行推广，各地可根据自身实际，探索适合本地区的科技保险发展模式。地方大胆探索，积极创新实践，如四川成都高新区自 2008 年起，每年设立 1000 万元"成都市科技保险补贴资金"专项支持，截至 2010 年底，涉及高新技术企业出口信用保险等 9 个险种产品，为 136 家高新技术企业提供承保金额 199 亿元，各保险公司共计保费收入 5323 万元，区（市）县科技保险宣传普及率达到 100%，基本建立了高新技术企业创新产品研发、科技成果转化的保险保障机制。北京中关村截至 2010 年底已为 305 家企业发放 3126 万元保险费用补贴，启动了中关村首台（套）重大技术装备试验和示范项目保险试点。

第二节　科技保险创新实践

2011 年，科技部下发《关于促进科技和金融结合加快实施自主创新战略的若干意见》（国科发财〔2011〕540 号），明确提出要积极推动科技保险的发展，要"进一步加强和完善保险服务。在现有工作基础上，保险机构根据科技型中小企业的特点，积极开发适合科技创新的保险产品，积累科技保险风险数据，科学确定保险费率。加快培育和完善科技保险市场，在科技型中小企业自主创业、并购以及战略性新兴产业等方面提供保险支持，进一步拓宽科技保险服务领域"。

与此同时，保监会积极推动保险公司深入开展科技保险，为科技企业提供了有力的风险保障。如北京安德固脚手架工程有限公司、北京同益中特种纤维技术开发有限公司赔案的处理，就充分体现了科技保险分散化解科技创新风险、为企业自主创新保驾护航的保险功能作用，凸显了保险保障对于高新技术企业长期生存发展的重要性。

各地积极开展科技保险工作。天津市截至 2011 年底共有 55 家科技企业的 81 份科技保险合同获得补贴 440 万元；上海市开展科技型中小企业履约保证保险贷款试点，2011 年接受企业申请 84 家，推荐 96 家（次），银行已经审核通过贷款 64 笔，放款金额 1.611 亿元；江苏省 2011 年为企业提供了 600 多亿元的科技创新与经营风险保障，保费收入及投保企业数同比增长均超过 30%；浙江省"杭温湖甬"地区科技保险保费收入 618 万元，保额 3.47 亿元，赔付金额 143 万元，参保企业 75 家；安徽省合芜蚌自主创新综合试验区累计 58 家企业投保科技保险，保险金额 206.5 亿元，企业保费支出 948 万元，政府兑现补贴资金 229 万元；武汉市共有 400 家（次）高新技术企业累计缴纳科技保险保费约 6500 万元，企业享受了约 500 亿元的科技保险保额服务，保险公司累计受理保险赔案 270 笔，赔付金额约 2500 万元；成都高新区 2011 年 51 家科技企业科技保险投保金额达 45.34 亿元，4 家保险公司获得保费收入 467 万元，企业获得成都市科技保险补贴 207 万元；陕西关天经济区科技保险累计为 90 多家高新技术企业提供风险保障 74.73 亿元，西安高新区设立了 1000 万元的专项资金，对参加科技保险的企业给予补贴；福建省 2011 年科技保险保费共计 1471.26 万元，其中政府补贴的保费金额为 437.49 万元，保险机构提供保费金额为 1033.77 万元，承保的高新技术企业 66 家，提供的风险保障为 18.8 亿美元，支付赔款 55.8 万美元；南昌市设立科技保险专项，每年安排 300 万元，自 2010 年实施以来共向 49 家企业发放了保费补助，提供风险保障 306.68 亿元，实现保费收入 2123.7 万元，发放补助资金达 536.33 万元。

中关村首台（套）重大技术装备示范项目保险补偿机制自 2010 年实施以来，通过给企业生产销售的首台（套）重大技术装备提供保险保障，在风险转移、促进产品推广运用、项目资金融资、技术专利保护等方面发挥了重要作用，增强了购买方的信心，促进了首台（套）重大技术装备项目的推广和市场化运用。首台（套）保险工作开展两年来，取得了较好的效果，越来越多的企业对首台（套）保险机制表示认同，投保意愿比较强烈。一是创新保险产品。在深入调查了解企业风险需求的基础上，设计出首台（套）重大技术装备质量保证保险、首台（套）重大技术装备产品责任保险、首台（套）重大技术装备运输保险、首台（套）重大技术装备安装工程及第三者责任保险、首台（套）重大技术装备机器损坏保险等五大专项险种及其附加险。在试点过程中，为转移技术创新企业所拥有的知识产权及技术专利等无形资产可能面临的风险，2012 年又设计出台了首台（套）重大技术装备关键技术知识产权抵押贷款保证保险和首台（套）重大技术装备专利执行保险两个险种，进一步满足科技企业的风险需求，保障科技企业利益。二是完善制度措施。为充分发挥政府资金对科技企业自主创新的引导作用，更好地推动首台（套）保险机制，分散科技企业风险，保障科技企业产品研发工作，在调研分析和积极听取企业意见建议的基础上，将保险补偿机制范围扩大至新技术新产品领域，并修改出台了新的《中关村国家自主创新示范区新技术新产品（服务）应用推广专项资金管理办法》，已于 2012 年 7 月 1 日正式执行。三是鼓励企业投保。为推动首台（套）保险工作，保监会、中关村管委会、保险公司和保险经纪公司多方协作，挑选重点创新企业进行走访，组织多场政策宣讲，召开首台（套）项目单位座谈会，对财政资金给予保费补贴等相关政策进行讲解，对保险方案、投保流程等内容进行介绍，引导满足条件的科技企业用保险的方式转移风险，保障产品的生产运营。四是加强改善服务。保监会和中关村管委会研究设计了承保补贴流程，让企业放心投保，帮助企业减轻财务负担。保险中介机构主动为科技企业上门服务，组织专门团队深入首台（套）生产企业，认真了解企业技术创新亮点和产品的特性，分析产品在市场应用推广中存在的潜在风险，根据企业切实需求为其设计推荐适合的险种并制订承保方案，方便企业投保。五是做好理赔工作。2010年清华同方在保险期间发生产品质量保证保险责任项下的保险事故，保险中介公司利用专业的保险知识和丰富的理赔经验协助企业完成现场查勘、搜集整理索赔资料、与保险公司沟通等工作，最终成功获得保险赔付。

保险公司不断深入开展科技保险业务。2011年，中国出口信用保险公司对高新技术产业的支持规模继续扩大，科技保险实现承保金额4166亿元；2007~2012年，累计为高新技术产品提供信用保险和担保支持超过14260亿元，支付赔款57.2亿元，累计支持5000余家高新技术企业。中国人民财产保险股份有限公司2011年科技保险保费收入5832万元，承保科技保险业务667笔，提供保险保障金额1041.4亿元；2011年受理科技保险赔案共315件，支付已决赔款3472.2万元，未决赔款445.8万元；同时为满足高新技术企业的多样化金融服务要求，推出针对科技企业的区域性信用保证保险产品——《中小企业贷款保证保险》。

2012年11月，中国人民财产保险股份有限公司苏州科技支公司成立，该机构作为全国第一家科技保险专营机构，具备人保总公司级的"产品开发试验区"和"信用险华东区域中心"资格，配备了专业化的工作团队，专门经营和管理苏州地区的科技保险业务及科技金融产品创新工作。截至2012年10月底，苏州人保财险科技保险总保费收入近1000万元，累计为苏州科技企业提供高达45亿元的风险保障，为科技企业降低风险损失、实现稳健经营提供了有力支持。

阳光财产保险、中国大地财产保险、太平财产保险、国泰财产保险、永安财产保险、华泰财产保险六家保险集团联手组成的"苏州科技型中小企业贷款保证保险共保体"，为科技型中小企业贷款提供服务。不同于以往银行、保险的独立作战，由政府、银行、多家保险公司、保险经纪共八家金融主体创新推出了"政府＋银行＋保险"共同服务科技企业的"6＋1＋1"科技金融"苏州模式"，打造综合化金融集成商。共保体通过保险经纪的协调服务，将银行债务融资、保证保险、风险管理方案等多种金融工具组合成一个集成科技金融服务平台，集聚各方资源和优势共同破解"科技型中小企业融资难题"。科技型中小企业贷款保证保险共保体，是创新的科技金融集成产品，通过组合银行、保险、保险经纪等金融机构，共同联手为科技型中小企业提供集成金融服务。共保体通过信贷保险服务取代传统的担保、抵押贷款模式，这一"集成金融创新服务"的新模式，有效解决了科技型中小企业在成立初期由于无房无地而无法贷款的现状。目前，共保体已向5家科技型中小企业开展贷款保险服务，其中3家企业已获得银行共计1200万元的贷款。

（本章摘编：张明喜）

参考文献

[1] 邵学清. 对科技保险试点的经验总结与展望 [R]. 调研报告，2008（78）.

[2] 邵学清. 科技保险放宽市场准入条件，政府还必须干什么？[R]. 调研报告，2010（117）.

[3] 赵昌文，陈春发，唐英凯. 科技金融 [M]. 科学出版社，2009.

[4] 2012年促进科技和金融结合试点工作经验交流会地方总结材料.

第七章 科技金融服务平台

第一节 科技金融服务中心

近年来，在科技部和"一行三会"的推动下，促进科技和金融结合已成为科技界与金融界的共识，发展迅速。江苏、浙江、天津、武汉等地在科技金融组织形式、服务模式等方面开展了大量创新实践，加快打造以科技金融服务中心为核心的区域科技金融公共服务平台，整合区域科技资源和金融资源，促进科技型中小企业和金融资本的高效对接，有效支持了科技成果转化和科技型中小企业发展，促进了地方经济结构调整和转型升级。

一、科技金融服务中心概述

科技金融服务中心起步于 2007 年，从各地科技金融服务中心的组织结构、功能定位、业务内容、运行机制分析来看，科技金融服务中心可以简单概括为集融资、担保、保险、评估、咨询、法律、财务、培训等多功能为一体的综合性服务平台。它以政府财政资金为引导，有效整合科技计划、科技项目、科技成果、科技企业等各类科技要素，以及财政资金、银行信贷、股权投资、保险、担保等各类资本要素，创新金融产品和工具，有效缓解投融资信息不对称的矛盾，为科技型中小企业不同发展阶段的融资需求，提供一站式、个性化的融资服务，实现科技、金融资源集聚共享和高效对接。

二、科技金融服务中心的产生背景

（一）国家和地方科技金融政策大力支持和引导

为落实《国家中长期科学和技术发展规划纲要（2006~2020 年）》提出的"搭建多种形式的科技金融合作平台，政府引导各类金融机构和民间资金参与科技开发"要求，2006 年以来国家有关部门和地方陆续出台了多项政策和措施，有力促进了各地科技金融服务中心的迅速发展。如科技部和"一行三会"共同发布的《关于印发〈促进科技和金融结合试点实施方案〉的通知》（国科发财〔2010〕720 号），提出要推动地方建立科技金融服务平台；科技部等八部委联合印发的《关于促进科技和金融结合加快实施自主创新战略的若干意见》（国科发财〔2011〕540 号），提出要逐步建立一批科技金融服务中心；天津、江苏、浙江等省市都制定了相关政策和措施，大力推进科技金融服务中心建设。

（二）科技金融服务单一化向综合化发展的必然结果

科技金融工作经过 20 多年的发展，已经从科技贷款发展到覆盖创业投资、银行信贷、资本市场、保险和投融资服务等多个领域，各个金融服务领域都培育和发展了一批专门服务于科技型中小企业融资需求的专营机构。但是这些专营机构的金融服务功能单一，无法涵盖企业创新创业上不同阶段的投融资需求，嫁接政府科技资源和专业团队增值服务的能力相对薄弱，科技型中小企业的融资困难仍然存在。因而，科技和金融结合的发展趋势必然是在不断提升各领域专业化服务水平的同时，加强各领域服务机构的协同联动和信息共享，充分调动各方积极性和创造性，共同为企业提供全方位的金融服务。

（三）解决科技型中小企业自身融资缺陷的必然需求

自改革开放以来，科技型中小企业获得了蓬勃发展，对资金的需求也在迅速增长，但是科技型中小企业一方面具有一般中小企业的固有缺陷，如成长不确定性大、固定资产比例低、经营活动透明度差等；另一方面又受制于科技型企业发展的天生缺陷，如不同企业创新和生产方式不一，所处发展阶段和发展层次不同，融资需求差异性大。针对科技型中小企业融资需求的多样性、复杂性和特殊性，科技金融服务中心提供了一个综合性的融资服务平台，通过建立和完善工作联动机制，有效集成和整合各类金融资源，综合配置多种融资渠道、融资方式和融资手段，将资金链条与创新链条紧密衔接起来，为科技型中小企业定制专属个性化增值服务，有效化解科技型中小企业的融资难题。

三、科技金融服务中心建设现状

据不完全统计，目前全国以"科技金融服务中心"命名的科技金融服务机构共有 26 家（详见表 7-1）。从成立时间来看，科技金融服务中心近几年数量发展很快，特别是近两年呈现加速增长的趋势，2007 年成立的四川省高新技术产业金融服务中心，目前已在全省发展成立了 8 个地市分中心；2011 年以来成立的科技金融服务中心数量占全部的 77%。从区域分布来看，东部地区建设较快，中西部地区发展相对滞后，东部地区科技金融服务中心数量占全部的 77%。

表 7-1　全国科技金融服务中心一览（截至 2013 年初）

序号	单位名称	成立时间	序号	单位名称	成立时间
1	深圳市科技金融服务中心	2012	8	天津市科技金融服务中心	2011
2	贵州省贵阳市科技金融服务中心	2011	9	天津市滨海新区科技金融服务中心	2012
3	四川省高新技术产业金融服务中心	2007	10	江苏省科技金融服务中心	2009
4	浙江省温州市龙湾区科技金融服务中心	2012	11	江苏省南京市科技创新创业金融服务中心	2011
5	浙江省杭州银行宁波镇海科技金融服务中心	2012	12	江苏省苏州市科技金融服务中心	2009
6	浙江省"数银在线"科技金融服务中心浙江站	2011	13	江苏省苏州市吴中区科技金融服务中心（苏州吴中科技金融服务中心有限公司）	2011
7	浙江省湖州汇科高盛科技金融服务中心	2010	14	江苏省江苏银行连云港分行科技金融服务中心	2012

序号	单位名称	成立时间	序号	单位名称	成立时间
15	江苏省常州高新区科技金融服务中心	2012	21	河南省洛阳科技金融服务中心	2012
16	江苏省南通市科技金融服务中心	2011	22	广东省科技金融服务中心（广东省科技型中小企业投融资服务中心）	2008
17	江苏省南通市港闸区科技金融服务中心	2011	23	湖北省汉口银行科技金融服务中心	2010
18	江苏省南通市海门市科技金融服务中心	2012	24	重庆市重庆银行科技创新金融服务中心	2012
19	江苏省无锡高新区科技金融服务中心	2011	25	交通银行上海市分行科技金融服务中心	2012
20	江苏省无锡市农行宜兴市支行科技金融服务中心	2012	26	陕西省西安市科技金融服务中心	2013

此外，还有一些科技金融服务机构虽然没有冠以"科技金融服务中心"的名称，但是在促进科技和金融结合的实际工作中，都发挥了科技金融服务中心的职能作用，而且当地政府都以其作为区域内科技型中小企业融资的综合性服务中心，在政策和资金上予以大力支持，如成都盈创动力科技金融服务平台、北京中关村科技创业金融服务集团有限公司、武汉市科技金融服务公司等。

（一）科技金融服务中心的运行模式

目前科技金融服务中心都是在政府引导和推动下建立起来的，从发起人构成上分析，科技金融服务中心的发起人主要包括政府、金融机构和企业等三类主体，发起人主体不同，运行服务模式也有差异。

1. 发起人主体是政府

这类科技金融服务中心主要是由地方政府出资成立，一般挂靠在地方科技部门或者是生产力促进中心，不以营利为目的，如贵州省贵阳市科技金融服务中心为贵阳市科技局直属事业机构。在成立之时，这类科技金融服务中心被赋予财政科技金融专项资金的管理职能，集成了一定的政府财政资源，如江苏省苏州市科技金融服务中心负责管理信贷风险补偿、保险费补贴、贷款贴息等专项资金。借助财政资金的引导作用，科技金融服务中心有效集成了科技型中小企业的融资需求，通过完善的审核、筛选和评价机制，有针对性地向合作金融机构推荐有融资需求的企业，实现科技资源与金融资源的有效对接。

2. 发起人主体是金融机构

这类科技金融服务中心主要是由银行发起设立的，如湖北省汉口银行科技金融服务中心、浦发银行天津市科技金融服务中心。这类科技金融服务中心主要是通过组织架构创新、机制创新、模式创新和产品服务创新，一方面采用独立运作方式激活银行内生动力，整合银行内部科技型中小企业信贷资源；另一方面注重引入外部资源，与政府科技部门、创投机构、保险机构、担保机构、证券机构等进行全面合作，按照"业务联动、风险共控、资源共享、多方共赢"原则，充分借助"第三方"力量有效控制业务风险。

3. 发起人主体是企业

这类科技金融服务中心主要是由各类投资机构或投融资中介服务机构发起设立的，如成都高投盈创动力投资发展有限公司负责管理的盈创动力科技金融服务平台。这类科技金融服务中心都是采用市场化运作、企业化管理，大多依靠发起人强大的资本优势、丰富的投资经验、精准的投资视角，深度挖掘企业信息的融资需求，以此为纽带和桥梁，汇集各方专业研究机构、金融机构和投资机构，为科技资源和金融资源结合提供对接服务平台。

（二）科技金融服务中心的运行特点

1. 强化自身资源的优化配置，集聚企业融资需求

科技金融服务中心通过完善自身体制、机制，创新管理模式，整合发起人自身资源，优化资源配置方式，为科技型中小企业提供贴息、补贴、补助或增值、增信、融资咨询等金融服务，降低企业融资成本，从而吸引企业各类融资需求向科技金融服务中心有效聚集。不同类型科技金融服务中心拥有的资源不同，优化资源的方式和手段也不同，如苏州通过政府行政手段优化财政资金配置方式，汉口银行通过创新组织架构、机制模式、产品服务优化银行信贷资源，盈创动力通过市场化手段优化创投资本配置。

2. 有效整合各方金融资源，形成强大合力

科技金融服务中心在整合银行、创投、保险、担保、证券等各方金融资源方面具有两大优势：一是通过向企业配置科技金融服务中心的自有资源，提供资金支持，降低了企业融资成本，分散了金融机构的风险；二是在为科技型中小企业提供支持时，科技金融服务中心对企业提交的各类信息进行评估、筛选，积累了一定的企业信用信息，可供金融机构和投资者进行决策，缓解了融资信息不对称的问题。随着金融资源的滚动聚集以及企业信用信息的持续积累和共享，科技金融服务中心整合金融资源的能力将会不断提升。

3. 发挥投资引导作用，促进投资阶段前移

与科技金融服务中心合作的各类金融机构和中介服务机构，都会优先选择科技金融服务中心推荐、支持或者资助过的企业，科技金融服务中心对社会资本投资的引导作用明显。而且在实践过程中，科技金融服务中心都比较关注创业早期的科技型中小企业，有针对性地加大对种子期、初创期企业的资助，从而引导更多的社会资本投入到创业早期企业，帮助更多的企业走出创业早期的资金困境，成功跨越创业"死亡谷"。

4. 应用现代信息技术，提升服务水平

科技金融服务中心注重运用现代化的信息技术、网络技术，打造以科技金融服务门户网站、企业数据库以及各类专项业务管理系统为核心的信息化服务平台，提升服务水平。门户网站既是政策发布平台，引导企业及时掌握科技金融的相关政策信息，同时也是对外服务的窗口，科技金融服务中心为企业和金融机构提供的各项服务，都可以通过门户网站办理。企业数据库收集整理了企业各项数据，并根据企业的发展状况实时更新相关数据信息，为企业积累信用，也为政府、金融机构提供决策依据。业务管理系统是将科技金融服务中心各项业务进行信息化流程再造，优化各项业务流程，提高工作效率。

5. 搭建沟通交流平台，提供增值服务

科技金融服务中心通过举办各类科技与金融对接活动，促进政府、金融机构、中介机构与中小企业的信息交流，有利于整合各方资源，推动金融机构创新金融工具、产品和服务，促进金融机构之间创新业务合作模式，为企业提供更为全面、综合的金融服务。同时，科技金融服务中心通过对各项金融创新产品和服务进行后续跟踪和管理，持续采集企业经营情况的信息，充分利用掌握的各种资源，定期对相关数据进行统计分析，发布各类研究报告、专题报告，为政府、企业和金融机构提供投融资培训、信用评价、融资决策咨询等增值服务，有利于金融机构进一步推广和创新科技金

融产品，为企业提供专业化、个性化金融服务。

综上所述，科技金融服务中心诞生于规划纲要颁布之际，成长于促进科技和金融结合试点之中，实践证明，科技金融服务中心在集聚资源、高效对接和增值服务方面发挥了重要作用，成为能听得懂科技、金融、企业三种"语言"的中介平台，受到了各方的重视和欢迎。以科技金融服务中心为核心推动区域科技金融服务公共平台建设，已经成为中央和地方政府深化科技体制改革，创新财政科技投入方式，促进科技和金融结合的重要抓手，有力促进了科技型中小企业和战略，必将为促进科技成果转化、培育战略性新兴产业和加快科技型中小企业发展提供有力支撑。

第二节　科技型中小企业信贷项目评审科技专家咨询服务平台

融资难是制约科技型中小企业成长的瓶颈。其中，银行在信贷调查和评审中，对企业技术发展和核心知识产权的把握能力不足，是影响科技型中小企业融资的重要因素之一。科技专家参与银行科技型中小企业信贷评审是化解银行与企业之间的信息不对称、促进科技和金融结合、缓解科技型中小企业融资难的重要措施。为此，科技部、银监会积极推动建立"科技型中小企业信贷项目评审科技专家咨询服务平台"（以下简称科技专家咨询平台）。

一、科技专家咨询平台概述

科技专家咨询平台是整合国家和地方科技专家资源，为银行业金融机构提供专业性技术咨询服务的公共信息化系统，该系统是在科技部、银监会指导下，由中国银行业协会负责管理和维护。科技专家利用系统平台，以成果、专利发明、技术路线、产品市场以及产业政策等咨询为切入点，在银行客户经理对科技型中小企业进行贷款审批中，对由于上述因素判断出现决策困难时，提供专业技术咨询和服务。

系统入库专家由地方科技部门依照技术领域分类推荐，报科技部审核后，推荐至银监会。经银监会确认后，有关专家信息将转入系统数据库。截至2013年初，包括院士、教授、高级工程师等在内的入库专家已达2695人，涉及电子信息、新能源等八大技术领域以及193个应用技术研究方向。开通系统账户的各类银行可在自愿、平等的基础上，从系统内选择专家提出技术咨询服务需求，并根据项目规模和涉及金额，参考市场价格自行与专家协商服务报酬。

科技专家咨询平台经过在北京银行试点运行之后，已经对中国银行业协会全部会员单位总部机构开通。各会员单位总部在确定系统管理员后，开始组织推进下辖机构的全面应用。其中，兴业银行已经完成行内所有37家分行的系统应用推广。

二、科技专家咨询平台成立背景

为加强科技资源和金融资源的结合，进一步加大对科技型中小企业信贷支持，缓解科技型中小企业融资困难，促进科技产业的全面可持续发展，2009 年 5 月银监会、科技部联合发布了《关于进一步加大对科技型中小企业信贷支持的指导意见》（银监发〔2009〕37 号），该指导意见提出要鼓励和引导银行在科技型中小企业密集地区、国家高新区的分支机构设立科技专家顾问委员会，发挥国家、地方科技计划专家库的优势，提供科技专业咨询服务；在审贷委员会中吸收有表决权的科技专家，并建立相应的考核约束机制。

在万钢部长、刘明康主席的推动下，2009 年 7 月，银监会、科技部共同发布了《关于选聘科技专家参与科技型中小企业项目评审工作的指导意见》（银监发〔2009〕64 号），科技部、银监会开始组织推荐科技专家。首批科技专家由科技部根据专家遴选条件从国家科技支撑计划、863 计划、星火计划、火炬计划、科技型中小企业创新基金等国家科技计划科技专家库中按照专业领域，选择了1000 多名专家，并提供了专家的相关信息。

科技部、银监会于 2010 年试点启动了科技专家参与科技型中小企业信贷项目评审工作，取得了积极成效。在已有工作基础上，中国银行业协会建立和完善了银行科技型中小企业信贷项目科技专家咨询系统，并负责系统的日常维护和管理。为进一步整合地方科技专家资源，提高服务效率和能力，2011 年 11 月，科技部、银监会发布《关于推荐银行科技型中小企业信贷项目咨询专家的通知》（国科发财〔2011〕642 号），向地方科技部门、产业技术创新战略联盟及其他相关单位征集了新一批专家。

2012 年 1 月 5 日，科技专家咨询平台发布会暨启动仪式在京召开，科技部王伟中副部长和银监会王华庆纪委书记出席会议并做重要讲话，中国银行业协会杨再平专职副会长宣布科技专家咨询平台正式上线启动。银行借助科技专家咨询平台，将更好地实现科技专家与金融服务的对接，适应和满足银行对科技型中小企业信贷评定的专业咨询服务的需要。

三、科技专家咨询平台推广与完善

科技专家咨询平台正式上线启动之后，科技部、银监会、中国银行业协会积极开展系统应用推广工作，在各类报刊、内刊、网络等媒体进行宣传。中国银行业协会还向会员单位发布了科技专家咨询平台联络人信息备案通知以及系统操作手册，并相继开展了一系列的推广活动。

2012 年 5 月，中国银行业协会在京召开科技专家咨询平台应用座谈交流会，协会会员单位的17 名代表参加了会议。会上对科技专家咨询平台总体情况进行了介绍及演示，并围绕科技型中小企业信贷业务发展状况、科技专家参与项目评审情况、各行下辖分支机构使用情况、系统未来发展方向以及各行对系统的服务诉求等议题进行了探讨。

2012 年 7 月，江苏银行小企业金融部和江苏省科技厅共同发起的科技支行、科技金融服务中心座谈会，中国银行业协会在座谈会培训环节为参会成员讲解科技专家咨询平台的相关情况和应用方法。

2012 年 8 月 3 日，交通银行举办 2012 年第一期小企业产品经理培训班，中国银行业协会为行内 37 个省分行产品经理讲解科技专家咨询平台的相关情况和具体应用方式。

2012 年 8 月 23 日，四川省银行业协会召开银行为科技型中小企业信贷服务研讨会，中国银行业协会为参会的工、农、中、建、交五大行的四川分行，以及德阳银行、成都银行、绵阳市商行等8 家金融机构进行系统宣介和培训，并深入了解大型商业银行总行与分行间的信贷审批关系，寻求

2012 年 9 月 12 日，中国银行业协会杨再平专职副会长应邀出席国家开发银行支持企业科技创新发展工作会议，并在会上与国家开发银行签订关于科技专家资源共享的合作框架协议，推进科技专家咨询平台与银行间的战略合作。

2012 年 10 月，中国银行业协会张芳副秘书长带队对北京银行中小企业事业部进行调研，了解北京银行科技金融相关情况和中关村模式，推动科技专家咨询平台试点项目的落实，并随后派员相继走访了中国农业银行、中国工商银行、中国银行、光大银行等金融机构，加强推动科技专家咨询平台在各行的应用。

2012 年 11 月，中国银行业协会赴中国银行、交通银行的苏州分行及上海分行，中国农业银行、江苏银行的无锡分行，光大银行的苏州分行等机构及相关科技支行或科技金融服务中心进行调研，了解各行对科技专家的真实诉求，推动科技专家与银行业务的真实衔接和具体落实。

在系统推介和调研座谈过程中发现，银行对科技专家的需要强烈，认为科技专家咨询平台提供了一个科技专家资源整合的公共平台，能够更好地实现科技专家与金融服务的对接，适应和满足银行对科技型中小企业信贷评定的专业咨询服务的需要。例如：中国农业发展银行四川省分行就某化工公司实施年产 20 万吨包膜控释肥高新技术产业化项目引入行业科技专家，全程参与项目论证，突破了农业科技贷款的风控难点，最终成功发放贷款，支持企业取得较好的经济效益；中国农业银行无锡科技支行就无锡市某科技公司两项科研成果的产业化融资项目通过平台向科技专家进行咨询，专家从产品耐久性、自洁概念、产品推广可能遇到的问题等多个方面提出质疑，银行最终根据专家意见并综合对企业其他方面的调查结果未予放贷，规避了信贷风险。

根据各银行提出的应用需求，在继续通过多种渠道、多种方式加大对科技专家咨询平台宣传推广的同时，科技专家咨询平台的功能得到了不断的开发和完善，开辟了政策法规和科技发展趋势等专栏，将国家和地方目前出台的科技、金融、财税相关政策文件提供给各银行，帮助银行尽快掌握政策导向和财政资金扶持方向，把握信贷资金投向；还将着手健全和完善专家队伍动态管理机制，专家评价和激励机制，与专业的行业信息研究机构开展合作，增开专栏介绍国民经济不同行业、产业发展动态，拓展科技专家咨询平台的功能，借助专家和机构的智力资源，为银行业金融机构提供更为专业化的科技咨询服务，防范信贷风险，提高科技型中小企业贷款决策的科学性，促进科技资源和金融资源的高效结合。

第三节 实施"面向科技型中小企业的科技金融综合服务平台及应用示范"项目

2012 年 6 月 20 日，国家科技支撑计划现代服务业领域"面向科技型中小企业的科技金融综合服务平台及应用示范"项目启动，成都高新投资集团有限公司、武汉东湖新技术开发区生产力促进中心、天津科技融资控股集团有限公司、北方技术交易市场、甘肃省高新技术创业服务中心、财政部财政科学研究所等 7 家单位承担项目实施，项目总投资 7285 万元，其中专项经费 2285 万元。该项目旨在打造一个面向科技型中小企业的综合性科技金融服务信息化平台，并在各地不断进行应用示范的基础上，探索符合我国科技型中小企业发展的科技金融现代服务模式，面向全国科技型中小企业提供一站式、全方位、多层次、多元化的科技金融服务。

一、平台建立的背景

科技型中小企业作为技术创新、科技成果转化和产业化的主要力量，缺乏大量的资金投入及可持续的融资渠道成为制约其发展的主要原因。近年来，中央部门和地方高度重视科技型中小企业的融资难问题，先后出台多项涉及财税金融的政策法规帮助企业冲破融资难瓶颈。而面向科技型中小企业的科技金融综合服务平台，统筹科技和金融资源，可以有效缓解科技型中小企业融资难问题，加快科技成果转化，提高企业自主创新能力、推动高新技术产业发展、加强科技与金融的结合。

通过建立科技金融综合服务平台，借助现代信息网络技术，构建网络科技金融服务平台与线下物理平台的有机结合，实现网上服务与线下服务的互动与互补；通过这种"鼠标＋水泥"的运作模式，创新科技金融服务的服务模式、运营模式和商业模式，进而形成全新的业态，并形成示范效应，满足不同阶段的科技型中小企业的融资需求，促进科技成果的转化和产业化。

二、平台建立的主要目标

通过搭建投融资服务、中介服务、知识产权交易服务、金融产品创新与研发、信用体系、政策支撑体系以及数据基础设施体系七个子系统，联合组建面向科技型中小企业的科技金融综合服务平台，并在北京、天津、成都、武汉、乌鲁木齐、兰州等地区形成以网络信息系统为手段，信息化交换服务为基础的创新应用示范，通过科技资源和金融资源相结合的集成创新，形成符合我国科技型中小企业发展的科技金融现代服务模式。

（一）建立区域信用标准体系

通过信用激励政策和专业机构的配套服务，推广和鼓励企业使用信用产品，搭建区域科技型中小企业信用信息数据库和信息共享平台，加强企业信用监督和信用管理，建立和完善基于企业信用的政府、金融、担保机构的信贷绿色通道，缓解企业融资难问题。将科技部门、中国人民银行、财政、税务、工商等信息进行有效的收集、整理和分析加工，实现科技型中小企业信息的共享，打通科技和金融信息链接通道，实现信用与政府资助的结合，开发设计基于信用的金融创新产品，建设科技金融服务业发展的信用基础。

（二）建立知识产权交易服务支撑平台

研究借鉴并建立适应市场需求的项目运作机制和基于金融产品交易方式的知识产权交易模式，开发以信息技术为支撑的知识产权交易服务支撑平台，形成整合优势资源、适应市场需求、区域特征明显、服务规范高效的知识产权交易服务网络和运作模式，通过示范应用及应用推广，促进区域产业结构调整，带动我国知识产权交易服务行业的发展和整体服务水平的提升。

（三）建立示范性的科技担保服务平台

通过对科技型中小企业贷款担保中共性障碍的研究，探索科技型中小企业融资担保的特殊规律，设计适合科技型中小企业融资担保的风险防范机制，提供融资担保的整体解决方案。建立示范性的科技担保服务平台，创新科技担保的产品设计和服务内容，与科技金融综合服务平台实现信息共享和业务流程对接，建设面向科技型中小企业的科技金融担保服务体系，为科技担保业的发展指明方向。

（四）探索欠发达地区的科技金融综合服务的发展模式

探索天使投资、小额贷款的投资方式、投资条件、投资机制、发展规律；探索欠发达地区科技金融发展之路，更深入、更细致、更有特色地引领民间资本，为欠发达地区中小企业服务，形成具有欠发达地区的科技金融综合服务的发展模式，对欠发达地区形成示范带动作用，从而促进欠发达地区新型产业成长，加快产业结构转型，提升欠发达地区的自我发展能力。

（五）建立服务科技型中小企业发展的政策文件服务系统

建立专门服务于科技型中小企业发展科技金融相关政策文件服务系统，包含财政政策、税收政策、产业政策、金融政策、区域发展政策、科技政策、人才政策、知识产权政策、国际合作等相关政策信息，基于此，为科技型中小企业、金融服务部门及相关政策执行部门提供相关的政策培训，进一步为促进科技型中小企业金融服务发展提供政策建议。

（六）引导社会资本投入，加强金融产品创新

充分利用政府引导性投入及相关金融工具，撬动吸引金融资本、创投及各类社会资本投向科技型中小企业，加大科技创新投入、提高科技创新能力，依托实验室、高校、科研院所等研究机构，加强创新金融产品研发以及现有金融产品的创新集成，促进科技资源和金融资源的有效对接。

（七）打造提供全面科技金融服务的综合网络门户平台

以"盈创动力"品牌为依托，完善科技金融综合服务门户网站，并通过网络技术集成各合作单位开发的投融资专业服务子系统，使门户网站成为一个可为科技型中小企业和各类资本提供全面科技金融服务的综合网络门户平台。进一步完善自身科技金融服务体系，为区域内科技型中小企业和各类资本提供全面科技金融综合服务。并逐步形成标准化的产品体系、运营体系和服务体系，使之成为可推广、可复制的标准化科技金融服务体系，并向全国推广。

（八）形成主导品牌建立科技金融专营机构

通过本项目的实施，全面提升参与地区的科技金融服务水平，形成科技金融服务业的主导品牌，形成3家科技金融服务业骨干示范型企业，建立一批科技创业投资企业（或企业集团）、科技担保公司、科技融资租赁公司、科技小额贷款公司、科技支行等科技金融机构，并为2000家以上的科技型中小企业提供投融资服务，培育100家企业上市或进入多层资本市场融资，融资额超过200亿元。

三、平台的进展情况及取得的成果

2012年，面向科技型中小企业科技金融综合服务平台整合各类资源，总结和归纳了科技型中小企业在不同成长阶段的不同层次、不同特点的融资需求，以及不同的融资渠道和方式。通过政府扶持、债权融资、股权投资、上市融资等多种模式的有机组合，创造性地提出了动态适配的政府引导、民间资金积极参与的社会化投融资解决方案，通过不断创新服务体系，建立适合科技型中小企业的服务模式。

（一）物理平台建设

课题组1成都高新投资集团有限公司与课题组2武汉东湖生产力促进中心、湖北省高新投资集团都通过建立物理平台聚集金融服务机构建立科技金融服务窗口，产生了良好的效果。成都高新投

资集团有限公司盈创动力一、二、三期总计约 7 万平方米的金融资源聚集物理空间，吸引了包括凯雷投资、美国 VIVO 基金、韩国 KTB 基金、银科创投、德同资本、高投担保、锦泓小贷、浙商小贷以及成都银行、交通银行、宏源证券等 40 余家金融机构和投融资服务机构入驻，注册资本超过 100 亿元（人民币），聚集投资资金规模超过 200 亿元（人民币），并与 100 余家投融资机构及中介服务机构建立了战略合作伙伴关系。武汉东湖生产力促进中心、湖北省高新投资集团积极推动中心基地建设，在光谷资本大厦，开辟了一个独立区域，聚集各类投融资机构，作为科技金融对外服务窗口和物理门户，目前服务面积已达 500 平方米。

（二）信息平台建设

成都、武汉、乌鲁木齐、甘肃、北京等地课题组均在不断完善现有信息平台的功能，同时按照项目总体要求，配合总体组进行项目信息化平台的需求调研工作，目前，项目需求调研已经完成，项目各个功能模块的需求已经明确，正在对各个模块进行深化设计，预计在 2013 年第一季度即可按时完成整个项目的系统设计工作。

（三）服务体系建设

各课题组通过打造以天使投资、创业投资、私募股权投资为核心的股权融资体系；以统借统还平台贷款、融资担保、小额贷款等为重点的债权融资体系；以财务顾问、融资中介、项目对接、上市路演、专业培训等为支撑的增值服务体系，进一步丰富和完善了科技金融服务链。

（四）人才队伍建设

目前，项目共有高等教育背景的专职科技金融服务人员 120 人，主要由银行、担保等金融机构的高级管理人员和高校的专家、教授与科技中介服务机构、咨询管理机构从事科技服务和融资服务的人员组成，其中高级职称 41 人，中级职称 24 人，初级职称 7 人。已培养 12 名博士研究生，31 名硕士研究生，他们都已将科技金融服务作为研究方向。

2012 年，各课题组根据自身特点积聚社会各类资源，充分利用政府引导性投入及相关金融工具，通过物理平台与网络信息平台相结合，有效地为科技型中小企业开展科技金融服务，共计服务科技型中小企业 4140 家，协助企业融资 142 亿元，实现服务收入 1000 万元，发表科技金融论文 12 篇，建立科技型中小企业数据库收集企业信息近 2 万家，在各地产生了积极的影响。

第四节　社会化科技金融服务平台

近年来，社会各界高度重视科技和金融结合，许多民营机构认识到科技金融结合的重要作用和市场空间，针对中小微企业的融资特点和规律，以及常规金融服务的不足，开发设计了多种类型的科技金融服务产品和模式。目前，各类科技金融服务平台层出不穷，特别是基于民营资本的社会化科技金融服务平台不断涌现，各具特色，各有千秋，如中新力合、阿里金融、融资城、全球网等，为中小微企业创新创业提供了有效的投融资支持。

一、基本概念和分类

社会化科技金融服务平台是一类新兴的科技金融服务群体，主要是指由民间市场化机构主导建立的社会化科技金融服务平台，其重要功能就是识别科技资源（科技型中小微企业、科技成果等）的潜在价值和风险，并通过财税、金融、信用工具等的组合运用和模式创新，以信息化手段为基础，达成科技资源与金融资源、社会资本的有效对接。这种民间社会化服务机构的出现，为那些难以达到传统金融机构服务门槛的中小微企业提供了融资机会和发展机遇，特别是有效地解决了市场失灵问题，是政府公共性服务手段的有力补充，有利于支持中小微企业创新创业。

社会化科技金融服务平台的运作模式各具特色，一般基于自身业务特点及相关配套资源情况来开展面向中小微企业的投融资服务。按其业务服务范围划分，主要分为两类，一类是常见的社会化科技金融服务平台，主要功能是对接投融资双方，服务范围面向社会化各类融资主体，发挥"桥梁"作用，为中小微企业投融资提供中介服务，如中新力合、融资城、全球网；另一类是以阿里金融为代表的，基于电子商务业务衍生出来的创新性金融服务，其服务范围限定于自身电子商务业务范围内的主体，是一个相对独立的多元化体系。按其资金渠道划分，也可以分为两类，一类是对接社会多元化资本，为中小微企业提供融资服务，如中新力合引入银行信贷资金特别是创业投资等，全球网主要引入银行信贷资金，融资城则是面向社会各类主体特别是个人投资者；另一类主要是以自有资金为主，如阿里金融主要是以股东出资资本金作为小额贷款的资金来源。从其实施工具来看，社会化科技金融服务平台更多是以网络化、信息化的手段来实现更广泛区域内的投融资对接，一般投融资双方通过互联网渠道建立融资关系，而平台提供的更多是甄别企业价值、整合多方优势资源和特色服务的功能。

二、特色化业务模式

（一）基于数据基础的金融服务创新模式——阿里金融

2010、2011 年，阿里巴巴分别在杭州、重庆成立了两家小额贷款公司，主要面向其电子商务客户，提供快速、小额、无担保的贷款支持。截至 2012 年 12 月底，阿里金融为超过 20 万家的小微企业、个人创业者提供了投融资服务，平均每户贷款余额为 6.1 万元，累计发放贷款超过 300 亿元。[①]

阿里金融利用阿里巴巴 B2B、淘宝、支付宝等电子商务平台上客户积累的信用数据及行为数据，引入网络数据模型和在线视频资信调查模式，通过交叉检验技术辅以第三方验证确认客户信息的真实性，将客户在电子商务网络平台上的行为数据映射为企业和个人的信用评价，向这些通常无法在传统金融渠道获得贷款的弱势群体批量发放"金额小、期限短、随借随还"的小额贷款。重视数据，而不是依赖担保或者抵押，不仅降低了小微企业融资的门槛，也让小微企业在电商平台上所积累信用的价值得以呈现。同时，阿里金融微贷技术也极为重视网络应用。其中，小微企业大量数据的运算即依赖互联网的云计算技术，不仅保证了其安全、效率，也降低了阿里金融的运营成本；另外，对于网络的利用，也简化了小微企业融资的环节，更能向小微企业提供不间断的全天候金融

---

① 资料来源：中国电子商务研究中心。

服务，并使得同时向大批量的小微企业提供金融服务成为现实。这也符合国内小微企业数量庞大，且融资需求旺盛的特点。

阿里金融微贷技术中有完整的风险控制体系。在信贷风险防范上，阿里金融建立了多层次的微贷风险预警和管理体系，具体来看，贷前、贷中以及贷后三个环节环环相扣，利用数据采集和模型分析等手段，根据小微企业在阿里巴巴平台上积累的信用及行为数据，对企业的还款能力及还款意愿进行较准确的评估。同时结合贷后监控和网络店铺/账号关停机制，提高了客户违约成本，有效地控制了贷款风险。

（二）整合多方社会资源的金融服务创新模式——中新力合

浙江中新力合股份有限公司（以下简称中新力合）成立于2004年5月，2006年8月正式运营，初始注册资本金为2000万元。自创建以来，中新力合的业务模式得到了许多投资者的认可和关注。2008年初，中新力合获得首轮外资金融机构的注资，恩颐投资（New Enterprise Associates）和SVB金融集团（SVB Financial Group）入股中新力合，并与其建立了战略合作伙伴关系。中新力合陆续推出了桥隧模式、路衢模式及云融资服务平台等特色金融服务。三类服务都通过引入不同的市场主体，或者通过多元化整合来改变投资收益和风险结构，进而促进了投融资双方的对接。

1. 桥隧模式

中新力合在传统担保模式的基础上开发了桥隧模式，其核心在于引入第四方，即在传统担保的三方交易结构（见图7-1）中引入创业投资机构或上下游企业等（见图7-2）。第四方以某种形式承诺，当企业现金流发生未预期的变化而导致财务危机发生，进而无法按时偿付银行贷款时，第四方将以股权收购等形式进入该企业，为企业带来现金流用以偿付银行债务。这种机制不仅有利于控制担保机构的风险，也有利于规避科技型中小企业破产清算的危机，最大限度保全企业的潜在价值。

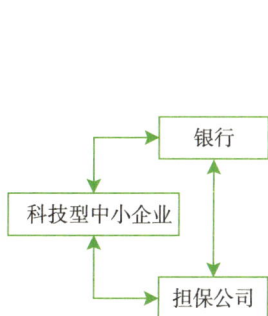

图7-1 传统担保模式

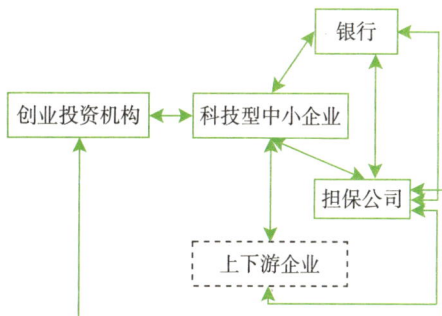

图7-2 桥隧模式

2. 路衢模式

路衢模式是通过聚集财政资金、金融资源（银行资金、信托资金、创业投资等）和市场主体（担保公司、信托公司、银行、创业投资机构等）为科技型中小企业提供融资的一类服务模式。在路衢模式中，中新力合走向融资服务市场的"前端"，其角色由桥隧模式中风险分担方扩展为资源整合者、产品设计者及市场推广者。目前，路衢模式的表现形式是小企业集合信托债权基金，其运作方式（如图7-3）是由信托公司发起信托计划，由中新力合提供担保及顾问咨询，所发行的信托产品由政府财政资金（或专项引导基金）、社会资本等共同认购，所募集的信托基金将投向经过信托顾问筛选出来的、能够体现政府扶持意愿，且符合特定行业或区域经济发展特色的优质科技型中小企业。

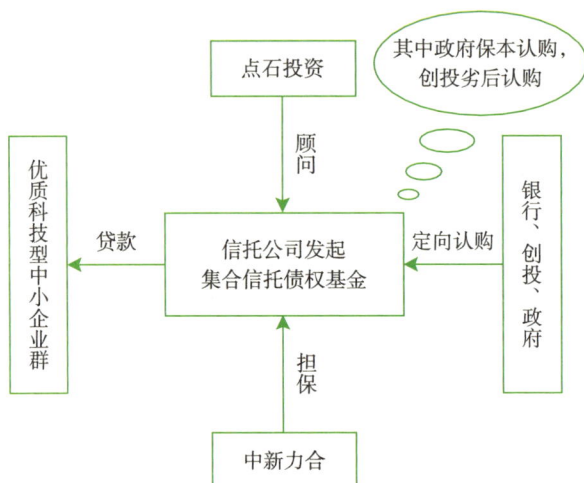

图7-3　浙江中新力合小企业集合信托债权基金运作模式

3. 云融资服务平台

云融资服务平台是一个为科技型中小企业融资提供服务的开放式平台。其基本思路是利用互联网技术将各种金融服务资源按接入标准自愿接入，每个企业都可以定制化地将自己的状况和需求按标准向云融资服务平台展示，以实现金融服务资源与企业基于双向选择的方式，在云融资服务平台以信息化的手段快速匹配对接。

目前，云融资服务平台所接入的金融（服务）机构主要包括三类：银行、投行、担保公司、创投机构等，小额贷款公司、天使投资人、民间资本等提供民间资金的机构或投资者以及第三方调查机构等信用评价增信服务机构。

与传统融资服务平台不同，云融资服务平台不仅集聚金融（服务）机构，还依据中新力合积累的企业数据和其评判企业信用风险的专家能力，力求研究一种能够准确表达科技型中小企业状态的标准语言，这种语言能让匹配科技型中小企业需求的金融机构能够快速读懂企业的价值所在。

（三）基于互联网的金融服务创新模式——全球网、融资城

全球网和融资城的特点在于对接服务主要通过互联网来实现。全球网的运作模式是：中小企业在全球网注册并申请网络贷款，经全球网初步审核后，通过系统自动发通知给客户选择的担保公司；担保公司调查后如果同意，直接在共同的客户管理后台输入意向反馈，随后通过全球网专用网络接口发送给建行各省分行，进入银行审核程序；银行审核同意后，银行、担保、企业三方签订相关法律文件，就可以发放贷款。

融资城的融资服务对象可以是一个企业，也可以是一种准备或正在实施的项目，融资服务基于互联网来实现，但是其为融资项目提供的资金来源并不是一般的传统金融机构，融资项目在通过担保公司等进行增信后，融资城使用"资产证券化"的理念，将每个融资项目的融资需求简单地划分成同等额度的标准化"等份"，并在互联网上公开发布，进而通过融资城网络注册的社会机构或个人投资者进行购买标准化"等份"，有效地整合带动了社会化分散于个人投资者手中的零散投资资金，也满足了企业多元化的融资需求。

三、模式特点

社会化科技金融服务平台具有更加市场化、更加便捷灵活的特点，与政府主导的科技金融服务平台比较，具有以下几方面特点。

一是降低金融机构与中小微企业之间的信息不对称程度，提高金融机构的运行效率。社会化科技金融服务平台为中小微企业提供了一个展示自身信息、融资需求和风险的平台，有助于降低金融机构对中小微企业进行判断、分析、风险识别过程监管的成本，从而提高投融资效率。

二是基于互联网的服务模式有利于降低金融机构和企业双方的成本，企业可以在网上实现申请，提交材料，平台可以在网上实现在线调查、审批和监管，极大缩短了企业的融资周期。此外，还可以整合多方资源，如更加便捷地引入担保、创业投资、银行、民间投资等各类资金。

三是有效带动民间资本参与中小微企业创新创业。社会化科技金融服务平台主要是以自身资本金和引导、带动社会资本为主要手段，特别是个别模式创新，不仅吸引了传统金融机构参与，更加带动了民间个人投资者的参与。

总的来说，社会化科技金融服务平台的涌现，更加丰富了科技金融服务体系建设，特别是其服务更加贴近于中小微企业融资需要，能够整合多方社会资源，为中小微企业创新创业提供更加多元化、个性化的专业金融服务。

（本章供稿：杜俊华　陈喆龙　付剑峰）

区域篇

第八章 促进科技和金融结合试点地区

（按试点批复排序）

第一节 中关村国家自主创新示范区

中关村是国务院批准成立的我国第一个国家级高科技园区。多年来，中关村始终秉承金融服务于实体经济、服务于战略性新兴产业发展的本质要求，在聚集金融服务资源、完善技术和资本高效对接的机制、政策先行先试、科技金融产品创新等方面深入推进工作。党中央、国务院和北京市委、市政府始终高度重视中关村在提升自主创新能力、建设创新型国家中的示范引领和辐射带动作用。2011 年底，科技部和"一行三会"批复中关村成为全国科技和金融结合首批试点地区以来，中关村不断深化科技金融服务创新，取得明显成效。

一、中关村创新创业情况及科技金融工作的定位

（一）中关村创新创业情况及创业企业融资特点

中关村是我国创新创业资源最为丰富的区域，拥有高新技术企业近 2 万家，每年新创办企业3000 多家，高科技、高成长的"瞪羚企业"3000 多家，留学人员累计创办企业 6000 多家，总收入过亿元的企业 1648 家，德勤"中国大陆高科技高成长企业 50 强"和清科"中国大陆最具投资价值企业 50 强"中，约 1/3 来自中关村。创业企业有效融资需求的持续增加，催生了新的金融服务需求，形成新的金融业务增长点，为金融创新提供新的市场机遇，成为中关村科技金融工作重要的基础和优势。

（二）中关村科技金融工作的定位

中关村是我国战略性新兴产业发展的策源地，与此相适应，中关村科技金融工作的定位是：坚持金融服务实体经济的本质要求，强化金融对科技发展的支撑作用，立足于创业企业的融资需求特点，重点围绕发展战略性新兴产业，促进重大科技成果转化和产业化，支持创新创业和企业做强做大的战略目标，建立覆盖科技创新与战略性新兴产业发展不同阶段的科技金融服务体系，实现科技创新和金融创新的紧密结合，把中关村建设成为国家科技金融创新中心。

中国科技金融发展报告 2012

二、中关村科技金融工作的思路

针对科技企业多元化的有效融资需求，中关村探索形成了"一个基础、六项机制、十条渠道"的科技金融体系。"一个基础"是指以企业信用体系建设为基础；"六项机制"是指技术和资本高效对接机制，体现了中关村科技金融工作的主要思路；"十条渠道"则代表了支持企业不同发展阶段需求的融资渠道。

三、中关村科技金融工作的主要成效

2012 年 8 月 6 日，国家发改委等九个部委会同北京市政府印发了《关于中关村国家自主创新示范区建设国家科技金融创新中心的意见》，中关村科技金融工作主要有：

（一）中关村成为我国创业投资最活跃的区域，不断引领高新技术产业发展的潮流

近年来，中关村示范区内出现了一批活跃的天使投资人和拥有多次创业经验的创业者，催生了新的创业服务模式，涌现出"车库咖啡"、"创新工场"等多种创业服务模式。据初步统计，近年来新上市公司中 75% 以上获得过创业投资支持。中关村创业投资引导资金与 IDG 等机构合作设立了 22 只子基金，合作规模达到 100.3 亿元。

（二）中关村代办试点工作为建设统一监管下的全国场外交易市场积累了经验，奠定了基础

截至 2012 年底，共有 235 家企业参与中关村代办试点，其中已挂牌和通过备案的企业 160 家。共有 45 家完成或启动了 53 次增资，融资额 22 亿元，平均市盈率 22 倍。挂牌企业中的 8 家企业已在中小板和创业板上市。2012 年 3 月 27 日，王岐山同志调研和视察时对试点工作给予了充分的肯定，提出试点为建设统一监管下的全国场外交易市场积累了宝贵的经验。5 月，全国场外交易市场筹备组在北京成立。8 月 3 日，证监会宣布试点向武汉东湖、上海张江、天津滨海扩大。

（三）中关村上市公司群体加速壮大，"中关村板块"效应增强

自 2009 年国务院批复中关村建设国家自主创新示范区以来，中关村已新增上市公司 112 家，已公开发行的 101 家上市公司 IPO 融资额 1155 亿元。上市公司总数达到 224 家，包括境内 145 家，境外 79 家，IPO 融资总额超过 1900 亿元。其中创业板上市公司达到 62 家，占全国的 1/7，在创业板形成了"中关村板块"。上市后备资源丰富，改制完的非上市股份公司 500 多家，符合创业板财务指标要求的企业近千家，在证监会等待上市审核和在北京证监局辅导的企业 100 多家。大力支持上市公司发展，推动设立中关村上市公司协会。

（四）中关村科技信贷创新不断深化，企业融资难题得到缓解

截至 2012 年底，共有 18 家银行在中关村设立了专门为科技企业服务的信贷专营机构或特色支行，北京银行和中国建设银行设立了中关村分行。各项创新试点工作进展顺利，以中关村科技担保公司为平台，已累计为企业提供贷款担保 641 亿元，其中 2012 年新增担保 120 亿元。累计组织 149 家（次）中小企业发行直接融资产品，融资额共计 27.7 亿元。各银行累计为 347 家企业提供 705 笔信用贷款，实际发放 135 亿元，无一违信行为；信用保险及贸易融资试点工作进展顺利，累计为 65 家（次）企业提供近 200 亿元的信用保险和 10 亿元的贸易融资贷款；累计发放知识产权质押贷款 97.6 亿元；中关村小额贷款公司累计发放贷款 33.4 亿元；杭州银行推出针对中关村代办挂牌企业的

股权质押贷款，累计为 38 家（次）企业发放贷款 6.6 亿元。刘延东同志在新华社《动态清样》上批示，中关村多年探索的中、小、微型科技企业金融服务新模式，是破解科技型企业"贷款难"的成功范例。

（五）积极探索基础设施建设融资模式的创新

推动商业银行为基础设施建设项目提供贷款支持。近年来，中关村与国家开发银行合作，探索形成了富有特色的中关村金融合作模式，国家开发银行累计发放中关村基础设施建设贷款突破 325 亿元，极大地带动了商业银行的流动资金贷款。在中国人民银行的支持下，积极争取发行 100 亿元的私募债用于中关村人才公租房建设。此外，研究启动了中关村科技物业资产证券化试点等。

（六）其他创新试点工作进展顺利

（1）支持科技保险服务科技企业创新发展。在积极推动科技保险试点的基础上，全面开展信用保险和贸易融资试点，启动了中关村示范区首台（套）重大技术装备试验示范项目保险试点。

（2）积极推动中小企业私募债试点，信威通信、百慕新材等四家中关村企业通过深圳证券交易所和上海证券交易所备案，实现全国首批发行。

（3）推进融资租赁发展。会同北京市商务委等九个部门印发了《中关村示范区支持融资租赁发展的指导意见》。

四、下一步工作重点

（1）加强政策协调，完善工作体系。深入贯彻落实《关于中关村建设国家科技金融创新中心的意见》，加强宣传推动，研究提出北京市落实的实施方案。

（2）推动科技金融功能区建设。加强和各区县及各园管委会的工作联动，以中关村西区等区域为重点，建设科技金融功能区，引导科技金融机构聚集，增强中关村"一区多园"的科技金融服务功能。

（3）建设中关村科技金融综合服务平台。开展网上企业信用审核和评价，与银行等金融机构合作，为其批量输送优质企业，同时承担对银行非核心业务的外包，为银行提供全流程、一站式的网络服务，降低银行管理成本，大幅扩大银行支持企业的覆盖面。

（4）继续完善科技金融服务体系，扩大企业融资规模。①在深化企业信用体系建设的基础上，推动个人信用体系建设。②深入推动中关村代办试点工作，配合国家相关部门做好深化试点工作。③继续加强企业改制上市服务力度，支持中关村上市公司协会开展工作。④继续促进天使投资和创业投资发展，扩大引导资金的规模，强化创业投资聚集效应。⑤深化科技信贷创新试点，强化对小微企业和首次融资企业的支持。⑥进一步推进融资租赁发展，实现产业资本和金融资本的结合。

（供稿单位：中关村科技园区管委会）

第二节　天津市

按照科技部、中国人民银行、中国银监会、中国证监会、中国保监会《促进科技和金融结合试点实施方案》的要求，天津市围绕加快科技和金融结合试点城市建设、破解科技型中小企业融资难、加快科技型中小企业发展，开展了一系列工作，取得了一定成效和进展。

一、截至 2011 年底天津市科技资源情况

近年来，天津市科技工作取得了长足进展，综合科技水平继续位居全国第三位。2011 年，全市财政科技投入 60.17 亿元；全社会研发投入 297.76 亿元，占地区国民生产总值的比重达到 2.63%；省部级科技计划项目 852 项，总投资额 24.43 亿元，财政拨款 3.75 亿元；科技成果登记 2020 项；获国家科技奖励 16 项；被国际三大检索系统收录科技论文 1.4 万篇；全市专利申请 36258 件、授权 1.4 万件、发明专利 10007 件；高等院校（理工类）16 所。全市科研院所 140 家；新增国家重点实验室 9 个，国家部委重点实验室达到 44 个；国家工程技术研究中心 33 个；国家科技企业孵化器、生产力促进中心 11 个；国家高新技术产业化基地 16 个；全市高新技术企业 927 家；高新技术产业产值达到 6488 亿元，同比增长 27%，占到工业总产值的 31%；2011 年底，全市科技型中小企业达 2.1 万家，占全市企业比重从 9% 增加到 11%，工业总产值占到全市的 30%，科技小巨人企业达到 1067 家。

二、截至 2011 年底天津市金融资源情况

截至 2011 年底，全市各项存款余额 17587 亿元，人均存款余额 12.98 万元，本外币贷款余额 15925 亿元；银行业金融机构资产总额 2.8 万亿元；银行金融服务网点 2687 家；中小企业贷款 2011 年新增额 892 亿元；中小企业贷款余额 4547 亿元，占所有贷款余额比例达 28.54%；中小企业贷款不良率 1.81%；创业风险投资机构 172 家，管理资本规模 155 亿元；全市在中小板、创业板市场上市的企业达 11 家，融资额达 93.26 亿元；各类债券发行额 314 亿元；2011 年保费收入（不含总公司）211.7 亿元；保险密度 1663.6 元/人，保险深度（保费收入与 GDP 之比）1.9%。

三、2011~2012 年科技与金融结合的创新实践情况

（一）优化科技资源配置，形成了支持科技型中小企业发展的财政科技投入创新机制

（1）打包贷款实现良性运作，财政科技投入成倍放大。天津市在国内首创并率先实施了面向广大科技型中小企业的科技计划项目与银行贷款相结合的无抵押、无担保打包贷款工作。截至 2011 年底，为 435 家科技型中小企业解决无抵押无担保的打包贷款 17360 万元，财政拨款 8985 万元，银行增放 16.99 亿元。截至 2012 年 11 月底，累计为 577 家企业解决无抵押无担保的打包贷款 23040 万元，财政拨付资金 1.18 亿元，银行增放 27.04 亿元，贷款资金回款率达到 100%。

（2）科技型中小企业发展专项资金（周转金）贷款效果明显。2011 年度，共论证通过了 549 家企业贷款申请，当年有 401 家企业获得银行贷款，金额总计 69.35 亿元，当年为 121 家企业贴息、贴保 3792 万元。截至 2012 年 11 月底，共论证通过了 1254 家企业，1044 家企业获得了贷款支持，金额共计 176.62 亿元。在此基础上，通过立项程序，已为 579 家科技型中小企业补贴贷款利息、担保费 6.35 亿元。

中国科技金融发展报告 2012

（二）发展创业风险投资，支持科技创新

创新"创投资金"投入模式，充分放大国家及天津市财政资金对社会资本的撬动效应。近年来，市创业投资引导资金投资 2.4 亿元，带动设立各类商业性创业投资基金总额 16 亿元，进一步带动社会资金 50 亿元，累计投资了红日药业等 30 家科技型企业。2012 年，申报国家的三只创业投资引导资金已获得国家发改委批准，国家共投入资金 1.5 亿元，市级财政共分期投入 1.5 亿元。筹建了一批市级引导基金，如与武清等四区县组建引导基金，每个区县出资 5000 万元，市级财政出资 5000 万元，基金总额 2.5 亿元。

（三）引导银行业金融机构加大对科技型中小企业的贷款支持

鼓励金融机构创造条件，开办科技支行或设立专门为科技企业服务的业务部门，积极开展服务和产品创新，形成符合科技企业发展规律的服务机制。目前全市共有 22 家银行建立了专营机构，其中 3 家建立了科技支行；4 家村镇银行开展了面向科技型中小企业的专项业务；1 家小额贷款公司开展了面向科技型中小企业的专项业务；2 家保险公司开展了面向科技型中小企业的专项业务；23 家担保公司开展了面向科技型中小企业的专项业务；23 家创投公司主要面向科技型中小企业开展业务。

（四）引导和支持企业进入多层次资本市场

2012 年，天津市科委出台了《天津市推动科技企业上市的办法》（津科财〔2012〕120 号），市科委积极与天津市证监局、天津市金融办会商，就共同推动天津市科技型企业上市进行认真协商，签署了《联合推动科技型企业上市工作协议》。天津市科委初步建立了科技企业上市后备资源库和"新三板"重点培育企业后备资源库。2012 年度，已培育 1 家科技企业在创业板上市，10 家科技企业已进入证监会 IPO 申报阶段，5 家科技企业已在"新三板"挂牌。

（五）进一步加强和完善科技保险服务

天津市的科技保险试点工作由天津市科委负责组织实施，为更好地推动此项工作，成立了天津市科技保险试点工作推动工作小组，与天津市保监局建立了协调机制，与相关的保险公司建立了业务联系。天津市于 2007 年成为全国首批科技保险工作的试点城市，科技保险保费补贴支持的对象为高新技术企业，科技保险险种由科技部、中国保监会确定。截至目前，共有 55 家科技企业的 81 份科技保险合同获得补贴 440 万元。

（六）建立和完善科技企业信用服务体系

建立了信用共同体，滨海高新区开展中小企业信用体系建设，培育扶持优秀中小企业发展，探索建立了解决科技型中小企业融资难新模式。

（七）建立科技金融合作平台，培育中介机构发展

（1）组建了天津市科技融资控股集团，不断完善其贷款、股权投资、融资担保等服务功能，向综合性、政策性科技金融专营机构发展。

（2）建设完善天津市科技金融服务中心。2012 年，天津市科委与浦发银行天津分行合作建立的天津市科技金融服务中心是科技金融综合服务机构，中心内分别设立"银行服务区"、"综合金融服务区"、"股权投资服务区"与"路演对接服务区"，为综合性科技金融服务创造了良好的硬件条件与环境。

（3）成立科技金融促进会。2011 年，由天津市高新技术成果转化中心、天津市部分金融、投资机构和部分科技企业联合发起成立了科技金融促进会。自成立以来，促进会针对科技型中小企业开

展了宣传调研、路演对接服务、投融资培训、咨询服务、信用体系建设服务、国内外交流服务等多项服务工作。

（4）委区共建，推动科技金融示范区建设。天津市科委积极深入各区县、功能区调研，与区县政府、功能区管委会等协商研讨，在此基础上，初步与东丽、西青、南开、津南、武清五个区县签订了委区共建科技金融示范区协议。协议共建内容主要包括本区域科技金融政策体系创新、科技金融专营机构建设、科技金融对接服务活动开展、科技金融功能平台——科技金融大厦建设等。

（5）建设和不断完善科技金融服务网。2011 年，天津市成立科技金融服务网，该网既是独立的服务网站，又是天津市科技型中小企业服务网的投融资服务平台。服务网主要有三类用户、十大板块，三类用户是科技型中小企业、各类金融和投资机构、服务机构；十个板块是科技金融动态、融资项目需求、金融产品、投资意向、路演视频、在线培训、科技金融政策、综合服务、网上咨询、加盟机构以及对接成功统计。

（6）科技国际融资洽谈会交流服务功能不断提升。已连续 6 年成功举办中国企业国际融资洽谈会——科技国际融资洽谈会。2012 年，第六届科技国际融资洽谈会科技金融馆为 400 多家科技企业，60 家金融、投资及中介机构安排了融资对接活动，总融资需求近 100 亿元。会上筛选出 19 家科技企业进行了融资路演，现场达成融资意向 9000 万元。

（7）常态化的融资路演活动成为科技企业与资本对接的有效渠道。按照科技金融工作安排，市里每月举行一次融资路演对接活动。两年间，先后举办 20 余场，企业共计提出 22 亿多元融资需求，参加活动的科技企业达成融资协议金额 4 亿元。开展路演对接会为科技型中小企业与银行在网上实现快速对接创造条件。

（8）积极开展"赢在科技"电视栏目的策划和制作工作，开辟科技金融服务新模式。

（9）2011 年成立天津市滨海国际知识产权交易所，不断完善和规范知识产权融资标准和程序，争取设立国家知识产权转让市场。

（八）营造科技金融政策环境

2010 年，市政府制定了《关于推动我市科技金融改革创新的意见》、《金融支持科技型中小企业发展工作实施意见》等重要文件，明确了科技金融发展思路、发展目标和主要内容。为了完善科技金融试点城市建设框架，2012 年 5~7 月，天津市科委牵头，集中制定发布了《天津市促进科技和金融结合试点城市建设的意见》等 6 项科技金融相关办法，初步完成了天津市科技金融的顶层设计。此外，建立科技金融专员制度服务科技型中小企业。面向科技企业宣传科技金融政策，介绍科技金融创新产品，接受科技企业融资咨询，为企业提供专业化解答，提供融资顾问服务，调查解决科技企业融资所存在的问题。

四、开展科技金融工作的问题、难点和建议

虽然天津市科技金融结合工作取得了一定成绩，但仍然有许多工作需要加强。

（1）科技型中小企业选用金融工具的能力弱，突出表现在以下两个方面。①运用过金融工具的科技型中小企业比例不高。从全国来看，从商业银行获得过贷款支持的中小企业占总数的比例约为10%，天津市虽略高，但比例仍然很低。②金融基础知识比较弱。表现在科技型中小企业贷款时对银行贷款流程不清楚，申请贷款材料不规范。科技型中小企业的高管中掌握金融知识的不足 1%。

（2）政府设立担保资金对社会资金的引导和带动能力弱。

（3）为科技型中小企业融资提供综合性、专业化、便捷的平台数量少，不能满足科技型中小企业大发展的要求。

（4）银行做科技型中小企业业务积极性仍然不高。下一步要围绕科技金融支撑全市科技型中小企业发展这一主题开展工作。

（供稿单位：天津市科委）

第三节　上海市

上海市自首批列入科技金融试点地区以来，开展了一系列卓有成效的工作。

一、截至 2011 年底科技资源情况

2011 年，上海市财政共安排"科学技术支出"218.5 亿元（其中：市级财政安排 118.4 亿元，区县财政安排 100.1 亿元，比 2010 年增长 16.5 亿元），增幅 8.17%。市 R&D 经费内部支出 597.71 亿元，比 2010 年增长 116.01 亿元，同比增长 24.08%，R&D/GDP 为 3.11%，比 2010 年提高了 0.3 个百分点。2011 年，上海新增主持承担国家各类基础研究项目合计 3388 项，较 2010 年（2687 项）增加 701 项，同比增长 26.09%。其中，新增承担国家"973"计划项目 13 项；重大科学研究计划项目 18 项；国家基金委项目 3357 项。

上海市级财政继续支持高新技术产业化和高新技术成果转化。战略性新兴产业（制造业部分）完成工业总产值 7850.4 亿元，比 2010 年增长 11.5%。2011 年，上海市科技成果登记总数为 2388 项，其中应用技术成果 2137 项。按其成果水平分，属国际领先水平的项目 211 项，占 9.9%；国际先进水平的 598 项，占 28.0%；上海市科技总体实力有所增强，取得了一批水平高、难度大的科技成果。2011 年，上海市专利申请量为 80215 件，创历史新高，比 2010 年增长 12.7%，其中发明专利申请量为 32142 件，比 2010 年增长 22.8%，居全国第四位，发明、实用新型、外观设计专利申请量占申请总量的比例为 40:39:21。上海市专利授权量为 47960 件，其中发明专利授权量为 9160 件，比 2010 年增长 33.4%。上海市申请 PCT 国际专利 847 件，比 2010 年增长 15.2%，居全国第三位。

2011 年复审通过高新技术企业 1489 家，新认定高新技术企业 776 家，总计 2265 家。2009 年和 2010 年认定的高新技术企业 1324 家，全市拥有高新技术企业 3589 家。技术市场持续稳健发展，2011 年，上海市经认定登记的技术合同 29332 项，成交金额 550.32 亿元，同比分别增长 12.0% 和 4.7%，对 GDP 的贡献率连续 6 年稳定在 3% 左右。

二、截至 2011 年底金融资源情况

截至 2011 年底，上海市法人商业银行数 25 家，一级分行级机构 111 家，银行金融服务网点 3358 家，银行业金融机构资产总额 8.1 万亿元，银行业各项存款余额 5.67 万亿元，各项贷款余额

3.74 万亿元。中型企业贷款余额 9072.90 亿元，不良贷款 68.05 亿元；小型企业贷款余额 5033.63 亿元，不良贷款 37.76 亿元；微型企业贷款余额 705.61 亿元，不良贷款 8.75 亿元，个人经营性贷款余额 940.73 亿元，不良贷款 2.61 亿元。中小企业贷款当年新增额 2165.5 亿元，中小企业贷款余额占所有贷款余额比例 13.4%。已开业小额贷款公司 72 家，资产总额 118.03 亿元，贷款余额 112.09 亿元，放贷企业 4833 家，其中小企业贷款余额为 54.04 亿元，占总贷款余额的 48.21%，小企业贷款 1603 家，科技企业贷款余额 7.09 亿元，占总贷款余额的 6.33%。已获批准担保机构 73 家，已开业担保机构 61 家，担保余额 451.41 亿元，担保企业 5068 家，其中科技企业担保余额 32.63 亿元，占总担保额的 7.23%。

截至 2011 年底，上海市共有备案创业投资机构 73 家，比 2010 年增加 20 家，增长 27%；从业人员 779 人，较 2010 年增加 119 人，增长 18%；备案创投企业管理资产规模达 179.8 亿元，其中 2011 年新增 34.1 亿元，增幅为 36%；累计投资案例 643 个，投资总金额 79.5 亿元，2011 年新增投资 21.4 亿元，增幅达 46.3%。上海市共有 35 家法人保险公司，2011 年保险费收入 753.11 亿元，保险密度 3208.17 元/人，保险深度 3.92%。

截至 2011 年底，上海市企业在中小板上市 27 家，融资额 169 亿元，在创业板上市 23 家，融资额 146.11 亿元。上海证券交易所债券挂牌 632 只，债券托管量 7003.9 亿元。其中，国债 137 只，托管量 1938 亿元；地方债 76 只，托管量 3.3 亿元；公司债（含企业债、保险公司债和证券公司债）386 只，托管量 3185 亿元；可转债 13 只，托管量 1089 亿元；分离交易可转债 16 只，托管量 782 亿元；资产支持证券 4 只，托管量 6.6 亿元。2011 年，上海联合产权交易所及其下属各专业平台全年共完成各类交易 52967 宗，交易标的涉及交易金额达 5545.30 亿元。其中，为中小企业融资服务 1334 宗，涉及中小企业 2741 家，实现融资金额 384.35 亿元。上海技术市场交易项目 29332 项，金额 550.32 亿元。在上海股权托管交易中心挂牌企业 29 家，其中上海企业 27 家，成交额 0.96 亿元。

三、2011~2012 年科技与金融结合的创新实践情况

（一）优化科技资源配置，创新财政科技投入方式

创新基金：2011 年获得国家科技型中小企业创新基金立项 534 项，支持资金规模为 3.84 亿元。其中，创新项目 499 项，支持经费 3.07 亿元；重点创新项目 3 项，支持经费 460 万元；服务机构补助项目 27 项，支持经费 1780 万元；引导基金阶段参股项目 3 项，支持经费 5000 万元；引导基金风险补助项目 2 项，支持经费 195 万元；引导基金投资保障项目 2 项，支持经费 250 万元。2011 年获得上海市科技型中小企业创新基金配套 0.9 亿元。2012 年获得国家科技型中小企业创新基金支持资金规模为 3.4 亿元，获得上海市科技型中小企业创新基金配套 0.86 亿元。

2011 年小巨人工程：立项小巨人企业 37 家，市级财政资助经费 5550 万元，2011 年拨款 3885 万元，验收后拨款 1665 万元。小巨人培育企业 102 家，市级财政资助经费 10200 万元。

2012 年小巨人工程：立项小巨人企业 41 家，市级财政资助经费 6150 万元，2012 年拨款 4920 万元，验收后拨款 1230 万元。小巨人培育企业 104 家，市级财政资助经费 10400 万元。

根据《上海市促进高新技术成果转化的若干规定》，对于高转项目地税部分实施减免。2011 年，市财政局落实 2010 年度成果转化项目扶持资金 6.97 亿元，同比增长 15%。

（二）发展创业风险投资，支持科技创新

截至 2011 年底，上海市共有备案创业投资机构 73 家，比 2010 年增加 20 家，增长 27%；从业人员 779 人，较 2010 年增加 119 人，增长 18%；备案创投企业管理资产规模达 179.8 亿元；累计投资案例 643 个，投资总金额 79.5 亿元；累计退出案例 160 家，累计退出金额 13.8 亿元。

2011 年，上海市创业投资引导基金与 12 家社会机构正式签订合作协议，围绕新一代信息技术和生物两大领域率先设立首批 12 家创投基金。这 12 家机构中，包括正赛联创业投资有限公司、创新工场投资中心、武岳峰创业投资企业等，其管理者中不乏李开复、朱敏、武平等创投领域的资深人士。12 只基金总规模超过 40 亿元，其中引导基金承诺出资 7.35 亿元，政府引导基金放大 5 倍以上。约 76% 的基金以投资早中期项目为主，约 24% 的基金以投资种子期和早期项目为主。

引导基金第二批入围 6 家合作机构，包括天增地长创业投资基金等 6 家社会机构，已经签署投资意向书，计划筹资总规模 21 亿元，引导基金承诺投资 4.3 亿元左右。

（三）引导银行业金融机构加大对科技型中小企业的信贷支持

1. 加强相关政策支持

在上海市开展科技和金融结合试点工作方案中，将创新科技金融财税政策扶持机制作为科技金融保障机制的一项重要内容，因此完善政策体系是上海市科技金融服务体系的基础性工作。

尽快落实上海市政府支持科技金融工作的 50 亿元财政资金，保证财政资金的合理使用。其中，安排总量规模为 20 亿元的科技企业、小微企业信贷风险补偿财政专项资金；由市级财政和市国有投资公司共同出资设立总量规模为 10 亿元的投资专项资金；设立总量规模为 20 亿元的市级财政专项资金，支持和引导商业性融资担保机构做大做强。2012 年，上海市先后出台《上海市科技型中小企业信贷风险补偿暂行办法》（以下简称《科技企业信贷补偿办法》）、《上海市小型微型企业信贷风险补偿办法》（以下简称《小微企业信贷补偿办法》）、《上海市 2012 年小型微型企业信贷奖励考核办法》（以下简称《奖励考核办法》）、《关于推进本市小微企业融资服务平台建设的指导意见》（以下简称《平台建设指导意见》）四项政策。

《科技企业信贷补偿办法》引导和鼓励商业银行加大对上海市科技型中小企业的信贷投放力度，进一步促进上海市科技企业的发展。当各商业银行在"张江、紫竹、杨浦"等区域内发放的科技型中小企业贷款年末不良率超过 3% 时，对超过 3% 且小于 5%（含）的部分不良贷款处置所发生的实际损失，在相关商业银行实施尽职追偿的前提下，由市和区县两级政府补偿 50%。

《小微企业信贷补偿办法》鼓励和支持上海市各商业银行积极开展面向小型微型企业的信贷业务创新试点，市与区县两级财政建立小型微型企业信贷风险分担机制，对上海市各有关商业银行为符合条件的小型微型企业发放贷款所发生的超过一定比例的不良贷款净损失，由上海市商业银行信贷风险补偿财政专项资金给予相应的风险损失补偿。即：不良贷款率在 3% 以内的，净损失由商业银行自行承担；不良贷款率超过 3% 的部分，由上海市信贷风险补偿资金承担 1 个百分点内的不良贷款净损失。

《奖励考核办法》鼓励和引导商业银行加大对本市小型微型企业的信贷投放力度，促进小型微型企业的健康发展，并对 2012 年度上海市小微企业信贷工作突出的银行业金融机构实施专项奖励。奖励金额 = 年度单户授信总额 500 万元及以下小微企业贷款余额增量 × 奖励系数 × 综合系数，并对相关系数进行了明确划分与规定。

《平台建设指导意见》中所指的小微企业融资服务平台是指依托各区（县）街道、乡镇以及科

技园区、工业园区、专业市场、行业协会、商会等机构，发挥其贴近小微企业的优势，帮助商业银行与小微企业增强相互了解，为小微企业提供政策咨询、融资辅导、融资受理、信息核查、批量推荐等服务，在金融机构与小微企业对接中发挥桥梁作用，实现小微企业融资的便利化、批量化和多元化。上海市金融办、上海市财政局、上海市经信委、上海市科委、张江高新区管委会于每年初联合对上海市小微企业融资服务平台工作进行考核，对成绩突出的单位和个人进行表彰。

2. 关于 3+X 信贷服务体系

2010 年，上海市与浦发银行等银行和太平洋保险合作，在国内率先推出了科技型中小企业履约保证保险贷款（以下简称"履约保"）产品。企业在获得贷款的同时购买贷款履约保险，不需要提供任何担保或抵质押，上海市科委、银行和保险公司分别承担 25%、30% 和 45% 的坏账风险，贷款额度平均 300 万元。

2011 年，上海市与浦发银行合作，推出了基于科技小巨人（培育）企业特点的纯信用贷产品——科技小巨人信用贷产品（以下简称"信用贷"），其中，小巨人企业贷款上限 1000 万元，小巨人培育企业贷款上限 500 万元。目前，共有 90 余家企业获得 5 亿元贷款。

2012 年，在前两个产品的基础上进一步拓展，针对不同成长阶段企业的需求，形成了完整的"3+X"科技信贷产品体系。"3"即微贷通（创新基金项目企业贷款）、履约保（履约保证保险贷款）和信用贷（科技小巨人信用贷）三大核心科技信贷产品，分别覆盖初创期、成长早中期、成长中后期科技企业的融资需求，"X"即融资租赁、出口信用保险融资、知识产权质押融资、信用互助等产品，用以满足企业个性化融资需求。

（四）引导和支持企业进入多层次资本市场

为引导推动企业通过资本市场进行融资，上海市科委联合上海市经信委，自 2009 年起，定期为上海市中小企业尤其是科技中小企业提供中小企业改制上市培育培训，并建立改制上市企业辅导库，对拟改制上市企业进行全面辅导，重点跟踪，协调推进企业改制上市工作。

截至 2012 年 11 月，已通过中小板上市的上海企业达 28 家，融资额 169 亿元，在创业板上市企业达 29 家，融资额 146.11 亿元。截至 2012 年 12 月 20 日，在上海股票交易中心挂牌企业 31 家，另有 14 家已经过会，成交额超过 1 亿元。

（五）进一步加强和完善科技保险服务

结合保险和信贷的特点，研发制定推出"上海市科技型企业中小企业履约责任保证保险贷款"，并对企业承担的保费部分提供 50% 的补贴。2011 年立项并完成《上海市科技创新的保险支持模式研究》，2012 年就科技保险保费补贴进行调研，对 200 家科技企业进行问卷调查并与保险中介机构及保险机构针对行业特性研发制定"科技保险险种"。2012 年以来，已就电子信息与软件服务业、生物医药、医疗器械行业召开了 3 场科技企业风险调研座谈，形成市场分析与建议报告，目前正与若干家保险公司商谈开发新的科技保险险种。2012 年与中国出口信用保险公司合作，研究对科技企业出口信用保险融资项下的保费补贴。

（六）建设科技金融合作平台，培育中介机构发展

建设科技金融支撑服务平台是上海科技与金融结合试点方案的一项重要工作，主要针对目前科技金融支撑条件保障能力较弱，不能满足企业和金融机构需求的现状，试点工作将重点建设科技金融综合信息和信用平台，科技金融信息系统建设和应用取得明显成效，科技企业的信用体系基本建立，科技金融中介机构的服务水平明显提高，科技金融人才队伍基本形成。

中国科技金融发展报告 2012

作为建设科技金融支撑服务平台的核心内容，上海市科技金融信息服务平台是由上海市科委主办、上海市科技创业中心管理的为科技型中小企业提供投融资服务的公益性服务平台，是科技资源与金融投资资源对接的有效载体，是上海科技金融服务体系的重要环节。

平台包含信息与服务两大职能，主要解决目前中小企业融资中的关键问题——信息不对称。"信息"是在建设全市科技企业信息数据库的基础上，向科技企业发布政策资金信息、金融产品信息，向金融机构发布企业金融服务需求，向政府相关部门提供融资动态和统计研究信息；"服务"则以灵活多样的手段、线上线下结合的方式为企业提供融资申请、项目对接、项目查询服务，同时为金融机构提供专家咨询、科技企业信用评价服务。平台的服务对象既包括科技企业和金融机构，又包括政府相关部门和研究机构。

为保障平台上各类信息的获取和各项功能的实现，充分发挥平台的作用，上海市科委依托全市各区县科委、孵化器和部分金融机构，建立了一支100多人的"科技金融专员"队伍。有别于传统的服务方式，"科技金融专员"的服务体现"全覆盖"，突出"零距离"，为企业寻找合适的科技金融产品，提供量身定制的科技金融服务。同时，通过对企业实际经营情况的掌握和跟踪，大幅减少目前中小微企业融资中潜在的"道德风险"问题，提高了融资效率，降低了融资成本。科技部高度肯定了上海市"科技金融专员"的做法，建议总结工作经验后向全国推广。

平台自2012年4月投入试运行，并于2012年底完成一期建设，初步实现信息发布、科技金融产品受理、融资项目发布对接等服务功能，共计12个栏目，每个栏目包含相关领域大量动态信息和关注的群体动态。平台已与15家银行、31家投资公司、8家投资咨询服务机构共54家金融机构建立了合作关系，发布近500条经筛选的贷款需求信息，60余个股权融资项目。平台在线的各类科技金融、专项资金政策300多项，涵盖国家各部委、上海市区两级政府、张江高新区以及外省市的科技金融相关政策。科技企业库共收录各类认定项目4000余项，企业6000余家。科技金融专家库现有54名专家。科技型中小企业履约保证保险贷、科技小巨人信用贷、高新技术成果转化项目信用贷3项贷款品种，已在平台实现网上申请，目前已累计发放贷款约16亿元，惠及科技企业近300家。

（七）建立和完善科技企业信用体系

在上海市科技金融信息服务平台的建设中，包含了建立和完善科技企业信用体系建设的内容。根据上海市科技企业的实际情况，参考兄弟省市的经验，制定和实施上海市科技企业信用体系建设方案。通过信息化方式，整合上海市政府项目、税务、工商等信息，收集企业信用信息，建立科技型企业信用评价模型，并将科技型企业信用评价结果用作科技企业立项、融资等方面的参考依据。

（八）多种金融工具的创新实践

科技型中小企业履约保证保险贷款。2011年接受84家企业申请，推荐96家（次），银行已经审核通过贷款64笔，审批放款金额1.6亿元。在84家企业中，3家为国家千人计划企业，12家为上海市科技小巨人（培育）企业，35家为上海市高新技术企业，24家是首次申请银行贷款，履约保证保险贷款取得了良好的社会效果。

2012年履约保在全市范围广泛开展，通过专场培训、银企对接、科技金融专员工作网络，以及与中心创新基金、小巨人工程、成果转化等政策培训相结合，每年培训企业2000家（次）以上，申请企业已经覆盖全市17个区县。截至2012年10月底，履约保已经受理企业申请319家（次），申请贷款117030万元；放款企业193家，累计获得贷款63485万元，其中48家企业是首次获得贷款。履约保重点扶持科技中小企业，在申请贷款的企业中，2/3 以上的企业年销售额小于 3000 万元，获得贷款的企业约 50%上年销售额小于 3000 万元。目前，贷款到期企业没有发生一笔逾期坏账，对已还款企业的跟踪统计显示，受惠企业销售比贷前平均增长 27%，其中 1/3 的企业销售增长超过 50%，企业利润比贷前平均增长 38.4%，纳税额平均增长 36.7%。同时获得贷款的企业普遍增加了研发投入，研发支出平均增长 130.7%，占销售额的比例由 7.5%提高到 13.6%，进一步反映了金融对于科技的助推作用，体现了科技金融结合工作的真正意义。

自 2011 年 9 月起，申请小巨人信用贷企业总共 88 家，贷款额度 50450 万元。针对科技创新基金项目企业与银行共同合作研发推出创新基金项目信用贷，自 2012 年 9 月推出以来，共有 26 家创新基（资）金支持企业提出贷款额度申请，已审批通过 7 家企业，总计信贷额度为 812 万元；待审批 6 家企业，总计信贷额度为 800 万元；有 6 家企业尚在补充贷款资料，总计申请信贷额度为 500 万元。

四、开展科技金融工作的问题、难点和建议

（1）在建设地方科技金融平台时，需要集聚更多的政府相关信息，涉及纳税信息、工商登记年检信息、水电煤缴纳记录、知识产权或专有技术登记情况，以及企业获奖、高新技术成果转化项目认定和承担政府资助项目完成情况等信息。在此，希望国家税务总局、工商总局等部门向地方各省市下发指导性意见，以便上海市科委更好地得到本市税务、工商等部门支持和配合。

（2）在科技金融数据统计口径方面一直存在问题，由于银行、证券、保险等金融体系分业监管，还没有专门的科技金融统计口径，造成在需要统计相关数据时，收集难度较大。建议协调各相关机构共同制定科技金融的统计口径，理顺数据报送机制。

（3）需要建立科学的科技金融评估体系，定期指导和帮助对地方科技金融的发展状况进行全面评估，对相关指标进行监控，了解上海市科技金融发展的状态与未来的趋势，从而帮助政府及时发现可能的问题与制定相关政策。

（供稿单位：上海市科委）

第四节　江苏省

自江苏省被科技部、"一行三会"列入首批国家促进科技和金融结合试点地区以来，在科技部等国家部委的关心支持下，江苏省认真贯彻中央的决策部署，围绕率先建成创新型省份的目标，以促进科技和金融结合试点省建设为契机，依托江苏科技大省和经济强省的优势，不断优化政策环境，努力创新科技和金融结合的体制机制，加快落实各项试点工作任务，科技和金融结合工作稳步推进，取得了良好成效。

一、截至 2011 年底科技资源情况

科技投入不断加大。2011 年，全省财政支出 6221.72 亿元，其中财政科技投入 213.4 亿元，占全省财政支出的 3.4%；全社会研发投入 1071.96 亿元，占 GDP 的比重为 2.2%；全年共立项下达各类省级科技计划项目 2518 项，省拨款 22.4 亿元，项目总投入约 400 亿元。

高新技术产业快速发展。全省高新技术产业实现产值 38378 亿元，比 2010 年同期增长 26.43%，占规模以上工业产值比重为 35.29%，全省高新区实现技工贸收入 34849.2 亿元。截至 2011 年底，全省已建有国家级高新区 8 个，省级高新区 10 个，认定高新技术企业 3852 家，国家创新型（试点）企业 24 家，省级创新型企业 1583 家。

载体建设加快推进。在先进机器人、风力发电、生物质能、生物资源、智能感知领域新建了 5 个省级重点实验室，重点实验室达 92 个，其中国家级 32 个。布局建设产业技术研究院 9 家，企业研究院 24 家，新增立项省级工程中心 229 个，工程中心总数达 1651 个，其中国家级 25 个。新建企业院士工作站 50 家，企业院士工作站总数达 310 家。

人才集聚效应显著。2011 年，全省科技活动人员 81.62 万人，其中大学本科及以上学历人员 32.72 万人。大中型工业企业从事科技活动人员 47.09 万人，占全省科技活动人员总数的 57.7%。截至 2011 年底，全省国家"千人计划"人才 246 人，江苏省"双创计划"人才 1318 人，江苏省"科技创新团队"16 个。

知识创造水平明显提升。2011 年，全省专利申请量和授权量、企业专利申请量和授权量、发明专利申请量分别达 34.8 万件、19.98 万件、19.6 万件、11.9 万件和 8.5 万件，继续保持全国第一。每万人有效发明专利拥有量达 3.74 件，超过国家"十二五"国民经济和社会发展规划 3.3 件的目标。2011 年，江苏省主持和参与完成的 55 项成果荣获国家科学技术奖，总量居全国第二位。

二、截至 2011 年底金融资源情况

金融资本不断增加。2011 年，全省金融机构各项存款余额为 65723.56 亿元，金融机构各项贷款余额为 47868.30 亿元，人均分别为 83207.02 元和 60601.99 元。全省小额贷款公司 409 家，实收资本总额 666.56 亿元；其中科技小额贷款公司 31 家，实收资本 37.08 亿元。截至 2011 年底，全省共有银行金融服务网点 7807 个，比 2010 年同期增长 420 个，其中科技支行 21 家。

企业融资渠道有效拓宽。2011 年，全省创业投资企业 432 家，管理资金规模 988 亿元。2011 年全省中小板、创业板市场累计上市企业数分别达 87 家、28 家，首发募集资金总额分别达 556.6 亿元、156.3 亿元。2011 年各类债券发行总额达 1099.98 亿元，其中企业债 318 亿元，短期融资券 284.5 亿元，中期票据 353.5 亿元，公司债 77 亿元，中小企业私募债券 9.8 亿元。全省保险保费收入（不含总公司）1200.02 亿元，当年保险密度为 1519 元/人，保险深度为 2.4%。

三、近年来推进科技与金融结合的主要创新实践

（一）建立健全政策体系，营造科技和金融结合的良好发展环境

（1）加强统筹部署。按照试点省建设有关要求，江苏省政府专门印发了《国家促进科技和金融结合江苏省试点实施方案》，指导全省科技和金融结合试点工作深入开展；配套出台了《关于加快促进科技和金融结合的意见》等一系列政策文件，对江苏省"十二五"期间科技金融工作进行系统部署，明确了"十二五"期间江苏省加快促进科技和金融结合的总体要求、工作目标、重点任务和保障措施。2011 年 9 月，李学勇同志主持召开全省科技金融专题工作座谈会，听取地方及有关部门意见并作重要讲话，进一步部署推进全省科技金融工作。江苏省委、省政府 2011 年组织召开的全省创新驱动大会和 2012 年 10 月召开的全省科技创新大会，都将促进科技和金融紧密结合列为创新型省份建设的重点任务进行统一部署，进一步强化了全省科技和金融结合工作的重点目标任务。

（2）细化政策措施。按照全省统一部署，江苏省科技厅会同金融办、财政厅和中国人民银行南京分行、江苏省银监局、江苏省证监局、江苏省保监局等相关部门，加强紧密合作，按照工作分工出台具体政策措施，合力推进科技和金融结合试点省建设工作。江苏省政府办公厅、江苏省科技厅和江苏省有关部门先后印发了《关于鼓励和引导天使投资支持科技型中小企业发展的意见》、《关于开展科技小额贷款公司试点的意见》、《关于加快推进我省科技保险发展的通知》、《江苏省科技成果转化风险补偿专项资金暂行管理办法》、《江苏省科技金融发展专项引导资金管理办法》、《江苏省新兴产业创业投资引导基金管理办法》等扶持科技金融发展的专项政策文件，初步形成了促进科技和金融结合的政策体系，为加快全省科技金融发展提供了有力的政策保障。

（3）引导特色发展。在试点省建设实施方案和相关政策文件的指导下，各地加大科技金融政策引导和支持力度，形成了鲜明的地方发展特色。如苏州市出台《关于加强科技金融结合促进科技型企业发展的若干意见》等一揽子意见措施，设立了规模达 2.5 亿元的科技型中小企业信贷风险补偿专项资金。南京市出台《南京科技银行建设指引》和《关于对鼓励和促进科技银行、科技保险发展实施办法的补充通知》，建立科技银行业务增长激励机制。无锡市出台《进一步完善科技金融服务体系促进科技创新企业发展的实施意见》，支持设立天使投资引导基金，制定鼓励科技小额贷款公司发展的奖励政策，加大科技担保机构扶持力度，设立金融机构创新专项奖励资金等。常州市、镇江市、南通市等地方政府基于科技创新发展需要，纷纷出台一系列科技金融扶持政策措施，全省科技金融的发展氛围更加浓厚。

（二）加强规划布局和区域示范试点，努力探索科技金融发展新路径

（1）高水平规划建设苏南科技金融合作示范区。围绕苏南自主创新示范区建设，重点加强苏南科技金融合作示范区的规划建设。支持南京市、苏州市、无锡市、常州市、镇江市以体制机制创新为突破口先行先试，积极探索科技创新与金融创新良性互动、科技资源与金融资源有效对接的体制机制，力争在制约科技与金融结合的难点上取得突破，推动形成天使投资、创业投资、担保资金、银行信贷、资本市场等覆盖创新链全过程的科技金融服务体系，以适应不同发展阶段的科技企业投融资需求，全力打造科技金融创新发展的试验示范区。

（2）启动省级科技金融合作创新示范区建设。在建设苏南科技金融合作示范区基础上，鼓励苏中地区加快建立促进科技和金融结合的工作机制，推动苏北地区广泛吸纳科技资源和金融资源，分

类推进省内不同区域的科技和金融结合工作，以点带面，推动试点省建设工作顺利实施。近期，江苏省在科技金融资源集聚的省级以上创新型城市和高新区择优部署建设了 15 个省级科技金融合作创新示范区，鼓励示范区发挥地方自身优势，不断创新工作手段，丰富工作内涵，着力破解科技金融发展中的瓶颈制约，引导和推动银行、证券、保险、担保、再担保等金融资源向示范区内的科技企业集聚，努力为全省科技金融工作探索新路、积累经验。

（3）鼓励科技创新创业载体集聚金融资源。江苏省政府办公厅印发的《江苏省基层科技创新考核评价办法（试行）》，首次将科技金融相关指标纳入江苏省创新型县（市、区）和创新型园区考核评价指标体系，引导金融资源进一步向高新园区、科技产业园区等各类科技创新载体集聚，推动各商业银行优先在科技型中小企业密集地区设立科技金融专营机构，优先开展科技金融产品和服务创新试点，强化科技创新载体的科技金融服务能力建设，畅通科技资源与金融资源对接渠道，充分发挥各类创新创业载体的示范集聚作用。

（三）构建风险分担机制，引导金融机构加大对科技型企业的支持力度

（1）进一步创新财政资金支持方式。充分发挥财政资金的杠杆作用，综合运用无偿资助、贷款贴息等多种方式，加大税收政策落实力度，引导和带动金融机构、社会资本参与科技创新，加大对科技型企业的支持。设立规模为 5000 万元的江苏省科技型中小企业技术创新资金，以销售收入不超过 3000 万元的初创期小企业为资助重点，专项扶持中小企业进行技术创新和新产品开发，累计扶持企业 1260 家，资助经费 3.37 亿元。设立江苏省科技成果转化专项资金，9 年来，省级财政资金投入 94.9 亿元，带动社会投入超过 1000 亿元，其中银行贷款 425 亿元。允许符合条件的科技小额贷款公司享受农村小额贷款公司营业税优惠政策，执行科技企业科技保险保费支出列入企业研发费用的相关规定和国家有关创业投资税收等优惠政策。

（2）探索建立科技信贷风险补偿机制。2009 年，江苏省设立省科技成果转化风险补偿专项资金，并推动市、县（市、区）配套设立科技信贷风险补偿专项资金，形成了省、市、县三级联动，以政府专项资金作为信用保障，拉动协作银行在风险可控的前提下放大适当倍数贷款授信支持科技型中小企业的良好发展态势。多年来，遵循"政府引导、市场运作、风险共担"原则，江苏省科技厅以省财政 2 亿元专项资金为杠杆，带动全省 40 多个市、县（区）建立配套专项资金 2.3 亿元，引导江苏银行向科技型中小企业累计发放项目贷款 1050 笔，支持企业 794 户，贷款总额 24.04 亿元。该专项资金的实施取得了良好的进展和成效，不仅有效解决了一批科技型中小企业融资难题，帮助企业实现了快速发展，而且也为银行储备了一批优质的科技型客户。专项资金的循环滚动使用，有效发挥了财政资金引导、带动与放大作用，不仅为广大科技型中小企业寻求信贷支持开辟了新的渠道，而且为江苏省科技部门支持企业发展提供了新的工作手段。此外，江苏省财政厅设立银行科技贷款增长风险奖励资金，鼓励省内商业银行加大对科技型企业信贷支持力度。几年来，江苏省财政共向银行发放科技贷款增长风险奖励资金 4.65 亿元，带动银行新增科技贷款余额 465 亿元，全省科技贷款在银行信贷收紧的情况下，依然保持了较快增长。

（3）积极发展科技保险和担保业务。在科技部和保监会支持下，江苏省在苏州高新区、无锡市率先开展国家科技保险试点。在总结试点经验基础上，2011 年江苏省科技保险逐步扩大到全省范围，当年就为全省企业提供了 600 多亿元的科技创新与经营风险保障，保费收入以及投保企业数同比增长均超过 30%，近日，全国首家科技保险专业支公司在苏州市成立，科技保险专营机构建设有了新突破。2012 年，江苏省在省级科技金融发展专项引导资金中，专门设立科技担保风险补偿和科

技保险保费补贴两类支持专项，对符合条件的担保机构为中小科技型企业贷款提供担保的，按不超过季均担保余额的 1% 给予风险补偿，对科技型中小企业购买科技保险的，按企业实际支付的保费给予不低于 40% 的补贴。

（四）构建多层次科技投融资体系，拓展科技企业直接融资渠道

（1）积极推动天使投资发展。江苏省政府转发了省科技厅省财政厅《关于鼓励和引导天使投资支持科技型中小企业发展的意见》，2012 年江苏省财政安排 2 亿元设立省级天使创投引导资金，带动鼓励地方设立天使投资资金，通过上下联动、风险准备金形式，补偿天使投资机构对初创期小企业的投资损失，鼓励和引导以民间资本为主的天使投资支持初创期科技型小微企业创新创业，解决种子期、初创期、成长初期企业融资难和风险投资不愿介入的问题。目前，已草拟资金管理办法，近期将启动资金的运作。

（2）大力发展创业投资。设立科技型中小企业创业投资引导资金，自 2008 年正式运作以来，累计下达补助资金 17025 万元，带动社会资本投入 58.3 亿元，培育了一批以投资科技型中小企业为重点的创投机构，并得到国家引导资金优先支持。江苏省政府设立 10 亿元的新兴产业创业投资引导资金，通过与地方引导资金合作、阶段参股、跟进投资、投资保障和风险补助等形式，扩大创投资金规模，引导创投资金投向新兴产业和高新技术领域。目前，全省 13 个省辖市、21 个省级以上高新园区全部建有创投机构，苏南、苏中等经济基础较好的市、县、区纷纷设立创业投资引导基金，广泛吸引海内外股权基金落户江苏省。全省各类创投机构已累计投资 2000 多个项目，投资金额超过 300 亿元，涌现出江苏省高投、苏州创投等一批综合实力位于全国前列的创投龙头企业，2011 年全国首个"千人计划"创投中心落户苏州工业园区。

（3）实施科技企业上市培育计划。以创业板、中小板为重点，遴选一批成长性较好的科技型小微企业，建立科技型上市后备企业库，对库内企业由省科技厅会同省证监局集成资源，联动培育，主动为高成长性科技企业上市开辟绿色通道，推动企业通过上市直接融资，2012 年首批已入库科技型上市后备企业 316 家。从 2012 年起，江苏省科技厅在省级科技计划中增设专项 5000 万元，启动省级科技企业上市培育专项资金计划，对进入上市辅导阶段的科技型上市后备企业关键研发项目给予资金倾斜支持，进一步激发上市后备企业的创新活力。

（五）加快发展新型科技金融组织，推进科技金融产品服务创新

（1）加快科技信贷专营机构建设。针对科技型企业金融服务专业性强、人员素质要求高、服务区域相对集中等特点，鼓励商业银行依托国家和省级高新区，加快发展科技支行、科技信贷业务部等专营机构。目前，全省已有科技支行 29 家。科技支行针对科技型中小企业的融资需求，实行专业化运作模式，即成立专营机构、建立专业团队、推出专属产品、制订专门业务流程、建立专项风险补偿机制，努力提高专业化经营水平和运作效率。如江苏省首家科技支行农业银行无锡科技支行截至 2011 年末，共开设科技型中小企业账户 228 户，已向 86 户科技中小微企业投放贷款 4.1 亿元。目前，该科技支行的法人客户全部具备"科技型"和"中小微"两大特征，获得了企业、政府和社会各界的好评。此外，江苏省科技厅会同中国人民银行、银监会等部门，探索银行对科技支行实行专门的信贷管理与考核机制，不以存款、利润为主要考核指标，适当提高信贷风险容忍度。

（2）开展科技小额贷款公司试点工作。按照积极稳妥、有序推进的原则，江苏省率先开展投贷结合的科技小额贷款公司试点。目前全省已批准设立科技小额贷款公司 44 家，实现了省辖市和省级以上高新区两个"全覆盖"。其中已开业的 33 家科技小额贷款公司实收资本 60.15 亿元，累计为

2171 户中小企业发放贷款 209 亿元，信贷客户中科技型中小企业占 60%以上，科技小额贷款公司发展在引导社会资金支持科技型中小企业、促进经济转型升级中发挥了积极作用。

（3）推进科技金融产品创新。江苏银行开发的"科技之星"贷款业务荣获中国银行业协会组织开展的"2012 年服务小微企业及三农十佳特优产品"评选第一名。交通银行苏州科技支行推出的"科贷通"、"投贷通"、"履约保证保险贷款"等科技金融创新产品深受科技企业的欢迎，仅"科贷通"业务已累计向 600 余家科技型中小企业发放贷款 31.36 亿元，其中 45%为首次获贷企业。无锡、镇江国家知识产权质押融资试点取得新进展，镇江市通过江苏银行发放知识产权质押贷款 1 亿元，无锡市专利权质押贷款单笔最大额度达 3000 万元。全省 60%以上的高新园区发行了科技企业债务融资工具。2012 年，南京银行开展"区域集优中小企业集合票据"贷款融资活动，受到了科技型中小企业的欢迎，目前银行已初步筛选出 20 家销售收入过亿元，且有融资需求的科技型企业作为融资主体，并引入担保和反担保措施。

（六）加快建立科技金融配套服务体系，促进科技和金融有效对接

（1）组织实施省科技金融信息服务平台建设项目。该平台以建立全省科技型企业信息库为主线，集成科技项目、科技产品、科技人才、创新平台、科技园区等各类科技信息资源，目前入库科技企业达 2.5 万家，且涵盖了企业基本信息、科技创新信息、融资需求等信息。同时，汇集银行、创投、科技小贷公司、科技保险、证券等 400 多家机构的金融创新产品与服务信息，有效解决了科技和金融的信息不对称难题。平台运行以来，已促成 20 余家科技企业贷款业务，企业获得授信贷款 1 亿元。引导江苏银行与南京工业大学科技产业园签订小企业信用联盟合作协议，探索开展面向科技园区的服务模式创新。

（2）支持鼓励地方建立科技金融服务平台和一站式服务中心。南京市、无锡市、常州市、南通市、连云港市、泰州市及有条件的县（市、区）和高新区均成立了科技金融服务中心。无锡市企业金融服务中心为全额拨款事业单位，编制 11 人，专职从事企业与金融机构对接服务。泰州市科技局搭建市科技金融服务平台，设立科技企业信息库、科技企业项目库、科技企业金融需求库、专家咨询委员会等三库一委员会，增强科技金融服务能力。常州市实现科技金融服务网和科技金融服务平台的两网融合，有效构建银企对接桥梁，成功帮助 21 家企业获得银行贷款约 8000 万元。此外，各地还纷纷在科技企业孵化器中设立种子资金，支持科技园区、科技企业加速器、科技企业孵化器等创新创业载体增加投融资功能，进一步加大金融资源对科技型企业的支持力度。

（3）搭建科技金融合作平台。积极开展形式多样的专题活动，大力促进科技资源和金融资源的有效对接。配合科技部火炬中心和中国创业投资协会办好每年 1 次的中国技术创业峰会。成功举办主题为"加强科技金融合作"的第三届中国江苏产学研合作成果展洽会，吸引 5000 多家科技型企业、2000 多人参与洽谈，达成技术、金融合作意向项目 2078 项，协议金额 120 亿元。鼓励支持各地开展科技金融专题对接活动，全省 13 个省辖市及苏南 80%的县（市）每年都举办多场创业投资、银企对接活动。

四、开展科技金融工作的问题、难点和建议

科技和金融结合试点省建设工作开展一年以来，江苏省的科技和金融工作取得了一定的成效，但在实际工作中也面临一些问题和难点，主要有：

（1）如何更好地引导资本向科技型企业集聚。充分利用现有的充裕社会资本、银行资本，实现与科技企业有效对接是解决科技型中小企业融资难这一主要问题的关键所在，核心在于如何降低资本投入的风险。当前各地正在推动的贷款风险补偿机制、创投引导资金、企业信用体系建设、知识产权质押、股权融资、科技担保贷款和中小企业集合债等一系列举措，都是针对科技型中小企业的高风险和轻资产特点，创新科技金融产品和资金使用机制，使其满足社会资本和银行资本对投资风险和收益的预期。未来如何更好地引导资本向科技型企业集聚，扩大财政资金的放大撬动效应，还有待我们在体制机制创新和政策体系完善上开展新的探索。

（2）资本退出渠道不够完善。目前江苏省尚未纳入"新三板"试点地区，以及江苏省区域性非上市科技股权交易中心的缺位，使得投资江苏省科技型企业的资本退出方式主要依靠企业回购和上市退出，周期过长，渠道单一，很大程度上阻碍了资本向科技型企业的流动集聚。未来江苏省将积极争取国家"新三板"扩容试点，积极争取设立区域性非上市科技股权交易中心，以苏南科技企业股权路演中心为依托，构建股权交易信息平台，大力推动场外交易，全面打造多样化的资本退出渠道。

（3）企业的科技金融结合意识有待提高。目前大多数的科技企业负责人对知识产权质押、风险投资、债券融资等新型科技金融工具认知度较低，融资渠道过窄，不懂得选择合适的科技金融产品通过企业的科技创新优势资源来进行融资。同时，也未建立符合市场融资需求的相应企业管理制度，从而不敢融资，不会融资。下一步，加强对新型科技金融产品服务的宣传，加快提升企业的金融意识，已成为营造科技和金融结合良好发展环境的重要工作之一。

（4）科技金融服务体系和人才建设有待加强。促进科技和金融结合，创新科技金融产品服务，大量涉及法律财务咨询、知识产权评估、企业信用评价、技术认证、产权评估交易和信息需求对接等专业化、个性化服务，迫切需要培育市场化运作、专业化服务的科技金融服务中介机构，加强资源整合，建立覆盖整个创新链全过程的科技金融中介服务体系。同时，科技和金融结合具体工作的开展也亟需一批既懂科技又懂金融的人才，需要建立健全相应的培训体系和人才引入机制，从源头保证科技金融工作顺利开展。

（供稿单位：江苏省科技厅）

第五节　浙江省"杭温湖甬"地区

试点启动以来，浙江省科技和金融部门紧密配合，协同推进，各项工作进展顺利。

一、截至 2011 年底科技资源情况

2011 年全省 R&D 经费占 GDP 比重达到 1.92%，比 2010 年提高 0.14 个百分点；全省财政科技投入超过 143.9 亿元，同比增长 18.5%。高新技术产业产值达到 1.31 万亿元，同比增长 22.8%；专利申请量、授权量达 17.77 万件和 13 万件，同比增长 44% 和 13.4%；发明专利申请量、授权量达 24745 件和 9135 件，同比增长 37% 和 42%。

全省创新型试点示范企业达 309 家，其中行业龙头骨干企业达到 73 家；国家创新型（试点）企业 35 家，其中国家创新型企业 19 家，行业龙头骨干企业数量与国家创新型企业数量均居全国前三位。2011 年，全省列入创新型试点企业首发上市的达 7 家，其中在创业板上市 5 家。新认定高新技术企业 704 家、新增国家级企业技术中心 6 家、国家技术创新示范企业 2 家、省级企业技术中心 63 家。累计重点实验室、工程技术研究中心 240 家，其中国家重点实验室 12 家、国家工程技术研究中心 10 家。新建省级企业研究院 25 家、省级高新技术企业研究开发中心 219 家，累计分别达 60 家、1333 家。全省共有各类科技企业孵化器 118 家，其中国家级孵化器 24 家，在孵企业 5673 家，总场地面积 366 万平方米，居全国第三位。

省级高新园区累计达 16 家。83 家省级以上高新技术产业基地，其中国家级 41 家。全省高新技术特色产业基地产品销售收入、利税总额分别达到 7932 亿元、953 亿元，同比增长 65.4% 和 56.7%。

新入选国家"千人计划" 27 人，累计达 93 人，新增人数与总数均居全国第四位；省"千人计划"累计引进人才 229 名。

二、截至 2011 年底金融资源情况

2011 年末，全省金融机构的本外币存款余额达 60893.1 亿元，人民币贷款余额 59727.9 亿元，本外币存贷款分别同比增长 12% 和 13.8%，直接融资比例为 16.7%，小企业贷款比全部贷款增速高出 5.2 个百分点。银行业金融机构资产总额同比增长 16.6%，达到 75545 亿元，全行业资产利润率 2.56%，同比提高 0.16 个百分点，年末不良贷款率 0.92%，同比下降 0.03 个百分点。全省银行业金融机构拨备覆盖率 210%。

2011 年，全省有法人证券公司 3 家，证券营业部 373 家，证券投资咨询机构 4 家。全年证券市场交易总额同比下降 15.3%。期货业代理交易金额 43.5 亿元，实现利润 6.5 亿元。全省境内上市公司 226 家，其中中小板 113 家，创业板 26 家，分别居全国第二和第四位。全年上市公司股票融资 558.6 亿元，其中 IPO 融资 348.2 亿元，年末上市公司总市值为 10484 亿元。债券融资 738 亿元。

2011 年保费收入 879 亿元，保险深度为 3.0%，同比提高 0.3 个百分点，保险密度为 1609 元/人，同比提高 358.8 元，保险赔付总额达到 256 亿元。

全省创投机构达 201 家，管理资本 405 亿元，居全国第三位；2011 年新增投资 316 项，新增投资金额 65.7 亿元，累计投资 1339 项，累计投资金额 226.5 亿元。

三、 2011~2012 年科技与金融结合的创新实践情况

浙江省科技金融结合工作得到了国家、省政府的大力支持和试点地区政府领导的高度重视。为推动试点工作顺利开展，科技部于 2012 年 3 月在杭州举行了科技金融结合试点工作研讨培训会，杭州等地多次被科技部作为科技金融结合的典型。浙江省政府于 2011 年 8 月转发了浙江省科技厅、浙江省财政厅、浙江省金融办、浙江省中小企业局、浙江省国税局、中国人民银行杭州中心支行、浙江省银监局、浙江省证监局、浙江省保监局联合上报的《进一步促进科技金融结合工作的若干意见》，毛光烈副省长和朱从玖副省长听取了专题汇报，推动了全省科技金融结合工作的全面展开。

目前，科技金融正成为科技和金融部门优化资源配置，推动企业技术创新的重要手段。浙江省政府金融办在 2011 年 11 月出台的《关于深入推进小额贷款公司改革发展的若干意见》中，明确支持在国家和省级高新区设立科技小额贷款公司，德清、龙湾等科技小额贷款公司已相继成立；中国人民银行杭州中心支行和浙江省科技厅联合下发了《关于浙江金融支持科技发展的指导意见》，2012 年又开展了专利权质押融资试点工作；浙江省银监局 2011 年对浙江省科技型中小企业信贷融资情况进行了专题调研，并向中国银监会提出了一系列政策建议，杭州银行、中国银行宁波市支行、德清农商行等相继获批设立科技支行，会同浙江省科技厅上报了 96 名科技型中小企业信贷评审专家；浙江省保监局积极支持科技保险工作，全省科技企业科技保险试点工作于 2012 年 3 月启动；浙江省证监局积极争取杭州等国家高新区开展非上市公司股权转让试点。

（一）创新财政投入方式

加大财政科技投入。浙江省科技厅、财政厅通过创业投资引导基金、专利权质押融资补助、科技企业贷款保证保险和科技金融服务公司资本金注入，累计用于科技金融结合的财政资金已达到 6.5 亿元。杭州市、温州市、湖州市和宁波市高新区用于科技金融结合财政投入占本级科技财政投入比重近 20%，累计用于科技金融结合的财政投入超过 15 亿元。杭州市将财政科技经费管理改革作为试点中心工作，近 4 年预算资金年均增幅近 20%，已累计为近 300 家创业企业吸引贷款融资 20 亿元，为 97 家创业企业引入总额超过 30 亿元的风险投资资金，创投引导基金总放大倍数达到 8 倍。

完善财政经费使用方式。形成了引导基金、投资补助、风险补偿、费用补助、资本金注入等多种财政科技经费使用方式，逐步形成了资金引导放大机制和企业融资风险分担机制，符合技术研发和成果产业化客观规律，促进了科技和经济结合。首期规模 5 亿元的省创投引导基金于 2009 年成立，已累计与 10 家创投机构合作，管理资金 36 亿元，投资项目超过 60 项。浙江省重大科技专项从 2012 年开始对优秀创投项目予以投资补助，2012 年共安排 1070 万元支持了 13 个项目。杭州市创投引导基金到位 8.6 亿元，合作基金 25 只，总规模 38.5 亿元，阶段参股投资 97 项。

温州市着力引导民间资本促进科技成果转化，设立创业投资引导基金和平台建设引导基金，其中产业平台引导基金 11 亿元，可形成 55 亿元的股权投资基金，首批项目包括温州大学科技园启动园、高新区等，投资 597 亿元。温州市民间资本已逐渐转入到投资实体经济和高新技术产业上，2012 年高新技术产业投资达 200 多亿元，"十二五"期间，仅光电企业将新增投资 112 亿元。

湖州市在推进基层科技金融工作中走在全省前列，把科技金融工作纳入年度科技进步监测及县区党政领导科技进步目标责任制考核，出台了《湖州市科技金融专员工作管理暂行办法》。德清县、安吉县、吴兴区、南浔区相继设立了创投引导基金，总规模 3.3 亿元。德清县率先出台《关于进一步促进科技金融结合的若干意见》，成立了科技支行、科技担保公司、科技小额贷款公司，设立了 1 亿元的信贷引导专项资金和 3000 万元的金融风险补偿资金。

（二）引导银行扩大信贷融资

（1）加强政策窗口指导。中国人民银行杭州中心支行 2012 年初制定下发了《关于 2012 年浙江省货币信贷工作的指导意见》（杭银发〔2012〕68 号），明确要求金融机构围绕全省高新技术产业园区，推动科技专营机构发展，深化科技金融合作试点，支持国家技术创新工程试点省建设，保持全省科技贷款较快增长。对生产型、科技型小企业贷款新增量按 0.5% 的比例予以补偿，2012 年全省共发放小企业贷款风险补偿资金 3737 万元。截至 2012 年 8 月末，浙江省小微企业贷款余额达 20934 亿元，比 2012 年初增加 1788 亿元，2012 年初以来累计发放小微企业贷款 11920 亿元，小微企业贷款余额、累计发放量均居全国首位。

（2）提高融资担保能力。2011 年 9 月，注册资本 3 亿元的浙江中新力合科技金融服务公司成立，各级财政投入 1.2 亿元，公司按地方出资额的 10 倍为企业融资，并在担保费率上予以优惠，目前担保额达 8140 万元，评估中的担保额达 2.4 亿元。杭州高科技担保有限公司是国有独资政策性担保公司，注册资本从 2000 万元逐步增加到 2 亿元，2011 年担保额 6.88 亿元，融资企业 203 家（次）。2011 年，担保企业职工人数增长 14.7%，销售增长 25.9%，利税增长 149%。科技担保在财政扶持下，增强了技术、人才、工艺等无形资产资本化的能力，缓解了轻资产、高成长的科技企业融资难问题，如浙江中新力合科技金融服务公司推出的"桥隧模式"等创新型融资模式，对企业融资起到了雪中送炭的作用。目前，全省共有担保机构 589 家，其中以科技企业为主的担保公司 12 家，担保贷款余额 20.27 亿元，支持中小企业 949 家。

（3）推进专利权质押融资。2012 年，浙江省财政厅、中国人民银行杭州中心支行和浙江省科技厅共同开展了专利权质押融资试点工作，安排 1000 万元用于专利质押融资补助，根据国家知识产权局统计，2011 年浙江省专利权质押融资授信额 2.8 亿元，位居全国第一。温州市是国家知识产权质押融资试点城市，呈现出规模化、市场化、常态化的发展态势。截至 2012 年 7 月，新增专利权质押贷款 10 笔，总额 3179 万元，累计质押贷款 39 笔，总额 1.3 亿元。安吉县 2012 年专利权质押融资达到 1 亿元。

（4）创新信贷服务模式。杭州银行、中国农业银行滨江支行、中国银行宁波高新区支行、杭州联合银行、德清农商行 5 家银行相继获浙江省银监局批准设立科技支行。杭州银行科技支行实行"5 个单独"信贷政策，截至 2012 年 9 月底，已向 438 家科技型中小企业发放贷款 56.4 亿元，其中 150 家首次获得银行贷款。2011 年 11 月，中国银行在宁波高新区设立科技支行，信贷规模百分之百服务于科技型中小企业。在浙江省政府金融办的支持下，德清县、下城区等地相继成立了 3 家科技小额贷款公司，科技贷款余额 19.81 亿元，新增 8.29 亿元，支持中小企业 523 家。2012 年 8 月，温州市龙湾区 30 家高新技术企业组成了全省首家科技金融合作社，会员企业按银行授信额 10% 出资，科技部门出资 500 万元，成立互助基金，向民生银行申请无担保无抵押的信用贷款。

（5）扩宽债券融资渠道。中国人民银行杭州中心支行大力推进企业债券融资，利用银行间市场的债务融资工具降低科技企业融资成本。2012 年以来，共有 26 家科技型中小企业发行了 7 单 18.6 亿元中小企业集合票据，巨石集团、精工集团、富通集团、浙大网新、传化集团等 18 家浙江省创新型企业共发行债务融资工具 109.5 亿元。2012 年 9 月，温州市第一单科技型中小企业集合票据成功在中国银行间市场交易商协会注册，金额 1.7 亿元。

（三）发挥资本市场作用

科技部门通过重大科技专项、高新技术企业认定等，提高企业技术创新能力，浙江省证监局对高新技术企业上市予以重点支持。截至 2012 年 9 月底，浙江省辖区累计上市公司 203 家，其中 143 家属于国家高新技术企业，拟上市公司 163 家，一半以上为高新技术企业。2012 年已有 15 家企业上市，募资 62.8 亿元，其中 8 家中小板、创业板上市，募资 43.82 亿元。截至 2012 年 10 月 31 日，浙江共有 26 家中小企业获得沪、深交易所备案，其中 15 家企业完成中小企业私募债发行，募集资金 15.8 亿元，平均年化收益率 9.03%。创业风险投资支持的企业中在中小板和创业板上市的企业累计达到 73 家。

（四）启动科技保险服务

（1）开展科技保险试点。2012 年，在浙江省保监局的支持下，浙江省科技厅下发了《关于在浙江省科技企业中开展科技保险试点工作的通知》，对促进科技成果转化、改善科技企业融资环境作用显著的科技保险产品进行财政补助，温州市、湖州市等地陆续出台了补贴政策。科技保险试点半年来，科技保险保费收入 618 万元，保额 3.47 亿元，赔付金额 143 万元，参保企业 75 家。2012 年 8 月，浙江康尔达新材料股份有限公司与人保财险、兴业银行签订了保额 1.2 亿元的国内贸易险及贷款合同，龙湾科技局予以保费补助，企业凭保单获得 4200 万元贷款，且不占授信额度，成为全省首家通过科技保险融资的案例。

（2）试点科技型中小企业小额贷款保证保险。浙江省科技厅会同人保财险、中国银行、浦发银行、中信银行于 2012 年 11 月启动了科技型中小企业小额贷款履约保证保险，浙江省财政安排 2400 万元专项资金，三家银行提供 3 亿元专项贷款。宁波市高新区面向科技企业的小额贷款保证保险保费收入 2011 年、2012 年分别达到 2600 万元和 3500 万元。

（五）培育中介机构发展

（1）发挥政府资源整合作用。浙江中新力合科技金融服务公司定位于服务全省科技企业的融资服务平台，公司目前已整合全省 11 个县区财政投入，为地方引入了中新力合先进的科技企业融资服务理念和产品。杭州市创业投资服务中心有投资、融资、专利、律师、会计等会员 148 家，入驻机构 51 家，办公面积超过 7000 平方米。温州市着力打造高新区科技金融创新园、龙湾区科技金融服务中心和中国（温州）激光与光电产业创新园三大科技金融合作平台。

（2）创新网络融资服务模式。利用互联网技术打造中小企业网络融资服务平台，以互联网技术代替人工，以社会化协作代替内部人力，分担了银行 80% 以上的非核心业务，显著降低了银行服务成本，提升了服务效率和风险控制能力。以全球网为例，每月促成放贷 16 亿元，且保持着 30% 左右的增长。截至 2012 年 6 月末，累计有 7696 家企业获得银行贷款，总额 221 亿元。2011 年 8 月，数银在线开通了科技金融服务中心浙江站。

四、存在的主要问题和下阶段工作安排

（一）存在的问题

（1）科技金融结合规模较小。财政方面，用于科技金融结合的省级财政专项经费规模一直较小；创投方面，每年投资于中小高新技术企业的项目不足 100 项；信贷方面，科技型中小企业贷款余额占企业贷款余额的比例仅为 3.3% 左右。

（2）方法手段有限。创投引导基金对初创期、种子期的企业投资引导作用有限，科技成果转化引导基金尚未建立，科技型中小企业信贷风险分担机制和信用体系建设进展较慢，专利质押融资缺乏完善的专利评估和流通体系，科技保险存在基础风险数据缺乏、产品开发难度大等障碍。

（3）地区发展不平衡。科技金融资源分布不均衡，造成工作局限在少数几个地区。

以上问题在一定程度上导致优秀的人才、项目和企业在与资本对接中存在障碍，弱化了企业技术创新和科技成果转化的内在动力，影响了科技和金融支撑经济社会发展作用的充分发挥。

（二）下阶段工作安排

1. 扩大规模

落实国家和浙江省关于促进科技金融结合的政策措施，总结推广杭州市、温州市、湖州市、宁波市高新区等地的成功经验，以点带面，推动科技金融结合工作在全省全面开展。争取财政部门支持，整合相关科技计划，设立省级科技金融结合财政专项资金，在全省推广实施"雏鹰计划"科技企业培育专项工程，形成省市县联动的工作格局。用于科技金融结合的财政科技投入较"十一五"增加2倍以上，国家科技金融结合试点地区在试点期间累计投入25亿元，占财政科技支出比例达25%。

2. 拓宽途径

在直接融资方面，与浙江省金融办联合鼓励培育一批高成长的科技企业在浙江股权交易市场挂牌交易，打造区域资本市场的科技成长板块，对创新型企业、高新技术企业等科技企业挂牌交易、定向增发、发行私募债券等予以优先考虑；与浙江省证监局共同争取杭州市、宁波市、温州市、绍兴市高新区开展非上市公司股份报价转让试点；与中国人民银行杭州中心支行联合推动高新技术企业在银行间债券市场发行债券融资。

在间接融资方面，争取浙江省银监局和浙江省金融办支持，在高新区等科技金融资源集中的区域新增设立科技支行和科技小额贷款公司等专营机构；与国有银行或股份制银行开展政银合作，开展科技信贷模式合作创新试点，推动信贷服务和产品创新；与浙江省中小企业局合作，鼓励支持担保公司扩大对科技企业的业务规模，创新担保模式；继续与中国人民银行杭州中心支行合作扩大专利权质押融资规模。

3. 创新方式

继续扩大创投引导基金规模，鼓励有条件的市县设立创投引导基金，促进创业风险投资和科技计划项目的衔接，研究设立天使投资引导基金，引导和支持资本加大对初创期和种子期企业的投资力度；设立科技成果转化引导基金，支持对科技成果转化的风险投资。完善推广科技型中小企业融资保证保险和杭州"天使担保"模式，逐步建立政府引导、多方参与的信贷风险分担机制。进一步增加浙江中新力合科技金融服务公司、杭州高科技担保公司等政策性公司的资本金，提高担保融资服务能力。增加专利质押融资财政补助规模，推广成熟业务模式。在科技保险方面，对企业研发和融资作用明显的科技保险产品进行财政补助。

4. 突出重点

以创业风险投资、天使投资、多层次资本市场建设为重点，制定鼓励科技企业在浙江股权交易中心等场外市场上市挂牌的政策措施，做好财政引导、风险补偿、企业与资本对接等重点工作。

将科技和金融资源相对集聚的国家科技金融结合试点地区、高新区、科技企业孵化器、大学科技园作为重点，探索和完善有效的工作途径和模式，实现科技金融资源的集聚融合效应。

（供稿单位：浙江省科技厅）

第六节　安徽省合芜蚌自主创新综合试验区

2011年10月，科技部、中国人民银行、中国银监会、中国证监会、中国保监会确定合芜蚌自主创新综合试验区为首批促进科技和金融结合试点地区之一。安徽省科技厅等有关部门以及合肥、芜湖、蚌埠市认真开展试点工作，取得了积极成效。

一、截至 2011 年底科技资源情况

2011 年，试验区地方财政科技投入 36.17 亿元（其中，合肥 19.05 亿元，芜湖 12.61 亿元，蚌埠 4.51 亿元），全社会研发经费 121 亿元（其中，合肥 78.26 亿元，芜湖 33.03 亿元，蚌埠 9.71 亿元），部省级科技计划项目 474 项（其中，合肥 329 项，芜湖 89 项，蚌埠 56 项），高新技术产业产值 5284.3 亿元（其中，合肥 2916.7 亿元，芜湖 1834.9 亿元，蚌埠 532.7 亿元），高新技术产业增加值 1324.7 亿元（其中，合肥 733.6 亿元，芜湖 453.6 亿元，蚌埠 137.5 亿元），获国家技术发明二等奖和科技进步二等奖 12 项（其中，合肥 10 项，芜湖 1 项，蚌埠 1 项），申请专利 27231 件（其中，合肥 11478 件，芜湖 12385 件，蚌埠 3368 件），申请发明专利 7336 件（其中，合肥 3619 件，芜湖 2467 件，蚌埠 1250 件），授权专利 20497 件（其中，合肥 10712 件，芜湖 7566 件，蚌埠 2219 件），授权发明专利 1467 件（其中，合肥 760 件，芜湖 538 件，蚌埠 169 件），研发活动人员 4.67 万人/年（其中，合肥 3.14 万人/年，芜湖 1.01 万人/年，蚌埠 0.49 万人/年）。

截至 2011 年底，试验区有高新技术企业 791 家（其中，合肥 438 家，芜湖 276 家，蚌埠 77 家），国家级高新区 3 家（合肥、芜湖、蚌埠各 1 家），国家级创新型企业 10 家（其中，合肥 7 家，芜湖 2 家，蚌埠 1 家），国家级创新型试点企业 4 家（其中，合肥 2 家，芜湖 1 家，蚌埠 1 家），省级创新型企业 135 家（其中，合肥 81 家，芜湖 30 家，蚌埠 24 家），综合类及理工类本科普通高等学校 10 所（其中，合肥 6 所，芜湖 2 所，蚌埠 2 所），中央科研院所 11 家（其中，合肥 7 家，蚌埠 4 家），国家大科学工程 5 个（合肥），国家实验室 2 个（合肥），国家重点实验室和国家工程实验室 9 个（其中，合肥 6 个，芜湖 2 个，蚌埠 1 个），国家工程（技术）研究中心 12 个（其中，合肥 7 个，芜湖 2 个，蚌埠 3 个），国家级企业技术中心 21 个（其中，合肥 15 个，芜湖 5 个，蚌埠 1 个），中国科学院院士 17 人（合肥），中国工程院院士 6 人（合肥），两院院士 1 人（合肥），国家"千人计划" 34 人（其中，合肥 29 人，芜湖 3 人，蚌埠 2 人），国家级技术转移示范机构 5 家（其中，合肥 4 家，蚌埠 1 家），科技企业孵化器 29 家（其中，合肥 17 家，芜湖 9 家，蚌埠 3 家），生产力促进中心 38 家（其中，合肥 28 家，芜湖 3 家，蚌埠 7 家），专利代理机构 10 家（其中，合肥 7 家，芜湖 1 家，蚌埠 2 家），科技信息服务机构 8 家（其中，合肥 7 家，蚌埠 1 家）。

二、截至 2011 年底金融资源情况

（一）合肥市

金融规模迅速增长，已经成为支柱产业，金融业态不断丰富，区域性金融中心建设初见成效。全市境内上市公司 30 家，在全国省会城市中排名第九位；累计首发融资额 173.54 亿元，在全国省会城市中排名第十位；再融资额 330.24 亿元，在全国省会城市中排名第九位。全市已成立融资性担保公司 48 家、小额贷款公司 95 家；租赁机构 1 家；典当公司 81 家。地方金融组织从无到有、从弱到强，成为全市金融体系的重要组成部分。金融后台服务基地建设成效明显，14 家金融机构已经入驻，4 家正在洽谈中。金融生态持续优化，进一步完善了金融税收政策、奖励政策、补助政策，

提高金融发展政策竞争力；增强和引进一大批金融人才，从业人员整体素质得到大幅提升；金融机构不良贷款率低于全省平均水平2个百分点。

（二）芜湖市

2011年底，金融机构本外币存款余额1678.51亿元，人均4.7万元，拥有银行业金融机构21家、小额贷款公司57家、担保公司66家，资产总额分别是1314.5亿元、56.6亿元、140.4亿元；股权投资基金11只，金融租赁公司1家，汽车金融公司1家。中小企业贷款2011年新增额39.6亿元；拥有53只创业风险投资基金，资金规模122.8亿元，累计投资金额42.4亿元；在中小企业板、创业板上市6家，融资28.6亿元；发行公司债券95亿元。

（三）蚌埠市

2011年末，全市各项存款余额839.6亿元，各项贷款余额484.9亿元。中小企业贷款余额187.34亿元，占贷款总量的38.97%，新增贷款57.03亿元，贷款不良率3.56%；全市小额贷款公司18家，其中，2011年新开业4家。2011年12月末，全市小额贷款公司贷款余额6.9亿元，累计发放贷款13.2亿元；全市共有融资性担保公司10家，全市担保余额34.9亿元；保险公司赔偿及给付6.1亿元；保险公司已由2011年初的26家增至29家。保险业务平稳发展，2011年12月末，全市保险业金融机构总保费收入21亿元，累计赔款与给付6.1亿元；市政府参股的创业风险投资公司3家，实收资本3.2亿元，投资额2.27亿元；成功发行4.6亿元的信托计划和5000万元"珠城创新"中小企业集合信托计划。

三、2011~2012年科技与金融结合的创新实践情况

（一）与时俱进，不断修改完善试点实施方案

2012年9月，在合肥召开由安徽省有关部门和合芜蚌三市参加的座谈会，科技部条财司和"一行三会"的有关领导出席座谈会指导开展试点工作。座谈会对试点实施方案进行了研讨，提出了修改意见。会后，安徽省科技厅牵头对试点实施方案进行了修改，并书面征求了省有关部门和合肥、芜湖、蚌埠市政府的意见，根据各单位书面反馈的意见再次进行了修改完善。试点实施方案包括试点工作的指导思想、基本原则、试点目标、试点内容、保障措施等五大部分，明确了每一项试点内容和保障措施的责任单位，现已上报安徽省政府，建议以安徽省政府名义印发实施。

（二）积极探索，大力发展创业风险投资

为推进试验区科技投融资体系建设，安徽省委、安徽省政府决定设立省创业（风险）投资引导基金（简称省引导基金），同时要求合肥、芜湖、蚌埠三市相应设立市引导基金。通过3年多的探索，安徽省引导基金工作取得了积极进展：

（1）形成了较完备的制度体系。在国家相关政策规定的基础上，安徽省政府出台了《安徽省创业（风险）投资引导基金实施办法（试行）》（皖政办〔2009〕19号），省引导基金理事会配套出台了《省引导基金理事会独立理事聘任办法》、《省引导基金运作规程》、《省引导基金委派投资决策委员管理暂行办法》、《省引导基金例会制度》等一系列政策文件，形成了省引导基金制度体系。

（2）探索了多种运作方式。通过公开竞标方式，与省内外其他出资人共同出资设立了3只创业风险投资基金。与国家发改委、财政部共同出资设立了6只新兴产业创投计划创投基金。配套支持合肥、芜湖、蚌埠三市引导基金引导设立的4只创投基金，并将出资人权益委托市引导基金

代表行使。

（3）建立了有效的管理架构。安徽省引导基金形成了包括理事会、理事会办公室、代理机构在内的管理架构。安徽省政府成立了分管省长任理事长的省引导基金理事会，行使省引导基金的决策管理职责。理事会办公室设在安徽省科技厅，负责协调理事会各成员单位以及合芜蚌三市引导基金管理机构。理事会授权省引导基金代理机构，签署省引导基金直接参股创业风险投资基金的投资协议和相关法律文件，行使相关权益。

（4）强化激励和监督管理。安徽省引导基金在招标时承诺，直接参股基金在期末清算时，可以约定将利润的20%分配给基金管理团队，利润的80%在基金各投资方之间按出资比例进行分配。其中，对基金投资于安徽省内企业所实现的利润，安徽省政府将把所得红利奖励给管理公司。在监督管理方面，对直接参股基金的投向和项目选定，要求以市场化运作为主，优先考虑投向试验区以及安徽省内其他地区的早期创新型企业，投资比例不得少于年投资总额的50%。

目前，安徽省引导基金规模达8.5亿元，安徽省及合芜蚌三市引导基金引导设立的创投基金总数达18只，资金规模达58亿元。截至2012年10月底，各参股基金累计决策投资项目110个，总投资额39亿元。

（三）多管齐下，引导金融机构聚焦科技创新领域

（1）积极引导金融机构支持科技创新。试验区设立后，省有关部门先后制定出台了《关于进一步加强对小企业金融服务的意见》及7个配套文件、《关于金融支持自主创新推进合芜蚌自主创新综合试验区建设的实施意见》以及开展股权、商标专用权、专利权质押贷款试点等一系列政策文件。安徽省科技厅与有关金融监管部门、金融机构开展了多形式、多层次的合作。截至目前，试验区开展专利权质押贷款试点，已累计为31家科技型中小企业发放贷款1.36亿元。

（2）加快多层次资本市场建设。支持符合条件的科技企业上市融资，建立了上市后备资源库，对拟上市企业进行动态跟踪服务；安徽省及合芜蚌三市都出台了支持高新区开展非上市股份公司进入代办股份转让系统试点工作的系列政策措施，鼓励各国家级高新区争取进入"新三板"试点。

（3）积极推动科技保险试点。2009年，合肥高新区成为国家科技保险创新试点城市（区），设立了科技保险资助资金。累计有58家企业投保科技保险，保险金额206.5亿元，企业保费支出948万元，政府兑现补贴资金229万元。通过科技保险，阳光电源公司获得了870万元的赔付。

（四）加强协调，调动合芜蚌三市主体积极性

在安徽省委、安徽省政府的领导和统筹协调下，合肥市、芜湖市、蚌埠市切实承担起主体责任，充分发挥积极性和主动性，结合各自特点，在促进科技和金融结合上做出一系列有益的探索。具体做法如下：

1. 合肥市

（1）改革科技计划资金使用方式。整合分散在各部门的科技资金，形成全市自主创新专项资金，在支持方式上强化政策资金与目标任务的衔接和绩效考核，整合资金，统筹使用，突出重点，公开透明。组织实施《科技创新型企业培育计划》。按照初创型、成长型、成熟型企业分类指导，并选择6个行业制定《合肥市科技创新型企业行业评价指标体系》。目前，已获批国家创新型（试点）企业10家，省级创新型（试点）企业65家，市级创新型企业196家，国家和省级占全省比重34%。修改完善《合肥市承接产业转移进一步推进自主创新若干政策措施》，加大政府投入。合肥市财政每年安排5亿元自主创新专项资金，集中实施一批重大科技专项，结合"一事一议"制度，

重点支持技术先进、市场前景大、产业带动性强，具有自主知识产权的新兴产业项目。

（2）加大科技贷款力度，推动金融产品创新。结合专业银行服务特点，与杭州银行合肥分行开展政策性拨款预贷款（基金宝）和科技型企业贷款风险池（创新贷）专项工作。两年共10家企业获得1000多万元基准利率的基金宝信贷支持。推动工商银行开展"集合保证池贷款"，建设银行开展中小企业联贷联保、动产质押贷款，民生银行开展"商贷通"；徽商银行开展仓单质押等，成功引进一家金融仓储公司——合肥涌金仓储有限公司，有效解决中小企业因缺乏有效抵质押物的融资难题。引导企业综合运用短期融资券、中期票据、中小企业集合票据、集合债等直接债务融资工具，多渠道解决企业资金所需。推出了"滨湖·春晓"中小企业集合信托计划，采取信托方式募集资金、财政资金无息认购部分信托份额的形式，为全市各类优质中小企业提供成本较低、期限较长、审批流程短的信贷资金，在先后成功组织发行两期"滨湖·春晓"中小企业集合信托计划基础上，2012年再次组织发行10亿元，已顺利发行3.86亿元，惠及84家中小企业。

（3）科技保险等工作取得积极进展。近年来，累计58家企业投保科技保险，保险金额206.5亿元，企业保费支出948万元，政府兑现补贴资金229万元。2012年，安徽省科技厅积极探索投保环保责任险、高新技术企业关键研发设备险、产品责任险、产品质量保证险、雇主责任险、专利险、小额贷款保证险和出口信用险等创新型险种，为科技型企业提供金融服务。

（4）加大力度引进金融投资机构。合肥滨湖新区国际金融后台服务基地已经正式入驻14家金融类机构，其中，1家已运营、7家实质性开工建设。并与英国火花公司签订了总规模2.5亿元的合肥科技创业风险投资基金合作协议，成立合肥兴泰科技创业风险投资基金。长城金融资产管理公司滨湖后台基地建设取得积极进展。合肥市政府与中国长城资产管理公司签署"战略合作协议"和"合作意向书"。与杭州银行合肥分行签署战略合作框架协议。

（5）加快资本市场发展，扩大直接融资规模。①积极推进企业上市工作。目前合肥市共有上市公司30家，上市公司通过IPO、再融资累计募集资金402亿元。②积极推进"新三板"市场试点工作。高新区在省、市有关部门的大力支持下，建立、健全了领导机制和工作流程，出台了补助政策。截至目前，合肥高新区具备挂牌条件的企业300余家，签约企业33家。其中，通过内核4家，股改完成14家，具备条件的意向企业达60多家，目前正积极争取纳入"新三板"市场试点范畴。③充分发挥政府创业引导投资基金作用。政府创业引导投资基金参股设立的两只投资基金——汇智和高特佳创投，总规模近5.8亿元，完成项目投资2.11亿元，其中投资合肥市0.82亿元，占总投资的39%，取得了良好的经济效益和社会效益。在合肥高新开发区率先设立天使投资基金，首期3000万元规模，重点投向初创期企业，与社会投资错位发展。

（6）组织科技与金融结合专场活动，积极做好银企对接活动。参加"合肥经济圈城市科技型企业银企对接会"的有54家金融机构，合肥经济圈城市有25家企业。对接会上，形成签约项目27个，签约金额4.8亿元。举办"合肥市科技型企业与风险资本洽谈会"，杭州地区40家风投机构与合肥市71家科技型中小企业和十大研究院进行洽谈，共有24家企业和51家风投机构达成合作意向，资金投入预计可达15亿元。组织20余家企业参加"全省科技型企业创业投资项目路演"专场对接活动。参加"2012安徽省银企对接会"。

2. 芜湖市

（1）进一步完善多层次、多元化的金融机构体系。截至目前，拥有银行业金融机构23家，保险机构26家，融资性担保机构65家，小额贷款公司57家，法人典当行16家，股权投资基金11

只，金融租赁公司 1 家，成立了全国首家中资汽车金融公司——奇瑞徽银汽车金融公司，注册资本 5 亿元，证券期货公司营业部 10 家。徽商银行芜湖分行与科技合作进一步深化，明确了团结路支行重点开展科技中小企业贷款业务。2011 年末，金融机构本外币存款余额 1678.51 亿元，比年初增加 277.67 亿元；金融机构本外币贷款余额 1427.56 亿元，比年初增加 286.93 亿元。

（2）进一步发展创业风险投资。有序推进发展股权、风险投资工作，出台了促进股权投资基金业发展办法，成立了股权投资企业服务中心，实行"一站式服务"，着力打造芜湖股权投资基金集聚区。①设立风险创业投资引导基金。市政府先后设立 2 亿元的创业投资引导基金和 2.5 亿元的瑞建汽车电子及关键零部件创业投资基金。②成立了政府主导的创业投资公司。以政府风险创业投资引导基金为引导，通过参股方式，吸引民营企业参股设立风险创业投资公司 4 家，注册资本额达 13.8 亿元，已投资 29 个项目，投资总额达 10.2 亿元。同时，2012 年芜湖市财政足额安排市级自主创新配套资金 8.2 亿元，争取安徽省风险投资奖励资金 5000 万元。③设立产业投资基金。采取政府推动，民间资本为主，市场化运作的方式，由奇瑞、海螺联合安徽省内大企业、大集团共同发起设立国富产业投资基金，基金规模 10 亿元以上。④筹划发起设立以民间资本为主的私募基金。芜湖市政府已出台《股权投资基金发展办法》，引导私募基金向芜湖市集聚。由芜湖经济技术开发区管委会与深圳富海银涛基金管理有限公司共同发起的国内又一家专业创新投资基金——芜湖天润基金成立，募集资金总规模为 10 亿元，重点投资科技创新产业。目前，各类股权投资企业已达 58 家，认缴资金规模约 170 亿元。

（3）进一步拓展政府融资平台。为充分发挥政策性担保机构的优势，成立了国有政策性担保机构芜湖民强担保公司。2011 年，该公司累计发生担保额 52.2 亿元，为中小企业贷款项目提供了担保 749 户（笔）。委托贷款是芜湖市为缓解企业融资难的又一项创新举措，芜湖市金融办、财政局、建投公司联手，实施政府性资金委托贷款，受托银行按不低于 1:1 配套跟进。受益对象主要是战略性新兴产业类企业、"新三板"申报企业、上市后备企业、高新技术企业、"小巨人"培育企业五类重点企业计 47 家，委托贷款 4.21 亿元，配套贷款 2.63 亿元，共计 6.84 亿元。2011 年 10 月，芜湖市国有资金出资、联合社会资金设立了主要服务于科技型中小企业的政策性科技担保公司芜湖市迅博小额贷款股份有限公司，注册资本达 2 亿元。

（4）进一步加大资本市场融资力度。大力推进科技型企业通过资本市场直接融资。截至目前，芜湖市上市企业总计达到 11 家，上市后备企业达 60 家。其中，11 家上市公司发行股票 12 只（含海螺水泥 H 股），累计资本市场直接融资额 359.23 亿元，总市值近 1500 亿元。海螺集团成功发行中期票据 20 亿元、公司债 95 亿元；奇瑞公司发行中期票据 18 亿元。"2012 年芜湖市第一期中小企业集合票据"由兴业银行芜湖分行作为主承销商，精诚铜业、鑫龙电器、神剑新材料 3 家企业联合发行，注册金额共 4.5 亿元，发行期限 3 年，成为安徽首只中小企业集合票据。

3. 蚌埠市

（1）创新财政科技投入方式。建立 2000 万元的知识产权质押贷款风险资金和 1000 万元的中小出口企业专项担保贷款风险补偿资金；投入 7750 万元风险引导基金，引导成立 3 家创业风险投资公司；蚌埠市支持科技型中小企业的资金达 9184 万元，补贴和补偿资金 6340 万元，税收优惠 3.8 亿元。

（2）加快推进创业风险投资工作。通过市政府引导，成立了三家风险投资公司，基金规模达 7.45 亿元，三家风险投资累计投资项目达 19 个，累计投资资金达 2.27 亿元。成立安徽生物技术产业创业投资基金，基金规模达 2.55 亿元。筹备成立中国蚌埠创新创业中心，市政府投资 5 亿元，中科招商集团投资 7.5 亿元，与中国发明协会共同成立中国蚌埠创新创业中心。

（3）加强对银行业金融机构的引导。为鼓励银行业金融机构支持地方经济发展，市政府先后出台了《蚌埠市金融生态环境考核办法》和《蚌埠市金融机构支持地方经济发展考核细则》。蚌埠市政府在拿出 155 万元对 2011 年度金融机构支持地方经济发展的先进单位进行表彰后，随即与各金融机构签订 2012 年的贷款投放目标责任书，将 130 亿元的 2012 年信贷投放任务分解到各家机构，以明确的任务目标敦促各机构争取信贷规模、加大投放力度。实施"金融助力电子信息首位产业行动"，以"政策优先、审批优先、服务优先"为保障，加大电子行业信贷支持；开展"小微企业金融扶持计划活动"，要求金融机构单列小微企业的贷款增量年度目标计划，建立了 450 户金融扶持计划项目库，已对其中 318 家企业发放贷款 19.4 亿元，并召开新闻通气会，提高社会对活动的认知度和影响面，取得显著成效，2012 年上半年新增小微企业贷款 23.42 亿元，占全部新增贷款的 29%，跃居各类型企业的首位。

（4）引导和支持企业进入多层次资本市场。全市共实现直接融资 10.14 亿元。积极推进上市公司再融资。中粮生化公司债一期 5 亿元成功发行。安徽水利、蚌埠玻璃工业设计院分别成功发行了 2 亿元短融券。方兴科技计划 10 亿元增发方案已获国务院国资委批复同意。

（5）创新多种金融工具。积极推进专利权、商标权质押贷款工作，全市专利权、商标权质押贷款 4.13 亿元，中小出口企业专项担保贷款突破 1300 万元；通过融资租赁公司为企业融资 3 亿元，利用代付方式实际增加贷款投放 12.3 亿元；积极推进"珠城创新"中小企业集合信托工作，募集资金达 1.5 亿元。积极做好"新三板"扩容试点准备工作，制定支持"新三板"挂牌的奖励扶持政策，筛选挂牌备选企业 30 家，截至 2012 年末已有 7 家高新技术企业与券商签订了合作协议；农村金融创新贷款规模也不断扩大，三县银行业金融机构创新贷款品种 30 个，创新贷款余额达到 21.9 亿元。

（6）加强政策引导，营造科技金融环境。先后出台了《蚌埠市专利权质押贷款管理办法》、《蚌埠市商标专用权质押贷款管理办法》、《蚌埠市中小企业出口专项担保贷款风险补偿资金管理办法》、《蚌埠市创业（风险）投资引导基金实施办法》、《蚌埠市金融机构支持地方经济发展考核细则》、《蚌埠市金融生态环境建设考核办法》、《蚌埠市促进企业上市融资办法》、《蚌埠市股权出质登记办法》、《蚌埠市市区中小企业信用担保基金专项资金使用管理办法》、《蚌埠市市区中小企业贷款贴息和风险补偿专项资金使用管理办法》。

四、开展科技金融工作的问题、难点和建议

（一）问题和难点

由于科技型中小企业在创业中的风险因素，各金融机构对其介入支持持谨慎态度，使得科技和金融结合过程中出现以下问题和难点：

（1）企业融资渠道不畅通。金融市场发育的不完善，科技型中小企业的成长过程相对漫长和艰难，金融机构不能为其在不同阶段提供相应的服务，导致科技型中小企业很难实质性地进入资本市场，大多数还是通过银行来融资，渠道单一。

（2）专利权质押融资功能发挥不充分。专利权具有不同于传统财产的价值特点，企业和金融机构双方对评估价值难以达成一致，导致目前的专利权价值量评估和专利权价值实现都比较难。

（3）专业融资担保服务体系建设不完善。科技型企业在发展的最初阶段规模都比较小，金融机构在授信时企业没有土地或者厂房作为担保，成为科技型企业贷款的障碍；商业性担保公司为企业提供担保所收取的较高费用，提高了企业的融资成本。这类情况也是制约科技型企业发展的瓶颈。

（二）建议

（1）由于科技和金融结合工作政策性强，建议科技部和"一行三会"进一步加强对试点地区的指导，经常组织培训、交流活动。

（2）建议科技部和"一行三会"在资源配置方面向试点地区倾斜，如"新三板"扩容等有关试点政策优先选择试点地区先行先试。

（供稿单位：安徽省科技厅）

第七节 武汉市

武汉市自获批全国首批促进科技和金融结合试点地区以来，不断优化科技金融相关政策，加大科技金融投入力度，创新科技金融工作体制机制，试点工作各项目标任务稳步推进，全市科技金融工作呈现良好局面。

一、截至 2011 年底科技资源情况

科技投入稳步增长。截至 2011 年底，全市地方财政科技投入 15.27 亿元，比 2010 年增长 30.52%，其中由市科技局管理的财政科技专项资金 5.24 亿元。地方研发投入 177 亿元，占国内生产总值的比重为 2.62%。

高新技术产业快速发展。2011 年，全市高新技术产业产值 3448.91 亿元，同比增长 30.74%，占规模以上工业总产值比重 46.67%，同比增长了 5.61 个百分点。全市共有认定高新技术企业 595 家，其中年产值过亿元企业 264 家，过 10 亿元企业 40 家，过百亿元企业 8 家。

研发活动更加活跃。2011 年，全市共承担各类国家科技计划项目 2385 项，获得经费支持 12.03 亿元。其中国家自然科学基金项目 1789 项，经费 8.6 亿元；973 计划项目 105 项、经费 1.04 亿元；863 计划项目 183 项，经费 0.59 亿元；国家支持计划项目 59 项，经费 0.51 亿元；科技型中小企业技术创新基金项目 172 项，经费 1.16 亿元。

专利与科技成果数量持续增长。2011 年，全市专利申请量 21879 件，其中发明专利申请量 6362 件，同比增长 36.5%；全市专利授权量 11588 件，其中发明专利授权量 2585 件，同比增长 49.3%。全市获国家、省、市各类科技成果奖励 390 项，其中国家奖 43 项、省级奖励 232 项。全市技术产权交易 6393 项，成交额 107.5 亿元，同比增长 20.97%。

研发机构数量稳步增长。截至 2011 年底，全市共有科学研究与技术开发机构 778 家，比 2010 年增加 52 家。国家重点实验室 25 家，国家、省、市工程技术研究中心 75 家，高新技术企业研发中心 70 家，国家级高新技术产业化基地 26 个。

二、截至 2011 年底金融资源情况

2011 年末，武汉市共有各类金融机构 149 家，小额贷款公司 31 家，境内外上市公司 57 家，典当行 70 家，融资性担保公司 153 家，私募基金等机构近 100 家，共有 25 家金融机构在武汉兴建后台服务中心。

银行信贷投放快速增长。截至 2011 年底，武汉市银行业金融机构本外币各项存款余额 11519.58 亿元，比年初增加 910.6 亿元，增长 8.7%；市银行业金融机构本外币各项贷款余额 10157.53 亿元，比年初增加 1398.5 亿元，增长 16.0%；全市银行业金融机构实现本年利润 248.2 亿元，同比增加 62.1 亿元，增长 33.4%。

企业上市融资取得新进展。2011 年，武汉市新增境内上市公司 5 家，其中力源信息、华中数控、天喻信息、金运激光 4 家公司实现境内首发上市，合计募集资金 20.42 亿元。上市公司共实现营业收入总额为 2650.96 亿元，其中，主板上市的公司实现营业总收入 2584.82 亿元，中小板上市公司 47.25 亿元，创业板上市公司 18.89 亿元。

保险市场健康发展。2011 年，全市保险业累计实现保费收入 187.24 亿元，同比增长 12.64%。其中，财产险公司实现保费收入 50.23 亿元，同比增长 19.83%；人身险公司实现保费收入 137.01 亿元，同比增长 10.22%。全市保险业各项赔款及给付 40.75 亿元，同比增长 34.50%。

三、科技与金融结合的创新实践情况

(一) 优化科技资源配置，创新财政科技投入方式

(1) 加大用于科技和金融结合工作的财政科技资金专项投入力度。武汉市科技局设立了科技金融专项计划，市区两级科技部门集中了约 2 亿元资金专项用于科技和金融结合工作，占市区两级科技部门可用资金的 30% 以上。武汉市经信委会同武汉市财政局，逐年增加武汉市中小企业发展专项资金，对近 100 个科技型中小企业项目安排支持资金 1600 多万元。武汉市科技和金融结合财政专项资金主要是引导银行、创投、保险等机构进入科技领域，通过财政资金的引导和放大，直接吸引各类社会资金达到 100 亿元以上。

(2) 建立支持科技型中小企业的补贴和补偿资金。建立中小企业融资补偿机制，市科技局设立了 3000 万元 "融资补贴、风险补偿" 科技信贷专项资金，鼓励银行等机构为企业提供更多融资服务。武汉市经信委、武汉市财政局设立了市级中小企业信用担保机构风险补偿资金，鼓励和引导担保机构扩大对包含科技型企业在内的中小企业，特别是小企业的融资担保规模。作为武汉市科技投融资公共服务平台的武汉科技担保有限公司已累计为近 80 家科技型中小企业提供知识产权等无形资产质押担保额近 5 亿元，武汉市经信委共协调帮促武汉科技担保有限公司获得国家中小企业发展专项资金（担保补偿类）360 万元，给予市级担保机构风险补偿资金 812 万元。

(3) 落实相关税收政策，支持科技企业发展。2012 年，武汉市国税局共办理 266 家高新技术企业减免企业所得税 8.85 亿元，33 家新办软件生产企业减免企业所得税 3197 万元，1 家动漫企业减免企业所得税 163 万元。同时 16 家新兴产业企业购置环保、节能节水、安全生产专用设备投资额抵免企业所得税，抵免税额 2265 万元；7 家新兴产业企业办理技术转让所得减免 2756 万元，5 家

从事符合条件的环保、节能节水企业所得减免 1951 万元。还为 457 家企业办理了新技术、新产品、新工艺研发费用加计扣除 35.22 亿元，比 2011 年增长 6.11 亿元。

（二）大力推进设立和壮大各类创业投资基金

（1）市区财政设立创业投资引导基金规模不断扩大。全市财政资金用于科技创业投资引导基金资金规模达 10.28 亿元。武汉市科技局、武汉市财政局联合设立的科技创业投资引导基金资金规模达到 1.65 亿元，武昌、洪山、青山、汉阳、硚口等区共同参与市科技创业投资引导基金资金达到 0.5 亿元。武汉东湖新技术开发区、武汉经济技术开发区创业投资引导基金规模分别达到 7 亿元、1.13 亿元。

（2）引导基金的引导和放大作用明显。全市各类引导基金以阶段参股形式先后与杭州硅谷天堂、深创投、联想投资等国内知名创投机构（基金管理公司）共同设立和签约设立子基金约 30 只，子基金规模超过 60 亿元，其中用于天使投资的基金 5 只，资金规模约 5 亿元，这批子基金承诺投资科技企业的比例达到基金规模的 80%以上。子基金先后投资参股了鼎龙化学、华中数控等企业，助推了企业成功上市，对加快武汉市科技型中小企业发展起到了积极作用。

（3）创业投资引导基金政策不断完善。武汉市科技局、武汉市财政局出台了《武汉市科技创业投资引导基金管理办法》（武科〔2012〕180 号），引导基金主要采取阶段参股、跟进投资和天使投资方式进行投资，并可适当开展风险补助和绩效奖励。

（4）创业投资快速发展。在引导基金的引导带动下，创业风险投资迅速发展，并且投资主要集中在新兴产业和高新技术领域，其中湖北省科技投资有限公司与国开金融公司共同设立了 100 亿元国开光谷产业发展基金，武汉市科技局、东湖高新区管委会、申银万国投资有限公司等共同发起设立了总规模为 5 亿元且主要投资新三板企业的武汉光谷新三板股权投资基金。

（三）积极引导银行业金融机构加大对科技型中小企业的信贷支持

（1）科技金融专营机构数量不断扩大。截至目前，全市成立了科技专营机构 9 家，其中，科技专营分行 1 家，科技专营支行 8 家。此外，汉口银行成立了科技金融创新委员会，设立了科技金融创新部；国家开发银行设立了"东湖示范区科技金融综合服务办公室"；民生银行成立了"高科技行业中心"；兴业银行成立了"光谷节能减排项目贷款中心"等。各行成立的科技支行、科技专营团队中专兼职服务科技型企业人员超过 500 人，为科技型中小企业提供的信贷授信超过 200 亿元。

（2）新业态准金融机构不断增加。截至目前，武汉市私募基金、小额贷款公司、融资性担保公司、租赁、典当等新业态准金融机构 400 多家，要素市场交易场所 11 家，其中，科技小额贷款公司 3 家。2012 年 10 月末，科技小额贷款公司贷款余额 1.71 亿元，新增贷款额 1.26 亿元。武汉市政府出台了《关于促进资本特区股权投资产业发展实施办法》等一系列政策措施。目前武汉市共有各类股权投资机构 130 多家，注册资金 170 亿元。全市共有 190 家担保机构取得融资性担保机构经营许可证，注册资金 135 亿元，担保总额达到 513 亿元。

（3）制定实施了特色化的政策措施。在风险防控方面，建立了风险分担机制，制定了差异化的风险管理政策。如湖北银监局与武汉市政府金融办、科技局、东湖开发区管委会联合下发了《关于推进科技金融创新试点的实施意见》，推进武汉市和东湖示范区充分发挥风险补偿基金的作用，建立市、区两级风险分担机制。汉口银行创新引入科技专家和投行专家进入审贷会，为科技企业信贷决策提供专业技术支撑，按一般贷款 2 倍标准计提科技金融风险准备，并以此为基础，建立科技金融风险补偿基金。在创新信贷管理机制方面，国家开发银行总行出台了针对东湖示范区的"一行一策"，在信贷规模、授信边界、业务流程等多个方面给予了先行先试的优惠政策。

（四）引导和推进科技型企业进入多层次资本市场

（1）积极支持科技企业改制上市。对上市后备企业在市级各类科技计划项目立项等方面给予重点倾斜，上市公司达 58 家。其中，上市科技型企业 26 家，市科技局给予这批企业累计支持金额 18635 万元，上市科技企业历年从证券市场累计融资近 500 亿元。

（2）加大新三板试点工作力度。全市按照"一区多园"的模式，积极吸纳东湖高新区以外行政区域的企业进入新三板，全市共有 10 家科技园区参与新三板。目前，武汉市首批上报 5 家企业已挂牌。东湖开发区已有 6 家企业向证券业协会申报，82 家企业与券商签约，14 家企业完成申报材料制作，9 家企业完成券商内核程序，47 家企业启动或完成股改工作，重点后备企业 129 家。园区外各区确定 92 家重点后备企业，其中 43 家企业达成签约意向，21 家企业与券商签约，2 家企业启动改制。

（3）加快区域性场外市场建设。武汉股权托管交易中心已按《国务院关于清理整顿各类交易场所切实防范金融风险的决定》进行了规范。新增托管 40 家具有较好成长性企业的股权，新增托管股本 47.08 亿股，托管登记企业总数达到 181 家，托管总股本 109.72 亿股；为 19 家公司办理了 23 笔股权质押融资业务，实现质押融资 33.1 亿元；新增 8 家挂牌企业，挂牌企业数量达到 21 家，挂牌总股本 4.4 亿股，挂牌企业的股权转让成交 2599.58 万股，成交总金额 1.6 亿元；非挂牌公司转让 2.4 亿股，转让总金额 6.1 亿元。武汉知识产权交易所已累计服务企业 3000 余家，发布知识产权信息 20000 余条，组织了 20 余场知识产权推介、交易、融资、政策宣传会议，完成技术交易及合同认定交易额 48.4 亿元，有力地促进了科技型中小企业创新发展。

（4）支持科技型企业通过票据、债券等方式融资。科技型企业通过中期票据、短期融资券等融资约 330 亿元，其中武汉市科技局与招商银行共同发行了规模 1 亿元的"科技之春"集合票据，武汉科技担保有限公司联合有关担保机构发行了 8000 万元的公司私募债，支持科技型企业发展。

（五）进一步扩大科技保险覆盖范围

（1）落实科技保险相关优惠政策。对购买科技保险产品的高新技术企业保费给予 30%~60% 的补贴，累计共安排科技保险保费补贴资金 1500 万元，同时贯彻企业购买科技保险产品保费支出纳入企业技术开发费用，享受国家税收优惠政策。

（2）大力宣传科技保险工作，扩大科技保险覆盖面。武汉市每年组织 4~5 次大型科技保险政策宣传活动，同时组织有关保险公司深入各区和科技园区举行专题政策宣讲。全市共有 400 家（次）高新技术企业购买了科技保险产品，累计缴纳科技保险保费约 6500 万元，企业享受了约 500 亿元的科技保险保额服务。

（3）畅通科技保险赔付渠道。武汉市科技局与开展科技保险的保险公司建立了赔付互通机制，建立科技保险绿色赔付通道，保险公司累计受理保险赔案 270 笔，赔付金额约 2500 万元。

（4）实施中小企业出口信用全覆盖工程。2011 年，武汉市出资 140 万元为全市 58 家年出口额在 1000 万美元以下的高新技术企业购买了短期出口信用保险，约 1.06 亿美元的出口产品享受了免费科技保险服务。截至 2012 年 9 月，这批企业出口业务平均增幅达到 29.84%，远远高于同期其他同类企业增幅。

（六）搭建科技金融服务平台，培育中介机构发展

（1）积极搭建科技和金融结合的物理平台。2011 年底，全市在整合相关资源基础上打造"光谷资本大厦"，目前，资本大厦一期二阶段改造初步完成，已聚集银行、证券、保险、股权投资基金等机构 50 余家以及股权托管交易中心、农畜产品交易所、金融资产交易所等 7 家交易所。

（2）打造各类专业性的科技和金融结合的联动平台。先后成立了"武汉金融超市"、"武汉科技金融公共服务平台"等机构，2012 年，累计受理科技型企业 600 多项融资需求，对接金融机构近 1000 家，约 100 家科技型企业实现融资授信 40 亿元，实际放款约 15 亿元。

（3）创新科技和金融结合服务新模式。武汉市科技局联合湖北省银监局，共同批准成立了武汉科技金融创新俱乐部，依托武汉科技金融公共服务平台，吸纳优秀的科技型企业、银行、创投、担保等机构成为会员，目前已吸纳科技型企业近 50 家，金融机构会员近 30 家。

（七）建立和完善科技企业信用体系

（1）加快建立科技企业信用评级体系。武汉市科技局联合中国人民银行武汉分行营管部、武汉东湖高新区等共同开展科技企业信用评级工作，成立了武汉东湖企业信用促进会，对参与信用评级的信用促进会会员企业补贴 50% 的信用评级费用，对按期还本付息的试点企业按照基准利率给予 20%~35% 的贷款贴息，对试点银行给予 3‰~5‰ 的贷款补贴，对担保机构给予 5‰ 的担保补贴，对银行信用贷款损失给予本金 30% 补贴，对担保机构给予损失本金 20% 的风险补偿等。

（2）信用评级覆盖范围不断扩大。学习借鉴中关村企业信用促进会先进经验，引入信用评级、融资担保和信用贷款机制，目前已完成了信促会信用评价体系软件的设计、信息采集、数据管理与数据筛选等工作，已建立覆盖 11000 家企业、2640 家重点企业的信息数据系统，完成 2640 家科技型中小企业的信用评价。

（八）多种金融工具的创新实践

（1）科技金融运作模式的创新。各家银行根据科技型企业的特点及自身业务定位，在服务渠道、方式上进行了积极探索，形成了各具特色的运作模式。如国开行与武汉市科技局、东湖开发区管委会合作，搭建服务于科技型企业的统一借款平台和担保平台，通过集零为整、集中申报、集中评审、政府增信、市场运作，支持了一大批科技型中小企业。汉口银行成立全国首家科技金融服务中心，联合政府、风投、担保、保险、中介等各类金融服务机构开展现场办公，为科技型中小企业提供信贷工厂式的一站式金融服务。

（2）科技金融产品的创新。不断创新抵质押担保方式，各行在推出应收账款质押、非上市公司股权质押的同时，推出了专利权、著作权、播放权、商标专用权等无形资产质押方式。截至 2012 年 10 月末，武汉市知识产权质押融资余额 5.05 亿元，其中当年发放 4.3 亿元。推进市区科技联动担保贷款，集中市区科技财政资金 7000 多万元作为共同担保基金，武汉科技担保有限公司受市区科技局委托具体运作共同担保基金，该担保机构和 16 家合作银行建立了见保即贷的合作关系，累计为全市 216 家科技型中小企业提供了 14 亿元的贷款担保。积极运用新型金融工具。如浦发银行成功发行"南湖春晓"信托融资产品，兴业银行与东湖高新区签署了短期融资券、中期票据等债务融资工具发行承销协议。

（3）科技和金融对接活动不断丰富。湖北省、武汉市连续成功举办了五届中国武汉金融博览会暨中国中部（湖北）创业投资大会，科技部、"一行三会"成为共同主办方后，"科技金融"主题更加突出，在 2012 年 11 月举办的金融博览会上，武汉市结合全市各高新区和科技园区科技企业的资金需求，与 20 多家银行进行对接，累计落实银行授信 430 亿元。

（九）努力营造科技金融发展的良好环境

为营造武汉市科技金融发展良好的环境，引导和促进科技与金融的深入融合，推进武汉市科技和金融结合试点城市工作的快速发展，出台了一系列文件。如《武汉市人民政府办公厅关于印发促进资本特区股权投资产业发展实施办法的通知》、《关于推动科技金融市区联动促进科技型企业发展的实施意见》、《武汉市科技创业投资引导基金管理办法》、《武汉市科技型中小企业信贷风险专项资金管理暂行办法》、《关于加快科技金融创新推进武汉科技金融结合试点工作的指导意见》、《启动"蜻蜓行动"支持武汉地区小微科技企业发展的指导意见》、《关于推进东湖国家自主创新示范区综合性科技金融创新试点的实施意见》等，初步构建了武汉市通过金融创新带动科技创新的政策框架。

四、开展科技金融工作的问题、难点和建议

（一）武汉市开展科技金融工作的问题和难点

1. 科技金融专营机构的作用有待进一步发挥

科技金融专营机构不同于传统意义上的金融机构，它主要服务于科技型中小企业，但是监管机构对科技金融机构的监管要求却跟传统金融机构一致，如风险准备金的要求，这使得科技金融机构在面对无抵押、无担保的科技型中小企业融资需求时显得很无奈。同时，由于缺乏对科技金融机构管理层的激励政策，导致很多科技金融机构没有动力去服务科技型中小企业。此外，一些地方性的城市商业银行由于受到地域的限制，不能将科技金融机构扩展到别的省市，这也会对科技金融工作的开展产生影响。

2. 财政资金的杠杆效应还需进一步放大

尽管近年来武汉市政府针对银行、担保等金融机构出台了一系列呆、坏账风险补偿措施，但是不管是在风险补偿率还是在风险发生时补偿的及时性上，与金融机构内部严格的考核指标相比，都过于滞后，并不能减轻金融机构信贷人员的风险考核压力，更不能调动其为科技型中小企业服务的动力。此外，由于科技型企业不同发展阶段对资金需求呈现不同的特点，不区分企业、期限、额度、成本的风险补偿机制，不能够让财政资金引导金融机构与科技型企业经营特点相匹配的融资方式。

3. 科技产业的优势与金融结合渠道有待进一步拓展

（1）缺乏专门、专业服务于科技型企业的财务咨询机构。由于当前市场上并没有针对科技型企业的专业财务咨询机构，无法为科技型企业提供专业合理的财务报表增级服务，企业向银行融资时所提供的报表很难让银行信服，往往被银行误认为虚造财务报表，成为银行拒绝为其融资的重要原因。

（2）缺乏专业的科技人才顾问中介机构。武汉市年均10000件的专利权授予，为武汉市开展专利权质押融资提供了很好的基础，然而实际通过专利权质押融资的企业和专利数量占比不到10%，通过纯专利权质押融资的企业寥寥无几。主要是因为金融机构在为科技型企业提供融资服务时，银行内部的信审人员和信贷营销人员限于对科技知识了解的局限，在众多的科技成果中，难以判断其科技含量、成果转化、市场潜力，而市场上又没有专门提供此类服务的咨询评估机构。

（二）进一步推动科技金融结合的建议和意见

1. 适当放宽对科技金融机构的监管

建议放宽在国家级高新区设立金融机构的限制，鼓励更多的金融机构在高新区设立分支机构，将宝贵的金融资源投向科教资源丰富，创新活动活跃的高新区。在科技银行试点上实现综合经营功能，赋予科技银行对已发放的科技中小企业贷款进行债权转股权投资，从而保障银行的收益与其承担的风险相匹配，为银行持续支持科技中小企业提供强有力的保障。

2. 创新财政资金使用手段，放大财政政策的杠杆效应

建议由市政府出资，通过引入担保公司、保险公司、银行、风投机构成立"科技企业风险基金"，担保公司或保险公司为科技型企业提供担保或贷款履约保险服务，银行发放低于平均贷款利率的贷款，当贷款出现损失时由担保公司、保险公司、银行和担保基金按比例承担贷款本金及利息损失。对于金融机构的坏账补偿和奖励，要根据其发放的企业、金额、期限、利率、担保额、担保率等因素综合确定，特别是在坏账发生时就有风险分担的补偿措施，充分调动金融机构放贷的积极性。

3. 完善服务机制，打造科技金融服务新模式

建议针对科技型小微企业，将位于科技产业园区的小额贷款公司设立成科技小额贷款公司，加强对其政策引导和资金补贴与奖励。鼓励小额贷款公司探索应收账款质押登记，知识产权质押、股权质押等模式为高新技术企业提供小额、分散、短期融资服务。建议政府加大与担保公司的合作力度，引导担保公司涉足中小企业集合债、集合票据等债务融资方式。同时鼓励担保公司积极探索存货、知识产权、商标专用权、各类经营权等作为担保物，拓宽担保品和反担保方式，加大与投资公司、融资租赁公司、保险公司等金融机构的合作，帮助企业扩大融资方式和融资规模。

4. 培育科技金融创新的复合型人才

结合"千人计划"、黄鹤英才、创新人才等重大人才工程的实施，依托高校和社会培训机构等开展相关培训工作，同时鼓励和支持名校开展科技金融人才培养工作，加快培育一批既懂科技又懂金融的复合型人才，支持科技型企业吸引和凝聚创新创业人才；建立大学生创新创业基金，撬动大学生创新创业激情。

（供稿单位：武汉市科技局）

第八节　长沙高新区

长沙高新区高举"发展高科技、实现产业化"的伟大旗帜，全面推动了高新技术产业集群发展，已形成了以先进装备制造、电子信息、新材料、生物医药、新能源与节能环保及现代服务业等为代表的优势产业。工程机械、软件动漫、先进电池材料、生物医药、文化创意等特色产业发展迅速，尤其是以电子商务、服务外包、研发设计及科技服务为代表的现代服务业蓬勃兴起，进一步促进了高新技术产业的加速集聚与发展。2011 年，麓谷完成技工贸总收入 1512 亿元，同比增长 39%，实现财政总收入 50.2 亿元，同比增长 47%，成为湖南省内首个技工贸总收入和规模工业总产值双过千亿元的园区。自成立以来，长沙高新区连续 7 次被科技部评为全国先进高新区，综合创新能力列全国高新区前列。

一、截至 2011 年底科技资源情况

长沙高新区坚持以企业为主体，以市场为导向的发展方针，强化政策引导，整合优势资源，搭建公共平台，引进高层次人才，积极探索官产学研金一体化的建设模式，逐渐成为功能齐全、特色鲜明的科技资源集聚区。

（1）创新创业孵化体系不断完善。目前已建成国家级产业基地 17 个，孵化基地 20 多个，总孵化面积达到 150 多万平方米。入驻企业 2000 多家，在孵企业超过 1000 家，实现技工贸总收入逾 100 亿元、上缴税金过 6 亿元，安排就业人数 47000 人，孵化科技成果 5400 项。

（2）研发设计服务体系日益健全。依托中南大学、国防科技大学、湖南大学等高等院校、科研院所共建研发机构 500 多家。共有各类工程（技术）研究中心、企业技术中心等自主创新平台 120 多个，平台建设总投入 50 多亿元，年运营费近 7 亿元，2011 年共实现服务收入 8252 万元。麓谷园区组建了产业技术创新战略联盟 18 家，数控机床联盟开展抱团采购和技术攻关活动，初步形成了联盟成员的互动机制。

（3）成果转移和转化服务体系稳步发展。杂交水稻制种技术、生殖遗传工程技术、炭/炭航空制动材料制备技术、超级计算机技术等均达到国际领先水平。中意技术转移中心挂牌运作，科交会连续六届成功举办，签订各类科技合作项目近 1230 项，签约金额达 950 多亿元；建成了长沙高新区专利管理分析平台，园区企业累计申请专利 15000 多件，授权专利 8400 多件，发明专利授权量和每万人拥有的发明专利数均位居国家级高新区前 5 位。

（4）科技人才支持体系有效拓展。成功获批国家海外高层次人才创新创业基地，先后建立了 7 大学科门类 23 个企业博士后科研工作站、3 个企业博士后流动站协作研发中心。有 7 人入选国家"千人计划"，16 人入选省"百人计划"，46 人入选市"313 计划"，总数占全市 1/2、全省 1/3。

（5）科技中介服务体系日益完善。园区聚集研发、设计、法律、财务、知识产权、咨询等各类专业科技服务机构达 300 多家。

二、截至 2011 年底金融资源情况

2011 年，长沙高新区共有 10 家银行、1 家小额贷款公司、7 家担保公司。其中小额贷款公司 2011 年总资产 14431 万元，增加 9073 万元，增长 169%；担保公司 2011 年总资产 69433 万元，增加 2650 万元，增长 4%。银行金融服务网点共有 23 处，遍布高新区的两镇一街。长沙高新区有一家企业 2009 年在创业板上市，首发融资额约 88198 万元。

三、2011~2012 年科技与金融结合的创新实践情况

2011 年，长沙高新区成功申请成为进入首批国家促进科技和金融结合试点范围的三个高新区之一。以此为契机，长沙高新区进一步加大了科技金融工作力度，在科技金融创新和投融资体系建设方面迈出了坚实步伐。

（1）大力推动企业进入资本市场。着力推进企业股份改制工作，从债权融资和股权融资两个方

面提高企业的融资能力，培育上市后备资源。对以上市和新三板挂牌为目的完成股份改制的企业，每家资助 100 万元；对企业股份改制过程中，因审计、评估调账需要，企业历年积累的未分配利润、资产评估增值等转增资本金涉及所得税征收的，按长沙高新区实得部分予以全部或部分返还；对重点拟上市、挂牌企业，长沙高新区在购地、项目申报等方面给予优先支持。与此同时，加大了对股份改制和资本市场特别是场外市场的宣传培训力度，2011~2012 年举办 20 多期培训班，培训企业 1000 多家。目前长沙高新区上市公司 32 家（境内上市 26 家，境外上市 6 家），超过全省总数的 40%，还有 20 多家拟上市企业。以到场外市场挂牌为目标进行股份改制的企业达到 61 家，数量在全国高新区中名列前茅。

（2）支持商业银行设立湖南省首批科技支行。长沙高新区支持长沙银行、浦发银行在园区内设立湖南省首批科技支行，并给每家科技支行设立 2000 万元的风险补偿基金，为其向销售收入 5000 万元以下的科技型中小微企业贷款承担 70% 的信贷风险。同时要求其提高对科技型中小微企业贷款的风险容忍度，创新融资产品和内部考核机制，简化审贷流程，提高审贷效率，真正降低对科技企业的贷款门槛。两家科技支行在产品、机制、流程上大胆创新，开发一系列符合小微企业需求的金融创新产品，如"三板易"（对完成新三板内核的企业的信用贷款）、"项目易"（对获得国家项目支持的企业的信用贷款）、"投贷易"（对已获得创投机构投资的企业进行投贷联动的信用跟进贷款）等一系列无需企业提供抵押、担保方式的创新产品。科技支行成立后 1 年内，就对园区内 101 家小微企业贷款 2.46 亿元，其中贷款额 100 万元以下的企业达 33 家。

（3）发起设立了湖南首只天使基金。2012 年 3 月，长沙高新区发起设立湖南省首只天使基金，专注投资销售收入不超过 2500 万元的创新创业企业，并建立了天使基金的风险补偿机制。天使基金注册资金 1.5 亿元，长沙高新区出资 20%，其余资金向社会募集。首期 5350 万元募集资金全部到位，目前已完成对 3 家初创科技型企业 600 万元投资。基金运作期满如有盈利，长沙高新区出资所享部分收益的 50% 让渡给其他社会出资人；基金运作期满如果发生亏损，由长沙高新区的出资首先承担亏损；基金运作期满因盈利分配各合伙人上缴的所得税，长沙高新区实得部分 100% 返还。天使基金由民间基金管理公司管理，建立利益绑定机制和长沙高新区补偿认定机制，实行市场化运作。基金投资对象为科技型小微企业，要求具有自主知识产权，年销售额不超过 2500 万元，净资产 2000 万元以下，每年用于高新技术研究开发的经费占销售额的 5% 以上。全面实施"三金"工程。打造海外高层次人才创新创业基地，2012 年，高新区财政安排的 1 亿元人才创新基金和 5000 万元人才创业基金，对人才创新创业给予股权投资、财政贴息、资金配套支持。

（4）成立中小企业信用促进基金。长沙高新区和担保公司共同发起设立中小企业信用促进基金。首期规模 5000 万元，其中长沙高新区出资 300 万元，其余由信用较低、贷款能力较弱的中小微企业出资 50 万~100 万元组成。基金主要为企业贷款提供反担保，使出资企业能够获得出资额 5~10 倍的贷款。此外，信用促进基金还为企业设计融资方案，开展行业交流和创业辅导，达到"合作增信，抱团取暖"的目的。该基金于 2012 年 7 月注册成立，成立伊始，就已为 11 家中小企业提供总额 3700 万元贷款担保。

（5）建设科技金融大厦。建设科技金融大厦的总体目标是"汇集金融机构，打造功能平台，整合金融资源，提供增值服务"。通过对金融机构和功能平台适度的购房或租房补贴，以及对金融机构高管人员给予适当税收返还等方式，吸引各类金融机构入驻。目前，金融大厦首期 20000 多平方米已基本销售完毕，30 多家金融机构入驻。此外，金融大厦规划了四大基础性、公共性、带动性服务平台（征信评级系统、产权交易中心、路演中心、股权交易中心）。长沙高新区已经分别和长沙市中小企业服务中心、深圳证券交易所信息公司签署协议，启动了中小企业征信评级系统和路演中心的建设。下一步将在政策明朗之后，与证券公司共建柜台交易市场，为大量的非上市公司提供股权交易场所。大厦建成后，长沙高新区将成立科技金融服务中心，与大厦内各类金融机构和功能平台结成战略合作关系，拓宽信息来源，依托长沙高新区科技企业聚集的优势，建立强大的投融资信息动态数据库。通过对信息进行加工处理，提供给入驻的各类投融资机构和中介机构，为它们提供广泛、可信、准确、增值的投融资信息和商业机会，使之更好地服务于科技企业和创新创业活动。

（6）开展科技金融沙龙、上市对标、信用评级、管理升级等科技金融活动。高新区将项目申报、高企认定、科技银行产品推介、天使基金、新三板等内容有效组合，定期举办科技金融沙龙，为科技型中小微企业提供包括政策融资、债权融资、股权融资、上市融资一条龙、全方位的学习交流、咨询服务，真正满足企业成长各个阶段的融资需要。通过组织科技金融沙龙不仅增强企业对相关政策的理解，而且帮助科技型中小企业解决各个阶段的融资难题。目前，科技金融沙龙活动每周一次，以宣讲和座谈的方式组织企业和相关金融机构互动交流，每次都有成果，很受企业欢迎。为了推动企业规范内部治理、培育竞争优势，高新区组织管理、技术专家进行管理升级活动，通过管理现状预评估、集中学习训练等步骤，以层层递进的方式引导企业把握企业管理现状，找出管理瓶颈，并将管理升级的方法和工具传授给企业。针对企业上市融资，高新区整合长沙中小企业服务中心资源，举办上市对标活动，组织精通上市业务的资深律师、会计师、税务师、券商和投行代表，深入参评企业进行免费的公益性尽职调查，在此基础上对企业上市可行性进行分析，并参照上市指引要求为企业出具《企业发展建议书》，开展"一对一"辅导。此外，高新区通过组织专业评级机构、银行机构、担保机构对中小企业开展公益性信用评级活动，降低融资双方交易成本，促进银企对接，增进金融联盟成员互信，搭建合作平台。

四、开展科技金融工作的问题、难点和建议

长沙高新区在科技金融方面的努力，一定程度上缓解了科技型中小企业融资难问题，构成了园区招商引资的良好软环境，增强了园区经济的竞争力。但毋庸讳言，科技型中小企业融资难的问题还没有得到根本解决，科技金融工作仍任重道远，需要以更强烈的使命感和创新精神继续深化这项工作，也需要科技部门一如既往给予支持。

（1）希望能协调支持长沙高新区资本市场发展。对于新三板和场外市场工作，长沙高新区抓得早、抓得紧，湖南省市领导也高度关注，改制企业翘首以盼，请帮助协调证监会等相关部门，支持长沙高新区成为全国新三板和场外市场试点园区。同时，请求对长沙高新区企业上市工作加强指导和支持，解决上市中的障碍性问题，推动长沙高新区更多的企业到主板、中小板和创业板上市。

（2）进一步加强协调中国人民银行、中国银监会、中国证监会、中国保监会等部门，推进包括对科技型中小微企业金融产品创新、融资优惠政策出台，从而深化科技和金融结合。

（供稿单位：长沙高新区管委会）

第九节 广东省"广佛莞"地区

为贯彻落实《关于确定首批开展促进科技和金融结合试点地区的通知》（国科发财〔2011〕539号）精神，促进科技和金融结合，加快科技成果转化，培育发展战略性新兴产业，支撑和引领经济发展方式转变，根据科技部《关于报送科技和金融结合试点总结的通知》要求，广东省"广佛莞"地区积极创新财政科技投入方式，深入推进科技和金融结合工作，已形成科技产业和金融产业相互融合的新格局。

一、截至 2011 年底科技资源情况

广东省委、省政府历来高度重视科技工作，把自主创新作为推动经济发展方式转变的核心推动力，大力推进十大创新工程，深入推动创新型广东建设，科技综合实力不断提高。2011 年，广东省科技工作取得了显著成绩，全省科技综合实力继续稳居全国第一梯队，区域创新能力综合排名连续四年位居全国第二位，创新绩效等指标排名居全国首位：技术自给率进一步上升到 66.8%，对外技术依存度降至 33.2%；研发（R&D）经费达 1000 亿元，R&D 投入占 GDP 比重上升至 1.85%；R&D人员达 38 万人；获 11 项国家"973"计划首席科学家项目，全年获得国家自然科学基金经费超过10 亿元；共有高新技术企业 5400 多家，规模居全国前列，高新技术产品产值预计达 3.4 万亿元，增长 17%；高新区实现工业总产值逾 1.57 万亿元，增长约 20%。

"广佛莞"试点地区科技投入总量逐年增加，正在向多渠道、多形式投入新格局转变。2011 年，"广佛莞"试点地区地方财政科技投入合计 73.73 亿元，地方研发经费投入共 424.68 亿元，共获省级以上科技项目立项 884 个，资助经费 8.73 亿元。试点地区高新技术产业呈快速、持续发展态势，辐射和带动作用明显增强。具体来看：

（1）广州。全市共有普通高等院校 79 所，总量占全省 2/3，省内国家重点高校和 97% 的国家级重点学科在穗，两院院士 35 人；中国留学人员广州科技交流会已成为海内外最具规模和影响力的留学人才与科技项目交流平台，留学人员引进增速年均 30%；全市拥有国家级工程技术研究中心13 家，国家工程实验室 9 家，国家重点实验室 15 家，省市级工程技术研究中心 231 家，省市级重点实验室 199 家，并已组建北航新兴技术研究院等 5 家产业技术创新平台，同时正在加快建设广州超级计算中心等重大科技平台；广州市已聚集 12 个国家级产业基地，由五大园区构成的广州高新区是全国首批启动的 4 家创新型科技园区之一，国家级、省级大学科技园 8 个；截至 2011 年底，全市共有 1254 家企业通过高新技术企业资格认定，占全省高新技术企业的 23.5 %（含深圳市），全年实现规模以上工业产值达 6353.19 亿元，同比增长 15.9%，快于全市规模以上工业增速 3.0 个百分点，占全省规模以上工业总产值的 40.19%，比 2010 年提高 1.67 个百分点。

（2）佛山。截至 2011 年底，佛山市共有高新技术企业 496 家，同比增加了 8.3%。全市高新技术产业产值和规模以上企业工业总产值为 6593.29 亿元，占规模以上企业工业总产值的比重为30.8%，高新技术产品实现销售收入 2350.98 亿元。2011 年，佛山国家高新区"一区六园"实现工

业总产值 2242.49 亿元，增长 15.01%，占全市工业总产值的 12.5%，实现利税总额 134.16 亿元，增长 10.28%。全市共分三个层次建设了 50 多家公共产业技术创新平台，同时还拥有 121 家科技中介服务机构、74 家行业协会。2011 年，佛山市共主持省级科技成果鉴定 23 项，市级科技成果鉴定 90 项，在已鉴定的科技成果中，2 项处于国际领先水平、3 项处于国际先进水平。全市 2011 年全年专利申请共 20391 件，发明专利申请 2773 件，专利授权 16353 件，发明专利授权 972 件。

（3）东莞。2011 年东莞松山湖国家级高新区实现工业总产值 338 亿元，税收 21.35 亿元，比 2010 年分别增长 43% 和 17%。2011 年登记的省级科技成果 66 项，省级科技成果鉴定 12 项，市级科技成果鉴定 80 项，获得省级科技奖励 13 项。专利申请量和授权量分别为 24454 件和 19352 件，分别居全省第二和第三位。截至 2011 年底，全市共有高新技术企业 413 家，已建成 11 个公共技术创新平台、12 个专业技术创新平台、7 个科技企业孵化器、42 家省级工程中心、31 家市重点实验室和 9 家省重点实验室，引进广东省创新科研团队 9 个，人才总量达到 125 万人，拥有科技服务机构 106 家，专职业务人员 4556 人。

二、截至 2011 年底金融资源情况

（1）银行信贷类金融资源。截至 2011 年底，"广佛莞"地区共有银行类机构 142 家，营业网点近 6000 个，小额贷款公司 41 家，融资性担保公司 186 家。其中，2011 年广州地区金融机构中长期贷款余额 12731.64 亿元，中小企业贷款余额 5430.06 亿元；佛山、东莞地区中小企业贷款当年新增合计 1831.26 亿元，中小企业贷款余额占所有贷款余额比重达 51.58%，中小企业不良贷款 22.01 亿元，不良贷款率 1.12%。

（2）资本市场资源。截至 2011 年底，"广佛莞"地区拥有证券期货类机构 133 家。广州共有境内外上市公司 81 家，其中，中小板上市公司 22 家，创业板上市公司 9 家，融资额 376 亿元，资产证券化率（不包括境外）达到 30%。东莞累计引进设立 14 家股权投资基金（或基金管理公司），募集资金总规模 7.38 亿元，完成对 30 多个项目的投资，投资额逾 5 亿元，已有 11 家企业成功上市，其中主板 2 家，中小板 5 家，创业板 4 家，融资总额逾 74 亿元，全市年内技术市场成交合同数 163 项，成交金额 31966.4 万元，技术与知识产权服务中心促成专利技术交易 12 项，意向成交额 1438 万元，实际成交额 1438 万元。

（3）保险业资源。截至 2011 年底，"广佛莞"地区拥有保险类机构 162 家。其中，东莞市 2011 年实现保费收入 163.65 亿元，保险密度（人均保费）2523 元/人，保险深度 3.46%。

三、2011 年科技与金融结合的创新实践情况

（一）优化科技资源配置，创新财政科技投入方式

广东省科技厅积极会同省委政研室深入调研，起草制定了《广东省人民政府关于运用"三资融合"建设模式大力发展民营科技园区的若干意见（征求意见稿）》，为"三资融合"模式的推广提供了政策保障，调动民间资本积极参与试点地区民营科技产业的发展。广东省科技厅还借鉴国内外成功经验，组建广商科技投资股份有限公司，充分发挥政府引导、市场主导作用，发动粤科风险投资集团、金发科技股份有限公司等 20 多家省内民营企业以及多个市级科技部门共同参加，集聚试点

地区内民营科技企业，共同搭建一个能提供专业化创新服务、金融服务、科技成果孵化服务的新型综合平台，推进土地资本、金融资本与产业资本"三资融合"模式在民营科技园中的推广应用，为试点地区中小创新创业型科技企业的成长提供全方位的孵化服务。

"广佛莞"作为试点地区，在有效集成科技金融资源，创新科技投入方式，大力推动科技金融改革创新，综合利用科技型中小企业技术创新基金、贷款贴息、风险补偿、补贴等方面的努力，尤为突出。具体如下：

（1）广州市。①抓好企业研发费用税前抵扣政策落实工作，增强企业科技创新投入的积极性。2011年、2012年分别受理641家、724家企业共计7974个研发费用税前加计扣除申请，税务部门实际办理抵扣应纳税所得50.23亿元。②充分发挥市战略性主导产业发展资金支持作用。2011年共安排资金3.38亿元，重点支持了软件和动漫、电子信息、电子商务、移动互联网等战略性新兴产业关键技术研发及产业化、平板显示、数字家庭、移动互联网、电子商务、生物医药等创新型产业群的平稳发展。

（2）佛山市。2011年7月，佛山市正式印发了《佛山市科技型中小企业技术创新资金管理办法》，并设立了200万元的市科技型中小企业技术创新专项资金，分别用于广东西屋康达空调有限公司等14个公司的技术创新项目，单个项目扶持金额10万~15万元不等；顺德区、南海区也先后设立了区级科技型中小企业技术创新资金。

（3）东莞市。2011年，东莞市也先后整合了原"科技东莞"工程和"加工贸易转型升级"等多项财政扶持资金，设立"市科技发展和产业转型升级专项资金"，由市财政每年安排20亿元，连续5年共安排100亿元，用于支持企业科技创新和产业转型升级，综合采取贷款贴息、风险补偿、补贴、税收优惠等手段，引导金融资本和民间资本参与科技创新活动。实施新10亿元融资计划，对科技企业贷款实行贷款贴息和风险补偿，按科技企业实际支付利息的30%进行贴息，最高不超过30万元，同时市财政对银行、小额贷款公司发放的贷款按照贷款额的1%计提风险准备金；2011年享受研发费用加计扣除政策的企业105家，获得税收减免1.67亿元；享受高新技术企业税收优惠政策的有198家，获得所得税减免5.17亿元。

（二）发展创业风险投资，支持科技创新

以创业风险投资为核心的科技金融工作已经成为广东省科技与创新政策的重要组成部分。广东省委省政府根据加快培育和发展战略性新兴产业的需要，调整粤科风险投资集团管理体制，将业务指导和资产管理等职能划归省科技厅；在理顺管理体制的基础上，广东省科技厅积极着手打造以粤科集团为主体的政策性科技金融服务集团，搭建科技、金融、产业融合对接平台，支持粤科集团组建各类创业风险投资基金。如由粤科集团和深创投牵头发起的广东首只创业投资引导基金"广东红土创业投资基金"已于2012年5月正式成立，规模达10亿元，将主要投资于广东省大力支持的各类战略性新兴产业发展，同时注重引导社会资本成立子基金，形成有广东特色的"红土"系列基金——如已成立"广州红土"、"东莞红土"等。

广州市在2010年经市政府同意，由市科技风险投资公司受托管理并在存量资金中划出2亿元作为首期资金，成立了广州市创业投资引导基金。目前，市引导基金已平稳起步，并初见成效：①实现了财政科技资金杠杆效应。通过承诺出资2.5亿元，以阶段参股方式与国内知名创投机构合作设立了红土科信基金、中大一号基金、新兴产投基金、司浦林基金和创东方富粤基金等7只子基金，直接吸引了超过25亿规模的创业投资资金落户广州，取得近10倍的放大效应，有效激活了广

州创业投资氛围。②着力培育了一批自主创新企业。市引导基金重点引导社会资金投向孵化期、初创期科技型企业，如合作建立的子基金已投资的 11 个项目中，广州地区的项目有 6 个，有效涵盖了高端装备制造、文化传媒产业、新一代的信息技术产业、新能源产业、生物医药产业等战略性新兴产业，切实提升了企业自主创新能力，促进了科技成果转化。

东莞市在 2011 年也积极出台了《东莞市产业升级转型及创业投资引导基金管理暂行办法》，推动了东莞市产业升级转型及创业投资引导基金的筹备组建工作；在成功引入深创投和广东中科招商，注册成立"东莞红土"和"东莞中科中广"基金等的基础上，还由市政府出资组建了东莞市科技创业投资合伙企业（有限合伙）。

（三）引导银行业金融机构加大对科技型中小企业的信贷支持力度

广东省科技厅先后与国家开发银行、招商银行广州分行等 10 多家银行业金融机构开展了全面合作；试点地区也根据各自实际情况，加大与银行的合作力度，搭建政银合作平台，力争优势互补、合作共赢。

广州市的工作主要包括：①率先成立了科技支行。2012 年 4 月，经广东银监会核准，广州市科信局与中国银行广东省分行签订了《科技金融战略合作协议》，在番禺区挂牌成立了全省首家科技支行——中国银行番禺天安科技支行，并与科技支行联合开发了"科技通宝"等授信产品，面向科技企业提供"减低贷款门槛、提高信用额度、简化贷款流程"的专业融资服务，着力解决科技企业融资难问题。②构建了科技中小型企业融资担保和风险补偿体系。2010 年，广州市设立了"科技型中小企业贷款担保专项资金"，担保资金初始规模为 4500 万元，目前已完成第一批和第二批担保贷款发放，第三批 10 家企业也已完成尽职调查程序；2012 年，在广州市科技经费中设立"广州市科技贷款风险准备金专项资金"，由广东省科技厅出资 1000 万元扶持专项资金，市、试点区两级各按要求比例出资 2000 万元，由试点区政府发动辖区内各合作镇（街、产业园区）出资 1500 万，从而为科技贷款风险损失建立了必要的补偿机制。③鼓励成立小额贷款公司和融资担保机构等新型金融机构。全市已成立小额贷款公司 27 家，贷款余额 28.57 亿元，平均每笔贷款 193 万元，其中约 20% 的贷款投向科技型企业；成立融资性担保机构 93 家，其中约 15% 的服务对象是科技企业。④积极推动了知识产权质押融资试点工作。2010 年 9 月，广州市成功获批成为国家知识产权质押融资第二批试点城市，2011 年，全市共有 7 家企业新获得 9 笔专利权质押融资贷款，贷款额度高达 1.339 亿元。

佛山市深入贯彻科技与金融结合战略，通过推进集合信托计划、扩大知识产权融资规模等方式，引导银行业金融机构加大对科技型中小企业的信贷支持，帮助中小企业解决融资难题。继 2010 年通过知识产权投融资模式成功放贷 9 个项目共计 9250 万元后，2011 年新增 45 个项目，并已成功完成贷款 10 个项目，共计约 1.4 亿元。

东莞市的东莞银行松山湖支行也已正式挂牌更名为东莞银行松山湖科技支行，该支行按照科技型中小企业发展的不同阶段，分别为处于孵化期、初创期、成长期、成熟期的企业提供不同授信额度，已有 7 家企业获得授信额度共计 3050 万元，其中已成功发放贷款 2550 万元。此外，全市已发展设立 17 家小额贷款公司，截至 2012 年上半年已累计投放 3796 笔共 103.30 亿元贷款。

（四）引导和支持企业进入多层次资本市场

广东省科技厅积极构建多层次资本市场服务平台，推动科技企业上市。已成立的广东华南科技资本研究院，作为科技企业上市辅导服务平台，一方面，从事科技资本市场、企业资本运营和重点发展领域的行业研究工作，为企业尤其是拟上市的企业提供战略发展决策咨询；另一方面，积极搭建政府、企业、券商、投资银行及创投资本之间的桥梁，为广东科技型企业策划和设计上市方案，指导股份制改革，推荐中介机构，帮助引入企业战略投资者，推动企业走向国内外资本市场。已有10余家企业委托该研究院开展相关战略咨询和上市前期辅导。

作为科技型中小企业高度聚集的区域，"广佛莞"地区更是加快了区域内多层次资本市场体系建设步伐。广州市主要做了四个方面的工作：

（1）积极推进"科技企业上市路线图"计划，整合科技项目扶持、金融创新服务、创业投资引导等各项资源，积极扶持企业在国内创业板、中小板、主板市场和境外资本市场上市，着力形成"培育一批、改制一批、辅导一批、上市一批"的科技企业上市梯队。

（2）大力推动设立广州股权交易中心。该中心已于 2012 年 8 月 9 日在广州科学城正式开业，是为非上市股份公司提供股权托管、登记、转让、交易和融资等服务的综合性平台，并为挂牌企业实现转主板、中小板、创业板上市以及到新三板挂牌发挥培育、辅导和促进作用，目前中心挂牌企业已逾百家，会员单位 99 家，合格投资者 329 户，7 家挂牌企业实现增资扩股交易 1.89 亿元，正在对接的项目融资 9.78 亿元。

（3）积极推进科技企业"三集融资"。其中，2010 年 5 月天赐高新等 5 家科技型中小企业联合成功发行华南地区首只中小企业集合中期票据，融资 1.5 亿元，创造了国内中小企业集合票据信用评级最高、发行利率最低的纪录。

（4）积极推进广州高新区申报全国中小企业股份转让系统扩大试点工作。通过推动各高新园区制订和落实对企业改制挂牌的奖励措施，培育壮大挂牌企业资源，建立挂牌企业后备资源库，为申请进入股份转让系统试点奠定更加坚实的基础。

佛山市自《佛山市企业上市绿色通道证管理办法》实施以来，已发放 24 份拟上市企业绿色通道证，各区也相继更新出台企业上市奖励和扶持办法，并推出最高奖励 1000 万元的优惠政策。2011 年，佛山市上市公司数量快速增长，万和新电气、开易控股、大自然地板、东方精工、德联股份 5 家企业成功上市，上市公司总数达到 32 家（其中 7 家企业获绿色通道证），较 2005 年翻了一番多，累计融资超过 330 亿元，比 2005 年增长近 6 倍，"佛山板块"加速壮大。此外，佛山市还率先颁行了《关于"新三板"挂牌上市企业扶持暂行办法》，对第一批 3 家已完成股改的企业予以奖励，并推动另外 11 家企业完成了改制、内核工作。

东莞市在利用资本市场方面也有自己的特色，如成立了特设的"利用资本市场领导小组"，已累计评审认定六批共 73 家市级上市后备企业；组建了科技企业上市预辅导机构——东莞市科创投资研究院，已挖掘认定六批共 76 家重点培育上市后备科技企业。2011~2012 年，银禧科技、明家科技、宜安科技 3 家公司先后在创业板首发上市，勤上光电在中小板首发上市，共募集资金 63 亿元。目前，全市共有上市公司 12 家，另有 2 家已过会待挂牌，7 家等待过会。松山湖高新区成立"新三板"工作领导小组和资本市场工作领导小组，全面开展争创"新三板"试点园区工作和企业上市培育工作，有 21 家"新三板"意向企业与券商签订股改服务协议，10 家企业完成股改。

（五）进一步加强和完善科技保险服务

科技保险工作主要依托广州市展开，为进一步提高科技保险服务水平，一方面，广州市着力营造保险行业稳健发展的政策环境，先后出台了《关于大力推进广州保险业综合改革试验的意见》、《广州保险业综合改革试验的实施方案》等政策。另一方面，在科技保险实践层面也施行了诸多举措：①通过积极争取，广州市已被列为科技保险创新试点城市；②及时出台了《广州市科技保险试点工作方案》，明确了广州市开展科技保险的路线图；③在市科技经费中设立"广州市科技保险保费补贴专项"资金（首期300万元，试点区配套300万元），为五大类15种试点险种提供保费补贴，充分利用保险机制的保险功能为全市高新技术企业研发、成果转化的市场风险提供保障；④为进一步鼓励科技型企业积极参保科技保险，广州市还允许将保险费支出纳入企业技术研发费用。

（六）建设科技金融合作平台

广东省科技厅将科技金融服务体系建设作为科技金融试点的重点工作来抓，先后建立了科技金融创新服务平台、企业上市服务平台、科技投融资服务平台和技术产权交易平台等系列服务平台。服务对象重点指向省内科技型中小企业，拓宽其融资渠道，加快科技型中小微企业的创新发展。试点地区科技局等部门亦能主动借鉴省厅的做法，积极搭建科技金融服务平台，加强企业信用体系建设，创新服务模式和产品，引导金融机构和其他社会资本加大对科技创新的投入。

广州市。①以服务为基础建设了一批旨在有效集聚、推动科技型企业、政府、金融机构、中介服务机构等形成合力，整合广州地区各类科技和金融资源，优化和改进广州科技金融环境，为科技型企业的成长提供优质的专业服务机构，如联合省、市、区力量建立的广东华南科技资本研究院，落户番禺的广东现代服务业交易中心等；②实施科技金融服务平台建设专项，已在市生产力促进中心、广州科技开发总公司、民间金融街、博士俱乐部等7个机构建立了科技金融服务平台，以进一步吸引社会力量共同参与广州市科技金融事业。

佛山市。积极通过省金融高新区建设工作推进科技金融服务平台的搭建，2011年金融高新区新增私募创投、融资租赁等项目31个，注册及募集资金额达80亿元，目前已累计吸引72个项目落户，总投资额240亿元，涉及资金分别来自美国、法国、日本、新加坡、中国香港以及国内大型金融企业。在区域竞争白热化的金融后台及服务外包领域，成功引进汇丰银行后援中心项目，新增爱立信、颠峰软件、昊新商业数据、中银金融商务等一批高端储备项目，辐射亚太的现代金融产业后援服务基地已初现雏形。

东莞市。为推动松山湖金融改革创新服务工作，专门邀请广东省社科院经济研究所编制了《松山湖金融服务业发展规划》，明确松山湖金融服务业的发展定位和目标，并在规划的基础上构建了"1+3"的科技金融政策体系，全面制定和推进科技金融各项工作，已引入银行、股权投资及投资管理机构、小额贷款公司、律师事务所等各类金融机构30余家。

（七）建立和完善科技企业信用体系

试点地区积极开展科技企业信用征信和评级工作。如广州市已委托广州市生产力促进中心、广州科技开发总公司初步建立了广州市科技企业信用信息数据库和广州市科技人才信用信息数据库，并根据全市33个单位建立的社会征信管理系统，有效归集了税务、海关、工商、水、电、气等管理部门拥有的科技企业基础信用信息，积极推动了科技企业信用信息体系建设。同时，广州市还积极规范信用评级机构及其从业人员的行为，通过提升信用评级机构的公信力，为切实发挥科技企业信用体系作用营造更加良好的氛围。与此同时，东莞市也成立了市社会信用体系和市场监管体系建设工作领导小组，并下设企业信用体系建设专职小组，先后出台了《东莞市社会信用体系建设工作方案》和《东莞市市场监管体系建设工作方案》等文件；正式启动了全市信用体系和市场监管体系建设试点工作，首批选取石龙镇作为试点地区，公共信用信息记录和整合、共享和披露、发布和查询等管理制度已基本形成。此外，中国人民银行东莞中心支行还牵头负责，拟在现有征信系统资源基础上，建立和完善信贷征信系统数据保障机制，并准备引入金融、银监、工商及海关等相关部门，进一步拓宽信贷征信系统信用信息采集范围，强化对中小企业信用信息的整合。

（八）多种金融工具的创新实践

"广佛莞"地区积极推动知识产权质押贷款、信用保险融资和"政银保"贷款融资等多种方式的组合运用，积极拓宽科技型中小企业融资渠道。如广东省科技厅针对 LED 产业发展困局，积极推广"EMC＋电网＋金融"新商业模式，有效解决了以往参与 LED 路灯产品应用的国内 LED 企业资金压力大、融资难、国内 EMC 公司不成熟等问题，以全新的商业模式吸引了社会资本对 LED 产业的支持，成为科技与金融结合的创新典型。

广州市不仅积极推进银企对接工作，先后与中国银行、中国建设银行、招商银行、兴业银行签订了各类合作协议，为广州地区科技型企业争取了 500 多亿元的贷款授信额度，同时还引导金融机构创新开发了"科技通宝"、"千鹰展翼"、"吉祥三宝"等面向科技型企业的贷款融资产品，为畅通科技型中小企业融资渠道提供了有效载体。此外，广州市还积极开展了企业上市培训工作，市、区两级举办科技企业上市专题培训活动 50 余场，2000 多家企业、100 多家创投、证券等金融机构参加。

佛山市在不断深化知识产权质押贷款业务的同时，还积极推进了知识产权投融资综合试验区建设，已吸引 8 家国内外知名知识产权高端服务机构、投融资机构以及知识产权产业化项目落户，搭建起知识产权与金融资本对接平台，带动社会投资规模超 100 亿元，已成功促成了 19 家企业 1.4 亿元的知识产权融资。

东莞市也依托东莞银行、中国建设银行东莞分行、中国工商银行东莞分行、招商银行东莞分行、东莞农商行等 5 家签约业务合作银行，积极开展了专利质押贷款业务，已有 19 家企业与金融机构签署了专利权质押融资意向，8 家企业已经完成专利资产价值评估，专利权质押融资受益企业 7 家，专利权质押贷款额达 4294 万元。

（九）营造科技金融政策环境

以推进试点为契机，各试点地区进一步营造软环境，出台系统配套、切实可行的政策，为试点高效率开展创造有利的政策环境。

广州市委市政府积极发挥国家科技金融试点优势，先后制定并实施了近 10 项促进科技和金融结合先行先试的政策措施，如《广州区域金融中心建设规划（2011~2020)》、《关于加快建设广州区域金融中心的实施意见》、《关于推进科技创新工程的实施意见》、《关于进一步做好企业上市工作的意见》、《关于利用资本市场促进广州市国有企业做强做大的意见》、《关于促进广州股权投资市场规范发展的暂行办法》、《广州市创业投资引导基金实施方案》、《广州市科技型中小企业贷款担保资金管理试行办法》、《广州市科技保险试点工作方案》等政策文件，初步建立了广州市科技金融政策体系。

佛山市自《佛山市金融业发展规划（2008~2015)》出台以来，也相继印发了一系列促进科技与金融结合的文件，如《印发金融发展三项计划实施方案的通知》（佛府办〔2008〕133 号)、《佛山市企业上市绿色通道证管理办法》（佛府办〔2009〕214 号)、《印发"新三板"挂牌上市企业扶持暂行办法的通知》（佛府办〔2010〕136 号)、《关于全面推动金融创新发展促进经济产业转型升级的指导意见》（佛府办〔2011〕95 号)、《关于扶持股权投资行业发展的若干意见》等；同时，各区也积极出台相关政策，如南海区出台了《促进私募基金发展的扶持办法》及《规范管理私募股权投资企业办法》等文件，力图进一步激活民间资本、全力打造股权投资基金聚集区。

东莞市先后修订、制定了《东莞市专利权质押贷款管理办法》（东府办〔2010〕76 号)、《东莞市

中国科技金融发展报告 2012

专利资产评估及交易资助暂行办法》（东府办〔2010〕82号）、《东莞市科技金融结合试点市科技贷款风险准备金管理暂行办法》（东府办〔2010〕75号）、《东莞市专利权质押贷款操作指引》（东科〔2010〕91号）、《东莞市鼓励企业上市办法》（东府〔2011〕98号）、《关于解决上市后备企业历史遗留问题进一步扶持企业上市的若干意见》（东府办〔2011〕77号）等文件，为切实优化科技和金融结合工作环境提供有力的体制机制保障。

四、开展科技金融工作的问题、难点和建议

（一）问题和难点

（1）金融市场发育不完善。科技型中小企业因其规模较小、前途不明朗而具有较大的投资风险。除银行贷款外，目前金融市场在股权、债券、基金、票据等方面的管理和运作能力较差，大多依然集中投资于成熟型的科技企业和项目，导致处于发展初期、急需大量资金的中小企业很难从中得到足够的支持。

（2）金融创新滞后于科技创新。科技型中小企业的成长是漫长且充满风险的，这就要求金融机构能在企业不同的发展阶段提供相应的金融产品和服务。然而，目前金融创新大多停留在传统的贷款业务方面，在其他类型金融工具创新方面的能力亟待提高。

（3）知识产权质押融资功能未能充分发挥。由于知识产权有别于传统的土地、房产等抵押物，以及我国尚未有完善的评估无形资产技术标准，导致知识产权质押贷款业务开展存在着价值评估难、价值实现难、具体操作难等障碍。

（4）科技保险服务比较缺乏。保险机构对科技型中小企业的专业险种方面创新不足，且科技企业自身对科技保险认知度低，尤其在资金紧张的情况下，参与保险的意识淡薄。

（二）建议

（1）进一步制定明确有力的导向政策，强化协调力度。建议"一行三会"出台更为细化的科技先导型金融政策，如金融组织政策、利率政策、风险规避政策等，进一步推动金融业向科技产业倾斜，引导金融业加大信贷资金对科技型中小企业的投放力度。同时建议，加大对全国首批促进科技和金融结合试点城市服务协调力度，营造更加良好的工作环境、氛围。

（2）进一步加强试点城市科技金融创新力度，完善科技金融专项资金扶持机制。①进一步促进科技信贷产品创新工作。在调动试点地区银行设立科技支行积极性的同时，推动银行与担保、创投等机构的合作，促使银行在审批流程、产品和服务开发、监管等方面展开更多创新，进一步提高产品和市场需求的契合度。②设立科技型中小企业风险准备金扶持专项资金。建议国家逐步建立科技型中小企业贷款风险准备金机制，按业务量对银行科技贷款给予专项扶持和贴息补助。③设立科技保险扶持专项资金，进一步调动保险机构积极性。

（3）进一步整合资源、多方联动、形成合力。①依托现有科技型中小企业创业基金、小巨人培育计划、孵化器建设经费等科技专项，进一步整合社会金融资源和科技资源。②加强试点城市的科技、金融、财政等部门及各金融机构、中介服务机构、专业中介机构、各产业园区的联系互动，形成合力。③国家、省科技主管部门需最大限度地支持设立试点城市科技金融专项资金，充分激发试点地区推进落实科技金融专项配套资金的积极性，形成合力，共同推进科技金融结合试点工作。

（供稿单位：广东省科技厅）

第十节　重庆市

探索和完善科技投融资体系，是国务院设立重庆统筹城乡科技改革与创新综合试验区所提出的明确要求，是深入贯彻国家科技部等部委联合发布的《关于促进科技和金融结合加快实施自主创新战略的若干意见》文件精神、全面落实《重庆市科技创新促进条例》的具体体现。在重庆市委、市政府领导下，按照《重庆市促进科技和金融结合试点方案》作出的总体部署，各部门通力合作，努力促进科技金融结合，各项工作取得了一定的成效。

一、在广泛开展合作上下功夫，着力构建促进科技与金融结合的联动协作机制

重庆市科委与重庆市金融办、重庆市银监局、重庆市保监局、重庆市证监局等部门紧密合作，共同制定了科技金融结合试点方案并成功获批；与重庆市内各家银行建立起科技项目贷款联动机制，如已与重庆银行、国家开发银行重庆分行等金融机构签署战略合作协议，建立联席会议制度、重点科技项目贷款协调机制、重大情况通报机制等。此外，重庆市科委还积极整合科技金融资源，与重庆市银监局正式建立涉及 10 多个科技项目领域计 300 多人的科技专家库。

二、在营造良好环境上下功夫，着力完善科技与金融结合的政策法规体系

为促进科技金融深入结合，在重庆市科委的积极推动下，重庆市政府先后出台多个文件。如 2009 年 7 月颁布实施的《重庆市科技创新促进条例》第二十二条、第三十一条、第三十三条对加强科技金融服务工作作了明确规定；陆续出台的《重庆市科技创业风险投资引导基金管理暂行办法》、《关于鼓励股权投资类企业发展的意见》、《关于鼓励企业改制上市若干政策的意见》、《重庆市科技投融资专项补助资金管理暂行办法》等一系列政策文件，进一步夯实了科技和金融结合试点工作的政策基础。同时，重庆市还修订、完善了知识产权质押贷款贴息、科技保险资金补贴、科技型中小企业信贷支持、促进重庆金融业加快发展的若干意见、金融业发展激励政策、小额贷款公司试点办法、促进中小企业信用担保行业发展的意见等一系列政府规章和规范性文件，进一步优化了科技贷款、科技保险、创业投资、资本市场融资等政策体系为便利科技企业投融资创造了良好的政策生态环境。

三、在创新财政投入上下功夫，着力健全促进科技与金融结合的方式和渠道

针对重庆市风险投资起步早但发展慢、规模小的实情，早在 2008 年重庆市科委即已积极创新公共财政资金投入方式，成功争取重庆市政府设立 10 亿元风险投资引导基金，按照"政府引导，市场运作"模式，努力吸引国内外的社会资本和优秀创投机构聚集重庆市。

与此同时，重庆市科委在应用研究经费中设立专项补助资金，对初创期科技型中小企业、创投

机构和科技担保机构给予贷款贴息、投资保障、投资风险补偿、担保风险补偿等支持。已累计为411家机构、银行、担保公司、科技企业提供4257万元补助、补贴。此外，重庆市科委还积极探索组建科技成果转化基金，并已草拟完成《重庆科技成果转化基金组建方案》。上述工作实践，有效推动了以往财政单点支持模式的转变，有力促进了科技金融事业的健康发展。

四、在市场化运作上下功夫，着力增强促进科技与金融结合的积极效应

（一）打造科技金融集团，构建科技金融体系主体框架

重庆市科委把发展创投作为加强科技金融工作的重心，在原有重庆科技资产控股有限公司为载体的"投、保、贷、补、扶"科技金融服务平台基础上，以重庆市获批科技金融试点城市为契机，整合筹建专注于向科技型中小企业提供服务的重庆科技金融集团。通过引导基金、风险投资、科技担保、科技保险和创投服务，对不同发展阶段的科技型中小企业进行扶持，构建全方位、多元化、系统化的科技投融资体系。

（二）拓展金融服务功能，完善科技金融服务体系

1. 以风险投资为核心，完善股权融资体系

引导基金成立后，积极选择合作伙伴，建立优势互补的子基金组合，打造覆盖企业不同发展阶段的创业投资基金链。目前，引导基金以约20%的认缴出资比例签批组建了18只投资子基金，协议总规模近60亿元，以5倍杠杆撬动了近50亿元社会资本，并获国家科技部和发改委总计1.4亿元财政专项资金支持，列中西部地区第一位；累计投资科技企业90家，带动总投资近90亿元。与此同时，重庆市还通过资源整合，积极探索组建"天使基金"，带动VC/PE等投资向早期延伸，如已在国家科技部和发改委的支持下，成立了1亿元的天使基金和2亿元的科兴乾健基金；通过部门联动，与团市委共同组建了1亿元的青年创新创业天使基金；通过市区联动，与大渡口区共同组建了5000万元的创业基金等。截至2012年10月，重庆股权投资机构已有150家，注册资本超过200亿元；上市企业37家，上市公司总市值达2033亿元。

2. 推动科技信贷业务规模不断壮大

重庆市科委已与13家银行建立合作关系，先后推出知识产权质押贷款、商标专用权质押贷款等创新产品，鼓励银行将贷款资源向科技型中小企业倾斜；在国内率先建立了"科技专家参与贷前评审机制"实施框架，提高银行科技项目信贷评审效率；已成立5家科技支行，为科技型中小企业开辟"授信绿色通道"，在准入标准、融资成本、风险分担方面进行了积极实践；成立了政策性科技担保公司，积极创新担保模式，探索无实物抵押贷款担保模式。截至2012年9月，全市科技贷款余额达32.21亿元，其中中小企业科技贷款余额14.56亿元，科技担保覆盖100余家科技型中小企业，担保余额已逾7.1亿元。

3. 大力发展科技保险业务

自2007年科技保险试点以来，重庆市科委与重庆市保监局、科技保险承保机构、科技保险中介服务机构紧密合作，先后推出保证保险、出口信用保险等15个科技保险产品，通过多次培训推介、总结交流活动，先后有近100家（次）高新技术企业参加科技保险。截至2012年10月，科技保险额度已近105亿元。

4. 整合中介服务资源，完善科技金融服务平台功能

（1）打造对接交流平台，拓宽企业融资渠道。早在 2010 年，重庆市科委就策划组织了市内外创投机构、金融机构、中介服务机构以及科技型中小企业 50 余家单位，成立了以服务创业、引领投资为宗旨的重庆市科技创业投资协会，开展投资服务、行业调研、对外交流、专业培训、信息交流等工作，协调、帮助创投机构更好地从事投资活动。截至目前，已举办专业对接会、培训会 70 余场，先后为 5000 余家（次）科技型企业、创投机构、中介机构及银行等提供了服务。

（2）建立创业孵化平台，培育科技创新企业。为培育更多优质的科技企业苗子，重庆市整合资源，发挥"政、产、学、研、金"联动效应，依托区县、高校、研究院、企业共建立了 50 余家创业园、孵化器。目前，在孵企业已逾 3000 家，成功帮助了 60% 的企业度过"死亡谷"。同时，与 6 大区县园区深度合作，设立"天使服务站"，为区内科技型中小企业提供信贷、投资、担保等投融资咨询服务。

（3）构建评估交易平台，促进创新成果产业化。为加速推动科技研发、创新成果与资本市场、企业需求的对接，重庆市建立了创新成果展示评估与交易中心，在推动高新技术诊断、专利拍卖、增强科技成果转化内生动力，进而促进创新成果的研发、孵化和产业化方面发挥了积极作用。

（4）完善交易服务平台，推动股份及技术产权转让。重庆市以重庆股份转让中心、技术产权交易中心、联合产权交易所等单位为依托，建立交易服务系统，促进专利发明转化为生产力，为非上市公司股权交易转让提供市场交易平台。

（5）搭建宣传展示平台，聚焦社会目光。为扩大科技金融影响力，吸引更多社会关注，重庆市积极依托全市大型活动，宣传展示科技金融事业。如已连续举办十届的"重庆高新技术成果交易会"，近几年"科技金融"主题得以突出；与台湾地区机构合作举办的大型公益创新创业活动——"创★先锋秀"，在第一届即聚集了 100 多家创业团队和企业参与，促成 6 家企业现场签约。

此外，重庆市科委还积极开展创业风险投资的宣传培训，不仅在重庆广播电台的"阳光重庆"栏目做了专题宣传，还先后在全市分片区召开了多次"科技创业风险投资培训暨项目征集会"，向社会各界宣传创业投资理念，普及创业投资知识，搭建起了广泛的投资项目征集网络，已建成有 1000 多个项目信息的数据库；为加快推进科技成果转化和产业化，重庆市科委牵头与重庆市发改委、经信委、金融办和财政局共同举办了有 200 余家科技型中小企业和 7 家创投机构近 300 人参加的"科技创业风险投资机构推介暨项目对接会"，取得良好反响。

（三）以 OTC 为突破，打开了利用多层次资本市场的新局面

为帮助科技型企业借助资本市场快速成长，重庆市设立了重庆股份转让中心（OTC），积极打造重庆自己的场外交易市场，帮助非上市企业实现股权交易和资金筹措。OTC 的推出有助于促进中小企业，特别是科技型中小企业的规范发展，有助于改善企业的融资环境。目前，OTC 挂牌企业数已达 65 家。

（四）挖掘新区发展潜力，打造科技金融试点基地

（1）以创办金融专营机构为核心营造环境。吸引法国大众银行参股组建 30 亿元的金融公司，助推新区实体经济快速发展；拓展小贷业务，发展担保业务，获得 14 家银行授信超过 40 亿元；完成首期募集 15 亿元股权投资基金的组建工作。此外，两江新区还以银行、证券、保险等传统业务为切入点，逐步发展多项业务。

（2）以战略产业为重点打造基地。科技部授予两江新区新能源汽车、功能材料两大国家高新技

术产业化基地，以此为突破，重庆市科委与两江新区签署协议，共同建设交通与新能源汽车产业基地、功能材料高新技术产业化基地和重庆两江生物医药产业园区。其中，新能源汽车产业化基地已入驻企业 51 家，内资投资 639.17 亿元，外资投资 19.46 亿美元。

（3）以创新创业城建设为载体聚集企业。重庆市依托国家优惠政策，于 2011 年底，启动建设"两江新区世纪创新创业城"，创新创业城总建筑面积达 10 平方公里，是加速科研成果转化与科技技术创新的重要载体。截至目前，已有 100 余家高新企业签约入驻创新创业城。

（4）以各类中心建设为突破，强化服务企业能力。新区立足现有的众多国际先进技术、人才以及重庆科委专家库资源，正积极筹建中科院两江育成中心、西雅图重庆创新转化中心、中欧国际创新中心、中科院两江国际创新中心等，力争促进更多国际先进技术、高端人才与本地企业对接、落地。

五、主要体会

（一）坚持以科技行政管理部门为主导

科技型企业"风险收益不对称"是影响企业与金融机构合作的最大障碍，科技行政主管部门长期从事技术研发和新兴产业的培育工作，拥有丰富的科技专家和项目资源，具备一定的技术前景和风险判断能力。科技行政管理部门建立筛选机制充分发挥技术判别能力，能有效化解金融机构的业务风险，推进协同创新。

（二）坚持以提高区域创新能力为核心

重庆市自 2008 年启动科技金融工作以来，通过打造"投、保、贷、补、扶"的综合体系，全市创投规模由 8 亿元增加至近 60 亿元。但是，重庆市仍然面对科技创新能力不强，金融资源匮乏等问题，重庆市科委通过实施"天使计划"，综合运用资本的力量培训创新创业新生力量；同时，以资本为纽带加强和国内外顶尖研发机构，如美国 PARC 研究院的合作，引用国外创新资源，从而提高重庆市自主创新能力，探索一条以市场化提升区域创新能力的新路子。

（三）坚持以体制机制创新为重点

科技金融涉及科技创新和金融服务两大体系，参与主体多元化，涉及面广，层次多，唯有通过体制机制设计才能充分发挥各参与要素作用，形成统筹协调，深入融合的系统整体优势。同时，作为政府主导部门，既要建立财政资金持续、稳定的资金供应体制，又要创新财政投入方式，充分吸引社会资本参与，拓展资金供给。

六、下一步举措

（一）创新金融手段，促进科技企业快速成长

（1）创新投资模式，鼓励天使投资。通过国有创投设立"天使基金"，引导社会化风投机构向初创型科技企业前移，努力探索"早半步投资"模式；鼓励企业和个人出资天使投资；推动区县和科技园区出资设立天使投资引导基金。

（2）加大信贷支持，做大科技担保。针对科技型中小企业特点，鼓励和引导银行业金融机构建立专项风险评估、授信和激励约束机制；鼓励社会资本参与组建科技担保公司，引导商业性担保机

构积极为科技型中小企业提供担保服务。

（3）做实科技保险，进一步扩大科技型中小企业科技保险覆盖面，针对重点行业、产业及科技项目设计专项产品。

（二）完善中介服务，优化科技金融发展环境

整合中介服务资源，完善对接交流、评估交易、创业孵化、交易服务平台、宣传展示平台。鼓励有条件的区县科委组建科技金融服务中心，帮助科技型中小微企业根据其各自的资本结构、经营模式制定不同的融资模式；加强与各金融服务机构的对接，为科技型中小微企业提供政策服务、金融创新、中介服务等一站式多方位服务；建立科技金融专家库，集合科技、金融、创投领域专家，为银行金融机构信贷评审和科技型中小微企业发展提供专业咨询服务；建立重庆市科技金融服务信息平台，推进科技型中小微企业信用征信、评级等体系建设，营造良好的科技金融发展信用环境。

（三）强化政策落实，夯实科技企业发展基石

出台《关于进一步促进科技和金融结合的若干意见》，发挥政府、企业、金融机构、中介机构的联动作用，从政策层面保证科技和金融结合试点的顺利实施。加快出台支持银行、保险、风险投资以及中介服务机构开展科技金融服务的各项优惠政策，确保落实，形成系统、有效的科技金融政策支持体系。深入整合科技系统资源，落实制度保障，助推科研成果胚胎种子期与市场接轨，提高成果转化效率，同时努力探索创新财政在早期科技项目的投入方式。积极推动出台促进科技成果转化和产业化的税收优惠政策，减轻科技企业负担，优化金融机构、中介机构参与科技金融事业环境。

（四）打造试点基地，凸显科技金融示范效应

深入挖掘两江新区、高新区政策潜力，进一步发挥财政、税收、金融、科技、土地、环保等集聚效应，争取出台为科技金融结合量身打造的政策措施，围绕重庆市重点产业和战略性新兴产业，整合投资、贷款、担保等金融要素，支持科技型中小企业发展。

（供稿单位：重庆市科委）

第十一节　成都高新区

一、截至 2011 年底科技资源情况

（一）科技创新资源富集

成都高新区位于科教资源丰富的成都市，拥有四川大学等高等院校 42 所，中科院成都分院等独立科研机构 110 家，数字媒体、新能源装备等国家级科技产业基地 19 个、国家级大学科技园 3 家、专业技术人才 83 万人、两院院士 35 人，国家级重点实验室 78 个、国家和省级企业技术中心 88 个、省级以上科技企业孵化器 25 家等。成都高新区建有软件技术公共技术平台、集成电路设计公共技术平台、生物医药公共技术平台等科技应用创新服务平台 6 个，科技资源配置和开放共享能力日益增强。专利申请量、授权量分别达 8734 件、3025 件，居中西部第一，技术市场成交交易额 97 亿元。

（二）科技创新型企业量大质优

成都高新区现有科技型企业 5000 余家，占成都市 70% 以上，国家创新型（试点）企业 4 家，四川省创新型企业 80 家，国家高新技术企业 515 家，技术先进型服务企业 50 家，国家高新技术企业和技术先进型服务企业总数占成都市的 51%，高新技术企业占规模以上工业企业总数比例高达 54%，培育国家级知识产权试点示范企业 6 家、省级 21 家，收入超 10 亿元的国家高新技术企业 6 家，收入超亿元的高新技术企业 81 家，4 家科技型中小企业成功登录创业板。

（三）高新技术产业西部领先

2011 年，成都高新区综合排名位列全国 105 个国家级高新区第四位，西部第一位，当年实现产业增加值 706 亿元，同比增长 25.2%，高新技术产业实现增加值 320 亿元，占规模以上工业企业增加值 80% 以上。已形成以微电子和软件为主导的电子信息产业、以中医药现代化为重点的生物医药产业、以先进制造技术为特征的精密机械制造产业三大主导产业，已形成在国内外具有较大影响力的集成电路、软件、通信、光电显示、终端制造、生物医药、精密机械等特色产业集群。

（四）财政科技投入产出成效显著

2011 年，成都高新区实现财政收入 216 亿元，同比增长 36.9%，高新技术产业发展资金投入约 50 亿元，全社会 R&D 经费支出额约 125 亿元，占 GDP 比例 17.7%。

（五）科技创新服务环境日益完善

四川省是中国西部第一个获批的国家技术创新工程试点省，成都市已获批建设国家首批创新型试点城市、节能与新能源汽车示范推广试点城市、国家中小企业知识产权战略实施工程试点城市、国家生物医学材料及医疗器械高新技术产业化基地、首批国家现代服务业创新发展试点城市、首批中国创新驿站基层站点建设试点城市和国家新能源装备高新技术产业化、高性能纤维高新技术产业化、现代服务业产业化基地。成都高新区已建有 12 个国家级软件及电子信息类产业基地，建有 3 个国家级生物医药产业基地，建有 1 个国家级知识产权示范园区，建有 18 个产业技术创新联盟，已形成良好的产学研结合新模式和区域创新体系，有近 200 家财务、法律、评估（价）、管理咨询、技术市场服务、科技金融服务、人才服务等中介机构为科技企业开展服务。

二、截至 2011 年底金融资源情况

（一）银行业核心竞争力不断提高

截至 2011 年底，成都市共有银行机构 57 家，其中内资银行 44 家，外资银行 13 家。国内 12 家金融机构在蓉设立了全国性或区域性金融后台服务总部。金融机构人民币存贷款余额分别达到 17098 亿元、13767 亿元，同比增长 12.8%、14.6%。2011 年全市中小企业贷款增加 790.1 亿元，比大型企业贷款多增 302.2 亿元，中小企业贷款新增占比提高 19.7%，中小企业贷款增速高于全部贷款增速 2.4%。

（二）保险业呈现出快速发展的态势

截至 2011 年底，63 家保险公司在成都市设立了总部或分公司，其中地方法人保险公司 3 家，外资法人保险公司 1 家，其他外资保险公司 13 家。2011 年，全市保费收入 298 亿元，保险密度达人均 2121 元，保险深度达 4.3%。2008 年，成都市被科技部和保监会联合确定为全国第二批科技保险试点城市。

（三）证券期货市场稳定发展

截至 2011 年，国内 44 家证券公司在蓉设立了 106 家营业部，注册地在成都的证券机构 4 家，期货法人公司 3 家，分公司 13 家。成都市拥有境内上市企业 47 家（其中高新区 24 家），其中，在创业板上市科技型企业 6 家（其中高新区 4 家），香港 H 股上市 4 家（含 2 家 A+H），上市公司数量名列中西部前茅，高新区上市公司数量位居 105 个国家级高新区前列。成都高新区正积极申请成为全国中小企业股份转让系统（"新三板"）第二批试点园区，已有 35 家后备企业与主办券商签约。

（四）新兴金融服务业发展迅速

截至 2011 年底，成都高新区已设立融资性担保公司 19 家，小额贷款公司 7 家，注册资本共计 30.6 亿元；引进股权投资机构及股权投资管理机构 64 家，注册资本规模逾 150 亿元，管理资金规模超过 330 亿元；加快建设 13 个全国性金融后台项目，30 余家金融服务外包企业快速发展壮大，为传统金融前后台业务分离提供了有力的解决方案。

（五）产权交易市场加速发展

2011 年，成都高新区积极引进各类产权交易所，既是有效推进成都西部金融中心建设的重要元素，也为 VC/PE 机构挖掘项目资源、拓展退出渠道、活跃市场提供了良好氛围。已引进四川金融资产交易所和中国技术交易所成都中心等各类交易所 8 家，注册资本金 1.8 亿元。

三、创新实践

（一）优化科技资源配置，创新财政科技投入方式

成都高新区经过多年努力，充分发挥财政金融的放大和引导作用，吸引社会资本聚集，缓解中小企业融资困难，助推企业培育和产业发展。截至 2012 年，以 9660 万元财政贴息资金帮助 1900 多家（次）企业解决融资难题并撬动银行贷款 80 亿元；以 5988 万元上市奖励资金帮助 24 家科技型企业上市并募集社会资金 70 多亿元；以 4.5 亿元银科引导基金投入吸引社会资本近 40 亿元。

（二）积极发展创业风险投资，支持科技创新

为构建完善天使投资政策体系，成都高新区先后出台了《成都高新区加快股权投资产业发展工作方案》、《成都高新区创业天使投资基金管理办法》和《成都高新区天使投资风险补助专项资金实施细则》等政策，由财政出资 8000 万元设立创业天使投资基金，同时设立天使投资风险补助专项资金，用于对获得天使投资的高新区内创业型企业进行财政扶持；形成政府引导型股权投资机构体系，已建成偏重于种子期、初创期企业的"高投系"和偏重于成长期、扩张期企业的"银科系"两大政府引导型股权投资基金系列，共计发起设立 18 只子基金，注册资本规模达 40 亿元；引进国内外知名股权投资机构和股权投资管理机构 109 家，注册资金 225 亿元，管理资金规模逾 550 亿元。已基本建立起涵盖天使投资、创业投资、私募股权投资和产业投资在内的多层次股权投资服务体系，累计帮助区内 100 余家科技型中小企业获得各类风险投资 40 亿元以上，并购重组 20 多起。

（三）引导银行业金融机构加大对科技型中小企业的信贷支持

成都高新区已基本建立起为不同行业、不同发展阶段中小企业提供不同融资产品的多层次信贷服务体系，基本建立起涵盖政策性担保、商业性担保和财政性再担保在内的多层次担保增信服务体系。截至 2012 年，已累计帮助 1900 多家（次）科技型企业获得担保贷款 80 亿元，信用贷款 5 亿元，知识产权质押贷款 3 亿元，其中 2012 年已帮助 300 多家（次）科技型企业获得担保贷款 14 亿

元。2012 年，成都高新区已成立 3 家科技支行，2011 年科技贷款余额 8 亿元，支持科技企业 43 家，通过与多家银行合作开发了 5 个科技金融创新产品。

（四）引导和支持企业进入多层次资本市场

成都高新区出台激励政策调动企业上市积极性，建立企业改制上市服务协作机制，借助中介机构力量提供专业服务，全力帮助科技企业借助资本市场快速发展壮大。已基本建立起涵盖主板、中小板、创业板、海外板和未来"新三板"在内的多层次上市融资服务体系，帮助 24 家科技企业成功上市，其中创业板 4 家，并储备有创业板重点后备企业 30 余家，"新三板"重点后备企业 50 余家。

（五）进一步加强和完善科技保险服务

2012 年，成都市修订并发布了新的《成都市科技与专利保险补贴资金管理暂行办法》，将科技保险的适用对象扩展到所有的保险公司和大部分中小企业，并利用不同险种之间的不同补贴额度来加强政府对企业科技发展方向的引导作用，发挥政府的小部分资金撬动作用。2011 年，成都高新区 51 家科技企业参与科技保险投保，投保金额达 45.34 亿元，4 家保险公司获得保费收入 467 万元，企业获得成都市科技保险补贴 207 万元。

（六）建设科技金融合作平台，培育发展中介机构

成都高新区按照科技部科技金融应用示范工程要求，打造以"盈创动力"为核心的中小企业投融资服务平台。

（1）坚持平台独立性，加快推进载体建设。投资 2 亿元建成 5A 级"盈创动力"大厦，总建筑面积达到 69000 平方米，已吸引 40 多家金融服务机构入驻；构建"盈创动力"远程网络投融资服务平台，已收录近 20000 家企业信息，与近 100 家投融资机构建立起战略合作伙伴关系。

（2）强调平台公正性，持续深化服务功能。专门成立第三方投融资服务公司——成都高投盈创动力投资发展有限公司，在天使投资、担保贷款、改制服务、上市路演、数据增值服务、科技项目监理等方面提供全方位、专业型、定制化投融资解决方案，较为有效地破解了中小企业融资难题。

（3）突出平台辐射性，不断拓展服务半径。"盈创动力"面向科技型中小企业的股权投资服务和改制上市服务已涵盖成都全域；统借统还平台担保贷款业务已覆盖整个四川省；深圳证券交易所"西部（四川）路演中心"项目路演服务已辐射整个中西部；与中国进出口银行联合组建的 15 亿元规模的银科创投引导基金投资范围覆盖全国。

（4）坚持平台公益性，深入促进互动交流。连续三年参与科技部主办的"中国西部高新技术企业与风险投资对接会"的会议组织工作；连续三年与《创业邦》合作举办"DEMOCHINA 创业大赛"成都分赛；与清科集团、美瑞财富等专业培训机构为各类企业提供培训。

（七）建立和完善科技企业信用体系

成都高新区正在积极依托中国人民银行企业征信系统和四川省中小企业信用信息辅助查询系统，整合科技型中小企业的科技、质检、工商、税务、融资等信息，建立科技型中小企业信用信息数据库，为政府部门、金融机构、担保公司、投资机构等部门提供信息查询服务。在建立和完善科技型中小企业数据库的基础上，通过信用创建、信用评级、信用对接、信用宣传，进一步提升科技型企业的信用意识和信用水平，优化科技金融信用环境。

（八）多种金融工具的创新实践

（1）与银行机构合作推出的创新产品。成都高新区在与国家开发银行合作开展"统借统还"政策性平台贷款业务的同时，积极创新金融产品和服务。如与交通银行合作推出"科税通"产品，与

民生银行合作推出针对拟上市企业的知识产权质押贷款产品，与成都银行合作推出的"'天府之星'成长贷"产品，与中国建设银行合作推出的移动互联网小微企业"助保贷"产品，与中国工商银行合作推出的"科技通"小企业信贷产品等。

（2）与成都高新锦泓小额贷款公司一起开发推出了科技小额信贷产品等。

（九）积极营造科技金融生态环境

成都高新区先后出台了《成都高新区支持金融总部商务区建设的实施办法》（成高管发〔2011〕6 号）、《成都高新区加快股权投资产业发展工作方案》（成高管办〔2011〕61 号）、《成都高新区创业天使投资基金管理办法》（成高管办〔2012〕14 号）、《成都高新区天使投资风险补助专项资金实施细则》（成高管办〔2012〕27 号）、《成都高新区加快移动互联网产业发展的若干政策》（成高管发〔2012〕31 号）等科技金融政策，在天使投资、担保贷款、改制服务等方面对科技企业进行扶持。

除政策环境外，成都高新区还组织了 200 余家企业参加"第三届中国（西部）高新技术产业与金融资本对接推进会"，通过政府搭台、社会参与、市场化运作相结合的方式，促进高新技术产业与金融资本的有效对接；与德勤会计师事务所举办"2012 德勤—成都高新高成长 20 强"评选活动，有 7 家企业最终入围"2012 德勤高科技、高成长中国 50 强"，成都高新区的创新环境、企业的成长质量和创新活力再次引起国际广泛关注。

四、思考和建议

（一）进一步加强引导，完善科技金融政策体系

积极探索和创新财政科技投入方式和管理机制，推动财政性金融扶持资金向社会化、市场化和杠杆化转型。进一步完善和充实多层次债权、股权和上市融资相关政策体系；进一步完善并加大优惠力度吸引金融总部经济、股权投资产业、第三方金融服务业和地方准金融业加快聚集并形成规模。

（二）进一步深化服务，丰富科技金融产品体系

积极针对科技型企业轻资产特点，开发和推广一系列具有示范和带动意义的科技金融产品并形成业务链条。重点开发和推广信用贷款、知识产权质押贷款等信贷产品，投贷联盟、银保互动等组合性产品，集合债券、集合票据等集合类产品，产业链融资、跨境贸易人民币结算等新兴产品等。

（三）进一步提升能力，健全科技金融服务体系

积极完善"盈创动力"投融资服务平台功能，全方位、多层次拓展业务领域和服务覆盖面。大力加强科技型企业信用体系、中介服务体系、数据增值服务体系建设，持续提升投融资服务的专业化能力和标准化水平。

（供稿单位：成都高新区管委会）

第十二节　绵阳市

自 2001 年国务院正式批复《绵阳科技城发展纲要》（国函〔2001〕76 号）起，绵阳在促进科技与金融结合的道路上便展开了有益的探索。2011 年 10 月，绵阳市被确定为全国首批 16 个开展促进

科技和金融结合试点地区，也是全国唯一以地级市身份参与试点的地区。绵阳市委、市政府高度重视，围绕科技和金融结合试点工作，政府成立了由主要领导任组长，相关领导任副组长，财政、科技和金融相关单位为成员的"绵阳市促进科技和金融结合试点工作领导小组"。并组织召开了"绵阳市促进科技和金融结合试点工作启动大会"，确立了把绵阳市建设成为"中国特色军民融合、科技金融结合促进经济发展的示范城市"的工作目标。绵阳市科技金融结合试点工作总结如下：

一、截至 2011 年底科技资源情况

绵阳市是国务院批准建设的我国唯——座科技城，拥有国家高新技术产业开发区，是成渝经济区西北部的中心城市，四川省第二大城市，全国首批"三网融合"试点市。党中央、国务院高度重视绵阳科技城建设，国务院批准成立了由科技部牵头、18 个国家部委组成的建设绵阳科技城部际协调小组。

绵阳市科教实力雄厚，高端人才荟萃。拥有中国工程物理研究院、中国空气动力研究与发展中心、中国燃气涡轮研究院等国家级科研院所 18 家，国家重点实验室 8 个、国家级工程技术中心 4 个、国家级企业技术中心 5 个，中国科学院、中国工程院院士 26 名，各类专业技术人才 18.2 万人。拥有西南科技大学、绵阳师范学院等高等院校 12 所，国家重点中职学校 8 所，国家级示范性普通高中 6 所，基础教育全省领先，职业教育体系完善，高等教育规模居西部地级市前列。

绵阳科技城聚集了一大批军转民项目、高新技术产业项目，产业发展的集中度、效益比、科技含量逐年提高，产业规模不断壮大，质量不断提升，结构更趋合理。电子信息产业正向千亿产业集群迈进，食品及生物医药、冶金机械、新材料、新能源已形成百亿产业集群；军工及民用光电子、节能环保、新材料、新能源、生物医药、激光及核技术应用等新兴产业产值超过百亿元，成为支撑科技城未来工业发展的新引擎。截至 2011 年底，绵阳科技城共获得各类科技项目支持 1313 个，资金支持 75154.8 万元，其中国家级项目 682 个，资金 64275.1 万元；省级项目 633 个，支持资金 10879.7 万元。绵阳财政科技投入 16.22 亿元、R&D 投入 65.1 亿元、高新技术企业 69 家，高新技术产业产值 867.4 亿元，居四川省第二位，拥有国家级和省级创新型企业 54 家，全市科技型中小企业总数已突破 1500 家。知识产权专利申请总量为 11104 件，授权专利 6563 件。科技创新环境不断优化，高新技术产业快速发展，企业、院所、高校等各类机构创新能力显著增强。

二、截至 2011 年底金融资源情况

2011 年，绵阳市实现财政总收入 172.1 亿元，比 2011 年提高 8.5 个百分点；14 家金融机构（银行）本外币各项存款余额 1940.08 亿元，增长 8.3%，本外币各项贷款余额 997.96 亿元；小额贷款公司 10 家，注册资本达 10.55 亿元，全年累计发放贷款 12.34 亿元，较 2010 年增加 5.85 亿元；担保机构 43 家，注册资金达 21.9 亿元，累计为 5785 户企业（含科技型中小企业 3200 余户）贷款提供担保 69.73 亿元；创投机构 6 家。中小企业贷款当年新增 54.8 亿元、中小企业贷款余额占所有贷款余额比例达 46.7%。此外，近年来绵阳市利用资本市场资源的工作蓬勃开展，全市现有上市公司 12 家，其中主板上市 7 家、中小板上市 3 家、香港联交所上市 1 家、美国纽约证券交易所上市 1 家。截至 2011 年，绵阳市拥有保险机构 40 家，同比增加 5 家，累计实现保费收入 50.05 亿元，同

比增长 12.62%，保险机构数、保费收入规模及市场份额居全省第二位，仅次于成都市；保险从业人员 11000 人，代理人持证率 100%。其中，2011 年全市实现小额贷款保险保费收入 870.72 万元，保额 23.44 亿元，已赔 102 件，赔付 91.61 万元。

绵阳金融业初步形成了多种机构并存、大中小型机构协同发展的格局，基本能够满足各层次经济主体的金融需求。

三、科技与金融结合的创新实践情况

（一）优化科技资源配置，创新财政科技投入方式

绵阳市为开展好科技和金融结合试点工作，出台了《绵阳市科技和金融结合试点信贷融资业务风险补偿暂行办法》（绵科发〔2012〕32 号）和《绵阳市开展科技保险试点工作的实施意见》（绵府办函〔2012〕246 号），建立了科技创业投资、科技保险补偿机制和科技型中小企业贷款风险补偿机制——市财政每年安排 1000 万元，从科技型创新基金和科技成果转化资金中各调剂 500 万元，共计 2000 万元设立信贷融资风险补偿资金，即"风险池资金"，对参与科技型中小企业信贷支持的银行业机构给予一定补偿，引导和支持银行业机构加大科技信贷投入；设立了绵阳创业投资引导基金、科技保险补助资金，市财政每年安排 500 万元设立科技创业引导基金；每年安排 1000 万元设立中小企业直接债务融资发展基金，专项支持绵阳科技城范围内科技型中小企业的创新、创业。

为拓宽企业的融资渠道和融资方式，绵阳市科技局、绵阳"两金"管理中心每年组织市内企业参加"中国（西部）高新技术产业与风险资本对接推进会"，与来自全国的 200 多家风投、担保、VC、PE 等各类金融服务机构进行零距离合作和交流，实现对接。通过开展以上活动，全市共有 60 多个科技项目获得 6 亿多元风险投资机构的青睐，并成功支持一家本土企业（三台古杉）在美国纽约交易所挂牌。绵阳市银监分局、市科技局和"两金"管理中心还组织 50 多家企业参加了四川省银监局、四川省科技厅、四川省科技金融中心举办的"银科对接信息系统"推介辅导会，为企业实现科技和金融在网上实现对接做好了有益的铺垫。

为有效促进金融资本与科技项目的对接，绵阳市科技局还积极协调和带领风险投资机构深入重业齿轮、九州光电等 20 多家企业进行实地考察和调研，寻找投融资最佳机会，为科技型中小企业引进风险资本。通过积极运作，四川蜀祥、四川三新等投资机构已完成对九州光电等公司的投资，投资金额逾 5.8 亿元。

（二）发展创业风险投资，支持科技创新

绵阳市最早的风险投资资金来源于四川省科技厅为支持绵阳科技城科技型中小企业发展而设立的高新技术风险投资资金，规模为 5000 万元。在此基础上 2004 年成立了注册资金 1.6 亿元的绵阳久盛科技创业投资有限公司，先后投入 17 家高新技术企业，投资额度为 1 亿多元，其中 90% 为军转民企业。全市已先后成立 6 家风险投资机构，共有 50 多个科技项目获得 3 亿多元风险投资机构的青睐，除支持 1 家本土企业成功在美国纽约交易所挂牌外，2011 年和 2012 年又分别有 1 家创投投资的企业在主板和创业板上市。

2012 年 8 月，市政府印发了《绵阳市科技创业投资引导基金管理暂行办法》（绵科发〔2012〕33 号），提出应主要按市场化方式来运作政策性基金，在发挥财政资金的杠杆放大效应增加创业投资资本供给的同时，注意克服单纯通过市场配置创业投资资本的市场失灵问题。

（三）引导银行业金融机构加大对科技型中小企业的信贷支持

科技和金融结合试点工作，宗旨是通过转变财政科技资金投入方式，激发金融机构向科技型中小企业提供货币资金支持的积极性，简化对科技型中小企业贷款手续、降低贷款门槛、提高风险容忍度，共同推进科技型中小企业自主创新发展、成果转化及规模发展。

绵阳市已推动设立了中国农业银行绵阳高新科技支行和绵阳市商业银行科技支行两家科技专营支行，并在绵阳市科技和金融结合试点启动大会上为其进行了授牌。两家科技支行与科技企业举行了签约仪式，签约金额共计4.79亿元，中国人民银行绵阳市中心支行向绵阳市商业银行提供了8亿元的再贷款、再贴现综合授信。此外，绵阳市商业银行科技支行为促进科技和金融结合，还率先开发出"勿等贷"、"科技宝"、"30万元额度内的全信誉贷款"等适合科技企业发展的新金融产品，得到了企业的一致好评。

2012年，绵阳市新组建科技融资担保公司2家，变更增加注册资本8家，融资担保能力增加63.9亿元。共有担保机构45家，累计为5785家企业（含科技型中小企业3200余家）贷款提供担保107.66亿元。其中，正常107.41亿元，不良0.08亿元，代偿0.16亿元，损失0.01亿元，风险覆盖率在100%以上。绵阳市科技担保机构的健康发展和业务开展有效地缓解了科技型中小微经济体融资矛盾，对推动地方经济的发展发挥了应有的作用。

（四）引导和支持企业进入多层次资本市场

为增强市内企业股权流动性，为PE、VC等风投资本提供退出通道，拉动银行贷款等间接融资跟进，绵阳市高新区积极开展新三板试点前期准备工作，出台了《绵阳高新区企业股份报价试点工作财政专项补助资金管理办法》，明确提出进入新三板试点企业最高可获得80万元的奖励。目前，已有华西证券、国信证券等券商为高新区5家企业开展股改工作，另有3家企业有意向申请参加新三板试点。

（五）进一步加强和完善科技保险服务

为全面推进绵阳市科技和金融结合试点城市建设工作，提高科技型中小企业的创新热情和实现产业化能力，市政府出台了《绵阳市开展科技保险试点工作的实施意见》（绵府办函〔2012〕246号），确定中国人民财产保险公司绵阳市分公司和华泰保险绵阳中心支公司为试点保险公司，开发了高新技术企业产品研发责任保险、高新技术关键研发设备保险、高新技术研发营业中断保险、高新技术企业高管人员和关键研发人员团体人身意外伤害保险等险种，明确了参加试点科技型企业将享受政府的资金补贴。绵阳市科技局、财政局会同试点保险公司等相关部门正在对绵阳市辖区内企业进行考察和调研，试点保险公司制作了专门的宣传手册，该项工作正在有条不紊的推进中。

（六）建设科技金融合作平台，培育中介机构发展

为促进绵阳中小企业自身价值发现并提高与金融资本对接能力，结合绵阳入围全国首批促进科技和金融结合试点城市，由绵阳市政府金融办、绵阳市科技局、高新区管委会、成都高投盈创动力、国信证券绵阳营业部等发起了多次公益性投融资基础知识培训活动，绵阳市内具有融资需求的创业企业以及成长型企业积极参加，有效提升了企业管理者掌握及运用融资知识和技巧的能力，为缓解中小企业融资难问题提供了一个有效的培训平台。

同时，为促进科技和金融结合，积极依托绵阳科技城"两金"管理中心，建立了具有绵阳特色的科技金融工作服务平台。该平台（www.htfc-my.cn）已于2012年7月13日开通。平台涵盖科技、金融、管理等领域的科技金融专家库，设立有科技型企业、风险投资、中介机构、商业银行参加的科技金融对接端口，能为绵阳科技和金融结合提供切实有效的服务。此外，绵阳市还向四川省科技厅申请，获批建成了四川省高新技术产业金融服务中心绵阳分中心和四川省科技成果转化融资服务平台绵阳子平台。截至目前，依托各类平台力量，已推动 200 多家企业入库，聘请金融、科技、管理等领域的专家 60 余名，通过平台交流合作项目达 80 余项（次）。

（七）建立和完善科技企业信用体系

中国人民银行绵阳中心支行、市科技局、市经信委及科技城"两金"管理中心先后到科技企业信用体系先进地区进行了交流学习，积极推动中小企业信用体系建设进程。

（八）营造科技金融政策环境方面

绵阳市委市政府高度重视科技金融结合试点工作，围绕试点，绵阳市政府先后出台了《绵阳市促进科技和金融结合试点工作方案》（绵府发〔2012〕25 号）、《绵阳市科技和金融结合试点信贷融资业务风险补偿暂行办法》（绵科发〔2012〕32 号）、《绵阳市科技创业投资引导基金管理暂行办法》（绵科发〔2012〕33 号）、《关于实施股权激励进一步促进科技成果转化的若干意见》（绵科发〔2012〕34 号）、《绵阳市关于推进科技企业直接融资的若干意见》（绵科发〔2012〕35 号）、《绵阳市科技金融服务平台建设方案》（绵科发〔2012〕36 号）及《绵阳市开展科技保险试点工作的实施意见》（绵府办函〔2012〕246 号）等文件，力图为科技和金融结合试点工作的有序推进提供完备的制度保障。

四、开展科技金融工作的问题和难点

绵阳在科技和金融结合试点工作取得一定成效的同时，科技金融创新也面临着一些困难，主要表现在：

（1）绵阳的科技金融发展尚处于起步阶段，科技金融相关政策的宣传力度不够，企业对其认知度不高，尚需相关部门进行培训和宣传。

（2）辖内金融机构开发适合科技型企业的金融产品较少，产品设计趋向同质化，难以满足处于不同发展阶段的科技型企业需求，金融产品创新有待突破。特别是企业在运用知识产权等"轻资产"申请抵押融资过程中，金融机构专营化程度不高更是形成了直接约束。

（3）产业投资基金和风投（引导）基金对本土企业投资和导向作用有待加强。如科技城产业投资基金募集总规模已达 90 亿元，但投资于绵阳本土的企业仅 1 家，同时更没有发挥出在产业发展方面的导向作用。

（4）缺乏科学规范的资产评估中介服务体系，对无形资产价值的计量和评估认定不一，加之知识产权交易市场尚未建立，银行等金融机构介入科技金融工作较为困难，尚需制定相应优惠政策进行必要引导、激励。

（供稿单位：绵阳市科技局）

第十三节 关中—天水经济区（陕西）

陕西省一直将促进科技和金融结合作为"调结构、转方式、促发展"的重要举措，在关中—天水经济区（陕西）（以下简称"关天经济区"）获批成为全国首批科技金融试点地区后，更是积极以搭建科技金融服务平台为手段，以创新财政投入方式为保障，以加快科技型中小企业发展和促进科技成果转化为目标，初步构建起了"结构完整、互为支撑"的科技型中小企业融资渠道体系，科技金融结合工作呈现出蓬勃发展的良好态势。

一、陕西科技事业发展概况

根据科技部发布的《全国科技进步监测报告》，2007~2011 年，陕西省综合科技进步水平指数增长了 12.3 个百分点，达到 58.17%，在全国的排序从第 10 位上升至第 7 位。2011 年科技进步贡献率为 52.07%，2012 年科技进步贡献率测算为 53.27%。这表明，陕西省科技资源总量稳步增长，科技创新能力显著增强，对经济社会发展的支撑作用日益突出。

（一）科技资源总量稳步增长

陕西省现有各类科技人员 110 万人，"两院"院士 60 人，全省 R&D 人员达到 8 万人/年；全省共有国家级高新区 6 个，各类科研机构 900 家，高等院校 88 所；全省 R&D 经费支出达到 249 亿元，占 GDP 的比重达到 1.99%，居全国第六位。

（二）科技成果产出大幅增加

全省专利申请量为 32227 件，授权量为 11662 件，均大幅增长，尤其是发明专利申请量达到 13037 件，连续 2 年保持了 60% 以上增速。其中，企业专利申请量占总量的比例达 50% 以上。

（三）科技成果交易日趋活跃

2011 年，省级财政科技资金启动重大科技成果转化引导专项，重点支持高校、院所依托企业的科技成果转化项目；全省技术合同成交总额 215.37 亿元，比上年增长了 109.93%，位居全国第五位；平均每份技术合同成交金额 193.59 万元，在 2010 年的基础上翻了一番，尤其是技术开发合同，同比增长 143%。

（四）高新技术产业蓬勃发展

省内高新技术企业达到 1548 家，从业总人数达到 21.10 万，同比增长 6.08%；总产值 1060.36 亿元，同比增长 23.52%，实现利润 73.36 亿元，为国家创造利税 110.29 亿元，出口交货值达到 85.38 亿元，同比增长 23.92%。

（五）民营科技企业发展态势良好

全省民营科技企业发展态势良好，新增民营科技企业 230 家，总数达 13125 家。全年技工贸总收入 1681.36 亿元，其中产值达 5000 万元以上的有 117 家。

二、关天经济区面向科技企业的金融体系概况

（一）金融组织体系完善，金融市场初具规模

区内共有银行业金融机构 9 大类，营业网点 6383 个。其中，国有商业银行分行 5 家，政策性银行分行 3 家，股份制商业银行分行 8 家，外资银行分支机构 2 家，城市商业银行 6 家，农村金融机构 115 家；非银行金融机构 7 家，邮政储蓄银行 1 家，资产管理公司 4 家，证券公司 3 家，期货经纪公司 3 家，保险公司总公司 2 家。地方金融机构资产总额达 5500 亿元。截至 2012 年 9 月，全省金融机构（含外资）本外币贷款余额 13793.63 亿元，同比增长 18.97%，本外币存款余额 22231.46 亿元，同比增长 19.16%；社会融资规模近 2800 亿元；小企业贷款当年新增额为 197 亿元，小企业贷款余额占所有贷款余额比例为 8.83%，近三年小企业贷款不良率约为 2%。

（二）创业投资机构聚集，引导作用明显

关天经济区拥有各类投资机构 350 家、注册资本总额 100 亿元。根据《中国创业风险投资发展报告（2012）》，陕西省共有创业风险投资机构 19 家，投资管理资本 43.9 亿元。其中，陕西省科技主管部门参与的陕西省创业投资引导基金注册资本达到 3.5 亿元，吸引创业投资企业 7 家，注册资本达到 3.5 亿元，对外累计投资额达到 2.45 亿元。

（三）企业上市融资成效显著

截至 2012 年 6 月末，陕西省共有 A 股上市公司 39 家，其中沪市 18 家，深市主板 11 家，中小板 4 家，创业板 6 家。总股本 248.99 亿股，流通股总数 170.92 亿股；总市值 2223.74 亿元，流通市值 1539.99 亿元。上市企业数量在西部十二省市中排名第二位，在西北五省中排名第一位。上市公司在关天经济区经济发展中的地位日趋重要，市值占关天经济区 GDP 总量的 30% 以上。

（四）科技保险产品不断丰富

关天经济区保险业总资产达到 618 亿元，保费收入达 333.81 亿元。其中，科技保险开办的险种已达到 23 种，种类比较齐全，已累计为装备制造电子、制药、通信、生物、化学等领域 90 多家参保高新技术企业提供各类风险保障 74.73 亿元；西安高新区被科技部和中国保监会批准为"国家科技保险创新试点园区"；西安高新区已设立 1000 万元专项资金，对参加科技保险的企业给予补贴。通过开展科技保险试点，有效分散和化解了园区企业科技创新风险，极大地激励了企业的研发活动，促进了园区自主创新能力的提升。

（五）科技债券融资效果显著

2011 年，区内共有 14 家企业通过银行间市场发行短期融资券和中期票据 18 期，累计发行金额 258.41 亿元；成功发行了 12 个企业集合票据项目，融资 6.21 亿元，其中西安文化和科技中小企业集合票据是西部首只中小企业集合票据，融资 2.21 亿元。

三、关天经济区科技与金融结合的创新实践

（一）突出顶层设计，加强组织领导

为促进科技和金融结合工作扎实有效开展，陕西省政府于 2012 年 10 月成立了促进科技和金融结合工作领导小组，由常务副省长担任组长，由主管副省长担任副组长，成员包括陕西省政府办公

厅、科技厅、财政厅、国资委、地税局、国税局、金融办及"一行三局"的负责人。领导小组负责制定全省促进科技和金融结合的发展规划，议定相关重大事项，组织协调并推进科技和金融结合工作。

（二）大胆创新，政策先行

陕西省把建立科技金融结合的政策体系摆在重要位置，出台了多个重要文件。

（1）把科技和金融结合工作纳入全省"十二五"科技发展规划，明确将"探索科技金融合作新机制，积极推动科技创新和成果转化"作为陕西省"十二五"金融业发展的七大重点任务之一。

（2）陕西省委、省政府及时出台了《关于加快关中统筹科技资源改革 率先构建创新型区域的决定》，明确提出要促进科技与金融结合，建立风险补偿机制，支持金融机构、风险投资机构投资创新创业活动；鼓励开展科技保险、科技担保、知识产权质押融资、发行科技型中小企业集合债等金融业务。

（3）陕西省发改委、省金融办联合出台了《关中—天水经济区系统性融资规划》，明确要求推进融资模式市场化，大力发展创业投资、私募股权投资等新型融资方式，并利用关天经济区先行先试的机遇，着力破解制约金融发展的各种体制和机制障碍，推进创业投资体系建设，增加上市公司数量，扩大债券融资规模。

（4）新近施行的《陕西省科学技术进步条例》，明确提出要促进科技金融结合工作。

（5）2012 年 9 月 20 日召开的全省科技创新大会，出台了《关于深化科技体制改革加快区域创新体系建设的意见》和《关于进一步促进科技和金融结合的若干意见》，明确提出要推进科技金融结合试点工作，建立科技贷款风险损失补助机制，探索建立科技保险补贴机制、补偿机制，支持科技企业上市融资，支持设立科技成果转化引导基金，引导社会资本组建若干子基金，支持企业科技成果转化、分担金融机构科技贷款风险、对科技成果转化进行绩效奖励。

（三）创新机制，搭建先进服务平台

2012 年 9 月 17 日，陕西省科技资源统筹中心正式启动运行。作为立足西部、辐射全国的区域性科技资源开放共享服务平台，该中心设有"五大平台、十二个服务系统"，旨在推动科技成果转化、提升技术创新能力的共建、共享、高效、集成，为各类创新主体提供从研发到产出的全过程、一站式服务。科技金融服务平台是中心重要组成部分，已将 103 家金融和中介服务机构纳入服务体系，其中 19 家机构已正式入驻，该平台将着力建立多元化、多层次、多渠道的投融资服务体系，为科技型中小企业规模化发展提供创业投资、担保贷款、境内外上市、非上市股权交易、知识产权质押、信用贷款、信托计划、科技保险等各类金融服务。

（四）加强合作，引导金融机构加大对科技型中小企业的信贷支持

陕西省科技厅先后与国家开发银行陕西分行、中国建设银行陕西分行、北京银行西安分行、长安银行等 8 家银行建立了合作机制，积极促进金融机构加大对科技型中小企业的信贷支持。

（1）依托长安银行在西安高新区试点设立了西北地区首家专业科技支行——长安银行西安高新科技支行，同时积极筹建建行科技支行。

（2）由省科技厅与长安银行共同发起设立了陕西省科技企业金融产品研发中心，这是陕西省首家专门从事科技型企业金融产品研发的公益服务机构。

（3）建立科技贷款风险损失补偿机制。陕西省科技厅与有关部门联合出台了《陕西省科技型中小企业贷款风险补偿资金使用管理细则》，对为科技型中小微企业提供科技贷款的本金损失，经追偿、处置后，给予最终本金损失额的一定比例、最高不超过 50% 的风险补偿。

（4）组织召开银企对接会、融资论坛等服务活动，在科技型中小企业融资需求与金融机构特色产品与服务提供两者之间搭建起有效沟通的桥梁。2011 年，科技型中小企业贷款达到 47.20 亿元，同比增长 78%，较全部贷款增速高 40 个百分点，科技型中小企业贷款户达到 339 家，增加 157 家，不良贷款率仅为 0.086%。

（五）设立陕西省科技成果转化引导基金，吸引社会资金支持科技金融结合工作

为加快科技成果产业化进程，推动科技型中小微企业健康快速发展，陕西省 2012 年启动设立了科技成果转化引导基金。基金总规模 5 亿元，目标是带动社会资金形成总规模 40 亿元的若干创业投资子基金，分担金融机构科技贷款风险、对科技成果转化进行绩效奖励等。2012 年已到位资金5000 万元，与深圳聚创合作设立的第一只子基金即将启动运行。

（六）开辟"绿色通道"，力推科技型企业上市融资

陕西省采取"一事一议"方式，建立起科技型企业进入资本市场的快速通道和上市激励机制，对拟上市科技型企业给予重点支持。建立的拟上市企业后备库入库企业已达 71 家，向省金融办推荐 20 家。其中 2 家公司已过会，2 家公司已到候审阶段。另有 12 家公司正在辅导中，还有一批拟上市后备企业正在培育，初步形成了"培育改制一批、辅导申报一批、发行上市一批"的梯次推进工作格局。

（七）按照国家部署，结合省内各地实际深化试点

2012 年 7 月，陕西省结合各地科技发展水平、金融资源集聚程度、产业特征和中小企业发展等实际情况，确定咸阳市、宝鸡市、西安高新区、杨凌示范区为陕西省首批开展促进科技和金融结合试点区。目的是以试点带动示范，着力创新财政投入方式和科技成果转化方式，引导金融机构加大对科技型中小企业的信贷支持，引导和支持企业进入多层次资本市场，完善科技保险服务，丰富金融产品，在提高服务水平等方面大胆创新，加快形成具有区域特点的科技投融资体系。如宝鸡市积极开展科技型中小企业信用体系试验区建设，已筛选出 30 多家中小企业融资项目并完成了向金融机构推介，共获得了 5221 万元的贷款支持。

（八）开展多层次培训交流，提高全社会科技金融意识

（1）为加快推进陕西省科技企业上市步伐积极借智。2011 年，陕西省政府多部门联合举办了陕西科技企业走进资本市场论坛，并邀请国务院发展研究中心、国信证券、深圳证券交易所等的专家现场把脉陕西科技企业上市事宜。通过此次活动，各方已签订了多个合作协议。

（2）省科技厅、金融办联合省委党校举办了陕西省科技与金融结合培训班，就科技与金融结合的实现路径，科技型中小企业上市政策、法律法规、上市程序及实务、上市融资等有关知识，对全省科技系统干部及部分企业开展了培训。

（3）在陕西省科技资源统筹中心开展了常态化的科技金融结合"金桥"系列讲座，邀请金融、中介、政府部门和高校的专家、学者，针对不同需求对象，每周五举办一期专题讲座，宣传科技金融政策，提高企业融资意识和运用金融工具的能力，加强各方的合作交流。

四、陕西省科技和金融结合工作目前存在的主要问题

（一）科技金融服务体系仍有待完善

陕西省科技支行刚刚成立，数量较少，业务也不清晰；缺乏专业化的科技创业投资公司、融资

担保公司、小额贷款公司，对科技型中小企业的定向支持有待加强；对中介机构服务科技型中小企业缺乏引导激励，导致科技企业融资链条不完整、融资难。

（二）创业投资机构数量偏少、资金规模偏小

截至 2011 年，陕西省共有创业投资机构 19 家，仅占全国总数的 1.73%，创投机构数量在全国各省市中排名第 13 位，不足江苏省的 6%；创业投资基金管理规模为 43.9 亿元，仅占全国总量的 1.37%，资金规模在全国各省市中排名第 17 位。

（三）缺乏科技金融结合的专业化服务机构和复合型人才

目前，陕西省缺乏专业服务于科技企业融资过程中所需定价、评估等专业化服务机构，造成了金融服务链条的断裂与低效，尤其是知识产权的认定、评估和交易方面的机构缺乏，限制了银行开展知识产权质押贷款业务。在创业投资、金融、担保和保险领域同样缺乏懂金融、懂技术的复合型人才，专业人才缺乏成为制约科技金融发展的一大瓶颈。

（四）科技金融结合地区发展不均衡

陕西省 80% 的科技和金融资源集中在西安，关天经济区所包括的宝鸡、咸阳、渭南、铜川及杨凌等地，在资源和科技金融意识上与西安地区有较大差距，仍需进一步加强。

五、后续重点工作

下一步，陕西省科技金融结合工作的思路是：贯彻落实全国、全省科技创新大会精神，以体制机制创新为动力，以构建科技投融资合作体系为目标，以搭建全国先进的合作平台为手段，加快推进关天经济区科技和金融结合试点工作，打造"基金先行、投贷结合、统筹规划、各方联动"的科技投融资合作体系。

主要目标：到 2015 年，科技成果转化引导基金的总规模达到 40 亿元；合作银行对科技型中小企业的贷款量比 2010 年增长 3 倍；培育 100 家拟上市企业，力争 5 家在国内外证券市场挂牌交易；建成覆盖科技企业、金融和中介机构的动态科技金融信息系统。

主要任务：

（1）做好科技成果转化引导基金的管理工作。建立陕西省科技成果转化项目库，为科技成果转化提供信息支持。完善并出台《陕西省科技成果转化引导基金管理办法》，与国内外投资机构合作，选择不同的方向，尽快设立若干个科技成果转化子基金，采取市场化运作模式，推进科技成果产业化。

（2）建立政府、银行、企业联动的投融资新机制。积极开展拨改补、拨改保、拨改投等新型财政资助方式，形成财政资金杠杆撬动和滚动发展机制。由政府（科技部门）、商业银行、创业投资公司、担保公司组成投贷联盟，以自愿组成、自律管理的形式构建银行、担保和政府政策性补贴参与的融资风险共担体系。

（3）引导社会资本设立科技小额贷款公司。通过省级金融综合管理部门和科技部门的引导规范，吸引民间资本设立科技小额贷款公司。加强运行监管，逐步将其发展成为专门服务于科技型小微企业的专业金融组织。

（4）鼓励科技型中小企业开展债券融资和上市融资。落实推动科技型企业上市的扶持政策，大力培育创业板上市后备资源，引导、鼓励企业上市融资。

（5）建立和完善科技金融信息服务系统。建立和完善金融机构和中介机构数据库及信用评价系统、科技企业贷款需求信息库、科技保险信息库、科技金融专家库、科技型拟上市企业培育库等，实现科技金融统计和科技投融资需求信息定期发布，为全面推进科技金融结合提供信息技术支撑。

（6）开展对各类中介机构科技金融服务的补偿奖励。制定绩效奖励办法，鼓励中介机构进一步发挥对企业融资、培训推广、科技计划过程管理等方面的作用，全面调动各类中介开展科技金融服务的积极性。

（7）推动银行创新科技金融产品。进一步加强科技银行建设力度，发挥科技金融产品研发中心作用，鼓励银行针对科技型中小企业创新产品。合作开发无形资产、科技项目、综合评信贷款担保新模式，扩大对高新技术活动的信贷投入。

（8）深入开展科技担保和保险工作。由财政提供部分资金，吸引社会资金，成立专业科技融资担保公司，以政府政策为导向，以鼓励创业和加快技术成果转化等为目标，重点为科技企业融资需求库中企业提供担保服务；设立专项资金，进一步发展科技保险产品和服务；支持设立科技保险专营机构，探索开发高新技术企业小额贷款保证保险、高新技术项目研发失败保险等新险种。

（9）建立合理的信用评级标准和体系。建立中小企业信用记录体系和中小企业信用咨询机构，探索和实践能够准确识别、防范中小企业信用风险的评价方法和制度规范，为银行等投融资机构提供科技型中小企业全方位、多视角的信用状况咨询服务。

（10）创新财政科技经费管理方式。通过委托第三方专业机构等方式，加强对财政资金使用的监督管理和绩效评价，构建"政府宏观决策、第三方中介负责经费监督管理、另一第三方中介负责绩效评估"的"三位一体"管理模式，最大限度地提升财政资金的使用效益。

六、政策建议

（1）建议国家科技成果转化引导基金给予地方配套支持。对地方科技成果转化引导基金设立的子基金、实施的贷款风险补偿和绩效奖励项目，由国家基金按照一定的比例予以配套支持。

（2）加强对地方科技金融工作的指导。建议由科技部促进科技和金融结合试点工作部际协调指导小组牵头，定期组织开展全国促进科技和金融结合试点地区的交流、培训等，总结、交流经验，共同提高认识，更好地推动科技和金融结合试点工作。

（3）将西安高新区纳入"新三板"第二批试点园区，并允许发展区域性"四板"市场。建议对西部地区予以政策性倾斜，将西安高新区纳入全国中小企业股份转让系统（"新三板"），并允许西安市建设区域性股权交易市场，推动关天经济区内多层次资本市场体系的形成。

（供稿单位：陕西省科技厅）

第十四节　大连市

为深入贯彻落实科技部等部委《促进科技和金融结合试点实施方案》（国科发〔2010〕720号）

和《关于促进科技和金融结合加快实施自主创新战略的若干意见》（国科发财〔2011〕540号）等文件精神，自申报科技和金融结合试点方案以来，大连市科技与金融部门就始终坚持以科学发展观为指导，充分发挥大连区域性金融中心的优势，积极探索科技和金融结合工作的新模式和运行新机制，扎实开展各项工作。

一、科技资源

大连市委、市政府高度重视科技工作，大连先后被授予国家创新型试点城市、国家知识产权工作示范城市、软件产业国际化示范城市、全国科技企业孵化器体系建设试点城市、国家科技和金融结合试点城市、国家知识产权示范城市等称号。

战略性新兴产业快速发展。大力实施创造力产业发展示范工程，积极培育战略性新兴产业集群，数控机床、光电子、新能源、生物与医药、节能环保等战略性新兴产业年产值均达到百亿元以上规模，成为高新技术产业的重要增长极。大连市先后被确定为国家"十城千辆"节能与新能源汽车、"十城万盏"半导体照明应用工程、"金太阳"工程及"三网融合"等试点示范城市以及新能源、数控机床、新材料和现代服务业等国家高新技术产业化基地。截至2011年底，全市高新技术企业达到332家，当年新增80家；国家级创新型企业9家；技术先进型服务企业90家，在全国21个服务外包示范城市中名列第三；2011年，全市实现高新技术产业产值6530亿元，高新技术产业增加值1795亿元，分别同比增长26.1%和30.3%。

创新平台建设快速推进。全市现有国家级重点实验室5个，国家级工程技术研究中心7个，省级工程技术研究中心61个，普通高等学校31所，科研机构41家，发展科技咨询、信息服务等各类科技中介机构千余家，各类专业技术人员40余万人。

创新基地建设再上新台阶。已建成政府资金引导、孵化器资金参股、多种融资形式并存的创新孵化融资体系。截至2011年底，全市市级以上孵化器达到40家，其中国家级孵化器达到12家，孵化器从业人员7万余人。大连生态科技创新城、大连科技创新园等创新基地建设取得重大进展，大连高新技术产业园区科技创新驱动发展能力再上新台阶。

知识产权创造、应用、转化和保护能力大幅提升。2012年，大连市被认定为首批国家知识产权示范城市，全年认定大连市知识产权试点、示范企业88家。专利结构进一步优化。2011年，全市发明专利申请7418件，发明专利授权1116件，分别同比增长84%和48%，每万人口发明专利拥有量达到5件，超过国家"十二五"规划所设定的目标。

科技创新环境不断完善。大连市先后出台了《大连市技术市场条例》和《大连市促进科技中介发展条例》等地方性法规，修订了《大连市科技进步条例》，制定出台了《中共大连市委、大连市人民政府关于提高自主创新能力加快推进创新型城市建设的意见》（大委发〔2006〕12号）和《大连市人民政府关于提高自主创新能力的若干规定》（大政发〔2006〕60号）等鼓励自主创新的政策。2011年，全市财政科技投入33.2亿元，占地方财政一般预算支出的5.37%。

二、金融资源

2011年，大连市紧紧抓住服务全市经济社会发展主线，区域性金融中心建设取得积极进展。截至 2011 年末，全市拥有各类金融机构 238 家，其中银行业金融机构 61 家，保险业金融机构 41 家，证券业金融机构 58 家，期货业金融机构 78 家，金融营业网点 3000 多个，从业人员 7 万余人；融资及中介服务类机构 326 家，其中小额贷款公司 55 家、担保公司 147 家、投资和租赁公司总部 2 家、股权投资企业 41 家、后台服务机构 20 家、中介服务机构 61 家。全市金融机构资产总额 1.4 万亿元，比 2010 年增长 14%；金融业增加值 325.98 亿元，占全市生产总值的 5.3%；缴纳地方财政税收 43.5 亿元，比 2010 年增长 32.2%。

银行业指标持续增长。截至 2011 年底，全市银行业金融机构本外币各项存款余额 9395.1 亿元，比 2010 年增长 5.6%，其中人民币各项存款余额 9092.7 亿元，比 2010 年增长 7%；本外币各项贷款余额 7918.9 亿元，比 2010 年增长 16.3%，其中人民币各项贷款余额 7165.8 亿元，比 2010 年增长 16.4%。不良贷款率 0.94%，比 2010 年降低 0.44 个百分点。全市银行间外汇市场共开放 244 场，办理外汇交易 726 笔，成交金额 20.1 亿美元。新设丹东银行大连分行、阜新银行大连分行、大连旅顺口蒙银村镇银行、大连保税区珠江村镇银行、长春农村商业银行大连浦湾新区支行等 5 家银行类金融机构。

保险业健康发展。全市保险业实现保费收入 148.83 亿元，按可比口径比 2010 年增长 18.3%，其中，财产险（含出口信用保险）52.17 亿元，增长 19.8%；人身险 96.66 亿元，增长 17.6%；全年支付各类保险赔款及给付 44.69 亿元，按可比口径比 2010 年增长 32.4%，其中财产险（含出口信用保险）21.69 亿元，增长 15.5%；人身险 23 亿元，增长 53.7%。全市保险深度（保费收入占 GDP 比重）2.93%；保险密度（人均保费收入）2225 元/人。2011 年新成立英大泰和财产保险股份有限公司大连分公司，百年人寿保险股份有限公司开设山东、江苏、四川、福建和陕西 5 家省级分公司，中荷人寿保险有限公司设立天津分公司。

期货市场稳健发展。大连商品交易所 2011 年全年期货成交量 2.89 亿手，成交额 16.88 万亿元，成交量和成交额分别占全国期货市场的 27.4% 和 12.3%；投资者开户 138.7 万户，比 2010 年增长 15.8%；会员单位 185 家，其中经纪公司会员 170 家，自营会员 15 家；上市焦炭期货新品种；成功举办全球衍生品市场论坛和产业大会，与中央电视台合作成立了期货演播室、东北亚经济报道中心和财经记者培训基地。

证券市场小幅调整。受全国证券市场低迷影响，大连辖区证券交易额总计 7525.85 亿元，比 2010 年下降 12.1%；证券市场客户资产总额 1126.74 亿元，比 2010 年下降 0.03%。证券经营机构资产净值 9.33 亿元；营业收入 8.26 亿元，利润总额 1.81 亿元，分别比 2010 年下降 29.8%、67.2%；大通证券开发区金马路营业部和西南路营业部、中国国际金融有限公司大连金马路营业部、东吴证券中山路营业部、齐鲁证券金马路营业部、东海证券大连黄浦路营业部等 6 家营业部开业；大连电瓷集团股份有限公司、大连三垒机器股份有限公司在境内上市。

三、科技和金融结合的创新实践

（一）创新财政投入方式

全力推进大连市财政科技经费管理制度改革。综合运用无偿资助、贷款贴息、创业投资等多种方式，引导并带动社会资本参与科技创新，努力建立以企业为主体、市场为导向、产学研相结合的技术创新体系。设立科技和金融结合专项资金，鼓励创业风险投资机构拓宽科技企业融资渠道，对科技成果转化及产业化项目科技贷款给予适度贴息，鼓励银行开展科技型中小企业信贷风险补偿资金、科技保险补助资金试点。2012年8月，启动"金种子"工程，设立孵化器内小微科技企业扶持资金，加大对在孵优秀小微科技企业的培育力度。

（二）推进科技和金融对接活动

开展科技和金融对接专项活动。发挥大连金融中心的特色优势，调查千家科技型中小企业金融需求，组织百家高成长性创新型企业与金融机构开展对接活动。鼓励银行在合理控制风险的前提下，对市重大科技专项、重大科技产业化项目提供优惠贷款。2012年9月，大连市科技局与中国工商银行大连市分行签订了《关于合作开展扶持科技型中小企业融资业务的框架协议》，双方约定中国工商银行大连市分行给予2亿元合作融资额度，用于扶持优秀科技型中小企业，大连市科技局负责推荐经营管理水平高、产品市场竞争力较强、发展前景良好、诚信度较高的科技型中小企业。首批推荐16家企业与中国工商银行大连市分行签订了贷款意向，大连理工计算机控制工程有限公司现已获得科技贷款2800万元。

（三）大力发展创业风险投资

创业风险投资基金成长壮大。大连市原有"大连高端装备制造创业投资基金"、"大连清洁能源创业投资基金"，两只基金总规模为5亿元，分别投向装备制造领域和清洁能源领域。2012年，大连市政府设立新兴产业创业投资引导基金，基金规模为6亿元，分三年每年到位2亿元。首期引导基金争取参股设立3~4只创业投资基金，每只基金规模为1.5亿~2.5亿元。所征集的创业投资基金重点投向初创期、早中期创新型企业。

2012年3月，大连市金州新区管委会与赛伯乐总部共同设立大连赛伯乐创业投资管理有限公司，赛伯乐总部及赛伯乐大连出资20%，金州新区管委会出资20%，面向社会募集60%份额，首期出资额为1.0亿，按比例出资。基金现已取得大连市发改委的认可，形成了向该基金注资20%的意向。

（四）加大对中小微企业的信贷支持

近几年大连市实施了中小企业融资促进行动，着力缓解中小企业融资难题。

①兑现中小企业信贷奖励政策，2011年新增中小企业贷款498亿元，占全市新增贷款余额的44.8%。②积极引进面向中小企业的中小银行，2011年有丹东、阜新等多家银行在大连开业。③积极创新中小企业融资产品和服务，全市共推出中小企业融资产品113个。④发挥小额贷款公司生力军作用，2011年新设16家小额贷款公司，全市55家小贷公司当年发放贷款88.4亿元，增长60.4%，居东北地区首位。⑤规范发展融资担保业，完成行业规范整顿，重新核准和新设立融资担保机构147家，累计担保额280亿元。⑥积极推进中小企业股权融资33.7亿元，保函和信用证融资71.5亿元，租赁融资21.05亿元。⑦推动小额担保贷款发放，2011年共发放1.4亿元。

2012年3月，大连市政府成立大连市中小微企业融资促进行动领导小组，制定出台了《大连市人民政府关于组织开展中小微企业融资促进行动的实施意见》（大政发〔2012〕13号），决定从2012年开始在全市组织开展为期4年的中小微企业融资促进行动，强化扶持政策，不断完善中小微企业融资服务体系，创新融资产品，拓宽融资渠道，搭建融资平台，优化融资环境，综合运用信贷、债券、基金、保险、上市融资、股权投资、融资租赁等各类融资工具，有效引导金融资金、民间资金和社会资金加大对中小微企业的投入。

完善知识产权质押贷款政策。大连市深入贯彻执行财政部等部门《关于加强知识产权质押融资与评估管理支持中小企业发展的通知》（财企〔2010〕199 号）要求，制定出台了《大连市专利权质押贷款管理办法（试行）》，鼓励金融产品创新，拓宽科技型中小微企业融资渠道，支持高新技术产业发展，规范办理并逐步推广专利权质押贷款业务，充分挖掘专利权质押融资功能，保障专利权质押当事人的合法权益，推进专利技术产业化进程，加快经济发展方式转变。

（五）支持企业进入多层次资本市场

针对大连市直接融资较为薄弱的实际，抓住发展股权投资、推进企业上市和债券市场发展三个重点环节，2011 年资本市场直接融资 299 亿元。①全面实施股权投资业发展计划，出台了实施意见和管理办法。②设立政府引导基金及其管理公司，推动设立成大沿海产业基金等股权投资机构 20 家，管理资产总规模 205 亿元，放大 3.66 倍。③加快推进企业上市，调整并兑现上市补贴政策，组织 9 次上市培训，实地走访 21 家重点拟上市企业，协调解决 11 家重点拟上市企业土地、税收等 30 余个具体问题。2011 年大连电瓷、大连三垒机器 2 家企业成功在中小板上市，枫叶国际通过美国证监会核准，3 家企业完成申报，9 家企业辅导备案，48 家企业签署协议。④加快推动新三板筹备工作，53 家企业签署挂牌协议，17 家完成改制，8 家通过券商内核。⑤推动上市公司重组和增发融资，"重工·起重"完成重组实现整体上市，5 家公司增发 71.71 亿元。⑥积极鼓励债券融资，12 家企业发行公司债、短期融资券、次级债等融资 180 亿元。此外，2011 年全市技术交易额首次突破百亿元，达到 105.8 亿元，其中吸纳技术合同成交额 61.6 亿元，同比增长 150%，增幅位列全省各市之首。

（六）开展科技保险服务试点

创建国家专利保险试点工作城市取得突破性进展。2011 年 12 月，国家知识产权局与中国人民财产保险股份有限公司（下称"PICC"）签订了《知识产权资产评估促进工程项目》合作协议。2012 年 4 月，PICC 推出了《专利执行保险》产品，大连市成为首批试点地区。按照"政府主导、商业对接、专业运作"的总体原则，建立了政府、保险公司、专业机构合作的工作机制，大胆尝试专利保险这一新生产品，首先对全市 88 家示范试点企业进行了调查摸底，选择大连金三维科技有限公司等 5 家示范试点企业 25 项专利为专利保险试点，与 PICC 大连分公司签订专利执行保险投保单。

（七）搭建科技金融合作平台

实施知识密集型服务体系建设工程。以国家级孵化器和大学科技园为重点，建设和完善创业孵化功能，在企业融资、信贷咨询等方面强化提升孵化器金融服务功能。积极发展科技中介机构和科技类民办非企业，"大连科技中介公共服务平台"二期工程基本完成，全市科技类民办非企业总数达到 78 家。完善科技贷款、融资担保平台，以大连市科技创业融资担保有限公司建立的科技贷款、融资担保平台为基础，积极推进科技型中小企业贷款和融资担保工作，共为企业发放贷款 0.94 亿元，为 15 家企业提供了 0.85 亿元的担保和融资资金支持。以大连正鼎信用管理咨询有限公司为基础，搭建融资咨询平台，为上百家优秀企业提供快速、低成本的融资途径。

（八）建立科技企业信用体系

为推进大连市企业信用体系建设，2012 年 9 月，大连市制定出台了《大连市企业信用信息征集办法》和《大连市企业信用数据报送规范》。投资建设大连市企业信用信息系统交换平台前置系统，该系统已于 2012 年 11 月通过验收，具备使用条件，并于 2013 年 1 月 1 日正式投入使用。

四、开展科技金融工作的问题和建议

（1）企业对知识产权质押、风险投资等金融工具认知度不高，运用能力低，多元化融资方式需突破。

（2）建议设立为科技企业、金融机构提供投融资的一站式服务平台，解决企业与银行、风险投资、中介等金融机构沟通不畅、信息不对称问题。

(供稿单位：大连市科技局)

第十五节　青岛市

2012 年以来，在国家科技部与"一行三会"的指导支持下，青岛市大力推进创新驱动战略，围绕加快科技成果产业化，科技型中小企业培育及战略性新兴产业发展，全力推进科技与金融结合，通过创新财政投入方式，营造科技金融政策环境，引导社会金融资本聚焦支持科技创新，取得了一定的成效。有关情况总结如下：

一、截至 2011 年底科技资源情况

全市地方财政科技投入 16.12 亿元，比 2010 年增长 63.27%，其中由市科技局管理的财政科技专项资金 3.16 亿元。全市研究与试验发展（R&D）经费内部支出总额 164.31 亿元，占国内生产总值（GDP）的比重为 2.48%，同比增加了 0.28 个百分点。

全市共申报承担各类国家科技计划项目 240 项，获得经费支持 4.12 亿元。其中，973 计划项目 48 项、经费 0.48 亿元，863 计划项目 19 项、经费 1.22 亿元，国家科技支撑计划项目 30 项、经费 1.15 亿元，科技型中小企业技术创新基金立项 83 项、经费 0.64 亿元。

全市专利申请量 19816 件，其中发明专利申请量 5347 件，同比增长 87.61%；全市专利授权量 9149 件，其中发明专利授权量 1135 件，同比增长 48.37%。全市获国家、省、市各类科技成果奖励 269 项，其中国家奖 14 项、省科技奖励 97 项。全市技术产权交易 2352 项，成交金额 20.75 亿元，同比增长 27.77%。

全市高新技术产业产值 4640.08 亿元，同比增长 11.16%，占规模以上工业总产值比重 38.95%，同比增长 1.03 个百分点。全市拥有高新技术企业 405 家，实现产值 1993.54 亿元，其中有 176 家企业年产值过亿元，48 家企业过 10 亿元，2 家企业过 100 亿元；另有国家级创新型企业 14 家，省级创新型企业 42 家；共有 997 家企业纳入山东省高新技术产业统计范围，涉及 79 个高新技术行业。

全市共有科学研究与技术开发机构 598 家，比 2010 年增加 36 家。其中国家、省驻青高校 7 家，国家驻青科研机构 19 家、省属科研机构 6 家。现有国家重点实验室 6 个，国家部委、省、市三级重点实验室 104 个，国家、省、市三级工程技术研究中心 95 个。

全市现有科技创新综合服务平台 1 个，专业技术服务平台 10 个，科技交流及推广中介服务机

构 23 家，科技企业孵化器 35 家。其中，市科技创新综合服务平台在 2011 年受理评审各类科技计划项目、奖励评价 3000 余项，服务科技人员 1.2 万人次，受理咨询电话 3.7 万次，网站点击访问量突破 30 万人次，先后为近 300 家企业提供大型科学仪器设备共享服务 1200 余次。

二、截至 2011 年底金融资源情况

全市银行机构小企业贷款及个人经营性贷款余额 1585.5 亿元，比 2011 年初增加 374.7 亿元，增长 30.9%，高于各项贷款增速 12.8 个百分点，小企业贷款总体实现了增速不低于全部贷款平均增速的目标。全市共有 22 家小额贷款公司，注册资本共计 20.9 亿元，全年累计发放贷款 4182 笔，金额逾 39.4 亿元，其中中小企业贷款累计 15.1 亿元，占比 38%。

辖区共有法人证券公司 1 家、证券营业部 58 家，其中 2011 年新设营业部 4 家，2 家正在筹备，证券经营机构数量不断增加，另有 32 家异地证券公司已在青岛设立营业部。有期货经营机构 30 家，2011 年内新设 1 家，辖区 30 家期货机构的期末客户权益为 32.2 亿元，其中法人客户权益为 9.1 亿元，占 28.2%，部均客户权益为 1.1 亿元。

全市共有保险主体 52 家，比 2010 年新增 9 家。其中，产险 28 家，比 2010 年末增加 7 家；寿险 24 家，比 2010 年末增加 2 家；中资 42 家，外资 10 家。产险公司保费收入 57.1 亿元，同比增长 13.2%，其中财产险保费收入 56.0 亿元，同比增长 13.0%。

辖区上市公司从 2011 年初的 14 家增长到 19 家，其中沪市主板 7 家，深市主板 3 家，中小板 5 家，创业板 4 家。其中，海立美达、东方铁塔、东软载波、恒顺电气、赛轮股份 5 家企业成功融资 48.6 亿元，高校软控再融资 9.5 亿元。

全市共有融资性担保公司 78 家，注册资本（营运资金）共计 95.8 亿元，其中法人机构 77 家，分支机构 1 家，注册资本在 3 亿元以上的有 3 家，2 亿元以上的有 11 家，1 亿元以上的有 65 家。2011 年全年累计担保户数 6573 户，累计担保额 196.5 亿元，为 2010 年同期的 1.8 倍；2011 年末担保业务在保余额 178.8 亿元（比年初增加 76.8 亿元），亦为 2010 年同期的 1.8 倍，占同期全市本外币贷款余额比重 2.4%，是 2010 年同期的 1.5 倍，其中小微企业在保余额 149.9 亿元，占比达到 87.0%。

三、促进科技与金融结合创新实践情况

按照国家科技金融工作试点要求，青岛市立足本地特色、学习先进经验，打造服务体系，开展区市联动，创新服务机制，优化工作流程，全力打造广受科技型中小企业欢迎与信赖的科技金融服务品牌。截至目前，全市科技信贷风险准备金贷款已为 24 家企业提供了总额度 1.23 亿元的知识产权质押组合贷款，有效缓解了企业融资发展的燃眉之急。

（1）牵手金融机构，开展战略合作。青岛市科技局与青岛银行、国家开发银行、中国建设银行、光大银行、招商银行建立了战略合作关系，为青岛市科技创新活动争取到了 400 亿元的授信额度。此外，与中信银行、平安银行、交通银行、中国人民保险公司、青岛华商汇通担保公司、青岛融银黄海投资公司等一批社会金融机构建立了合作意向。

（2）创新财政投入，降低信贷门槛。在青岛市财政科技经费中设立了科技金融专项资金，作为

政策性担保资金，主要用于青岛市科技型中小企业知识产权融资信贷风险补偿，以引导银行、担保机构加大对科技型中小企业的信贷支持；青岛市科技局2012年安排了400万元科技金融专项资金，引导青岛市担保中心、青岛银行分别出资400万元和200万元，三方共建了1000万元的信贷风险补偿准备金池，青岛银行按10倍（1亿元）放大授信，实现了财政科技资金对社会资本的25倍放大效应。由于有信贷风险准备金作为担保，银行和担保机构降低了科技型中小企业的信贷门槛，对那些无抵押或者抵押物有瑕疵的企业，只要拥有自主知识产权，均可评估作价发放担保贷款。

（3）组建担保公司，构建担保服务体系。为适应新时期科技创新发展需求，特别是为千万平方米科技孵化器内科技型中小企业融资发展及公共研发平台大型仪器设备融资租赁提供担保服务，由青岛市财政科技专项资金出资1亿元，按照《公司法》和《山东省融资担保公司管理办法》要求，筹备组建了青岛市首家政策性科技担保公司——青岛高创科技融资担保有限公司。依托科技融资担保公司，青岛市将在全国率先启用融资租赁方式支持公共研发平台大型科学仪器设备购置，每个平台支持额度5000万元，20个平台共将支持10亿元，通过政府支持购置仪器设备，充分体现了公共研发平台建设的高层次与公益性。同时，初步构建了以政策性科技担保公司为核心，科技金融超市为窗口，蓝湾企业家俱乐部为平台，三位一体的科技金融服务体系。青岛市首家以科技金融为主题的蓝湾企业家俱乐部已于近期正式组建成立，举办企业家、科学家、金融家互动交流沙龙，取得了较好的成效。

（4）开展区市联动，强化政府增信。充分发挥区市科技管理部门更加贴近基层、更加了解科技型中小企业的优势，构建以市科技管理部门为主导、以青岛生产力促进中心为依托、以各区市科技管理部门为基础的，两级联动、相互支持的科技金融工作体系，强化政府在科技型中小企业信贷中的增信支持力度。2012年5月，青岛市科技局在城阳区率先启动了以科技金融为主题的会商工作，与城阳区政府正式签署了《局区科技工作会商科技金融合作协议》，青岛市科技局将支持城阳区立足自身特色开展区域科技金融工作，创建青岛市科技金融试点区。同时组建了首只区域科技信贷风险准备金，重点用于支持辖区内科技型中小企业知识产权质押等技术创新融资发展；建立了以青岛生产力促进中心为核心的科技金融服务体系，配备了专业化的服务队伍，整合全市资源服务于城阳区科技型中小企业。

（5）拓展服务职能，开展贴息贷款。针对目前市场上银行信贷利率普遍较高、企业贷款负担普遍较重的问题，青岛市在推进科技金融工作过程中采取了两方面措施，力图降低企业贷款成本：①通过签订战略合作协议，协调合作金融机构以优惠利率为科技型中小企业融资。青岛银行贷款利率按照基准利率上浮不超过15%，青岛市担保中心担保费率为2%，在目前的利率水平下，科技型中小企业贷款总费率将不超过10%，远低于市场平均水平。②创新中小企业培育计划经费投入模式，开展贴息贷款，对于通过科技金融贷款的企业，将优先获得财政科技资金贴息支持，2012年已完成对12家企业贷款的贴息支持，贴息额度达到240万元。

（6）积极搭建科技金融服务平台，汇聚科技成果、企业和金融资本信息，建立企业信用评价、技术专家参与审贷机制，打造批量助贷绿色通道。目前该平台已有20多家银行和担保机构、10家风险投资机构、500多家科技型中小企业登记在册。

（7）出台政策文件，营造创新环境。青岛市科技局、青岛市金融办、青岛市财政局、中国人民银行青岛市中心支行、青岛市银监局、青岛市证监局、青岛市保监局共同起草了《青岛市促进科技和金融结合的实施意见》（以下简称《意见》），将以市政府名义下发。《意见》提出，未来五年科技金融工作的十大重点措施：创新财政科技投入方式；设立引进科技金融专营机构；加强对科技型中小企业信贷支持；引导企业通过多层次资本市场融资；大力发展科技风险投资；搭建科技金融服务平台；拓展科技保险服务领域；培育科技金融的民间组织和中介机构；建立服务蓝色硅谷的综合金融服务体系；提升"千万平方米"科技孵化器金融服务水平。前八项举措涵盖了当前国家科技金融工作重点要求，体现了全面性和实用性；第九和第十项举措主要围绕市蓝色硅谷发展和科技孵化器建设提出，突出了特色性和针对性。

四、下一步重点工作思路

为进一步深化科技和金融结合，放大财政科技资金使用效益，引导社会金融资本支持青岛市科技创新发展，拟着力推进下面几项工作。

（1）拓展科技金融战略合作面。争取新签战略合作金融机构 1~2 家，新增银行授信额度 50 亿~80 亿元，为 50~60 家科技型中小微企业提供融资服务，科技信贷总额突破 1 亿元。

（2）强化区（市）科技金融工作联动。指导各区（市）因地制宜开展各具特色的探索创新，争取 2~3 个区（市）设立科技信贷风险准备金，逐步构建全市范围的科技金融服务体系，强化政府在科技型中小企业信贷中的增信支持力度。

（3）全面开展政策性科技融资担保服务。依托青岛高创科技融资担保有限公司，创新服务机制与服务模式，重点做好科技孵化器内科技型中小微企业融资发展、公共研发平台大型仪器设备融资租赁担保服务。

（4）探索开展天使（种子）投资服务。设立天使（种子）投资引导基金，引导孵化器运营机构或社会投资机构，采取阶段参股或跟进投资模式，共同投资支持孵化器内种子期、初创期科技型企业发展。

（供稿单位：青岛市科技局）

第十六节　深圳市

2011 年 10 月，科技部等五部委印发了《关于确定首批开展促进科技和金融结合试点地区的通知》，包括深圳市在内的 16 个地区成为首批促进科技和金融结合试点地区。根据科技部等部委的要求，结合深圳的实际情况，认真落实实施方案，积极推进试点工作。

一、2011 年深圳市科技发展基本情况

深圳市政府围绕国家创新型城市建设，出台了一系列创新规划、政策和措施。在政府机构"大部制"改革的基础上，率先组建科技创新委员会，制定实施全国首部国家创新型城市发展规划、六大战略性新兴产业振兴规划和 33 条自主创新政策，引导社会资源向创新领域聚集。2011 年深圳市全社会研发投入约 430 亿元，占 GDP 比重达 3.66%。

不断完善企业主导的产业技术创新体制机制。90%的研发人员、研发机构、科研投入、专利生产集中在企业，企业成为技术创新的主导者、组织者和风险承担者，形成了有30000多家创新型企业的集群，其中销售额超千亿元的企业2家，超百亿元的13家，超亿元的700多家，国家高新技术企业2113家。

创办了一批市场导向、研发与产业化一体推进的新型研发机构。这些机构发展速度快，创新成果多，产业化能力强，呈现出前沿科技引领新兴产业快速发展的态势。中科院深圳研究院仅筹建3年就跃居广东科研院所专利申请首位。深圳清华研究院孵化高科技企业600多家，年产值260亿元；深圳华大基因研究院建院仅4年，就被《Nature》评为2010年中国科研机构实力榜第四位；光启研究院成立两年，申请专利1700多件，占全球超材料专利的80%。

全面推进核心技术自主创新战略，加大核心技术研发投入，布局重大科研基础设施，努力占领全球竞争制高点。国家超级计算深圳中心投入运行，启动建设首个国家基因库；近三年新增国家、省、市级重点实验室、工程实验室等各类创新载体300余家，相当于之前28年存量总和的近两倍；第4代移动通信技术、基因测序分析、超材料研发等跻身世界前沿。2011年，深圳市国内发明专利授权量位居全国第二位，PCT国际专利申请量占全国45%，中兴、华为位居全球企业PCT专利申请量第一和第三位，每万人发明专利拥有量39件，居全国第一位。

二、2011年深圳金融业基本情况

（一）金融业效益稳中有升，金融产出和税收贡献突出

2011年末，深圳金融业总资产4.33万亿元，同比增长7.69%，全年实现税前利润775.8亿元，同比增长2.03%。全市新引进金融机构24家（其中法人总部机构8家），全市金融机构总数已达254家（其中法人总部机构86家），机构集聚和辐射效应不断增强。2011年，深圳金融业实现增加值1562亿元，同比增长22.1%，占全市GDP比重为13.6%，创历史新高；金融业实现税收收入597.4亿元，同比增长7.33%，占全市总体税收17.7%，税收贡献继续稳居四大支柱产业之首。

（二）金融存贷款平稳增长，中小企业贷款快速增长

2011年末，深圳市金融机构本外币各项存款余额2.51万亿元，同比增长14.39%，居全国大中城市第四位。其中，个人存款余额8143.5亿元，比年初增长13.95%；单位存款余额1.53万亿元，比年初增长15.63%。2011年末，深圳市金融机构本外币各项贷款余额1.92万亿元，同比增长14.5%，居全国大中城市第三位。其中，中小企业贷款余额4394亿元，同比增长17%；房地产贷款余额6022.4亿元，同比增长9%，增速比2010年低7.6个百分点。

（三）金融市场交易活跃，跨境人民币业务位居全国前列

2011年，深圳市货币市场成交17.98万亿元，同比增长20.9%；深圳市黄金市场成交14万吨，同比增长254%，占上海市黄金交易所交易量55%，成交额1.68万亿元，同比增长136%，占上海市黄金交易所成交额38%；支付清算系统共清算资金123.35万亿元，同比增长15.9%；银行卡交易金额7048亿元；跨境人民币业务开办以来，深圳市累计办理4487.7亿元，其中2011年深圳市共办理跨境人民币业务3307.8亿元，同比增长182%，居全国第二位。

（四）证券期货继续保持全国前列，但受市场影响经营业绩有所下滑

2011年底，深圳辖区17家证券公司累计实现营业收入393.39亿元，同比下降了23.56%，净

利润 142.96 亿元，同比下降了 38.83%；总资产合计 3747.36 亿元，较 2010 年末下降了 18.57%；净资产合计 1631.33 亿元，增长 11.52%；净资本合计 1111.32 亿元，增长 9.26%。辖区证券公司总资产、净资产、净资本、营业收入等指标继续位列全国之首。深圳辖区证券公司经纪业务客户数量、股票基金交易量市场占有率、经纪业务净收入已连续 3 年全国第一。截至 2011 年底，深圳 17 家基金公司共管理证券投资基金 267 只，比年初（226 只）增加 41 只，增加 18.14%，基金份额规模为 8265.72 亿份，比 2010 年底（8028.31 亿份）增加 2.96%；基金资产净值 6772.79 亿元，比 2010 年底（8116.55 亿元）下降 16.56%。深圳市基金公司家数占全国的 24.64%，有 4 家深圳公司管理规模超过 500 亿元并居全国前 10 位，占全国（13 家）的 30.77%。深圳市管理基金只数、基金份额规模、资产净值分别占全国的 29.31%、31.72% 和 31.26%。截至 2011 年底，辖区 13 家期货公司客户保证金余额为 156.606 亿元，同比增长 24.82%，1~12 月，深圳期货公司代理交易额为 20.49 万亿元，比 2010 年同期下降 10.37%。期货公司 2011 年共实现净利润 2.08 亿元，同比 2010 年增长 1.81 亿元，增幅达 14.92%。

（五）上市公司继续增加，但融资额下降

截至 2011 年 12 月底，深圳市共有上市公司 172 家。排名全国第五（前四名为江苏省、上海市、北京市、浙江省），占全国上市公司 2342 家的 7.34%，其中中小板上市公司 65 家，排名全国第四（前三名为浙江省、江苏省、广东省）；创业板上市公司 33 家，排名全国第二位，仅次于北京。受市场环境和发行节奏的影响，辖区融资情况较 2010 年总体大幅度下降。辖区 2011 年共有 39 家公司发生募集资金行为，其中 IPO25 家，较 2010 年同期的 32 家同比下降 21.88%；再融资公司 14 家，比 2010 年同期多 6 家；累计募集资金净额（扣除发行费用后的融资额）555.86 亿元，同比下降 14.87%。

（六）保险业务发展领先全国，经营效益持续提升

全年实现保费收入 359.90 亿元，规模在全国大中城市中位居前四位；同比增长 20.98%，总体增速较全国水平高 10.5 个百分点，在全国 36 个监管辖区中排名第四位。尤其寿险市场更是一枝独秀，增速较全国水平高 17.6 个百分点，在全国排名第三位，仅次于西藏自治区和厦门市。产险市场实现承保利润 7.54 亿元，同比增长 16.21%。全年承保利润率 7.33%，同比提高 0.13 个百分点，较全国水平高 2.59 个百分点，处于近六年来最好水平。13 个主要险种中 8 个实现盈利，3 个减亏；半数以上的公司实现盈利。

三、科技和金融结合创新实践

（一）加大政府支持力度，为科技和金融结合提供保障

深圳市政府对推进科技和金融结合试点工作非常重视。2012 年 4 月，市政府成立深圳市促进科技和金融结合试点领导小组，分管副市长担任组长，科技、金融、财政、税务、法制等 11 个部门参加，办公室设在深圳市科技创新委；6 月，深圳市政府同意在高新区服务中心加挂科技金融服务中心牌子，负责科技和金融结合的具体工作。6 月 8 日，科技部王伟中副部长和深圳市陈彪副市长为科技金融服务中心揭牌；11 月，深圳市政府出台了《关于促进科技和金融结合的若干措施》，围绕科技资源的优化配置和高效利用、发展创业投资和股权投资、发挥金融机构间接融资主渠道作用、拓展科技型企业直接融资渠道、完善科技和金融服务体系等方面提出了若干支持政策。此外，深圳

市政府还同意设立科技和金融结合专项计划，以便进一步推进科技和金融结合试点工作。

（二）推进信贷模式创新，发挥金融机构的间接融资主渠道作用

深圳市金融业较为发达，银行类金融机构90余家，其中外资银行30多家。传统商业银行的运作模式移植到科技创新型企业贷款时，存在着严重的风险与收益不对称性。深圳市政府支持银行业积极探索，在法律框架下推进金融产品和服务方式创新，为科技企业提供差异化的金融服务。

（1）创新担保方式，开展知识产权质押贷款、股权质押贷款、无形资产抵押贷款、应收账款质押贷款、租金收入质押贷款。如交通银行深圳分行通过与LED协会等建立起紧密联系，由这些协会向银行推荐客户，或者由协会、企业和银行三方联合成立专业性担保公司、设立互保金，为企业贷款担保。

（2）推动银行与创业风险投资基金、私募股权基金等开展投贷联动。民生银行深圳分行利用创投机构集聚发展的平台优势，一方面，在对创投机构的综合实力进行全面评判的基础上，优选核心创投机构，以其持有的科技企业上市公司股权为质押提供综合授信，提高创投机构的杠杆水平；另一方面，对于创投机构直接投资的部分科技企业，银行充分考虑企业的核心竞争力和管理的规范程度、创投机构提供的企业培植（上市）计划等因素，按照企业未来的规模和前景核定中长期额度，分阶段予以支持。

（3）银行与政府部门合作，建立风险共担机制。杭州银行深圳分行与南山区科技部门合作，针对科技型中小企业的特点，设立孵化贷和成长贷，采取风险共担、二次审核、信用贷款的方式，帮助科技企业贷款；渤海银行深圳分行通过与高新技术产业园区、产业发展基金、中小企业上市服务机构等平台的合作，为有发展潜力的科技企业提供全面综合融资服务；上海银行深圳分行与各区政府、政府主管部门、高科技园区建立沟通机制，通过与其签订战略服务协议和一揽子授信协议，及时获得科技型企业信息，为科技型企业提供更贴近实际需求的金融服务。

（4）改善金融服务方式，对发展势头好的企业给予积极信贷支持。中国工商银行深圳分行制定个性化行业整体金融解决方案，在制度安排、技术手段和服务渠道等方面采取一系列配套措施，有效满足科技型企业的金融需求，如该行近年已陆续推出"三新企业融资方案"、"供应链融资"和"中小企业上市一路通"等金融产品；中国工商银行深圳市分行围绕深圳经济发展规划和产业政策导向，选取LED、现代物流等十大新兴产业，制订了新兴产业金融扶持方案。

另外，深圳金融机构在科技企业信贷债权转股权，发展供应链融资、存货质押、组合担保贷款，利用集合债券、集合票据等新型融资工具等方面也进行了大胆探索。

（三）完善多层次资本市场体系，拓展科技企业直接融资渠道

深圳市拥有全国两大交易所之一的深圳证券交易所。截至2011年底，全市企业在国内外资本市场上市数达268家，其中在中小板和创业板上市企业超过100家，大部分是科技企业。深圳市建立了区域性非公开科技企业柜台交易市场，首批有72家（项）企业和技术项目挂牌。几家产权交易机构整合组建了深圳联合产权交易所。可以说，深圳市已经形成了主板、中小板、创业板、柜台交易、技术产权交易、技术市场等多层次资本市场体系。

积极推动创业投资业发展。截至2011年底，全市共有备案创业投资企业61家，资产规模约270亿元。据不完全统计，在深圳市设立的各类创投机构有270多家，管理资本超过700亿元，累计投资项目近3000个，累计投资金额560亿元。据2010年统计，在中小企业板上市的204家企业中有创投背景企业90家，其中有深圳创投背景企业24家，占26.7%；创业板上市的117家企业中

有创投背景的 78 家，其中有深圳创投背景的 42 家，占 53.85%。

2011 年 5 月，深圳市联合产权交易所和国信弘盛共同出资建立了深圳新产业技术产权交易所。2011 年，新产业交易所共举办了 6 期面向中小科技型企业的上市培训班，培训企业 200 家。帮助中小科技型企业学习了解新三板、创业板、中小板的挂牌、上市条件、发行实务、改制重组方面的规定和操作要求，提高了企业对资本市场的认识。截至 2011 年底，联交所累计托管、培育上市公司 61 家，直接融资约 300 亿元。

为争取深圳高新区进入扩大试点范围，深圳市政府出台了新三板费用补贴政策，建立了新三板工作联盟，成员已有 24 家。到 2011 年底，新三板工作联盟面向高新区企业开展业务培训 106 场，参与培训企业超过 2000 家，参加培训人员超过 6000 人次。

支持企业通过债券市场融资。充分利用银行间债券市场和交易所，发展中小企业集合债券、集合票据等新兴债务融资工具，制定实施适应中小科技企业融资特点的金融服务方案。

（四）加强平台建设，完善科技企业和金融机构结合的服务体系

建立了科技企业与金融机构对接机制。通过组织推介会、交流会、展示会等活动，使科技企业和金融机构充分接触、沟通，从而找到利益共同点，寻求合作机会。

2007 年 10 月第九届高交会期间，深圳高新区成立了创业投资广场。创投广场引进专业风险投资基金，政府科技扶助基金，券商投行部和非上市业务部，产权交易所，评估、会计、律师事务所及担保、信用、专利服务中介机构入驻，形成了"聚集效应"，为处于不同成长阶段的中小科技企业提供"多层次、立体化、全过程"融资服务。截至 2011 年底，组织企业与投资机构项目对接会 94 期，洽谈项目 985 个，已成功投资项目 126 项。

已组建深圳市科技金融联盟，并于 2012 年 12 月 6 日正式挂牌。首批入盟的银行、证券、投资、担保、保险和科技企业有 100 多家。联盟的建设目标是要打造成交流、合作、创新、发展的科技金融大平台。

四、下一步工作思路

下一步工作将遵循市场经济规律和科技创新规律，不断构建和完善与创新链相适应的资金链，实现全过程覆盖、全链条保障。重点做好以下几项工作：

（1）利用前海的政策资源，推动金融制度创新。前海深港现代服务业合作区由国务院批准设立，允许探索促进现代服务业发展的各项体制机制，特别是金融业发展的体制机制，这是可贵的政策资源。探索符合条件的高新技术企业和金融机构在香港发行人民币债券，拓宽企业债务融资渠道。探索在前海设立科技银行等金融机构，利用新型要素市场促进高新技术企业以非公开方式进行股权融资。

（2）创新科技研发资金的资助方式，提高财政科技资金效率。深圳市政府同意拿出 7 亿元设立科技和金融结合专项计划，切实推动银政企合作梯级贴息、无息贷款、天使投资引导、科技保险资助、服务体系建设等方面的工作。

（3）与创投办合作，争取设立专项子基金。深圳市政府确定了 30 亿元的创投引导基金规模，现只与国家发改委联合设立了 6 只基金，为此深圳市将加快与创投办的协商进度，争取成立专门用于支持科技和金融结合的子基金。

（4）突出重点，支持有条件的地区和单位先行先试。南山区创新资源富集，银政合作方面已做了一些尝试；清华研究院科研、金融、产业一体化，形成了完整的为科技企业服务的融资服务体系；深港产学研基地与金融机构有良好的合作基础，2011年深圳市又和光大银行深圳分行签署了科技金融合作协议。未来，深圳市政府将支持这些基础好、有积极性的地区和单位在科技和金融结合方面进行体制机制创新。

（供稿单位：深圳市科技创新委）

第九章 其他地区科技金融创新实践

（按收稿时间排序）

第一节 长春高新区

为着力推进区域经济增长方式转变，深入扶持科技型中小企业发展，长春高新区积极开展科技和金融结合的构架和建设工作。通过加速整合科技金融资源、搭建服务平台、完善政策体系和拓展融资渠道，截至 2012 年底，全区已初步实现了科技和金融优势互补、互惠互动的良性循环，充分发挥了科技金融服务体系在促进地方经济社会发展中的引领、示范和带动作用。

一、科技资源情况

围绕落实科技部提出的"加快实施科技服务体系火炬创新工程"，长春高新区精心打造创新平台，积极搭建创新载体，全力加快创新资源和要素集聚步伐。目前，长春高新区集聚了吉林大学等 14 所全日制高等学校，中科院长春光机物理所等 39 家科研院所，29 个国家级科研工作站、重点实验室，76 个市级以上企业技术中心。全区研发单位总数已经达到 160 余家，成为吉林省科教资源、研发机构最为集中的区域。

（一）长东北科技创新中心建设取得明显进展

2009 年，长春高新区联合驻长春"一院四所四校"组成"技术创新战略联盟"，采取政府投资拉动、多元化投入、市场化运作、企业化管理的模式，联合建设占地 7 平方公里，总投资 172 亿元的长东北科技创新中心，用于建设产业孵化区、科研教育区、商住配套区三大功能区，重点打造光电子、新材料、新能源、生物医药和现代农业五大专业技术平台和知识产权、人才、金融、信息、孵化、政务和国际合作等七大公共服务平台。全部建成后，可容纳上万名高层次人才创新创业，将成为吉林省、长春市战略性新兴产业的核心引擎，长吉图乃至东北地区科技创新中枢，国内外高新技术人才创新创业的平台。

（二）科技企业孵化器建设快速推进

2011 年，启动建设长东北百万平方米孵化加速园区和 50 万平方米新兴产业示范园项目。全区新建、在建孵化基地 20 个，形成以科技创业服务中心、吉林大学科技园、海外学人创业园、中俄科技园、长春软件园、东北亚文化创意科技产业园等为支撑的创业孵化体系。2011 年，借鉴其他高新区成功经验，启动建设科技大市场，搭建现场服务和网络服务两个平台，发挥成果展示、技术交易、设备共享、信息服务、合作交流"五位一体"功能，初步实现了省市科技资源共享。

（三）企业自主创新能力加快提升

全区认定高新技术企业占全市 70%、占全省 40%；全区集中全省 80% 的自主创新型、处于初创期的中小科技企业。近三年，区内企业参与修订、制定国家技术标准 35 项，申请专利 2700 件、发明专利 1200 件，获得各级各类计划 704 项，获各级科技立项扶持资金 6.2 亿元。各类科技计划立项数始终占全市的 50%、全省的 30% 以上。

（四）在全省率先启动"人才特区"建设

2011 年，在吉林省长春市的大力支持下，长春高新区以打造汇聚精英人才"长白慧谷"为目标，启动"人才特区"建设，重点实施"领军人才集聚、创新人才引育、管理人才提升、技能人才成长"四项计划，每年出资 1 亿元扶持创新创业，吸引集聚了一批行业领军人才及高级管理人才。目前，全区人才资源总量约 90000 人，其中高端创新人才 30000 人，占长春市的 60% 以上；拥有博士、硕士 2400 多人，海归人员 1000 多人，其中领办创办企业人员 242 人；拥有两院院士 21 人，获得省政府人才开发资金资助的特贴专家达 23 人，占全市总量的 60%；区内设有博士后工作站 15 家，占全省一半以上。初步形成了一支门类齐全、梯次合理、素质优良、新老衔接、能够满足创新创业发展需要的高层次人才队伍。

二、金融资源汇聚情况

（一）建设区域金融中心、打造区域服务高地

2009 年，长春高新区着眼于进一步提高自主创新能力，加快转型升级，制定了《高新区新一轮发展战略规划》，明确提出突出"高新高端"特色，积极培育发展战略性新兴产业和高端服务业。2011 年，长春高新区制定完成"促进科技和金融结合试点园区建设方案"，在吉林省、长春市政府及相关部门的支持下，积极开展试点工作。吉林省政府和长春市政府已出台和将出台的一系列政策措施，赋予高新区体制机制和发展模式的创新突破、先行先试权。

通过开展科技和金融结合试点园区建设，搭建服务平台，完善政策体系，进一步整合科技、金融资源，构建科技和金融优势互补、互惠互动的良性循环系统。区级财政每年投入科技和金融专项扶持资金 2 亿元，重点用于金融机构开办补助，科技支行风险补助，金融机构新增业务奖励、产权交易费补助，债券融资手续费补助，科技保险费用补助，金融机构房租补助，企业融资补助以及企业科技创新八个方面，引导金融服务业发展，形成科技和金融资源加快集聚、高效配置、互相促进的发展态势。充分发挥科技和金融在促进地方经济发展中的引领、示范和带动作用。

（二）集聚各类金融要素，为区域经济社会发展提供动力

长春高新区已聚集银行、股权类投资机构、小贷公司、担保公司、证券公司、会计师事务所、评估中心等中介服务机构 113 家，其中签约合作银行 16 家，注册股权类投资机构 37 家，签约券商 18 家，以"沃顿财富广场"和"省创投集团总部大厦"为核心的区域金融中心已初现端倪。政策完善、资源集聚、层次多样、功能健全的金融服务软环境正逐渐成为长春高新区新一轮发展的动力和源泉，产业发展能力、自主创新能力、城市承载能力和综合服务能力均大幅提升，主要经济指标快

速增长，以科技金融为核心的高端服务业成为高新区快速发展的强大引擎。

三、科技与金融结合创新实践情况

（一）构筑金融服务平台，促进科技和金融有效结合

2009 年，在长春高新技术产业区实施新一轮发展战略和"十二五"发展规划的大背景下，为破解科技型中小企业融资难问题，长春高新区成立了金融工作领导小组；2010 年又率先成立专职金融服务机构——金融上市办公室和长春高新区科技型中小企业投融资服务中心。长春高新区自身形成了一套由金融上市办统筹构架、科技型中小企业投融资服务中心搭桥对接，统领全区金融工作，合理配置金融要素的区域性金融支撑服务体系框架。

2011 年 5 月，吉林省、长春市、长春高新区三级科技和金融结合试点领导机构和联席会议制度建立，吉林省政府成立由主管副省长为组长，吉林省科技厅牵头，会同"一行三局"（即吉林省中国人民银行、吉林省证监局、吉林省银监局、吉林省保监局），以及吉林省金融办、吉林省财政厅等部门组成吉林省"促进科技和金融结合试点建设领导小组"，长春市政府也成立主管副市长为组长的领导小组，负责制定出台相关扶持政策，调动全省金融、科技和行政资源，全力支持、指导高新区推进试点园区建设。科技金融结合联席会为吉林省、长春市、长春高新区三级聚合资源、协同联动、共同推进试点提供组织保障。

（二）优化科技金融资源配置，创新财政科技投入方式

长春高新区秉承"提升自主创新能力为核心，推进高新技术产业化"的宗旨，着力引进和培育具有核心技术、市场竞争力强、高成长性的科技型企业，制定人才引进、创业孵化、科技创新、产业发展等方面扶持政策，创新财政投入方式，加大财政扶持力度。目前，已形成以《关于鼓励和扶持企业加快发展的若干意见》、《关于鼓励技术创新促进产业发展的实施意见》和《关于做强六大产业链推进主导产业发展的实施意见》等 12 项专项政策，组成覆盖企业发展全过程的财政资金扶持体系。

（1）设立科技成果转化资金。针对成长期和加速期科技企业，设立科技成果转化资金，2012 年投入 5000 万元，并以此为基数逐年递增，递增比例不低于财政收入增长比例。资助企业增强科研开发能力，开展科技创新和成果转化，并对科技企业获得的国家级科技立项给予 20% 的配套扶持；对企业科技创新过程中取得专利、软件著作等知识产权，给予财政专项补贴。

（2）设立融资专项扶持资金。针对科技企业产业化发展阶段的需求特点，为降低企业的融资成本，提高企业借助金融资本发展的能力，对自有科技项目转化和产业化产生的建设贷款，给予 40%~60% 的利息补贴，三年累计补贴 1151 万元。

（3）设立"长白慧谷英才计划"。在吉林省、长春市组织部的支持下，在长春高新区设立人才特区，制订"长白慧谷英才计划"，财政每年投入 1 亿元，资助科技企业引进高层人才，资助高层人才在高新区创新创业。2012 年初，首批 14 位"长白慧谷英才计划"入选英才携项目获得高新区 945 万元资金支持。

（4）设立中科院项目专项资金。制定出台《鼓励和支持中国科学院项目入驻长东北科技创新中心暂行办法》，由高新区财政出资设立 3 亿元的风险投资基金，优先用于中科院入驻项目的股权投资和风险投资；每年出资 1 亿元，设立中科院项目专项资金，支持平台建设运营、项目技术研发、成果转化、产业化示范和人才引进等。

（5）科研项目产业化补贴。针对六大主导产业重点科研成果产业化项目，在给予企业工业用地最优价格的基础上，又制定优质项目购地建厂补贴等相关扶持政策。采取开工期和竣工期两阶段分批补贴的财政扶持方式，缓解企业因购地建厂造成的资金紧张，为企业持续稳健发展提供强有力的金融支撑。2011年，长春高新区执行优质项目购地建厂补贴资金近3亿元。

2009~2011年，长春高新区用于政策资助科技创新创业和金融业发展的支出累计超过12亿元。未来长春高新区用于政策资助科技创新创业和金融业发展的支出比例将逐步达到本级财政支出的5%，引导金融服务业发展，推动企业的科技创新，促进科技和金融的有机结合，助力企业快速成长。

（三）构建政策资源载体，营造金融政策软环境

长春高新区坚持突出政策载体作用，积极争取各级政府的政策资源，使其成为各级政府鼓励创新，支持创新，建设创新型国家，落实扶持政策的重要平台。

2009年，长春高新区管委会出台了《长春高新区关于鼓励投融资发展暂行办法》和《实施细则》，以启动经费、房租补贴、投资增量补助、业绩奖励等形式，集聚股权投资机构、担保公司、小贷公司、银行、金融租赁公司、保险公司等各类金融机构，以及证券公司、管理咨询、律师事务所、会计师事务所、资产评估事务所等各类金融中介机构，促进资本和科技的有机融合，建立有助于企业发展的区域金融环境和活跃的金融氛围。已累计兑现政策补贴1150.73万元，各类金融机构呈现快速集聚的态势，倾力打造的区域性金融环境已初步形成。

为发挥财政资金对股权投资的引导性作用，2009年，长春高新区在原长春高新风险投资公司基础上，设立总投资额10亿元的科技成果转化基金和总投资额3亿元的长春高新创业投资集团有限公司，并以高新创投集团为母体，依托国家和吉林省、长春市相关部门的资金支持，通过参股、给予启动经费、房租补贴等方式引进中国银河投资、盈富泰克创投等创投公司，联合募集成立高新创投基金、国家生物医药发展基金、汽车电子产业发展基金等专项股权投资基金，引导股权投资机构集群化发展。

（四）发展创投资本，形成科技创新的接续孵化模式

2000年，长春高新区和长春市科技局共同发起设立吉林省第一家专业科技风险投资公司。目前，高新区集聚38家股权投资机构，注册资本从5000万元增长至62亿元。长春高新区已形成从创业投资到产业投资覆盖企业成长全过程的股权投资链条，成为吉林省内唯一的股权投资机构聚集地。

（1）天使投资。为弥补专注初创期科技企业的天使投资机构（群体）缺乏，长春高新区财政每年投入300万元设立天使资金和孵化资金。通过创业大赛的形式，筛选拥有自主科技成果的创业项目和初创期科技企业，资助创业者创办科技企业。通过连续三届青年科技创新创业大赛累计无偿资助科技型中小企业67家，一批初创企业在创业孵化资金的支持下，得以成立、发展和壮大。

（2）创业投资。长春科技风险投资有限公司是高新区最具代表性的创投公司，目前资产总额20082万元，累计投资53家，累计投资23180万元，同时吸引其他资金投入高新技术项目和企业，累计带动投资金额超10亿元。该公司作为发起人投资了吉大天元公司等十余家企业，促进了科技项目和企业的快速发展；所投资公司不仅是高新区所属行业的骨干企业，也是国内相关行业内的领军企业；部分企业已陆续获得其他创投机构的第二轮投资。

（3）产业投资。2009年，高新区强化了财政资金的股权投入力度，成立总投资3亿元的长春高新创业投资集团有限公司，与其他机构合作成立子基金，发挥投融资发展政策作用，吸引各类股权投资机构参与产业投资。2011年以来，各类股权投资机构已累计为高新区内的中玉农业等19家企

业投资 6.12 亿元，并计划为尽职调查的 15 家企业投资 5.8 亿元。

截至目前，长春高新区初步形成以财政性天使资金为引导，集聚和培育高增长型科技企业资源；以高新创投集团为核心，发挥募集创投资本蓄水池作用，聚集社会资本扩大高新区私募股权投资规模；以长春高新风险投资公司为引领，培育有投资价值的科技企业资源，私募股权基金产业化资本助力的有效资本支持体系。具有长春高新区特色的"硅谷模式"正在为驻区企业科技创新提供源源不断的动力。

（五）创新金融信贷产品，助力科技企业做大做强

高新区财政出资设立"长春高新区科技型中小企业贷款风险补偿专项基金"，用于高新区内科技企业增信、银行信贷风险补偿，引导合作银行为企业提供信贷支持，目前已与国家开发银行、中国银行、光大银行、中国工商银行、兴业银行等 13 家银行签署合作协议。

（1）推进信贷融资平台建设。依托高新区"风险补偿专项基金"，鼓励和支持协议银行以产业链为核心，以汽车制造、生物医药、光电子等主导产业的龙头企业为重点，设计符合科技企业特点的创新金融产品。为上游中小科技企业提供票据贴现、保理业务、应收账款质押等服务；为高新区各孵化器内科技企业提供互保申贷、无抵押贷款；为具有自主知识产权、发展潜质好、无实物抵押的科技企业，提供知识产权质押、股权质押贷款等。两年来已有 141 家科技企业（中小企业 51 家）通过投融资服务平台获得信贷服务，贷款总额 9.6 亿元。2012 年，科技贷款余额突破 17 亿元，科技贷款新增额由 2011 年的 2.8 亿元提升至 6.8 亿元；2012 年，科技担保机构的担保贷款余额达 5.8 亿元，比 2011 年增长近 3 亿元。

（2）推进小额贷款公司发展，为企业短期资金需求建立渠道。充分利用吉林省、长春市金融办赋予的小贷公司初审权，加快对小贷公司的培育发展。目前，已有 25 家小贷公司申请注册，8 家获准正式营业。小贷公司充分发挥抵押方式灵活、贷款审核快捷的优势，累计为区内企业放贷超过 150 笔，贷款金额 3.38 亿元。

（3）推广"政＋投＋保＋银"模式，建立金融要素联动机制。以高新区政策性科技计划立项资助，引导股权投资机构跟投，促进信贷资金跟进，即在"政＋投＋保＋银"模式成功案例的基础上，与金融机构深度合作，在高新区建立起信贷机构、股权投资机构、担保公司联合业务机制，通过项目筛选、评审、风险防范和利益分享等联动机制，提高对企业资金投放能力和风险管理能力。2011 年，高新区引入北京中元信用担保公司等民营担保企业，与中国建设银行吉林省分行合作为博迅生物公司完成首笔 2000 万元新药证书质押贷款，为奥来德股份公司组合融资 1100 万元。

（六）着眼多层次资本市场，推进企业股权市场化交易

目前，高新区内共有境内上市公司 7 家和境外上市公司 1 家，其中高新技术企业 5 家。长春高新区按照不同层次资本市场的上市要求，对符合上市条件或具备上市潜质的科技企业进行筛选，鼓励和协助企业争取在境内主板（含中小企业板）、创业板及境外上市；同时，高新区全力争取非上市股份制公司代办股份报价转让试点，以拓宽驻区企业资本市场融资渠道。

（1）政策引导。出台《鼓励企业进入代办股权转让系统暂行办法》、《关于鼓励投融资发展的暂行办法》和《实施细则》，根据企业上市进程，分阶段给予财政补贴：在股改阶段，依据企业资产规模分别给予 10 万~20 万元的补助，并对企业改制过程中，因整体变更补缴的企业所得税区留用部分给予企业用于改制补贴；企业在代办股份报价转让系统挂牌、在境内主板（含中小企业板）、创业板及境外上市或通过收购高新区外上市公司实现重组上市的，给予 50 万~100 万元补贴；对辅导区内

企业成功挂牌或上市的证券主办保荐机构，分别给予 10 万元和 20 万元奖励等政策资金扶持。目前，高新区对拟上市和挂牌的近 20 户企业兑现股改补助、贷款贴息补助资金 403 万元，为鸿达信息兑现补缴所得税留成部分补贴 1600 万元。

（2）企业培育。建立"高新区金融服务信息管理系统"，汇聚全区科技企业信息，联合 16 家合作券商对筛选出的 300 家企业进行逐户调研，调研后确定 100 家具备上市潜质的企业信息，并录入"高新区金融服务信息管理系统"进行动态管理，为其提供有效融资对接，敦促券商提出合理整改方案，加快上市准备工作，合力推进企业上市进程。建立了由 200 户企业组成的重点上市企业库，帮助企业提高财务指标水平，策划和落实改制上市方案，提前做好上市前准备工作。目前已确定境内外上市储备企业 11 家，新三板储备企业 50 家。

（3）密切合作。组织召开工商、税务等多部门参加的上市工作协调会，建立上市工作协调机制、服务流程和绿色通道，确保上市工作有序推进。与吉林省、长春市产权交易中心密切合作，设立高新区企业板块，充分利用其技术产权交易所联盟和报价系统，为高新区内科研院所、科技企业的科技成果流转，科技型中小企业非公开股权融资提供服务；高新区对在产权交易系统实现交易的科技企业和个人，给予政策扶持，以提高企业利用产权交易系统融资的积极性。

（七）营造区域金融氛围，提升企业资本市场意识

为提升企业利用社会资本的意识和能力，了解不同融资渠道，高新区不断探索和尝试多样化金融推介活动。2012 年，金融办累计组织百场融资培训或对接会，包括吉林省金融下基层服务大会、科技金融与企业自主创新交流会等大型对接活动，软件动漫企业专场融资培训会、汽车电子行业股权融资专场对接、香港贸促会融资推介会、企业融资路演等专场融资活动，兴业银行合作举办的"浓情八月品茶鉴赏·私募股权对接会"、与招商银行合作举办的企业家高端金融交流培训会等高端商务对接、专业研习和论坛，60 余家金融及中介机构参加的"区域资本市场助推科技创新活动周"。

这些活动加强了金融机构与企业的联系、增进了企业对金融服务的理解和认识，提高了企业的资本意识和对金融产品的使用技巧，为企业转变观念、借助外来资本的力量实现快速发展奠定了基础。同时，高新区与金融机构紧密联合，深入挖掘企业融资需求，针对科技企业特点，设计一系列创新金融产品满足企业多种融资需求，充分发挥了高新区投融资服务平台的纽带作用，树立了金融服务的良好形象，使高新区内金融与科技融合的氛围日益浓厚。

在促进科技金融有机结合、推动企业借助资本市场实现跨越发展方面，长春高新区进行了积极探索和尝试，打造包括"一个中心、多条通道"在内的科技金融服务体系；平台功能完备、要素集聚，初步实现了从风险投资到信贷融资再到上市融资的全周期金融孵化——培育体系；构架了财政资金、产业和创投基金、银行贷款等互为补充、互为催动的多元化融资网络，为科技和资本的高效对接铺设了一条畅通之路。

（供稿单位：长春高新区管委会）

第二节　福建省

2011 年，在福建省委、省政府的正确领导下，福建省科技厅坚持以科学发展观为指导，认真贯

彻落实党中央、国务院和省委、省政府的各项决策部署，紧紧围绕主题主线，突出服务企业，大力推进自主创新，实现了"十二五"科技发展开好局、起好步的目标，科技综合实力明显提升。

根据科技部最新监测，福建省综合科技进步水平居全国第九位，比 2010 年提升两位，其中科技促进经济社会发展指数居第五位，高新技术产业化指数居第七位。

重组戊型肝炎疫苗成为世界上第一个获准上市的戊型肝炎疫苗；厦门大学焦念志教授当选中科院院士；1000 多项科技项目列入国家科技计划，获得经费资助 9.74 亿元（当年到位经费 7.37 亿元），创历史最好水平；7 项科研成果荣获国家科技奖，5 件专利获得中国专利优秀奖。全年新增专利申请 3.23 万件、专利授权 2.19 万件，分别环比增加 47% 和 21%；其中发明专利授权 1945 件，环比增 58.9%。全省 6 个设区市、70 个县（市、区）通过新一轮科技进步考核，其中 28 个被评为先进。

一、科技资源情况

福建省地区综合科技进步水平指数为 56.35%，居全国第九位，比 2010 年前移两位。在一级指标中，科技促进经济社会发展指数和高新技术产业化指数仍排在第五位和第六位；科技活动投入指数由 2010 年第十三位上升到第十一位，科技活动产出指数由 2010 年第十六位上升到第十三位；科技进步环境指数由上年的第十五位下降至第二十位。总体上看，福建省综合科技进步水平低于全国平均水平（60.05%），但高于 50% 的地区，与辽宁省、陕西省、浙江等省一并处于第二梯队。

（一）科研机构

据统计，2011 年，全省纳入统计的县以上（不含县属）政府部门属科学研究与开发机构 97 个，其中：自然科学类机构 81 个，社会与人文科学类机构 3 个、科技信息和文献机构 13 个。非政府部门属研究与开发机构和综合技术服务业中有研发活动的事业单位 26 个以及转制机构 11 个。此外还有县属研究与开发机构 80 个。

（二）科技投入

2011 年，福建省全社会 R&D（研究与试验发展）经费 221.5 亿元，占 GDP 比重达到 1.26%；2010 年，福建省财政科技投入 323057 万元，占全省财政投入支出比重 1.91%；福建省本级财政科技投入 62006 万元，占全省本级财政支出比重 2.15%。

（三）科技创新平台

"十一五"以来，福建省科技厅累计下达省级科技创新平台计划项目 260 多项、安排省级科技专项经费 3 亿多元，支持并引导带动有关部门和单位共同建设科技创新平台，涵盖从基础研究到产业化的科技创新创业整个链条，涉及新一代信息技术、生物与新医药、新材料、节能环保、高端装备制造、纺织产业、海洋高新产业等领域。经过多年建设，福建省初步建成包括技术研发协作平台、科技成果转化平台、科技资源共享平台和科技中介服务平台四大类平台构成的比较系统的科技创新平台体系。2011 年，登记技术交易合同 4839 项，金额 53.4 亿元，同比增长 40.1%。福建省拥有国家重点（工程）实验室 9 个、省级重点（工程）实验室 61 个；国家工程（技术）研究中心 6 个、省级工程（技术）研究中心 85 个、省级企业工程（技术）研究中心 45 个；企业技术中心 264 个；生产力促进中心 101 个，其中国家级示范生产力促进中心 10 个，省级重点生产力促进中心 7 个；科技企业孵化器 29 个，其中国家级科技企业孵化器 7 个；各类科技创新公共服务平台 40 个；行业技术开发基地 29 个（见表 9-1）。此外，还建成了大型仪器设备协作共用网、福建省生物安全三级实验室、自然科技资源库等科技创新公共服务机构。科技创新平台的建设，有效提高了福建省自主创新基础能力，促进了科技人才的集聚和培养，有力提升了重点产业的竞争力，产生了良好的社会效果。

表 9-1　福建省科技创新平台情况表

序　号	项　　目	数　　量
1	创新平台	318
	其中：工程技术研究中心	72
	生产力促进中心	101
	科技企业孵化器	29
	重点实验室	56
	国家级重点实验室	6
	省部共建国家重点实验室培育	4
	省级重点实验室	50
2	高新区及产业化基地	23
	其中：国家级高新区	3
	省级高新区	3
	国家高新技术产业化基地	8
	国家火炬计划特色产业基地	9
3	高新技术企业	1493
	其中：省级认定	830
	厦门市认定	663
4	创新型（试点）企业	538
	其中：国家创新型企业	14
	国家创新型试点企业	10
	省级创新型（试点）企业	514
5	省级重点产业技术创新战略联盟	19
6	科技重大专项	13（186个专题）
7	农业产业化龙头企业	220
	其中：国家级	35
	省级	185
8	省发改委工程研究中心	17
9	省发改委工程实验室	12
10	省发改委公共技术服务平台	6
11	省经贸委行业技术开发基地	29
12	省经贸委企业技术中心	264

（四）科技人才队伍

截至目前，福建省从事科技活动人员 13 万人，其中两院院士 16 人，国家有突出贡献专家 80 余人，入选"百千万人才工程" 800 名，享受国务院特殊津贴专家 2000 人。在基础研究领域形成了一支以我国著名科学家和中青年科学家为学术带头人、以青年科研人员为主要学术骨干的创新人才队伍，团队攻关能力大幅提升，其中国家杰出青年基金项目获得者 50 人，省杰出青年基金项目获得者 117 人。

（1）科技人才资源总量。2010 年，福建省 R&D 人员数量为 10.14 万人，R&D 人员全时当量为 7.67 万人年（其中，大中型企业 44062 人年，占 57%）。每万人中科技人才资源数量：2010 年福建省每万人中 R&D 人员数量为 27.46 人，每万人中 R&D 人员全时当量为 20.77 人年（全国平均 19.05 人年/万人）。

（2）R&D 人员结构与分布。2010 年，全省 R&D 人员（人年）主要集聚在福州（27044 人年，占比 35.2%）、厦门（22648 人年，占比 29.5%）和泉州（9698 人年，占比 12.6%）；按不同执行机构划分，企业 R&D 人员占比最高，达到 82.7%，科研机构和高等学校分别占 3.6%和 7.7%。

（五）高校科研

福建省有各类高等院校 88 所，依托高校建设国家重点实验室 3 个、国家工程技术研究中心 3 个。

2010 年，全省高校科技活动投入经费 153777.5 万元，其中 R&D 经费投入 97432.4 万元，支出 79214.7 万元；承担各类科研项目 17248 项，其中，自然科学 10085 项，人文社科 7163 项；承担国家级科研项目 1565 项（自然科学 1236 项、人文社科 329 项），其中，国家"863"计划项目 92 项，国家科技支撑计划项目 30 项，国家"973"计划项目 73 项，国家自然科学基金项目 1032 项；开展国际合作项目 9 项，国家社科规划项目 329 项；主办国际学术会议 64 次，参加人员 5319 人次。

2011 年度，全省高校主持完成的项目成果获国家技术发明奖二等奖 1 项、国家科技进步奖二等奖 1 项；获福建省科学技术奖 66 项（含合作项目），占全省获奖总数的 35%。2010 年全省高校申请专利 963 件，获授权专利 507 件；出版著作 762 部，其中，科技著作 22 部；发表学术论文 18137 篇，其中，自然科学 10547 篇，人文社科 7590 篇，被 SCI 收录 1846 篇、EI 收录 1609 篇、ISTP 收录 747 篇。

（六）企业技术创新

2011 年，企业正在成为福建省技术创新的主体。全省建有国家级、省级创新型（试点）企业 538 家、高新技术企业 1493 家、知识产权试点示范企业 1085 家；企业建设省级以上工程（技术）研究中心 68 个，占全省的 50%；省级以上企业技术中心 297 个（含国家级 27 个）。工业企业开展研发活动单位数、研发经费支出、研发活动人员分别占全省的 77.3%、87.7%、81.8%；工业企业申请专利、授权专利、申请发明专利和授权发明专利占全省的 59.83%、61%、53.1%和 49.56%；全省 60.8%的省级科技获奖成果来自企业。

二、金融资源情况

作为一家根植于海峡西岸经济区的中小银行，福建海峡银行坚持以"服务海西经济、服务中小企业、服务百姓民生"为市场定位，认真贯彻落实国务院、中国银监会和福建省人民政府、福建省银监局关于加强小微企业金融服务的政策精神，主动发挥机制灵活、流程高效的优势，将小微企业作为主要服务对象。福建海峡银行先后于 2006 年、2007 年被中国银监会、福建省银监局授予"全国银行业金融机构小企业贷款工作先进单位"、"福建省小企业金融服务先进单位"光荣称号，龙岩分行行长被中国银监会授予"2011 年度全国银行业金融机构小微企业金融服务先进个人"荣誉称号；并在中国人民银行福州中心支行对省内 19 家金融机构 2010 年执行中小企业信贷政策的情况评估中，获得"优秀"级评价（为最高级别，福建省共 5 家）；在《当代金融家》杂志举办的"2011 年最佳中小银行评选"中获得"最佳服务中小企业银行奖"。

三、科技与金融结合创新实践情况

（一）优化科技资源配置

福建省通过项目、基地、人才三位一体的整体推进机制，将有限的科技资源汇聚到企业技术创新这一"支点"上，激励和引导更多的企业参与技术创新，走创新发展之路。出台了《关于促进科技成果转化和产业化的若干意见》等一系列文件，设立了科技创新与成果转化专项资金，围绕技术研发、成果转化、平台建设、人才培养等企业科技创新链中的关键环节，全方位支持企业科技创新。组织开展科技政策宣讲辅导，完善政策执行部门会商和信息沟通制度，推动企业研发费用税前加计扣除、高新技术企业所得税减免等激励自主创新政策的有效落实。按照以企业为重点的科技工作导向要求，对科技计划体系进行科学梳理和分类，形成基础计划培育源泉，重点计划跟进孵化，重大项目进行培育，重大专项集中突破的阶梯式相衔接的计划体系。进一步确立科技重大专项和科技重大项目以企业技术创新需求为导向的立项机制，所有应用开发类项目均要求企业参加、产学研联合实施。将科技创新平台与科技重大专项紧密结合，除公共服务类的省级科技创新平台外，新建的创新平台都由企业承担。突出抓好激励创新重点政策的落实，从 2008 年政策执行以来，共为企业研发费用加计扣除 31.24 亿元，共为高新技术企业实际减免所得税 17.5 亿元，科技创新政策"杠杆效应"逐渐凸显。

（二）科技保险发展状况

2011 年，为支持福建省高新技术企业，分散和化解创新创业风险，有效实施自主创新战略，福建省科技厅、财政厅联合出台了《福建省科技保险补贴资金使用管理暂行办法》，具体规定了开展科技保险的企业类型、保险品种、保费补贴比例以及申请补贴方式等方面内容，为福建省科技发展提供了坚实的财政支持。2011 年，福建省各区市参加科技保险的企业 56 个，其中福州、泉州和漳州三市参保企业共有 43 个，占总数的 76.8%。福建省科技保险各类数目较少，目前政府主要参与出口信用保险、关键研发设备保险与产品质量保证保险，其中出口信用保险占总数的 89.3%，关键研发设备保险与产品质量保证保险各 3 项，占总数的 10.7%。保费补贴险种主要有两种，分别为产品责任险与财产综合险。科技保险保费共计 1471.26 万元，其中政府补贴保费金额 437.49 万元，占总保费的 29.74%；企业缴纳保费金额为 1033.77 万元，占总保费的 70.26%，如表 9-2 所示。出口信用保险承保的高新技术企业 66 家，提供的风险保障为 18.8 亿美元，合计受理企业报损金额为 1331.8 万美元，支付赔款 55.8 万美元。出口信用保险让高新技术企业得以放心大胆地采用"先发货、后收款"的方式，积极拓展海外市场。

表 9-2　科技金融服务指标

指　标 \ 年　份	2011
科技保险种类数量（类）	3
保费补贴险种数目（个）	3
政府补贴保费金额（万元）	437.49
企业缴纳保费金额（万元）	1033.77
开展科技保险公司数量（个）	56
股权融资交易数目（个）	13
股权融资交易额（万元）	10200
科技融资担保机构数目（个）	1

（三）科技银行建设工作进展情况

2012 年，按照福建省领导的指示，福建省科技厅认真开展成立科技银行支行相关调研工作，根据省外有关省、市成立科技银行支行的情况，并与相关部门进行了探讨。福建海峡银行作为一级法人决策快、决策链短，以及以中小企业特别是以小微企业为主要服务对象的市场定位和专业的服务队伍优势，有利于快速、充分贯彻落实政府扶持科技型中小企业各项政策措施和要求，切实解决科技型中小企业融资难问题，符合科技银行建设的基本条件。福建省科技厅向各设区市下发《福建省科技银行成立方案（征求意见稿）》，组织福州市科技局、福州市财政局等相关部门召开福州市科技支行成立方案的座谈会，重点落实省、市财政及海峡银行各出资 2000 万元设立风险池的事宜。目前，海峡银行福州怡丰支行已得到总行和银监局批复，正式更名为福州科技支行。

（四）加强科技型企业上市培育服务

根据《关于加强科技型企业上市培育服务工作的若干意见》和《关于印发加强科技型企业上市培育服务工作实施方案的通知》，福建省科技厅开展一系列工作，通过投融资服务平台的战略联盟，开展企业战略咨询、商业模式设计、法律咨询、财务咨询等各类服务，加强对上市后备企业进行科技政策辅导。鼓励上市后备企业申报高新技术企业、创新型试点企业、国家和省各类科技计划等项目，加大对上市后备企业的科技立项配套，提升上市后备企业的研发能力，培育并推动一批上市后备企业做大做强。召开"福建省科技型企业上市融资发展座谈会"，分析科技型企业如何有效依靠中小板、创业板两个资本市场融资，进而发展壮大。"新三板"工作对加快培育和发展战略性新兴产业，解决中小企业融资难等问题都具有重要的作用。福建省委、省政府高度重视国家高新区争取进入"新三板"试点工作。福建省科技厅研究部署国家高新区争取进入"新三板"试点的工作，将"新三板"工作作为加快高新区建设，促进自主创新和新兴产业发展的重要抓手，召开了"新三板"专题工作会议，同时在泉州市召开"新三板"工作协调会，采取切实有效的政策措施，做好各项准备，推动泉州市国家高新区进入"新三板"扩大试点。

（五）促进科技与信贷结合

为加强科技资源和金融资源的结合，进一步加大对科技型中小企业信贷支持，缓解科技型中小企业融资困难，促进科技产业的全面可持续发展，福建省银监局、福建省科技厅和福建省知识产权局联合出台了《关于进一步加强科技型中小企业金融服务的实施意见》，推动科技与金融的结合，促进企业自主创新。福建省科技厅和福建银监局联合举办"科技与金融战略合作协议签约仪式暨银行支持科技型中小企业融资产品推介会"，福建省科技厅与兴业银行、中国银行福建省分行、招商银行福州市分行、平安银行福州市分行、福建海峡银行、泉州银行等六家商业银行签订《科技与金融战略合作协议》。根据协议要求福建省科技厅为商业银行推荐优秀企业和项目，为银行提供专业性技术咨询等支持；签约商业银行针对科技型企业设计金融产品和服务策略，提供重点信贷支持和全方位金融服务。同时，福建省科技厅与商业银行积极探索知识产权和科技计划项目质押、科技型企业贷款贴息等新型金融贷款模式，提升科技型中小企业的贷款能力；福建省科技厅为银行提供信用、科技咨询支持，推进科技型中小企业信用等级评级和无形资产评估；引入专家团队为银行审贷委员会参与评审机制，对科技含量高的企业和项目提出专业性技术指导意见；加强与银行合作，积极为省内科技型中小企业争取国家创新基金的贷款贴息项目，发挥财政资金的引导作用，引导企业和银行的合作，促进银行加大对企业的信贷支持。

（六）搭建科技型中小企业投融资服务平台

融资难是困扰科技型中小企业发展的瓶颈之一，受国际金融危机影响，科技型中小企业对融资服务的需求更加迫切。为此，福建省科技厅积极搭建科技型中小企业投融资服务平台，参股了以投资扶持科技型企业发展为主的福建省华科创业投资有限公司，建设并试运行"闽台科技型中小企业投融资服务平台"，加强对科技型中小企业及其技术创新活动的投融资服务，畅通风险资本运行通道，提高融资成效。2011年，由福建省人民政府批准，福建省科技厅、福建省发改委等有关部门共同推动建设，福建省高新技术产权交易所运营的福建省创新创业企业股权融资与交易市场正式运营，目前已有2个股权融资项目对接成功进行投资签约，2家创业投资企业为其融资1200万元；此外7个企业股权融资项目经过交易商尽职调查正式挂牌，4个技术产权转让项目进行推介；4家企业进行股权融资项目路演，融资意向总金额为9000万元。

（七）从多个层次扩大直接融资

围绕重点产业调整振兴规划，加大对关联度高、带动性强的龙头企业、重点企业上市扶持力度，积极推动拥有自主知识产权、竞争力强的大企业（集团）在主板发行上市；加大对运作规范、业绩突出、具有扩大经营规模和再融资能力的上市公司的支持，采取公开增发、定向增发等方式扩大融资规模，增强公司实力，推动公司整合提升；发展中小板、创业板市场融资。总结资本市场"晋江现象"的成功经验，加大对中小板、创业板上市后备企业的扶持力度，尤其是生物医药、节能环保、新能源、新材料、信息网络、海洋科技等战略性新兴产业中小企业的培育和扶持，通过大力培育国家科技型中小企业技术创新基金创新产业集群，推动了一批具有核心竞争力、成长性好、拥有自主知识产权的科技型、创新型中小企业到中小板、创业板发行上市。积极支持中小板、创业板上市公司通过资本市场再融资，进一步提升企业的资本实力。加强与中国香港、新加坡、澳大利亚、韩国等境外证券交易所和证券中介机构合作，加大政策咨询、业务指导和培训等工作力度，帮助省内企业了解、熟悉境外市场上市的有关法律法规，推进企业到境外上市和再融资。研究推动福建省产权交易中心发展为非上市非公众公司开展私募股权融资和股权转让业务，并发展成为海峡两岸股权交易市场，为台资企业和海西区域内的非上市公司股权融资与转让提供区域性的市场平台。

四、开展科技金融工作的问题、难点

（一）科技保险地域分布不均衡

福州、泉州和漳州三市参保的企业共有43个，占总数的76.8%，而其他六个市仅占总数的23.2%，科技保险企业的分布呈现出严重的地域不均衡（见图9-1）。科技金融是解决科技型中小企业融资难的重要手段，服务主体是科技型中小企业。但2011年全省参加科技保险的企业只有56家，数量占全省科技型中小企业的比例非常小，其中主要的原因在于中小型企业没有形成良好的科

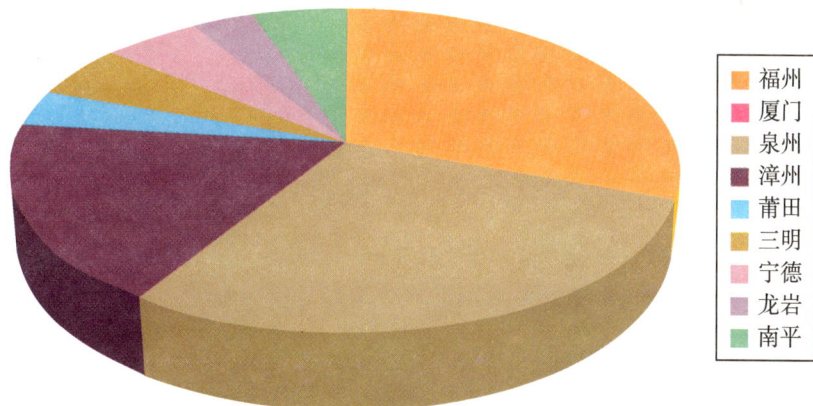

图9-1　参加科技保险企业地域结构

技参保意识，对科技风险防范意识差。企业参保数量较少的另外一个原因在于政府及金融机构对企业资格审核过严，很少有企业能够完全地满足规定的要求，因此没有机会参加保险。

（二）科技金融样式较单一

福建省科技金融服务以科技保险为主，而与科技金融相关的其他服务业，如风险投资服务业、银行业、证券业、资产评估、会计、审计、金融信息等虽已经开始发展，但仍较少，因此没有形成真正的科技金融服务业产业集群。在科技保险方面，险种过少，不能够满足科技型中小企业的投保需求。

（三）缺乏有效的机制

资金构成规模偏小，结构单一。目前，福建省科技金融资本明显偏少，投资渠道狭窄，但民间资金比较充裕，信贷市场、票据市场、资本市场、民间融资市场均有较多资金。银行、证券、担保机构数量众多，但是企业，特别是中小型企业，依然感到融资困难。许多创投基金把精力放在"短、频、快"的上市前企业投资上。

（四）政策的协同性不够

福建省虽然出台了一系列政策文件鼓励和支持科技金融的发展，但是存在着政策的滞后性，贯彻的延迟性等，即协同性不够，反映了科技与金融的结合不够紧密。

（五）缺乏专业人才

科技金融服务业需要既懂金融投资又懂技术知识和企业管理实践的服务型人才。目前，福建省的科技金融服务业还大多停留在理论层面，现有的人才队伍，大多数缺乏相应的知识和市场经验。

（六）资金供给结构失衡，融资耦合度不高

科技型中小企业对贷款资金的需求主要是流动资金和技术改造资金贷款，但银行对企业的贷款往往有用途限制，企业资金需求与银行资金供给在期限和用途等方面结构不平衡。另外，由于我国金融业处于分业经营状态，银行信贷融资与风险投资公司的股权融资基本上处于隔离状态，不仅不能为科技型中小企业提供系列化、配套化的金融服务，也使银行信贷资金无法分享科技型中小企业的高额回报。

五、开展科技金融工作建议

（一）加大对福建省科技金融服务的支持力度

当前，福建省正处在产业结构调整，建设创新型省份的关键时期，而深化科技金融合作是实现自主创新战略的重要保障。要发挥国家政策和政府专项资金的引导和杠杆效应，加强科技要素和金融创新结合，探索具有海西特色的科技资源和金融资源全面结合的新机制和新模式，提出有利于高新技术产业发展的政策、措施，促使科技金融合作取得新的突破，包括：完善创新创业融资环境；积极发展知识产权质押、租赁融资和创业投资；探索组建服务自主创新的新型金融组织；开展科技金融服务试点。通过科技与金融的结合，发挥科技进步和创新的乘数效应，支撑和引领区域经济发展方式转变取得突破性进展，实现传统产业高端化、高新技术产业化、新兴产业规模化，推进福建省现代产业体系的形成。

（二）建立统筹协调机制

科技金融服务业应建立全面的统筹协调机制，既能够推进政府政策体系的完善，推动不同投资

主体之间的沟通、协作和交流，同时还能够完善各种金融形式之间功能的协作机制，保证科技金融服务系统能够满足科技型中小企业的金融需求。加大力度，推动多层次科技金融的建设，在部分市县开展不同形式和种类的金融产品和机构试点，让科技型中小企业能够更直接地接触到科技金融机构，得到科技金融服务的益处；同时加大对科技金融的推广力度，破除中小企业对科技金融的理解误区，提升企业对金融机构的信心。建设和完善政府部门与金融机构的信息交流平台，全方位拓展政银企信息沟通渠道，为金融机构确定信贷投向、调整信贷结构提供信息支持。

（三）促进科技保险健康发展

科技保险是用金融手段推动科技创新的一种全新服务模式，也是科技与金融结合的重要举措。要进一步深化科技保险工作，不断丰富科技保险产品，完善保险综合服务，鼓励各地区开展科技保险工作。鼓励保险公司开展科技保险业务，支持保险公司创新科技保险产品，完善出口信用保险功能，提高保险中介服务质量，加大对科技人员保险服务力度，完善科技保险财政支持政策，进一步拓宽保险服务领域。

（四）建设闽港澳科技金融合作平台

充分利用福建省与港澳日趋紧密的经贸关系建设闽港澳科技金融合作平台，吸引更多香港金融机构投资或参股福建省地方创业投资机构，继续推动符合条件的福建省科技型企业到香港上市融资；大力吸引香港国际性私募股权基金、风险投资基金等投资福建省高增长、高科技中小企业。

（供稿单位：福建省科技厅）

第三节　济宁高新区

2012 年，在国家科技部、山东省科技厅的领导和支持下，济宁高新区以开展科技金融结合试点为契机，紧紧围绕国家和山东省、济宁市有关科技金融工作的主要精神，结合自身实际全面开展科技担保、科技保险、创业投资、知识产权质押等试点工作，进一步探索完善科技资源与金融资源结合的新模式和运行新机制，引导金融和科技资源优化配置、开放共享和高效利用，促进科技与金融高效融合，为全区产业结构调整和整体科技创新能力提升提供了有力保障。

一、科技金融结合工作进展

（一）聚集金融资源，打造多元化金融服务体系

近年来，济宁高新区全面创优金融环境，大力发展银行、基金、证券等金融机构，依托吴泰闸金融街、山推金融大厦、万象和金融中心、金创大厦、杨桥金融组团规划布局了金融商务聚集区。设立了服务业引导基金，出台了覆盖各类金融业态的 15 条 23 项扶持政策，吸引各类金融机构和后台总部加快聚集。近两年，民生银行、中华财险、泰山保险、民安保险、高新村镇银行等 11 家金融机构相继进驻。全区银行、保险、证券、基金、担保、小额贷款等各类金融机构发展到 60 余家，金融服务网点达到 70 多个，初步构建起多层次、多元化、开放型的金融服务体系。

（二）优化创新资源，构建全方位科技服务平台

（1）技术创新平台。建成博士后工作站、院士工作站 6 个，国家和省部级工程技术中心、研发中心 92 个。2012 年，重汽集团投资新建的重汽汽车检测认证中心完成选址，并建成使用；鲁抗"微生物药物分离纯化工程技术研究中心"被认定为省级工程技术研究中心。

（2）知识创新平台。区内 90% 以上的大中型企业与国内外高校院所建立了合作关系，加快了基础性、前瞻性、战略性科技领域的布局。浙大—泰丰国家电液控制工程技术中心、同济—山推综合技术研究院、浙大汽车新能源项目已经进驻。

（3）孵化创新平台。进一步整合创业服务中心职能，新引进科技型企业 21 家，毕业企业 11 家。先期建设的国家级创业服务中心、生产力促进中心、留学生创业园和正在高标准建设的 80 万平方米的产学研基地，7.5 万平方米的三创大厦，7.5 万平方米的集科技馆、图书馆、影视馆、商务馆、产权交易中心于一体的科技中心，将打造成区域性创新研发和科技孵化中心。

（4）人才创新平台。出台了人才特区"1+5"配套政策体系，引进各类人才 2100 余人，其中领军人才 4 人，高层次人才 15 人，硕士 470 人，博士 20 人，2 人入围国家"千人计划"，1 人被聘为泰山学者特聘专家，2 人新入围泰山学者答辩，初步形成了特区汇聚人才、人才引领发展的良好局面。

（三）不断完善政策服务体系，优化科技金融环境

2008 年出台了《关于推进二次创业建设创新型园区的实施意见》、《关于鼓励现代服务业发展的暂行规定》，2010 年出台了《关于鼓励高层次人才创新创业的暂行规定》，2011 年出台了《关于高层次创新创业人才聚集工程的实施意见》、《关于加快推进软件、动漫和服务业外包产业发展的暂行规定》，2012 年出台了《关于鼓励企业创新发展的若干规定》等一系列文件，大力推进科技金融工作，改善科技金融工作环境，为科技金融工作试点奠定坚实的政策环境基础。

（四）创新体制机制，建设多层次投融资平台

着力创新"小政府、大公司"体制机制，采取"党工委+管委会+公司"的运营模式。党工委、管委会主要负责大政方针、发展战略的研究和把关定向，负责统筹运用市场化、社会化力量，推进产业发展、科技创新、城市建设和社会事务管理。公司作为市场化运作平台和企业化运营实体，经营园区土地开发、基础设施建设、产业招商及金融投资服务，实行投资、建设、运营、招商一体化运作。明确海达公司、高新投公司为一般性经营公司，城建投公司为政府融资平台，创新了组织架构、经营理念、商业模式，优化了资源配置，提高了资本运作效率。目前，海达公司总资产达到 99 亿元，净资产超过 56 亿元。2012 年全区平台融资到位资金 12.78 亿元，15 亿元的企业债券筹备发行。同时，管委会主导推动的经达、财达、柳达等一批实体运营公司正加快推进。

（五）拓宽融资渠道，发展多领域创投基金

针对种子期、初创期、成长期、成熟期等不同发展阶段企业的融资需求，济宁高新区加快完善以天使投资、创业投资、股权投资和产业基金为主体的科技孵化和融资体系。管委会主导引进设立了济宁创达天使基金、红桥创投基金、华鸿光电基金、英菲尼迪投资基金，与上海久有、鲁信创投、北京久银等合作成立了济宁久有、海达信、久银德沃 3 只基金，区内创投、风投、天使基金达到 7 只，基金规模 28.9 亿元，滚动式为企业注资 5.6 亿元，破解中小企业融资难题。

（六）加快企业上市步伐，推进多渠道融资

全力加快科技型企业上市融资、股权融资步伐。先后与深圳证券、国信证券、齐鲁证券等 7 家

券商签订战略协议，采取政策引导、资金扶持、包装运作等方式，强力推动区内企业加快上市。目前，2家企业进入上市最后阶段，泰丰液压等待证监会审批，辰欣药业近期报批，年内有望顺利上市；广安科技、光明软件等4家企业运作"新三板"挂牌，6家企业进入上市辅导，2家企业筹备登陆境外资本市场，50余家企业进入上市后备资源库，"金字塔"形的上市梯队已经形成。国家科技金融结合试点、"新三板"扩容试点取得积极进展，将为企业上市打开"绿色通道"。着力推动区内企业与国内外大企业、大财团进行资本合作，推动如意科技与日本伊藤忠、韩国三星，浩珂矿业与德国巴斯夫成功合作，实现股权融资5.7亿美元，以股权融资的方式引进了3家世界500强企业，为企业规模扩张、做大做强提供了强力资金支持。

二、下一步工作计划

虽然高新区近几年在推动科技金融创新结合方面做了一些工作，取得了一定成绩，但很多工作还只是刚刚起步，科技和金融结合的方式、手段比较单一，深度不够，系统性不强。下一步，将在国家科技部和山东省科技厅的领导和支持下，以国家科技和金融结合试点为总抓手，牢牢把握历史机遇，着力加强薄弱环节，努力实现科技和金融结合的新突破。

(一) 大力推进科技信贷模式创新

（1）创新财政资金投资机制。由单纯的政府财政投资向多样化的股权投资等领域拓展。充分发挥财政科技专项资金杠杆作用，运用风险补偿、贷款贴息等方式，促进银行业金融机构扩大对科技型企业的信贷规模。创新财政资金使用方式，通过设立政府引导基金等形式，带动形成以创投、风投和扶持基金为主体的融资服务体系，实现财政资金的循环使用和引导放大。

（2）创新科技金融服务体制。由向单个企业提供松散式服务向为各类园区、基地、孵化器提供集约式服务转变。建立各类平台与金融机构沟通协调机制，定期通报全区科技项目进展以及相应的资金需求情况，推荐科技含量高、成长性好的科技企业及项目；积极整合政策、资金、项目、信息、专家等科技资源，及时研究、协调和解决在科银企合作工作中出现的困难和问题；在创业服务、孵化服务、债权融资服务、成果转化服务等方面，不断创新科技金融服务产品，形成功能完备的科技型企业成长促进体系。

（3）创新金融信贷支持模式。由单一的银行信贷向多元化信贷模式转变。支持商业银行、保险公司设立专门机构，大力发展科技担保公司、小额贷款公司、租赁公司，服务对象以高新技术企业、科技型中小企业、民营科技企业为主。出台扶持奖励政策，鼓励各类金融机构进行科技金融合作模式创新试点，努力探索加大对科技型中小企业信贷支持和提高对科技型中小企业金融服务水平的有效途径。

(二) 进一步发展壮大创业投资机构

（1）进一步落实鼓励创投发展的税收政策。鼓励创投机构注重向科技型企业投资，对符合规定的创业投资企业，落实有关税收优惠政策。

（2）进一步加大对创业投资机构的扶持力度。鼓励国内外创业（风险）投资公司、民营资本在区内设立创业（风险）投资机构、股权投资公司，对符合财政部、科技部《科技型中小企业创业投资引导基金管理暂行办法》（财企〔2007〕128号）规定的创投机构，给予补助或补贴。

（3）进一步加强与创业投资机构的交流对接。定期组织创业（风险）投资洽谈交流活动，推进创业（风险）投资资本与科技型企业的对接。鼓励银行业金融机构加强与科技创业投资机构的合作，通过投贷结合，拓宽科技型企业融资渠道。

（三）加快科技型企业资本市场融资步伐

（1）积极争取"新三板"试点园区资格。集中力量，加快进度，争取尽快纳入新三板试点范围。集成重大科技专项和产业化专项、创业投资等资源，加大培育力度，支持具有持续盈利能力、主营业务突出、运作规范、成长性好的科技型企业，根据自身条件，申请在新三板挂牌。

（2）加大对拟上市（挂牌）企业的政策支持。对拟上市（挂牌）企业在高新技术企业认定、工程技术研究中心建设、科技项目立项、知识产权服务等方面给予重点支持。按规定减免拟上市（挂牌）科技型企业在改制重组过程中办理资产置换、剥离、收购、财产登记过户的交易税费和其他费用。对其符合国家产业政策的投资项目，依法给予优先安排所需建设用地。

（3）建立科技型企业上市（挂牌）后备资源库。优选一批符合产业政策、主业突出、科技含量高、成长性好、运作规范的高新技术企业或成长型中小企业作为资本市场上市后备企业。定期从中遴选成熟企业，进行重点跟踪服务，努力形成"培训一批、改制一批、辅导一批、报审一批、上市（挂牌）一批"的良性循环。

（四）切实加强对科技和金融结合工作的组织领导

（1）组建领导机构。成立济宁市和济宁高新区两级科技金融结合工作领导小组，具体负责组织实施、统筹协调、考核督查，做到目标、责任、措施"三到位"，上下联动，协调推进此项工作。

（2）建立协调机制。由市政府牵头，建立联席会议制度。各成员单位定期开展沟通协调，共同组织科技与金融知识培训，及时总结、完善、推广科技金融结合模式经验，鼓励并推荐科技金融创新成果。

（3）加大财政投入。设立科技金融专项资金，主要用于对科技型中小企业贷款贴息，对各类金融机构支持科技企业发展给予补贴和奖励等。实施高层次创新创业集聚工程，为推动科技金融创新提供人才支撑。

（4）完善服务体系。深化与已建立长期合作关系的证券公司、创投机构以及中介组织的合作交流，建立服务企业上市（挂牌）的券商资源库、支持科技型企业发展的创投基金资源库、服务科技和金融结合工作中介组织资源库，形成多个层次共同服务科技金融创新的支撑体系。

（5）加强宣传推广。加大宣传国家、省、市、区扶持科技企业发展的各项融资政策措施的力度，通过开展一系列交流合作活动，让更多银行业金融机构和科技企业更好地了解科技金融工作的内容和扶持措施，推动科技金融结合工作有效开展。

（供稿单位：济宁高新区管委会）

第四节　洛阳高新区

以企业为主体的科技创新是提升高新区经济发展的规模和质量、促进高新区以自主创新实现内涵式增长的基础。在现代经济中，科技创新和高新技术的产业化越来越依赖于金融资本的支撑。同时，由于科技创新和高新技术产业化高风险、高收益的特点，科技创新也在不断地推进金融创新，两者呈现互利互动的良性发展关系：一方面，良好的资本市场和创新的金融产品，成为促进科学技术蓬勃发展、科技创新能力大幅提高的基本保障；另一方面，科学技术的发展和创新能力的提高，又深刻地影响和推动着包括金融业在内的整个社会的不断变革。

一、促进科技和金融结合实践

洛阳高新区是中西部地区非省会工业城市的国家级高新区，相比东部沿海发达地区，科技创新对金融资金的需求更为迫切；在思想观念、体制机制、人才等方面的制约因素也更为明显。在高新区实践中，制约科技与金融结合的瓶颈因素主要有以下几个方面：①在原有体制下，科技与金融各自在单独体系中运行，相互联系不多，配合不够；②技术创新和新技术、新产品推广应用的高风险性与金融安全性之间的矛盾还没有找到有效化解办法；③现有科技金融人才，难以满足现代高科技项目评估的需要；④没有形成合理的高新科技项目和科技企业价值评估标准。

在传统的体制下，企业、金融机构和政府在科技创新和高新技术成果转化中承担的风险和获取的收益是不同的，企业面临高风险、高收益；金融机构面临低风险、固定收益；政府则是无风险、有收益（企业创新成功带来的税收增长）。要提高对科技创新和高新科技成果转化的金融支持，政府必须让渡部分收益，针对科技企业在不同阶段的资金需求，在考虑各方面需求的前提下进行顶层设计，支持企业的科技创新和金融机构的管理创新、金融产品创新，建立起政府引导支持，银行、担保、保险、风投共同参与的科技投融资体系，为科技创新和科技成果转化提供资金保障。

（一）积极搭建银、政、企合作平台，促进金融与科技结合

（1）积极推进银、企合作。近年来，洛阳高新区管委会每季度都组织银企洽谈、对接会，2012年，累计有430多家企业参加，共签订贷款意向268项，签约金额37亿元。目前，已落实贷款34.7亿元，签约资金合同落实率为90.4%。

（2）大力推动银、政合作。高新区管委会与中国工商银行、中国建设银行、交通银行、洛阳银行签订了战略合作协议，提高区内重点企业的授信额度，金融机构将新增65亿元用于企业科技创新和高新区基础设施建设。

（3）建设科技金融服务中心。在知识产权大厦建设集评估、咨询、法律、财务、融资、担保、培训等功能为一体的科技金融服务中心，目前已有20多家银行、担保公司、风险投资公司、小额贷款公司、知识产权代理和评估机构进驻，为中小企业提供一站式、高效、优质的融资服务。

（二）支持股权风险投资和小额贷款公司等新兴金融机构发展

（1）出台优惠政策，奖励在高新区设立风险投资公司和小额信贷公司；对风险投资公司对科技企业的股权投资在一定期限内进行风险补贴。

（2）高新区管委会拿出800万元与深圳创投公司合资设立红土地科技投资有限公司，对高新区科技企业进行股权投资。目前，在高新区注册的风险投资公司2家，另有15家区外投资公司累计向高新区投资4亿多元。

（三）设立担保公司，创新担保方式，支持科技型中小企业发展

高新区财政出资3000万元成立洛阳高新区担保公司，为科技型中小企业提供贷款担保。针对科技型中小企业可抵押资产少，技术等无形资产占比较大的特点，担保公司开展知识产权抵押、动产抵押等新的担保模式。目前，高新区担保公司累计为30多家企业担保科技贷款2.45亿元，支持

了科技型中小企业的发展。

（四）建立初步的联动机制，奖励金融机构对科技创新项目贷款

为促进金融机构支持高新区鼓励的重点行业和关键科技创新项目，高新区管委会对给予重点支持的行业，国家、省市和高新区科技计划支持的重点科技创新项目贷款的金融机构进行奖励。2011年，支持了 4 家金融机构对 30 多家重点企业的科技贷款，发放奖励资金 16 万元。

（五）设立引导资金，支持科技企业从资本市场直接融资

高新区管委会设立 1000 万元产业引导资金，推动技术水平高、发展前景良好的科技型中小企业在资本市场直接融资。

（1）大力支持科技企业上市融资。高新区采用科技企业上市知识培训、建立上市后备企业库、科技项目优先支持、上市中介服务补贴、企业上市奖励等措施支持科技企业上市融资。2011 年，高新区有 2 家高新技术企业在中小板上市，直接融资 6.19 亿元。

（2）鼓励企业在债券市场直接融资。高新区出台优惠政策，对企业在债券市场融资进行奖励。2012 年，高新区实业总公司获批发行企业债券 4 亿元。

（六）支持科技保险工作

洛阳作为工业城市，出口产品、服务和对外承包工程较多，各类工业企业、建设工程保险是各保险公司开展较多的业务。高新区管委会积极协调保险机构开展工程保险、高新技术产品和服务出口信贷保险、对外承包工程保险等业务，提高了企业风险抵抗能力。2012 年，企业对外出口和工程承包保险达 1.3 亿元，同比增长 7%。

二、科技金融结合面临的问题

同发达地区相比，洛阳高新区的科技金融结合工作仍处于初级发展阶段，需大力加强。主要表现在以下几个方面：

（1）风险投资机构和科技担保机构数量少、实力弱，能力有限。

（2）支持科技金融结合的政策不完善，资金投入力度不够。如鼓励企业直接上市融资，目前只有上市后的奖励，而不是从企业改制开始到成功上市全过程辅导奖励。

（3）政府、银行、担保、保险联动体系仍不完备，分担重点支持行业、重点科技创新项目贷款资金风险的能力有待进一步提升。

三、下一步支持科技金融结合工作的打算

（一）发展科技金融专营机构

目前，高新区管委会正与交通银行、洛阳银行洽谈在高新区设立科技金融合作试点支行，重点对科技企业高新技术产业化项目进行贷款支持。在当前的金融管理体制下，难点依然是风险控制。洛阳高新区计划以奖励的方式支持科技银行对科技型中小企业和重点科技创新项目提供资金支持。建议高新区内商业银行建立适合科技型中小企业和科技创新项目特点的贷款利率形成机制、风险评估和奖惩制度，适当放宽对科技型中小企业不良贷款的风险容忍度，及时提供金融服务。

（二）完善鼓励科技金融结合的政策体系

研究制定优惠政策，设立专项科技金融结合资金，支持股权风险投资公司和股权投资基金的设立和运行，支持科技企业在资本市场直接融资，支持高层次科技金融人才的引进，奖励金融单位对科技企业和高新区重点支持的科技项目贷款支持。

（三）完善政府、贷款机构、担保公司、保险机构联动支持科技企业和科技创新项目科技贷款体系

对重点科技企业和重点支持行业的科技创新项目，由高新区经济局、金融办和贷款机构联合审定项目，担保机构给予贷款担保，保险机构提供贷款保险，管委会对贷款机构和保险公司按照贷款额和保险额进行一定比例的补贴。如项目失败，管委会给予贷款机构一定比例的风险补贴。

（四）推行集合债券和集优票据

积极争取国家支持，在高新区组织和推动科技型中小企业捆绑式集合发债；鼓励成长性好、具备持续盈利能力、风险控制能力和偿债能力的科技型中小企业以发行公司债券、短期融资券和中期票据等形式筹集资金，形成多元化直接融资渠道。

（五）开发建立科技金融结合支撑平台

以高新区现有的科技项目、知识产权、科技资助项目、评审专家、创业中心的企业培育等方面基础数据为基础，建设综合性科技金融基础数据库。由经济局和金融办牵头，出台适合科技和金融结合的科技企业及科技项目分类指导认定办法。由相关职能部门和金融机构共享数据，作为各类金融机构和金融资源提供支持与兑现财税扶持政策的重要依据。依托科技金融基础数据库提供科技人才和科技项目查询，发布融资需求信息和科技信贷、创业投资的融资供给信息，促进供求双方融资对接和有效合作。

（六）加强科技企业信用体系建设

研究制定科技企业信用指标评价体系，建立科技企业信用记录数据库，开展科技企业信用征信和评级，推动建立科技企业信用报告制度。组织有关部门与金融机构、投资机构、信用评级机构等相互配合，开展对科技企业的信用评级工作，建立信用档案，树立守信企业典型；健全失信约束机制，打击逃废金融债务行为，维护金融债权安全。

（供稿单位：洛阳高新区管委会）

第五节　南昌市

为深入贯彻全国科技创新大会精神，全面落实《关于促进科技和金融结合加快实施自主创新战略的若干意见》的部署和要求，积极推动科技型中小微企业发展，促进科技金融改革创新，南昌市在推进科技和金融结合方面做了一些有益探索，并取得了一定成效。南昌市连续四次被评为"全国科技进步先进市"，先后被列为"国家'十城千辆'示范城市"、"国家'十城万盏'示范城市"、"国家服务外包示范城市"、"国家低碳示范城市"、"全国知识产权示范城市"、"全国知识产权质押融资试点单位"和"国家创新型试点城市"。

一、科技资源情况

（一）科技投入稳步增长

截至 2011 年底，南昌地区拥有 R&D 人员 10881 人，投入 R&D 总经费 44.09 亿元，实现地区生产总值 2688.87 亿元，R&D 经费占 GDP 的 1.64%。2011 年，财政预算安排南昌市本级科技专项资金为 1.37 亿元，比 2010 年增长 12.5%，占本级财政预算支出的比例为 1.94%。

（二）高新技术产业快速发展

截至 2012 年 11 月底，南昌市拥有科技型中小企业 4000 余家，全年高新技术产业工业增加值 209.89 亿元，增长 20.6%，占 GDP 的 7.8%。战略性新兴产业聚集态势初步显现，光伏、半导体照明、航空制造、汽车制造及零部件、生物医药、新材料、服务外包和文化创意 8 大产业集群初具雏形。拥有半导体照明、生物医药、服务外包、航空高技术等 4 大国家产业基地。

（三）科技研发活动日趋活跃

2011 年，全市专利申请量 3938 件，专利授权量 2008 件，分别比 2010 年增长 56.5% 和 22.7%。全年登记技术合同 1983 项，成交金额 12 亿元，比 2010 年增长 20%。全年高新技术产业工业增加值 209.89 亿元，增长 20.6%，占 GDP 的 7.8%。

（四）科技投融资载体比较完善

（1）南昌市采取政府引导民间资本参与的模式，先后组建南昌市创业投资有限公司、南昌市新世纪创业投资有限公司、南昌市科技担保有限责任公司。

（2）开展了知识产权质押融资试点工作，并顺利通过国家知识产权局的试点验收工作，截至 2011 年底，共为 6 家科技型企业发放贷款 1.408 亿元。

（3）启动科技保险工作，并搭建了科技保险网上服务平台。初步形成了投、保、贷一体的多元化科技金融体系。

二、金融资源情况

（一）银行信贷投放有新增长

截至 2011 年底，南昌市共有银行机构 28 家，小额贷款公司 33 家，融资性担保公司 55 家，全市金融机构各项存款余额为 5083.20 亿元，比年初增长 20.1%。其中，企业存款 3000.12 亿元，增长 20.5%；居民储蓄存款 1603.96 亿元，增长 13.3%。金融机构各项贷款余额 4065.31 亿元，比年初增长 16.8%。其中，短期贷款 1469.92 亿元，增长 27.6%；中长期贷款 2555.70 亿元，增长 12.4%。

（二）上市公司再融资取得新进展

截至 2011 年底，证券公司营业部 51 家，期货公司营业部 13 家，南昌市 19 家上市公司（占全省上市公司总数的 45%，其中国内上市公司 16 家，香港联交所上市公司 3 家）在资本市场累计募集资金 248 亿元。2011 年，全市上市公司再融资 40.6 亿元，上市公司已公告拟融资规模达 78.8 亿元。为进一步加大企业改制上市的政策扶持力度（奖励前置并加大奖励力度），出台了《南昌市人民政府关于促进企业上市工作的意见》。

（三）保险市场健康发展

截至 2011 年底，全市共有保险公司 33 家，比 2010 年增加 5 家，保险专业中介机构 36 家。全年实现保费收入 62.06 亿元，比 2010 年增长 1.1%。其中，财产保险 20.41 亿元，增长 26.8%；人寿保险 37.01 亿元，下降 10.4%。全年赔款及给付 15.00 亿元，增长 17.2%。其中，财产保险 8.65 亿元，增长 29.1%；人寿保险 5.07 亿元，增长 1.7%。

三、南昌科技与金融结合主要工作情况

（一）大力发展科技创业投资机构，加大科技型企业投资力度

"十一五"以来，南昌市科技局出资 8000 万元，吸收社会民间资金 2 亿元，组建了 2 家科技创业投资公司。2005 年，出资 2000 万元，吸收 3 家企业参股 1 亿元，组建南昌市创业投资公司，注册资本为 1.2 亿元；2009 年，出资 6000 万元，吸收南昌市国家高新技术开发区和南昌市国家经济技术开发区参股 1 亿元，组建南昌市新世纪创业投资公司，注册资本为 1.6 亿元。两家公司成立后，以科技型企业为主要投资重点，按照市场化运作模式，采取股权投入、资本金注入、债权投入等方式，先后为 10 余家科技型企业提供科技金融服务，投资总额达到 1.5 亿元，并成功助推 2 家企业上市。

（二）开展知识产权质押融资试点，加快知识产权转化力度

2009 年，南昌市被国家知识产权局列为知识产权质押融资试点城市，成立了由市政府分管领导为组长的知识产权质押融资工作领导小组，制定并出台了《关于推进南昌市知识产权质押融资工作的实施意见》，设立了南昌市知识产权质押融资专项资金，重点对本市企业获得的发明专利权、实用新型专利权、外观设计专利权、商标专用权和版权中的一种或几种实施知识产权质押，并对这些知识产权质押获得的银行贷款所发生的利息进行贴息补助，确保了知识产权质押融资工作的健康稳步推进，取得了良好的社会效益。截至 2011 年，全市共有 6 家企业获得银行知识产权质押融资贷款 1.408 亿元，不同程度解决了部分科技型企业知识产权转化融资难的问题。

（三）创新财政科技投融资手段，发挥政府资金引导作用

2009 年 8 月，南昌市科技局以促进南昌地区科技和金融结合为主线，以政府组织协调和地方加大财政科技政策性投入为牵引，以金融资源在科技领域实现市场化配置为导向，以突破战略性新兴产业和高新技术企业融资瓶颈为重点，以构建多层次多元化科技投融资体系为抓手，不断创新科技投入方式：

（1）设立高新技术产业贷款贴息专项。每年安排 1000 万元，用于企业贷款贴息补助。近三年，共为 32 家企业的 32 个贷款项目进行贴息补助，拉动银行贷款总额 5.312 亿元。

（2）设立科技保险专项。每年安排 300 万元，为科技型企业研发新技术和新产品及实施产业化过程中所发生的保险保费实施补助。2010 年以来，共向 49 家企业发放了保费补助 536.33 万元，提供风险保障 306.68 亿元，保险公司实现保费收入 2123.7 万元。

（3）成立科技担保公司。2011 年，南昌市从市财政科技专项资金中出资 2000 万元，吸收 3 家民营企业参股 3000 万元，组建南昌市科技担保公司。截至 2011 年 11 月 22 日，先后为 33 家企业提供了 1.07 亿元的担保保证，企业呈现出良好的发展势头。

（四）充分调动科技园区积极性，鼓励支持园区建立科技投融资体系

为充分发挥园区特别是国家高新区在推动科技和金融结合工作中的区位特色优势和主力军作用，南昌市在政策、资金、资源等方面重点支持南昌国家高新区科技金融事业的发展，并取得了良好的成效。截至 2012 年 5 月，南昌高新区科技金融体系基本健全。

（1）商业信贷机构布局合理，已有 9 家商业银行在区内设立了专业的特色支行和信贷专营部门。

（2）设立了战略性新兴产业投资基金，基金数量达到了 3 只，基金规模达到 5.3 亿元。

（3）多元化的新型金融业态基本形成，区内有小额贷款公司 3 家，注册资金均达到 1 亿元以上；有创业投资公司、融资租赁公司 5 家，其中南昌中科高新创业投资基金总规模达到 50 亿元，首期募集资金 10 亿元。

（4）构建了企业上市梯队。区内有上市公司 13 家，辅导备案和已报证监会材料的拟上市公司 6 家。

四、主要困难和几点建议

（一）主要困难

几年来，南昌市在推动科技金融结合工作中，取得了一些成绩，有效改善了科技企业融资瓶颈，但同时也存在一些问题。主要问题有：

（1）南昌市科技金融财政投入资金方面，相比其他地市，资金规模偏小，投入偏少。由于缺乏市级的银监、证监、保监等相关机构，统筹协调能力不强。

（2）缺乏一套完整的科技金融政策体系，难以保障科技金融相关工作快速推进。

（二）建议

（1）综合考虑试点城市布局。继珠三角、长三角、环渤海三大城市群之后，长江中游城市集群（即"中三角"）将成为我国经济发展的又一重要引擎。除沿海经济发达地区外，建议综合考虑在中部区域或欠发达地区选择试点城市，以试点示范效应带动区域科技创新发展。

（2）完善制度，加大政策扶持力度。通过第一批的试点工作开展，建议针对科技金融结合试点相关机制进行调整，并加大对试点城市的经费支持力度，在国家项目立项上给予倾斜。

（3）开展第二批试点，将南昌市纳入试点城市。南昌市作为中部地区省会城市，是鄱阳湖生态经济圈的核心先导区和带动江西全省发展的核心增长极，开展科技和金融结合试点具备一定的基础和有利条件。

（供稿单位：南昌市科技局）

第六节　潍坊市

科技与金融结合是建设创新型城市的重要战略措施。近两年来，潍坊市积极创造条件，整合科技资源，突破关键技术，强化自主创新，大力推进科技金融结合试点市创建，为科技创新工作注入新的动力，为促进全市经济转型提供了有力支撑。潍坊市入选中国最具创新力城市 50 强，荣获中

国十大最具创新力城市奖，被科技部确定为全国"十城万盏"半导体照明应用工程试点城市，连续五次被评为全国科技进步先进市，是全国知识产权质押融资试点城市。

一、科技资源状况

潍坊市委、市政府先后制定出台了《鼓励支持高新技术产业加快发展的有关政策规定》等一系列配套政策。成立了科技金融政策实施协调小组，及时解决政策实施中遇到的困难和问题，确保各项创新政策的落实到位，全市高新技术企业落实减按15%缴纳所得税及研发费用加计扣除等政策，税收优惠达到3亿多元。大力实施高新技术赶超战略，建立了高新技术产业发展联席会议制度，推动优势资源和创新要素向高新技术产业集聚，不断提高政府采购创新产品和服务的比例。

全市市级以上工程技术研究中心发展到433家，其中省级工程技术研究中心106家，国家级1家。省级企业重点实验室总数达到12家。2011年，全市获得专利授权4923件，其中发明专利308件，全市培育优秀科研成果390项，获得省级以上科技进步奖26项。2011年，认定国家高新技术企业106家，总数达到324家，28家企业被认定为国家火炬计划重点高新技术企业。省级以上孵化器达到7家，潍坊高新区生物医药园等6家单位参与国家综合性新药创制大平台建设，潍柴动力创建为国家创新型企业，全市省级创新型（试点）企业达到54家。创建了国家半导体照明工程高新技术产业化基地和动力机械、电声器件、磁电装备、光电等4家国家火炬计划特色产业基地。高新区"63513"新兴产业发展工程被确定为全省示范工程，设立了高新技术产业发展基金，重点支持企业公共研发平台和重大高新技术产业化项目建设，被科技部誉为"自主创新潍坊模式"，引领带动了全市高新技术新兴战略产业快速发展，电子信息、生物医药、新材料和新能源等新兴高新技术战略产业蓬勃兴起，有力推动了高新技术产业快速发展。2011年，高新技术产业产值2349.7亿元，同比增长30.1%，占规模以上工业比重为24.9%。

2011年，潍坊市地方财政科技投入9.15亿元，全社会研发（R&D）经费投入达到70.3亿元，占GDP比重达到1.99%。

实施市级科技发展计划项目211项，市级应用技术研究与开发经费7519万元，市级项目配套资金2.755亿元，139项列入省部科技发展计划，争取国家、省科技扶持资金3.26亿元，承担单位自筹17.26亿元、带动银行科技贷款达到27.42亿元；通过实施项目，聚集研发人员2246人，其中高级职称人员737人、吸收省外科技人员245人，研发新产品1062个、新材料414种、新工艺与新装置397个；取得发明专利149件；制定技术标准55个。带来巨大的经济效益和社会效益，其中新增产值83.79亿元，实现利税20.82亿元，上缴税收8.58亿元，创造就业岗位3496个，带动社会就业4488人，健全了多元化的科技投入机制。完善了以财政投入为引导、企业投入为主体、金融与社会投入为支撑的多元化科技投融资体系，为自主创新奠定了雄厚的资金基础。为企业内生增长、新兴战略产业发展开辟了更广阔的空间，培育拉动了全市高端制造业、海洋产业、光电子等新兴战略产业的迅速发展。其中，LED产业已形成完整的产业链，中微光电、浪潮华光、歌尔光电等半导体照明骨干企业快速发展，浪潮华光LED管芯占全国市场70%份额，中微光电成为全国最大的LED路灯生产与供应商，大功率LED路灯应用数量超过10万盏。潍柴动力投入研发资金7亿多元，完成重大新产品开发35项，获国家专利100多项，自主开发出了达到欧V排放标准的蓝擎系列柴油机，塑造了具有国际竞争力的自主品牌。

二、金融资源状况

金融体制改革深化为潍坊市金融业发展带来机遇与挑战。潍坊市金融业在不断变化的国内外金融环境中，抓住全市经济快速发展的机遇，克服国际金融危机的不利影响，开辟出一条独具特色的金融业发展道路。

2011年，实现金融业增加值约74亿元，金融业增加值占GDP的2.4%，全行业实现净利润67.4亿元，贡献税收19亿元，形成地方财政收入12亿元。截至2011年末，全市金融机构总量达到91家，网点数增加到1627个（银行、保险及证券业），基本实现了市、县的全覆盖。银行类机构17家，其中政策性银行1家、大型商业银行5家、股份制商业银行6家、城市商行2家、村镇银行1家、农村信用社联社1家、邮政储蓄银行1家；保险机构46家，其中人身险机构23家，财产险机构23家；证券机构4家；期货交易机构3家；小额贷款公司已达39家，居全省首位，年内可实现贷款余额40亿元；融资性担保公司发展到57家，居全省第二位，资产总额47亿元，担保额度可达160亿元；在全市初步形成功能互补、覆盖广泛、竞争有序的产业组织体系。

2011年底，全市银行类机构总资产达到3118亿元，总收入达到252亿元。实现本外币存款余额3308亿元，本外币贷款余额2571亿元，全市平均不良贷款率1.3%。截至2011年底，全市保险行业保费收入86.45亿元，实现保险密度996.14元/人，保险深度2.79%。全市证券行业总资产达到29亿元，全行业营业收入3.7亿元，全年股票基金交易总额达到683亿元。小额贷款公司实现突破性增长，2011年12月末，小额贷款公司的各项贷款余额20.7亿元。此外，本市的15家典当行，注册资本金总量达到3.16亿元，累计发放9.99亿元，实现利润1587万元。潍坊市32家上市企业中，高新技术企业达到22家。境内外发行股票33只，累计募集资金425亿元。成功发行企业债31亿元。全市累计23家中小企业通过集合票据在银行间债券市场直接融资17.4亿元。中小企业的融资环境得到极大改善，本地银行机构积极开展中小企业贷款业务，至2011年末，全市银行类机构发放中小企业本外币贷款余额1097亿元，占银行类机构本外币贷款余额的42.7%。小额贷款公司、担保机构等也成为中小企业融资渠道的有益补充。2011年，全市担保公司为7132家中小企业提供了担保服务，担保金额高达75.2亿元。

三、科技金融结合的创新实践情况

当前，科技创新处在全新的发展阶段和更加前沿的战略位置。潍坊市2011年人均GDP已达到6163美元，按照国际惯例已经进入到实现经济快速发展的重要跃升期，具备了依靠科技创新驱动，实现转型跨越发展的基础条件。科技已不是单纯地为项目建设服务，而是日益成为转变经济发展方式和调整经济结构的重要内生驱动力。科技创新只有有了金融的参与才能实现产业发展的跃升。潍坊市在科技金融结合工作中，单项科技金融改革措施与政策落实在全市展开、综合科技金融改革在试点区域先行先试的模式，示范先行，以点带面，推动全面发展。两年来，潍坊市在知识产权质押贷款、科技计划资源与金融结合发展、潍坊高新区科技金融结合的综合试验区三个方面，取得了较大发展。

（一）创设高新技术产业发展基金

以国家级高新区为龙头，设立高新技术产业发展基金，每年投入 2 亿元，重点扶持科技成果转化和高科技产业发展，在全市所有省级以上开发区全部建成了科技孵化器。截至 2012 年 10 月，支持科技创新平台 13 个，政府投入资金 10 亿元，带动金融投入 25 亿元。

（二）建立重点区域开发投融资平台

围绕半岛蓝色经济区、黄河三角洲高效生态经济区、胶东半岛高端产业聚集区等重大区域发展战略的实施，发挥财政资金杠杆作用，采取政府参股、市场化运作的方式，强化政银企合作，先后成立 5 个投融资平台，为"三区"科技创新发展建设融资 65 亿元。

（三）打造金融综合服务平台

成立市级科技金融服务中心，面向科技型企业，着力打造面向各类金融机构、企业和个人，集政策发布、信息提供、融资纽带、征信服务、机构孵化"五位一体"的金融综合服务机构，构建全覆盖、立体式金融服务网络。目前，潍坊市社会诚信水平明显提升，金融资产质量明显提高。在全市贷款总量、增量不断扩大的基础上，不良贷款占比持续下降，自 2011 年以来一直处于全省最低水平，2012 年 10 月降至 0.8%。良好的金融环境对金融机构形成了强大的吸引力，呈现出众多金融机构纷纷到潍坊"抢滩"的繁荣局面。2012 年，有 6 家新融资担保公司批复成立，截至 2012 年 10 月全市正规融资担保公司达到 54 家。

（四）引导金融创新，提升服务能力

潍坊市专门设立金融创新奖，每两年开展一次金融创新展评活动，出台政策，积极引导鼓励金融机构加大改革创新力度，拓宽服务领域，增强金融服务功能。针对当地中小企业发展融资需求，创新推出排污权抵押、艺术品质押及小额担保、大学生村官创业富民贷款等金融信贷产品 80 多项，两年累计发放贷款 300 多亿元。在服务创新上，在全市建立中小企业贷款风险补偿机制，两年累计发放风险补偿资金 1.1 亿元，金融机构对中小企业贷款增加 478.5 亿元。此外，通过创新中小企业融资方式，采取"政府组织、统一冠名、统一担保、分别负债、集合发行"的方式，发行 3 只中小企业集合票据，在债券市场直接融资 17.4 亿元，筹资规模居全国首位，为中小企业融资开辟了新的渠道。为帮助企业克服国际金融危机导致的资金周转困难，潍坊市财政筹资 1 亿元成立金融服务公司，按照"财政出资、有偿使用"的原则，对基本面好、符合国家产业和信贷政策的中小企业提供"过桥还贷"服务，累计为 13 家企业办理过桥还贷业务 24 笔，周转金额 5.4 亿元。

（五）创新财政投入方式，撬动金融资本投入发展

为支持新兴产业发展，潍坊市改变了政府"包打天下"的局面，通过创新财政科技投入方式，将财政政策和市场机制有机结合，调动了金融机构服务发展的积极性，使财政资金真正发挥了"四两拨千斤"的作用。自 2012 年起，从市级应用技术研究与开发资金预算中列出 2500 万元，与潍坊国信科技创新投资有限公司设立"潍坊市新兴高新技术产业科技投资资金"，实现与专业性的投融资机构合作；出台《潍坊市新兴高新技术产业科技风险投资资金管理暂行办法》，探索科技与金融结合的有效方式，利用股权投资、有偿使用实现滚动增值。2012 年，支持科技型企业 5 家，拉动专业性投融资机构投资 1.2 亿元。

（六）推动知识产权质押融资

潍坊市知识产权局和中国人民银行潍坊市中心支行联合出台《潍坊市知识产权质押贷款管理暂行办法》、《关于加强知识产权工作的意见》，对潍坊市知识产权管理部门和金融机构做好知识产权质

押贷款实施工作提出了指导性意见。为鼓励和引导金融机构开展知识产权质押贷款试点，加大对拥有自主知识产权企业、项目的信贷支持。金融机构开展此类业务视同新增中小企业贷款额，中心城区给予 2% 风险补偿，其他县市给予 1% 风险补偿，调动了金融机构开展知识产权质押贷款的积极性。2011 年，潍坊市开展质押融资的企业有近 30 家，贷款总额近 2 亿元。潍坊市被国家知识产权局批准为全国知识产权质押融资试点城市。

（七）积极建设潍坊高新区科技金融综合实验区，为科技金融结合试点市提供示范

为深入推动科技金融结合，促进新兴高端产业发展，潍坊市积极推进高新区科技金融结合综合示范区建设，紧紧围绕金融这一现代经济核心，以建设与国家创新型科技园区相适应的现代金融服务体系和打造区域金融资源聚集区为目标，健全和完善政策体制机制，拓展直接融资渠道，完善金融机构体系，不断优化金融环境，在一些关键领域和环节取得了重要突破。

（1）打造政策环境，确立体制机制。出台各类推进科技和金融结合政策十多项。规划投资 18 亿元，开工建设了金融广场，打造金融产业聚集区，建成后将成为集银行、保险、证券、基金、担保、评估、法律、会计于一体的金融产业综合体，可满足 50 家以上金融机构的业务需求，吸引一批金融机构确定入驻高新区。深圳联合金融服务集团投资 15 亿元，建设环渤海金融后台服务基地，面向环渤海地区提供容灾备份、数据处理、客户服务等。为确保"1363"工程顺利开展，潍坊高新区强化政府主导，专门成立金融管理办公室指导协调园区内金融机构，为企业解决资金难题出谋划策。2011 年、2012 年潍坊高新区举办银企对接会、企业上市辅导讲座、金融年会等活动 50 多次，为民生建设融资 62 亿元，帮助企业融资 496 亿元。

（2）创新财政投入方式。潍坊高新区近年来不断完善财政科技投入方式，例如园区出资代建厂房，潍坊高新区出资 5.3 亿元，建设厂房 12 万平方米，供中微光电子、浪潮华光等 5 家高成长性企业低价租赁使用；加大科技惠企力度，设立 1 亿元产学研合作专项资金、1000 万元科技型中小企业发展基金、2000 万元科学投入奖，鼓励企业提高自主创新能力；用好潍坊市政府设立的 10 亿元高端产业发展基金，以无息贷款的方式，向园区高新技术企业发放资金 3.74 亿元、银行跟进贷款 5 亿元。

（3）强化对金融机构的引导作用。引导金融机构提升服务理念，积极转变角色，从过去等客户上门转变为主动争取客户资源；引导金融机构创新金融业务和金融产品，由固定资产抵押贷款为主变为抵押贷款和信用贷款并行；引导园区 20 多家金融机构深入企业调研，为企业量身定做金融产品，探索科技与金融结合的新方式、新手段。潍坊高新区采取一系列措施健全信用体系，结合潍坊市创建文明城市工作，在园区企业中开展诚信教育，培育诚信文化，营造良好诚信氛围。通过设立"三库一平台"（涵盖园区内 300 余家企业、100 余家中介机构在内的企业基本情况库、中介机构库、企业不良记录库和诚信企业信息平台），实施信用征信、评级和奖惩制度，建设完善的企业信用体系，实行"财政、金融等部门+银行、保险、券商等金融机构+会计、法律等中介机构"的"三方会诊"机制，目前园区不良贷款率控制在 0.01% 以下。为切实解决园区企业的资金难题，潍坊高新区不断创新贷款模式，积极发展科技担保融资和小额贷款，开展知识产权抵押贷款和信用贷款。如与中国农业银行高新支行等多家银行开展"跨境双币通"贸易融资等多种形式的非固定资产抵押贷款，与交通银行、中国工商银行等多个银行合作，开展中小企业信用联盟循环担保贷款模式，先后组建孵化器光电信用联盟、生物医药科技园联盟和软件园信用联盟等 8 个联盟体。2012 年 1~10 月份，区内金融机构存款余额共计 192 亿元，比年初增加 27 亿元，同比增长 31.64%，高于全市存款

增长幅度 11 个百分点；贷款余额共计 145 亿元，比年初增加 17 亿元，同比增长 17.26%，高于全市贷款增长幅度 2 个百分点。

（4）促进创业投资发展。2011 年以来，潍坊高新区通过成立潍坊创新投资管理有限公司，筹集 5000 万元用于高科技项目的天使投资，支持天德股权投资基金等本地天使投资基金发展，引进昆吾九鼎等 30 余家风险投资和私募股权投资机构，帮助领潮新材料等企业获取海外天使投资 4860 万美元。

（5）推动企业在资本市场融资。在引进投资机构的同时，潍坊高新区大力推进发展海内外上市企业群体，目前，园区通过主板、中小企业板、创业板、海外资本市场上市的企业已达 8 家，另有盛瑞传动、汇胜集团等 8 家企业进入上市流程。此外，潍坊高新区注重发展场外市场，启动争创"新三板"试点园区工作，设立"新三板"网站，建立"新三板"风险防范预案，目前已有胜达科技等 6 家企业顺利通过券商内核。与多家银行发行企业债券和信托，如与民生证券发行 3 期共 15 亿元的企业债券，与中国建设银行发行 3 亿元的信托产品和 2 亿元中小企业集合理财产品，与兴业银行合作发行 12.4 亿元的中小企业中期票据，与潍坊建行高新支行发行 6 亿元股权投资信托。

（供稿单位：潍坊市科技局）

第七节　乌鲁木齐市

一、截至 2011 年底科技资源情况

（一）财政科技投入

2011 年，乌鲁木齐市完成地方财政收入 264.2 亿元，比 2010 年增长 33.73%；地方财政支出 299.71 亿元，比 2010 年增长 43.93%，其中财政科技投入 2.96 亿元。2011 年，乌鲁木齐市本级财政应用技术研究与开发经费投入 4500 万元，增长幅度达到 38.46%，带动企事业单位投入 7.64 亿元，带动银行贷款 22.34 亿元。

（二）科技创新型企业

截至 2011 年底，乌鲁木齐地区经认定的高新技术企业 83 家，占全疆高新技术企业总数的 65.4%。2011 年，乌鲁木齐地区登记的重大科技成果数 120 项，其中，2 项获国家科技进步奖，83 项获自治区科技进步奖。全年专利申请量为 2125 件、专利授权量为 1269 件，分别比同期增长了 23% 和 6%。

（三）科技产出

截至 2011 年底，全市共有注册商标 16033 件，其中获得"中国驰名商标"4 个、"新疆著名商标"77 个、"中国名牌"5 个、"新疆名牌"67 个；签发原产地证书 3000 余份，专利累计申请总量 10434 件，专利授权总量 6425 件，专利拥有量位居全疆首位。

（四）技术市场交易

2011 年，技术市场认定登记技术合同 116 份，合同成交总金额达 12839 万元，是 2009 年的

3.67 倍；技术交易额 12835 万元。自 1987 年以来，全市技术市场已累计成交合同金额 7.56 亿元。

二、金融基础条件

（1）资本市场。截至 2011 年底，全市共有 25 家企业在资本市场发行上市；国内 13 家证券公司在乌鲁木齐市设立了 34 家营业部，4 家期货经营机构设立营业部及总部；全市发行集合票据 1.7 亿元，短期融资券 48 亿元，中期票据 35.5 亿元。

（2）银行业。截至 2011 年底，全市共有银行机构 18 家，其中内资银行 17 家，外资银行 1 家，服务网点达 404 个。年末全市金融机构各项存款余额 4080.5 亿元，比年初增长 12.2%。其中企业存款余额 2308.78 亿元，增长 13.8%；城乡居民储蓄存款余额 1470.34 亿元，增长 16.6%。金融机构各项贷款余额 2553.98 亿元，比年初增长 21.8%，其中短期贷款 762.46 亿元，增长 12.6%；中长期贷款 1588.56 亿元，增长 25.8%。

（3）小额贷款公司。截至 2011 年底，全市共设立小额贷款公司 12 家，注册资本金累计为 9.75 亿元，累计发放贷款 32 亿元，是注册资本金的 3 倍，放贷笔数 1493 笔，支持中小企业数为 299 家，有效缓解了部分中小企业、个体工商户和"三农"融资难问题。

（4）担保业。截至 2011 年底，全市拥有各类担保公司 18 家，累计担保余额 26 亿元。2011 年，担保贷款新增额 16 亿元，担保支持中小企业数为 359 家。

（5）保险业。截至 2011 年底，22 家保险公司在乌鲁木齐市设立了总部或分公司。2011 年，全市保费收入 66.67 亿元，比 2010 年增长 18.3%，其中财产险保费收入 21.72 亿元，增长 37.7%；全年支付各类保险赔款及给付 16.52 亿元，比 2010 年增长 33.8%，其中财产险 8.99 亿元，增长 36.2%。目前，许多保险公司已开发了多款专门针对科技型企业的险种，如中国人寿和中国平安保险公司开发的高新技术企业产品研发险、高新技术企业雇主责任险、关键设备责任险等险种。

三、科技与金融结合工作实践

（一）开展信用及信用融资工作

2004 年，乌鲁木齐市科技局根据《关于大力推进"诚信乌鲁木齐"社会信用体系建设的意见》启动了科技信用体系建设工作。

（1）信用信息与科技项目计划管理有效捆绑，将信用信息应用于科技计划管理。乌鲁木齐市科技局相继制定和发布了《关于推进科技信用体系建设的实施方案》、《乌鲁木齐市科技信用评价实施方案》等文件，修订《乌鲁木齐市科技计划与项目管理暂行办法》，明确企事业单位科技信用信息将作为科技计划项目初审、复审、专家评估、立项决策等环节的必备条件，科技信用等级分为 A、B、C、D 四级，申请、承担科技计划项目的单位需具备 C 级以上的科技信用等级。2011 年，科技计划项目验收率达到 81% 以上。

（2）成立中小企业信用服务中心。2006 年，乌鲁木齐市政府批准成立乌鲁木齐市中小企业信用服务中心，由乌鲁木齐市科技局和市经委联合组建，在新疆生产力促进中心挂牌，每年通过项目拨款方式解决了中心工作经费问题，同时配套出台相关支持政策，为中小信用体系建设提供了组织机构保障。

（3）制定中小企业信用指标体系，开展信用评级工作。运用科技信用研究成果，与武汉科学研究所、中国标准化研究院、上海新世纪信用征信有限公司、联合信用管理公司等国内顶级评级机构合作，开展适用于中小企业的信用指标体系，开发完成了信用评级指标体系和评价方法，建设了中小企业征信数据库和信用服务网站，实现网络在线征信。形成包含信用调查、信用评价、信用自律、信用档案等为内容的信用管理信息系统，积极培育和引导信用需求，在银行授信审批和政府经济管理工作中逐步建立使用和参考企业信用评级报告制度，同时进一步促进企业建立行业信用档案，帮助企业防范信用交易风险。

（4）开展中小企业信用标准化建设，规范信用服务模式。为进一步提高科技信用服务水平，规范信用服务模式，市科技局设立专项资金，开展制定"科技信用管理工作规范"、"科技信用等级划分及表示方法"、"科技信用评价服务规范"、"科技信用数据项规范"、"科技信用调查报告格式"等10个标准的研究工作。目前，10项科技信用地方标准已由自治区质量技术监督局正式发布实施。2012年，获得国家科技支撑计划项目立项支持，联合中国标准化研究院开展科技信用标准研究，拟将科技信用地方标准上升为国家标准。

（5）开展信用成果应用，建立银政企合作机制。乌鲁木齐市科技局联合新疆生产力促进中心、乌鲁木齐市知识产权局、乌鲁木齐市商业银行、浦发银行乌鲁木齐分行、中国建设银行新疆分行、新疆产权交易所和担保机构建立了银政企合作机制。截至2012年11月，已与合作银行达成贷款基准利率上浮不超过20%，期限3~5年的支持科技企业发展的优惠条款，与合作担保公司达成了关于担保费率优惠、提供信用担保的合作协议；通过融资服务平台共有375户次的信用记录良好企业获得贷款累计23.18亿元。

（二）开展信用融资园区试点工作

2012年3月，乌鲁木齐经济开发区信用试点园区建设工作全面启动。通过设计科技金融实施方案，协助园区政府制定相关政策，帮助园区政府完成征信数据库的建立、融资服务联盟的搭建、网络融资平台的建设等工作，实现了园区企业信用信息在线征集、评级、融资信息采集与对接等一体化的服务模式。目前，开发区（头屯河区）中小企业信用服务平台及信用门户网站已开发完成，征信入库企业199家（征信工作全部覆盖了辖区132家规模以上工业企业），资信评级企业覆盖了园区96%规模以上中小企业，并对全区300余家工业及商贸企业进行了融资需求摸底调查，遴选32家融资需求企业。此外，第一届经济技术开发区（头屯河区）"金融面对面——经济技术开发区（头屯河区）2012年融资对接会"顺利召开，为首批32家中小企业3.6亿元的融资需求进行了有效的银企对接，并对信用等级达到A级及以上的企业进行了表彰。

2012年，克拉玛依区科技金融试点工作也开始启动。《克拉玛依区科技金融实施方案》、《克拉玛依区企业信用信息征集和发布管理办法》、《克拉玛依区区委、区人民政府关于深化克拉玛依区科技促进经济和社会发展改革的实施意见》等文件相继起草或出台，中小企业信用服务平台克拉玛依地区征信平台建设初步完成，首批克拉玛依区辖区企业征信和评级工作顺利开展。

（三）引进创业（风险）投资与科技型企业对接初见成效

乌鲁木齐市政府分别设立了"创新基金"、"种子资金"和"科技型中小企业投资引导资金"，通过充分发挥财政资金对社会资本投入的"引导"和"放大"效应，先后引进了10余家创业（风险）投资机构，成立了由乌鲁木齐市财政引导资金参股的科技创业投资管理公司，正发起设立新疆维吾尔自治区首家科技投资类的产业基金。2011年以来，积极推荐了新疆维吾尔药业、新疆现代石油化工等26家中小企业与创业（风险）投资公司对接。

四、开展科技金融工作的建议

（1）加强对地方科技金融的指导。建议科技部进一步加强对西部地区科技金融试点地区工作的支持。必要时将科技金融工作纳入到全国援疆工作中。定期组织地方开展转型交流、培训，强化对政策的倾斜和支持。

（2）强化信用在企业融资中的基础作用。建议科技部进一步加大对地方信用体系建设的政策支持，强化对中小企业信用征信、辅导、评级及监督等工作规范性、标准化程序制定及研究，推广信用试点经验，牵头协助开展地方科技型中小企业联合征信机制建设。

（供稿单位：乌鲁木齐市科技局）

第八节　郑州市

一、科技基础

2011年，郑州市实现生产总值4912.70亿元，较2010年增长13.2%，分别高于全省、全国1.5个和4个百分点；全市地方财政总收入完成820亿元，同比增长27.6%；地方财政一般预算收入达到502亿元，同比增长30%；规模以上工业增加值完成2340亿元，同比增长22%。

（1）科技资源丰富。截至2012年11月底，郑州市共建各类研发中心1034家，省级以上研发中心411家，占研发中心建设总量的40%，其中国家级重点实验室、工程实验室8家，国家级工程技术研究中心、工程研究中心、企业技术中心19家。全市科技企业孵化器32家，其中国家级孵化器5家，省级孵化器6家，在孵企业达到2395家。大型科学仪器共享平台入网仪器设备达到1953台（套），比2011年增加近500台（套），已为企业提供检测试验服务18860次。"十一五"期间，3人入选国家高层次人才引进"千人计划"，引进专业博士231人，驻郑"两院"院士达到12人，柔性特聘两院院士100人。

（2）高新技术产业快速发展。"十一五"期间，全市高新技术产业产值年均增速30.80%，增加值年均增速33.30%，高新技术产业的支撑、引领作用日见凸显。截至2011年底，郑州市高新技术企业数量已达274家。

（3）科技创新成果丰硕。"十一五"期间，郑州市科技成果荣获国家科技进步奖39项，省科技进步奖184项。2011年，全市专利申请首次突破了万件大关达到11019件，同比增长22%，位居中部6个省会城市第三位，全国27个省会城市第十一位；专利授权量6141件，同比增长11%，位居中部6个省会城市第三位，全国27个省会城市第十一位；技术合同成交额稳步攀升，达到55.02亿元，同比增长16%，位居中部6个省会城市第二位，全国27个省会城市第八位。科技进步贡献率达到了56%，科技对经济社会发展的引领支撑能力日益增强。

（4）争创国家级科技品牌成效显著。"十一五"以来，郑州市先后跻身"国家科技进步示范市"、"国家知识产权示范市"、"国家节能与新能源汽车示范推广试点市"、"国家'十城万盏'半导体照明应用工程试点市"、"国家创新型试点城市"行列。国家唯一一家知识产权创意产业试点园区落户郑州市，国家知识产权专利审查协作中心在郑州市布局。

二、金融基础

（1）政策支撑体系不断完善。国务院常务会议通过的《关于大力实施促进中部地区崛起战略的若干意见》提出，支持郑州市加快金融改革和金融创新。近几年来，郑州市先后出台了《郑州区域性金融中心建设规划纲要》、《关于进一步加快郑州区域性金融中心建设规划纲要》、《关于鼓励外资金融机构落户郑州的意见（试行）》、《关于支持小型和微型企业发展的意见》、《关于支持小型微型企业贷款融资的通知》等文件，特别是 2011 年 9 月《国务院关于支持河南省加快建设中原经济区的指导意见》明确提出，"加快推进郑东新区金融集聚核心功能区建设，适时申请开展电子商务国际结算业务"，进一步吸引了一批金融机构入驻郑州市。

（2）各类金融机构进驻情况。截至 2012 年 11 月，郑州区域内汇聚了银行业金融机构 23 家，期货交易所 1 家，证券公司 1 家，证券营业部 61 家，期货公司 3 家，期货营业部 68 家，省级保险分公司 48 家，担保公司 87 家，小额贷款公司 38 家，各类金融机构服务网点有 1200 余个。

（3）金融对经济的支持力持续增强。2011 年，全市银行业金融机构人民币各项存款余额达 8964.90 亿元，各项贷款余额达 6112.80 亿元，其中，中小企业贷款余额 1710.20 亿元，占企业贷款余额的比例为 28%，仅小企业贷款当年新增额为 175.40 亿元，高出各项贷款平均增速 27.3 个百分点。2011 年，全市保险费收入 158.98 亿元，保险赔付支出 39.60 亿元，人均保费收入 1835.80 元，当年保险深度为 3.2%。

（4）创业投资助推科技企业上市融资。全市现有创业风险投资机构 43 家（其中，在国家发改委备案 6 家），创业投资管理规模达 135 亿元。通过引导创投机构投资郑州市科技企业和优势特色产业，有力地推动了科技企业上市融资。截至 2011 年底，全市境内外上市企业 36 家，首发融资 200.87 亿元。其中，境内上市企业 21 家（主板市场上市 11 家、中小企业板上市 5 家、创业板上市 5 家），境外上市企业 15 家（主板 12 家，OTCDB 3 家）。7 家境内上市公司实现再融资 110.09 亿元，6 家境外上市公司实现再融资 64.04 亿元，累计再融资 174.13 亿元。其中，2012 年前三季度，宇通客车、中孚实业 2 家上市公司实现再融资 32.11 亿元。

（5）产权交易在不断探索中稳步发展。目前，郑州市境内经资质认可的产权交易市场主要有 5 家（河南省粮食交易物流市场、河南省产权交易中心、河南技术产权交易所有限公司、郑州文化艺术品交易所股份有限公司、郑州市产权交易市场），其中由郑州市政府批准成立的郑州市产权交易市场 2011 年完成产权交易额 144.75 亿元。这些产权交易市场在国有产权交易的基础上也为中小企业的产（股）权交易搭建起有效的融资平台。

三、创新实践

（1）科技经费投入向科技型中小企业倾斜。2011年以来，先后编制了"郑州市促进科技金融结合行动计划"、"科技企业成长路线图助推行动计划"、"科技研发中心建设行动计划"、"科技企业孵化器建设行动计划"、"科技成果转化行动计划"、"科技创新人才队伍建设行动计划"等8个专项行动计划，使得大部分科技资源向科技型中小企业聚集。2011年，全市科技经费投入1.7亿元支持科技型中小企业，占全年科技经费总额的60%，通过设立郑州市科技型中小企业技术创新资金、科技成果转化后补助资金、产学研结合专项资金、研发平台专项资金、科技人才专项资金等方式，扶持科技型中小企业技术创新。2012年，支持科技型中小企业的科技经费达到2.38亿元，占总经费比例70%。

（2）设立了专项资金，引导创投机构、驻郑银行加大对科技企业的资金支持。郑州市设立了5000万元的中小企业发展专项资金和3000万元的"种子贷"基金，专门对中小企业贷款项目提供担保和风险补偿，吸引中信银行对该基金放大8~20倍进行授信贷款；同时实行贷款补贴政策，市、区（县）财政对银行发放的科技企业贷款给予贷款总额1%和担保公司担保额0.5%的风险补贴，大大改善了中小企业的融资环境。

（3）积极推动科技企业享受税收优惠政策。①加强高新技术企业认定服务工作，积极筛选高新技术后备企业，通过一站式的咨询、辅导、培训、推荐服务，截至2012年11月全市共有274家企业被认定为高新技术企业；②大力开展科技研发项目加计扣除认定工作，通过广泛的宣传发动、多层次的悉心培训、与财政税务等部门的充分沟通，2010年以来先后组织鉴定科技研发费用加计扣除项目1802项，研发费用加计抵扣额达22亿元。

（1）正在筹备设立科技特色支行，探索金融机构对科技型企业支持的新模式和新机制。2012年12月，河南省首家科技特色支行——中信银行郑州商都路科技支行即将挂牌，首期为全市科技企业授信100亿元。

（2）引导和鼓励银行机构创新工作方式方法，针对科技型中小企业设计专门的融资产品。郑州银行成立了小企业金融事业部和6家微贷中心，推出微贷产品"鼎盛贷"、"流量贷"，着力解决小微企业的流动资金缺口；浦发银行提出集"信贷融、投贷融、集合融、成长融"的"阿尔发"科技金融服务方案；交通银行河南省分行推出的"展业通"、中信银行郑州分行推出的"小企业成长伴侣"、民生银行郑州分行推出的"商贷通"和"财富罗盘"等产品，均紧跟科技型企业资金需求，着力破解融资难问题。

（3）支持担保公司和小额贷款公司业务向科技型企业渗透。截至2012年10月，全市担保公司数量达到87家，担保公司担保贷款余额159.74亿元；小额贷款公司38家，小额贷款公司贷款余额15.88亿元，为科技型企业解决融资问题起到了很好的辅助和补充作用。

（1）创投规模不断扩大，专业投资基金相继成立。一方面积极培育河南省高科技创业投资、河南创业投资、河南华夏海纳等本地创业投资机构，另一方面通过积极引导和推介，吸引深创投、秉鸿资本等国内知名投资机构落户本地。2011年至今，积极申请国家新兴产业创业投资引导基金，在生物医药、节能环保、新材料和装备制造领域分别成立了河南秉鸿生物高新技术创业投资有限公司、河南华祺节能环保创业投资有限公司、河南惠通高创新材料创业投资有限公司、河南森德瑞沁源高端装备创业投资有限公司，每只基金规模为 2.5 亿元，总额 10 亿元。

（2）促进创投机构与本地优势特色产业结合。围绕郑州市优势特色产业，积极促进龙头科技企业与创投机构的结合，帮助企业理清发展战略、开展资源整合，实现上市融资。近年来，先后促成郑州市农产品精深加工行业的好想你枣业、三全食品、思念食品，超硬材料产业的华晶金刚石、四方达，光机电一体化领域的汉威电子、新开普、新天科技等科技型企业分别在中小板和创业板成功上市。

（3）建立重点科技企业库，引导创投公司投资前移。根据"郑州市科技型企业成长路线图助推行动计划"，筛选了 600 家科技企业进行重点培育。建立企业档案、跟踪服务、组建专家团队深入企业进行咨询诊断，并组建企业数据库，面向创投公司开放，积极引导创投公司投资前移。目前已经促成 10 多家创业投资机构向 22 家科技型中小企业注资 1.62 亿元。

（4）开展科技创新大赛，投资孵化创业期科技项目。2009 年起，郑州市联合河南省科技厅、郑州大学、河南工业大学、郑州轻工业学院等每年举办一次科技创新大赛；河南华夏海纳创业投资发展有限公司、安信（河南）投资咨询有限公司等创投机构全程参与，并为获奖者提供专业的管理、咨询、商业企划等配套服务及资金支持。

（四）搭建科技金融服务平台

（1）建设国家科技金融服务试点单位。郑州市生产力促进中心是国家科技部认定的全国首批"科技金融服务试点单位"，该单位在培育科技型中小企业、搭建银企合作平台等方面全力推进科技和金融结合工作。通过探索"知识产权质押"、"孵化企业五户联保"、"投、保、贷一体化融资"等模式，促成银企对接项目 60 多个，帮助企业融资近 2 亿元。

（2）成立郑州市科技金融服务中心。通过建立科技金融网上服务平台，搭建科技企业与金融机构的沟通桥梁。服务中心开发了科技企业数据库，并整合了银行、创投、担保等金融机构的业务，通过"网上科技金融超市"，为企业提供综合性的科技融资服务，缓解科技型企业特别是科技型中小企业的融资难问题。

（3）建立市县（区）联动的科技金融服务网络体系。以全市生产力促进中心和科技企业孵化器为依托，搭建了市县（区）联动的科技金融服务网络体系，全方位开展科技金融服务。结合科技企业孵化器建设，开展在孵微型小型科技企业的"微小贷"业务。

（供稿单位：郑州市科技局）

第九节　新疆生产建设兵团

一、截至 2011 年底科技资源情况

2011 年，全兵团 R&D 经费投入 8.7 亿元，占 GDP 的比重为 0.89%；全年实施国家各类科技计

划项目 180 项，到位经费 14140 万元，同比增长 17.5%；实施兵团科技计划项目 388 项，投入科技经费 6200 万元，同比增长 33%；2011 年兵团专利申请量 551 件，同比增长 28.1%，其中申请发明专利 199 件，同比增长 49.6%，授权发明专利 43 件，同比增长 126.3%；现有国家高新技术企业 15 家，国家级创新型（试点）企业 4 家，兵团级创新型（试点）企业 25 家；高等院校（理工类）2 所，国有独立科研机构 18 家；有省部共建国家重点实验室培育基地 4 个，兵团重点实验室 10 个；国家农业科技园区 2 个，兵团农业科技园区 2 个；国家企业工程技术研究中心 1 个，兵团企业工程技术研究中心 7 个；兵团生产力促进中心 1 个。

二、截至 2011 年底金融资源情况

截至 2011 年末，兵团系统驻疆各金融机构贷款余额 1170.34 亿元，人均贷款余额 44777 元；拥有村镇银行 3 家，小额贷款公司 6 家，融资担保公司 16 家；辖区内各银行金融服务网点数 315 个。

截至 2011 年末，兵团在中小企业板上市企业 3 家，累计融资 25.65 亿元；在创业板上市企业 1 家，累计融资 3.57 亿元；兵团企业累计发行短期融资债券 131 亿元，中期票据 21.5 亿元，企业债 14.8 亿元。

三、2011 年和 2012 年科技与金融结合的创新实践情况

（一）优化科技资源配置

按照增量调节、切块管理和分类支持原则，明确科技资源的分配架构和支持方向。参照中央财政对科技经费的管理分类，将原有的科技三项费和各类科技专项经费归并整合，分为基础研究类、应用研究类、技术研究与开发类、科技条件与服务类和科技交流与合作类五大类进行管理。围绕兵团城镇化、新型工业化、农业现代化和战略性新兴产业等科技发展的重大任务，进行系统布局，加强资源集成。"十二五"四大科技计划经费原则安排比例为重大科技专项计划 40%，基本科技计划 40%，创新人才推进计划 7%，重大科技创新平台建设计划 13%。年度预算中安排 1% 左右的经费，用于应对各种突发重大事件、热点和焦点问题的科技需求，完善应急响应机制。

创新兵团科技计划经费支持方式。2012 年，兵团出台《关于支持企业技术创新的意见》，设立企业技术创新引导资金，2012 年安排 500 万元，2013 年起每年安排 1000 万元。

（二）构建科技金融合作平台

启动了科技金融服务机构建设。在农十二师依托新疆天恒基投资（集团）有限公司，批准建设了科技投融资服务中心。计划建立投融资需求项目库，为兵团科技型中小企业融资提供担保，为国内外投资机构推介兵团科技型中小企业，面向兵团中小企业开展申请贷款与评估、融资培训与政策咨询服务。在农八师依托石河子市中小企业服务公司，批准建设了石河子市中小企业服务中心，以创业孵化基地、培训基地和融资担保平台及电子商务平台建设为基础，构建面向中小企业创业、培训、融资担保、信息化服务"四位一体"的服务保障体系。

四、开展科技金融工作的问题与难点

（1）政策运用不够充分，政策体系不够完善。兵团财政科技投入没有产生突出的放大效应，以无偿拨款为主的财政科技经费资助方式对企业研究开发发挥了积极作用，但无法产生更大的放大和拉动效应，难以全面满足企业创新资金需求。由于兵团特殊体制的限制，企业研发费用加计扣除等国家普惠制激励政策，在兵团落实不够到位，政策的受益面有待进一步扩大。

（2）金融支持方式单一，扶持资金额度有限。2006年以来，围绕《国家中长期科学和技术发展规划纲要（2006~2020年)》，国家制定出台了一系列配套政策。兵团通过颁布规范性文件，补充、细化了国家促进科技创新的相关政策，促进了政策的落地和有效实施。但从调研情况来看，兵团在促进科技创新金融支持方面尚存在不少空白。缺乏规范科技型中小企业融资担保、贷款贴息、科技保险等方面的政策支撑，投融资瓶颈没能有效突破。虽然通过科技贷款贴息等政策引导企业利用银行资金加大科技创新，但支持力度有限，无法满足企业需求。

（3）贷款担保缺位，企业融资担保举步维艰。当前大部分科技型中小企业无法得到贷款支持的主要原因是不能提供有效抵押或担保。虽然近年来兵团融资担保市场有所发展，但大多数担保机构由民营资本出资组建，出于风险控制和盈利回报考虑，对科技企业融资担保条件较高。且目前由兵团各师为背景的担保公司组成的担保体系服务对象少之又少，服务面和担保量还有待扩大。

（4）融资平台急需完善，金融服务发展滞后。目前，为兵团服务的金融机构共有政策性银行、大型商业银行、股份制商业银行、邮政储蓄银行、城市商业银行、农村合作金融机构、村镇银行7大类30多家银行业金融机构，从传统机构向科技专营机构的转型刚刚开始，真正做到专业化还需要在流程再造、产品设计、人才储备和监管创新等方面取得长足发展。金融机构给科技型中小企业的支持力度微乎其微。调查显示，仅有36%的企业享受过金融机构的支持。由于兵团缺乏鼓励创投行业发展的地方性法规及配套优惠政策，创业风险投资市场体系不完善，吸引社会资本少，机构数量少、规模小、投资能力弱，是兵团科技型中小企业融资环境的又一症结。

（5）创新平台尚待健全，信息共享机制缺失。科技金融合作需要兵团、金融机构、企业和中介组织共同参与，尤其需要在兵团推动下实现市场化运作。目前，服务于科技金融合作的交流平台、融资平台、中介服务组织等不够健全，需要深入开展科技金融合作的试点示范、研究和培训，培养造就一支懂科技、懂金融、懂企业运作的复合型人才队伍。科技型中小企业在企业发展、产品优势、市场前景等方面的社会宣传，尤其是对银行的宣传推介普遍不够，对金融政策和银行融资产品了解不多，造成企业与银行间缺乏深入了解。

（6）无形资产质押机制空白。目前针对科技企业的专利权、商标权等无形资产的评估、转让、交易体系尚不健全，缺乏权威、专业、能够取得银行信任的评估机构，缺乏完善的无形资产转让、交易市场，导致银行在开展无形资产质押贷款方面非常谨慎。

（供稿单位：新疆生产建设兵团科技局）

第十节 保定高新区

一、截至 2011 年底科技资源情况

2011 年，保定高新区财政科技投入 4100 万元，R&D 投入 29.2 亿元。保定高新区的高新技术产业发展情况如下：

（1）光伏产业快速发展。光伏装备产业已建立起多晶硅、单晶硅、薄膜电池为主的光伏电池产业格局，形成太阳能光伏产品研发、制造、应用完整产业链，并在光热发电、太阳能电站、太阳能建筑一体化技术领域取得突破，构成了完整的产业体系；在光伏应用领域，聚集太阳能交通信号灯、景观灯、LED 路灯等相关制造企业 60 余家，2011 年光伏装备产业实现主营业务收入 180 亿元。

（2）风电产业实现集群化发展。中国电谷已经形成涵盖风电整机、叶片、控制系统等核心设备制造产业链条，相关企业已达 30 余家。

（3）输变电与"电"字号产业优势突出。以天威集团为龙头，保定高新区已拥有相关企业 50 余家，形成各类变压器制造、电力输送装备、变电设备等电站建设装备制造体系。

（4）新型储能产业发展势头强劲。龙头企业风帆股份公司由启动铅酸蓄电池、工业铅酸蓄电池和新型绿色环保电源、新型锂电池等支柱产品组成主业，是目前规模最大、技术实力最强、产品品种最多、市场覆盖面最广、市场占有率最高的启动用铅酸蓄电池核心骨干企业。

（5）高效节能和电力自动化产业聚集了一大批具有自主知识产权的科技型中小企业。

截至 2011 年底，保定高新区已获批准多个国家级基地称号，包括国家新能源高技术产业基地、国家可再生能源产业化基地、国家新能源与能源设备产业基地、国家出口创新基地、国际合作基地、国家新型工业化产业示范基地等，正担负起中国可再生能源产业制造中心、技术中心、信息中心的重任。

2011 年，保定高新区内企业共申报知识产权 1004 项；高新技术企业 58 家；国家级和省级创新型企业 18 家；高等院校 5 所；截至 2011 年底，保定高新区共拥有 5 个博士后工作站，4 个国家重点实验室，6 个国家级技术中心，11 个省级技术中心，3 个工程中心，25 个高新区级技术中心，科研人才 21735 人。

二、截至 2011 年底金融资源情况

截至 2011 年底，保定高新区金融机构存款余额 91.04 亿元，人均 15.17 万元；贷款余额 21.52 亿元，人均 3.59 万元；银行 7 家，小额贷款公司 5 家，融资性担保公司 3 家，创业风险投资专业机构 2 家，股权投资基金公司 3 家，银行金融服务网点 21 个。2011 年，中小企业贷款当年新增 8100 万元，中小企业贷款余额 2.87 亿元，不良贷款率为零。

三、2011 年、2012 年科技与金融结合的创新实践情况

2011 年、2012 年，保定高新区的科技金融工作重点围绕"金融生态环境、创业风险投资、科技小额贷款、融资担保机构、上市融资"五个方面开展。

（1）优化金融生态环境。加强金融生态环境建设，为银企合作创造良好的外部条件，形成以管委会为主导、各有关政府部门共同合作的金融生态环境建设工作机制。具体包括：①有效疏通银行与中小企业的连接渠道，建立完善的银企沟通协调机制，年内通过多次组织不同形式的银企对接会，有效促进了金融信贷，尤其是推动了中小企业贷款的发放；②积极推进企业信用征集和评价体系建设，构建信息共享机制，加强信贷风险监测和预警工作，评选出 2011 年度诚信企业和创新型企业，并给予现金奖励；③探索运用财政政策引导金融资源配置的有效措施，如与银行合作探索发行科技型中小企业集合债等。

（2）发展创业风险投资。高新区创业投资中心成立于 2006 年 8 月，是管委会全额出资 3000 万元设立的专业性风险投资机构，主要负责高新区内科技型中小企业的项目甄选、项目评审、信用征集及有关金融政策、信息的收集研究。截至目前，创投中心累计支持中小企业 11 家，累计投资 5480 万元。

（3）积极引导科技小额贷款。目前，在保定高新区注册成立的小额贷款公司有 5 家，注册资本总额 2.5 亿元。2012 年 1~10 月累计发放贷款 5.24 亿元。

（4）成立融资担保机构。2011 年，由高新区财政全额注资 5000 万元，注册成立了"保定高新区电谷融资担保有限公司"，为中小企业迅速做大做强、加速发展提供了有力支撑。

（5）推进企业上市融资。近年来，保定高新区积极培育、扶持"中国电谷"重点企业上市，积极为其解决上市过程中遇到的问题。2012 年，筛选具备上市条件以及准备在创业板上市的中小企业 20 余家建立上市后备企业工作台账，随时准备为其上市提供服务；通过组织上市融资知识培训讲座、引进战略投资者等工作，为区内企业介绍资本运营、理财和管理等方面的知识；出台了《关于加快推进企业上市工作的实施意见》。2012 年 6 月，区内重点科技型中小企业乐凯新材料股份有限公司已通过证监会初审。

四、开展科技金融工作的建议

（1）切实优化区域金融环境。①各有关政府部门专设机构积极推进多层次融资服务体系建设，有效疏通银行与中小企业的连接渠道，建立完善的银企沟通协调机制；②积极推进企业信用征集和评价体系建设，构建信息共享机制，加强信贷风险监测和预警工作，努力提高金融机构对贷款风险的分散、规避和防范能力；③积极推进信用担保体系建设，探索运用财政政策引导金融资源配置的有效措施等。

（2）积极搭建银企合作平台。通过建立"中小企业融资网站"，实现中小企业与四大国有银行以及外埠的股份制商业银行、投资公司、基金公司等金融机构的对接，为中小企业提供多层次的融资渠道和信息。

（3）有效落实科技型中小企业优惠政策，包括高新技术企业税收优惠政策、软件企业税收优惠

政策、支持企业申报自主知识产权和参与标准制定的财政补助政策等。

（4）建立科技金融合作引导基金。国家出台相关政策，在财政预算内设置专项"科技金融合作引导基金"，以鼓励支持科技金融合作的实际行为，并要求地方政府配套设立相应资金，提高科技金融合作的长久性和实效性。

（供稿单位：保定高新区管委会）

第十一节　银川市

一、优化科技资源配置，创新财政科技投入方式

"十一五"期间，为支持中小企业发展，宁夏回族自治区政府出台了《关于采取优惠政策措施启动实施中小企业"百家成长千家培育"发展工程的意见》（宁政发〔2010〕181号），宁夏回族自治区科技厅首批认定了167家科技型中小企业。银川市相继出台了《关于搞活金融促进银川经济发展的若干意见》、《关于进一步支持中小企业融资的实施意见》和《中小企业贷款贴息资金及贷款风险补偿使用办法》等系列政策性文件，缓解中小企业融资困难，鼓励民间资本参与信用中介，营造有利于中小企业成长、壮大的发展环境。

全面落实《宁夏回族自治区企业研究开发项目鉴定管理（暂行）办法》（宁科政字〔2010〕99号），进一步规范和明确企业研究开发费用税前扣除的衔接办法和操作流程。发挥省、市、县三级科技管理部门职能，实行企业研究开发费用鉴定分级管理。

宁夏回族自治区和银川市财政科技投入联合设立科技信贷专项补贴资金、科技保险专项补贴资金、创业投资风险补偿资金和担保补贴资金，综合运用无偿资助、偿还性资助、后补助、风险补偿等方式引导金融和社会资本参与科技创新。银川市财政科技投入以每年20%的速度递增，其中30%用于建立引导性、担保性资金和基金。

二、发展创业风险投资，支持科技创新

（1）银川市政府已批准设立规模1亿元以上的"科技创业股权投资基金"，现已投入7500万元，市财政先期投入4000万元，社会募集3500万元，争取科技部2500万元引导资金工作正在加紧进行。该基金将以股权投资、阶段跟进方式，支持银川市科技型成长企业的发展壮大，培育企业上市。

（2）为加快优势特色产业发展，有效破解中小企业融资难题，银川市政府注资5亿元成立了银川铸龙投资有限公司，开展项目投资、股权投资，进行资本运营，搭建中小企业投融资平台，培育地方龙头企业。2010年，铸龙公司获得科技部科技型中小企业创业投资引导基金的支持，与软银（中国）创业投资有限公司共同设立了"银川铸龙软银创业投资基金"，基金规模5亿元，该基金成立后投资的第一家创新型企业已进入上市辅导。此外，铸龙公司还联合银川信用协会设立互助性资

金融通平台，由协会会员共同出资组成，已形成资金规模 3740 万元。

三、引导银行加大对科技型中小企业的信贷支持

（1）全面启动与宁夏银行科技支行的战略合作。银川市与宁夏银行科技支行共同推进成立"宁夏银行科技金融服务中心"，宁夏银行在授权授信、资金额度、信用贷款等方面支持科技型企业发展。

（2）金融支持科技特派员和农村科技创业成效显著。金融推动是宁夏回族自治区的科技特派员创业工作的重要内容和特征，为了解决科技特派员创业初始阶段的资金困难，科技特派员办公室和银川黄河农村商业银行根据创业项目效益和科技特派员个人信誉，评估还贷能力和保证资金的安全程度，联合颁发金、银、铜三种"信用卡"，由银行确定"三卡"授信额度标准。实践证明，"三卡"工程对推动科技特派员创业行动深入发展起到了重要的作用。

（3）小额贷款公司是金融支农，支持科技特派员创新、创业的一支重要力量。宁夏回族自治区小额贷款公司试点工作始于 2006 年，银川市目前拥有小额贷款公司 45 家，占全区的 1/2，累计发放贷款 35 亿元，贷款收息率和贷款回收率均达到 100%。为解决小额贷款公司的后续资金问题，宁夏回族自治区成立了银行业批发贷款担保有限公司，建立了"民间资本（大银行）→小额贷款公司→农民（小企业）"的贷款直通车模式，激活各类资本服务农村科技创新。

四、积极创新担保业务

（1）由银川铸龙公司联合金融机构选择一批符合银川产业政策，科技含量高，经营稳定，具有发展潜力的优势特色企业，探索发行 2 亿元规模中小企业集合票据，有效拓展中小企业融资渠道。

（2）大力支持银川市中小企业信用担保中心发展。银川市财政、经济技术开发区、各县（市）区财政分别列支专项资金向银川市中小企业信用担保中心持续注资。银川市中小企业信用担保中心成立至 2010 年末，已累计投入担保基金 1.55 亿元，担保总额达到 14.64 亿元。

五、建设科技金融合作平台，培育中介机构发展

（1）银川市政府投入 5 亿元，组建科技方面的投融资平台——"银川科技投资开发公司"，通过市场化、资本化运作，为科技型中小企业融资提供服务，降低企业融资成本，提高融资效率。

（2）积极推动科技中介服务机构建设，吸引与金融核心业务密切相关的中介服务机构来银川市设立分支机构。加强与金融行业协会合作，扶持与金融行业相关的教育培训和评估、法律、审计、外包、信息服务等行业发展。

（供稿单位：银川市科技局）

第十二节　山东省

为全面贯彻落实党的十八大精神和全国科技创新大会精神，实施创新驱动发展战略，促进科技与经济社会发展紧密结合，山东省结合实际，深入推进了促进科技和金融结合工作。

一、截至 2011 年底科技资源情况

近年来，山东省不断加大科技工作力度，着力提高企业核心竞争力，企业技术创新能力建设取得了明显成效。一是企业科技投入大幅增加。2011 年全社会研发投入占 GDP 比重达到 1.86%，略高于全国平均水平。全省规模以上企业研发经费内部支出占到经费内部总支出的 89.6%。二是企业研发能力显著提高。截至 2011 年底，全省企业拥有国家级科研机构 146 家；全省国家级创新型试点企业 35 家，居全国第一位，全省企业研发活动人员 25.2 万人，占全社会研发活动人员的比重达到 77.0%；全省院士工作站达到 175 个，进站院士 209 人。三是企业科技成果转化能力明显增强。大力组织实施自主创新成果转化重大专项，突破了一批关键共性技术，取得了一批具有自主知识产权、达到国际先进水平的创新成果，为企业培养了一批创新团队，160 多家企业在境外建立了研发机构，企业的创新主体地位开始显现。四是企业自主创新环境得到进一步优化。积极落实企业技术研发经费加计扣除、高新技术企业、科技企业孵化器和大学科技园等相关优惠政策。截至 2012 年，全省认定高新技术企业达到 2030 家（不含青岛），2008~2011 年度全省高新技术企业累计享受减免税优惠 96.6 亿元。

全省科技基础不断加强，创新能力不断提升，创新体制进一步完善，创新环境持续优化。一是培育战略性高新技术新兴产业，增强科技支撑能力。全省共有 8 个高新技术产业化基地、37 个国家火炬计划特色产业基地。二是加快高新区"二次创业"步伐，增强区域创新能力。山东省现有国家高新区 9 个，并列全国第二位；省级以上高新区达到 20 个。三是推进技术创新战略联盟建设进程。全省已培育 53 个产业技术创新战略联盟。四是建设创新平台，完善科技创新体系。全省共有 30 个国家工程技术研究中心，居全国各省市第一位，921 个省级工程技术研究中心，10 个企业国家重点实验室被批准筹建，居全国首位。五是大力发展民生和农业科技，使科技成果更多地惠及人民群众。

2011 年全省规模以上高新技术产业实现产值 28125.84 亿元，同比增长 27.05%，占规模以上工业产值比重为 27.31%，比年初提高 1.21 个百分点；规模以上高新技术产业实现增加值 7353.0 亿元；全部 17 个市高新技术产业实现产值的环比增长。全省专利申请 109599 件，其中发明专利申请 25623 件，专利授权 58843 件，其中发明专利授权 5856 件。2011 年省级及以上高新区批准入区项目 2753 项，固定资产投资 2777.05 亿元，规模以上工业总产值 13369.92 亿元，财政收入 531.17 亿元，实际外商直接投资 24.60 亿美元，出口额 192.49 亿美元。全省技术市场合同 9096 项，成交合同金额 129.71 亿元，其中技术交易额 117.20 亿元，居全国第八位。已建成各类孵化器 60 余家，其中国家级创业服务中心 30 个，国家级留学人员创业园 2 个。全省生产力促进中心达到 111 个，其中国家级示范中心 12 个，省级示范中心 23 个。

二、截至 2011 年底金融资源情况

2011 年山东省金融保持了增长持续、结构优化、效益提升、运行平稳的良好态势。截至 2011 年底，全省共有 225 家银行业金融机构，其中外资银行 14 家，年末本外币各项存款余额 46986.5 亿元，本外币贷款余额 37521.9 亿元，不良贷款余额 684.39 亿元，比年初减少 151.94 亿元，不良贷款率 1.82%，比年初下降 0.75 个百分点，银行业金融机构全年实现利润 819.91 亿元，同比增长 28.57%。2011 年山东省金融机构中小企业人民币贷款余额超过 1.4 万亿元，其中，中小企业贷款余额在全部企业贷款中所占比重达到 62.4%。

2011 年全省有创业风险投资机构 72 家，创业投资管理规模 80 亿元，地方政府创业投资引导基金支持机构管理资本规模累计 36 亿元。全年新增上市公司 27 家，15 家上市公司实现再融资，其中，境内上市 22 家，中小企业板上市 10 家，创业板上市 9 家；境外上市 5 家。山东省上市公司已达 226 家，上市股票 237 只。2011 年，山东省积极引导符合条件的企业进入银行间市场融资，通过资本市场直接融资额达到 1304 亿元，其中股票融资 485 亿元，债券融资 774 亿元，公司债 48.5 亿元，直接融资占银行新增贷款的比例首次超过 20%，资产证券化率约 35%。

2011 年实现保费收入 1036.4 亿元，保险密度为 1075.4 元/人，保险深度为 2.36%。

2012 年全省有担保机构 519 家，其中科技担保机构 11 家，科技担保机构担保贷款余额 27.12 亿元，担保贷款支持企业 1018 家。

三、科技与金融结合的创新实践情况

（一）积极转变科技财政投入方式

一是 2000 年山东省财政出资 12 亿元设立了山东省高新技术投资公司，已累计投资 18.7 亿元，支持了 58 家高新技术企业；二是为更好地引导风险投资投向，2006 年山东省财政设立了省科技风险投资专项资金，累计投入 1 亿多元采用股权投资方式支持了近 10 家企业；三是参与科技部、财政部组织的科技型中小企业创业投资引导基金参股工作，2008 年组建了注册资金 1.1 亿元的山东省科技创业投资有限公司；四是按照科技部、财政部、发改委的工作部署，设立了总规模 10 亿元的创业投资引导基金，一期投资 1.8 亿元，支持了 10 家创业投资企业。

（二）创新金融服务方式，鼓励银行业金融机构落实各项信贷支持政策

（1）商业银行积极支持科技型中小企业发展。一是根据国家产业政策和投资政策，对经国家和省级立项的高技术产业化和高新技术产业项目，对重大技术创新项目、重大科技专项计划、火炬计划、科技型中小企业技术创新基金计划等项目，以及高新技术企业、各级科技管理部门认定的科技型中小企业等优先给予信贷支持。二是不断创新金融服务方式。鼓励开展知识产权质押贷款、票据融资等业务，支持有条件的银行和国家高新区（市）合作设立重点支持科技型中小企业的专营科技金融服务部门或分支机构，在满足行业监管要求的前提下，通过抵押方式、业务模式等方面的突破，结合授信额度保证，加强中间业务和增值金融服务的创新力度，提供专营化、特色化服务，更好地满足科技类中小企业的融资要求。

（2）加强政策性银行对科技发展的支持。如国家开发银行山东省分行主动依托科技中介机构建

立科技型中小企业贷款平台，通过科技投融资体制建设，引导社会资金，加大对种子期、初创期和成长期科技型中小企业的融资支持力度，提高自主创新能力；中国进出口银行青岛分行在政策允许范围内，对高新技术企业发展所需的核心技术和关键设备的进出口，提供融资支持；中国农业发展银行山东省分行对农业科技成果转化和产业化实施倾斜支持政策。

（3）积极落实《关于选聘科技专家参与科技型中小企业项目评审工作的指导意见》（银监发〔2009〕64号）和《关于开展科技专家参与科技型中小企业贷款项目评审工作的通知》（国科发财〔2010〕44号）精神，根据山东省经济、社会发展需求，积极向科技部上报科技专家名单，为科技信贷工作开展奠定必要基础。

（三）利用资本市场融资，加快科技型企业发展

（1）支持有条件的高新技术企业在国内中小企业板、创业板上市。集成重大科技专项和产业化专项、创业投资、金融资本等资源，加强与证券监管部门、证券交易所的工作对接，积极推荐竞争力强、运作规范、成长性好的高新技术企业和科技型中小企业到中小企业板和创业板上市。

（2）积极争取全国性的、统一监管下的股份转让系统试点工作。大力推动济南、淄博、烟台、潍坊、济宁、威海等国家高新区进入股份转让系统扩大试点，积极引导目前尚达不到上市条件的中小高新技术企业根据代办股份转让系统的要求，改制重组，规范经营，争取更多的此类企业能够利用这一平台，加速发展。

（3）支持国家高新区内已上市高新技术企业，通过并购重组和再融资等方式，积极参与产业整合、行业整合或跨地域收购兼并，加快优质资产向优势上市公司集中。鼓励上市高新技术企业进一步做大、做强。

（4）积极争取国家有关部门和金融机构总部的支持，鼓励并推动符合条件的高新技术企业和证券公司、银行等金融机构合作，利用好各类债券市场，发行公司债券、企业融资债、中期票据、集合票据和集合债券等债务融资工具。

（四）大力发展科技风险投资

（1）继续发挥省级科技风险投资资金作用，在每年继续安排预算资金、逐步扩大省科技风险投资规模的同时，创新投入方式和运作模式，积极探索科技风险投资与国家、省科技项目相互配合、同步实施的机制。

（2）进一步充实山东省省级创业投资引导基金。通过参股、融资担保、跟进投资等方式，扶持和引导有条件的市和创业投资企业建立科技型中小企业创业投资基金，放大政府资金的杠杆效应。

（3）进一步落实《创业投资企业管理暂行办法》、《财政部、国家税务总局关于促进创业投资企业发展有关税收政策的通知》（财税〔2007〕31号）的有关规定，落实税收优惠政策。鼓励采用有限合伙、高管跟进投资、股权激励等手段建立创业投资企业激励约束机制，促进创业投资企业规范健康发展。鼓励有实力的机构投资以支持初创期科技型中小企业为主的创业投资机构，引导社会资金流向创业投资领域。

（4）积极引进国内外投资机构来山东省开展科技风险投资业务。发挥山东省经济基础较好，发展速度较快，科技成果丰富的有利条件，吸引更多的省外社会资本流入，增加全省的科技风险投资市场容量，同时通过吸引优秀管理团队，创新投资理念，提高管理水平。

（五）发起设立山东省科技融资担保有限公司

根据《山东省融资性担保公司管理暂行办法》规定，由山东省科技厅与山东省财政厅联合发起

成立，首期注册资本金1.2亿元，重点探索知识产权、著作权等科技资源的融资担保模式，为进入产业化初期、技术经过中试验证、产品初具模型的科技型中小企业提供融资担保服务。公司目前已与中国建设银行等9家银行签订战略合作协议，协议银行将以基准利率向公司担保的科技型中小企业提供贷款。

四、开展科技金融工作的问题、难点和建议

（一）开展科技金融工作的问题和难点

与先进省份相比，山东省科技综合创新能力还不强，高新技术产业发展质量有待进一步提高，高层次科技人才比较缺乏，尤其是利用金融和资本市场促进高新技术产业发展的手段和措施较少，高新技术产业固定资产投资和科技项目资金投入不足。许多拥有自主知识产权、有良好发展前景的高新技术企业在产品研发和产业化阶段出现了资金供应链的衔接失效，在很大程度上影响了高新技术成果转化和高新技术企业发展。

（二）开展科技金融工作的建议和具体措施

（1）进一步完善相关政策，切实抓好政策的贯彻落实工作，加大财税政策扶持力度，完善科技投融资体系。一是重点落实企业研发费用加计扣除、高新技术企业税收优惠政策，最大限度地调动和保护企业创新积极性；从2012~2015年，省政府每年安排10亿元自主创新专项资金，带动各级财政、金融机构和社会资金投入1000亿元以上，重点支持一批重大关键共性技术研发和产业化项目，力争尽快突破一批关键核心技术，培植一批具有较强国际竞争力的优势企业，形成若干优势产业集群，带动和支撑经济结构优化调整。二是多元化、多层次、多渠道地完善科技投融资体系。不断拓展金融为企业科技创新服务的方式和途径，加快形成更加完善的科技投融资体系：规范运作省级科技风险投资资金、省级创业投资引导基金，放大政府资金投资效应；不断创新投入方式，充分利用担保、贴息、发行企业集合债券，在主板、中小企业板、创业板上市等多种融资渠道，积极争取有条件的高新区进入"新三板"试点；稳健运营山东省科技融资担保平台，积极开展知识产权质押融资担保业务，同时通过省科技担保公司的示范作用，带动全省各地积极探索市场化的科技投融资机制，创新科技投入方式，探索实现科技创新链条与金融资本链条的有机结合，缓解科技型中小企业融资难题。

（2）提高其他金融机构对科技发展的支持力度。一是进一步开展融资租赁业务，扩大融资性租赁的范围，鼓励高新技术企业与有资质的金融部门合作，以融物代替融资，增强企业资产流动性、缓解企业债务负担。二是积极开展"高新技术企业集合资金信托计划"试点业务，以信托方式募集资金专项用于高新技术产业项目建设。三是鼓励国家高新技术产业开发区设立科技小额贷款公司，为区内的各类中小企业，特别是孵化器内的微小企业提供短期、小额的资金支持。

（3）定期举办科技金融专项活动。科技管理部门和金融监管部门组织有工作基础的银行、证券、保险等金融机构和科技担保公司、科技评估公司等组成联盟，定期开展科技金融专项活动；对全省有融资需求的科技型企业提供前期咨询、中期服务、最终完成融资的一条龙支持。

（4）大力发展科技金融中介机构。引导和鼓励信用评级机构、资产评估机构、保险中介机构针对科技型中小企业的特点开展服务，加快生产力促进中心、高新技术创业服务中心（孵化器）等机

构的发展，完善科技成果评估和评价体系，建立科技和金融信息交流的平台，为科技和金融结合创造有利条件。

（供稿单位：山东省科技厅）

第十三节　厦门市

为贯彻落实《中共中央 国务院关于深化科技体制改革加快国家创新体系建设的意见》，积极推进促进科技和金融结合工作，切实服务于科技支撑引领经济社会转型升级和结构调整，全面建设国家创新型城市，厦门市在科技部的指导下，创新科技投入方式，探索科技资源与金融资源对接的新机制，初步形成了科技与金融的良性互动，现将今年以来的相关工作情况汇报如下：

一、主要工作和成效

（一）加强组织领导，推进科技和金融结合环境建设

为加强多部门沟通与协调，加强科技金融工作的组织领导，突出体制机制创新，在市政府的统一部署下，厦门市科技局牵头与厦门市财政局、中国人民银行厦门市中心支行、厦门市银监局、厦门市证监局、厦门市保监局签订了《厦门市科技与金融结合战略合作协议》，建立联席会议制度，定期召开协调会议，统筹规划科技与金融资源，研究决定相关重大事项，优化政策环境，形成合力，推动科技金融工作顺利开展。

（二）加强制度建设，保障科技和金融结合

厦门市先后出台了《厦门市科技型中小企业信贷风险补偿专项资金管理办法（试行）》、《厦门市人民政府关于促进股权投资类企业发展的若干规定》及其实施细则、《厦门市人民政府关于促进我市银行业金融机构提升小型和微型企业金融服务水平的奖励措施》及其考核实施办法、《厦门市人民政府办公厅关于成立厦门市中小企业集合票据发行工作领导小组的通知》、《厦门市人民政府办公厅关于成立厦门市企业资金链断裂风险应急工作领导小组的通知》等政策措施。同时，已起草《厦门市人民政府关于促进融资租赁业发展的若干意见》、《厦门市高层次紧缺型金融人才计划实施办法》、《厦门经济特区促进两岸区域性金融服务中心建设条例》、《厦门市人民政府关于推进企业上市的若干意见》、《厦门市科技型中小企业备案登记管理办法（试行）》、《厦门市科技型初创企业项目配套贷款风险补偿专项资金管理办法（试行）》和《科技与金融结合支持人才创新创业实施办法》等一系列扶持科技金融发展的专项政策文件，初步形成了促进科技和金融结合的政策体系，优化了科技金融工作环境，为加快厦门市科技金融发展提供了有力的政策和制度保障。

（三）创新财政科技资金投入方式，放大科技投入效益

为推动建立以企业为主体、市场为导向、产学研相结合的技术创新体系，加快推进科技计划和科技经费管理制度改革，引导和带动社会资本参与科技创新，厦门市科技局创新财政科技投入方式与机制，在《厦门市科技计划项目申报指南（2013年）》中明确将厦门市科技计划项目的主要资助方式由无偿资助调整为贷款贴息，以财政科技资金为杠杆，撬动银行资本，"四两拨千斤"，放大科技

投入的效益。

（四）构建风险分担机制，引导金融机构积极参与

打造良好的金融环境是落实科技金融政策的必要保证。厦门市积极与金融机构合作，安排风险补偿专项资金，遵循"政府推荐、自主评审、市场运作、风险共担"的原则，引导金融机构积极参与科技创新。

厦门市科技局、财政局与厦门市担保公司签订合作协议，通过首期注资厦门市担保公司5000万元，成立专营科技型中小企业科技担保业务的科技担保分公司；与厦门中国建设银行、中国银行、兴业银行、招商银行、厦门银行和民生银行签订框架合作协议，筹划成立六家科技支行，提供总额50亿元的科技型中小企业信贷专项授信额度，打造科技型中小企业融资专业平台。同时，政府安排科技型中小企业信贷风险补偿专项资金，首期1000万元，专项用于科技担保分公司、合作银行等机构，为科技型中小企业提供担保融资服务风险补偿。

为进一步完善科技金融服务体系，解决目前科技型初创期企业因普遍存在规模小，固定资产少，在银行没有信用记录，很难获得贷款尤其首贷更难的问题，帮助科技型初创企业走出"死亡谷"，厦门市特安排科技型初创企业项目配套贷款风险补偿专项资金，首期1000万元，鼓励合作银行向科技型初创企业提供50万元免担保免抵押的信用贷款，为科技型初创期企业雪中送炭，提供初创期企业创新研发和中试阶段的关键融资贷款，同时帮助科技型初创期企业获得银行首贷，并建立起其在金融系统的企业信用，为此类企业将来获得金融支持打下坚实基础。

通过与担保公司、银行等金融机构的合作，厦门市大力引导和支持金融机构积极参与科技创新，初步形成了良好的金融环境，基本实现了科技资源与金融资源的有效对接，突破了科技型中小企业融资瓶颈，努力实现了多方共赢和长远发展。

（五）积极实施"海纳百川"人才战略

为进一步实施人才强市和创新驱动战略，加快推进国家创新型城市建设，以更大力度吸引海内外高层次人才来厦门创新创业，促进科技创新和产业转型升级，厦门市以政府资金为引导，采用政银企结合方式，综合运用无偿资助、创业投资引导、融资风险补偿、贷款贴息以及后补助等财政资金支持模式，通过提供政策性担保、银行信贷、创业投资、股权投资、科技保险、风险补偿等多种手段，引导和鼓励金融机构和资本市场支持科技人才创新创业，为厦门市"海纳百川"人才战略计划的实施提供有力支撑。

（六）借势"两岸金融中心"，促进与台湾地区科技和金融产业对接进程

2011年3月，推进两岸区域性金融服务中心建设分别被写入国家"十二五"规划纲要和《海峡西岸经济区发展规划》，被正式确立为国家战略。厦门市积极发挥建设"两岸金融中心"的优势，不断创新两岸科技、产业和金融等全面对接合作的机制，台湾银行、台湾第一银行、台湾中小企业银行、台湾永丰金控、台湾华南银行等众多金融机构纷纷来厦，为科技和金融结合工作提供了新的平台，为促进科技和金融结合工作注入了强大动力。

二、下一阶段工作思路

为进一步促进科技和金融结合工作，厦门市将进一步完善顶层设计，健全科技金融政策体系；积极建设科技信用体系，夯实科技金融发展基础；搭建科技金融综合服务平台，加大宣传力度，搞

好科技和金融对接；加强科技金融理论研究，建立科技金融结合咨询专家库，适时成立产业科技投资联盟/协会；探索科技保险，分散科技金融风险；推动科技小额贷款公司的建立和发展，进一步壮大科技金融专营机构规模，促进金融、资本要素向科技企业聚集，加快形成多元化、多层次、多渠道的科技金融发展体系。此外，还将借助正在构建的"海峡两岸金融中心"之机，创新两岸科技金融合作的新模式，进一步加快厦门和台湾地区科技和金融产业对接进程。

（供稿单位：厦门市科技局）

第十四节　贵阳市

2011 年以来，贵阳市作为非试点地区全面开展了促进科技和金融结合的创新实践，在启动实施科技金融计划的基础上，以少量财政科技投入引导和带动了大量社会资本进入实体经济并支持科技型中小微企业的发展，形成了政府、企业和金融机构"共舞多赢"的格局，有力促进了贵阳市战略性新兴产业的迅速崛起。2011 年贵阳市实现 GDP 比上年增长 17.1%，增速分别高于全国、全省 7.9 个和 2.1 个百分点；2012 年上半年，贵阳市 GDP 同比增长 15.8%，高新技术产业产值同比增长 23%。

一、截至 2011 年底科技资源情况

贵阳市地方财政科技投入为 1.67 亿元，全市经重新认定的国家级高新技术企业 107 家，占全省总数的 70%，高新技术产业增加值占全市规模以上工业增加值的 32%，科技进步对经济增长的贡献率超过 55%；科技型中小企业约 1000 余家。在贵阳市域范围内拥有本科院校 8 所，科研机构 48 个，国家重点实验室 2 个，省部共建重点实验室 6 个，国家工程技术研究中心 2 个，国家级企业技术中心 7 个，省级工程技术研究中心 45 个，生产力促进中心 22 个（其中国家级生产力促进中心 4 个），国家级、省级科技企业孵化器 5 个。

二、截至 2011 年底金融资源情况

城市金融要素加快聚集，贵阳市商业银行更名为贵阳银行，成功组建贵阳农村商业银行，引进花旗、中信、招商、浦发等一批国内外金融机构，2 个村镇银行，有 43 家小额贷款公司、116 家融资性担保公司挂牌营业，全市金融机构人民币存、贷款余额分别为 3603.65 亿元、3012.86 亿元，年均增长分别达 19.3%、20.2%；市场化融资取得重大成果，上市公司发展到 13 家，12 家市级投融资公司筹集建设资金 504 亿元；贵阳市与贵州省合作组建了贵州省科技风险投资公司，共有 6 家创业风险投资机构，新建了一批科技创新创业服务平台，基本形成了以企业为主体、市场为导向、产学研相结合的科技金融工作体系。

三、科技与金融结合的创新实践

（一）营造科技金融政策环境

通过整合资源，不断进行政策、制度创新，探索科技与金融结合的路径和模式。从2011年3月至今，按照国家和省的安排部署，贵阳市相继出台了《贵阳市创业投资引导基金管理暂行办法》、《贵阳市科技金融专项补助资金管理暂行办法》、《贵阳市促进科技和金融结合工作方案（2011~2015年)》、《贵阳市星级信用科技企业培育计划管理暂行办法》等10余个政策文件，为深入开展科技和金融结合工作打牢了制度基础，提供了有力的政策支撑。特别是明确了八个方面的重点任务，包括：搭建高新技术企业和创新型企业贷款合作平台、大力发展创业风险投资机构、推动科技企业发行集合票据或集合债券、推动科技企业上市融资、进一步完善科技担保体系、建立完善技术产权交易市场、积极开展科技保险工作、培育科技金融中介服务机构等，为有序推进科技金融工作指明了方向。仅用一年多的时间，贵阳市就已初步形成了以"五公司、一中心"为引领，"五平台、一通道"为支撑，"五补助、一补充"为保障的多元化、多层次、多渠道的科技投融资服务体系。所谓"五公司、一中心"，即组建五类公司，包括科技风险投资公司、科技担保公司、科技小额贷款公司、科技企业信用服务公司、科技成果评估交易公司以及科技金融服务中心；所谓"五平台、一通道"，即通过搭建天使资金平台、股权投资平台、贷款合作平台、信用服务平台、产权交易平台，支持企业加快成长，推动和帮助企业进入上市融资和股份转让系统等场外交易市场挂牌的通道；所谓"五补助、一补充"，即政府科技部门为企业和创投机构提供投资风险补助、融资保障补助、科技贷款利息补助、科技担保费补助、科技保险费补助，为银行、科技小额贷款公司、科技担保机构、科技保险机构提供风险准备金补充。

（二）加强配套服务体系建设，形成科技金融工作长效机制

贵阳市科技局在原局财务室的基础上组建了科研条件与财务处，明确将推进科技金融工作作为四项职能之一；成立事业机构贵阳科技金融服务中心，受理和初审各类专项补助申请；成立市场化运作的贵阳火炬高新技术服务中心（成果转化应用中心），并充分发挥贵阳生产力促进中心的作用，多方整合资源，积极为创投、银行和企业投融资活动提供专业化服务；把科技金融人才队伍建设作为生命线来抓，超常规引进和培养科技金融人才，为科技企业的发展提供高水平的投融资服务。

（三）优化科技资源配置，创新财政投入方式

为推进财政科技资金使用方式和途径改革，进一步发挥财政科技投入的放大、引导和增信效应，贵阳市着重加强了科技计划管理、科技经费管理的配套改革，强化宏观配置和统筹协调。在科技计划体系中特别增设了"科技金融计划"，该计划专项资金主要用于设立科技创业投资引导基金、科技成果转化基金、科技信贷专营和配套机构的引导资金以及科技金融专项补助等方面。2011年首次设立科技金融计划专项资金3000万元，当年内贵阳市科技局共为20家科技企业和金融机构兑现科技金融专项补助资金656万元。其中，贵阳朗玛信息技术股份有限公司是获得贵阳市科技金融专项补助资金的首家企业，该公司已于2012年2月16日在创业板成功上市。2012年该专项资金增加至4381万元，同比增幅达46%，年度内补助资金申报总额近2000万元。与此同时，截至目前，在科技金融计划的支持下，依托贵阳市科技金融服务中心和贵州省科技风险投资公司等机构，贵阳市共引进参与科技金融服务体系建设的社会资金15亿元左右（不含银行科技贷款)，并组建了20多家

科技金融服务机构，累计帮助科技型中小企业获得各类融资服务金额近 70 亿元。

通过实施科技金融计划，积极引导银行、创投、担保、保险等机构支持科技企业发展，有效减轻了金融机构与科技企业长期信息不对称、风险不对称的问题，也一定程度上弱化了资金难以找到好项目的难题。

（四）发展创业风险投资，支持科技创新

贵阳市高度重视科技创业投资机构及服务体系的建立健全。2008 年，贵州省和贵阳市共建了贵州省科技风险投资有限公司。共建以来，贵州省风投公司运用投资、担保、短期融资等手段为广大中小企业提供了累计金额 30 多亿元的融资服务。其中，2010 年，贵州省风投公司发起组建鼎信博成创业投资有限公司，获科技部创业投资引导基金阶段参股 3000 万元；2011 年，贵州省风投公司又与贵阳国家高新区、贵阳国家经济技术开发区以及其他地方政府合作成立了 5 家创投机构。

此外，2011 年贵阳市还设立了总规模为 2 亿元的贵阳市科技创业投资引导基金，积极引进国内外优秀创业投资机构、私募股权投资机构在贵阳设立或管理创业投资基金。贵阳火炬高新技术企业服务中心作为贵阳市科技创业投资引导基金的出资人代表出资 7000 万元，分别设立规模为 1 亿元的贵阳科富创业投资中心和规模为 5 亿元的贵阳科技成果转化基金。截至 2012 年 9 月，贵阳科技成果转化基金已完成对贵州中泉电气集团有限公司等本地项目的投资。

（五）引导银行业金融机构加大对科技型企业的信贷支持

2011 年以来，贵阳市科技局与贵阳银行、招商银行贵阳分行、重庆银行贵阳分行、中国建设银行城东支行、浦发银行贵阳分行、中信银行贵阳分行、交通银行贵州省分行等 8 家银行先后签订《战略合作协议》，共同搭建科技企业贷款合作平台，旨在探索形成四个机制：优质企业的相互推荐机制、贷款项目的联合评审机制、信贷风险的双重过滤机制、失信行为的惩戒约束机制。目前，贵阳科技贷款合作平台共获授信 68 亿元，实际贷款近 25 亿元。此外，贵阳市科技局会同贵阳银行营业部、兴筑支行、富北支行、白云支行及中国建设银行贵阳城东支行等 5 家银行分支机构开展了"科技支行"试点工作，正在积极探索科技支行的贷款流程、贷审标准、风控制度等内容。

在科技贷款合作平台逐步成型、壮大的同时，贵阳市科技信贷专营和配套机构的组建也在加速推进。2011 年以来，贵阳市科技局会同相关部门积极探索实施知识产权质押、股权质押、应收账款质押等贷款担保方式，鼓励民间资本进入科技担保等领域，贵州天信担保有限公司、贵阳高新万融科技小额贷款有限责任公司已正式挂牌，累计为科技型企业提供融资担保 156874 万元。

（六）建设科技金融合作平台，培育中介机构发展

贵阳市积极争取国家和贵州省的支持，共建共享科技和金融结合的各类载体和平台，加快推进贵阳市科技金融服务体系的健全，做大科技投融资总量。

贵阳市科技金融服务中心结合贵阳市科技企业的实际需求，根据科技企业所具有的高成长性、高科技含量，同时又缺少信用记录，融资风险高，存在轻资产比重高、无形资产估值难及信息不对称等特点，充分考虑科技企业具有融资结构不尽合理、融资成本高、融资成功率低等问题，建设了专门针对科技企业的服务平台——贵阳科技金融服务平台。通过市场化的运作形式，搭建起了包括为种子期、初创期、成熟期等各阶段科技企业提供全程支持、引导，形成不同功能定位、专业性强、涵盖面广、一站式供应链的服务平台，打造了能与不同发展阶段科技企业良好适应的融资服务机制。

同时，为加快构建有利于促进科技成果转化的体制机制，贵阳市着重建设以"三台（科技成果

信息对接平台、评估交易平台、项目孵化平台)、一库(科技成果资源数据库)、一网(科技成果转化网)"为主的服务体系,推进科技成果转化体系建设,特别是与贵州阳光产权交易所联合组建贵阳火炬科技成果评估交易公司,在解决科技成果的评估作价、质押、转让退出等问题以及消除金融机构顾虑方面进行了积极探索。2012年,已建立了贵阳市科技成果评估交易平台、科技成果资源数据库系统及科技成果一站式服务平台——贵阳市科技成果转化网的运营。资源数据库已收录核心科技成果1021项、专利及实用技术3917件、各领域专家157位;作为贵阳市打造的科技信息门户网站,科技成果转化网实现与科技成果资源数据库的无缝对接,发布各类科技资讯近6000条,为科技成果持有人、技术需求方、企业和金融机构搭建了一个高效的信息交流平台。

(七) 建设和完善科技企业信用体系

为有效突破贵阳市科技企业融资难问题,深度促进科技和金融的结合工作,贵阳市建立了科技企业信用评级体系。2012年初,贵阳市科技局和中国人民银行贵阳中心支行进行创新探索,联合制定颁布了《贵阳市星级信用科技企业培育计划管理暂行办法》(筑科发〔2012〕1号),启动实施了"贵阳市星级信用科技企业培育计划",并成立贵州火炬信用评价服务有限公司推动计划实施。其中,贵州火炬信用评价服务有限公司自2012年5月成立以来,已对贵阳市内的26家科技企业开展了信用评价服务。通过实施星级信用科技企业培育计划,给科技企业开展信用评价和建立信用档案,一定程度上解决了银企信息不对称问题,逐步打破了银企之间"难贷款"和"贷款难"的僵局,营造了一个金融机构愿意贷、敢于贷,科技企业能够贷、守信还的和谐诚信环境,开创了以信用促融资,以融资促发展的良好局面。

(八) 举办系列会议,进一步完善科技金融信息交流机制

贵阳市科技局积极开展各项对接工作,举办面向全市科技企业的专场推介活动,完善全市科技企业的信息交流与合作环境。

第一,以促进科技金融创新,助推新型工业化为主题,全面贯彻落实党的十七届五中全会精神和贵州省科学技术大会精神,落实《促进科技和金融结合试点实施方案》,发挥财政资金引导放大作用,贵阳市顺利举办了"科技金融创新与新型工业化"研讨会,并形成了《科技金融创新与新型工业化贵阳研讨会共识》,从六个方面详细阐述了贵阳市如何促进科技和金融结合工作。

第二,为培育和完善科技保险市场,在科技企业自主创业、并购以及战略性新兴产业等方面提供保险支持,与贵州省保监局共同举办了科技保险工作对接会,共同探讨科技保险有关支持政策,创新科技风险分担机制,探索保险资金支持科技发展的新方式,为保险公司、科技部门、科技型企业提供相互交流的平台。

第三,为进一步落实《贵阳市促进科技和金融结合试点方案》和《贵阳市科技金融专项补助资金管理暂行办法》(筑科通〔2011〕8号),减少科技型中小企业的融资成本,引导金融机构加大对科技型中小企业的融资力度,特举办了2011年度贵阳市科技金融专项补助资金兑现会。

第四,为推动技术、项目、资金、人才之间的有效对接,成功举办了2012贵阳"创新要素对接会"(药业专场、IT专场等),积极为企业引进创新成果和高新技术、人才、展开学术合作提供机遇,加快科技创新、加速科技成果转化。

第五,为贵阳市装备制造、现代农业、社会管理体制创新方面提供技术支持。作为贵阳市2012年16个科技计划项目之一的科技特派员计划,共有来自贵州大学等多家高校科研单位的38名个人及团队参与2012年大学生项目、科技特派员计划项目评审会,旨在鼓励和支持有技术和特长的科

技人才服务工业、农村、园区和社区，实现技术的输出方和需求方的有效对接。

四、开展科技金融工作存在的问题、难点和建议

贵阳市科技金融体系创新尚处于起步阶段，无论是在客观规律的把握上，还是在体制机制的创新、制度性瓶颈障碍的突破方面，都还有大量工作需要完善。主要存在以下几个问题：

第一，目前贵阳市科技金融服务体系的建设处于摸着石头过河的阶段，还未建立起完备、专业的中介服务体系、互联互通资源共享的信息服务系统等体系，很多工作的开展不能得到及时有效的落实。

第二，贵阳市大多数科技企业尚处于萌芽期、初创期，面临技术、市场等诸多方面的不确定因素，客观上风险较大；企业自身的治理结构也不完善，管理不规范、信息不对称、财务不真实、产权不明晰、资产不确定等问题比较普遍；部分科技企业思想认识不到位，重视程度有差距，对国家、省、市相关政策不重视、不关心。这些问题加剧了信息不对称问题，使企业容易错失潜在合作机会。

第三，贵阳市作为西部欠发达城市，人才缺失一直都是普遍存在的问题，科技和金融方面的专业人才缺失问题尤为突出。

科技金融创新既是推进科技创新、提升产业层次的需要，也是发展现代金融服务业的需要，对贵阳市的发展转型具有重大意义。为切实解决科技金融工作开展过程中存在的这些问题，贵阳市结合自身发展实际，坚持"先行先试"原则，大胆探索试验，鼓励创新突破，拟提出以下建议：

（1）加强科技金融政策扶持。整合并完善促进科技金融发展的各项政策，遵循政府引导、充分发挥市场机制作用的原则，实现政府扶持政策的全面升级；继续加大政府投入力度，统筹省市两级金融、科技等相关资金，通过实施风险补偿、贷款利息补助、担保费补助等政策，建立政府、金融机构联动的风险共担机制，确保科技金融扶持政策落到实处，科技企业、金融机构都得到真正的实惠。

（2）帮助科技企业拓宽融资渠道。积极推进金融产品和服务创新，根据企业发展的不同阶段和特点，完善科技金融专属产品，鼓励银行创新股权质押、知识产权质押、信用贷款等信贷产品，探索发行中小科技企业集合债券等，全面拓宽企业融资渠道。通过探索研究符合贵阳市科技金融服务体系的风险补偿机制，制定落实相关制度，提高金融机构的风险容忍度。

（3）加大科技金融结合的宣传力度。将贵阳市科技金融服务体系包含的方方面面，用动画的形式，简洁明了地表达出来，并在公共平台上播放，进一步扩大对科技企业的宣传，提升科技企业、中介机构、人才等科技金融工作参与主体对贵阳市科技金融工作的认识。

（4）健全科技金融综合配套服务体系。在政府的统一协调和推动下，加快互联互通、资源共享的科技金融服务平台建设；以市场为导向，大力拓展各类科技金融中介服务，加快发展一批信用评级、信用评估、融资担保、投资咨询、管理咨询等专业服务机构的组建。

（5）建立科技金融人才引进培养机制，积极落实贵阳市人才引进政策。加快人才引进计划，以专业人才的引进和培养为重点工作，着力培养科技与金融结合的复合型人才，为科技金融创新提供有力的智力支持。

（供稿单位：贵阳市科技局）

中国科技金融发展报告 2012

机构篇

第十章 科技金融合作机构

第一节 国家开发银行股份有限公司

国家开发银行股份有限公司（以下简称开发银行）认真贯彻落实全国科技创新大会精神，准确把握中央深化科技体制改革、加快国家创新体系建设的总体部署和任务要求，进一步深化与中央部委和地方政府的合作，对开发性金融支持科技创新发展工作做出战略安排。在科技部等部委的领导下和各级党政部门的支持下，开发银行于 2012 年 9 月 12 日在金融同业中率先召开"国家开发银行支持科技创新企业发展工作会议"，建立开发银行全面支持科技自主创新的科技金融服务体系，为建设创新型国家做出更大的贡献。主要情况如下：

一、支持企业科技创新发展工作成果显著

截至 2012 年三季度末，开发银行科技贷款本外币累计发放额为 2476 亿元，贷款余额 1517 亿元，其中人民币余额 1393 亿元，外币余额 19.7 亿美元。其中重大科技项目贷款余额 839 亿元，占比 55.3%；科技园区贷款余额 487 亿元，占比 32.1%；科技中小企业贷款余额 152 亿元，占比 10%；产学研贷款余额 39 亿元，占比 2.3%；高科技创业投资贷款及创业投资基金贷款余额 4.5 亿元，两项占比 0.3%。

开发银行支持国家重大科技项目，如贷款支持了京东方八代线项目、中广卫星全国移动多媒体广播电视地面网络增容项目；推动战略性新兴产业龙头企业发展，如支持了大唐电信、中国航天科技集团等一大批国家级创新型试点企业；积极加强与各地的规划合作，通过参与区域、产业融资规划的制定和实施，支持各地科技型龙头企业自主创新，如支持了北京北大方正科技类项目、内蒙古专用汽车生产项目；支持科技型企业"走出去"，如支持华为、中兴、奇瑞等具有民族知识产权的企业"走出去"拓展海外高技术市场，实现高新技术产品的出口和国外先进技术的引进、吸收和再创新。

二、推动企业科技创新发展的主要举措

(一) 贯彻落实全国科技创新大会精神，率先召开支持企业科技创新发展工作会议

开发银行深入贯彻全国科技创新大会精神，全面落实党中央、国务院关于深化科技体制改革、加快国家创新体系建设的意见，于 2012 年 9 月 12 日在金融同业中召开"国家开发银行支持企业科技创新发展工作会议"，提出"十二五"后三年支持科技创新领域融资总量达到 1500 亿元的目标。科技部、发改委、财政部、工信部、中国人民银行、银监会等主管部门和地方政府有关领导、重点科技企业负责人出席了本次会议。会议期间，开发银行与科技部签署了《支持国家科技创新开发性金融合作协议》，还与三个国家自主创新示范区、"千人计划"创投中心及部分重大高新科技企业签署相关协议。

会议明确了开发银行将以更大的力度加快构建支持科技自主创新和企业科技创新的金融服务体系，促进创新型国家建设的战略目标，将坚持规划先行，加强统筹协调，深化与有关部委、地方政府、重点企业及金融机构合作，共同支持企业科技创新发展。此外，将加大对战略性新兴产业发展、传统产业升级、科技型中小企业创新发展、重大国家人才工程等重点领域的支持力度，同时整合资源，构建支持企业科技创新的"投贷债租证"综合金融服务体系，支持企业科技创新"走出去"和"引进来"，提高科技发展的国际化程度。

同时，为全面贯彻落实中央关于促进科技与金融结合的要求，开发银行制定了《国家开发银行关于支持科技创新发展工作的意见》、《关于支持科技型企业发展信用评级的指导意见》、《关于支持科技型企业发展授信评审的指导意见》、《关于科技型中小微企业授信评审的指导意见》、《关于开展"科技创业专项行动计划"的指导意见》等一系列指导意见。坚持开发性金融的引领作用，推动科技与经济紧密结合，加强引导金融资源向科技领域配置、促进科技和金融结合，加快科技成果转化、提升企业科技创新实力。目前，在科技部的大力支持下，已将该指导意见转发至各地方政府及国家高新区管委会。

(二) 发挥党政组织优势，加强银政合作，支持企业科技创新发展

2003 年 9 月，科技部与开发银行首次召开高层会议，确立了开发性金融合作支持高新技术的基本框架。2005 年、2006 年开发银行与科技部签订了两轮《开发性金融合作协议》，贯彻《国家中长期科学和技术发展规划纲要 (2006~2020 年)》精神，建立以开发性金融合作支持国家科技发展的长效机制。

2006 年，开发银行与科技部联合下发了《国家开发银行高新技术领域软贷款实施细则》，重点解决科技企业投融资能力不足的问题。2006 年 12 月，开发银行参加由科技部、财政部、教育部、国务院国资委、全国总工会、开发银行等组成的推进产学研结合工作协调指导小组，作为唯一的金融机构，为促进产学研有机结合提供了积极的金融支持。

2012 年 12 月，开发银行率先在湖北省武汉市召开支持科技创新政策发布会，落实与湖北省共建、支持中部崛起战略、支持武汉城市圈两型社会建设、东湖示范区建设的具体行动，进一步密切开发银行与湖北各级政府和科技领军企业、金融机构的合作，充分发挥科技与金融的合力，引导金融资源向科技领域集中优化配置，共同推动湖北科技创新，推动科技与金融创新相互促进，加快实现科技创新成果转化，为建设创新型国家提供新的动力。

（三）加强统筹协调力度，成立以陈元董事长为组长的领导小组

开发银行成立了"支持科技创新发展工作领导小组"，由陈元董事长担任组长，郑之杰行长任副组长；总、分行和子公司逐步建立、完善专门推动支持科技创新发展工作的业务机构体系，建立联合工作机制。在资源、要素集中地区分行适时设立科技金融处，各子公司研究建立负责科技金融业务的推动部门、团队或分支机构。在国家自主创新示范区依托分行，由子公司参加建立科技金融综合服务办公室，提供"一站式"服务。其他科技、金融资源聚集地区也应逐步建立综合金融服务办公室工作机制。

（四）创新机制，重点解决科技企业融资难题

开发银行不断探索产品和业务模式创新，以全方位金融服务加大对各地科技型企业的支持力度。

（1）加强产品创新，开发银行母子公司以融资组合产品或方式，向科技型中、小、微企业发放贷款，开拓多元化、组合式的融资渠道。

（2）提供多种金融服务，充分利用与各级政府、高新区的合作机制，通过与各级政府签署合作协议、搭建各种类型的中小企业统贷统还平台、合作设立产业投资基金及创业投资基金、与地方科技部门建立有效联系机制等方式，对科技型中小企业进行支持。

（3）拓展融资渠道，开发银行积极支持了天津滨海新区创业风险投资引导基金、成都高新创新投资公司、苏州创投引导基金、武汉光谷创投基金等创业风险投资机构，并于 2010 年 12 月与苏州创投集团共同发起设立了规模达 600 亿元的我国首只国家级大型人民币母基金——国创母基金，为科技型企业保驾护航。

（五）先行先试，支持国家自主创新示范区跨越发展

为了全面支持三个国家自主创新示范区的建设，开发银行向各有关分行批复了《支持国家自主创新示范区先行先试政策》。在国家自主创新示范区依托分行，由子公司参加建立科技金融综合服务办公室，提供"一站式"服务。

（1）完善支持示范区发展的相关政策体系。按照倾斜配置资源、简化工作流程、扩大审批权限、加强金融创新的原则，提出各分行支持国家自主创新示范区建设差别化授信操作细则，按照综合金融服务办公室"一站式"机制，积极开展试点工作。

（2）深化政府合作，积极参与产业园区建设。总分行联动，与示范区签署合作协议，为示范区基础设施建设、产业升级和战略性新兴产业培育、主体功能区建设等提供全面的融资融智支持。上海分行与张江一区十二园管委会及企业召开专题座谈会，研究整体合作事宜；北京分行积极与中关村示范区开展系统性融资规划编制工作。

（3）发挥综合金融优势，提供全方位综合金融服务。开发银行加大协同力度，推动国开金融、国开证券和国银租赁加大支持力度，促成基金投资、融资租赁、企业债、中期票据等创新业务在示范区落地，为示范区打造"资本特区"构建扎实基础。

（六）与"千人计划"创投中心建立工作机制

"千人计划"创投中心作为服务"千人计划"的唯一投融资平台，得到了中央领导的高度重视。开发银行从支持战略性新兴产业、科技创新型企业、文化科技等重点领域入手，提供"一站式"金融服务，真正培育一批初创期的具有高成长潜力的科技创业企业，服务于国家发展战略。

（1）共享资源，搭建平台，提供"一站式"综合金融服务。将"千人计划发展规划"与开发银行"科技创业专项行动计划"相结合，整合各方资源，创新金融服务，搭建"千人计划"创业企业信息

数据库，综合运用"投、贷、债、租、证"等各种工具，创新业务模式和流程，提供综合融资服务。

（2）加强统筹协调力度，建立长效工作机制。与中组部人才局、苏州创投集团，三方共同成立指导委员会，负责对支持"千人计划"企业工作的指导和协调，加强统筹协调力度，建立长效工作机制以及信息报送和信息共享制度。同时，定期将阶段性成果作为专题报送中组部。

（3）力求突破，支持"千人计划"创投中心企业发展。开发银行支持成长期企业，支持试点企业发展；支持创业企业，给予苏州创投旗下的科技金融平台综合授信支持。同时设计"一站式"综合金融服务方案，先行先试，实现突破。

三、支持企业科技创新发展工作目标及建议

在科技部等主管部委的领导下，以规划发展和管理机制创新引领全行科技产业发展，发挥综合经营协同效应，提升创新能力和竞争力，提高经济效益，下一步工作目标如下：

（一）加强组织领导、机构建设和机制建设

（1）发挥国家开发银行支持科技创新发展工作领导小组综合协调优势。

（2）发挥"全牌照优势"，逐步培育综合金融服务平台，发挥"投贷债租证"优势。

（二）加强与中央部委、地方政府和外部机构的合作

（1）加强与科技部、发展改革委、财政部、工信部、中国人民银行、银监会、证监会等部委的合作。

（2）加强与地方政府和科技园区的合作。

（3）加强与科技金融机构及科技金融服务平台的合作。建立合作机制，整合各方资源，加强优势互补，共同支持科技创新发展。

（三）开展产品和模式创新，努力探索解决科技自主创新融资瓶颈的途径

（1）开展"科技创业专项行动计划"。以种子期、初创期科技创业企业为对象，设立专项规模，整合各方资源，创新金融服务，综合运用投、贷、债、租、证等各种工具，建立跨部门、跨机构联合工作的业务模式和流程，提供综合融资服务。

（2）开展"战略新兴产业专项计划"。整合开发银行资源，结合国家、地方相关各项专项资金，支持战略性新兴产业的重大行动和重大工程等，推动区域战略性新兴产业聚集发展。

（3）完善支持科技创新发展的相关政策体系。完善科技产业评审、授信体系，深化开发银行支持中小企业发展的贷款模式和信贷政策，制定针对科技型中小企业的贷款、投资、租赁等开发评审指导意见；完善科技创新项目风险分担机制和考核机制，逐步形成比较完善的推动科技金融业务的制度政策体系，保障支持科技创新发展工作的全面推进。

（供稿单位：国家开发银行股份有限公司）

第二节　中国进出口银行

中国进出口银行（以下简称进出口银行）自 2007 年与科技部签署《支持国家自主创新战略实施

科技金融合作协议》以来，积极落实相关内容，与科技部在推动高新技术产品和设备出口、设立特别融资账户、发起设立创业投资引导基金和担保公司等多个领域开展了广泛合作，对促进科技与金融结合，培育发展战略性新兴产业以及提高区域科技创新能力起到了积极的推动作用。

2012 年 8 月，科技部与进出口银行再度签署了《中华人民共和国科学技术部中国进出口银行支持科技创新合作协议》，该协议规定双方将在科技重大专项、国家科技计划和重大国际科技合作项目的实施，国家自主创新示范区、国家高新技术产业开发区、国际科技合作基地建设，战略性新兴产业发展以及科技型中小企业开拓国际市场等方面进行深层次科技金融合作。

一、2007~2012 年进出口银行科技金融结合工作开展情况

（一）整体情况

中国进出口银行高度重视对科技创新的金融支持工作，行党委多次强调要围绕企业创新加大金融支持力度。在行党委正确领导下，切实履行政策性银行职能，认真贯彻落实《国家中长期科学和技术发展规划纲要（2006~2020 年）》、《支持国家自主创新战略实施科技金融合作协议》和《中华人民共和国科学技术部中国进出口银行支持科技创新合作协议》等相关要求，在境内银行同业中率先构建起对企业与科技创新及其成果转化相关的研发、制造和销售等各个环节予以金融支持的较为完备的投融资体系。通过综合运用信贷、股权投资和担保等金融手段，进出口银行在帮助企业提高原始创新、集成创新、引进消化吸收再创新能力，支持创新型国家建设方面发挥了积极作用。

1. 积极挖掘传统、核心业务潜力，努力创新金融产品，构建全方位支持科技创新的信贷产品体系

目前，进出口银行已拥有由传统业务和创新业务构成的支持企业开展科技创新及其成果转化的较为完善的信贷产品体系。可运用支持国内企业自主创新及重大技术装备国产化贷款、出口企业固定资产投资贷款支持企业开展科技研发和科研成果产业化；可运用自营进口信贷、优惠利率进口信贷和进口卖方信贷支持企业引进国外先进技术和装备；可运用境外投资贷款和境外投资流动资金贷款支持企业"走出去"获取境外技术研发、产品制造与销售资源；还可运用一般机电、"两自一高"产品、高新技术产品和设备出口卖方信贷、出口买方信贷和出口买方信贷配套资金贷款支持企业科技产品的销售和出口。此外，还可运用出口基地建设贷款支持国内高新技术园区建设，并对入园企业提供信贷支持。近期，针对中小企业担保资源少、融资难的问题，进出口银行研发推出了支持中小企业科技创新的中小企业信贷成长计划和运用企业拥有的自主知识产权作为获取进出口银行贷款的质押担保的知识产权质押担保业务。同时，为帮助境内节能服务公司为我国进出口企业提供节能减排服务，促进生态文明建设，进出口银行研发设计了进出口企业能效项目贷款，从而将合同能源管理机制引入外贸领域。

目前，进出口银行已运用上述信贷产品成功支持了一大批企业开展科技创新及其成果转化，如运用高新技术产品出口卖方信贷和支持国内企业自主创新及重大技术装备国产化贷款支持西部超导材料科技有限公司自主研发生产低温超导线材以打破国际垄断；运用"两自一高"产品出口卖方信贷、境外投资贷款和出口企业固定资产投资贷款为山东如意科技集团有限公司延伸产业链、调整产品结构和开拓国外市场提供融资支持；运用境外投资贷款支持湘电集团有限公司赴海外获取关键技术；运用高新技术产品出口卖方信贷支持中芯国际集成电路制造（北京）有限公司发展进出口业务等。

2. 设立特别融资账户和创业投资引导基金，为科技企业提供股权投资支持

（1）为贯彻落实《规划纲要》及其配套政策，进出口银行在科技部大力支持下开办了特别融资账户业务，为国内科技企业的自主创新及科技研发提供股权投资支持。

（2）进出口银行与成都市政府、成都高新区管委会共同发起设立成都银科创业投资引导基金，为科技型中小企业提供创业投资，并取得显著成效。在直接投资方面，进出口银行利用特别融资账户参与投资了中国航天科技集团下属的4家高新技术企业，累计出资8.73亿元。通过对上述企业的直接投资，为支持中国航天科技集团打破国外技术垄断，实现航天和军事工业技术成果转化提供有力的资金支持。在间接投资方面，截至2012年11月15日，成都银科创业投资有限公司已发起设立的14只合作子基金中，已有12只子基金为48家科技型企业提供了3.33亿元股权投资，并引导社会资金投资7.87亿元，其中包括科技型中小企业40家，占83%，投资金额2.64亿元，引导社会资金投资6.24亿元。目前，成都银科创业投资引导基金已初步建立了处于初创期、成长期、扩张期、成熟期各阶段的覆盖新材料和新能源、电子信息技术、节能环保、先进制造业等各领域的项目储备库，为进一步推动成都及西部地区科技企业发展奠定了坚实基础。

3. 通过设立担保机构，以保贷结合方式支持科技企业发展

（1）为推动科技企业"走出去"和高新技术产品出口，进出口银行与重庆市国资委合作，与渝富资产经营管理公司合资组建重庆进出口信用担保有限公司。

（2）投资东北中小企业信用再担保股份有限公司，支持东北老工业基地全面振兴，进一步丰富进出口银行支持东北地区科技企业的金融手段。通过担保业务，进出口银行提高了科技企业的融资能力，保证了其开展科技创新所需资金来源。

（二）信贷业务结构分析

自2007年以来，进出口银行支持的科技企业数量和贷款规模均呈现较大幅度增长。其中，支持的科技企业数量从2007年的128家增至2012年[①]的207家，增幅达61.72%；贷款业务余额从2007年的284.26亿元增至2012年的447.39亿元，增幅达57.39%，如图10-1、图10-2所示。

（家）

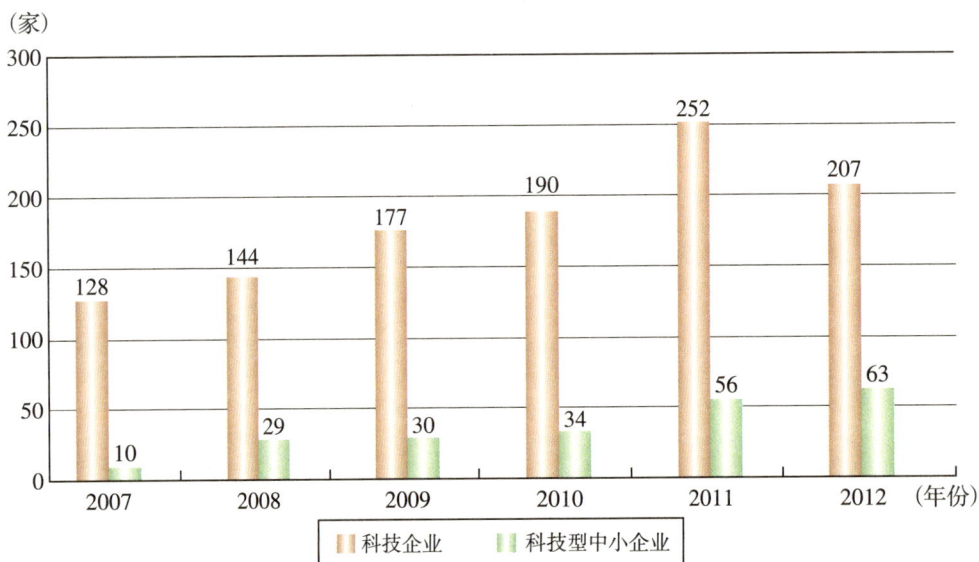

图10-1　2007~2012年支持的科技企业数量

---

① 如无特别注明，文中2012年的相关数据均截至2012年10月末。

(亿元)

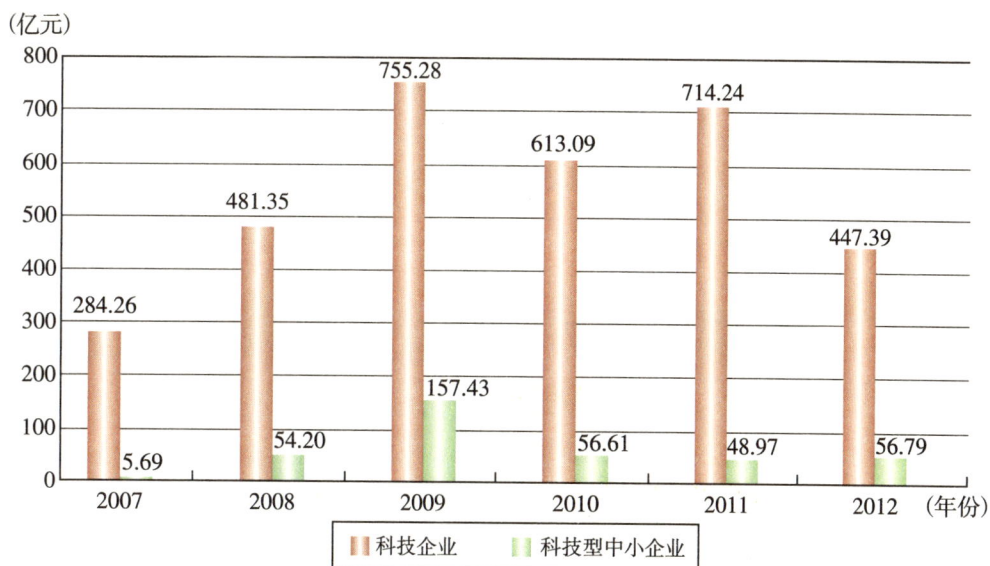

图 10-2　2007~2012 年科技贷款业务余额

在支持科技型中小企业扩大出口规模、拓展海外市场方面，进出口银行自 2007 年以来累计为222 家科技型中小企业提供了总计 379.69 亿元贷款支持。截至 2012 年 10 月末，支持的科技型中小企业由 2007 年的 10 家增至 63 家、增幅达 5.3 倍，科技型中小企业数量占科技企业总数的 30.43%；2012 年 10 月末，科技型中小企业贷款业务余额为 56.79 亿元，较 2007 年增长 51.1 亿元，增幅达8.98 倍，占科技贷款业务总余额的 12.69%。其中，作为第一家贷款银行累计为 22 家科技型中小企业提供融资支持，2011 年末贷款业务余额为 1.59 亿元，占科技企业贷款业务总余额的 0.36%，如表 10-1、表 10-2 所示。

表 10-1　2007~2012 年为科技型中小企业提供贷款余额

类别 年度	科技企业数量（家）	科技型中小企业数量（家）	科技型中小企业数量占比（%）	科技企业贷款业务余额（亿元）	科技型中小企业贷款业务余额（亿元）	科技型中小企业贷款业务余额占比（%）
2007	128	10	7.81	284.26	5.69	2.00
2008	144	29	20.14	481.35	54.20	11.26
2009	177	30	16.95	755.28	157.43	20.84
2010	190	34	17.89	613.09	56.61	9.23
2011	252	56	22.22	714.24	48.97	6.86
2012	207	63	30.43	447.39	56.79	12.69
总计	1098	222	20.22	3295.61	379.69	11.52

表 10-2　2007~2012 年作为第一家贷款银行支持科技型中小企业的情况

类别 年度	科技企业数量（家）	科技型中小企业数量（家）	科技型中小企业数量占比（%）	科技企业贷款业务余额（亿元）	科技型中小企业贷款业务余额（亿元）	科技型中小企业贷款业务余额占比（%）
2007	128	0	—	284.26	0	—
2008	144	5	3.47	481.35	20.00	4.15
2009	177	6	3.39	755.28	127.83	16.93
2010	190	3	1.58	613.09	18.84	3.07
2011	252	3	1.19	714.24	12.50	1.75
2012	207	5	2.42	447.39	1.59	0.36
总计	1098	22	2.00	3295.61	180.76	5.48

从进出口银行为科技企业提供的贷款品种来看，截至 2012 年 10 月末，传统业务中的高新技术产品出口卖方信贷是进出口银行支持科技企业的主要信贷产品，贷款业务余额占科技企业贷款业务总余额的 68.99%，出口买方信贷、境外投资贷款分别占贷款业务总余额的 4.34% 和 3.39%；创新业务中的进口信贷流动资金贷款、进口信贷固定资产贷款分别占贷款业务总余额的 7.89% 和 7.24%，如图 10-3 所示。

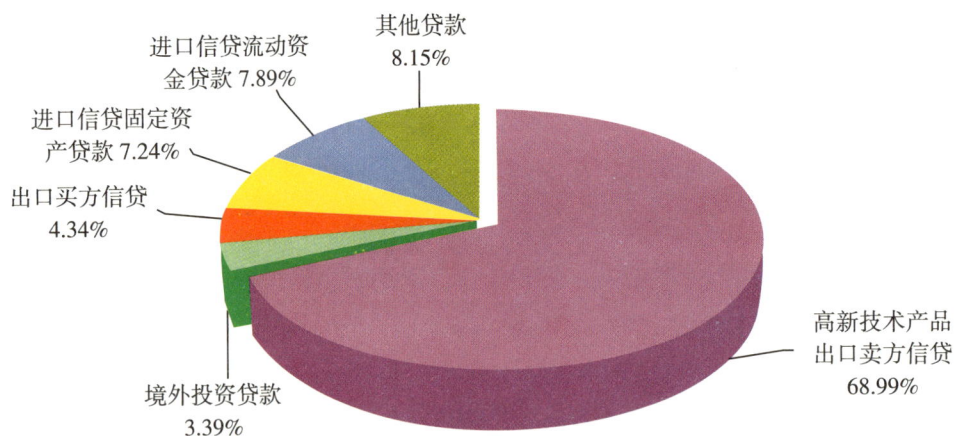

图 10-3　2012 年 10 月末科技贷款业务余额分布情况（按贷款品种划分）

从进出口银行支持的科技企业的行业分布情况来看，截至 2012 年 10 月末，制造业是进出口银行支持的主要领域，贷款业务余额 280.96 亿元，占贷款业务总余额的 62.81%，信息传输、计算机服务和软件业，电力、燃气及水的生产和供应业与运输业分别占进出口银行支持科技创新贷款业务余额的 13.76%、12.87% 和 5.40%，如图 10-4 所示。

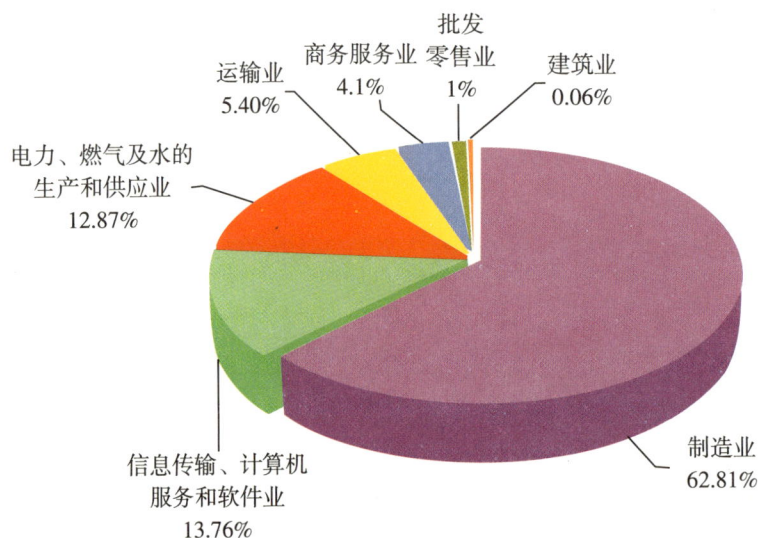

图 10-4　2007~2012 年支持科技企业行业分布情况

从支持的科技企业的地域分布情况来看，截至 2012 年 10 月末，进出口银行支持的科技企业所在地区排名前十位的有江苏省、北京市、安徽省、广东省、深圳市、宁波市、河北省、山东省、厦门市和宁夏回族自治区。其中，为江苏省科技企业提供的贷款业务余额为 114.39 亿元，占科技企业贷款业务总余额的 25.57%，如图 10-5 所示。

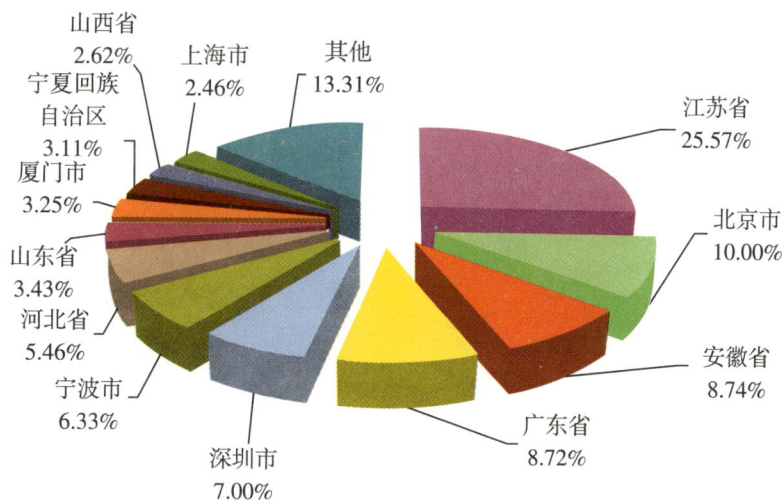

图 10-5　2012 年 10 月末科技贷款业务余额占比（按地域分）

（三）与各级科技部门（国家高新区）建立合作机制情况

目前，进出口银行江苏省分行与江苏宜兴环保科技园签署了银政合作协议，成都分行与成都高新技术产业开发区管委会签订了《出口小企业统借统还贷款合作备忘录》，重庆分行与重庆市高新技术产业开发区管委会建立了联络机制和项目推荐机制，湖北省分行与武汉东湖国家高新技术产业开发区建立了合作机制。

二、政策建议

（1）为保证进出口银行有充足的信贷规模用于支持科技创新，建议商请中国人民银行每年单独为进出口银行安排一笔专用信贷额度，用于进出口银行应科技部要求，为企业开展科技创新提供信贷支持。进出口银行将于每季度初向科技部、中国人民银行报告上季度此项额度的使用情况。

（2）为彰显政策性银行对科技创新的扶持作用，进一步提高出口卖方信贷的优惠力度，鼓励企业通过科技创新提高"两自一高"（自主知识产权、自主品牌和高附加值）产品的出口竞争力，建议商请中国人民银行准许进出口银行在中国人民银行规定的成套和高技术含量档出口卖方信贷利率的基础上最多可下浮 30%。

（3）为扩大进出口银行对科技创新领域企业和项目的支持覆盖面，建议商请中国银监会尽快解决进出口银行上述创新信贷产品的市场准入问题，以便进出口银行在依法合规的前提下更多更好地支持企业开展科技创新工作。

（4）为进一步增强进出口银行支持科技创新的能力，建议商请相关政府主管部门和监管部门，允许进出口银行在其指导下通过设立基金、担保公司的办法以"贷款、投资、担保"三位一体的方式加大对科技创新领域企业和项目的支持力度。此外，建议商请相关监管部门，适时允许开办保险兼业代理业务，以科技保险等方式引导和带动非银行金融机构共同支持科技创新企业发展。

三、下一步工作安排

2012 年 11 月，为进一步贯彻落实《中共中央、国务院关于深化科技体制改革加快国家创新体系建设的意见》（中发〔2012〕6 号）和全国科技创新大会精神，促进科技和金融结合，建设创新型国家，进出口银行制定并印发了《中国进出口银行关于支持科技创新的指导意见》（进出银发〔2012〕512 号），提出了力争到"十二五"期末，用于支持科技创新的贷款余额达到 1800 亿元，占全行同期表内贷款业务余额的 10%，年均递增 10%；用于支持科技创新的融资性担保业务的在保责任余额在现有基础上翻两番，达到 100 亿元；用于支持科技创新的股权投资业务金额在现有基础上翻两番，达到 60 亿元，引导和带动境内投资机构为科技创新领域企业提供的投资金额达到 40 亿元的总体目标。为此，建议科技部和进出口银行近期合作开展好以下工作：

（1）鉴于由科技部等相关国家部委编制的《中国高新技术产品出口目录 2006》和《中国高新技术产品目录 2006》自 2006 年发布以来一直未予修改，而近年来我国高新技术产业发展迅速，新技术和新产品层出不穷，但相当多的新产品未收入上述目录；同时，党中央、国务院强调支持的战略性新兴产业中的相当一部分产品也未收入上述目录，导致许多科技企业无法得到进出口银行优惠利率信贷业务支持。为此，建议紧密结合新的历史时期党中央、国务院对政策性银行支持科技创新的要求，由进出口银行协助科技部等国家部委研究制定新的高新技术产品目录，将上述产品收入目录并根据科技创新的发展不断予以更新，确保作为科技创新主体的广大科技企业获得低成本信贷支持。

（2）为将科技部与进出口银行签署的各项合作协议的内容落到实处，建议双方尽快建立科技创新领域企业和项目的筛选和推荐机制。在该机制下，科技部可及时将符合国家自主创新战略要求的科技创新领域企业和项目推荐给进出口银行，进出口银行根据相关信贷政策在独立评审、防范风险的前提下优先予以融资支持。

（供稿单位：中国进出口银行）

第三节　中国农业发展银行

一、2012 年支持农业科技情况

2012 年，中国农业发展银行（以下简称农发行）加大对种业、节水灌溉、农业机械等农业科技的信贷支持力度。累计发放农业科技贷款 194.51 亿元，支持企业 537 家，同比增加 43.41 亿元，增幅 28.73%。其中，对隆平高科、敦煌种业等种子企业累计发放贷款 61.94 亿元；为支持农机行业发展，累计发放农业科技贷款 26.75 亿元；支持农业节水灌溉项目，累计发放贷款 32.12 亿元。截至 2012 年末，农业科技贷款余额 200.95 亿元，比年初增加 62.63 亿元。

二、主要措施

2012 年初，为贯彻落实中央 1 号文件精神，加大农业科技贷款支持力度，农发行明确将农业科技贷款业务作为全年信贷支农的重点和着力点，进一步明确了农业科技贷款业务发展的相关倾斜信贷政策。一是把农业科技贷款由商业性贷款调整为政策指导性贷款，优先保证信贷计划和资金供应；优化贷款授权，将农业科技贷款利率浮动权授予省级分行。二是围绕支持粮棉油等主要农产品全产业发展确定支持重点，优先支持政府主导并能够显著增强农产品综合供给能力的农业科技项目，包括粮棉油等主要农产品增产增效工程、现代农作物良种发展工程、现代农机装备发展工程等。三是创新信贷运行模式。把一般农业科技贷款与以财政补贴为偿贷来源的农业科技贷款实行分类管理；建立投融资合作模式，积极推动农业科技贷款资金与农发行涉农产业发展基金的对接，拓宽贷款投放渠道，加大对农业科技的支持力度。2012 年中国农业发展银行出资设立了农业产业发展基金、现代种业发展基金，探索与信贷资金形成合力，共同支持种业企业、农业科技发展。四是加强银政合作，积极建立"政府推荐优质项目、农发行独立审贷、双方联合监管"的农业科技贷款支持机制；在控制风险的前提下，提高办贷效率，加大产品创新力度，切实满足客户资金需求。

（供稿单位：中国农业发展银行）

第四节　交通银行股份有限公司

一、基本情况

近年来，交通银行从政策、资源、制度、渠道、产品、平台等方面入手，积极支持科技型企业的发展，努力探索科技金融服务创新模式，取得了较好的成效。截至 2012 年 9 月末，交通银行以大中型企业为主的高端装备制造业贷款余额 34.73 亿元，较年初增加了 1.39 亿元；科技型中小企业贷款余额 216.66 亿元，较年初增加了 38.66 亿元。交通银行科技金融服务产品"智融通"、交通银行苏州分行科技金融部、交通银行北京中关村支行行长先后被监管机构授予"小企业金融服务特色产品"、"小企业金融服务先进单位"、"小企业金融服务先进个人"荣誉称号。

二、促进科技金融结合的相关举措

（一）突出重点，加大对科技型中小企业金融服务支持和保障力度

中小企业是科技创新的重要力量，但面临的经营环境比较困难。为此，交通银行以科技型企业金融服务薄弱环节为切入点，加大对科技型中小企业的金融服务力度：明确总行小企业信贷部作为交通银行科技金融服务的牵头部门，负责全行科技型中小企业金融服务的统筹规划，制定下发《关于加强对科技型中小企业金融服务的意见》，从组织保障、产品创新、商业模式等方面提出了服务科技型中小企业的总体思路、目标和模式。分行层面建立相应的工作推进机制。同时，完善资源配置，完善激励机制，在近两年信贷规模紧张的情况下，确保科技型中小企业融资需求得到最大限度满足。如 2011 年底经高管层特批，总行专门调剂 5 亿元贷款规模支持苏州分行科技贷款投放。优选高素质员工从事科技金融服务，绩效考核重点突出科技型小企业新开户、科技型小企业授信户数和贷款增量等指标，支持中小科技型企业金融服务发展。

（二）完善信贷政策，引导全行加大对科技创新相关领域支持

行业政策方面，交通银行积极支持受益于产业升级和技术进步的行业和领域。如对制造业板块，在严格控制"两高一剩"贷款投放的同时，将先进制造业、高端装备制造业等与科技进步、技术领先密切相关的产业纳入公司信贷主要支持类领域。在电信业投向指引中，指导分行密切关注三网融合、物联网、云计算等新兴科技创新领域的研究进程、投资动向及最新政策导向，积极发掘上下游企业市场机会，逐步培育和储备相关领域成长性和前景较好的客户。专项政策方面，根据《国务院关于加快培育和发展战略性新兴产业的决定》（国发〔2010〕32号）精神，结合战略性新兴产业以重大技术突破和发展需求为基础，具有技术密集、物质资源消耗少、成长潜力大、环境友好和可持续发展等特性，制定战略性新兴产业专项投向指引，覆盖节能环保、新一代信息技术、生物、高端装备制造、新能源、新材料、新能源汽车等七个产业，针对不同产业领域制定精细化、差异化授信策略。

（三）培育和发展战略性新兴产业

通过两年多的持续努力，交通银行已逐步形成较完整的战略性新兴产业信贷政策体系，对全行该领域信贷业务发展和风险管控起到了有效的指导作用。

（1）在全行性信贷结构调整规划中，明确将主动融入转变经济发展方式国家战略、择优支持战略性新兴产业信贷需求，作为全行深化信贷结构调整和支撑发展转型的重要着力点。

（2）出台战略性新兴产业信贷投向指引，从七个主要产业共性角度出发，提出信贷业务运行中应遵循的基础性、共性的原则，选取产业边界相对清晰、行业运行相对成熟的节能环保、高端装备制造两大产业，单独细化制定信贷投向指引。

（3）制定区域信贷投向指引体系，鼓励分行根据当地新兴产业特点，围绕相对成熟和具有比较优势的产业集群，做好对战略性新兴产业的业务布局。

（四）设立科技金融服务专营机构，完善金融服务网络

结合科技型企业集聚情况，设立专门服务于科技型企业的科技支行，组建专业团队，为科技型小微企业提供专属服务。如苏州分行在苏州高新园区设立"交通银行苏州科技支行"，并在分行层面设立科技金融部，统筹管理全辖范围的科技金融业务；北京分行在中关村地区设立"交通银行北京中关村园区支行"；江苏分行在南京设立"交通银行南京科技银行"，在常州市成立"交通银行常州科教城支行"和"科技金融信贷审批中心"；在泰州将医药城支行升级为一级支行，专司医药城科技企业的科技金融服务工作；上海分行成立"科技金融服务中心"，选取5家园区支行成立直属分行的"科技金融服务分中心"；等等。

（五）着力制度和产品创新，探索特色服务模式

（1）探索制度创新，提升科技型小企业服务效率。派驻具备资质的审查审批人员现场进行业务办理，为科技型小企业提供"一站式"金融服务。以简洁的评分卡取代评审报告，重点考察企业所有者和管理团队，根据科技型小企业特点，加大对企业核心技术价值评估权重。风险容忍度方面，允许科技型小企业贷款执行高于一般贷款的风险容忍政策。

（2）设立科技金融创新基地，推出科技型小企业"五权"融资模式。交通银行专门在上海市、北京市、湖北省、四川省、苏州市等分行设立总行级的科技金融创新实验基地，提高产品创新效率。创新实验基地成立以来，积极探索发展模式，根据企业不同资产形态，推出质权（银行存款）、债权（应收账款）、货权（存货）、物权（固定资产）、智权（无形资产）等不同的融资模式，并通

过多种担保方式的有效组合，为客户设计灵活的融资服务方案。

（3）根据科技型小企业不同成长阶段、资金运行特点，提供分层次、个性化服务。如在企业初创、展业和成熟等阶段，提供"创业一站通"、"展业一站通"、"卓业一站通"等适应性服务。结合科技型企业资金需求特点，提供智融通、视融通、投融通、绿融通、惠农通等特色产品，有效满足不同科技型企业融资需求。

（六）充分搭建合作平台，建立多方共赢机制

为更好地提升对科技创新的金融服务，交通银行不断地探索和努力，逐步形成了"政府＋银行＋担保＋保险＋创投"多方合作的金融服务科技模式。即政府出台对科技支行的扶持政策，科技支行对科技型中小企业提供"低门槛、低利率、高效率"的贷款，专业担保公司等机构对科技型中小企业实行优惠的担保措施，保险公司对银行贷款设计专门的信用保险产品，创投公司和银行合作进行银投联贷，并与股权、产权、智权专业评估机构建立合作关系。如苏州分行比照"硅谷银行"的做法，进行本土化创新，形成政府推动、银行主导、保险担保、创投融合、券商推力的"苏州模式"，一年多以来，苏州分行以基准利率、政府补贴方式，支持科技型小微企业 200 多家。

三、开展科技金融工作遇到的问题和难点

（一）科技型企业尚无统一划分标准

科技型企业，特别是科技型中小企业是我国科技创新的重要力量，通过金融与科技结合能够有力地推动科技型中小企业的发展，加快我国科技创新实力发展。但从科技金融业务开展以来，国家尚未出台科技型企业的统一划分标准，各地对于科技型企业的定义和配套政策各有差异，有些地区采用政府名单制，进入名单的企业即为科技型企业，有些地区采用行业划分制，规定特定行业的企业即属于科技型企业。上述情况造成了交通银行在科技金融业务发展中客户拓展的维度不统一，在争取政府资源支持、制定信贷政策、配套针对性金融服务方面无法出台统一标准，只能由分行根据当地情况自行摸索，无法形成有效的经验复制，在一定程度上限制了科技金融业务的规模化发展。

（二）在科技金融领域的银政合作尚待加强

科技型企业的特点是高成长与高风险并存，需要借助外部资源的支持才能稳定发展。由于政府扶持覆盖面窄，很多企业得不到政策资源，银行鉴于科技型企业的高风险顾虑重重。因此在科技金融领域，需要加强政府和银行的合作，一方面，要改变政府资源的投入模式，发挥政府资源的杠杆作用，通过贴息支持、风险补偿等方式鼓励银行发展科技金融业务；另一方面，银行要加强科技金融创新，改变传统信贷观念，为科技型企业提供更加针对性的金融服务，通过双方紧密结合，建立政府引领、银行服务、企业成长的科技金融多赢局面。

四、下一步开展科技金融工作的建议

针对目前科技金融工作遇到的困难，交通银行建议采取如下措施：

（1）相关监管机构加大对商业银行服务科技型企业的指导，帮助和指导商业银行在有效管控风险的基础上完善科技型企业金融服务。

（2）加大对科技创新领域的专项政策支持，发挥政府资源的杠杆作用，出台并有效落实税收、

担保、风险补偿等方面的政策优惠，降低科技型企业融资风险。

（3）进一步完善科技企业经营环境，包括法律法规、政策制度、完善的融资体系等。

（4）国家有关部门进一步加大对战略性新兴产业配套支持政策的落实力度，如对节能环保和新能源发电等产业的价格形成机制、税收优惠机制等。参照 2012 年初小微企业专项金融债的成功经验，研究试行商业银行发行新兴产业专项金融债，募集资金专门用于信贷支持战略性新兴产业客户，增强商业银行的信贷支持能力。加强多层次资本市场的建设，进一步完善符合战略性新兴产业特点和要求的社会融资体系，通过金融政策引导创业投资基金、股权投资基金、场外交易市场、债券市场等直接融资或政策性融资渠道加大对战略性新兴产业的支持力度。

五、交通银行金融支持科技创新的下一步计划

交通银行将继续认真贯彻中央精神，积极做好金融支持科技创新各项工作，服务国内经济方式转型和产业升级进步。

（1）持续完善科技创新的政策引导。契合宏观产业政策和科技创新领域发展状态，持续完善信贷政策，提升信贷政策科学性和精细化，针对科技创新企业特征完善适用性、差异化信贷策略，进一步做好金融支持科技创新的政策引导。

（2）继续推进服务科技型小企业的专营机构建设。引导分行结合国家级、省市级高科技园区的分布，按照"贴近市场、贴近客户"的原则，就近设立专营机构，或将现有网点改造成科技金融专营机构，为客户提供"贴身"服务，条件成熟的可以挂牌设立科技支行。

（3）适应科技型小企业特点进一步推进科技金融产品创新，探索科技金融风险管理模式。继续在部分分行设立科技金融创新基地，鼓励分行根据当地市场需求开展产品创新，积极发挥分行对创新产品推广的引领和示范作用。进一步研究科技型企业风险特征，通过多方合作，建立有效的风险转嫁机制，最大限度分散贷款风险，推进科技金融可持续发展。

（4）加强外部协作共同促进科技型中小企业的发展。近期，交通银行已与国家科技部进行了多次洽谈，计划签订针对总战略合作协议，双方将在打造科技金融服务平台、创新科技金融服务模式、共建科技金融制度体系等方面开展全面合作。

附一：案例

案例一：交通银行苏州分行科技支行专营机构服务模式

1. 市场背景

近年来，苏州市一大批具有高技术、高成长、高收益、高风险基本特征的科技型中小企业迅速发展和壮大，成为发展创新经济、促进产业升级的重要力量。然而银行融资难始终是困扰科技型中小企业发展的核心问题。一方面是因为目前我国为科技型中小企业服务的信用担保体系与信用服务体系还不健全；另一方面是因为科技型中小企业与银行之间存在严重的信息不对称。科技型企业往往存在"轻资产、高发展、重创意"的特征，有形资产较少，自身积累有限，缺乏有效的融资担保方式，融资渠道单一。

苏州分行积极探索科技金融创新模式，于 2010 年成立苏州科技支行，同时配套设立了交通银

行科技金融产品创新实验基地。苏州科技支行不仅是交通银行首家，也是苏州地区首家面向科技型企业的金融服务专营机构。

2. 业务特色和优势

科技支行围绕科技型中小企业和创投企业两大主线，聚合政府、创投、担保、保险、租赁等力量，建立新型联合机制，创建独特的营销模式，做到资产业务和负债业务的齐头并进。

政府对科技支行提供了有力的政策保障，提高了科技支行对科技型中小企业的金融支持力度，所有科技支行发放的苏州市科技型中小企业贷款利率全部执行统一的基准利率标准，极大地降低了科技型中小企业的融资成本，增强了交通银行拓展优质客户的市场竞争能力。

担保机构对苏州市科技型中小企业银行贷款提供优惠担保费率，科技支行发放的科技型中小企业贷款，均可享受最低的优惠融资担保费率。

建立健全科技型中小企业的信用担保体系，科技支行可发放科技型中小企业履约保证保险项下的信用贷款。

3. 运作模式和创新

科技支行在运营上实行人财物相对独立的专营模式，单独授权、单独核算、单独考核、单独管理。与目前其他地区的专业机构所不同的是，交通银行苏州科技支行比照"硅谷银行"模式，进行本土化创新，创建"科技+金融"的"苏州模式"，建立起"政府+银行+担保+保险+创投"的业务发展模式，即政府出台对科技支行的扶持政策，科技支行对科技型中小企业提供"低门槛、低利率、高效率"的贷款，专业担保公司等机构对科技型中小企业实行优惠的担保措施，保险公司对银行贷款设计专门的信用保险产品，创投、风投公司和银行合作进行银投联贷。

苏州科技支行始终坚持创新，不断打破旧的思维、旧的框架、旧的路径，探索出科技金融发展的新道路。

（1）打破客户营销旧模式，走政府渠道批发式营销客户之路。苏州科技支行设立之前，苏州分行就成为苏州首批进行科技金融创新试点的商业银行。苏州科技支行的设立，从体制机制上巩固了该创新试点成果，首先对首批科技型中小企业名录，进行全面梳理、分类整合，针对性地展开营销和培育。同时将服务对象范围扩展至高新技术企业、创投企业（含创投项目）、人才项目企业。配合苏州工业园区建立信用评级系统，提供公司信贷支持、财务顾问、个人财富管理等一揽子金融服务套餐。并得到苏州高新区政府支持，与高新区科技局、高新创投公司等建立了业务联系。

（2）打破产品设计旧模式，走金融产品"无形资产价值发现"之路。针对科技型中小企业有形资金少、无形资产价值难以认定的现实，苏州科技支行依托市科技局专家团队，探索知识产权交易、投资机构投资价值认定等无形资产未来价值的发现机制，积极探索中介机构业务合作模式，采取股权质押方式来运作新授信，拓宽科技企业服务范围，开发出复合式服务和创新产品，为科技型中小企业提供专业的金融服务。陆续推出"投贷通"、"履约保证保险贷款"、"基金宝"、"股权质押"、"农贷通"、"合同能源管理"等业务品种。

（3）打破业务发展旧模式，走大金融资源共享、风险共担发展之路。业务发展模式是科技金融的灵魂。在政府对科技支行的扶持政策下，科技支行对科技型中小企业提供"低门槛、低利率、高效率"的贷款，对科技企业提供了更为宽松的准入门槛。同时，分行坚持科技金融绿色通道制度，对于科技支行上报的授信实行分级审批制度：200万元以内授信申请，由科技支行行长独立审批，200万~1000万元授信申请，则由分行零贷会委员和分管行长流签审批，1000万元以上授信申请，由分行零贷会审批，但根据临时召集制度，如业务较急，则不按照固定时间审议，而采取临时会议审议。苏州分行还在全行范围内设立科技金融联系人制度，每家中心支行明确一位分管行长和一位主力客户经理作为科技金融的责任人和科技支行进行对接。

（4）打破银企合作旧模式，走科技金融战略结盟之路。银企合作模式是金融创新的关键环节。科技支行自觉增强对科技型中小企业的服务意识，简化服务流程，提高服务效率，建立起银企合作新模式。借鉴新巴塞尔协议对信用风险的控制技术，淡化财务因素比重，提高非财务因素和行为表现的评分比重，尽可能避免优质中小企业客户"被拒门外"，为科技型中小企业开拓了融资新渠道。

4. 风险控制模式

科技型中小企业自身所特有的高风险、高投入等特点决定其融资需求大但融资困难。借助政府支持，科技支行主要采用以下几点进行风险控制，提高对科技型中小企业的金融供给：

（1）财政给予科技支行风险补偿和激励。科技支行为市相关部门认定的科技型中小企业发放优惠利率贷款，可获得财政给予基准利率20%的补贴。

（2）市财政牵头成立苏州市科技贷款风险基金池，苏州市下属5县、市和4区各出资500万元、市财政出资5500万元，设立总额1亿元的贷款风险基金池，发生风险损失时，由市、区县市科技局和科技银行按4：4：2的比例承担风险责任。

（3）建立多层次贷款风险分担机制，以"政府＋银行＋担保＋保险＋创投"作为科技支行的业务发展模式。保险、担保、创投共担企业风险。

案例二：交通银行北京市分行投贷一体化金融服务模式

1. 市场背景

投贷一体化服务方案是北京市分行针对北京地区高新技术产业持续快速增长，创新型、科技型企业规模不断扩大，实现创业投资的物理聚集和业务聚集，与境内外创投机构之间建立的高效对接机制和金融服务平台。该行与创业投资机构形成深层次战略联盟，充分发挥各自优势，间接融资和直接融资相结合，在客户资源共享、优先授信支持、开户结算、宣传合作和产品研发等领域进行全面合作，构建起商业银行与投资机构长期合作的有效途径，向中小企业提供全流程、多角度的金融服务。

2. 特色和优势

（1）产品特色

一是客户联动服务。债权质押融资与股权质押融资相结合，降低企业融资成本，为有融资需求的企业提供组合式、综合化的金融解决方案。

二是优先授信支持。建立绿色融资通道和快速反应机制，为创投机构推荐的企业提供不超过1000万元的信用贷款。

三是综合上市安排。与创投机构合作为企业境内外IPO及再融资提供财务顾问服务、融资结构设计、网下申购资金管理等全过程服务。

四是降低融资风险。与创投机构同时匹配融资额度，采取融资后的交互管理，实现风险有效分散，扩大中小企业融资支持的受众范围。

（2）产品优势

一是企业可以获得银行的信用贷款，在不稀释股权的情况下获得债务性融资，拓宽资金来源渠道。

二是企业获得信用贷款后，可增加在银行的信用，适当调整资产负债率，满足上市条件。

三是除信用贷款外，企业还可根据自身经营特色和资产特点，向交通银行申请商标权和专利权质押贷款、文化创意产业版权担保贷款、供应链融资等特色产品。

四是凭借交通银行资源优势进一步为企业引进新的VC/PE提供财务顾问服务。

五是优先提供传统信贷支持、结算支持、短融、中票、现金管理等一揽子金融服务，协助企业进一步扩大经营规模。

3. 运作模式

为建立与境内外创业投资机构之间的中小企业投贷一体化高效对接机制，进一步加强中小企业客户的投贷联动营销，采取以下运作模式：

（1）对合作创业投资机构进行名单式管理，由分行小企业信贷部等部门联合相关专业支行共同确定合作创业投资机构名单。分支行协同营销维护中小企业投贷一体化的渠道搭建及营销推广，由分行小企业信贷部牵头组织；主办支行负责具体推进，并于每季向分行小企业信贷部报送营销进展情况，及时反馈营销中遇到的问题与困难，分行小企业部主要负责技术支持和营销督导，进而实现信息共享，上下联动。

（2）加强客户信息收集，提高联动营销效率。建立完善沟通机制，了解投资布局和投资动态，及时收集客户信息，全面了解客户需求，针对其不同阶段的业务需求开展差异化营销。

（3）积极争取优质客户资源，充分发挥创业投资机构的渠道作用。重点筛选创业投资机构所投资企业群体中具有一定发展潜力、盈利水平较高的客户，经分行准入并建立合作关系的创业投资机构出具《融资推荐函》，择优为这些企业提供最高不超过1000万元的信用贷款额度。对于融资需求较大的投资企业，还可采取其他担保方式进一步扩大其融资规模。

（4）充分挖掘创投机构资源，开发拟上市目标客户。高度关注创业投资机构投资企业的上市计划，密切跟踪企业上市进程，根据其所处上市不同阶段制定营销方案，充分发挥创业投资机构的股东作用，把握市场先机，与创业投资机构协同配合争揽企业上市过程中的账户开立、资金归集、财务顾问等相关业务。

4. 风险控制模式

（1）重点筛选创业投资机构的投资企业群体中具有一定发展潜力、盈利水平较高的客户。

（2）借助创业投资机构对借款企业的专业评价，进行充分风险揭示和防范，降低信息不对称风险。

（3）实施授信后交互管理，与创投机构对借款企业进行共同监控，在不增加监控频率的情况下，有效提高风险管理效果，及时识别风险，应对风险。

案例三：交通银行北京市分行"创新工场"金融服务

1. 业务背景

"创新工场"由互联网界领军人物、知名人士李开复博士于2009年底创办，是一家致力于早期阶段投资并提供全方位创业培育的投资机构，也是一个全方位的创业平台，其宗旨是：立足互联网、移动互联网和云计算进行产品研发和市场运营，打造新一代高科技公司，帮助中国青年成功创业。截至2011年6月，"创新工场"已培育项目35个，已组建公司25个。

2. 交通银行业务拓展

成立伊始，由于"创新工场"处于初创阶段，多家银行对其授信需求均持谨慎态度。2010年下半年，北京市分行在对"创新工场"运作模式和信贷风险进行深入分析的基础上，对其进行了授信支持并取得良好成效。

在产品方面，北京市分行结合"创新工场"的发展特点及融资需求，首轮合作重点推荐外保内贷、知识产权质押贷款、私人银行等产品并取得良好效果。同时，随时关注并充分挖掘"创新工场"新的金融需求，如针对其因发展而产生对下属企业的资金管理要求，北京市分行与其就蕴通账户现金池管理达成初步意向；针对"创新工场"下属企业均有海外风险投资的特征，北京市分行申请其作为分行人民币跨境业务的试点单位等。

在匹配产品的基础上，分行秉承"以客户为中心、以服务创品牌"的宗旨，组建专门的服务团队，尽全行之力为"创新工场"提供优质、高效的服务。如针对其新设公司较多、财务人员对银行金融服务不了解的特征，多次派专人为上述企业提供上门服务及开户、网银、结算等知识的培训，并第一时间沟通解决相关业务问题。合作以来，北京市分行的产品、服务和效率均得到"创新工场"的高度认可，双方合作也在逐步深入。

附二：数据

表 10-3 历年各类科技贷款余额及新增贷款额

单位：亿元

	贷款余额	较年初增减额
2010 年	148.91	
2011 年	211.34	62.43
2012 年 1~9 月	251.39	40.05

注：科技贷款按照国标行业分类为"M 科学研究和技术服务业"口径统计。

表 10-4 科技贷款规模结构情况（截至 2012 年 9 月）

规　模	客户数（家）	客户数占比（%）	贷款余额（亿元）	贷款占比（%）
大型	88	3.32	34.73	13.82
中小型	2559	96.68	216.66	86.18
合计	2647	100.00	251.39	100.00
其中：作为首次贷款银行提供服务的科技型中小企业	951	35.93	50.04	19.91

注：1. 规模按照 2011 年工信部企业规模标准。
2. 客户数按照有贷款余额客户统计。
3. 首次贷款银行信息由分行手工填报汇总。

表 10-5 科技贷款区域分布情况（截至 2012 年 9 月）

省直分行名称	贷款余额（亿元）	贷款占比（%）
安徽省分行	5.65	2.25
北京市分行	7.52	2.99
福建省分行	0.58	0.23
甘肃省分行	0.84	0.33
广东省分行	16.82	6.69
广西区分行	1.20	0.48
河北省分行	2.00	0.80
河南省分行	11.07	4.40
湖北省分行	11.88	4.73
湖南省分行	2.36	0.94

省直分行名称	贷款余额（亿元）	贷款占比（%）
江苏省分行	8.67	3.45
江西省分行	1.71	0.68
辽宁省分行	1.18	0.47
青岛市分行	0.20	0.08
山东省分行	3.46	1.38
陕西省分行	2.60	1.03
上海市分行	14.03	5.58
深圳市分行	11.19	4.45
四川省分行	27.86	11.08
苏州市分行	80.90	32.18
天津市分行	8.51	3.39
无锡市分行	11.36	4.52
云南省分行	1.49	0.59
浙江省分行	8.15	3.24
重庆市分行	0.84	0.33
黑龙江省分行	0.48	0.19
山西省分行	0.62	0.25
贵州省分行	7.92	3.15
吉林省分行	0.19	0.08
海南省分行	0.11	0.04
总计	251.39	100.00

（供稿单位：交通银行股份有限公司）

第五节　中国光大银行股份有限公司

中国光大银行一直重视科技型中小企业金融服务工作，在长期实践过程中，建立起多元化、多层次、多渠道的科技投融资体系，不断推进科技和金融结合。中国光大银行在"科技信贷、股权托管"等方面不断创新模式，为科技型中小企业创造良好的融资环境，提供创业扶持和特色服务。24家以科技型中小企业为主要服务对象的支行机构[①]主要依托产业集聚较为明显的高新技术园区或开发区优势，提供融资、结算、理财、电子银行、现金管理等全方位金融服务，对于支持地方经济提供了较好的合作平台。仅2012年初至11月底，24家以科技型中小企业为服务对象的经营机构，已为近千家中小企业提供授信支持近百亿元。

一、总体情况

（一）积极支持科技型中小企业发展

截至2012年11月底，中国光大银行全部科技型中小企业客户近6000家，整体授信余额524.8

---

① 不包括分行中小企业经营部。

亿元，占全行中小企业业务授信 10.7%。

（二）积极开展金融创新

中国光大银行通过服务机制创新和产品创新加大对科技型中小企业的金融支持。

1. 服务机制创新

2009 年，中国光大银行在以往成功经验的基础上，成立中小企业业务专营机构，服务"集聚型、配套型、科技型"三类中小企业，成为国内最早定位于科技型中小企业金融服务的银行。根据《关于进一步加大对科技型中小企业信贷支持的指导意见》（银监发〔2009〕37 号），中国光大银行选择特定区域、特定产业、特定客户，搭建银政企合作平台，支持科技型中小企业发展。

（1）对国家高新区予以平台式支持。中国光大银行通过研发科技型中小企业适用的模式化融资方式，为国家高新区内优质科技型企业提供批量授信。

（2）重点支持节能减排和应对气候变化工作。中国光大银行研发推出"光合动力"低碳金融套餐，并配以银租通等产品，对有碳减排交易收入的企业及其上下游相关产业链予以金融支持，对拥有自主核心技术及较强科研实力的企业予以单独授信支持。目前，中国光大银行仅通过 EMC、CDM 和绿色权益融资模式，为近百户高科技中小企业累计提供融资超 50 亿元。

（3）广泛支持战略性新兴产业。对国家重点支持的战略性新兴产业如新能源、新材料、生物医药、电动汽车等领域具有核心技术及较强自主研发能力的企业予以重点金融支持。

（4）加快培育高成长型中小企业。中国光大银行推出"中小企业千户成长计划"，每年评选 1000 家成长性良好的科技型中小企业重点培育。2012 年，中国光大银行推出《成长型中小企业名单制管理办法》，配置专项绩效费用，设计成长型中小企业专项打分卡，引导经营单位支持走"专、精、特、新"道路的科技型中小企业，在政策制度、专项费用、客户服务、企业评估等方面给予优惠，为科技型中小企业发展提供绿色服务通道。

2. 金融产品创新

为提高中小企业融资服务质量，中国光大银行先后设计了科技孵化器模式、联保模式和担保公司担保模式等创新产品。2012 年上半年，增加"支票易、PE 模式、股权质押模式、知识产权质押模式、EMC 模式、CDM 模式和绿色权益质押模式"产品；为打破货币市场与资本市场之间的服务壁垒，为科技型中小企业提供增值服务，中国光大银行结合中国光大集团金融控股集团资源，开发了股权托管服务系统。

中国光大银行推出的"光合动力"低碳金融套餐，连续获得国家级大奖 4 次，成为唯一获奖的低碳类金融产品；"阳光融易贷"，连续两年获得中国中小企业协会牵头评选的"最受欢迎的产品"。

（1）科技孵化器模式。中国光大银行以国家级高新技术产业园区、国家级科技孵化器或其他集聚型科技型中小企业群体等为目标市场，通过引入地方政府风险补偿基金或创投基金等风险缓释手段，以科技孵化器、高新技术园区管委会及有类似财政背景公司为平台，针对性地与集聚于这些特定空间的优质中小企业群体开展融资业务合作。如，深圳市形成 LED 半导体产业集群集聚了相关企业 700 余家，占全国的近 50%。深圳分行通过行业协会等平台积极拓展业务，通过引入专业担保公司等方式控制风险，已成功为该产业领先企业授信上千万元。

（2）PE 模式（见图 10-6）。中国光大银行通过与国家高新区搭建融资合作平台，为区内企业发放股权按揭贷款，由指定 PE 或 VC 在企业上市后行使认股权，并由园区政府提供认股权贷款风险补偿。如北京分行、重庆分行通过配合投行部及业界领先 PE 及与所在地区的高科技园区的合作，已成功为企业提供了融资服务。

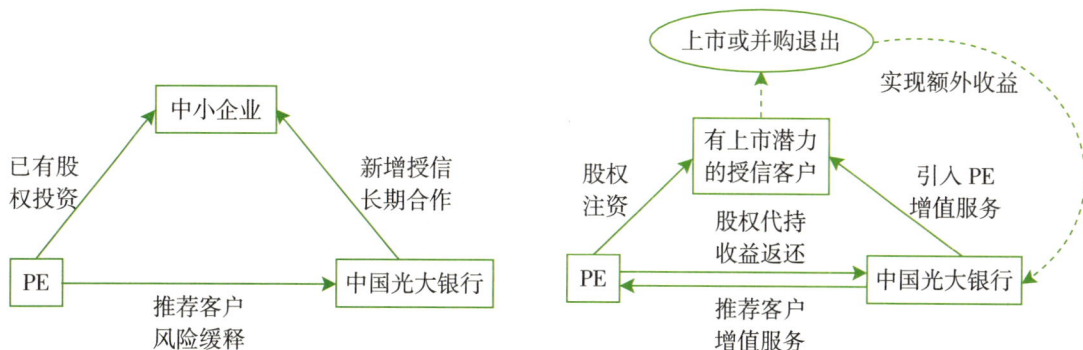

图 10-6　PE 模式流程

（3）专利权质押模式。是指借款人以其合法所有的专利设定质押，取得贷款人一定金额的贷款，并按期偿还贷款本息。如苏州东菱振动试验仪器有限公司以知识产权为质押物获得苏州分行专利权质押融资贷款 3000 万元，用于世界最大级别 50 吨电动振动试验系统的研发投入，该笔贷款是苏州市高新区首笔纯专利权融资贷款，也是苏州市单家企业获得银行最大一笔纯专利权融资贷款。

（4）租赁融易贷。是中国光大银行建立以设备生产商和租赁公司为主体的风险共担平台，通过授信支持租赁公司项下科技型中小企业的发展，并以设备回购等风险缓释手段保障授信安全及业务的可持续性，同时推动核心企业、租赁公司及科技企业群体的发展。

（5）支票易。中国光大银行根据企业结算流水情况事先给予企业不高于 200 万元的小额授信，专项用于企业资金结算过程中临时性资金需求。该产品适于产品和技术市场好且轻资产的科技型中小企业。

（6）"光合动力"低碳金融套餐。将目标市场定位于合同能源管理（Energy Management Contract，EMC）、清洁发展机制（Clean Development Mechanism，CDM）及绿色权益三大低碳经济领域的绿色信贷机制；通过"阳光沙龙"活动，向中小企业介绍了我国低碳经济发展现状，以及低碳金融服务实施状况。

（三）加大高新区科技金融服务

中国光大银行已在 74 个国家高新区开展科技金融服务，截至 2012 年 10 月，高新区内的科技型中小企业客户达到 883 家，主要分布在深圳市、北京市和江苏省等科技创业活动活跃、民营经济发达地区，授信余额达到 278 亿元。

为支持和引导国家高新区内科技型中小企业快速发展，2010 年，中国光大银行联合科技部举行"国家高新区科技型中小企业融资推进会"，17 家国家高新区和中国光大银行 16 家分行现场进行项目对接；2012 年，中国光大银行联合科技部、工信部再次举行"国家高新区科技型中小企业融资推进会"，继续深化中国光大银行与国家高新区的合作。

国家高新区也是中国光大银行金融创新的主要对象，如在北京中关村科技园区推出"科技融易贷和采购融易贷"；在深圳高新技术产业开发区，以园区内深港产学研基地、深圳软件园等大量科技型中小企业客户为批量导入目标，重点推行产学研模式；成都高新技术产业开发区，中国光大银行与成都高新区盈创动力投资发展有限公司开展合作，积极参与项目引荐、风险分析、融资补贴等高新技术企业融资项目的发展。

（四）成功案例

1. 中国光大银行苏州分行积极开展业务创新、支持科技型中小企业发展的业务发展思路得到了地方政府的认可和肯定

苏州分行与苏州市科技局签署《科技金融服务合作协议》，正式成为苏州市科技金融服务平台"科贷通"业务合作银行，储备了一批"科贷通"项目，并参与苏州市科技局"科贷通"项目评审会，结合国家高新区新三板业务的拓展，全力推动科技型中小企业业务。

苏州分行 EMC 合同能源管理融资模式，被苏州市政府主办的"2012 年苏州市金融支持促进转变经济发展方式银企合作活动"评为"2011 年度苏州市中小企业最佳创新金融产品"。

2. 中国光大银行天津分行科技中小企业服务案例

中国光大银行天津分行积极响应天津市政府新形势下对科技工作和金融工作提出的新要求和战略部署，于 2010 年 10 月参加天津市科技融资洽谈会暨科技创新融资大赛，与天津市科委及中国人民财产保险股份有限公司天津分公司签署合作协议，在"十二五"期间发放 30 亿元科技型中小企业小额贷款，支持天津市科技型中小企业发展，共同搭建科技型中小企业贷款融资平台。

融资平台自搭建以来，天津市科委筛选成长期、壮大期的科技型中小企业进入融资平台并推荐给光大银行天津分行，中国光大银行对市科委推荐的获得科技计划项目的科技型中小企业，简化贷款审批程序，按优惠利率发放贷款。其中"天津市吉亚牧业集团有限公司"已成功授信 2500 万元，不仅开创了科委"小巨人"模式化第一单，同时也为天津市支农贷款做出了贡献。

3. "合同能源管理（EMC）模式"服务案例

在工业节能方面，中国光大银行已完成湖南地区的钢铁行业节能改造、宁波地区家电业注塑机改造等项目，2011 年工业节能项目贷款余额突破 40 亿元；在建筑节能方面，中国光大银行与建筑节能领域的龙头公司进行合作，为东北地区供暖类民居节能改造项目提供授信过亿元；在市政节能方面，光大银行已成功推动广东、海南、安徽和南京等省市的 LED 路灯改造项目。

湖南泰通电力有限公司是一家集产、学、研为一体的科技公司，该公司 2006 年即开展合同能源管理业务，现已申请（授权）5 项发明专利、5 项实用新型专利和 10 项著作权，作为唯一一家提供循环水系统和绿色灯光照明的节能改造服务企业入选工信部节能服务公司，并入选国家发改委、财政部"节能服务公司备案名单（第二批）"名单。该公司凭借自身的技术实力与项目经验中标某国有大型钢铁企业的水系统节能改造项目，投资额近 5000 万元，年节能总量 6000 万度。企业因自有资金不足向中国光大银行寻求信贷支持，中国光大银行对该项目可行性、用能单位实力以及产品技术水平等情况进行考察，最终以中国光大银行特有的合同能源管理模式融资产品，为企业提供了免抵押、免担保，金额为项目投资额 50%的 3 年期贷款，极大地促进了企业在工业节能领域的健康发展，同时形成了显著的社会效益。

由于在低碳金融领域的突出贡献，2012 年中国光大银行"光合动力"低碳金融服务套餐在《银行家》杂志社主办的 2012 中国金融创新奖评选活动中荣获"十佳金融产品营销奖"。

二、开展科技金融工作的问题和难点

（1）缺少对科技金融发展的具体方向，不同发展阶段上的任务和发展措施缺乏进一步细化的规划和指导方案。商业银行在缺乏相关政策指导的情况下，仅在商业利益驱动下开展业务难以取得

较好的效果。

（2）信息统计和分析基础较为薄弱。科技型企业缺乏明晰的界定标准，相关统计信息的匮乏导致商业银行在开展科技金融业务时，难以做到明确目标、有的放矢。

（3）股权和知识产权交易市场不健全，权利质押的流通性不高，导致商业银行在以无形资产质押类产品开展科技金融服务时存在一定难度。

三、开展科技金融工作的相关建议

为有效提高商业银行科技金融服务的效率与质量，更好支持国家科技事业的发展，建议在如下方面开展工作：

（1）在国家层面，加强社会资源整合，进一步推行普惠式金融服务，加快培育新兴产业和推广新技术。

（2）进一步丰富财政资金用途，广泛建立科技金融风险补偿资金，鼓励商业银行发展科技企业融资服务。

（3）推动知识产权等无形资产估值体系的构建，包括价值评估标准、价值评估机构管理体系、国家级无形资产交易机构等，为商业银行开展无形资产质押类科技金融服务建立基础。

（4）在地方层面，进一步增强区域竞争力，打造高新技术园区品牌优势，降低企业融资成本。

（5）加强政策引导，鼓励商业银行金融系统信息建设与科技企业融资电子化工作，不断推动金融模式创新。

（供稿单位：中国光大银行股份有限公司）

第六节　招商银行股份有限公司

招商银行（以下简称"招行"）始终关注科技型中小企业的成长，将支持小微企业作为全行发展战略的重中之重，从机构建设、体制改革、资源倾斜和绩效考核等各方面不断加大推动力度，并以科技型创新企业金融服务为核心大力发展"千鹰展翼计划"，积极促进科技和金融结合。

一、促进科技和金融结合的主要举措

（一）明确战略定位，加强政策引导

自 2005 年招行正式启动经营战略规划调整以来，中小企业业务发展成为招行经营战略调整和未来业务发展的重点。其中，科技型中小企业由于其突出的经济贡献、巨大的市场空间、灵活的经营机制和差异化的风险回报模式而被明确列为招行中小企业业务发展战略的重中之重。

在招行领导的高度重视下，围绕科技型中小企业发展，招行制定了一系列倾斜政策和改革措施，从全行战略高度对科技型中小企业金融服务开展体系化推进，主要举措和部署包括：

（1）转变经营理念，统一思想认识，明确科技型中小企业的战略地位，在全国分行行长工作

会、批发条线月度视频会议等公开渠道多次对科技型中小企业业务发展进行宣传和督导，确保全行上下的有效传达和认识统一。

（2）在总分支各级机构开展组织体系创新，为科技型中小企业业务发展提供组织保障，在总行层面成立由公司银行部牵头，由信用风险管理部、授信审批部、计划财务部、投资银行部、人力资源部、战略发展部和信息技术部联合参与的联动工作小组，在分支行层面指定专职、专岗、专人负责科技型中小企业业务推动和管理，组建服务科技型中小企业的专业团队，并积极探索建立科技支行。

（3）针对科技型创新成长企业制定单项信贷政策，单列专项信贷规模，设立科技型中小企业信贷审批的绿色通道，实行专业审批，并积极督导各分行制定符合当地实际情况的区域信贷政策。

（4）制订全行统一的营销推动计划，从整体上系统地解决全局推动问题。

（5）对于科技型中小企业的经济资本考核、贷款额度分配等提供优惠或倾斜。

（6）加快产品创新，构建一套具有针对性、差异化的科技型中小企业金融产品体系等。

（二）对接创新赛事，改善创业环境

2012年，科技部、财政部、教育部和中华全国工商联合会主办"2012首届中国创新创业大赛"，招商银行积极整合内外部资源，调动各地分支机构力量，联合各领域的合作机构，从助力大赛宣传、服务参赛企业、改善创业环境等各个层次全面对接本次大赛。

（1）加强与各地科技部门合作，搭建大赛综合服务平台。招行积极组织各地分行联络当地国家高新区和科技部门，组建涵盖政府、银行、创投在内的综合服务平台，为参赛企业提供综合化的政策、金融咨询和辅导，并共同开展大赛的组织和宣传工作。

（2）积极推荐优质企业，并对参赛企业提供定制化服务。一方面，利用招行渠道发动广大科技型中小企业报名参加本次大赛；另一方面，对当地报名企业开展名单制的营销和跟踪，并提供一户一策的定制化服务。

（3）整合自身资源，助力大赛宣传。招行结合自身品牌宣传计划统一部署与"中国创新创业大赛"相关的宣传工作，积极调动分支行宣传资源，整合行外的各种传播媒介和行内的电话银行、网点、网站等多种渠道对本次大赛进行宣传。

（4）联合各领域机构，改善创业环境。创新创业需要社会各界力量的关心和支持。

（三）推广"千鹰展翼"计划，搭建综合平台

招行在全国范围内推广的"千鹰展翼"计划是一项集科技型创新成长企业客户开发、培育、服务于一体的整合营销创新计划，是指在提供传统金融服务的基础上，建立科技型创新成长企业基本客户群体，通过打造股权投资服务平台和设计创新的债权融资产品两项手段，契合企业生命周期各阶段特征提供金融服务，全方位支持科技型创新成长企业发展，促进科技和金融结合。

在"千鹰展翼"计划主要面向的十大产业领域中，有七大领域都是典型的科技型行业。从服务创新的角度看，"千鹰展翼"计划的服务内容主要包括：创新的银行债权融资服务（投贷联动）、联合PE机构推出股权投资服务、创新的供应链金融服务（包括销售融资、采购融资和生产融资）、创新的电子银行、现金管理服务（包括新的电子商务合作）、针对科技型企业创始人和企业家的私人银行金融服务等。

借力"千鹰展翼"计划，招行积极打造服务科技型创新成长企业的综合平台，建立了包括总分支行、小企业信贷中心、招银国际及创新支行在内的完善的组织架构，并联合科技部和各地政府高

新园区、PE机构、券商、律师事务所、会计师事务所、第三方中介机构等组成策略联盟，搭建了科技型中小企业和创新创业企业的综合服务平台。2012年1~6月，招商银行借助该平台组织了近百场企业联谊和服务活动，累计覆盖企业超过8000家，活动组织方式涵盖大型发布会、高峰论坛、银企对接会、合作会、小型沙龙、服务咨询会、联谊会等多种形式。这些活动创新了银企对接方式，拓宽了企业融资渠道，有力缓解了科技型中小企业和创新创业企业融资难问题，并成功引起了社会各界力量对创新创业的关注和支持。

经过两年多的努力，截至2012年6月末，"千鹰展翼"计划累计服务创新型成长企业客户超过5000家，对计划项下近60%的企业予以了500多亿元的授信支持，与2011年新晋IPO企业的合作率超过70%，近两年累计支持120余家客户在境内外上市。

（四）建设创新支行，完善服务通道

以对接"2012首届中国创新创业大赛"为契机，招商银行正式启动了"千鹰展翼"创新支行建设工作，计划利用两年时间、分三个批次在全国建设百家"千鹰展翼"创新支行，作为科技创新型企业培育基地，将其打造为"密切结合国家科技政策指引，依托国家高新技术产业开发区，探索科技创新与金融创新相结合，为科技型企业和创新型成长企业提供全方位、综合化、高水准金融产品和服务的专业支行"。"千鹰展翼"创新支行的建设主要遵循以下思路：

（1）面向三类客户。包括：①国家和地方科技政策重点支持的企业；②国家高新区、特色产业基地等产业集群内的入园企业；③具有合法知识产权或创新商业模式的其他创新型成长企业。

（2）主推三类产品。包括：①与股权融资相结合的高端投贷联动融资产品；②对接国家或地方某项具体科技政策的创新产品；③与政府、担保公司、引导基金等其他行外机构创新风险分担模式推出的融资产品。

（3）打造三项核心能力。包括：①对创新型成长企业信贷风险的识别、管理和定价能力；②对区域内科技金融创新环境的全面把握和迅速响应能力；③对特定行业或细分行业的透彻理解和提供行业解决方案的能力。

（4）配套三类倾斜政策。包括：①差异化的人员配备政策，将服务模式由传统的客户经理负责制转变为团队负责制；②差异化的信贷管理政策，针对科技创新型企业客户群特征，制定与之相适应的客户准入、审批流程、风险管理和风险补偿等政策；③差异化的考核政策，对创新支行的考核强化科技型企业和创新型成长企业客户数量、授信户数、投放金额、合作渠道拓展、高端产品项目开发等指标。

目前，首批37家"千鹰展翼"创新支行已认定完毕，招行正在组织各创新支行联合当地科技主管部门及园区机构开展创新企业培育基地的宣传营销工作，因地制宜制定推进科技和金融结合的工作策略，并推动制定支持"千鹰展翼"创新支行的配套政策。

（五）坚持产品创新，拓展金融服务

响应政府"鼓励创新、支持创业"的号召，招商银行全面加快了科技类融资产品的创新步伐。

（1）从科技型中小企业的资源特征和需求特征出发，招商银行积极开发创新产品，使轻资产的科技型企业可以通过"知产贷"以知识产权质押获得融资，使有订单没资金的企业可以通过"订单贷"以有效可执行的订单获得融资，使急于扩大市场的科技型企业可通过"商机贷"给其买家融资从而利用金融杠杆扩大销售市场，使有引入股权投资意愿的科技创新型企业可以通过"投联贷"在确保股东价值最大化的同时获得融资。此外，还可利用"文创贷"、"农创贷"、"医药贷"等针对特定

行业科技型企业解决融资问题；针对国家科技计划的支持重点，招行积极发挥财政投入资金的引导效应，推出了"科技补贴贷"为大量处于发展初期的科技型中小企业先行提供资金支持；针对科技成果转化行为，招行推出了"科技成果转化贷"，重点支持获得国家级或省级财政资金支持的科技成果转化项目，使企业可在科技成果转化的关键阶段——产业化前期及早获取银行资金支持。

（2）以国家《关于促进科技和金融结合加快实施自主创新战略的若干意见》为指导，招商银行积极推动科技类融资产品创新，促进各地分支行深入研究当地出台的财政科技投入政策，分析每项具体政策创造的业务拓展空间和服务模式创新空间，进而开发出具有针对性的产品创新与之对接，发挥财政科技投入政策的放大效应，并解决科技型中小企业的实际需求。

二、招行促进科技和金融结合的工作成效

经过近几年的努力，招商银行各类科技贷款总量迅速增长，服务的科技型企业数量亦迅速提升。截至 2012 年 10 月末，招商银行科技贷款总额 1505.24 亿元，较 2009 年末增长 70.11%，涉及科技企业数量达 12147 家，较 2009 年末增长 68.73%。其中，向科技型中小企业发放的贷款总量 1253.56 亿元，较 2009 年末增长 123.87%，服务的科技型中小企业数量 10601 家，较 2009 年末增长 147.17%；招行作为首次贷款银行提供融资服务的科技型中小企业贷款数量达 7781 家，较 2009 年末增长 280.49%，共发放贷款 920.10 亿元，较 2009 年末增长 244.63%，如表 10-6 所示。

表 10-6　招商银行历年科技贷款情况

科技信贷		2009 年	2010 年	2011 年	2012 年 1~10 月
科技贷款总体情况	余额（亿元）	884.87	1074.92	1302.75	1505.24
	企业数量（家）	7199	8588	10652	12147
科技型中小企业贷款情况	余额（亿元）	559.94	754.49	997.52	1253.56
	企业数量（家）	4289	5429	7700	10601
作为首贷银行提供融资的科技型中小企业贷款情况	余额（亿元）	266.98	424.40	641.69	920.10
	企业数量（家）	2045	3054	4954	7781

从国民经济行业分类角度来看，招行科技贷款主要集中于制造业和批发、零售业，占全部科技贷款的比重超过 75%，但近几年该比重有下降趋势。同时，投向现代农业、文体娱乐行业和居民服务等领域的科技贷款所占比重逐步上升，如表 10-7 所示。

表 10-7　招商银行科技贷款分布情况（按国民经济行业分类）

单位：%

行　业	2009 年	2010 年	2011 年	2012 年 1~10 月
制造业	62.37	66.13	65.93	65.18
批发和零售业	7.22	8.54	10.19	10.05
采矿业	3.25	3.44	3.59	4.59
信息传输、软件和信息技术服务业	6.53	3.94	4.43	4.22
电力、热力、燃气及水生产和供应业	5.43	4.02	3.26	3.09
水利、环境和公共设施管理业	3.93	3.48	3.25	3.03
交通运输、仓储和邮政业	2.88	2.93	3.00	2.90
科学研究和技术服务业	5.61	4.52	3.01	2.72
建筑业	1.67	1.84	2.08	2.50
农、林、牧、渔业	0.54	0.62	0.83	1.11

行　业	2009 年	2010 年	2011 年	2012 年 1~10 月
文化、体育和娱乐业	0.53	0.52	0.40	0.56
居民服务、修理和其他服务业	0.05	0.02	0.04	0.04
总计	100.00	100.00	100.00	100.00

　　从战略性新兴产业领域划分标准来看，招行科技贷款主要投向高端装备制造领域，占全部科技贷款的比重近35%，且该比重近年来保持相对稳定。而投向节能环保和生物领域的科技贷款所占比重有逐步上升的趋势。同时，尚有15%左右的科技贷款投向了战略性新兴产业以外的行业领域，如表10-8所示。

表 10-8　招商银行科技贷款分布情况（按战略性新兴产业分类）

单位：%

领　域	2009 年	2010 年	2011 年	2012 年 1~10 月
高端装备制造	31.17	34.12	34.56	34.22
新材料	14.61	14.88	15.01	14.97
节能环保	9.76	9.79	9.51	10.30
新能源	9.63	10.10	10.10	9.68
新一代信息技术	12.45	8.80	8.12	7.66
生物	4.53	4.47	4.32	4.67
新能源汽车	4.78	3.35	2.68	2.46
其他	13.08	14.50	15.71	16.04
总计	100.00	100.00	100.00	100.00

　　从区域分布来看，招行科技贷款投放区域主要集中在长三角和珠三角。其中，长三角区域所占比重35.45%，珠三角区域所占比重14.13%，二者合计占比接近50%。此外，福建、山东、青岛、湖北、湖南等中东部区域所占比重亦相对较高，而东北和西部区域占比较小，如表10-9所示。

表 10-9　招商银行科技贷款分布情况（按区域）

单位：%

区　域	2009 年	2010 年	2011 年	2012 年 1~10 月
江苏	12.34	12.37	12.94	13.04
浙江	19.80	17.94	13.23	12.38
广东	6.61	7.09	7.96	8.16
深圳	4.73	5.01	6.22	5.97
上海	6.94	6.07	6.12	5.52
宁波	7.10	5.89	5.33	4.52
福建	3.95	4.05	4.03	4.25
北京	2.58	2.72	3.33	3.81
山东	3.56	3.85	3.47	3.66
湖北	4.97	4.26	3.48	3.44
青岛	3.92	4.07	3.74	3.20
四川	2.69	3.32	3.18	3.09
湖南	2.31	2.33	2.36	2.56
江西	1.77	2.04	2.28	2.41
陕西	1.09	1.60	2.11	2.18
辽宁	1.65	2.19	2.35	2.09
河南	1.12	1.60	2.08	2.02

区　　域	2009 年	2010 年	2011 年	2012 年 1~10 月
天津	1.56	1.52	1.87	2.00
重庆	1.54	1.48	1.78	1.91
厦门	1.92	1.76	1.89	1.86
云南	1.89	1.77	1.70	1.75
安徽	1.66	1.97	1.81	1.72
大连	1.42	1.59	1.63	1.42
贵州	0.00	0.11	0.70	1.37
黑龙江	0.90	0.95	1.01	1.22
新疆	0.69	0.86	0.99	1.13
吉林	0.15	0.19	0.50	0.88
甘肃	0.48	0.51	0.49	0.74
内蒙古	0.64	0.61	0.57	0.63
广西	0.03	0.17	0.29	0.42
河北	0.00	0.10	0.17	0.35
宁夏	0.00	0.01	0.38	0.35
合计	100.00	100.00	100.00	100.00

三、开展科技金融工作遇到的问题与难点

科技型企业是典型的资金密集型企业，融资问题对企业的生存发展而言十分重要。然而科技型企业一般都存在着较高的技术和市场风险，银行通常都选择谨慎地介入，使科技金融工作面临较大的挑战，主要体现在：

（1）银行在科技领域的专业能力相对不足，缺乏对科技行业的透彻理解，从而导致在把握科技型企业信贷项目的风险和收益等方面有所欠缺。由于科技型企业尤其是科技型中小企业所从事的多是市场处于培育期，技术处于开拓期的工作，不确定性和风险较大。银行从业人员通常对其未来前景难以形成专业、清晰的判断。

（2）缺少抵质押物和第二还款来源保障。由于科技型企业的经营常常不稳定，使企业经营产生现金流的第一还款来源存在相对其他行业更大的不确定性，因此招行在为该类企业贷款时，特别强调和重视第二还款来源。虽然招行相继推出了知识产权质押、应收账款质押、对公按揭、担保公司担保、行业联保等多种针对科技型企业的融资类产品。但因为当前法律环境和信息披露尚不健全等原因，一些业务开展的效果并不理想。

（3）整体中小企业信用体系建设相对不足，企业信用意识较弱，信用环境比较复杂，为银行全面了解企业的真实信息尤其是财务信息带来较大挑战，从而不利于银行全面把握企业的经营风险。

（4）风险和收益难以对等，开展科技型中小企业业务面临的市场风险和信用风险等远远高于传统信贷业务环境中的大中客户，而科技支行开展此类业务的收入仍仅以利息收入为主，难以有效补偿此类业务的高风险。

（5）对银行风险识别和风险管理能力提出了更高的要求，使银行从关注企业的资产、盈利、担保等硬性指标转变为衡量企业的成长性和未来发展潜力，而在这方面银行缺乏充分的经验积累和数据支持，因此需要银行做出较多的探索和转变。

中国科技金融发展报告 2012

四、下一步开展科技金融工作的建议

银行对创新业务的探索和尝试，离不开政府的关注和支持，需要政府从科技型企业信贷业务的特点出发，制定相应的配套倾斜政策进行支持，具体建议包括：

（1）加大对科技信贷的支持力度。国家一直非常重视对科技型中小企业发展的推动和扶持。政府已经通过成立创新产业基金、对科技型中小企业实行税收优惠，鼓励直接融资的发展（如VC/PE）等各种各样的举措。但是，对于商业银行发展科技型中小企业客户尚缺乏直接的鼓励和针对性的支持。因此建议，可以按照银行对科技型中小企业的贷款投放量直接给予商业银行一定数额（如0.5%）的补贴，来弥补商业银行扶持科技型中小企业时的风险成本。

（2）加大对科技金融综合平台建设的支持力度。处于初创期和部分高风险的科技型中小企业并非全是商业银行的目标客户，部分客户需要的是VC/PE机构的风险投资。在我国，金融业禁止混业经营。因此建议政府出台相应政策，鼓励商业银行利用相对成熟的渠道，加强与风险投资机构的合作，将各种融资平台联系和整合在一起，通过财务顾问等多种形式，为科技型中小企业提供适应自身特点的融资方式。

（3）加大对科技金融专营机构建设的支持力度。在科技金融专营机构的创设方面，可积极鼓励位于国家高新技术产业开发区的银行网点，在科技型企业或创新型成长企业开拓服务方面具备一定经验和优势的银行网点，以及具备良好的业务创新和产品创新能力的银行网点转型为科技支行。在科技金融专营支行的能力提升方面，建议促进科技咨询专家库发挥更大的作用，使银行在业务开展过程中得到更多的技术指导，并组织科技金融专营支行的专场培训，学习国内外同业开展科技金融的先进做法和国家出台的各项优惠政策。

（4）加大对银行科技金融创新的支持力度。在创新风险承担和收益方式方面，可积极利用政府的财政科技投入资金，吸引更多的社会资金建立专项风险基金池，对科技金融专营机构的业务风险进行创新分担或补偿。同时，鼓励科技金融专营机构创新收益方式，探索夹层融资等业务，确保能获得与其业务风险相匹配的收益。

（供稿单位：招商银行股份有限公司）

第七节　上海浦东发展银行股份有限公司

科技型企业金融服务对商业银行来讲是一个崭新的领域和空间。浦东发展银行（以下简称"浦发银行"）以履行社会责任为己任，积极探索、创新科技型企业金融服务，并取得了一定的经验和成效。

一、对科技型中小企业融资现状的分析

科技只有通过完善的科技和创新生态系统的培育和孵化，才能真正转化为生产力，科技产业的

可持续发展需要完善的科技和创新生态系统支撑。一般来说，高科技企业健全的金融生态环境应包括：企业家、学术与科研机构、公司、富有经验的管理人员、风险投资、信贷提供者、资本市场、服务提供商、政府等关键要素。

信贷提供者是中国高科技企业金融服务体系中非常重要的一环。根据 IDC 分析，信贷提供商是国内整个高科技企业金融生态环境中严重缺失的要素，一方面是科技型企业自身的原因，包括其自身的技术风险、市场风险、财务风险等；另一方面，从银行金融服务的角度来看，主要原因是科技型企业缺少有形资产、缺乏经营数据、新兴行业特点突出等，与银行筛选客户的标准有很大差距。同时，商业银行本身在服务科技型企业上也普遍存在经验欠缺的问题。与此同时，当前科技金融的发展仍然受到很多因素的制约，缺乏整体的配套机制，也在一定程度上限制了科技金融的发展。

由此可以看出，解决科技型企业的融资难问题，不是靠银行一个创新产品就可以实现的，而是需要集聚全社会的资源，在服务理念、业务模式、产品体系等方面进行探索和实践，并形成一整套适合科技型企业金融需求的服务体系和模式。

二、浦发银行科技金融服务的主要成绩

在过去的几年中，浦发银行科技型企业金融服务逐步得到社会的普遍认可，经济效益和社会效益都有显著提升。具体取得的成效主要体现在以下几个方面。

（1）科技企业大量受惠。截至 2012 年 10 月末，浦发银行已为近 3500 家科技型中小企业发放贷款近 120 亿元，科技型中小企业贷款余额在全部科技相关企业贷款余额中的占比近 20%。在贷款行业分布上，制造类占比超过 60%，批发零售业占比近 15%。在贷款区域分布上，主要集中在上海、浙江、江苏、广东、山东、湖南、湖北、北京等省市。

（2）多种产品领先市场。浦发银行是业内首个推出成长型企业 PE 综合金融服务方案、上市综合金融服务方案的银行，特别在上海市市场上，订单池融资、科技型中小企业集合票据、软件著作权质押贷款等产品均为上海市市场首发。

（3）服务价值初获社会认可。如浦发银行创智天地支行主导的"银园保"产品获 2010 年上海市金融创新二等奖，并获上海市金融办在全市推广；浦发银行科技金融 α 模式获 2011 年上海市金融创新成果三等奖和 2012 年中国《银行家》杂志"中国十佳金融产品创新奖"等。

三、浦发银行科技金融的典型创新实践——科技金融 α 模式

既要有效控制信贷风险，又要在支持科技型企业发展上做出成效，以商业银行现有的经营管理模式和风险控制手段，依托商业银行自身的能力往往很难做到。支持科技型企业发展是全社会的责任和要务，在科技型企业发展的不同阶段，应该有承担不同职责的机构参与其中，满足其阶段性金融需求。浦发银行在服务科技型企业的过程中，逐步在传统服务模式上进行创新和升级，提出了"构筑多方共赢金融平台、提供成长全程金融服务"的科技型中小企业创新服务理念。在上述理念指引下，针对科技型企业的特点和商业银行科技金融服务的现状，浦发银行充分整合行内外资源，形成了专门针对科技型企业的金融服务模式——科技金融 α 模式，以便为科技型中小企业提供一整套专业化服务。

（一）"科技金融α模式"的核心内涵

浦发银行"科技金融α模式"是以契合科技型中小企业成长全程金融需求为主线，以整合全社会支持科技型中小企业发展的资源为支撑，打造一个多方共赢、多元服务的综合金融服务平台。这个平台集科技金融专营机构、科技金融专营机制、科技金融专属产品和流程、专业的风险防范体系于一体，是针对科技型中小企业的全方位、立体化、全流程的金融服务模式。

α的原意有最重要的、领先的、有优势的等意思。浦发银行将科技金融模式命名为α模式基于两层含义：①基于α本身含义的演绎，突出浦发科技金融服务的三层领先性，即目标客户的领先性、合作伙伴的领先性、服务模式的领先性。②基于"ALPHA"组成字母含义的演绎，让科技金融服务的内涵更为丰富和充实。

A：Accompany（中文译"伴随、相伴"）。意喻"浦发科技金融α模式"将与科技型企业成长相随、一路相伴。

L：Loan（中文译"信贷"）。意喻"浦发科技金融α模式"的第一个重要参与方——银行。

P：PE（直接股权投资基金的英文缩写）。意喻"浦发科技金融α模式"的第二个重要参与方——以PE基金为代表的众多为科技型企业服务的社会机构。

H：High Technology（中文译"高科技"）。意喻"浦发科技金融α模式"的核心受益者——科技型企业。

A：Advanced（中文译"先进的、领先的"）。意喻"浦发科技金融α模式"在理念、模式、产品、流程等方面的创新性和领先性。

（二）"科技金融α模式"的服务特色

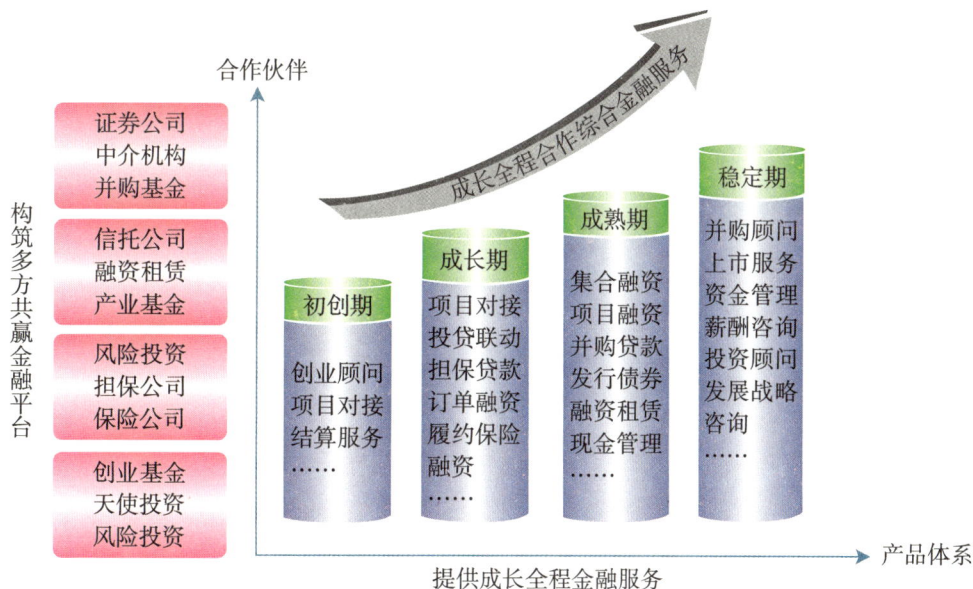

图10-7 "科技金融α模式"服务体系

1.全新的服务模式

浦发银行以"构筑多方共赢金融平台，提供成长全程金融服务"为基本理念，打造了银行与政府、第三方机构等合力支持科技型中小企业的全新金融服务模式。

经过一段时间的积极实践，浦发银行已形成了两类具体业务模式：

（1）依托政府资源和平台的科技型中小企业金融服务模式。浦发银行充分抓住各地政府支持科技型中小企业的政策和资金支持机会，通过与政府相关部门合作，打造银行与政府合力支持科技型中小企业的金融服务模式。主要做法是：政府部门向银行推介获取相关资金补贴的中小企业，同时拿出一部分资金，为三方合作平台建立损失补偿专项基金，浦发银行为专项补充基金项下的每户企业提供贷款支持。在实际业务操作中，浦发银行专门搭建简化的操作流水线，统筹规划贷款调查、审批和发放等一系列工作环节，保证了贷款的快速批量发放。

比较具有代表性的是苏州分行"科贷通"模式。苏州分行与苏州市科技局、财政局签订合作协议，搭建支持科技型企业融资服务平台（"科贷通"平台），开展以苏州市科技型中小企业信贷风险补偿专项基金为信用保证资金的贷款业务，建立科技企业绿色金融服务通道，使符合条件的中小科技型企业获得信贷支持，得到快速发展。"科贷通"实行借款企业资信调查由银行和政府主管部门进行双层评审和把控，企业违约风险主要由财政资金覆盖的模式。分行在批量处理科技型中小企业业务时，已对客户准入、审查标准、授信流程、贷后管理等进行优化和创新，针对科技型企业形成了具有浦发特色的不同发展阶段的融资策略，在把握业务整体风险的情况下，制订了科技企业发展阶段的前期、成长期、成熟期金融服务方案。

（2）与国际先进同业合作的科技型中小企业金融服务模式。为科技型中小企业提供金融服务在国内尚属于比较新的领域，但是在国外，已经有很多成功运作的经验。在为科技型中小企业服务的过程中，浦发银行也积极地寻找国际先进同业作为合作伙伴，通过借鉴和引进其先进技术，提升为科技型中小企业服务的能力和水平。

比较有代表性的是与硅谷银行的合作。硅谷银行通过帮助促进和培育风险投资生态体系，在向创新企业及其投资者提供银行服务方面：已经成为全球的领导者。浦发银行与硅谷银行的合作主要体现在两个方面：一方面是与硅谷银行在国内科技型中小企业服务领域的客户共享、信息共享等方面开展合作；另一方面是与硅谷银行在科技型中小企业金融服务的技术方面开展合作。硅谷银行在服务科技型中小企业方面有很多成功经验，包括行业细分、风险控制、综合服务方案、全球化管理等。以行业细分为例，硅谷银行通过四个细分行业来促进科技和创新领域的业务发展：软件与服务、硬件、清洁技术和生命科学。在这四个领域中，硅谷银行的科技银行专业人士专注于提供 61 个科技和 47 个生命科学细分产品和服务。

2. 专业的服务网络

浦发银行科技金融服务以专业化的服务体制为基本支撑，搭建了集中小企业业务专营机构、科技支行、科技金融服务中心、科技特色支行、专业团队等为一体的立体化、多层次服务网络，如图10-8所示。

浦发银行是最早成立科技金融专营机构的商业银行。如 2009 年，在上海分行率先成立了科技企业服务中心，2012 年在天津首创了整合银行、PE、第三方服务机构、政府职能服务部门各方资源的科技金融服务中心，先后在北京市、上海市、长沙市、苏州市等科技型企业聚集的高科技园区内设立了以服务科技型中小企业为主的支行。浦发银行已建立针对科技专营机构的独立考核机制，开展专业化经营，并在资金优惠配置、成本利润核算、不良容忍度、尽职免责机制等方面建立了一整套独立、专营模式，解决了科技金融业务的内部机制安排。

3. 优化的服务流程

浦发银行针对科技型中小企业的特点，突出个性化、专业化、专属化和系统化，整合提供优质、高效的科技型企业信贷审查、审批、服务和管理流程。在专营机构前中后台一体化的基础上，

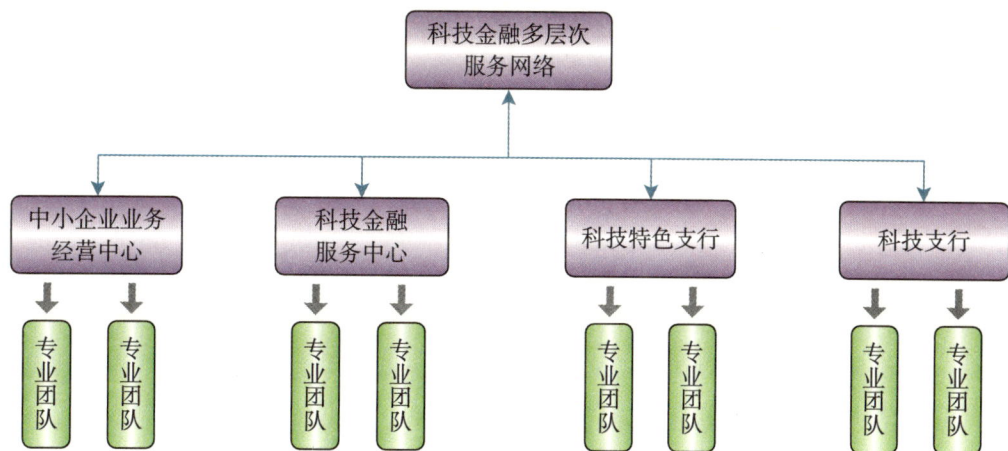

图 10-8　浦发银行科技金融服务网络

探索工厂化的高速业务审批流程，建立"无障碍绿色通道"。以上海分行为例，对科技型中小企业限时审批，将资料完备的科技企业贷款审批时间缩短至 8 小时，大大提高了业务处理效率，有效满足了科技型中小企业"短、频、急"的融资需求。

4. 全方位的产品体系

浦发银行针对科技型中小企业的经营特征和金融诉求，整合创新四大融资工具——"信贷融"、"投贷融"、"集合融"、"成长融"，为科技型中小企业提供全方位金融服务。

"信贷融"是浦发银行以科技型中小企业核心特质为依托，为其量身定做的间接融资产品组合。包括订单融资、应收账款融资、保理融资、发票融资、动产质押融资、知识产权质押贷款、股权质押贷款、科技履约保险贷款等。

"投贷融"是浦发银行以科技型中小企业的股权融资需求为依托，为其量身定做的股债结合产品组合。包括引入直接股权融资的项目对接服务和投贷联动服务。项目对接服务是指浦发银行依托与股权投资基金的良好合作关系及对科技型企业融资需求的深入理解，搭建起企业客户和股权投资基金的桥梁，根据科技型企业经营的行业、所处生命周期、未来发展规划等情况，帮助企业选择合适的股权投资基金，协助尽职调查及推进投资进程，并配套相应的金融服务支持，提高科技型企业引入直接股权融资的成功率和运作效率。投贷联动服务是指浦发银行与股权投资基金结成战略同盟，在股权投资基金投资或承诺投资的前提下，浦发银行以债权形式为科技型企业提供融资支持，形成股权投资和银行债权融资之间的联动，通过股债结合的模式拓宽科技型企业的融资渠道。

"集合融"是浦发银行以科技型中小企业集体信用增级需求为依托，为其量身定做的集合类直接融资产品组合。包括中小企业集合票据、集合信托、集合债等。

"成长融"是指浦发银行根据科技型中小型企业独特的成长周期和发展模式，在立足于企业未来跨越成长需求的基础上，为企业提供的培育规划、财务管理等综合财务顾问服务和产品组合。

四、关于发展科技金融的相关建议

(一) 加快推进成熟服务模式在全国的推广运用

以"科贷通"模式为代表的科技型企业金融服务模式充分整合了财政部门、科技部门、金融机构的政策、资金和服务优势，开拓了一种比较有效的科技型企业金融服务模式，具有一定的代表性和可复制性，并且已经得到了有关部门的高度认可。建议对于这一类比较成熟的科技金融服务模式，由政府部门和科技部门牵头、由有一定业务经验的商业银行配合，在科技型企业集聚的地区加大推广力度，提升科技金融服务的效率和能力。

（二）鼓励商业银行加快建立科技专营机构

对于科技型企业集聚的区域，例如高科技园区，建议监管部门出台鼓励商业银行建立科技专营机构的政策，允许商业银行将科技专营机构命名为"科技支行"，提升该类机构的市场影响力；同时出台相关配套政策。如对于科技型中小企业贷款，允许采取三个单列，即信贷规模单列、存贷比单列、不良容忍度单列。此外，还要对财政贴息、税收减免、不良资产核销等方面给以政策支持、对"科技支行"科技型企业贷款给予一定的风险资产占用优惠、建立科技金融风险补偿基金等，鼓励金融机构在科技型中小企业上的信贷投入。

（三）支持商业银行在科技金融服务上大胆创新

私募股权基金、风险投资基金等股权投资机构能够有效地融合产业资本和金融资本，专注培育具有高成长潜力和高新技术内核的优质企业，成为缓解科技型中小企业资金难的重要力量。建议国家有关部门从建设创新型社会的高度看待科技型中小企业融资难问题，允许商业银行在满足一定的条件下、在一定额度内通过创新搭桥贷款融资方式，拓宽股权投资企业的融资渠道。

（1）建议国家有关部门适时出台相关文件，适当延伸并购贷款的适用范围，适当放宽商业银行被动持有不动产、股权持有期限的限制等。

（2）建议允许符合条件的商业银行向股权基金开展搭桥贷款融资试点（给 PE 贷款）。试点领域应该满足一定条件，以有效规避潜在风险。试点商业银行应该具有基金托管资质，主托管基金的规模较大，有专门的股权基金业务部门和专业运作系统，在并购贷款业务方面经验丰富，风险管理系统完善。合作基金必须经国家发改委或地方发改委报备，具有管理能力强、投资回报高、风管内控有效、市场信誉好等特点。

（3）建议在条件成熟时允许符合条件的商业银行在一定额度内向符合条件的科技型中小企业提供搭桥贷款。对被投企业范围严格限定，实行目录化管理。被投资企业创新能力要强、符合国家产业政策、有核心技术；有较高成长性，所属行业属于科技型新兴产业。

（4）建议允许符合条件的商业银行对投资人提供短期搭桥贷款（向 GP、LP 贷款）。条件是出资人、股权基金和被投资企业三方已签订有效合同，承诺出资人信用资质较高，有真实的交易背景、可靠的还款来源，以满足其因资产变现、资金周转等产生的短期资金需求。

（四）多管齐下，进一步优化科技金融服务的外部环境

在商标权、专利权、知识产权等质押融资业务开展过程中，存在评估机构缺乏、登记环节繁琐、转让市场不健全等问题，导致商业银行在开展此类业务时环节多、流程长、时间长、风险大，无法满足科技型中小企业短、频、快的融资需求，希望主管部门在配套政策和环境等方面给予支持。

（供稿单位：上海浦东发展银行股份有限公司）

第八节　中国人民财产保险股份有限公司

自 2008 年中国人民财产保险股份有限公司（以下简称"人保"）经中国保监会和科技部指定为科技保险试点保险公司后，因地制宜确保业务成效，取得了良好的社会和经济效益。现将人保科技保险工作情况总结如下：

一、科技保险工作情况概述

（一）总体情况

截至 2012 年 9 月 30 日，人保科技保险累计保费收入 2.4 亿元，承保科技保险业务 4091 笔，承保企业 617 家，提供保险保障金额达到 3658.8 亿元。其中，2011 年全年科技保险保费收入 5832 万元，比 2010 年增长近 20%，承保科技保险业务 667 笔，提供保险保障金额 1041.4 亿元；2012 年 1~9 月，科技保险保费收入为 6092.9 万元，承保科技保险业务 1819 笔，提供保险保障金额 1027.2 亿元，同比增速再创历史新高。

2008~2012 年 9 月底，人保受理各类科技保险赔案共 1474 件，支付已决赔款 8145.2 万元，未决赔款 1652.3 万元，预计最终赔款 1.09 亿元。其中，2011 年全年受理科技保险赔案共 315 件，支付已决赔款 3472.3 万元，未决赔款 445.8 万元，预计最终赔款 4701.6 万元；2012 年 1~9 月，受理科技保险赔案 276 件，支付已决赔款 398.5 万元，未决赔款 1098.5 万元，预计最终赔款 1497.0 万元，如表 10-10 所示。

表 10-10　人保 2008~2012 年第 3 季度末科技保险经营情况

	保费收入（万元）	保险金额（亿元）	保单数量（笔）	事故年度已决赔款（万元）	事故年度未决赔款（万元）	事故年度最终赔款（万元）	事故年度赔付率（%）
2008 年	1740.2	234.0	355	387.1	0	387.1	55.9
2009 年	5340.1	572.7	643	558.8	3	561.8	14.5
2010 年	4982.8	783.5	607	3328.5	105.0	3776.9	67.1
2011 年	5832.4	1041.4	667	3472.3	445.8	4701.6	87.0
2012 年 1~9 月	6093.0	1027.3	1819	398.5	1098.5	1497.0	55.8
合计	23988.5	3658.9	4091	8145.2	1652.3	10924.4	59.8

2011~2012 年第 3 季度末，人保受理的超过 100 万元的科技保险大赔案共 11 笔，赔付金额达 2772.5 万元，涉及包括北京大北农科技集团、安东石油集团、远大医药、无锡华润、重庆金邦动物药业、天威（成都）新能源在内的知名企业，涵盖医药、农业、石化、新能源等多个高技术行业，为高新技术企业在遭遇风险事故后的重建和恢复提供了有力的支援，如表 10-11 所示。

（二）地区分布

从地区分布来看，截至 2012 年第 3 季度末，人保共有 15 个地区开办了科技保险，江苏省、北京市、四川省 2011~2012 年第 3 季度末的累计保费收入位于所有试点地区前三名。其中，江苏分公司科技保险业务规模位居全国第一，实现保费收入 5140.2 万元，承保业务 378 笔，风险保额达到

表 10-11　2011~2012 年第 3 季度末人保科技保险超百万元赔案

序号	地 区	企 业	保险事故发生时间	事故原因	损失金额（万元）	赔付金额（万元）
1	北京	北京大北农科技集团股份有限公司	2011 年 1 月 18 日	意外事故	124.8	124.7
2	四川成都	天威新能源（成都）硅片有限公司	2011 年 1 月 19 日	雷击	142.7	142.7
3	四川成都	天威新能源（成都）硅片有限公司	2011 年 5 月 1 日	雷击	105.4	105.4
4	江苏无锡	无锡华润上华科技有限公司	2011 年 5 月 10 日	意外事故	418	418
5	北京	安东石油技术（集团）有限公司	2011 年 6 月 16 日	意外事故	143.9	143
6	江苏无锡	无锡华润华晶微电子有限公司	2011 年 7 月 5 日	其他	122.6	122.1
7	湖北武汉	远大医药（中国）有限公司	2011 年 8 月 2 日	火灾	1014.1	849.1
8	重庆	重庆永通信息工程实业有限公司	2011 年 9 月 5 日	火灾	212.2	191
9	重庆	重庆金邦动物药业有限公司	2011 年 9 月 20 日	洪水	400	380
10	北京	北京同益中特种纤维技术开发有限公司	2011 年 12 月 3 日	火灾	217.1	195
11	辽宁沈阳	沈阳紫江包装有限公司	2012 年 2 月 14 日	意外事故	130.9	101.5
	合计	—	—	—	3031.7	2772.5

866 亿元；北京分公司科技保险实现保费收入 2959.1 万元，承保业务 278 笔，风险保额达 625.4 亿元；四川分公司科技保险实现保费收入 2165.8 万元，承保业务 247 笔，风险保额达到 437.1 亿元，如表 10-12 所示。

表 10-12　2011~2012 年第 3 季度末分区域人保科技保险经营情况

序号	地区	保费收入（万元）		保险金额（亿元）		保单数量（笔）		承保企业数量（家）	
		2011 年	2012 年 1~9 月	2011 年	2012 年 1~9 月	2011 年	2012 年 1~9 月	2011 年	2012 年 1~9 月
1	北京市	2031.1	928.0	412.9	212.5	136	142	103	88
2	天津市	446.8	324.1	125.3	88.7	33	25	24	19
3	辽宁省	50.1	21.4	4.8	2.3	7	2	5	2
4	江苏省	2618.2	2522.0	500.1	365.9	135	243	79	96
5	浙江省	1.8	228.6	0.0	17.7	1	1155	1	33
6	杭州市	—	10.5	—	1.4	—	2	—	2
7	安徽省	142.5	191.1	12.4	22.8	22	28	13	9
8	福建省	4.0	—	0.4	—	1	—	1	—
9	江西省	34.4	52.9	1.7	4.3	4	4	3	3
10	湖北省	522.0	733.8	59.4	124.0	76	83	41	31
11	深圳市	57.1	27.8	5.8	1.9	8	3	7	3
12	重庆市	306.0	175.0	50.7	36.5	38	16	25	11
13	四川省	1366.6	799.2	304.4	132.7	141	106	81	53
14	云南省	27.6	78.6	10.1	16.4	4	10	3	4
15	陕西省	15.3	—	1.6	—	5	—	3	—
	合计	7623.5	6093.0	1489.6	1027.1	611	1819	389	354

（三）险种分布

人保目前已开发的科技保险产品共有 14 个，除原有的 2008 年开发的高新技术企业 13 个专属产品外，2011 年为满足高新技术企业的多样化金融服务要求，人保又推出了一款针对科技企业的区域性信用保证保险产品——《中小企业贷款保证保险》。截至 2012 年第 3 季度末，这 14 个产品全部实现了保费收入。

从险种大类来看，2011~2012 年第 3 季度末，财产保险类业务占比最大，实现保费收入 8856.7 万元，占比 74.3%；其次是保证保险类，累计保险收入为 1522.9 万元，占比 12.8%；责任保险类产品业务累计保费收入 1299.3 万元，占比 10.9%；意外健康险类产品业务保费收入最少仅为 246.4 万元，占比 2.1%，如图 10-9 所示。

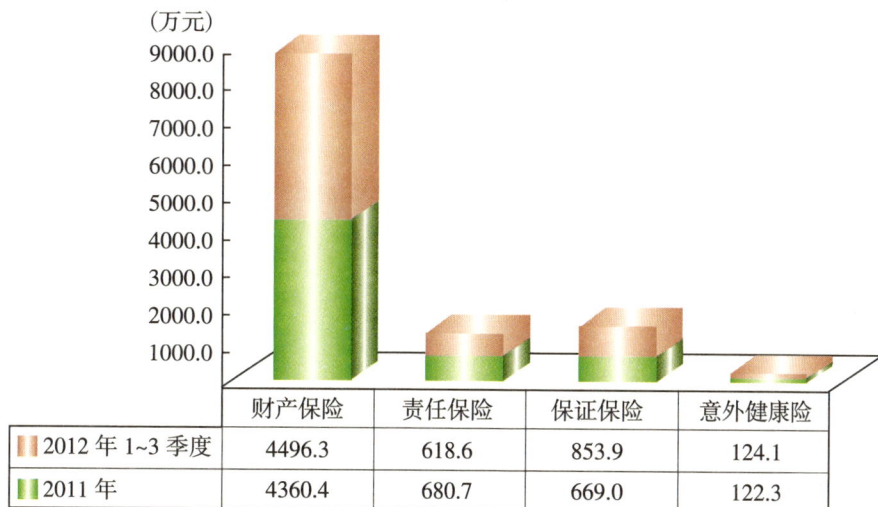

	财产保险	责任保险	保证保险	意外健康险
2012 年 1~3 季度	4496.3	618.6	853.9	124.1
2011 年	4360.4	680.7	669.0	122.3

图 10-9　2011~2012 年第 3 季度末人保科技保险险种分布情况

从产品角度来看，规模最大的产品是企业财产保险（包括一切险和综合险）。2011~2012 年第 3 季度末，企业财产险的保费合计 6474.5 万元，占科技保险总保费的 54.2%。保费规模较大的产品还包括高新技术企业关键研发设备保险和高新技术企业产品质量保证保险，2011~2012 年第 3 季度末，这两款产品的保费收入分别为 1949.2 万元与 1066 万元，占总体保费的 16.3% 和 8.9%，如表 10-13 所示。

表 10-13　2011~2012 年第 3 季度末人保科技保险产品经营情况

序号	产　品	保费收入（万元）	保险金额（亿元）	保单数量（笔）	已决赔款（万元）
1	高新技术企业财产保险（一切险）	4561.0	1118.3	362.0	1529.1
2	高新技术企业关键研发设备保险	1949.2	337.4	236.0	289.0
3	高新技术企业财产保险（综合险）	1913.5	282.5	262.0	1962.4
4	高新技术企业产品质量保证保险	1066.0	150.1	37.0	7.7
5	高新技术企业产品责任保险	875.1	43.8	99.0	17.8
6	中小企业贷款信用保证保险（江苏、浙江）	451.1	2.8	1236.0	0.0
7	高新技术企业营业中断保险（A 款–研发中断保险）	433.0	92.6	41.0	0.0
8	高新技术企业雇主责任保险	259.5	21.2	61.0	48.0
9	高新技术企业高管人员和关键研发人员团体意外伤害保险	234.1	18.1	102.0	16.7
10	高新技术企业环境污染责任保险	138.8	1.1	34.0	0.0
11	高新技术企业董事会监事会高级管理人员职业责任保险	14.0	0.2	2.0	0.0
12	高新技术企业高管人员和关键研发人员团体健康保险条款（A 款）	12.3	0.1	7.0	0.0
13	高新技术企业产品研发责任保险	12.0	0.4	5.0	0.0
14	高新技术企业小额贷款保证保险	5.8	0.04	2.0	0.0
	合　计	11925.4	2068.64	2486.0	3870.7

值得一提的是，作为科技金融相结合的关键举措之一，科技型中小企业贷款保证保险在 2011 年首次落地并实现保费收入。

二、科技保险创新实践

2011 年 10 月，为了加快科技和金融相结合的步伐，促进科技成果转化，增强自主创新能力，培育发展战略性新兴产业，科技部、中国人民银行、中国银监会、中国证监会及中国保监会五部委联合下发《关于确定首批开展促进科技和金融结合试点地区的通知》（国科发财〔2011〕539 号）以及《关于促进科技和金融结合加快实施自主创新战略的若干意见》（国科发财〔2011〕540 号），全面部署和启动科技和金融结合试点工作。在此背景下，2011~2012 年，人保积极响应国家的政策方针，秉承公司"人民保险，服务人民"的社会职责，积极发挥科技保险对于国家科技产业的风险防范和金融支持作用，在创新实践的过程中做出了以下努力和探索。

（一）积极探索科技保险新模式，助力科技型中小企业发展

1. 宁波市中小企业贷款保证保险模式

为积极响应国家支持中小企业发展的号召，探索金融保险支持包括科技型中小企业在内的中小企业健康发展模式，在宁波市委市政府的大力支持下，人保宁波分公司作为主要保险机构，与银行、公检法机构联合开展"中小企业贷款保证保险"项目。宁波市中小企业贷款保证保险的经营模式，是以政府力量为主，联合银行、保险公司以及公检法等多方资源，共同打造服务中小企业的综合金融服务平台。其中，政府通过政策引导和机制创新，鼓励银行为中小企业发放贷款，由保险公司提供贷款保证保险分散违约风险，政府提供超额赔款补偿的财政支持，形成了"政府推动，银保联手，风险共担"的综合金融服务网络。

宁波市中小企业贷款保证保险的运作模式和管理经验，加快了人保在科技金融结合领域的探索步伐，为天津市、浙江省等地科技型中小企业贷款保证保险项目提供了重要的参考和示范，也促进了人保科技保险贷款保证保险产品的进一步升级。

2. 天津市科技型中小企业贷款保证保险项目

2011 年 10 月，为贯彻落实天津市政府《关于支持科技型中小企业发展若干政策的通知》（津政发〔2010〕33 号），配合天津市"科技小巨人"发展计划，由天津市科委、天津市财政局联合人保天津分公司和上海浦东银行天津分行，共同合作推出了科技型中小企业贷款保证保险业务。天津市政府通过提供相应政策支持和财政补贴，为项目的顺利开展缔造了有利的政策环境；人保充分发挥自身优势，不仅为本地科技型中小企业提供专业的保险及金融服务，帮助科技型中小企业突破融资瓶颈，而且通过提供财产险、责任险、意外险等传统科技保险业务，为科技型企业打造了全方位的风险防御体系。此项目对于加快天津市科技资源与保险资源的融合，促进科技型中小企业发展发挥了积极的作用。

3. 浙江省科技型中小企业专项贷款保证保险项目

2012 年 11 月，浙江省科技厅下发《浙江省科学技术厅关于开展科技型中小企业专项贷款保证保险试点工作的通知》（浙科发技〔2012〕253 号），组织人保与中国银行浙江分行、中信杭州分行、浦发杭州分行签订合作协议，建立政府、银行和保险公司共同参与、市场化运作的科技型中小企业贷款风险分担机制。此项目是政府、银行、保险公司联合打造服务科技型中小企业的综合金融服务平台的又一积极尝试，是人保充分发挥保险风险防范和财务安排作用，促进科技型企业在新形势下健康发展的再次实践。

4. 湖南省科技保险项目

2012年9月，由湖南省财政厅、科技厅、保监局三家联合发文，启动湖南省科技保险工作，人保湖南分公司为科技保险主承保人。湖南省科技保险按照"政府扶持、市场运作、双向选择、协同推进"的原则进行，将为支持湖南省自主创新战略的实施，推动长沙高新区科技和金融结合试点工作发挥积极的作用。

（二）加强产品创新，以专业引领服务方向

1. 推出高新技术企业小额贷款保证保险升级产品

人保在为科技企业这一特殊客户群体提供保险服务过程中，凭借公司雄厚的专业技术力量，专门研发了14个科技保险险种。同时，在业务发展过程中针对不断出现的新保险需求，还不断通过产品创新推动了业务的深入发展。

2011年8月，为积极响应科技部"科技金融结合"的新政策，人保经过深入的市场调研，发现由于公司对贷款保证保险业务管控模式的调整、政策环境以及市场形势的变化，原有的科技型中小企业贷款保证保险产品在保险责任和费率体系上和当前的市场需求有一定脱节。对此，为丰富科技保险贷款保证、保单质押等金融内涵和功能，人保及时对原有的高新技术企业小额贷款保证保险产品进行了升级改造，推出了责任范围更贴近企业需求、费率体系更灵活科学、适用行业更为广泛的中小企业贷款保证保险。新产品推出后，得到了市场的积极反馈，为各地推进科技保险金融服务提供了新的工具，为科技型中小企业融资难题提供了有效的解决途径。2012年10月，《中小企业贷款保证保险》荣获"第七届中国保险创新大奖——最具市场潜力保险产品"奖。

2. 开发专利执行保险并成功试点

知识产权是科技企业的主要产品和核心资产。近几年来，随着我国经济增长方式的转变和自主创新战略的实施，知识产权在国民经济中的地位越来越突出，对科技企业的影响也越来越重要。在2008年人保取得科技保险经营资格之初，就已前瞻性地将高新技术企业专利保险列入开发计划中，但由于当时法律及市场条件不成熟，一直未实际推出。2011年，鉴于知识产权保险对国家知识产权保护体系具有重要补充作用且对提升科技企业知识产权价值具有积极作用，人保将知识产权保险列为当年重点工作之一，继续推动对知识产权保险的系统研究。2011年10月，经过为期半年的深入研究，人保在比较研究了国外知识产权保险的制度和模式基础上，完成了《知识产权保险研究及专利保险产品可行性研究报告》。

2011年12月，国家知识产权局与人保正式签订《知识产权资产评估促进工程项目》合作协议，国家知识产权局委托人保独家开展制定专利保险工作方案，具体包括制定专利执行保险管理制度、开发专利保险产品和制定专利保险推广方案等。2012年4月，人保推出第一款知识产权保险产品——专利执行保险，并在首批5个地区（北京市、大连市、镇江市、广州市、成都市）进行试点。

专利执行保险是对专利权人、专利实施被许可人及其他相关权利人在遭到第三方违法使用或侵犯已经投保的专利时，进行维权而产生的主要费用承担赔偿责任，包括调查费用及法律费用两大类。专利执行保险可以分担中小企业被侵权的风险，降低维权成本，规范和促进知识产权服务，提升知识产权保护能力和保障水平，优化市场秩序，补充完善现有知识产权保护体系，促进行政仲裁、法律救济和经济补偿三大支柱保障体系的完善，以及知识产权保护体制和金融保险的深入融合。

截至2012年第3季度末，专利执行保险已完成在5家试点地区的推广落地，并在江苏省镇江市和四川省成都市实现签单。各试点地区形成了各具特色的专利保险试点工作模式，发挥了"先行

先试"的示范作用。目前，专利保险第二批试点工作正在筹备过程中，预计2013年初将可扩大试点范围。2012年10月，专利执行保险荣获"第七届中国保险创新大奖——最具创新力保险产品"和"第七届中国保险创新大奖——最佳责任保险产品"两个奖项。

（三）机构创新，专业服务体现价值——成立苏州科技支公司

2012年11月，为了更有效地服务科技企业，提供更贴近科技企业风险特征的保险解决方案，搭建专属于科技企业的全方位保险服务平台，经江苏监管局苏州监管分局批复，同意人保在江苏省苏州市成立全国首家科技支公司。这是我国保险业筹备建设的第一家专业领域支公司，苏州分公司将借助这一平台继续开发适合高新技术企业的新险种，努力为苏州科技企业提供更有针对性的风险解决方案，进一步满足高新技术企业的特殊需求，借助保险专业的风险识别技术和风险产品配置，降低企业经营风险、增加企业信用、助推企业发展。

苏州科技支公司的成立，标志着人保向专业化经营迈出了坚实的一步，也表明了人保服务国家科技进步、助力经济增长的实力和决心。

三、相关支持政策

自科技保险工作启动以来，在经营科技保险的地区，各类补贴及配套政策相继出台，以鼓励科技保险业务的发展。配套政策主要分为三大类：①地方财政设立的专项拨款，科技企业可以享受20%~70%的科技保险保费补贴；②科技保险保费支出可以纳入企业技术开发费用，享受国家规定的税收优惠政策；③对参加科技保险的企业申报的科技项目给予优先安排立项等其他政策。

截至目前，北京市、天津市、重庆市、武汉市、苏州市、无锡市、成都市、西安市、台州市、合肥市、福建省、云南省、沈阳市、南昌市、深圳市等地先后出台了科技保险支持政策（但个别地区如北京、天津、深圳等地现已停止对科技保险实行补贴）。相关支持政策对科技保险的推广和升级发展发挥了积极的引导和支持作用，科技保险的知名度和认可度也得到大大提高（见表10-14）。

表10-14　2011~2012年第3季度末人保科技保险保费政策补贴情况

序号	地区	保费收入（元）		保费政策补贴（元）		补贴政策及比例	
		2011年	2012年1~9月	2011年	2012年1~9月	2011年	2012年1~9月
1	北京市	20311114	9279871	2000000	—	30.0%	取消补贴政策
2	天津市	4467520	3240601	—	—	取消补贴政策	取消补贴政策
3	辽宁省	501089	214004	236051	107002	50%	50%
4	江苏省	26182032	25219566	368600	110000	苏州20%~50%；扬州20%；无锡50%	苏州20%~50%；扬州20%；无锡50%
5	浙江省	18144	2286002	—	—	无	台州于2012年10月出台补贴政策补贴比例20%
6	杭州市	—	104545	—	—	无	无
7	安徽省	1424794	1910960	671647	968595	50%	50%
8	福建省	40000	—	10000	—	25%	25%
9	江西省	344392	529391	162054	264695	50%	50%
10	湖北省	5220098	7338190	1620000	2828912	不同险种20%~70%	不同险种20%~70%
11	深圳市	571393	278148	—	—	取消补贴政策	取消补贴政策

序号	地区	保费收入（元）		保费政策补贴（元）		补贴政策及比例	
		2011 年	2012 年 1~9 月	2011 年	2012 年 1~9 月	2011 年	2012 年 1~9 月
12	重庆市	3059653	1749874	616000	872400	不同险种 30%~70%	不同险种 30%~70%
13	四川省	13665998	7992057	5054277	4219007	50%	2012 年 7 月之前 50%，2012 年 7 月以后 40%
14	云南省	276397	786416	108774	97038	40%	40%
15	陕西省	153391	—	76696	—	不同险种 40%~60%	补贴政策尚不明朗
	合计	76236015	60929625	10924099	9467649		

2011~2012 年第 3 季度末，人保科技保险客户共获得 2039.2 万元的财政补贴，其中，2011 年 1092.4 万元，2012 年 1~9 月 946.8 万元。

四、下一步工作计划

（一）升级改造及创新科技保险产品

产品创新及升级改造是科技保险得以发展和壮大的生命力所在。通过对比高新技术企业保险需求和保险供给的情况，在借鉴国外保险业的经验后，人保认为还需要创新一些险种。下一步，人保将继续加强对专利侵权保险、专利海外展会侵权保险等新产品的研究和开发，为科技企业提供无形资产和核心资产的保险保证，以便能更好地满足科技企业的需求，实现保险对于科技企业的升级服务，进而推动科技保险业务在新形势下获得新的增长点。

同时，对于一些原有的科技保险产品，根据市场需求和风险变化也将进行适当的调整，使之更具适应性。具体来说，人保将继续关注科技保险业务占比最大的企业财产险和关键研发设备保险等广受科技企业欢迎的保险产品，研究针对不同类别科技企业的差异化保险服务，适时进行升级改造，以期为企业提供更贴切的风险保障服务。

（二）寻求更大的政策支持力度

科技保险的保障作用具有一定程度的公共性，政策的支持使得规模较小、有形资产较少、支付能力较弱的高新技术企业能够享受到保险保障，是科技保险得以存在的前提。经过几年的试点和全面推动，从各方的经验，特别是北京市、江苏省、四川省、陕西省等地的成功经验来看，要推动科技保险更好地发展，必须加强和巩固政策支持这一前提，尤其是地方支持政策的落实。尽管目前已经有 15 个地区先后出台了支持科技保险发展的地方政策，但随着政府工作重心的调整，部分地区已经停止继续对科技保险给予财政支持。为此，人保将认真总结前期科技保险的成果，加强分支机构与当地政府的沟通、汇报和案例展示，积极探索适宜各地政策环境和经济环境的科技金融工作模式，争取更多的支持政策。

（三）积极推动综合金融服务

人保积极响应科技部关于促进科技金融结合试点工作等文件精神，强化保险支持地方经济作用，提升保险的风险转移功能高度。下一阶段，人保将在学习总结各地科技保险成功经验和推进分公司专业化团队经营管理的基础上，进一步探索适宜科技型中小企业贷款保证保险的经营管理模式，强化与政府、银行、证券、担保和风投等机构的联动，充分调动各方资源，共建针对科技型中小企业的综合金融服务平台。

（供稿单位：中国人民财产保险股份有限公司）

第九节　中国出口信用保险公司

　　中国出口信用保险公司（以下简称"中国信保"）是由国家出资设立，支持中国对外经济贸易发展与合作，具有独立法人地位的国有政策性保险公司，主要任务是积极配合国家外交、外经贸、产业、财政和金融等政策，通过政策性出口信用保险手段，支持货物、技术和服务等出口，特别是高科技、附加值大的机电产品等资本性货物出口，支持中国企业向海外投资，为企业开拓海外市场提供收汇风险保障。近年来，中国信保认真贯彻落实国家发展高新技术产业的战略部署，在科技部、保监会等相关政府部门的指导下，认真履行职责，加强宣传引导，创新服务模式，不断加大对高新技术产业的支持力度，切实为高新技术企业发展提供风险保障和融资支持，取得了积极成效。

一、近年来服务高新技术产业的总体情况

　　2007 年以来，中国信保认真贯彻落实科技部、财政部、保监会等相关政府部门的文件精神，大力开展科技保险工作。经过近六年的发展，已在全国范围内建立起科技信用保险服务体系，有力支持了高新技术产业的发展，取得了较好成效。

（一）不断扩大科技保险支持规模

　　2007~2008 年，中国信保为高新技术企业的贸易及"走出去"项目分别提供了 681 亿元和 762 亿元的信用保险和担保支持。2009 年以来，中国信保采取了一系列措施加大对高新技术企业的承保力度，科技保险承保金额逐年提高。2007 年至今，中国信保累计为高新技术产品提供信用保险和担保支持超过 14260 亿元，支付赔款 57.2 亿元，如图 10-10 所示。

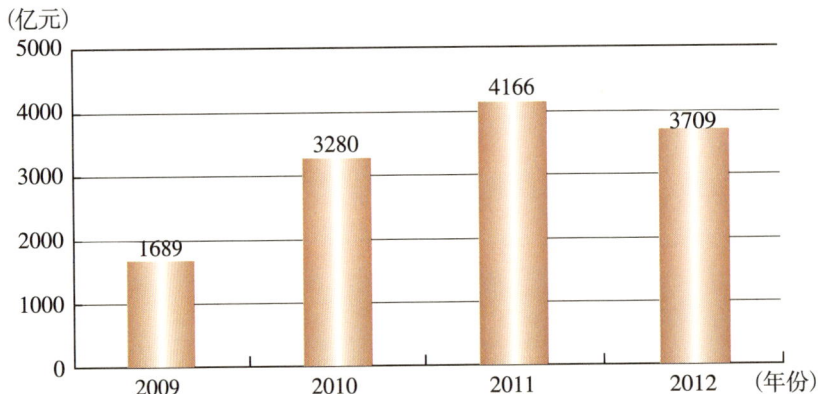

图 10-10　中国出口信用保险公司科技保险承保金额（2009~2012 年）

注：2012 年为 1~10 月数据。

（二）积极推进科技保险覆盖面向广度和深度发展

中国信保在北京、天津等12家最早创新试点科技保险的城市（高新区）外的其他省市营业机构逐步开展富有成效的科技保险工作。依托短期出口信用保险、中长期出口信用保险、投资与租赁保险、国内贸易信用保险、担保、资信评估及信用保险项下融资便利等一系列产品与服务，中国信保为国有、民营等各类大中小型高新技术企业提供了从内贸到外贸、从外贸到外经、从单一的高新技术产品出口到飞机租赁、电信项目等多层面的信用风险保障服务，支持范围不断拓宽。据统计，2007年至今，中国信保已累计服务支持5000余家高新技术企业，其中2012年1~10月已为1900余家高新技术企业提供各类服务。

（三）大力支持重点行业发展

长期以来，中国信保通过不断丰富产品与服务种类等方式积极支持高新技术产品出口、高新技术项目"走出去"、高新技术产品的国内流通以及符合我国产业政策的高新技术项目引进。国际金融危机以来，中国信保积极满足通信、机电、汽车、光伏、化工医药等行业的投保需求，特别加大了新兴高新技术产业的保险支持力度。以旨在服务支持"走出去"战略实施的项目险为例，2007年至今，中长期出口信用保险业务已对电子通信、海洋工程设备、卫星发射等高新技术项目承保1265余亿元；海外投资及租赁保险业务共实现承保金额892亿元，涉及通信网络技术、电信、复合材料、新能源、船舶与航空等多个高新技术行业。

二、多层次、全方位推动高新技术企业发展

大力支持高新技术企业发展，是贯彻落实国家"科技兴贸"战略的核心内容。作为政策性保险公司，中国信保一直高度重视该项工作，并结合国家出台的十大产业调整振兴规划，将机电、汽车、船舶等八大重点行业以及高端装备制造、新能源、新材料等七大战略性新兴产业作为出口信用保险的重点支持领域，对行业企业予以多角度扶持。

（一）充分发挥风险补偿作用，支持高新技术企业做大做强

中国信保积极支持拥有自主知识产权和自主品牌的高新技术企业出口，对"双自主"的高新技术企业实行积极的承保政策，采取结构性降低费率、提高限额满足率、简化理赔流程等措施，高效快速反馈企业需求，提升企业抵御市场波动及风险的能力。以通信行业为例，先后承保了中兴、华为、TCL、海信、海尔等中国品牌企业，涉及手机、网络电话、移动通信基站、交换机、传输设备等数十种通信类产品。2012年1~10月，短期出口信用保险项下已累计支持相关通信行业企业出口924亿元，较2011年增长20%以上；同期，通信行业赔付金额已达1.2亿元，发挥了巨大的损失补偿作用。

（二）助力高新技术企业开拓新兴市场，扩大市场份额

在支持高新技术企业巩固传统市场优势的同时，中国信保不断加大企业开拓新兴市场的支持力度，增强企业开拓新兴市场的信心，促进出口市场多元化，以进一步规避传统市场需求下滑风险，适应不断变化的世界经贸格局。以联想为例，国际金融危机爆发后，在国际官方出口信用保险机构纷纷收缩对新兴市场以及高风险国别、地区的承保尺度的背景下，中国信保对联想出口新兴市场业务给予倾斜性支持，大幅提升联想的限额满足率，有力地支持了联想海外业务的扩张。在信用保险助力下，2012年第三季度，联想PC销量首次超越惠普成为全球最大的PC厂商。

（三） 积极为高新技术企业提供融资便利，提升企业国际竞争力

高新技术出口企业及其海外买家大多企业规模较小、经营历史较短、运作风险较大，面临融资困难的问题。中国信保通过提供直接担保、保单融资等服务为高新技术出口企业提供融资便利，有效缓解了企业"有单不敢接，有单无力接"的问题，提振了企业出口信心。2009 年至今，中国信保与国内外银行合作，便利高新技术产品贸易融资 1350 多亿元，其中，2012 年 1~10 月已便利融资近400 亿元，有效缓解了企业融资难的问题。

（四） 不断加大对中小微型科技企业的支持力度，推动企业发展

在成长之中的中小微型科技企业，虽然有技术上的优势，但由于规模较小、风险防范能力较低，当市场出现大幅波动，企业容易经营困难。中国信保作为政策性金融机构，一直将扶持推动中小微型企业发展作为工作重点，有针对性地开发了中小企业保单，推出了出口信用保险 E 计划（网上投保承保模式）、浙江简易承保模式以及小微企业信保易方案，从方便理解、简化操作、费率优惠等多方面给予支持，推动中小微企业发展。2011 年起，武汉营业管理部与武汉科技局合作开展 E计划，对上年出口额在 1500 万美元以下、由武汉市科技局认定的中小高新技术出口企业进行统一承保，2011 年以来，已累计承保 208 家高新技术企业。中国信保江苏分公司充分利用小微企业统保平台，加大对小微科技企业的支持力度，2012 年 1~10 月承保高新技术小微企业 256 家，占其已承保高新技术企业数的 48.3%。

三、主要工作经验

（一） 政府支持和引导是推进科技保险工作发展的重要保障

2007 年以来，科技部、商务部、保监会等政府部门多次与中国信保联合出台政策，指导中国信保开展科技保险工作。中国信保与有关主管部门保持密切沟通，并在全国范围内与地方科技主管部门建立联系机制，为高新技术企业提供信用保险一揽子服务。各地方科技主管部门出台扶持政策、搭建宣讲平台，帮助企业了解信用保险、引导企业投保，各项扶持政策和科技保险宣讲活动是吸引高新技术企业运用保险金融服务提高自身竞争力的有力促进措施。

（二） 切实满足企业需求是履行政策性职能服务高新技术企业的根本目标

随着我国对外贸易的持续稳步发展，高新技术企业在防范化解信用风险、开拓国际市场、便利贸易融资等方面的需求逐渐增多。信用保险具有经济补偿和风险防范的功能，可以帮助企业挽回经济损失，推动企业采取更加灵活的贸易方式扩大信用销售，进入风险较高但潜力巨大的新兴市场，帮助企业提高接单能力、提升经营利润。信用保险将信用贷款的理念引入贸易融资，企业不用提供传统意义上的抵押、质押或担保，而是通过信用保险提升自身信用，再通过转让赔款权益，在有效保障银行信贷安全的前提下，便利获取银行融资。中国信保作为政策性金融机构有能力、有实力满足高新技术出口企业的上述需求，推进高新技术企业实现稳步发展。

（三） 持续推进产品和服务创新是提升服务高新技术企业水平的有效途径

金融危机以来，中国信保积极发挥信用险的预警功能，免费向社会和企业发布发送《金融危机跟踪专报》和《出口风险预警信息》，为企业提供全方位的风险管理预警服务。同时，中国信保不断加强产品和服务创新，针对企业个性化需求，积极研发新产品和新服务。如企业应收账款保险融资、科技保险集合投保方案、应收账款余额承保模式等创新产品满足了企业的特性需求；各分公司

结合地方特征，通过搭建中小企业融资平台、高新技术企业的统保平台、"珠海进出口企业集约信保金融服务平台"等途径，提高服务企业的能力。

下一步，中国信保将继续把支持高新技术产业发展作为公司履行政策性职能的重要目标之一，积极落实科技部等中央政府部门的各项科技保险政策，积极响应各级地方政府号召，深入研究支持高新技术产业发展的办法与措施，加强服务创新，更好地发挥信用保险的政策性作用，为推动我国高新技术产业发展做出更大的贡献。

（供稿单位：中国出口信用保险公司）

第十节　江苏高科技投资集团有限公司

江苏高科技投资集团有限公司（以下简称"集团"）为中国最早设立的创业投资机构之一，是以股权投资方式支持科技创新、助推新兴产业发展的专业化投融资平台。近年来，集团紧紧围绕国家和江苏省自主创新及新兴产业发展战略，不断加强行业和产业研究能力，强有力地提升了专业化投资管理水平；注重培育人才队伍，打造了一支国内规模最大、分工最细、行业最全的专业化投资管理团队；通过创新基金设立和管理思路，稳妥布局投资团队，构建了覆盖江苏省、辐射长三角及全国重点区域的投资网络；通过发挥国有创投的品牌、引领和放大效应，吸引境内外资本积聚于科技型中小企业；通过贴近式增值服务和专业化资本运作，推动了一批企业成长为行业排头兵，创造了显著的经济效益和社会效益。集团是首批国家级科技创新引导基金参股试点合作机构，是首家完成引导基金回购并二次成功申请的机构。先后主导和参与发起创投基金 43 只，管理资本规模超过 200 亿元，投资了 400 多个创新型企业，投资领域覆盖各大新兴产业和文化产业等，助推了 40 多家企业成功在海内外资本市场上市，成长为引领科技创新创业的新兴力量。

集团先后荣获"中国最具竞争力创投机构"、"中国最佳增值服务创投机构"等荣誉；在 2009 年、2010 年科技部评比中分获"产业投资奖"第一名、"投资效益奖"第一名；在 2011 年、2012 年科技部、发改委等组织的两届"中国创业投资行业峰会"机构评选中，均位居前三甲。

一、近年来集团在开展科技金融合作方面的情况

科技金融以促进科技成果转化和产业化为目标，以扶持早期科技企业为重点，帮助它们融资主要有股权和债权两种形式，创业投资是股权投资最核心的力量。集团认为，有效发挥和充分利用创业投资在科技金融体系中的核心和关键作用，可以有效推动科技成果产业化、助推科技型中小企业发展，所以集团积极融入国家和江苏省的科技金融战略，在主动承载引领和示范作用中布局投资网络、开展投资业务。

（一）在融入科技金融战略中布建网络和体系

近年来，集团始终紧贴国家和江苏省经济发展脉络，依托专业化、市场化运营规则，按照"扎根江苏、做实长三角和重点地区、辐射全国"的战略思路，扎实有序地推进基金和投资网络布局。截至目前累计组建股权投资基金 43 只，管理资本超过 200 亿元，组建了专业投资于企业不同发展

阶段、不同区域、不同行业的股权投资基金。

在阶段上，形成了支持早、中、后期科技型企业发展的基金链条——对初创期企业，以天使基金和早期基金为主，与其他新型金融工具合作，解决早期企业融资问题；对成长期企业，以创业投资基金为主，进行深度的专业支持，包括战略规划、管理规范、运营提升、产业链资源嫁接等；对中后期企业，对已具有一定规模的企业，以 PE 和并购基金为主，帮助企业整合外部资源做强做大。

在区域上，已经实现基金和投资网络对江苏的全部覆盖，另外还在北京、上海、浙江、广东、四川、湖南、山东等省市建立起分支机构或办事机构。此外，集团还与韩国、美国、中国台湾、新加坡、以色列等境外资本合作组建了 7 个离岸基金，吸引境外资本到境内投资。

在行业上，积极组建了专项行业投资基金。受江苏省财政厅委托，管理国家农业综合开发资金；为首期规模达 20 亿元的文化产业基金——江苏紫金文化产业发展基金的受托管理机构；另外正在推进组建医药产业基金。

为保证上述网络体系畅通运营，集团围绕国家支持的重点行业和产业，坚持不懈打造专业化投资管理团队，形成了 8 支行业投资团队，12 支区域投资团队，4 支职能支持团队。另外，集团还设有 1 个国家级股权投资科研工作站、4 大专项课题研究组，为行业研究和专业化投资提供支撑，建成了国内规模最大、行业覆盖最全、专业分工最细的一流投资管理团队，并辅以规范高效的投资管理体制、与市场接轨的激励约束机制、科学严谨的绩效考核制度，打造了江苏高投的核心竞争力。

（二）充分发挥标杆机构的引领和放大作用

依托江苏高投多年打造的"务实、专业"的品牌优势，坚持沿省内、境外、海外三条线，和政府、银行、国企及民企、有资本实力的个人进行多方联络，吸引各类资本进入创业投资领域。截至目前，集团累计吸引社会资本达 100 亿元。

凭借专业资本运作能力和优秀的投资业绩，集团两次成为国家科技型中小企业创投引导基金的阶段参股合作机构，共计获得支持资金 1.15 亿元，为全国额度最高。集团 2009 年首批获得的 5500 万元引导基金，2011 年底在全国最先启动回购程序，向 15 家科技型中小企业投资 7 亿元，资金放大比例达到了 13 倍。基金充分发挥国家引导基金的优势，积极与其他创投机构合作，共同扶持初创期项目和早期企业。此外，2011 年，科技部创投引导基金、江苏省新兴产业引导基金和集团联合发起了规模为 6.3 亿元的部省共同基金——高投创新价值基金，该基金重点投资初创期和成长阶段的优质企业，民营资本超过 50%，截至目前已完成投资项目 5 个，储备优质项目 15 个，投资额 1.6 亿多元，发挥出良好的社会引导示范效应。

（三）助力科技型中小企业及新兴产业发展

集团多年坚持把早期及成长期阶段的中小型企业作为投资重点，在助其发展中体现管理能力和自身价值。始终注重行业研究，沿"行业、产业链、产业树"调研和发掘项目，投资时坚守价值投资底线，做到不盲目、不跟风、不追高。集团已累计投资超过 400 多家创业企业，其中中小企业占80%，投资时处于早期阶段的企业超过 70%，一批企业已成长为科技创新典范和行业排头兵。如常州亚玛顿公司是集团在其初创期阶段介入的项目，投资后助其整合上下游产业资源、拓展融资渠道、完善治理结构、优化盈利模式、改善外部环境等，推动其实现健康快速发展，其生产的镀膜玻璃成为行业技术标准；投资的奥泰医疗，在国内 1.5T 超导磁体领域打破了 GE、西门子等国际寡头的垄断；投资的江苏天瑞仪器并助其上市，带动了国内 X 荧光检测市场的发展；投资的常州苏晶电子，改善了国内显示器厂商在高端靶材受制国外垄断的局面。这些充分展现了集团投资在助推科技型中小企业及新型产业发展方面的能力。

（四）投资活动取得了良好的经济社会效益

集团始终倡导"竞合、协同、分担、分享"的理念，强调资源整合和行业协作，倡导行业规范管理，助推实体经济发展。此外，集团还注意处理好企业自身发展和承担社会责任之间的关系，积极参与"双创人才引进计划"、"千人计划"活动，被确立为江苏首批"省级高层次创新创业人才培训基地共建单位"；积极参与国家和地方财政部门、科技部门、发改委、金融办、组织宣传部门等组织的科技金融互动和对接活动，依托专业能力承担政府抓手职能。在集团投资的项目中，涉及"产学研"合作的中小企业近 200 家，所投资的企业中有超过 40%得到了江苏省科技成果转化资金的支持，有 35%的项目得到了国家和省创新基金的支持，投资的高级人才项目达 68 个，投资额逾10 亿元。

通过集团投资业务的不断延伸、拓展，集团在取得良好经济效益的同时，也创造了显著的社会效益。初步估算，集团支持的中小企业，2012 年研发投入超过 26 亿元，形成了 1050 多项具有自主知识产权的专利技术；年销售额超过 600 亿元，工业或服务业增加值近 150 亿元，净资产超过 240亿元，实现净利润超过 60 亿元，上缴税金总额逾 20 亿元，提供就业岗位近 90000 个，充分彰显了国有创投的引导和示范效应。

二、集团在开展科技金融工作实践中遇到的问题和难点

近年来，为推动创新驱动战略实施和创新型经济发展，国家层面上，科技部等部委牵头出台了《关于促进科技和金融结合加快实施自主创新战略的若干意见》等诸多文件，江苏省及各市也做了及时跟进，如江苏省出台了《关于加快促进科技和金融结合的若干意见》等文件，大力助推科技要素和金融要素有效对接、融合。但从集团开展科技金融工作实践看，还存在一些问题和难点亟待解决：

（1）科技和金融要素的统筹协调问题。高科技类的早期企业大多有轻资产、经营不稳定的特点，使得科技金融体系具有和传统金融体系不同的风险特征。对这类科技企业融资的典型反担保措施一般是将无形资产（以知识产权为主）或企业股权作为质押物。在实际操作中，这些知识产权及股权的估值和处置是很大的难点，客观上给科技金融的快速推进带来障碍。政府科技扶持或引导基金只能是撬动社会资本的杠杆，不能满足科技创业的需要。科技创业的高风险性，使得银行对高风险望而却步；科技支行、科技小额贷款公司、科技担保公司、科技再担保公司等金融机构，也受困于高风险，且整体力量分散、规模较小；在担负直接投资重任的要素中，天使投资人缺位明显，创业投资和私募股权投资的现状是 VC 出现 PE 化、PE 出现泡沫化，资本越来越往后端移。这些约束使得目前真正需要资金扶持、代表未来发展方向的科技型中小企业得到资本注入非常困难，科技金融所涉及的财政资金、金融资源、科技资源等诸多方面，存在较为普遍的"科技链"咬不住"资本链"情况，还没有真正实现科技创新链条与金融资本链条的有机结合，没有形成立体式、多元化的长效扶持机制，还不能为初创期到成熟期各发展阶段的科技企业提供差异化金融服务系统性统筹协调方案。

（2）风险补偿机制需要进一步加强。对早期企业的扶持，无论创业投资、科技信贷、科技担保还是科技支行，无论股权还是债权形式的融资支持，都需要在政府强有力的风险补偿政策下方才有

迅速推进的可能。政府推出引导基金，确实起到了资金的放大作用，但大多也还都是在保本基础上让利于民，这和扶持科技创新需要承担的高风险还是有一定差距，所以客观存在引导基金"引而不导"的现象。目前看，政府在让利方面已经做得很到位，因此，对风险的进一步补偿机制亟待推进。

（3）国有创投的生存和发展问题。国有创业投资是我国创投行业发展的先驱力量，在中国的创投行业从无到有、由弱变强的发展历程中，国有创投发挥了决定性作用，其发展一直以国家科技、经济、产业发展战略为导向，极大地弥补了市场对科技成果转化、早期发展阶段项目企业投资的不足。但由于国有股划转社保政策、国有股权出让的招拍挂制度、国有创投无法被社保和保险等优质资本选定为管理人等问题，在市场竞争中处于明显劣势；政府有关部门在产权管理、投资决策、考核评价、薪酬激励等方面，对国有创业投资机构尚未建立起符合行业运行规则的体制机制，使一大批国有创业投资机构的发展陷入困境，亟须体制、机制创新以及政策扶持。

三、下一步开展科技金融工作的建议

（1）建议强化统筹调度各类资源的力度，整体推进科技创新链条与金融资本链条的有机结合。①进一步加强统分结合、有序管理科技成果资源，统筹调度政策性和市场化元素，集成使用各类金融手段，建立起立体式、多元化的科技金融长效扶持机制。②要积极营造环境，培育天使投资人成长的环境。对初创期和成长期企业，政府应给予专项扶持，并出台更大力度的让利、补偿政策，推动创业投资履行 VC 应有使命，让其投资行为失败有补偿、成功更有利；对扩张期和成熟期企业，放手让 PE 和购并资本去选择和竞争，分享"锦上添花"和行业带来的机会。③为资本进入不同阶段的科技产业链条提供相对应的退出渠道，实现资本在科技各链条的顺利进出。

（2）建议加强风险补偿机制建设。在当前天使投资总体缺位的情况下，为让创投机构等新型金融工具更多关注早期发展阶段企业，建议政府担当部分天使投资的角色，在引导基金发挥让利激励功能的基础上，进一步加强风险补偿作用，并和国有创投机构联手合作，通过市场化运作方式，加大对早期项目、对有风险项目的扶持力度。实实在在地把政府引导基金这一政府引导有形之手和国有资本市场化运作这一无形之手更紧密地结合起来。

（3）建议推进覆盖面大、交易活跃的区域技术产权及科技创新企业股权交易联盟建设。科技金融体系建设中的知识产权和股权处置是个大难题，建议考虑利用长三角合作机制，应在长三角地区，进一步发挥已有交易机构等中介机构的作用，统一交易标准和程序，建立交易联盟和报价系统，为科技成果和股权流通进一步创造条件。

（4）推进科技创新企业信用评价体系建设，促进科技金融健康发展。诚信是金融创新的重要基础，健康的市场环境是深化科技金融服务的必要条件。打造有效的信用评价体系、促使企业规范治理运作、增强企业的透明度，是摆在科技金融建设面前的一个很现实也很重要的问题。

（5）建议进一步加大对创业投资尤其是国有创投的扶持力度。创业投资在科技金融体系中，有着至关重要的作用，推进科技金融建设最具实效性的工作就是加大对创业投资的扶持力度。①针对国内天津市、上海市、深圳市等城市均出台了对于创业投资的各种优惠扶持政策尤其是税收返还优惠政策，建议在全国范围内形成一个比较可行的税收优惠政策，在税收返还和财政奖励等方面加大优惠力度，吸引更多的民间投资进入创投领域，共同做大创业投资。②建议深入研究并有效解决国有创投的改革发展问题，特别是对国有股转持问题，对国有创投机构的产权管理、投资决策、考核评价、薪酬激励等。建议从国家层面制定政策，力促其体制机制上有所突破，以利于国有创投稳定队伍、调动积极性，充分发挥其在自主创新、新兴产业发展和转型升级战略中应有的效能和作用。

（供稿单位：江苏高科技投资集团有限公司）

第十一节　深圳市创新投资集团有限公司

深圳市创新投资集团有限公司（以下简称"深创投"）是深圳市政府于 1999 年 8 月发起成立的专业从事创业投资的有限责任公司。公司成立以来一直致力于培育民族产业、塑造民族品牌、促进经济转型升级和新兴产业发展，目前已发展成为国内实力最强、影响力最大的本土创业投资公司，注册资本为 35 亿元，管理各类资金总规模逾 200 亿元。

公司自成立以来，主要投资于初创期和成长期的中小企业、高新技术企业、战略性新兴产业以及转型升级企业，投资行业涵盖先进制造、消费品/现代服务、通信与技术、互联网与新媒体、生物科技、新材料与化工以及新能源与节能环保等国家重点扶持领域。截至 2012 年 12 月底，深创投已投资项目 454 个，总投资额近 120 亿元。其中 86 家投资企业已分别在中国大陆、中国香港、美国、加拿大、澳大利亚、新加坡、德国、法国和韩国等全球 17 个资本市场实现上市融资，境内 IPO 上市的投资企业 54 家，包括：主板 7 家，中小板 27 家，创业板 20 家。

深创投充分发挥创业投资的先导性作用，积极探索"国进民进"的经济增长新模式，率先建立并管理了 53 个政府引导性创投基金，规模超百亿元，形成了全国性的投资和服务网络。其所投资的企业十多年来创造了超过 160 亿元税收、近 600 亿元利润和 20 多万人就业，被投资的企业成长的净利润、销售收入、上缴税款、员工人数等核心指标年均复合增长率约 50%。凭借在创业投资领域的杰出表现，深创投多次荣获业内各项殊荣，2010 年 9 月，公司入选世界著名学府哈佛商学院的教学案例；2011~2012 年，连续夺得《福布斯》"中国最佳创投机构"榜单冠军殊荣。

一、近年来集团在开展科技金融合作方面的情况

深创投自 2005 年以来，在政府引导基金的设立和管理的金融创新领域深入探索，取得了一系列可喜的成果，主要体现在管理基金规模快速增长、项目投资取得显著的经济和社会效益以及公司在创投行业声誉显著提升等方面。

（一）率先构建了全国性的政府引导基金网络，为建立大型母基金储备了充足的项目源，促进区域投融资平台建设，实现资本聚集

截至 2012 年 12 月，深创投合计成立政府引导基金 53 个，规模达 104 亿元，并有 4 个即将建立，规模达 12 亿元。深创投的政府引导基金网络有效地促进了区域投融资平台的形成，实现资本聚集，形成投资拉动趋势。例如，中国第一个政府引导基金——苏州基金是由深创投和苏州市政府在 2007 年 1 月合作成立的，基金诞生后，苏州由一个创业投资机构发展到现在近两百个创业投资机构，投资能力已经超过 300 亿元，形成了庞大的民间投资大军。

（二）重点关注于创新型企业和战略性新兴产业发展，不断优化经济结构，推动新兴产业发展

深创投投资项目的选择坚持以高科技特别是高科技制造业为主，在 IT 技术、芯片、新材料、化工、光机电、先进制造、生物医药等领域，全力支持民族栋梁产业的不断夯实、升级、优化。在过去的十余年中，无论是在投资项目数量还是在投资金额上，深创投投资的高科技企业均占 75% 以上，在人员配备、尽职调查、分析判断等方面不断探索，积累了大量的经验。如，潍柴动力股份有限公司是我国最大的汽车零部件企业集团，深创投对其投资时，企业净利润只有 1 亿元，而在 2010 年的企业净利润就达到 67.82 亿元。在互联网应用、文化创意、连锁服务、新型农业、新能源与环境保护等战略性新兴产业领域，深创投不断耕耘，支持企业做大做强。如，深创投投资的深圳市同洲电子股份有限公司，截至 2010 年上半年，已申请专利 900 多项，其中发明专利 400 多项，专利数量每年保持 100% 的速度增长。投资的厦门三维丝环保股份有限公司在国内首家成功研制生产 100%PTFE 针刺滤料，实现了 100%PTFE 滤料国产化。

（三）主要投资于初创期和成长期企业，为企业成长保驾护航

中小企业在发展初期，普遍面临着"融资难"和"服务难"的瓶颈，而创业风险投资无疑成为解决这两大难题的重要手段。据统计，截至 2012 年 6 月，深创投有 82% 的投资项目、73% 的投资资金投资于初创期和成长期企业，一些尚未成熟的中小企业从竞争中迅速脱颖而出，成为行业的龙头企业。如，北京当升材料科技股份有限公司主要从事钴酸锂、多元材料及锰酸锂等小型锂电、动力锂电正极材料的研发、生产和销售，2006 年销售额只有 3700 万元，净利润不足 300 万元，资金和管理瓶颈显现。深创投投资后，不仅解决了企业的融资问题，而且提供了大量的增值服务，使公司内部管理水平和技术生产能力快速提升，跃居中国第一、全球第三的行业龙头地位。2009 年，该公司营业收入超过 5.3 亿元，净利润超过 4000 万元，2010 年 4 月成功登陆国内创业板。

（四）关注快速成长型企业，推动企业成长模式转变

一般企业的初创阶段融资主要以自我积累为主，成长期较长；而某些企业的成长模式主要以快速扩张为主，这类企业往往在短期内面临巨额的资金缺口，融资更为困难。深创投重点关注快速成长型企业，推动企业发展壮大。如，好想你枣业股份有限公司 2007 年的净利润不足 1000 万元，深创投投资后，企业突破了自我积累的瓶颈，通过快速扩张，2010 年连锁加盟店超过 1500 家，净利润接近 1 亿元。深创投所投资的东方日升新能源股份有限公司属于太阳能光伏产品制造企业，受 2008 年金融海啸影响，经营出现困难。深创投的投资和辅导使其逆市高速成长，2010 年净利润突破 2.75 亿元，增长超过十倍，使企业成功登陆国内创业板。

（五）主要投资于转型升级企业，为企业持续发展助力

深创投所投资的企业，大部分处于转型升级阶段。一般而言，企业转型升级分为两类：一是企业自身产品转变，即由原产品转变为跨度较大的新产品。例如，广东明阳电气集团有限公司原先只生产电器开关柜、变频器等传统产品。2006 年，企业下决心转型生产风力发电整机，引入了深创投的投资。在深创投的推动下，三年的时间内企业先后引进多家创投资金超过 15 亿元，实现了成功的转型升级，在风电产业规模上位列国内第四，并成为获得国家招标特许权的 6 家风电企业之一。二是企业产品的升级换代，即由中档产品转型为高档产品，或通过自主研发和创新使得产品和技术不断加速升级、推陈出新。例如，苏州海陆重工股份有限公司在深创投的支持下，开发和生产出核反应堆"心脏"的堆内构件设备和核电吊篮筒体，不但替代了进口设备，还填补了国内空白，2008 年 6 月 25 日成功登陆国内中小板。

（六）主要投资于有资本运作愿望和前途的企业，促进诚信社会的建设

目前我国企业普遍面临比较严重的诚信问题，需要整个社会通过各种流程和中间环节消化由于诚信不足带来的交易成本。通过加强企业诚信建设与道德自律，能够不断提振消费者信心，促进内需和外需的增长，推动经济社会平稳较快发展。深圳市 2009 年财政收入达到 2765 亿元，其中地方财政一般预算收入达到 880.8 亿元，高财政收入与创投机构帮助深圳众多渴望登陆资本市场的中小企业加强诚信建设、进行规范运作和合法纳税是息息相关的。创投机构投资有资本运作愿望和前途的企业后，通过促进其规范化运作实现上市目标，有利于形成诚信企业、诚信经济和诚信社会，并能通过持续不断的投资接力使诚信企业继续做大做强。从根本上讲，培养企业上市，实质上就是培养企业诚信，对国民经济具有非常重要的意义，能够实现企业、社会和政府等多方共赢，从而引导整个社会的诚信建设，造就规范诚信的现代型经济和企业群体。

二、行业发展的挑战与机遇

在创投业迅速发展的同时，我们也看到该行业当前所面临的严峻挑战：

第一，整个行业的收益与风险的结构发生改变。资本市场特别是二级市场高估值时代已经一去不复返，创投业的暴利时代已经结束，创业投资由之前的低风险、高收益转变为低风险、中收益。因此对于创投机构而言，更应该保持清醒的头脑。

第二，随着参与创投的资本越来越多，包括社会资本、保险资金、QFLP 以及券商直投等的加入，行业的竞争变得更加激烈。

第三，由于行业竞争的加剧，投资阶段开始前移。成长早期的项目更需要良好的眼光和判断力，而且对创投企业投资后的服务能力也提出了更高的要求。

第四，由于境内资本市场的持续低迷、境外资本市场持续做空中国概念股，创投机构通过 IPO 方式退出的难度急剧增加。进而对创投机构的募资、投资等带来了直接的不利影响。

面对挑战，创投行业的发展机遇在于"转型升级"和"规范自律"。

中国经济经过 30 年的高速发展，已经到了一个重大转折时期。传统高消耗、易污染、低工资、低产出的增长方式已经难以为继。实现产业转型升级，发展资源节约、环境友好、以人为本的创新型经济，是中国经济可持续发展的必然选择。创业投资是由专业投资者投入到创新的、高成长的、核心能力强的企业中的一种与管理服务相结合的股权性资本。创业投资的这种内在属性，决定了它必然在国民经济转型升级、自主创新、科技成果转化和推动创业企业科学发展中发挥先导性作用。

应对挑战，首先，行业内要讲究游戏规则。现在行业出现了一些乱象，发生了一些违背行业基本规律的事情。在此，我们呼吁各家创投机构应加强自律，遵守行业规则，共同维护一个公平竞争的从业环境。

其次，行业内要加强互动交流、协调发展。创投机构一定要有增值服务能力，通过服务解决投资、退出过程中遇到的问题，提高抵御风险的能力。通过构建核心战场，进行差异化竞争，充分发挥自身的优势，提升盈利水平。

三、建议

回顾过往发展，深创投的创新特色在于体现政府引导的同时，坚持市场化运作，发动和依托民间资本的力量。结合创投行业的特点，针对政府科技体制改革、税收、科技计划等方面提出以下建议：

一是建议政府深入认识创业投资发展的规律，为创投业的良性发展营造有利、宽松的法律和政策环境，支持、引导其发展，避免行政干预行业的市场化运作，通过市场化手段进行引导。

二是建议政府尝试建立科技成果与创投机构的对接平台，尝试与创投机构成立国家重点扶持产业的专项引导基金，尤其是科技型中小企业创业投资引导基金，启动国家科技成果转化引导基金，实现政府通过市场手段促进科技产业的快速发展。

三是建议政府在科技计划制订过程中适当引入创投行业对项目考察的评审机制，或者引入创投机构作为审核的第三方审核平台，通过创投机构对行业未来趋势以及企业发展前景的前瞻性更好地促进科技计划的顺利实施。

四是建议政府对创投行业投资的属于国家重点扶持的创新型企业、转型升级企业、高科技企业、环保企业等在通过专业创投机构投资审核后给予投资企业在税收和政策方面提供更多的支持，通过政府和市场的共同作用促进相关产业的快速发展。

（供稿单位：深圳市创新投资集团有限公司）

政策篇

一、综 合

中共中央关于科学技术体制改革的决定（节选）

中发〔1985〕6 号

随着城乡经济体制改革的逐步展开，必须相应地改革科学技术体制。这是关系我国现代化建设全局的一个重大问题。为此，中央作出如下决定。

（一）

中国人民正在进行社会主义现代化建设的伟大事业。我们要在本世纪末实现党的十二大提出的工农业年总产值翻两番的目标，并进而再以三五十年的时间，使我国的经济接近世界发达国家的水平，使人民的生活达到比较富裕的程度。振兴经济，实现四化，是全党和全国人民一切工作的中心。科学技术工作必须紧紧地围绕这个中心，服务于这个中心。

现代科学技术是新的社会生产力中最活跃的和决定性的因素。随着世界新的技术革命的蓬勃发展，科学技术日益渗透到社会物质生活和精神生活的各个领域，成为提高劳动生产率的重要的源泉，成为建设现代精神文明的重要的基石。在社会主义现代化建设中，全党必须高度重视并充分发挥科学技术的巨大作用。

三十五年来，我国广大科学技术人员发扬献身精神，自力更生，大力协同，克服困难，为社会主义建设作出了重大贡献。我国的科学技术事业有了很大的发展，积累了不少成功的经验。但是，应当看到，长期以来逐步形成的科学技术体制存在着严重的弊病，不利于科学技术工作面向经济建设，不利于科学技术成果迅速转化为生产能力，束缚了科学技术人员的智慧和创造才能的发挥，使科学技术的发展难以适应客观形势的需要。

我们应当按照经济建设必须依靠科学技术、科学技术工作必须面向经济建设的战略方针，尊重科学技术发展规律，从我国的实际出发，对科学技术体制进行坚决的有步骤的改革。

当前科学技术体制改革的主要内容是：在运行机制方面，要改革拨款制度，开拓技术市场，克服单纯依靠行政手段管理科学技术工作，国家包得过多、统得过死的弊病；在对国家重点项目实行计划管理的同时，运用经济杠杆和市场调节，使科学技术机构具有自我发展的能力和自动为经济建设服务的活力。在组织结构方面，要改变过多的研究机构与企业相分离，研究、设计、教育、生产脱节，军民分割、部门分割、地区分割的状况；大力加强企业的技术吸收与开发能力和技术成果转化为生产能力的中间环节，促进研究机构、设计机构、高等学校、企业之间的协作和联合，并使各方面的科学技术力量形成合理的纵深配置。在人事制度方面，要克服"左"的影响，扭转对科学技术人员限制过多、人才不能合理流动、智力劳动得不到应有尊重的局面，造成人才辈出、人尽其才的良好环境。

（二）

改革对研究机构的拨款制度，按照不同类型科学技术活动的特点，实行经费的分类管理。

中央和地方财政的科学技术拨款，在今后一定时期内，应以高于财政经常性收入增长的速度逐步增加。同时，广开经费来源，鼓励部门、企业和社会集团向科学技术投资。

对列入中央和地方计划的重大科学技术研究、开发项目和重点实验室、试验基地的建设项目，分别由中央财政和地方财政拨款。计划管理也要利用经济杠杆，尊重价值规律，并逐步试行面向社会公开招标和签订承包合同的管理方法。

对技术开发工作和近期可望取得实用价值的应用研究工作，逐步推行技术合同制。主要从事这类工作的独立研究机构，应当通过承包国家计划项目、接受委托研究、转让技术成果、合资开发、出口联营、咨询服务等多种方式，在为社会创造经济效益的过程中，取得收入，积累资金。原由国家拨给的事业费，要逐步减少，争取在三五年的时间内，这类研究机构中的大多数能够做到事业费基本自给。减下来的事业费，国家仍用于支持科学技术的发展。

对基础研究和部分应用研究工作，逐步试行科学基金制，基金来源，主要靠国家预算拨款。设立国家自然科学基金会和其他科学技术基金会，根据国家科学技术发展规划，面向社会，接受各方面申请，组织同行评议，择优支持。主要从事上述研究工作的机构，应争取几年之后做到科研经费主要靠申请基金，国家只拨给一定额度的事业费，以保证必要的经常费用和公共设施费用。

对从事医药卫生、劳动保护、计划生育、灾害防治、环境科学等社会公益事业的研究机构，以及从事情报、标准、计量、观测等科学技术服务和技术基础工作的机构，仍由国家拨给经费，实行经费包干制。

对于变化迅速、风险较大的高技术开发工作，可以设立创业投资给以支持。从事多种类型研究工作的机构，其经费来源可以分别具体情况，通过多种渠道解决。各类研究机构的基本建设投资，均按国家基本建设管理制度规定的渠道解决。

银行要积极开展科学技术信贷业务，并对科学技术经费的使用进行监督管理。

国家中长期科学和技术发展规划纲要（2006~2020年）（节选）

国发〔2005〕44号

（七）科技体制改革与国家创新体系建设

改革开放以来，我国科技体制改革紧紧围绕促进科技与经济结合，以加强科技创新、促进科技成果转化和产业化为目标，以调整结构、转换机制为重点，采取了一系列重大改革措施，取得了重要突破和实质性进展。同时，必须清楚地看到，我国现行科技体制与社会主义市场经济体制以及经济、科技大发展的要求，还存在着诸多不相适应之处。①企业尚未真正成为技术创新的主体，自主创新能力不强。②各方面科技力量自成体系、分散重复，整体运行效率不高，社会公益领域科技创新能力尤其薄弱。③科技宏观管理各自为政，科技资源配置方式、评价制度等不能适应科技发展新形势和政府职能转变的要求。④激励优秀人才、鼓励创新创业的机制还不完善。这些问题严重制约了国家整体创新能力的提高。

深化科技体制改革的指导思想是：以服务国家目标和调动广大科技人员的积极性和创造性为出发点，以促进全社会科技资源高效配置和综合集成为重点，以建立企业为主体、产学研结合的技术创新体系为突破口，全面推进中国特色国家创新体系建设，大幅度提高国家自主创新能力。

当前和今后一个时期，科技体制改革的重点任务是：

1. 支持鼓励企业成为技术创新主体

市场竞争是技术创新的重要动力，技术创新是企业提高竞争力的根本途径。随着改革开放的深入，我国企业在技术创新中发挥着越来越重要的作用。要进一步创造条件、优化环境、深化改革，切实增强企业技术创新的动力和活力。

（1）发挥经济、科技政策的导向作用，使企业成为研究开发投入的主体。加快完善统一、开放、竞争、有序的市场经济环境，通过财税、金融等政策，引导企业增加研究开发投入，推动企业特别是大企业建立研究开发机构。依托具有较强研究开发和技术辐射能力的转制科研机构或大企业，集成高等院校、科研院所等相关力量，组建国家工程实验室和行业工程中心。鼓励企业与高等院校、科研院所建立各类技术创新联合组织，增强技术创新能力。

（2）改革科技计划支持方式，支持企业承担国家研究开发任务。国家科技计划要更多地反映企业重大科技需求，更多地吸纳企业参与。在具有明确市场应用前景的领域，建立企业牵头组织、高等院校和科研院所共同参与实施的有效机制。

（3）完善技术转移机制，促进企业的技术集成与应用。建立健全知识产权激励机制和知识产权交易制度。大力发展为企业服务的各类科技中介服务机构，促进企业之间、企业与高等院校和科研院所之间的知识流动和技术转移。国家重点实验室、工程（技术研究）中心要向企业扩大开放。

（4）加快现代企业制度建设，增强企业技术创新的内在动力。把技术创新能力作为国有企业考核的重要指标，把技术要素参与分配作为高新技术企业产权制度改革的重要内容。坚持应用开发类科研机构企业化转制的方向，深化企业化转制科研机构产权制度等方面的改革，形成完善的管理体制和合理、有效的激励机制，使之在高新技术产业化和行业技术创新中发挥骨干作用。

（5）营造良好创新环境，扶持中小企业的技术创新活动。中小企业特别是科技型中小企业是富有创新活力但承受创新风险能力较弱的企业群体。要为中小企业创造更为有利的政策环境，在市场准入、反不正当竞争等方面，起草和制定有利于中小企业发展的相关法律、政策；积极发展支持中小企业的科技投融资体系和创业风险投资机制；加快科技中介服务机构建设，为中小企业技术创新提供服务。

2. 深化科研机构改革，建立现代科研院所制度

从事基础研究、前沿技术研究和社会公益研究的科研机构，是我国科技创新的重要力量。建设一支稳定服务于国家目标、献身科技事业的高水平研究队伍，是发展我国科学技术事业的希望所在。经过多年的结构调整和人才分流等改革，我国已经形成了一批精干的科研机构，国家要给予稳定支持。充分发挥这些科研机构的重要作用，必须以提高创新能力为目标，以健全机制为重点，进一步深化管理体制改革，加快建设"职责明确、评价科学、开放有序、管理规范"的现代科研院所制度。

（1）按照国家赋予的职责定位加强科研机构建设。要切实改变目前部分科研机构职责定位不清、力量分散、创新能力不强的局面，优化资源配置，集中力量形成优势学科领域和研究基地。社会公益类科研机构要发挥行业技术优势，提高科技创新和服务能力，解决社会发展重大科技问题；基础科学、前沿技术科研机构要发挥学科优势，提高研究水平，取得理论创新和技术突破，解决重大科学技术问题。

（2）建立稳定支持科研机构创新活动的科技投入机制。学科和队伍建设、重大创新成果是长期持续努力的结果。对从事基础研究、前沿技术研究和社会公益研究的科研机构，国家财政给予相对稳定支持。根据科研机构的不同情况，提高人均事业经费标准，支持需要长期积累的学科建设、基础性工作和队伍建设。

（3）建立有利于科研机构原始创新的运行机制。自主选题研究对科研机构提高原始创新能力、培养人才队伍非常重要。加强对科研机构开展自主选题研究的支持。完善科研院所长负责制，进一步扩大科研院所在科技经费、人事制度等方面的决策自主权，提高科研机构内部创新活动的协调集成能力。

（4）建立科研机构整体创新能力评价制度。建立科学合理的综合评价体系，在科研成果质量、人才队伍建设、管理运行机制等方面对科研机构整体创新能力进行综合评价，促进科研机构提高管理水平和创新能力。

（5）建立科研机构开放合作的有效机制。实行固定人员与流动人员相结合的用人制度。全面实行聘用制和岗位管理，面向全社会公开招聘科研和管理人才。通过建立有效机制，促进科研院所与企业和大学之间多种形式的联合，促进知识流动、人才培养和科技资源共享。

大学是我国培养高层次创新人才的重要基地，是我国基础研究和高技术领域原始创新的主力军之一，是解决国民经济重大科技问题、实现技术转移、成果转化的生力军。加快建设一批高水平大学，特别是一批世界知名的高水平研究型大学，是我国加速科技创新、建设国家创新体系的需要。我国已经形成了一批规模适当、学科综合和人才汇聚的高水平大学，要充分发挥其在科技创新方面的重要作用。积极支持大学在基础研究、前沿技术研究、社会公益研究等领域的原始创新。鼓励、推动大学与企业和科研院所进行全面合作，加大为国家、区域和行业发展服务的力度。加快大学重

点学科和科技创新平台建设。培养和汇聚一批具有国际领先水平的学科带头人，建设一支学风优良、富有创新精神和国际竞争力的高校教师队伍。进一步加快大学内部管理体制的改革步伐。优化大学内部的教育结构和科技组织结构，创新运行机制和管理制度，建立科学合理的综合评价体系，建立有利于提高创新人才培养质量和创新能力，人尽其才、人才辈出的运行机制。积极探索建立具有中国特色的现代大学制度。

3. 推进科技管理体制改革

针对当前我国科技宏观管理中存在的突出问题，推进科技管理体制改革，重点是健全国家科技决策机制，努力消除体制机制性障碍，加强部门之间、地方之间、部门与地方之间、军民之间的统筹协调，切实提高整合科技资源、组织重大科技活动的能力。

（1）建立健全国家科技决策机制。完善国家重大科技决策议事程序，形成规范的咨询和决策机制。强化国家对科技发展的总体部署和宏观管理，加强对重大科技政策制定、重大科技计划实施和科技基础设施建设的统筹。

（2）建立健全国家科技宏观协调机制。确立科技政策作为国家公共政策的基础地位，按照有利于促进科技创新、增强自主创新能力的目标，形成国家科技政策与经济政策协调互动的政策体系。建立部门之间统筹配置科技资源的协调机制。加快国家科技行政管理部门职能转变，推进依法行政，提高宏观管理能力和服务水平。改进计划管理方式，充分发挥部门、地方在计划管理和项目实施管理中的作用。

（3）改革科技评审与评估制度。科技项目的评审要体现公正、公平、公开和鼓励创新的原则，为各类人才特别是青年人才的脱颖而出创造条件。重大项目评审要体现国家目标。完善同行专家评审机制，建立评审专家信用制度，建立国际同行专家参与评议的机制，加强对评审过程的监督，扩大评审活动的公开化程度和被评审人的知情范围。对创新性强的小项目、非共识项目以及学科交叉项目给予特别关注和支持，注重对科技人员和团队素质、能力和研究水平的评价，鼓励原始创新。建立国家重大科技计划、知识创新工程、自然科学基金资助计划等实施情况的独立评估制度。

（4）改革科技成果评价和奖励制度。要根据科技创新活动的不同特点，按照公开公正、科学规范、精简高效的原则，完善科研评价制度和指标体系，改变评价过多过繁的现象，避免急功近利和短期行为。面向市场的应用研究和试验开发等创新活动，以获得自主知识产权及其对产业竞争力的贡献为评价重点；公益科研活动以满足公众需求和产生的社会效益为评价重点；基础研究和前沿科学探索以科学意义和学术价值为评价重点。建立适应不同性质科技工作的人才评价体系。改革国家科技奖励制度，减少奖励数量和奖励层次，突出政府科技奖励的重点，在实行对项目奖励的同时，注重对人才的奖励。鼓励和规范社会力量设奖。

4. 全面推进中国特色国家创新体系建设

深化科技体制改革的目标是推进和完善国家创新体系建设。国家创新体系是以政府为主导、充分发挥市场配置资源的基础性作用、各类科技创新主体紧密联系和有效互动的社会系统。现阶段，中国特色国家创新体系建设重点：

（1）建设以企业为主体、产学研结合的技术创新体系，并将其作为全面推进国家创新体系建设的突破口。只有以企业为主体，才能坚持技术创新的市场导向，有效整合产学研的力量，切实增强国家竞争力。只有产学研结合，才能更有效配置科技资源，激发科研机构的创新活力，并使企业获得持续创新的能力。必须在大幅度提高企业自身技术创新能力的同时，建立科研院所与高等院校积极围绕企业技术创新需求服务、产学研多种形式结合的新机制。

（2）建设科学研究与高等教育有机结合的知识创新体系。以建立开放、流动、竞争、协作的运行机制为中心，促进科研院所之间、科研院所与高等院校之间的结合和资源集成。加强社会公益科研体系建设。发展研究型大学。努力形成一批高水平的、资源共享的基础科学和前沿技术研究基地。

（3）建设军民结合、寓军于民的国防科技创新体系。从宏观管理、发展战略和计划、研究开发活动、科技产业化等多个方面，促进军民科技的紧密结合，加强军民两用技术的开发，形成全国优秀科技力量服务国防科技创新、国防科技成果迅速向民用转化的良好格局。

（4）建设各具特色和优势的区域创新体系。充分结合区域经济和社会发展的特色和优势，统筹规划区域创新体系和创新能力建设。深化地方科技体制改革。促进中央与地方科技力量的有机结合。发挥高等院校、科研院所和国家高新技术产业开发区在区域创新体系中的重要作用，增强科技创新对区域经济社会发展的支撑力度。加强中、西部区域科技发展能力建设。切实加强县（市）等基层科技体系建设。

（5）建设社会化、网络化的科技中介服务体系。针对科技中介服务行业规模小、功能单一、服务能力薄弱等突出问题，大力培育和发展各类科技中介服务机构。充分发挥高等院校、科研院所和各类社团在科技中介服务中的重要作用。引导科技中介服务机构向专业化、规模化和规范化方向发展。

（八）若干重要政策和措施

为确保本纲要各项任务的落实，不仅要解决体制和机制问题，还必须制定和完善更加有效的政策与措施。所有政策和措施都必须有利于增强自主创新能力，有利于激发科技人员的积极性和创造性，有利于充分利用国内外科技资源，有利于科技支撑和引领经济社会的发展。本纲要确定的科技政策和措施，是针对当前主要矛盾和突出问题而制定的，随着形势发展和本纲要实施进展情况，将不断加以丰富和完善。

1. 实施激励企业技术创新的财税政策

鼓励企业增加研究开发投入，增强技术创新能力。加快实施消费型增值税，将企业购置的设备已征税款纳入增值税抵扣范围。在进一步落实国家关于促进技术创新、加速科技成果转化以及设备更新等各项税收优惠政策的基础上，积极鼓励和支持企业开发新产品、新工艺和新技术，加大企业研究开发投入的税前扣除等激励政策的力度，实施促进高新技术企业发展的税收优惠政策。结合企业所得税和企业财务制度改革，鼓励企业建立技术研究开发专项资金制度。允许企业加速研究开发仪器设备的折旧。对购买先进科学研究仪器和设备给予必要税收扶持政策。加大对企业设立海外研究开发机构的外汇和融资支持力度，提供对外投资便利和优质服务。

全面贯彻落实《中华人民共和国中小企业促进法》，支持创办各种性质的中小企业，充分发挥中小企业技术创新的活力。鼓励和支持中小企业采取联合出资、共同委托等方式进行合作研究开发，对加快创新成果转化给予政策扶持。制定扶持中小企业技术创新的税收优惠政策。

2. 加强对引进技术的消化、吸收和再创新

完善和调整国家产业技术政策，加强对引进技术的消化、吸收和再创新。制定鼓励自主创新、限制盲目重复引进的政策。

通过调整政府投资结构和重点，设立专项资金，用于支持引进技术的消化、吸收和再创新，支持重大技术装备研制和重大产业关键共性技术的研究开发。采取积极政策措施，多渠道增加投入，

支持以企业为主体、产学研联合开展引进技术的消化、吸收和再创新。

把国家重大建设工程作为提升自主创新能力的重要载体。通过国家重大建设工程的实施，消化吸收一批先进技术，攻克一批事关国家战略利益的关键技术，研制一批具有自主知识产权的重大装备和关键产品。

3. 实施促进自主创新的政府采购

制定《中华人民共和国政府采购法》实施细则，鼓励和保护自主创新。建立政府采购自主创新产品协调机制。对国内企业开发的具有自主知识产权的重要高新技术装备和产品，政府实施首购政策。对企业采购国产高新技术设备提供政策支持。通过政府采购，支持形成技术标准。

4. 实施知识产权战略和技术标准战略

保护知识产权，维护权利人利益，不仅是我国完善市场经济体制、促进自主创新的需要，也是树立国际信用、开展国际合作的需要。要进一步完善国家知识产权制度，营造尊重和保护知识产权的法治环境，促进全社会知识产权意识和国家知识产权管理水平的提高，加大知识产权保护力度，依法严厉打击侵犯知识产权的各种行为。同时，要建立对企业并购、技术交易等重大经济活动知识产权特别审查机制，避免自主知识产权流失。防止滥用知识产权而对正常的市场竞争机制造成不正当的限制，阻碍科技创新和科技成果的推广应用。将知识产权管理纳入科技管理全过程，充分利用知识产权制度提高我国科技创新水平。强化科技人员和科技管理人员的知识产权意识，推动企业、科研院所、高等院校重视和加强知识产权管理。充分发挥行业协会在保护知识产权方面的重要作用。建立健全有利于知识产权保护的从业资格制度和社会信用制度。

根据国家战略需求和产业发展要求，以形成自主知识产权为目标，产生一批对经济、社会和科技等发展具有重大意义的发明创造。组织以企业为主体的产学研联合攻关，并在专利申请、标准制定、国际贸易和合作等方面予以支持。

将形成技术标准作为国家科技计划的重要目标。政府主管部门、行业协会等要加强对重要技术标准制定的指导协调，并优先采用。推动技术法规和技术标准体系建设，促使标准制定与科研、开发、设计、制造相结合，保证标准的先进性和效能性。引导产、学、研各方面共同推进国家重要技术标准的研究、制定及优先采用。积极参与国际标准的制定，推动我国技术标准成为国际标准。加强技术性贸易措施体系建设。

5. 实施促进创新创业的金融政策

建立和完善创业风险投资机制，起草和制定促进创业风险投资健康发展的法律法规及相关政策。积极推进创业板市场建设，建立加速科技产业化的多层次资本市场体系。鼓励有条件的高科技企业在国内主板和中小企业板上市。努力为高科技中小企业在海外上市创造便利条件。为高科技创业风险投资企业跨境资金运作创造更加宽松的金融、外汇政策环境。在国家高新技术产业开发区内，开展对未上市高新技术企业股权流通的试点工作。逐步建立技术产权交易市场。探索以政府财政资金为引导，政策性金融、商业性金融资金投入为主的方式，采取积极措施，促进更多资本进入创业风险投资市场。建立全国性的科技创业风险投资行业自律组织。鼓励金融机构对国家重大科技产业化项目、科技成果转化项目等给予优惠的信贷支持，建立健全鼓励中小企业技术创新的知识产权信用担保制度和其他信用担保制度，为中小企业融资创造良好条件。搭建多种形式的科技金融合作平台，政府引导各类金融机构和民间资金参与科技开发。鼓励金融机构改善和加强对高新技术企业，特别是对科技型中小企业的金融服务。鼓励保险公司加大产品和服务创新力度，为科技创新提供全面的风险保障。

6. 加速高新技术产业化和先进适用技术的推广

把推进高新技术产业化作为调整经济结构、转变经济增长方式的一个重点。积极发展对经济增长有突破性重大带动作用的高新技术产业。

优化高新技术产业化环境。继续加强国家高新技术产业开发区等产业化基地建设。制定有利于促进国家高新技术产业开发区发展并带动周边地区发展的政策。构建技术交流与技术交易信息平台，对国家大学科技园、科技企业孵化基地、生产力促进中心、技术转移中心等科技中介服务机构开展的技术开发与服务活动给予政策扶持。

加大对农业技术推广的支持力度。建立面向农村推广先进适用技术的新机制。把农业科技推广成就作为科技奖励的重要内容，建立农业技术推广人员的职业资格认证制度，激励科技人员以多种形式深入农业生产第一线开展技术推广活动。设立农业科技成果转化和推广专项资金，促进农村先进适用技术的推广，支持农村各类人才的技术革新和发明创造。国家对农业科技推广实行分类指导，分类支持，鼓励和支持多种模式的、社会化的农业技术推广组织的发展，建立多元化的农业技术推广体系。

支持面向行业的关键、共性技术的推广应用。制定有效的政策措施，支持产业竞争前技术的研究开发和推广应用，重点加大电子信息、生物、制造业信息化、新材料、环保、节能等关键技术的推广应用，促进传统产业的改造升级。加强技术工程化平台、产业化示范基地和中间试验基地建设。

7. 完善军民结合、寓军于民的机制

加强军民结合的统筹和协调。改革军民分离的科技管理体制，建立军民结合的新的科技管理体制。鼓励军口科研机构承担民用科技任务；国防研究开发工作向民口科研机构和企业开放；扩大军品采购向民口科研机构和企业采购的范围。改革相关管理体制和制度，保障非军工科研企事业单位平等参与军事装备科研和生产的竞争。建立军民结合、军民共用的科技基础条件平台。

建立适应国防科研和军民两用科研活动特点的新机制。统筹部署和协调军民基础研究，加强军民高技术研究开发力量的集成，建立军民有效互动的协作机制，实现军用产品与民用产品研制生产的协调，促进军民科技各环节的有机结合。

8. 扩大国际和地区科技合作与交流

增强国家自主创新能力，必须充分利用对外开放的有利条件，扩大多种形式的国际和地区科技合作与交流。

鼓励科研院所、高等院校与海外研究开发机构建立联合实验室或研究开发中心。支持在双边、多边科技合作协议框架下，实施国际合作项目。建立内地与港、澳、台地区的科技合作机制，加强沟通与交流。

支持我国企业"走出去"。扩大高新技术及其产品的出口，鼓励和支持企业在海外设立研究开发机构或产业化基地。

积极主动参与国际大科学工程和国际学术组织。支持我国科学家和科研机构参与或牵头组织国际和区域性大科学工程。建立培训制度，提高我国科学家参与国际学术交流的能力，支持我国科学家在重要国际学术组织中担任领导职务。鼓励跨国公司在华设立研究开发机构。提供优惠条件，在我国设立重要的国际学术组织或办事机构。

9. 提高全民科学文化素质，营造有利于科技创新的社会环境

实施全民科学素质行动计划。以促进人的全面发展为目标，提高全民科学文化素质。在全社会大力弘扬科学精神，宣传科学思想，推广科学方法，普及科学知识。加强农村科普工作，逐步建立提高农民技术和职业技能的培训体系。组织开展多种形式和系统性的校内外科学探索和科学体验活动，加强创新教育，培养青少年创新意识和能力。加强各级干部和公务员的科技培训。

加强国家科普能力建设。合理布局并切实加强科普场馆建设，提高科普场馆运营质量。建立科研院所、大学定期向社会公众开放制度。在科技计划项目实施中加强与公众沟通交流。繁荣科普创作，打造优秀科普品牌。鼓励著名科学家及其他专家学者参与科普创作。制定重大科普作品选题规划，扶持原创性科普作品。在高校设立科技传播专业，加强对科普的基础性理论研究，培养专业化科普人才。

建立科普事业的良性运行机制。加强政府部门、社会团体、大型企业等各方面的优势集成，促进科技界、教育界和大众媒体之间的协作。鼓励经营性科普文化产业发展，放宽民间和海外资金发展科普产业的准入限制，制定优惠政策，形成科普事业的多元化投入机制。推进公益性科普事业体制与机制改革，激发活力，提高服务意识，增强可持续发展能力。

（九）科技投入与科技基础条件平台

科技投入和科技基础条件平台，是科技创新的物质基础，是科技持续发展的重要前提和根本保障。今天的科技投入，就是对未来国家竞争力的投资。改革开放以来，我国科技投入不断增长，但与我国科技事业的大发展和全面建设小康社会的重大需求相比，与发达国家和新兴工业化国家相比，我国科技投入的总量和强度仍显不足，投入结构不尽合理，科技基础条件薄弱。当今发达国家和新兴工业化国家，都把增加科技投入作为提高国家竞争力的战略举措。我国必须审时度势，从增强国家自主创新能力和核心竞争力出发，大幅度增加科技投入，加强科技基础条件平台建设，为完成本纲要提出的各项重大任务提供必要的保障。

1. 建立多元化、多渠道的科技投入体系

充分发挥政府在投入中的引导作用，通过财政直接投入、税收优惠等多种财政投入方式，增强政府投入调动全社会科技资源配置的能力。国家财政投入主要用于支持市场机制不能有效解决的基础研究、前沿技术研究、社会公益研究、重大共性关键技术研究等公共科技活动，并引导企业和全社会的科技投入。中央和地方各级政府要按照《中华人民共和国科学技术进步法》的要求，在编制年初预算和预算执行中的超收分配时，都要体现法定增长的要求，保证科技经费的增长幅度明显高于财政经常性收入的增长幅度，逐步提高国家财政性科技投入占国内生产总值的比例。要结合国家财力情况，统筹安排规划实施所需经费，切实保障重大专项的顺利实施。国家继续加强对重大科技基础设施建设的投入，在中央和地方建设投资中作为重点予以支持。在政府增加科技投入的同时，强化企业科技投入主体的地位。总之，通过多方面的努力，使我国全社会研究开发投入占国内生产总值的比例逐年提高，到 2010 年达到 2%，到 2020 年达到 2.5% 以上。

2. 调整和优化投入结构，提高科技经费使用效益

加强对基础研究、前沿技术研究、社会公益研究以及科技基础条件和科学技术普及的支持。合理安排科研机构（基地）正常运转经费、科研项目经费、科技基础条件经费等的比例，加大对基础研究和社会公益类科研机构的稳定投入力度，将科普经费列入同级财政预算，逐步提高科普投入水平。建立和完善适应科学研究规律和科技工作特点的科技经费管理制度，按照国家预算管理的规定，提高财政资金使用的规范性、安全性和有效性。提高国家科技计划管理的公开性、透明度和公正性，逐步建立财政科技经费的预算绩效评价体系，建立健全相应的评估和监督管理机制。

3. 加强科技基础条件平台建设

科技基础条件平台是在信息、网络等技术支撑下，由研究实验基地、大型科学设施和仪器装备、科学数据与信息、自然科技资源等组成，通过有效配置和共享，服务于全社会科技创新的支撑体系。科技基础条件平台建设重点是：

国家研究实验基地。根据国家重大战略需求，在新兴前沿交叉领域和具有我国特色和优势的领域，主要依托国家科研院所和研究型大学，建设若干队伍强、水平高、学科综合交叉的国家实验室和其他科学研究实验基地。加强国家重点实验室建设，不断提高其运行和管理的整体水平。构建国家野外科学观测研究台站网络体系。

大型科学工程和设施。重视科学仪器与设备对科学研究的作用，加强科学仪器设备及检测技术的自主研究开发。建设若干大型科学工程和基础设施，包括在高性能计算、大型空气动力研究试验和极端条件下进行科学实验等方面的大科学工程或大型基础设施。推进大型科学仪器、设备、设施的共享与建设，逐步形成全国性的共享网络。

科学数据与信息平台。充分利用现代信息技术手段，建设基于科技条件资源信息化的数字科技平台，促进科学数据与文献资源的共享，构建网络科研环境，面向全社会提供服务，推动科学研究手段、方式的变革。

自然科技资源服务平台。建立完备的植物、动物种质资源，微生物菌种和人类遗传资源，以及实验材料，标本、岩矿化石等自然科技资源保护与利用体系。

国家标准、计量和检测技术体系。研究制定高精确度和高稳定性的计量基准和标准物质体系，以及重点领域的技术标准，完善检测实验室体系、认证认可体系及技术性贸易措施体系。

4. 建立科技基础条件平台的共享机制

建立有效的共享制度和机制是科技基础条件平台建设取得成效的关键和前提。根据"整合、共享、完善、提高"的原则，借鉴国外成功经验，制定各类科技资源的标准规范，建立促进科技资源共享的政策法规体系。针对不同类型科技条件资源的特点，采用灵活多样的共享模式，打破当前条块分割、相互封闭、重复分散的格局。

国务院关于印发实施《国家中长期科学和技术发展规划纲要（2006~2020年)》若干配套政策的通知（节选）

国发〔2006〕6号

为实施《国家中长期科学和技术发展规划纲要（2006~2020年)》（国发〔2005〕44号，以下简称《规划纲要》），营造激励自主创新的环境，推动企业成为技术创新的主体，努力建设创新型国家，特制定如下配套政策：

（一）科技投入

（1）大幅度增加科技投入。建立多元化、多渠道的科技投入体系，全社会研究开发投入占国内生产总值的比例逐年提高，使科技投入水平同进入创新型国家行列的要求相适应。

（2）确保财政科技投入的稳定增长。各级政府把科技投入作为预算保障的重点，年初预算编制和预算执行中的超收分配，都要体现法定增长的要求。2006年中央财政科技投入实现大幅度增长，在此基础上，"十一五"期间财政科技投入增幅明显高于财政经常性收入增幅。

（3）切实保障重大专项的顺利实施。《规划纲要》确定的重大专项的实施，要遵循"成熟一个、启动一个"的原则，组织专家进一步进行全面深入的技术、经济等可行性论证，并根据国家发展需要和实施条件的成熟度，报经国务院批准后，统筹落实专项经费，以专项计划的形式逐项启动实施。

（4）优化财政科技投入结构。财政科技投入重点支持基础研究、社会公益研究和前沿技术研究。合理安排科研机构正常运转、政府科技计划（基金）和科研条件建设等资金。重视公益性行业科研能力建设，建立对公益性行业科研的稳定支持机制。优化政府科技计划体系，明确支持方向，重点解决国家、行业和区域经济社会发展中的重大科技问题。

（5）发挥财政资金对激励企业自主创新的引导作用。创新投入机制，整合政府资金，加大支持力度，激励企业开展技术创新和对引进先进技术的消化吸收与再创新。要引导和支持大型骨干企业开展竞争前的战略性关键技术和重大装备的研究开发，建立具有国际先进水平的技术创新平台；加强面向企业技术创新的服务体系建设。加大对科技型中小企业技术创新基金等的投入力度，鼓励中小企业自主创新。

（6）创新财政科技投入管理机制。在科研基地布局、人才队伍建设、政府科技计划设立、科研条件建设等方面，建立协调高效的管理平台，优化资源配置，使财政科技投入效益最大化。改革和强化科研经费管理，对科研课题及经费的申报、评审、立项、执行和结果的全过程，建立严格规范的监管制度。建立财政科技经费的绩效评价体系，明确设立政府科技计划和应用型科技项目的绩效目标，建立面向结果的追踪问效机制。

（二）税收激励

（1）加大对企业自主创新投入的所得税前抵扣力度。允许企业按当年实际发生的技术开发费用的150%抵扣当年应纳税所得额。实际发生的技术开发费用当年抵扣不足部分，可按税法规定在5年内结转抵扣。企业提取的职工教育经费在计税工资总额2.5%以内的，可在企业所得税前扣除。研究制定促进产学研结合的税收政策。

（2）允许企业加速研究开发仪器设备折旧。企业用于研究开发的仪器和设备，单位价值在30万元以下的，可一次或分次摊入管理费，其中达到固定资产标准的应单独管理，但不提取折旧；单位价值在30万元以上的，可采取适当缩短固定资产折旧年限或加速折旧的政策。

（3）完善促进高新技术企业发展的税收政策。推进对高新技术企业实行增值税转型改革。国家高新技术产业开发区内新创办的高新技术企业经严格认定后，自获利年度起两年内免征所得税，两年后减按15%的税率征收企业所得税。继续完善鼓励高新技术产品出口的税收政策。完善高新技术企业计税工资所得税前扣除政策。

（4）支持企业加强自主创新能力建设。对符合国家规定条件的企业技术中心、国家工程（技术研究）中心等，进口规定范围内的科学研究和技术开发用品，免征进口关税和进口环节增值税；对承担国家重大科技专项、国家科技计划重点项目、国家重大技术装备研究开发项目和重大引进技术消化吸收再创新项目的企业进口国内不能生产的关键设备、原材料及零部件免征进口关税和进口环节增值税。

（5）完善促进转制科研机构发展的税收政策。对整体或部分企业化转制科研机构免征企业所得税、科研开发自用土地、房产的城镇土地使用税、房产税的政策到期后，根据实际需要加以完善，以增强其自主创新能力。

（6）支持创业风险投资企业的发展。对主要投资于中小高新技术企业的创业风险投资企业，实行投资收益税收减免或投资额按比例抵扣应纳税所得额等税收优惠政策。

（7）扶持科技中介服务机构。对符合条件的科技企业孵化器、国家大学科技园自认定之日起，一定期限内免征营业税、所得税、房产税和城镇土地使用税。对其他符合条件的科技中介机构开展技术咨询和技术服务，研究制定必要的税收扶持政策。

（8）鼓励社会资金捐赠创新活动。企事业单位、社会团体和个人，通过公益性的社会团体和国家机关向科技型中小企业技术创新基金和经国务院批准设立的其他激励企业自主创新的基金的捐赠，属于公益性捐赠，可按国家有关规定，在缴纳企业所得税和个人所得税时予以扣除。

（三）金融支持

（1）加强政策性金融对自主创新的支持。政策性金融机构对国家重大科技专项、国家重大科技产业化项目的规模化融资和科技成果转化项目、高新技术产业化项目、引进技术消化吸收项目、高新技术产品出口项目等提供贷款，给予重点支持。

国家开发银行在国务院批准的软贷款规模内，向高新技术企业发放软贷款，用于项目的参股投资。中国进出口银行设立特别融资账户，在政策允许范围内，对高新技术企业发展所需的核心技术和关键设备的进出口，提供融资支持。中国农业发展银行对农业科技成果转化和产业化实施倾斜支持政策。

（2）引导商业金融支持自主创新。政府利用基金、贴息、担保等方式，引导各类商业金融机构支持自主创新与产业化。商业银行对国家和省级立项的高新技术项目，应根据国家投资政策及信贷政策规定，积极给予信贷支持。商业银行对有效益、有还贷能力的自主创新产品出口所需的流动资金贷款要根据信贷原则优先安排、重点支持，对资信好的自主创新产品出口企业可核定一定的授信额度，在授信额度内，根据信贷、结算管理要求，及时提供多种金融服务。

（3）改善对中小企业科技创新的金融服务。商业银行与科技型中小企业建立稳定的银企关系，对创新活力强的予以重点扶持。加快建设企业和个人征信体系，促进各类征信机构发展，为商业银行改善对科技型中小企业的金融服务提供支持。

政府引导和激励社会资金建立中小企业信用担保机构，建立担保机构的资本金补充和多层次风险分担机制。探索创立多种担保方式，弥补中小企业担保抵押物不足的问题。政策性银行、商业银行和其他金融机构开展知识产权权利质押业务试点。

（4）加快发展创业风险投资事业。制定《创业投资企业管理暂行办法》配套规章，完善创业风险投资法律保障体系。依法对创业风险投资企业进行备案管理，促进创业风险投资企业规范健康发展。鼓励有关部门和地方政府设立创业风险投资引导基金，引导社会资金流向创业风险投资企业，引导创业风险投资企业投资处于种子期和起步期的创业企业。在法律法规和有关监管规定许可的前提下，支持保险公司投资创业风险投资企业。允许证券公司在符合法律法规和有关监管规定的前提下开展创业风险投资业务。允许创业风险投资企业在法律法规规定的范围内通过债权融资方式增强投资能力。

完善创业风险投资外汇管理制度，规范法人制创业风险投资企业外汇管理，明确对非法人制外资创业风险投资企业的有关外汇管理问题。

（5）建立支持自主创新的多层次资本市场。支持有条件的高新技术企业在国内主板和中小企业板上市。大力推进中小企业板制度创新，缩短公开上市辅导期，简化核准程序，加快科技型中小企业上市进程。适时推出创业板。

推进高新技术企业股份转让工作。启动中关村科技园区未上市高新技术企业进入证券公司代办系统进行股份转让试点工作。在总结试点经验的基础上，逐步允许具备条件的国家高新技术产业开发区内未上市高新技术企业进入代办系统进行股份转让。在有条件的地区，地方政府应通过财政支持等方式，扶持发展区域性产权交易市场，拓宽创业风险投资退出渠道。支持符合条件的高新技术企业发行公司债券。

（6）支持开展对高新技术企业的保险服务。支持保险公司发展企业财产保险、产品责任保险、出口信用保险、业务中断保险等险种，为高新技术企业提供保险服务。

（7）完善高新技术企业的外汇管理政策。国家外汇管理局根据高新技术企业的实际需要，充分满足高新技术企业货物贸易和服务贸易用汇需求。深化境外投资外汇管理改革，支持国内企业设立海外研究开发设计机构、收购国外研究开发机构或高新技术企业。

（四）政府采购

（1）建立财政性资金采购自主创新产品制度。建立自主创新产品认证制度，建立认定标准和评价体系。由科技部门会同综合经济部门按照公开、公正的程序对自主创新产品进行认定，并向全社会公告。财政部会同有关部门在获得认定的自主创新产品范围内，确定政府采购自主创新产品目录（简称"目录"），实行动态管理。

加强预算控制，优先安排自主创新项目。各级政府机关、事业单位和团体组织（以下统称"采购人"）用财政性资金进行采购的，必须优先购买列入目录的产品。采购人在编制年度部门预算时，应当标明自主创新产品。财政部门在预算审批过程中，在采购支出项目已确定的情况下，优先安排采购自主创新产品的预算。发挥财政、审计与监察部门的监督作用，督促采购人自觉采购自主创新产品。

国家重大建设项目以及其他使用财政性资金采购重大装备和产品的项目，有关部门应将承诺采购自主创新产品作为申报立项的条件，并明确采购自主创新产品的具体要求。在国家和地方政府投资的重点工程中，国产设备采购比例一般不得低于总价值的60%。不按要求采购自主创新产品，财政部门不予支付资金。

（2）改进政府采购评审方法，给予自主创新产品优先待遇。在政府采购评审方法中，须考虑自主创新因素。以价格为主的招标项目评标，在满足采购需求的条件下，优先采购自主创新产品。其中，自主创新产品价格高于一般产品的，要根据科技含量和市场竞争程度等因素，对自主创新产品给予一定幅度的价格扣除。自主创新产品企业报价不高于排序第一的一般产品企业报价一定比例的，将优先获得采购合同。以综合评标为主的招标项目，要增加自主创新评分因素并合理设置分值比重。

经认定的自主创新技术含量高、技术规格和价格难以确定的服务项目采购，可以在报经财政部门同意后，采用竞争性谈判采购方式，将合同授予具有自主创新能力的企业。

完善自主创新产品政府采购合同管理，拒绝接受或提供合同约定自主创新产品的，财政部门应责令其纠正，否则不予支付采购资金。

（3）建立激励自主创新的政府首购和订购制度。国内企业或科研机构生产或开发的试制品和首次投向市场的产品，且符合国民经济发展要求和先进技术发展方向，具有较大市场潜力并需要重点扶持的，经认定，政府进行首购，由采购人直接购买或政府出资购买。

政府对于需要研究开发的重大创新产品或技术，应当通过政府采购招标方式，面向全社会确定研究开发机构，签订政府订购合同，并建立相应的考核验收和研究开发成果推广机制。

（4）建立本国货物认定制度和购买外国产品审核制度。采购人应根据《中华人民共和国政府采购法》规定，优先购买本国产品。财政部会同有关部门制定本国货物认定标准。采购人需要的产品在中国境内无法获取或者无法以合理的商业条件获取的（在中国境外使用除外），在采购活动开始前，需由国家权威认证机构予以确认并出具证明。采购外国产品时，坚持有利于企业自主创新或消化吸收核心技术的原则，优先购买向我转让技术的产品。

（5）发挥国防采购扶持自主创新的作用。国防采购应立足于国内自主创新产品和技术。自主创新产品和技术满足国防或国家安全需求的，应优先采购。政府部门对于涉及国家安全的采购项目，应首先采购国内自主创新产品，采购合同应优先授予具有自主创新能力的企业或科研机构。

国务院

二〇〇六年二月七日

关于印发《促进科技和金融结合试点实施方案》的通知

国科发财〔2010〕720 号

各省、自治区、直辖市、计划单列市科技厅（委、局），新疆生产建设兵团科技局，中国人民银行上海总部、各分行、营业管理部、省会（首府）城市中心支行、副省级城市中心支行，各省、自治区、直辖市银监局、证监局、保监局：

为全面贯彻党的十七大和十七届五中全会精神，加快实施《国家中长期科学和技术发展规划纲要（2006~2020 年）》及其配套政策，促进科技和金融结合，加快科技成果转化，培育发展战略性新兴产业，支撑和引领经济发展方式转变，科技部、中国人民银行、中国银监会、中国证监会、中国保监会决定联合开展"促进科技和金融结合试点"。

现将《促进科技和金融结合试点实施方案》（见附件）印发给你们，请结合实际制定具体方案，积极申报试点，并认真组织实施。

附件：促进科技和金融结合试点实施方案

科学技术部 中国人民银行 中国银监会

中国证监会 中国保监会

二〇一〇年十二月十六日

促进科技和金融结合试点实施方案

为全面贯彻党的十七大和十七届五中全会精神，加快实施《国家中长期科学和技术发展规划纲要（2006~2020 年)》及其金融配套政策，促进科技和金融结合，加快科技成果转化，增强自主创新能力，培育发展战略性新兴产业，支撑和引领经济发展方式转变，全面建设创新型国家，科技部会同中国人民银行、中国银监会、中国证监会、中国保监会联合开展"促进科技和金融结合试点"工作，试点实施方案如下。

（一）指导思想和基本原则

组织开展"促进科技和金融结合试点"，要深刻把握科技创新和金融创新的客观规律，创新体制机制，突破瓶颈障碍，选择国家高新区、国家自主创新示范区、国家技术创新工程试点省（市）、创新型试点城市等科技金融资源密集的地区先行先试。

1. 指导思想

深入贯彻落实科学发展观，围绕提高企业自主创新能力、培育发展战略性新兴产业、支撑引领经济发展方式转变的目标，创新财政科技投入方式，探索科技资源与金融资源对接的新机制，引导社会资本积极参与自主创新，提高财政资金使用效益，加快科技成果转化，促进科技型中小企业成长。

2. 基本原则

（1）坚持统筹协调。加强多部门沟通与协调，统筹规划科技与金融资源，突出体制机制创新，优化政策环境，形成合力，实现科技资源与金融资源有效对接。

（2）加强协同支持。加强工作指导和政策引导，实现上下联动，充分调动和发挥地方的积极性与创造性，加大资源条件保障和政策扶持力度，以地方为主开展试点工作。

（3）实现多方共赢。发挥政府的引导和带动作用，运用市场机制，引导金融机构积极参与科技创新，突破科技型中小企业融资瓶颈，实现多方共赢和长远发展。

（4）突出特色优势。根据各地科技发展水平、金融资源聚集程度、产业特征和发展趋势等实际情况，明确地方发展目标和任务，充分发挥自身特色和优势，坚持整体推进与专项突破相结合，开展创新实践。

（5）发挥试点效应。试点由地方自愿申报，鼓励、支持和指导地方先行先试，及时总结和推广成功经验，发挥试点的示范效应。

3. 总体目标

通过开展试点，为全面推进科技金融工作提供实践基础，为地方实施科技金融创新营造政策空间，以试点带动示范，不断完善体制，创新机制模式，加快形成多元化、多层次、多渠道的科技投融资体系。

（二）试点内容

针对科技支撑引领经济发展中面临的新形势、新任务，通过创新财政科技投入方式，引导和促进银行业、证券业、保险业金融机构及创业投资等各类资本创新金融产品、改进服务模式、搭建服务平台，实现科技创新链条与金融资本链条的有机结合，为从初创期到成熟期各发展阶段的科技企业提供差异化的金融服务。试点地区可以结合实际，选择具有基础和优势的试点内容，突出特色，大胆探索，先行先试。

1. 优化科技资源配置，创新财政科技投入方式

综合运用无偿资助、偿还性资助、风险补偿、贷款贴息以及后补助等方式引导金融资本参与实施国家科技重大专项、科技支撑计划、火炬计划等科技计划；进一步发挥科技型中小企业技术创新基金投融资平台的作用，运用贴息、后补助和股权投资等方式，增强中小企业商业融资能力；建立科技成果转化项目库，运用创业投资机制，吸引社会资本投资科技成果转化项目；扩大创业投资

引导基金规模，鼓励和支持地方科技部门、国家高新区建立以支持初创期科技型中小企业为主的创业投资机构；建立贷款风险补偿基金，完善科技型中小企业贷款风险补偿机制，引导和支持银行业金融机构加大科技信贷投入；建立和完善科技保险保费补助机制，重点支持自主创新首台（套）产品的推广应用和科技企业融资类保险；发挥税收政策的引导作用，进一步落实企业研发费用加计扣除政策和创业投资税收优惠政策，研究对金融机构支持自主创新的税收政策。

2. 引导银行业金融机构加大对科技型中小企业的信贷支持

建立和完善科技专家库，组织开展科技专家参与科技型中小企业贷款项目评审工作，为银行信贷提供专业咨询意见，建立科技专家网上咨询工作平台。

在有效控制风险的基础上，地方科技部门（国家高新区）与银行合作建设一批主要为科技型中小企业提供信贷等金融服务的科技金融合作试点支行；组建为科技型中小企业提供小额、快速信贷服务的科技小额贷款公司，加强与银行、担保机构的合作，创新金融业务和金融产品，为科技型中小企业提供多种金融服务。加强与农村金融系统的合作，创新适应农村科技创新创业特点的科技金融服务方式。推动建立专业化的科技融资租赁公司，支持专业化的科技担保公司发展。

在有条件的地区开展高新技术企业信用贷款试点，推动开展知识产权质押贷款和高新技术企业股权质押贷款业务。

3. 引导和支持企业进入多层次资本市场

支持和推动科技型中小企业开展股份制改造，完善非上市公司股份公开转让的制度设计，支持具备条件的国家高新区内非上市股份公司进入代办系统进行股份公开转让。

进一步发挥技术产权交易机构的作用，统一交易标准和程序，建立技术产权交易所联盟和报价系统，为科技成果流通和科技型中小企业通过非公开方式进行股权融资提供服务。

培育和支持符合条件的高新技术企业在中小板、创业板及其他板块上市融资。组织符合条件的高新技术企业发行中小企业集合债券和集合票据；探索发行符合战略性新兴产业领域的高新技术企业高收益债券。

4. 进一步加强和完善科技保险服务

进一步深化科技保险工作，不断丰富科技保险产品，完善保险综合服务，鼓励各地区开展科技保险工作。鼓励保险公司开展科技保险业务，支持保险公司创新科技保险产品，完善出口信用保险功能，提高保险中介服务质量，加大对科技人员保险服务力度，完善科技保险财政支持政策，进一步拓宽保险服务领域。

建立自主创新首台（套）产品风险分散机制，实施科技保险保费补贴政策，支持开展自主创新首台（套）产品的推广应用、科技企业融资以及科技人员保障类保险。探索保险资金参与国家高新技术产业开发区基础设施建设、战略性新兴产业培育和国家重大科技项目投资等支持科技发展的方式方法。

5. 建设科技金融合作平台，培育中介机构发展

建立和完善科技成果评价和评估体系，培育一批专业化科技成果评估人员和机构。加快发展科技担保机构、创业投资机构和生产力促进中心、科技企业孵化器等机构，为科技型中小企业融资提供服务。推动地方科技部门和国家高新区建立科技金融服务平台，打造市场化运作的科技金融重点企业，集成科技金融资源为企业提供综合服务。

6. 建立和完善科技企业信用体系

推广中关村科技园区信用体系建设的经验和模式，开展科技企业信用征信和评级，依托试点地区建立科技企业信用体系建设示范区。引入专业信用评级机构，试点开展重点高新技术企业信用评级工作，推动建立高新技术企业信用报告制度。

7. 组织开展多种科技金融专项活动

组织开展农业科技创新、科技创业计划、大学生科技创新创业大赛等主题活动；实施科技金融专项行动，组织创业投资机构、银行、券商、保险、各类科技金融中介服务机构等的专业人员为科技企业提供全方位投融资和金融服务；举办各种科技金融论坛和对接活动；开展科技金融培训。

（三）组织实施

1. 加强试点工作的组织领导

科技部会同中国人民银行、中国银监会、中国证监会、中国保监会等部门共同推进试点工作，建立与财政部、国家税务总局的沟通协调机制，定期召开部门协调会议，研究决定试点的重大事项，统筹规划科技与金融资源，督促检查试点进展，组织开展调查研究，总结推广试点经验，共同指导地方开展创新实践。

2. 建立部门协同、分工负责机制

根据实施方案，结合相关部门职能，发挥各自优势，落实相应责任；各部门及其地方分支机构加强对试点地区的对口工作指导和支持。各部门制定的有利于自主创新的政策，可在试点地区先行先试。加强部门间的协调配合，针对试点中出现的新情况、新问题，及时研究采取有效措施。

3. 形成上下联动的试点工作推进机制

试点地方要成立以主要领导同志为组长，科技、财政、税务、金融部门和机构参加的试点工作领导小组，加强组织保障，创造政策环境，结合试点地方经济社会发展水平，合理确定目标任务，研究制定试点工作实施方案，落实保障措施，充分调动地方有关部门的积极性和创造性，扎实推进试点工作，形成上下联动、协同推进的工作格局。试点实施方案报批后，要积极组织力量加快实施。科技部会同地方政府安排必要的经费，保障试点工作推动和开展。

4. 加强试点工作的研究、交流和经验推广

加强对试点重大问题的调查研究，为深化试点提供理论指导和政策支持。建立试点工作定期交流研讨制度，及时交流试点进展，研讨重点问题，总结工作经验。加大对试点地方典型经验的宣传和推广，发挥试点地方的示范作用，带动更多地方促进科技和金融结合，加快推进自主创新。

建立实施试点的监督检查机制，对在试点实施过程中表现突出的个人和机构给予表彰及奖励，对工作落实不到位、试点进展缓慢的地区加强督导，直至取消试点资格。

关于印发《地方促进科技和金融结合试点方案提纲》的通知
国科办财〔2011〕22号

各省、自治区、直辖市、计划单列市科技厅（委、局）：

根据科技部、中国人民银行、中国银监会、中国证监会、中国保监会《关于印发促进科技和金

融结合试点实施方案的通知》（国科发财〔2010〕720 号），经商中国人民银行、中国银监会、中国证监会、中国保监会同意，制定了《地方促进科技和金融结合试点方案提纲》，现印发给你们，并将有关事项通知如下：

（1）申报试点的地方应充分依托本地区已有的科技资源、金融资源禀赋和产业特色，紧密围绕国家高新区、国家自主创新示范区、国家技术创新工程试点省（市）、创新型试点城市的发展需求，研究提出试点方案。试点方案的内容应简洁明了，兼顾科技、银行、证券、保险四个领域。

（2）申报试点的地方应是科技资源、科技成果和科技型中小企业相对密集，创业风险投资活跃，金融生态良好，各类金融机构和金融服务网点齐全的地区。

（3）试点方案应经省级科技管理部门征求人民银行、银监会、证监会、保监会的分支机构意见后，报省（自治区、直辖市、计划单列市）政府批准。

（4）申请试点所在地，应于 2011 年 4 月 30 日前将试点方案一式六份报科技部。

联系人：沈文京　010-58881686

贾建平　010-58881691　　jiajp@most.cn

附件：地方促进科技和金融结合试点方案提纲

科学技术部办公厅

二○一一年四月六日

地方促进科技和金融结合试点方案提纲

申报试点地区应根据科技部、中国人民银行、中国银监会、中国证监会、中国保监会《关于印发促进科技和金融结合试点实施方案的通知》（国科发财〔2010〕720 号）要求，结合本地区科技资源和金融资源现状及特点，加强组织领导，集成相关资源，研究制定地方促进科技和金融结合试点方案。试点方案提纲如下：

（一）指导思想和原则

申报试点地区研究提出开展促进科技和金融结合试点的指导思想和原则。

（二）试点目标

紧密结合当地经济和科技发展实际情况，研究提出本地区通过开展试点预期达到的主要目标。试点目标要切实可行，兼顾科技、银行、证券、保险四个领域。

（三）试点内容

根据地方试点目标和当地经济发展实际情况，突出地域特色，研究提出地方试点工作的主要内容。

1. 科技基础

说明截至 2010 年底，申报试点地区的高新技术企业数量及占规模以上企业数比例、科技型中小企业数量，2010 年度申报试点地区的 R&D 经费支出额及占 GDP 比例、高新技术企业工业增加值及占 GDP 的比例、地方财政收入及地方财政科技投入额、技术市场成交合同金额、科技担保公司数量及担保额、科技中介机构数量及其他等当地科技基础情况。

2. 金融基础

说明截至 2010 年底，申报试点地区的存贷款余额及人均数、金融服务网点数（银行）、各类金融机构数及资产总额、资产证券化率、产权交易所与技术交易所数量及其交易情况，2010 年度申报试点地区的创业风险投资及私募股权对高新技术企业投资额、小企业贷款当年新增额、小企业贷款余额占所有贷款余额比例、小企业贷款不良率、在中小企业板、创业板上市数量、当年保险费收入（不含总公司）、当年保险密度、当年保险深度，2009~2010 年各类债券发行额等当地金融基础情况。

3. 试点内容

说明在试点期间，申报试点地区拟开展的促进科技和金融结合的内容、措施及预期目标等。试点内容要有重点、有优势、有特色，采取的措施要有针对性和可操作性，预期目标要具体、量化。

可选择的试点内容主要有：创新财政科技投入方式和科技管理体制机制，发展创业风险投资，科技担保，知识产权质押贷款、股权质押贷款，科技专家参与科技型中小企业贷款项目评审，科技金融合作试点支行及科技小额贷款公司，科技融资租赁，支持科技企业在中小企业板、创业板上市融资及在股权代办转让系统挂牌交易，以集合信托的方式支持科技型中小企业、科技型中小企业集合债券和集合票据，科技保险产品和业务创新，保险资金支持科技发展的创新实践，投证结合、银保结合等多种金融工具结合的创新实践，科技金融对接专项活动及其他等。

4. 服务体系

说明申报试点地区促进科技和金融结合的中介机构、科技金融服务平台、科技企业信用体系等的建设情况，以及在建立和完善科技金融服务体系过程中制定的政策、采取的措施等。

5. 保障措施

说明为完成试点工作所采取的保障措施，包括组织保障、人员部署、机构设置、部门间沟通协调机制、促进科技和金融结合的财政投入政策等情况。

6. 计划进度和阶段目标

试点周期 3 年。请根据申报试点地区发展规划，研究提出试点期间的工作进度安排和各阶段预期达到的目标。

关于印发《国家科技成果转化引导基金管理暂行办法》的通知

财教〔2011〕289 号

国务院各部委、各直属机构，新疆生产建设兵团，各省、自治区、直辖市、计划单列市财政厅（局）、科技厅（委、局），有关单位：

为贯彻落实《国家中长期科学和技术发展规划纲要》，加速推动科技成果转化与应用，引导社会力量和地方政府加大科技成果转化投入，中央财政设立国家科技成果转化引导基金（以下简称"转化基金"）。为规范转化基金管理，我们制定了《国家科技成果转化引导基金管理暂行办法》。现予印发，请遵照执行。

附件：国家科技成果转化引导基金管理暂行办法

财政部　科技部

二〇一一年七月四日

国家科技成果转化引导基金管理暂行办法

第一章　总　则

第一条　为贯彻落实《国家中长期科学和技术发展规划纲要》，加速推动科技成果转化与应用，引导社会力量和地方政府加大科技成果转化投入，中央财政设立国家科技成果转化引导基金（以下简称转化基金）。为规范转化基金的管理，制定本办法。

第二条　转化基金主要用于支持转化利用财政资金形成的科技成果，包括国家（行业、部门）科技计划（专项、项目）、地方科技计划（专项、项目）及其他由事业单位产生的新技术、新产品、新工艺、新材料、新装置及其系统等。

第三条　转化基金的资金来源为中央财政拨款、投资收益和社会捐赠。

第四条　转化基金的支持方式包括设立创业投资子基金、贷款风险补偿和绩效奖励等。

第五条　转化基金遵循引导性、间接性、非营利性和市场化原则。

第二章　科技成果转化项目库

第六条　科技部、财政部建立国家科技成果转化项目库（以下简称"成果库"），为科技成果转化提供信息支持。

应用型国家科技计划项目（课题）完成单位应当向成果库提交成果信息。

行业、部门、地方科技计划（专项、项目）产生的科技成果，分别经相关主管部门和省、自治区、直辖市、计划单列市（以下简称"省级"）科技部门审核推荐后可进入成果库；部门和地方所属事业单位产生的其他科技成果，分别经相关主管部门和省级科技部门审核推荐进入成果库。

第七条　成果库的建设和运行实行统筹规划、分层管理、开放共享、动态调整。鼓励部门、行业、地方参与成果库的建设。

第八条　成果库中的科技成果摘要信息，除涉及国家安全、重大社会公共利益和商业秘密外，向社会公开。

第三章　设立创业投资子基金

第九条　转化基金与符合条件的投资机构共同发起设立创业投资子基金（以下简称"子基金"），为转化科技成果的企业提供股权投资。科技部负责按规定批准发起设立子基金。

鼓励地方创业投资引导性基金参与发起设立子基金。

第十条　转化基金不作为子基金的第一大股东或出资人，对子基金的参股比例为子基金总额的20%~30%，其余资金由投资机构依法募集。

第十一条　子基金应以不低于转化基金出资额三倍的资金投资于转化成果库中科技成果的企业，其他投资方向应符合国家重点支持的高新技术领域。

第十二条　子基金不得从事贷款或股票（投资企业上市除外）、期货、房地产、证券投资基金、企业债券、金融衍生品等投资，也不得用于赞助、捐赠等支出。待投资金应当存放银行或购买国债。

第十三条　子基金存续期一般不超过 8 年。鼓励其他投资者购买转化基金在子基金中的股权。

第十四条　子基金应当在科技部、财政部招标选择的银行开设托管账户。存续期内产生的股权转让、分红、清算等资金应进入子基金托管账户，不得循环投资。

第十五条　子基金应当委托投资管理公司或管理团队进行管理。

第十六条　转化基金向子基金派出代表，对子基金行使出资人职责。

第十七条　子基金存续期结束时，年平均收益达到一定要求的，投资管理公司或管理团队可提取一定比例的业绩提成。子基金出资各方按照出资比例或相关协议约定获取投资收益，并可将部分收益奖励投资管理公司或管理团队。

第十八条　子基金应当在投资人协议和子基金章程中载明本章规定的相关事项。

第四章　贷款风险补偿

第十九条　科技部、财政部招标确定合作银行，对合作银行符合下列条件的贷款（以下简称"成果转化贷款"），可由转化基金给予一定的风险补偿：

（1）向年销售额3亿元以下的科技型中小企业发放用于转化成果库中科技成果的贷款；

（2）上述贷款的期限为1年（含1年）以上。

（3）贷款发生地省级政府出资共同开展成果转化贷款风险补偿。

第二十条　合作银行应制定和公布成果转化贷款的条件、标准和程序，在符合贷款条件的前提下，降低贷款成本、提高工作效率。

第二十一条　合作银行省级分支机构汇总当地成果转化贷款项目报同级科技部门、财政部门共同审核后，由合作银行总行按年度汇总报送科技部。科技部提出贷款风险补偿建议报送财政部。

第二十二条　年度风险补偿额按照合作银行当年的成果转化贷款额进行核定，补偿比例不超过贷款额的2%。

第二十三条　合作银行应加强对成果转化贷款的审核、管理和监督。

第五章　绩效奖励

第二十四条　对于为转化科技成果做出突出贡献的企业、科研机构、高等院校和科技中介服务机构，转化基金可给予一次性资金奖励。

第二十五条　绩效奖励对象所转化的成果应同时符合以下条件：

（1）属于本办法第二条规定的科技成果；

（2）在培育战略性新兴产业和支撑当前国家重点行业、关键领域发展中发挥了重要作用；

（3）未曾获得中央和地方财政用于科技成果转化方面的资金支持。

第二十六条　绩效奖励项目由有关部门和省级科技部门、财政部门向科技部、财政部推荐。

第二十七条　科技部、财政部组织专家或委托中介机构对申请绩效奖励的项目的经济和社会效益进行评价，科技部依据评价结果提出绩效奖励对象和额度的建议报送财政部。

第二十八条　绩效奖励资金应当分别用于以下方面：

（1）获奖企业的研究开发活动；

（2）获奖科研机构、高等院校的研究开发、成果转移转化活动；

（3）获奖科技中介服务机构的技术转移活动；

（4）获奖单位对创造科技成果和提供技术服务的科研人员的奖励。

第六章　组织管理和监督

第二十九条　科技部、财政部组织成立转化基金专家咨询委员会，为转化基金提供咨询。咨询委员由科技、管理、法律、金融、投资、财务等领域的专家担任。

第三十条　科技部、财政部共同委托具备条件的机构负责转化基金的日常管理工作，并进行指导、监督和组织评价。

第三十一条　受托管理机构应当建立适应转化基金管理和工作需要的人员队伍、内部组织机构、管理制度和风险控制机制等。

第三十二条　转化基金实施过程中涉及信息提供的单位，应当保证所提供信息的真实性，并对信息虚假导致的后果承担责任。

第三十三条　转化基金建立公示制度。

第七章　附　则

第三十四条　科技部、财政部根据本办法制定转化基金相关实施细则。

第三十五条　地方可以参照本办法设立科技成果转化引导基金。

第三十六条　本办法由财政部、科技部负责解释。

关于确定首批开展促进科技和金融结合试点地区的通知

国科发财〔2011〕539 号

各有关省、自治区、直辖市、计划单列市科技厅（委、局），中国人民银行上海总部、各有关分行、营业管理部、省会（首府）城市中心支行、副省级城市中心支行，各有关省、自治区、直辖市、计划单列市银监局、证监局、保监局，各试点地区：

根据科技部、中国人民银行、中国银监会、中国证监会、中国保监会《关于印发促进科技和金融结合试点实施方案的通知》（国科发财〔2010〕720 号）要求，结合各地提出的促进科技和金融结合试点方案，经研究，确定中关村国家自主创新示范区（北京）、天津市、上海市、江苏省、浙江省"杭温湖甬"地区、安徽省合芜蚌自主创新综合实验区、武汉市、长沙高新区、广东省"广佛莞"地区、重庆市、成都高新区、绵阳市、关中—天水经济区（陕西）、大连市、青岛市、深圳市等 16 个地区为首批促进科技和金融结合试点地区。

请你们根据试点实施方案的要求，加强当地各部门的协调和组织保障。各试点地区是试点工作的实施主体，要结合本地区实际情况，按照各地试点实施方案，扎实推进试点工作。

科学技术部　中国人民银行　中国银监会

中国证监会　中国保监会

二〇一一年十月二十日

关于促进科技和金融结合加快实施自主创新战略的若干意见

国科发财〔2011〕540 号

各省、自治区、直辖市、计划单列市科技厅（委、局）、财政厅（局），中国人民银行上海总部、各分行、营业管理部、省会（首府）城市中心支行、副省级城市中心支行，各省、自治区、直辖市、计划单列市国资监管机构、国家税务局、银监局、证监局、保监局，各中央企业：

为贯彻党的十七届五中全会精神，落实《国家中长期科学和技术发展规划纲要（2006~2020 年)》和《国家"十二五"科学和技术发展规划》，促进科技和金融结合，推进自主创新，培育发展战略性新兴产业，支撑和引领经济发展方式转变，加快建设创新型国家，提出以下意见：

（一）充分认识科技和金融结合的重要意义

科技创新能力的提升与金融政策环境的完善是加快实施自主创新战略的基础和保障。促进科技和金融结合是支撑和服务经济发展方式转变和结构调整的着力点。

科学技术是第一生产力，金融是现代经济的核心。科技创新和产业化需要金融的支持，同时也为金融体系健康发展拓展了空间。就全球产业革命而言，每一次产业革命的兴起无不源于科技创新，成于金融创新。实践证明，科技创新和金融创新紧密结合是社会变革生产方式和生活方式的重要引擎。在当前全球孕育新一轮创新竞争高潮、我国加快转变经济发展方式的关键时期，加强引导金融资源向科技领域配置，促进科技和金融结合，是加快科技成果转化和培育战略性新兴产业的重要举措，是深化科技体制和金融体制改革的根本要求，是我国提高自主创新能力和建设创新型国家的战略选择。要站在全局和战略的高度，充分认识促进科技和金融结合对于转变经济发展方式和经济结构战略性调整，实现科学发展的重要意义。深化科技、金融和管理改革创新，实现科技资源与金融资源的有效对接，加快形成多元化、多层次、多渠道的科技投融资体系，为深入实施自主创新战略提供重要保障。

（二）优化科技资源配置，建立科技和金融结合协调机制

（1）创新财政科技投入方式与机制。推动建立以企业为主体、市场为导向、产学研相结合的技术创新体系，加快推进科技计划和科技经费管理制度改革，促进政产学研用结合，综合运用无偿资助、偿还性资助、创业投资引导、风险补偿、贷款贴息以及后补助等多种方式，引导和带动社会资本参与科技创新。中央财政设立国家科技成果转化引导基金，通过设立创业投资子基金、贷款风险补偿和绩效奖励等方式，引导金融资本和民间资金促进科技成果转化，地方可以参照设立科技成果转化引导基金。

（2）建立和完善科技部门与金融管理部门、财税部门、国资监管机构的科技金融协调机制。重点围绕促进科技创新和产业化的目标制定和落实相关支持政策和措施。加强中央层面与地方层面的科技金融工作联动，构建以政府投入为引导、企业投入为主体，政府资金与社会资金、股权融资与债权融资、直接融资与间接融资有机结合的科技投融资体系。各地要加强对科技和金融结合工作的

指导，推进科技部门、高新区与地方金融管理部门的合作，统筹协调科技金融资源，搭建科技金融合作平台，优选优育科技企业资源，推动创业投资机构、银行、券商和保险机构等创新金融产品及服务模式，优化金融生态环境，提升区域经济活力和创新能力。

（三）培育和发展创业投资

（1）充分发挥创业投资引导基金的重要作用。扩大科技型中小企业创业投资引导基金规模，综合运用阶段参股、风险补助和投资保障等方式，引导创业投资机构向初创期科技型中小企业投资，促进科技型中小企业创新发展。鼓励和支持地方规范设立和运作创业投资引导基金，逐步形成上下联动的创业投资引导基金体系，引导更多社会资金进入创业投资领域，促进政府引导、市场运作的创业投资发展。

（2）充分发挥国有创业投资的重要作用，推动国有创业投资机构加大对初创期科技型中小企业投资力度。创新国有创业投资管理制度，探索建立适合创业投资发展规律的资本筹集、投资决策、考核评价、转让退出和激励约束等制度。国有创业投资机构和国有创业投资引导基金投资于未上市中小企业，符合条件的，可申请豁免国有股转持义务。

各类国有及国有控股科技型企业应根据自身特点探索整体或按科技成果转化项目引入私募股权基金、风险资本等，组合各类社会资本，实现投资主体多元化，改善治理结构，创新发展体制，增强自主创新能力，加快科技成果转化。

（3）鼓励民间资本进入创业投资行业。逐步建立以政府资金为引导、民间资本为主体的创业资本筹集机制和市场化的创业资本运作机制，完善创业投资退出渠道，引导和支持民间资本参与自主创新。

探索科技项目与创业投资的对接机制，引导金融资本进入工业、现代农业、民生等领域。

（4）加强创业投资行业自律与监管。充分发挥全国性创业投资行业自律组织的作用，加强行业自律，规范引导创业投资行业健康发展。完善全国创业投资调查统计和年报制度，加强和完善全国创业投资信息系统建设。

（四）引导银行业金融机构加大对科技型中小企业的信贷支持

（1）优化信贷结构，加大对自主创新的信贷支持。金融机构要把落实自主创新战略放在突出位置，加强对重点科技工作的信贷支持和金融服务。金融机构要加强与科技部门合作，在国家科技重大专项、国家科技支撑计划、国家高技术研究发展计划（863计划）、星火计划、火炬计划等国家科技计划以及国家技术创新工程、国家高新区基础设施及地方科技重大专项和科技计划、科技型企业孵化抚育、科技成果转化、战略性新兴产业培育等重点科技工作领域内，进一步加大对自主创新的信贷支持力度。

（2）加强信用体系建设，推进科技型企业建立现代企业制度。在加强信用环境和金融生态建设的基础上，依托国家高新区建立科技企业信用建设示范区，优化区域投融资环境。发挥信用担保、信用评级和信用调查等信用中介的作用，利用中小企业信用担保资金等政策，扩大对科技型中小企业的担保业务，提升科技型中小企业信用水平。按照创新体制、转换机制的原则，推动科技型企业进行股份制改造，建立现代企业制度，更新投融资观念，为科技和金融结合奠定基础。

（3）引导政策性银行在风险可控原则下，积极支持国家科技重大专项、重大科技产业化项目，加大对科技成果转化项目以及高新技术企业发展所需的核心技术和关键设备进出口的支持力度，在其业务范围内为科技型企业提供金融服务。

（4）鼓励商业银行先行先试，积极探索，进行科技型中小企业贷款模式、产品和服务创新。根据科技型中小企业融资需求特点，加强对新型融资模式、服务手段、信贷产品及抵（质）押方式的研发和推广。对处于成熟期、经营模式稳定、经济效益较好的科技型中小企业，鼓励金融机构优先给予信贷支持，简化审贷程序；对于具有稳定物流和现金流的科技型中小企业，可发放信用贷款、应收账款质押和仓单质押贷款。扩大知识产权质押贷款规模，推进高新技术企业股权质押贷款业务。综合运用各类金融工具和产品，开展信贷、投资、债券、信托、保险等多种工具相融合的一揽子金融服务。

（5）鼓励商业银行创新金融组织形式，开展科技部门与银行之间的科技金融合作模式创新试点。依托国家高新区，鼓励商业银行新设或改造部分分（支）行作为专门从事科技型中小企业金融服务的专业分（支）行或特色分（支）行，积极向科技型中小企业提供优质的金融服务。完善科技专家为科技型中小企业贷款项目评审提供咨询服务的工作机制。

（6）依托国家高新区等科技型企业聚集的地区，在统筹规划、合理布局、加强监管、防控风险的基础上，建立科技小额贷款公司。鼓励科技小额贷款公司积极探索适合科技型中小企业的信贷管理模式。推动银行业金融机构与非银行金融机构深入合作，鼓励民间资本进入金融领域，形成科技小额贷款公司、创业投资机构、融资租赁公司、担保公司、银行专营机构等资源集成、优势互补的创新机制，做好科技型中小企业从初创期到成熟期各发展阶段的融资方式衔接。

（7）通过风险补偿、担保业务补助等增信方式，鼓励和引导银行进一步加大对科技型中小企业的信贷支持力度。建立科技型中小企业贷款风险补偿机制，形成政府、银行、企业以及中介机构多元参与的信贷风险分担机制。综合运用资本注入、业务补助等多种方式，提高担保机构对科技型中小企业的融资担保能力和积极性，创新担保方式，加快担保与创业投资的结合，推进多层次中小企业融资担保体系建设。

（8）鼓励金融机构建立适应科技型企业特点的信贷管理制度和差异化的考核机制。引导商业银行继续深化利率的风险定价机制、独立核算机制、高效的贷款审批机制、激励约束机制、专业化的人员培训机制、违约信息通报机制等六项机制，按照小企业专营机构单列信贷计划、单独配置人力和财务资源、单独客户认定与信贷评审、单独会计核算等原则，加大对科技型中小企业业务条线的管理建设及资源配置力度。对于风险成本计量到位、资本与拨备充足、科技型中小企业金融服务良好的商业银行，经银行监管部门认定，相关监管指标可做差异化考核。根据商业银行科技型中小企业贷款的风险、成本和核销等具体情况，对科技型中小企业不良贷款比率实行差异化考核，适当提高科技型中小企业不良贷款比率容忍度。

（五）大力发展多层次资本市场，扩大直接融资规模

（1）加快多层次资本市场体系建设，支持科技型企业发展。探索建立科技部门和证券监管部门的信息沟通机制，支持符合条件的创新型企业上市。支持符合条件的已上市创新型企业再融资和进行市场化并购重组。加快推进全国场外交易市场建设，完善产权交易市场监管和交易制度，提高交易效率，为包括非上市科技型企业在内的中小企业的产权（股份）转让、融资提供服务。

（2）支持科技型企业通过债券市场融资。进一步完善直接债务融资工具发行机制、简化发行流程。支持符合条件的科技型中小企业通过发行公司债券、企业债、短期融资券、中期票据、集合债券、集合票据等方式融资。探索符合条件的高新技术企业发行高收益债券融资。鼓励科技型中小企业进一步完善公司治理与财务结构，鼓励中介机构加强对其辅导力度，以促进其直接债务

融资。

（3）利用信托工具支持自主创新和科技型企业发展。推动公益信托支持科学技术研究开发。充分利用信托贷款和股权投资、融资租赁等多种方式的组合，拓宽科技型中小企业融资渠道。

（4）探索利用产权交易市场为科技型小微企业股权流转和融资服务，促进科技成果转化和知识产权交易。建立技术产权交易所联盟和统一信息披露系统，为科技成果流通和科技型中小企业通过非公开方式进行股权融资提供服务。建立有利于技术产权流转的监管服务机制，利用产权交易所，依法合规开展产权交易，为股权转让、知识产权质押物流转、处置等提供服务。

（六）积极推动科技保险发展

（1）进一步加强和完善保险服务。在现有工作基础上，保险机构根据科技型中小企业的特点，积极开发适合科技创新的保险产品，积累科技保险风险数据，科学确定保险费率。加快培育和完善科技保险市场，在科技型中小企业自主创业、并购以及战略性新兴产业等方面提供保险支持，进一步拓宽科技保险服务领域。

（2）探索保险资金参与国家高新区基础设施建设、战略性新兴产业培育和国家重大科技项目投资等支持科技发展的方式方法。支持开展自主创新首台（套）产品的推广应用、科技型中小企业融资以及科技人员保障类保险。

（七）强化有利于促进科技和金融结合的保障措施

（1）建立有利于科技成果转化和自主创新的激励机制。在国家高新区内实施企业股权和分红激励机制，促进科技成果转移、转化和产业化。根据财政部、国家税务总局《对中关村科技园区建设国家自主创新示范区有关股权奖励个人所得税试点政策的通知》（财税〔2010〕83号）精神，2010年1月1日~2011年12月31日，在中关村国家自主创新示范区试点开展下列政策：对示范区内科技创新创业企业转化科技成果，以股份或出资比例等股权形式给予本企业相关技术人员的奖励，企业技术人员一次缴纳税款有困难的，经主管税务机关审核，可分期缴纳个人所得税，但最长不得超过5年。

（2）加强科技金融中介服务体系建设。建立规范的科技成果评估、定价、流转及监管等方面的中介机构，探索建立科技成果转化经纪人制度，加速科技成果转化。充分发挥各类基金以及生产力促进中心、大学科技园、科技企业孵化器、产业技术创新战略联盟、技术转移机构等的技术创新服务功能和投融资平台作用，逐步建立一批集评估、咨询、法律、财务、融资、培训等多种功能为一体的科技金融服务中心。

（3）培育科技金融创新的复合型人才，吸引高端人才进入创新创业领域。结合创新人才推进计划、青年英才开发计划、海外高层次人才引进计划和国家高技能人才振兴计划等各项国家重大人才工程的实施，依托高校和社会培训机构等开展相关培训工作，加快培育一批既懂科技又懂金融的复合型人才，支持科技型企业吸引和凝聚创新创业人才。

（八）加强实施效果评估和政策落实

（1）加强科技和金融结合实施成效的监测评估。制订科技金融发展水平和服务能力评价指标，建立相应的统计制度和监测体系，并在监测基础上建立评估体系，对科技和金融结合实施成效进行动态评估。根据评估的结果，对促进科技和金融结合、支持自主创新表现突出的人员和相关机构给予表彰。

（2）加强政策落实。各级科技部门会同财政、人行、国资、税务、银监、证监、保监以及金融办等部门，根据本指导意见精神，结合本地实际，制定科技和金融结合的具体实施意见或办法。

科技部　财政部　中国人民银行

国务院国资委　国家税务总局　中国银监会

中国证监会　中国保监会

二〇一一年十月二十日

科技部关于印发进一步鼓励和引导民间资本进入科技创新领域意见的通知

国科发财〔2012〕739 号

各省、自治区、直辖市、计划单列市、副省级城市科技厅（委、局），新疆生产建设兵团科技局，各国家高新区管委会：

根据《国务院关于鼓励和引导民间投资健康发展的若干意见》（国发〔2010〕13 号）的精神，为支持民营企业提高技术创新能力，鼓励和引导民间资本进入科技创新领域，促进民间投资健康发展，科技部制定了《科技部关于进一步鼓励和引导民间资本进入科技创新领域的意见》。现印发给你们，请结合本地区实际情况，认真贯彻落实。如有意见和建议，请及时反馈至科研条件与财务司。

联系人：沈文京

电　话：010-58881686

附　件：科技部关于进一步鼓励和引导民间资本进入科技创新领域的意见

科学技术部

二〇一二年六月十八日

科技部关于进一步鼓励和引导民间资本进入科技创新领域的意见

改革开放以来，我国民营企业快速发展，民间资本持续增长，在促进科技成果转化、培育发展战略性新兴产业、加快经济发展方式转变中发挥了重要作用。科技工作始终把支持和鼓励民间资本进入科技创新领域作为一项重要任务。目前，50%的国家科技重大专项、90%的国家科技支撑计划、35%的 863 计划项目都有企业（包括民营企业）参与实施。民间资本已经成为科技投入的重要来源，民营企业已经成为自主创新的重要力量。

为贯彻落实《国务院关于鼓励和引导民间投资健康发展的若干意见》（国发〔2010〕13 号），进一步鼓励和引导民间资本进入科技创新领域，提升民营企业技术创新能力，促进民间投资和民营企业健康发展，提出以下意见：

（一）深化国家科技计划管理改革，进一步加大对民营企业技术创新的支持力度

（1）鼓励更多的民营企业参与国家科技计划。切实落实国家科技计划管理改革的各项政策措施，在计划管理的各个环节为民营企业提供便利，鼓励其通过平等竞争牵头承担或与高等院校、科研院所联合承担国家科技重大专项和 973 计划、863 计划、支撑计划、科技惠民计划等国家科技计

划项目。支持有实力的民营企业联合高等院校、科研院所等组建产业技术创新战略联盟，组织实施产业带动力强、经济社会影响力大的国家重大科技攻关项目和科技成果产业化项目，依靠科技创新做强做大。经科技部审核的产业技术创新战略联盟，可作为项目组织单位参与国家科技计划项目的组织实施。

（2）大力扶持小型微型民营科技企业发展。星火计划、火炬计划、科技惠民计划、科技型中小企业技术创新基金、农业科技成果转化资金、科技富民强县专项等要进一步发挥对小型微型民营科技企业发展的抚育扶持作用，创新支持方式，扩大资助范围，加大支持力度，激发小型微型民营科技企业的技术创新活力。

（3）创新国家科技计划资助方式。综合运用科研资助、风险补偿、偿还性资助、创业投资、贷款贴息等方式，激励民营企业加大科技投入。继续探索和实践国家科学基金与有实力的企业设立联合基金，以企业需求为导向资助研发活动。

（4）鼓励民营企业参与国家科技计划的制定和管理。在确定国家科技计划的重点领域和编制项目指南时，要充分听取民营企业的意见，反映民营企业的重大技术需求。吸收更多来自民营企业的技术、管理、经营等方面的专家参加国家科技计划的立项评审、结题验收等工作。鼓励民间资本对国有单位承担的国家科技计划项目进行前瞻性投入，参与过程管理，分担风险，共享收益。

（5）支持民营企业参与国际科技合作。发挥政府间科技合作机制和国际创新园、国际联合研发中心、国际技术转移中心的作用，推动国内优势民营企业与国外一流机构建立稳定互利的合作关系，以人才引进、技术引进、研发外包等方式开展国际科技合作与交流。

（二）汇聚科技资源，进一步增强民营企业持续创新能力

（1）加快推进民营企业研发机构建设。在布局建设国家和地方工程（技术）研究中心、工程实验室、重点实验室等产业关键共性技术创新平台时，支持有条件的行业大型骨干民营企业发展综合性研发机构和海外研发机构，提高其利用全球创新资源和参与国际分工协作的能力。在实施创新人才推进计划等相关工作中，引导一批拥有核心技术或自主知识产权的优秀科技人才向民营企业流动和集聚。进一步加强民营企业工程技术人才的继续教育。积极探索设立专项资金，吸引和带动民间资本，鼓励和引导有条件的中小型民营科技企业自建或与科研院所、高等院校共建技术（开发）中心和中试示范基地。

（2）支持民办科研机构创新发展。完善政策法规，鼓励民间资本兴办科研机构，探索建立符合自身特点和发展需要的新型体制机制，面向市场和新兴产业发展需求开展技术研发、成果转化和技术服务。对瞄准国际前沿开展源头性技术创新的民办科研机构加大扶持力度，鼓励其牵头或参与承担国家科技计划项目，引进和培养优秀创新人才，创建国际一流研究开发条件和平台，在重大原创性技术方面取得突破，努力掌握新兴产业和行业发展话语权。符合条件的民办科研机构，可按照程序申请成为国家重点实验室或工程技术研究中心。研究制定民办科研机构进口科研仪器设备的税收优惠政策。

（3）促进公共创新资源向民营企业开放共享。推进工程技术研究中心、重点实验室、大型科学仪器设备中心、分析测试中心、实验动物中心等创新平台的资源共享，加大先进实验仪器设备和设施、科技文献、科学数据的开放力度，针对民营企业急需解决的技术问题，提供个性化的服务和分析测试方案，提高民营企业的科技创新效率。对公共创新资源实行开放共享运行的补贴政策。

（4）搭建民间资本与国家科技计划成果的信息对接平台。建立国家科技成果转化项目库，统筹国家财政性资金资助形成的科技成果信息资源，除涉及国家安全、重大社会公共利益和商业秘密外，科技成果的相关信息向社会公开，鼓励民间资本投资科技成果转化和产业化项目。

（三）促进科技和金融结合，进一步拓宽民间资本进入科技创新领域的渠道

（1）大力引导民间资本开展科技创业投资。切实发挥科技型中小企业创业投资引导基金的杠杆带动作用，与地方规范设立和运作的创业投资引导基金形成上下联动的引导体系，运用阶段参股、风险补助和投资保障等方式，支持民间资本创办或参股科技创业投资机构，支持以民间资本为主体的科技创业投资健康发展。启动国家科技成果转化引导基金，鼓励地方参照设立相关基金，采取设立创业投资子基金、贷款风险补偿和绩效奖励等方式，支持和引导民间资本参与科技成果转化。

（2）推动民营科技企业进入多层次资本市场融资。支持和指导民营科技企业进行股份制改造，建立现代企业制度，规范治理结构。完善科技管理部门和证券监管部门的信息沟通机制，支持符合条件的民营科技企业在主板、中小企业板和创业板上市。加快推进中关村非上市公司股权转让试点，为非上市民营科技企业的产权转让、融资提供服务。

（3）支持民间资本通过发行债券产品和设立科技金融专营机构等方式开展科技投融资活动。鼓励地方科技管理部门和国家高新区组织发行中小型科技企业集合债券、集合票据、私募债券以及信托产品等债券产品，并引导民间资本合法合规投资。鼓励和支持民间资本与地方科技管理部门、国家高新区共同设立科技小额贷款公司、科技担保公司、科技融资租赁公司等专业机构。

（4）加强和完善技术产权交易机构的融资服务功能。建立技术产权交易机构联盟和统一规范的交易标准流程，以技术产权交易机构为平台，为民营企业提供技术产权交易、股权转让、知识产权质押物流转等服务。

（5）发挥民间资本在促进科技和金融结合试点中的重要作用。各试点地区要作为引导民间资本进入科技创新领域的先行区，制定出台政策措施，统筹协调科技资源、金融资源和民间资本，建设多层次、多元化、多渠道的科技投融资体系，支持小型微型民营科技企业发展。

（四）落实和完善政策，进一步营造有利于民营企业创新创业的发展环境

（1）为民营企业的科技创新落实各项扶持政策。经认定的民营高新技术企业享受所得税优惠政策。规范企业研发费用归集方法，对民营企业开发新技术、新产品、新工艺发生的研究开发费用，落实加计扣除政策。民营企业的技术转让所得，享受所得税优惠政策。

（2）落实民间资本参与创业投资的税收政策。创业投资企业采取股权投资方式投资于未上市的中小高新技术企业2年以上的，可以按照其投资额的70%在股权持有满2年的当年抵扣该创业投资企业的应纳税所得额。

（3）健全完善科技中介服务体系。加快发展生产力促进中心、科技企业孵化器、大学科技园、技术转移机构、科技金融服务中心等各类科技中介服务机构，逐步建立一批具有分析测试、创业孵化、评估咨询、法律、财务、投融资等功能的综合服务平台，实现组织网络化、功能社会化、服务产业化，为民营企业提供技术开发、创业辅导、信息咨询和融资支持等服务，为民间资本投资科技成果（项目）搭建对接平台，协助初创期的企业解决各种困难，提高科技创业和民间投资的成功率。继续实施国家对科技企业孵化器、大学科技园的税收扶持政策。

（4）推进国家高新区建设。实施国家高新区创新发展战略提升行动，推动国家自主创新示范区加大先行先试力度并适时推广成功经验，在高新区聚焦具有明确优势的战略性新兴产业，积极打造具有国际竞争力的创新型产业集群，将高新区建设成为民营企业创新创业和民间资本进入科技创新

领域的重要平台和基地。

（5）各级科技管理部门、国家高新区要进一步解放思想、统一认识、创新工作方法，破除制约民间资本进入科技创新领域的思想观念和体制机制障碍，切实把民营企业作为技术创新的主体，把民间资本作为推动全社会科技进步的重要力量，努力营造良好的创新创业环境。要面向民营企业进一步加大科技工作大政方针、科技计划申报、科技经费管理和使用、科技资源开放共享、科技税收政策、科技和金融结合等方面的宣传、培训和服务，支持民营企业不断提高技术创新能力，促进民间资本健康发展，加快推进创新型国家建设。

《中共中央、国务院关于深化科技体制改革加快国家创新体系建设的意见》（节选）

中发〔2012〕6 号

（四）建立企业主导产业技术研发创新的体制机制。加快建立企业为主体、市场为导向、产学研用紧密结合的技术创新体系。充分发挥企业在技术创新决策、研发投入、科研组织和成果转化中的主体作用，吸纳企业参与国家科技项目的决策，产业目标明确的国家重大科技项目由有条件的企业牵头组织实施。引导和支持企业加强技术研发能力建设，"十二五"时期国家重点建设的工程技术类研究中心和实验室，优先在具备条件的行业骨干企业布局。科研院所和高等学校要更多地为企业技术创新提供支持和服务，促进技术、人才等创新要素向企业研发机构流动。支持行业骨干企业与科研院所、高等学校联合组建技术研发平台和产业技术创新战略联盟，合作开展核心关键技术研发和相关基础研究，联合培养人才，共享科研成果。鼓励科研院所和高等学校的科技人员创办科技型企业，促进研发成果转化。

进一步强化和完善政策措施，引导鼓励企业成为技术创新主体。落实企业研发费用税前加计扣除政策，适用范围包括战略性新兴产业、传统产业技术改造和现代服务业等领域的研发活动；改进企业研发费用计核方法，合理扩大研发费用加计扣除范围，加大企业研发设备加速折旧等政策的落实力度，激励企业加大研发投入。完善高新技术企业认定办法，落实相关优惠政策。建立健全国有企业技术创新的经营业绩考核制度，落实和完善国有企业研发投入的考核措施，加强对不同行业研发投入和产出的分类考核。加大国有资本经营预算对自主创新的支持力度，支持中央企业围绕国家重点研发任务开展技术创新和成果产业化。营造公平竞争的市场环境，大力支持民营企业创新活动。加大对中小企业、微型企业技术创新的财政和金融支持，落实好相关税收优惠政策。扩大科技型中小企业创新基金规模，通过贷款贴息、研发资助等方式支持中小企业技术创新活动。建立政府引导资金和社会资本共同支持初创科技型企业发展的风险投资机制，实施科技型中小企业创业投资引导基金及新兴产业创业投资计划，引导创业投资机构投资科技型中小企业。完善支持中小企业技术创新和向中小企业技术转移的公共服务平台，健全服务功能和服务标准。支持企业职工的技术创新活动。

（十一）加强科技宏观统筹。完善统筹协调的科技宏观决策体系，建立健全国家科技重大决策机制，完善中央与地方之间、科技相关部门之间、科技部门与其他部门之间的沟通协调机制，进一步明确国家各类科技计划、专项、基金的定位和支持重点，防止重复部署。加快转变政府管理职能，加强战略规划、政策法规、标准规范和监督指导等方面职责，提高公共科技服务能力，充分发挥各类创新主体的作用。完善国家科技决策咨询制度，重大科技决策要广泛听取意见，将科技咨询纳入国家重大问题的决策程序。探索社会主义市场经济条件下的举国体制，完善重大战略性科技任务的组织方式，充分发挥我国社会主义制度集中力量办大事的优势，充分发挥市场在资源配置中的基础性作用，保障国家科技重大专项等顺利实施。

（十三）完善科技经费管理制度。健全竞争性经费和稳定支持经费相协调的投入机制，优化基础研究、应用研究、试验发展和成果转化的经费投入结构。完善科研课题间接成本补偿机制。建立健全符合科研规律的科技项目经费管理机制和审计方式，增加项目承担单位预算调整权限，提高经费使用自主权。建立健全科研经费监督管理机制，完善科技相关部门预算和科研经费信息公开公示制度，通过实施国库集中支付、公务卡等办法，严格科技财务制度，强化对科技经费使用过程的监管，依法查处违法违规行为。加强对各类科技计划、专项、基金、工程等经费管理使用的综合绩效评价，健全科技项目管理问责机制，依法公开问责情况，提高资金使用效益。

（十七）完善相关法律法规和政策措施。落实科技规划纲要配套政策，发挥政府在科技投入中的引导作用，进一步落实和完善促进全社会研发经费逐步增长的相关政策措施，加快形成多元化、多层次、多渠道的科技投入体系，实现 2020 年全社会研发经费占国内生产总值 2.5%以上的目标。

完善和落实促进科技成果转化应用的政策措施，实施技术转让所得税优惠政策，用好国家科技成果转化引导基金，加大对新技术新工艺新产品应用推广的支持力度，研究采取以奖代补、贷款贴息、创业投资引导等多种形式，完善和落实促进新技术新产品应用的需求引导政策，支持企业承接和采用新技术、开展新技术新工艺新产品的工程化研究应用。完善落实科技人员成果转化的股权、期权激励和奖励等收益分配政策。

促进科技和金融结合，创新金融服务科技的方式和途径。综合运用买方信贷、卖方信贷、融资租赁等金融工具，引导银行等金融机构加大对科技型中小企业的信贷支持。推广知识产权和股权质押贷款。加大多层次资本市场对科技型企业的支持力度，扩大非上市股份公司代办股份转让系统试点。培育和发展创业投资，完善创业投资退出渠道，支持地方规范设立创业投资引导基金，引导民间资本参与自主创新。积极开发适合科技创新的保险产品，加快培育和完善科技保险市场。

加强知识产权的创造、运用、保护和管理，"十二五"期末实现每万人发明专利拥有量达到 3.3件的目标。建立国家重大关键技术领域专利态势分析和预警机制。完善知识产权保护措施，健全知识产权维权援助机制。完善科技成果转化为技术标准的政策措施，加强技术标准的研究制定。

认真落实科学技术进步法及相关法律法规，推动促进科技成果转化法修订工作，加大对科技创新活动和科技创新成果的法律保护力度，依法惩治侵犯知识产权和科技成果的违法犯罪行为，为科技创新营造良好的法治环境。

二、创业风险投资

国务院办公厅转发科技部等部门关于建立风险投资机制若干意见的通知

国办发〔1999〕105 号

各省、自治区、直辖市人民政府，国务院各部委、各直属机构：

科技部、国家计委、国家经贸委、财政部、人民银行、税务总局、证监会《关于建立风险投资机制的若干意见》已经国务院同意，现转发给你们，请参照试行。

国务院办公厅

一九九九年十二月三十日

关于建立风险投资机制的若干意见

为贯彻《中共中央、国务院关于加强技术创新，发展高科技，实现产业化的决定》（中发〔1999〕14 号）中"要培育有利于高新技术产业发展的资本市场，逐步建立风险投资机制"的精神，指导、规范风险投资活动，推动风险投资事业的健康发展，现就建立风险投资机制提出以下意见：

（一）建立风险投资机制的意义

（1）创新是一个民族进步的灵魂，是国家兴旺发达的不竭动力。技术创新，既是经济可持续发展的根本推动力量，也是提高国际竞争力和实现经济安全的根本保障。要使知识有效地转化为高新技术，高新技术有效地实现产业化，需要建立一个能有效地动员和集中创业资本、促进知识向高新技术转化、加速高新技术成果商品化和产业化进程的风险投资机制。建立规范的风险投资机制，对于推进国家技术创新体系建设，提高国民经济整体素质和综合国力，实现跨越式发展具有重要意义。建立有效的风险投资机制，对于高新技术的开发及其成果的产业化，具有重要作用。

（2）近几年，我国科学技术的发展支持了国民经济的建设，技术进步对经济增长的贡献率有所提高。但是，科技向现实生产力转化能力薄弱，高新技术产业化程度低，具有自主知识产权的高新技术企业少的状况还未根本改变。在国际市场竞争日趋激烈的条件下，缺乏自主的技术创新能力，难以保证国民经济的可持续发展和国家经济安全。建立风险投资机制，促进高新技术产业的发展，是实施科教兴国战略的要求。

（3）风险投资（又称创业投资）是指向主要属于科技型的高成长性创业企业提供股权资本，并为其提供经营管理和咨询服务，以期在被投资企业发展成熟后，通过股权转让获取中长期资本增值收益的投资行为。建立风险投资机制要创造良好的外部环境和改革制度，培育适应社会主义市场经济规律的，有利于加速技术创新和成果转化的，能将经济部门推进技术进步与金融部门保障支持有机结合的经济运行体系。其主要内容包括：投资主体、投资对象、撤出渠道、中介服务机构、监管系统等。

（4）建立风险投资机制的目的，是促进高新技术成果走向市场、实现产业化，提高科技进步对经济增长的贡献率，通过创造良好的外部环境，促使企业积极参与技术创新和科技创业活动，推动产业、产品结构的调整和升级形成良性循环。

（二）建立风险投资机制的基本原则

（1）按照社会主义市场经济规律建立风险投资机制。要面向市场，拓展创业资本来源；运用市场机制，强化风险投资主体内部的责任约束和利益激励；按照规范、有序的原则培育服务于风险投资市场的中介服务机构；根据我国的实际情况，有步骤地培育有利于风险投资撤出和高新技术产业发展的资本市场体系；建立风险投资的风险防范、信息披露和监管系统；制定相应法规为国际创业资本的进入和撤出提供便利条件，逐步与国际风险投资市场接轨。

（2）充分发挥各级人民政府和社会力量的积极性，加快风险投资体系的建设。国家按照"制定政策、创造环境、加强监管、控制风险"的原则，推进风险投资体系的建设；鼓励地方、企业、金融机构、个人、外商等各类投资者积极推动和参与风险投资事业的发展；拓宽市场准入渠道，对风险投资活动以及各类机构和个人对风险投资机构的投资，给予必要的扶持政策；制定与风险投资有关的一系列法规和制度，建立相关的监管标准和监管系统；在推进风险投资机制建设中，要重视发挥科技创业服务中心、高新技术开发区、高等学校科技园区及其他机构的作用。

（三）培育风险投资主体

（1）风险投资公司和风险投资基金，是风险投资主体中的主导性机构。其主要服务对象是高新技术企业及科技型中小企业；主要功能是吸收各类投资者的创业资本，为高新技术产业化，提供资本金、经营管理及其他方面的支持；主要成员是专门从事风险投资的专家型人才；资本运作的主要方式是"战略投资"方式，还可以采用股权投资、可转换证券等多种方式进行投资。

（2）风险投资公司是以风险投资为主要经营活动的非金融性企业，其主营业务是向高新技术企业及科技型中小企业进行投资，转让由投资所形成的股权，为高新技术企业提供融资咨询，参与被投资企业的经营管理等。风险投资公司设立时要注意政企分开，鼓励非国有企业、个人、外商及其他机构投资入股。风险投资公司采取有限责任公司、股份有限公司等形式并积极探索新的运作模式。允许风险投资公司运用全额资本金进行投资。

（3）风险投资基金是专门从事风险投资以促进科技型中小企业发展的一种投资基金。为适应风险投资的特点，风险投资基金应采取私募方式，向确定的投资者发行基金份额。其募集对象可以是个人、企业、机构投资者、境外投资者，应拓宽民间资本来源；同时，对投资者的风险承受能力应有一定要求。投资者所承诺的资金可以分期到位。风险投资基金应按封闭式设立，即事先确定发行总额和存续期限，在存续期限内基金份额不得赎回。

（4）风险投资公司和风险投资基金的实收货币资本必须充足。风险投资公司和风险投资基金对高新技术企业的投资额应占其实收资本的较大比重。为规避风险，对特定企业或单一项目投资比例不宜过高。

（5）风险投资机构的主要管理人员应具备懂技术、会管理、无不良记录、诚实申报个人财产并愿意为业务损失承担相关责任等条件。

（6）风险投资机构要建立完善的内部激励机制和约束机制。按照允许和鼓励资本、技术等生产要素参与收益分配的原则，可以采取经营管理人员持有股份等形式调动其积极性；通过出资人与经营管理人员间的契约，根据经营绩效约定股份期权的类型、数量、赠与条件、约束条件、执行办法等，同时明确高层管理人员对渎职、重大失误等行为承担的责任。

风险投资公司和风险投资基金的成立和审批，必须按照国务院有关部门制定的办法和程序进行。

（四）建立风险投资撤出机制

（1）建立和拓宽撤出渠道，推动风险投资的发展。"撤出"是指风险投资通过转让股权获取回报的经营行为。要遵循资本运作的客观规律，创造顺畅的撤出渠道，以便有效吸引社会资金进入风险投资领域，保障风险投资的良性循环，解决创业资本的股权流动、风险分散、价值评价等问题。

风险投资的主要撤出方式：企业购并、股权回购、股票市场上市等。

（2）企业购并是指高新技术企业在未上市前，将部分股权或全部股权向其他企业或个人转让的行为。允许和鼓励非银行金融机构、上市公司、产业投资基金和其他公司及个人参与对高新技术企业的购并活动。

（3）股权回购是指企业购回风险投资机构在本企业所持股权的行为。金融机构、中小企业信贷担保基金及其他各类担保机构，要积极支持高新技术企业的股权回购活动。

（4）条件成熟时，在现有的上海、深圳证券交易所专门设立高新技术企业板块，为高新技术企业特别是科技型中小企业上市和交易服务，这既能充分利用现有设施和监管资源，有利于证券市场的集中统一监管，又能较快地拓宽和完善风险投资撤出渠道。其发行上市、交易的具体办法，由证监会制定。

（5）境外创业板块股票市场也是可利用的风险投资撤出渠道之一，如美国的纳斯达克（NASDAQ）市场和香港联合证券交易所设立的创业板块等。在政策上向高新技术企业境外上市倾斜，有利于利用国际资本发展我国高新技术产业，有利于吸引境外创业资本进入我国风险投资市场，有利于高新技术企业走向国际市场。上市、交易的具体办法，由证监会制定。

（五）完善中介服务机构体系

（1）充分发挥中介服务机构在咨询、监督、评估等方面的重要作用。风险投资要求目前已有的中介服务机构为其提供服务，还要求针对其特殊性和专门需要，设立包括行业协会、科技项目评估机构、技术经纪机构、风险投资咨询顾问机构等专门的中介服务机构。

（2）中介服务机构的设立要严格执行政企分开的原则，使之成为自创信誉、自负盈亏、自担经济法律责任的法人实体。按诚信、公正、科学的原则，依法开展经营活动。

（3）经审批成立的风险投资行业协会，作为风险投资主体、高新技术企业、有关中介服务机构等的行业自律组织，开展行业规范和服务标准的制定工作，对其成员的执业情况进行评定，形成自律机制；开展风险投资人才培训和民间国际交流活动等。

（六）建立健全鼓励和引导风险投资的政策和法规体系

（1）为推进规范的风险投资机制的建立，根据本意见，国务院有关部门将制定建立风险投资公司和风险投资基金的申请、审批、管理等具体实施办法；研究制定有利于风险投资发展的财税、金融扶持政策和鼓励境外创业资本进入风险投资市场的政策；研究制定在上海、深圳证券交易所设立"高新技术企业板块"的实施方案，研究制定科技型中小企业股票发行、上市、交易的有关政策和法规；研究制定科技型中小企业到境外创业板市场发行证券和上市的有关政策；研究制定建立风险投资行业协会的审批、管理办法。

（2）国务院有关部门将根据国家产业政策、技术政策和产业、产品结构调整战略目标，定期制定颁布风险投资项目（领域）指南，引导创业资本投向。

风险投资是一项投资周期长、风险程度高、竞争性强的特殊资本运作方式。各地在推动建立风险投资机制时应注意防范风险，依法有序发展，避免一哄而起，避免出现单纯依靠或主要依靠政府出资建立风险投资机构的现象。应当鼓励以民间资本为主，政府以引导、扶持和有限参与为基本原则。各省、自治区、直辖市人民政府应根据本地区科技、经济和市场发展水平，坚持近期目标和长远目标相结合，采取切实可行的措施，着重在创造环境、完善市场机制、吸引国内外创业资本方面发挥作用，积极稳妥地推进风险投资事业的发展。

科技部　国家计委　国家经贸委　财政部

人民银行　税务总局　证监会

一九九九年十一月十六日

外商投资创业投资企业管理规定

对外贸易经济合作部等 5 部委令　2003 年第 2 号

《外商投资创业投资企业管理规定》已经 2002 年 10 月 31 日对外贸易经济合作部第 11 次部务会议审议通过，现予以公布，自 2003 年 3 月 1 日起施行。

部长　石广生　部长　徐冠华

局长　王众孚　局长　金人庆　局长　郭树清

二○○三年一月三十日

第一章　总　则

第一条　为鼓励外国公司、企业和其他经济组织或个人（以下简称外国投资者）来华从事创业投资，建立和完善中国的创业投资机制，根据《中华人民共和国中外合作经营企业法》、《中华人民共和国中外合资经营企业法》、《中华人民共和国外资企业法》、《公司法》及其他相关的法律法规，制定本规定。

第二条　本规定所称外商投资创业投资企业（以下简称创投企业）是指外国投资者或外国投资者与根据中国法律注册成立的公司、企业或其他经济组织（以下简称中国投资者），根据本规定在中国境内设立的以创业投资为经营活动的外商投资企业。

第三条　本规定所称创业投资是指主要向未上市高新技术企业（以下简称所投资企业）进行股权投资，并为之提供创业管理服务，以期获取资本增值收益的投资方式。

第四条　创投企业可以采取非法人制组织形式，也可以采取公司制组织形式。

采取非法人制组织形式的创投企业（以下简称非法人制创投企业）的投资者对创投企业的债务承担连带责任。非法人制创投企业的投资者也可以在创投企业合同中约定在非法人制创投企业资产不足以清偿该债务时由第七条所述的必备投资者承担连带责任，其他投资者以其认缴的出资额为限承担责任。

采用公司制组织形式的创投企业（以下简称公司制创投企业）的投资者以其各自认缴的出资额为限对创投企业承担责任。

第五条　创投企业应遵守中国有关法律法规，符合外商投资产业政策，不得损害中国的社会公共利益。创投企业在中国境内的正当经营活动及合法权益受中国法律的保护。

第二章　设立与登记

第六条　设立创投企业应具备下列条件：

（1）投资者人数在 2 人以上 50 人以下；且应至少拥有一个第七条所述的必备投资者；

（2）非法人制创投企业投资者认缴出资总额的最低限额为 1000 万美元；公司制创投企业投资者认缴资本总额的最低限额为 500 万美元。除第七条所述必备投资者外，其他每个投资者的最低认缴出资额不得低于 100 万美元。外国投资者以可自由兑换的货币出资，中国投资者以人民币出资；

（3）有明确的组织形式；

（4）有明确合法的投资方向；

（5）除了将本企业经营活动授予一家创业投资管理公司进行管理的情形外，创投企业应有三名以上具备创业投资从业经验的专业人员；

（6）法律、行政法规规定的其他条件。

第七条　必备投资者应当具备下列条件：

（1）以创业投资为主营业务；

（2）在申请前三年其管理的资本累计不低于 1 亿美元，且其中至少 5000 万美元已经用于进行创业投资。在必备投资者为中国投资者的情形下，本款业绩要求为：在申请前三年其管理的资本累计不低于 1 亿元，且其中至少 5000 万元已经用于进行创业投资；

（3）拥有 3 名以上具有 3 年以上创业投资从业经验的专业管理人员；

（4）如果某一投资者的关联实体满足上述条件，则该投资者可以申请成为必备投资者。本款所称关联实体是指该投资者控制的某一实体、或控制该投资者的某一实体、或与该投资者共同受控于某一实体的另一实体。本款所称控制是指控制方拥有被控制方超过 50% 的表决权；

（5）必备投资者及其上述关联实体均应未被所在国司法机关和其他相关监管机构禁止从事创业投资或投资咨询业务或以欺诈等原因进行处罚；

（6）非法人制创投企业的必备投资者，对创投企业的认缴出资及实际出资分别不低于投资者认缴出资总额及实际出资总额的 1%，且应对创投企业的债务承担连带责任；公司制创投企业的必备投资者，对创投企业的认缴出资及实际出资分别不低于投资者认缴出资总额及实际出资总额的 30%。

第八条　设立创投企业按以下程序办理：

（1）投资者须向拟设立创投企业所在地省级外经贸主管部门报送设立申请书及有关文件。

（2）省级外经贸主管部门应在收到全部上报材料后 15 天内完成初审并上报对外贸易经济合作部（以下简称审批机构）。

（3）审批机构在收到全部上报材料之日起 45 天内，经商科学技术部同意后，做出批准或不批准的书面决定。予以批准的，发给《外商投资企业批准证书》。

（4）获得批准设立的创投企业应自收到审批机构颁发的《外商投资企业批准证书》之日起一个月内，持此证书向国家工商行政管理部门或所在地具有外商投资企业登记管理权的省级工商行政管理部门（以下简称登记机关）申请办理注册登记手续。

第九条 申请设立创投企业应当向审批机构报送以下文件：

（1）必备投资者签署的设立申请书；

（2）投资各方签署的创投企业合同及章程；

（3）必备投资者书面声明（声明内容包括：投资者符合第七条规定的资格条件；所有提供的材料真实性；投资者将严格遵循本规定及中国其他有关法律法规的要求）；

（4）律师事务所出具的对必备投资者合法存在及其上述声明已获得有效授权和签署的法律意见书；

（5）必备投资者的创业投资业务说明、申请前三年其管理资本的说明、其已投资资本的说明，及其拥有的创业投资专业管理人员简历；

（6）投资者的注册登记证明（复印件）、法定代表人证明（复印件）；

（7）名称登记机关出具的创投企业名称预先核准通知书；

（8）如果必备投资者的资格条件是依据第七条第（4）款的规定，则还应报送其符合条件的关联实体的相关材料；

（9）审批机构要求的其他与申请设立有关的文件。

第十条 创投企业应当在名称中加注创业投资字样。除创投企业外，其他外商投资企业不得在名称中使用创业投资字样。

第十一条 申请设立创投企业应当向登记机关报送下列文件，并对其真实性、有效性负责：

（1）创投企业董事长或联合管理委员会负责人签署的设立登记申请书；

（2）合同、章程以及审批机构的批准文件和批准证书；

（3）投资者的合法开业证明或身份证明；

（4）投资者的资信证明；

（5）法定代表人的任职文件、身份证明和企业董事、经理等人员的备案文件；

（6）企业名称预先核准通知书；

（7）企业住所或营业场所证明。

申请设立非法人制创投企业，还应当提交境外必备投资者的章程或合伙协议。企业投资者中含本规定第七条第（4）款规定的投资者的，还应当提交关联实体为其出具的承担出资连带责任的担保函。

以上文件应使用中文。使用外文的，应提供规范的中文译本。

创投企业登记事项变更应依法向原登记机关申请办理变更登记。

第十二条 经登记机关核准的公司制创投企业，领取《企业法人营业执照》；经登记机关核准的非法人制创投企业，领取《营业执照》。

《营业执照》应载明非法人制创投企业投资者认缴的出资总额和必备投资者名称。

第三章　出资及相关变更

第十三条　非法人制创投企业的投资者的出资及相关变更应符合如下规定：

（1）投资者可以根据创业投资进度分期向创投企业注入认缴出资，最长不得超过 5 年。各期投入资本额由创投企业根据创投企业合同及其与所投资企业签订的协议自主制定。投资者应在创投企业合同中约定投资者不如期出资的责任和相关措施。

（2）投资者在创投企业存续期内一般不得减少其认缴出资额。如果占出资额超过 50% 的投资者和必备投资者同意且创投企业不违反最低 1000 万美元认缴出资额的要求，经审批机构批准，投资者可以减少其认缴资本额（但投资者根据本条第（5）款规定减少其已投资的资本额或在创投企业投资期限届满后减少未使用的认缴出资额不在此限）。在此情况下，投资者应当在创投企业合同中规定减少认缴出资额的条件、程序和办法。

（3）必备投资者在创投企业存续期内不得从创投企业撤出。特殊情况下确需撤出的，应获得占总出资额超过 50% 的其他投资者同意，并应将其权益转让给符合第七条要求的新投资者，且应当相应修改创投企业的合同和章程，并报审批机构批准。

其他投资者如转让其认缴资本额或已投入资本额，须按创投企业合同的约定进行，且受让人应符合本规定第六条的有关要求。投资各方应相应修改创投企业合同和章程，并报审批机构备案。

（4）创投企业设立后，如果有新的投资者申请加入，须符合本规定和创投企业合同的约定，经必备投资者同意，相应修改创投企业合同和章程，并报审批机构备案。

（5）创投企业出售或以其他方式处置其在所投资企业的利益而获得的收入中相当于其原出资额的部分，可以直接分配给投资各方。此类分配构成投资者减少其已投资的资本额。创投企业应当在创投企业合同中约定此类分配的具体办法，并在向其投资者作出该等分配之前至少 30 天内向审批机构和所在地外汇局提交一份要求相应减少投资者已投入资本额的备案说明，同时证明创投企业投资者未到位的认缴出资额及创投企业当时拥有的其他资金至少相当于创投企业当时承担的投资义务的要求。但该分配不应成为创投企业对因其违反任何投资义务所产生的诉讼请求的抗辩理由。

第十四条　非法人制创投企业向登记机关申请变更登记时，上述规定中审批机构出具的相关备案证明可替代相应的审批文件。

第十五条　非法人制创投企业投资者根据创业投资进度缴付出资后，应持相关验资报告向原登记机关申请办理出资备案手续。登记机关根据其实际出资状况在其《营业执照》出资额栏目后加注实缴出资额数目。

非法人制创投企业超过最长投资期限仍未缴付或缴清出资的，登记机关根据现行规定予以处罚。

第十六条　公司制创投企业投资者的出资及相关变更按现行规定办理。

第四章　组织机构

第十七条　非法人制创投企业设联合管理委员会。公司制创投企业设董事会。联合管理委员会或董事会的组成由投资者在创投企业合同及章程中予以约定。联合管理委员会或董事会代表投资者管理创投企业。

第十八条　联合管理委员会或董事会下设经营管理机构，根据创投企业的合同及章程中规定的权限，负责日常经营管理工作，执行联合管理委员会或董事会的投资决策。

第十九条　经营管理机构的负责人应当符合下列条件：

（1）具有完全的民事行为能力；

（2）无犯罪记录；

（3）无不良经营记录；

（4）应具有创业投资业的从业经验，且无违规操作记录；

（5）审批机构要求的与经营管理资格有关的其他条件。

第二十条　经营管理机构应定期向联合管理委员会或董事会报告以下事项：

（1）经授权的重大投资活动；

（2）中期、年度业绩报告和财务报告；

（3）法律、法规规定的其他事项；

（4）创投企业合同及章程中规定的有关事项。

第二十一条　联合管理委员会或董事会可以不设立经营管理机构，而将该创投企业的日常经营权授予一家创业投资管理企业或另一家创投企业进行管理。该创业投资管理企业可以是内资创业投资管理企业，也可以是外商投资创业投资管理企业，或境外创业投资管理企业。在此情形下，该创投企业与该创业投资管理企业应签订管理合同，约定创投企业和创业投资管理企业的权利义务。该管理合同应经全体投资者同意并报审批机构批准后方可生效。

第二十二条　创投企业的投资者可以在创业投资合同中依据国际惯例约定内部收益分配机制和奖励机制。

第五章　创业投资管理企业

第二十三条　受托管理创投企业的创业投资管理企业应具备下列条件：

（1）以受托管理创投企业的投资业务为主营业务；

（2）拥有 3 名以上具有 3 年以上创业投资从业经验的专业管理人员；

（3）注册资本或出资总额不低于 100 万元或等值外汇；

（4）有完善的内部控制制度。

第二十四条　创业投资管理企业可以采取公司制组织形式，也可以采取合伙制组织形式。

第二十五条　同一创业投资管理企业可以受托管理不同的创投企业。

第二十六条　创业投资管理企业应定期向委托方的联合管理委员会或董事会报告第二十条所列事项。

第二十七条　设立外商投资创业投资管理企业应符合本规定第二十三条的条件，经拟设立外商投资创业投资管理公司所在地省级外经贸主管部门报审批机构批准。审批机构在收到全部上报材料之日起 45 天内，做出批准或不批准的书面决定。予以批准的，发给《外商投资企业批准证书》。获得批准设立的外商投资创业投资管理企业应自收到审批机构颁发的《外商投资企业批准证书》之日起一个月内，持此证书向登记机关申请办理注册登记手续。

第二十八条　申请设立外商投资创业投资管理公司应当向审批机构报送以下文件：

（1）设立申请书；

（2）外商投资创业投资管理公司合同及章程；

（3）投资者的注册登记证明（复印件）、法定代表人证明（复印件）；

（4）审批机构要求的其他与申请设立有关的文件。

第二十九条 外商投资创业投资管理企业名称应当加注创业投资管理字样。除外商投资创业投资管理企业外，其他外商投资企业不得在名称中使用创业投资管理字样。

第三十条 获得批准接受创投企业委托在华从事创业投资管理业务的境外创业投资管理企业，应当自管理合同获得批准之日起 30 日内，向登记机关申请办理营业登记手续。

申请营业登记应报送下列文件，并对其真实性、有效性负责：

（1）境外创业投资管理企业董事长或有权签字人签署的登记申请书；

（2）经营管理合同及审批机构的批准文件；

（3）境外创业投资管理企业的章程或合伙协议；

（4）境外创业投资管理企业的合法开业证明；

（5）境外创业投资管理企业的资信证明；

（6）境外创业投资管理企业委派的中国项目负责人的授权书、简历及身份证明；

（7）境外创业投资管理企业在华营业场所证明。

以上文件应使用中文。使用外文的，应提供规范的中文译本。

第六章　经营管理

第三十一条 创投企业可以经营以下业务：

（1）以全部自有资金进行股权投资，具体投资方式包括新设企业、向已设立企业投资、接受已设立企业投资者股权转让以及国家法律法规允许的其他方式；

（2）提供创业投资咨询；

（3）为所投资企业提供管理咨询；

（4）审批机构批准的其他业务。

创投企业资金应主要用于向所投资企业进行股权投资。

第三十二条 创投企业不得从事下列活动：

（1）在国家禁止外商投资的领域投资；

（2）直接或间接投资于上市交易的股票和企业债券，但所投资企业上市后，创投企业所持股份不在此列；

（3）直接或间接投资于非自用不动产；

（4）贷款进行投资；

（5）挪用非自有资金进行投资；

（6）向他人提供贷款或担保，但创投企业对所投资企业 1 年以上的企业债券和可以转换为所投资企业股权的债券性质的投资不在此列（本款规定并不涉及所投资企业能否发行该等债券）；

（7）法律、法规以及创投企业合同禁止从事的其他事项。

第三十三条 投资者应在创投企业合同中约定对外投资期限。

第三十四条 创投企业主要以出售或以其他方式处置其在所投资企业的股权获得收益。创投企业出售或以其他方式处置其在所投资企业的股权时，可以依法选择适用的退出机制，包括：

（1）将其持有的所投资企业的部分股权或全部股权转让给其他投资者；

（2）与所投资企业签订股权回购协议，由所投资企业在一定条件下依法回购其所持有的股权；

中国科技金融发展报告 2012

（3）所投资企业在符合法律、行政法规规定的上市条件时可以申请到境内外证券市场上市。创投企业可以依法通过证券市场转让其拥有的所投资企业的股份；

（4）中国法律、行政法规允许的其他方式。

所投资企业向创投企业回购该创投企业所持股权的具体办法由审批机构会同登记机关另行制订。

第三十五条 创投企业应当依照国家税法的规定依法申报纳税。对非法人制创投企业，可以由投资各方依照国家税法的有关规定，分别申报缴纳企业所得税；也可以由非法人制创投企业提出申请，经批准后，依照税法规定统一计算缴纳企业所得税。

非法人制创投企业企业所得税的具体征收管理办法由国家税务总局另行颁布。

第三十六条 创投企业中属于外国投资者的利润等收益汇出境外的，应当凭管理委员会或董事会的分配决议、由会计师事务所出具的审计报告、外方投资者投资资金流入证明和验资报告、完税证明和税务申报单（享受减免税优惠的，应提供税务部门出具的减免税证明文件），从其外汇账户中支付或者到外汇指定银行购汇汇出。

外国投资者回收的对创投企业的出资可依法申购外汇汇出。公司制创投企业开立和使用外汇账户、资本变动及其他外汇收支事项，按照现行外汇管理规定办理。非法人制创投企业外汇管理规定由国家外汇管理局另行制定。

第三十七条 投资者应在合同、章程中约定创投企业的经营期限，一般不得超过 12 年。经营期满，经审批机构批准，可以延期。

经审批机构批准，创投企业可以提前解散，终止合同和章程。但是，如果非法人制创投企业的所有投资均已被出售或通过其他方式变卖，其债务亦已全部清偿，且其剩余财产均已被分配给投资者，则毋需上述批准即可进入解散和终止程序，但该非法人制创业投资企业应在该等解散生效前至少 30 天内向审批机构提交一份书面备案说明。

创投企业解散，应按有关规定进行清算。

第三十八条 创投企业应当自清算结束之日起 30 日内向原登记机关申请注销登记。

申请注销登记，应当提交下列文件，并对其真实性、有效性负责：

（1）董事长或联合管理委员会负责人或清算组织负责人签署的注销登记申请书；

（2）董事会或联合管理委员会的决议；

（3）清算报告；

（4）税务机关、海关出具的注销登记证明；

（5）审批机构的批准文件或备案文件；

（6）法律、行政法规规定应当提交的其他文件。

经登记机关核准注销登记，创投企业终止。

非法人制创投企业必备投资者承担的连带责任不因非法人制创投企业的终止而豁免。

第七章 审核与监管

第三十九条 创投企业境内投资比照执行《指导外商投资方向规定》和《外商投资产业指导目录》的规定。

第四十条 创投企业投资于任何鼓励类和允许类的所投资企业，应向所投资企业当地授权的外经贸部门备案。当地授权的外经贸部门应在收到备案材料后 15 天内完成备案审核手续并向所投资企业颁发外商投资企业批准证书。所投资企业持外商投资企业批准证书向登记机关申请办理注册登记手续。登记机关依照有关法律和行政法规规定决定准予登记或不予登记。准予登记的，颁发外商投资企业法人营业执照。

第四十一条 创投企业投资于限制类的所投资企业，应向所投资企业所在地省级外经贸主管部门提出申请，并提供下列材料：

（1）创投企业关于投资资金充足的声明；

（2）创投企业的批准证书和营业执照（复印件）；

（3）创投企业（与所投资企业其他投资者）签订的所投资企业合同与章程。

省级外经贸主管部门接到上述申请之日起45日内作出同意或不同意的书面批复。作出同意批复的，颁发外商投资企业批准证书。所投资企业持该批复文件和外商投资企业批准证书向登记机关申请登记。登记机关依照有关法律和行政法规规定决定准予登记或不予登记。准予登记的，颁发外商投资企业法人营业执照。

第四十二条 创投企业投资属于服务贸易领域逐步开放的外商投资项目，按国家有关规定审批。

第四十三条 创投企业增加或转让其在所投资企业投资等行为，按照第四十条、第四十一条和第四十二条规定的程序办理。

第四十四条 创投企业应在履行完第四十条、第四十一条、第四十二条和第四十三条规定的程序之日起一个月内向审批机构备案。

第四十五条 创投企业还应在每年3月将上一年度的资金筹集和使用情况报审批机构备案。

审批机构在接到该备案材料起5个工作日内应出具备案登记证明。该备案登记证明将作为创投企业参加联合年检的必备材料之一。凡未按上述规定备案的，审批机构将商国务院有关部门后予以相应处罚。

第四十六条 创投企业的所投资企业注册资本中，如果创投企业投资的比例中外国投资者的实际出资比例或与其他外国投资者联合投资的比例总和不低于25%，则该所投资企业将享受外商投资企业有关优惠待遇；如果创投企业投资的比例中外国投资者的实际出资比例或与其他外国投资者联合投资的比例总和低于该所投资企业注册资本的25%，则该所投资企业将不享受外商投资企业有关优惠待遇。

第四十七条 已成立的含有境内自然人投资者的内资企业在接受创业投资企业投资变更为外商投资企业后，可以继续保留其原有境内自然人投资者的股东地位。

第四十八条 创投企业经营管理机构的负责人和创业投资管理企业的负责人如有违法操作行为，除依法追究责任外，情节严重的，不得继续从事创业投资及相关的投资管理活动。

第八章 附则

第四十九条 香港特别行政区、澳门特别行政区、台湾地区的投资者在大陆投资设立创投企业，参照本规定执行。

第五十条 本规定由对外贸易经济合作部、科学技术部、国家工商行政管理总局、国家税务总局和国家外汇管理局负责解释。

第五十一条 本规定自二〇〇三年三月一日起施行。对外贸易经济合作部、科学技术部和国家工商行政管理总局于二〇〇一年八月二十八日发布的《关于设立外商投资创业投资企业的暂行规定》同日废止。

创业投资企业管理暂行办法

国家发展和改革委员会等 10 部委令　2005 年第 39 号

《创业投资企业管理暂行办法》2005 年 9 月 7 日国务院批准，2005 年 11 月 15 日国家发展和改革委员会、科技部、财政部、商务部、中国人民银行、国家税务总局、国家工商行政管理总局、中国银监会、中国证监会、国家外汇管理局联合发布，自 2006 年 3 月 1 日起施行。

国家发展和改革委员会

二〇〇五年十一月十五日

第一章　总　则

第一条　为促进创业投资企业发展，规范其投资运作，鼓励其投资中小企业特别是中小高新技术企业，依据《中华人民共和国公司法》、《中华人民共和国中小企业促进法》等法律法规，制定本办法。

第二条　本办法所称创业投资企业，系指在中华人民共和国境内注册设立的主要从事创业投资的企业组织。

前款所称创业投资，系指向创业企业进行股权投资，以期所投资创业企业发育成熟或相对成熟后主要通过股权转让获得资本增值收益的投资方式。

前款所称创业企业，系指在中华人民共和国境内注册设立的处于创建或重建过程中的成长性企业，但不含已经在公开市场上市的企业。

第三条　国家对创业投资企业实行备案管理。凡遵照本办法规定完成备案程序的创业投资企业，应当接受创业投资企业管理部门的监管，投资运作符合有关规定的可享受政策扶持。未遵照本办法规定完成备案程序的创业投资企业，不受创业投资企业管理部门的监管，不享受政策扶持。

第四条　创业投资企业的备案管理部门分国务院管理部门和省级（含副省级城市）管理部门两级。国务院管理部门为国家发展和改革委员会；省级（含副省级城市）管理部门由同级人民政府确定，报国务院管理部门备案后履行相应的备案管理职责，并在创业投资企业备案管理业务上接受国务院管理部门的指导。

第五条　外商投资创业投资企业适用《外商投资创业投资企业管理规定》。依法设立的外商投资创业投资企业，投资运作符合相关条件，可以享受本办法给予创业投资企业的相关政策扶持。

第二章　创业投资企业的设立与备案

第六条　创业投资企业可以以有限责任公司、股份有限公司或法律规定的其他企业组织形式设立。

以公司形式设立的创业投资企业，可以委托其他创业投资企业、创业投资管理顾问企业作为管理顾问机构，负责其投资管理业务。委托人和代理人的法律关系适用《中华人民共和国民法通则》、

《中华人民共和国合同法》等有关法律法规。

第七条　申请设立创业投资企业和创业投资管理顾问企业，依法直接到工商行政管理部门注册登记。

第八条　在国家工商行政管理部门注册登记的创业投资企业，向国务院管理部门申请备案。

在省级及省级以下工商行政管理部门注册登记的创业投资企业，向所在地省级（含副省级城市）管理部门申请备案。

第九条　创业投资企业向管理部门备案应当具备下列条件：

（1）已在工商行政管理部门办理注册登记。

（2）经营范围符合本办法第十二条规定。

（3）实收资本不低于3000万元，或者首期实收资本不低于1000万元且全体投资者承诺在注册后的5年内补足不低于3000万元实收资本。

（4）投资者不得超过200人。其中，以有限责任公司形式设立创业投资企业的，投资者人数不得超过50人。单个投资者对创业投资企业的投资不得低于100万元。所有投资者应当以货币形式出资。

（5）有至少3名具备2年以上创业投资或相关业务经验的高级管理人员承担投资管理责任。委托其他创业投资企业、创业投资管理顾问企业作为管理顾问机构负责其投资管理业务的，管理顾问机构必须有至少3名具备2年以上创业投资或相关业务经验的高级管理人员对其承担投资管理责任。

前款所称"高级管理人员"，系指担任副经理及以上职务或相当职务的管理人员。

第十条　创业投资企业向管理部门备案时，应当提交下列文件：

（1）公司章程等规范创业投资企业组织程序和行为的法律文件。

（2）工商登记文件与营业执照的复印件。

（3）投资者名单、承诺出资额和已缴出资额的证明。

（4）高级管理人员名单、简历。

由管理顾问机构受托其投资管理业务的，还应提交下列文件：

（1）管理顾问机构的公司章程等规范其组织程序和行为的法律文件。

（2）管理顾问机构的工商登记文件与营业执照的复印件。

（3）管理顾问机构的高级管理人员名单、简历。

（4）委托管理协议。

第十一条　管理部门在收到创业投资企业的备案申请后，应当在5个工作日内，审查备案申请文件是否齐全，并决定是否受理其备案申请。在受理创业投资企业的备案申请后，应当在20个工作日内，审查申请人是否符合备案条件，并向其发出"已予备案"或"不予备案"的书面通知。对"不予备案"的，应当在书面通知中说明理由。

第三章　创业投资企业的投资运作

第十二条　创业投资企业的经营范围限于：

（1）创业投资业务。

（2）代理其他创业投资企业等机构或个人的创业投资业务。

（3）创业投资咨询业务。

（4）为创业企业提供创业管理服务业务。

（5）参与设立创业投资企业与创业投资管理顾问机构。

第十三条　创业投资企业不得从事担保业务和房地产业务，但是购买自用房地产除外。

第十四条　创业投资企业可以以全额资产对外投资。其中，对企业的投资，仅限于未上市企业。但是所投资的未上市企业上市后，创业投资企业所持股份的未转让部分及其配售部分不在此限。其他资金只能存放银行、购买国债或其他固定收益类的证券。

第十五条　经与被投资企业签订投资协议，创业投资企业可以以股权和优先股、可转换优先股等准股权方式对未上市企业进行投资。

第十六条　创业投资企业对单个企业的投资不得超过创业投资企业总资产的 20%。

第十七条　创业投资企业应当在章程、委托管理协议等法律文件中，明确管理运营费用或管理顾问机构的管理顾问费用的计提方式，建立管理成本约束机制。

第十八条　创业投资企业可以从已实现投资收益中提取一定比例作为对管理人员或管理顾问机构的业绩报酬，建立业绩激励机制。

第十九条　创业投资企业可以事先确定有限的存续期限，但是最短不得短于 7 年。

第二十条　创业投资企业可以在法律规定的范围内通过债权融资方式增强投资能力。

第二十一条　创业投资企业应当按照国家有关企业财务会计制度的规定，建立健全内部财务管理制度和会计核算办法。

第四章　对创业投资企业的政策扶持

第二十二条　国家与地方政府可以设立创业投资引导基金，通过参股和提供融资担保等方式扶持创业投资企业的设立与发展。具体管理办法另行制定。

第二十三条　国家运用税收优惠政策扶持创业投资企业发展并引导其增加对中小企业特别是中小高新技术企业的投资。具体办法由国务院财税部门会同有关部门另行制定。

第二十四条　创业投资企业可以通过股权上市转让、股权协议转让、被投资企业回购等途径，实现投资退出。国家有关部门应当积极推进多层次资本市场体系建设，完善创业投资企业的投资退出机制。

第五章　对创业投资企业的监管

第二十五条　管理部门已予备案的创业投资企业及其管理顾问机构，应当遵循本办法第二、第三章各条款的规定进行投资运作，并接受管理部门的监管。

第二十六条　管理部门已予备案的创业投资企业及其管理顾问机构，应当在每个会计年度结束后的 4 个月内向管理部门提交经注册会计师审计的年度财务报告与业务报告，并及时报告投资运作过程中的重大事件。

前款所称重大事件，系指：

（1）修改公司章程等重要法律文件。

（2）增减资本。

（3）分立与合并。

（4）高级管理人员或管理顾问机构变更。

（5）清算与结业。

第二十七条 管理部门应当在每个会计年度结束后的 5 个月内，对创业投资企业及其管理顾问机构是否遵守第二、第三章各条款规定，进行年度检查。在必要时，可在第二、第三章相关条款规定的范围内，对其投资运作进行不定期检查。

对未遵守第二、第三章各条款规定进行投资运作的，管理部门应当责令其在 30 个工作日内改正；未改正的，应当取消备案，并在自取消备案之日起的 3 年内不予受理其重新备案申请。

第二十八条 省级（含副省级城市）管理部门应当及时向国务院管理部门报告所辖地区创业投资企业的备案情况，并于每个会计年度结束后的 6 个月内报告已纳入备案管理范围的创业投资企业的投资运作情况。

第二十九条 国务院管理部门应当加强对省级（含副省级城市）管理部门的指导。对未履行管理职责或管理不善的，应当建议其改正；造成不良后果的，应当建议其追究相关管理人员的失职责任。

第三十条 创业投资行业协会依据本办法和相关法律、法规及规章，对创业投资企业进行自律管理，并维护本行业的自身权益。

第六章 附 则

第三十一条 本办法由国家发展和改革委员会会同有关部门解释。

第三十二条 本办法自 2006 年 3 月 1 日起施行。

财政部 国家税务总局关于促进创业投资企业发展有关税收政策的通知

财税〔2007〕31 号

各省、自治区、直辖市、计划单列市财政厅（局）、国家税务局、地方税务局，新疆生产建设兵团财务局：

为贯彻《国务院关于印发实施〈国家中长期科学和技术发展规划纲要（2006~2020 年）〉若干配套政策的通知》（国发〔2006〕6 号）精神，结合《创业投资企业管理暂行办法》（国家发展和改革委员会等 10 部委令 2005 年第 39 号，以下简称《办法》）为扶持创业投资企业发展，现就有关税收政策问题通知如下：

第一条 创业投资企业采取股权投资方式投资于未上市中小高新技术企业 2 年以上（含 2 年），凡符合下列条件的，可按其对中小高新技术企业投资额的 70% 抵扣该创业投资企业的应纳税所得额。

（1）经营范围符合《办法》规定，且工商登记为"创业投资有限责任公司"，"创业投资股份有限公司"等专业性创业投资企业。在 2005 年 11 月 15 日《办法》发布前完成工商登记的，可保留原有工商登记名称，但经营范围须符合《办法》规定。

（2）遵照《办法》规定的条件和程序完成备案程序，经备案管理部门核实，投资运作符合《办法》有关规定。

（3）创业投资企业投资的中小高新技术企业职工人数不超过 500 人，年销售额不超过 2 亿元，资产总额不超过 2 亿元。

（4）创业投资企业申请投资抵扣应纳税所得额时，所投资的中小高新技术企业当年用于高新技术及其产品研究开发经费须占本企业销售额的 5% 以上（含 5%），技术性收入与高新技术产品销售收入的合计须占本企业当年总收入的 60% 以上（含 60%）。

高新技术企业认定和管理办法，按照科技部、财政部、国家税务总局《关于印发〈中国高新技术产品目录 2006〉的通知》（国科发计字〔2006〕370 号）、科技部《国家高新技术产业开发区高新技术企业认定条件和办法》（国科发火字〔2000〕324 号）、《关于国家高新技术产业开发区外高新技术企业认定有关执行规定的通知》（国科发火字〔2000〕120 号）等规定执行。

第二条　创业投资企业按本通知第一条规定计算的应纳税所得额抵扣额，符合抵扣条件并在当年不足抵扣的，可在以后纳税年度逐年延续抵扣。

第三条　创业投资企业从事股权投资业务的其他所得税事项，按照国家税务总局《关于企业股权投资业务若干所得税问题的通知》（国税发〔2000〕118 号）的有关规定执行。

第四条　创业投资企业申请享受投资抵扣应纳税所得额应向其所在地的主管税务机关报送以下资料：

（1）经备案管理部门核实的创业投资企业投资运作情况等证明材料；

（2）中小高新技术企业投资合同的复印件及实投资金验资证明等相关材料；

（3）中小高新技术企业基本情况，以及省级科技部门出具的高新技术企业认定证书和高新技术项目认定证书的复印件。

第五条　当地主管税务机关对创业投资企业的申请材料进行汇总审核并签署相关意见后，按备案管理部门的不同层次报上级主管机关：

（1）凡按照《办法》规定在创业投资企业所在地省级（含副省级城市）管理有关部门备案的，报省、自治区、直辖市税务部门，省级财政、税务部门共同审核；

（2）凡按照《办法》规定在国务院有关管理部门备案的，报国家税务总局，财政部和国家税务总局共同审核。

第六条　财政部、国家税务总局会同有关部门审核公布在国务院有关管理部门备案的享受税收优惠的具体创业投资企业名单。省、自治区、直辖市财政、税务部门会同有关部门审核公布在省级有关管理部门备案的享受税收优惠的具体创业投资企业名单，并报财政部、国家税务总局备案。

第七条　本通知自 2006 年 1 月 1 日起实施。各级财政、税务等管理部门要及时审核创业投资企业报送的相关资料，认真做好税收优惠政策的贯彻落实工作。

请遵照执行。

财政部　国家税务总局

二〇〇七年二月七日

财政部　科技部关于印发《科技型中小企业创业投资引导基金管理暂行办法》的通知

财企〔2007〕128 号

各省、自治区、直辖市、计划单列市财政厅（局）、科技厅（委、局）：

为贯彻《国务院关于实施〈国家中长期科学和技术发展规划纲要（2006~2020 年)〉若干配套政策的通知》（国发〔2006〕6 号），支持科技型中小企业自主创新，我们制定了《科技型中小企业创业投资引导基金管理暂行办法》，现印发给你们，请遵照执行。执行中有何问题，请及时向我们反映。

科技型中小企业创业投资引导基金管理暂行办法

第一章　总　则

第一条　为贯彻《国务院关于实施〈国家中长期科学和技术发展规划纲要（2006~2020 年)〉若干配套政策的通知》（国发〔2006〕6 号），支持科技型中小企业自主创新，根据《国务院办公厅转发科学技术部、财政部关于科技型中小企业技术创新基金的暂行规定的通知》（国办发〔1999〕47 号），制定本办法。

第二条　科技型中小企业创业投资引导基金（以下简称引导基金）专项用于引导创业投资机构向初创期科技型中小企业投资。

第三条　引导基金的资金来源为，中央财政科技型中小企业技术创新基金；从所支持的创业投资机构回收的资金和社会捐赠的资金。

第四条　引导基金按照项目选择市场化、资金使用公共化、提供服务专业化的原则运作。

第五条　引导基金的引导方式为阶段参股、跟进投资、风险补助和投资保障。

第六条　财政部、科技部聘请专家组成引导基金评审委员会，对引导基金支持的项目进行评审；委托科技部科技型中小企业技术创新基金管理中心（以下简称创新基金管理中心）负责引导基金的日常管理。

第二章　支持对象

第七条　引导基金的支持对象：在中华人民共和国境内从事创业投资的创业投资企业、创业投资管理企业、具有投资功能的中小企业服务机构（以下统称创业投资机构），及初创期科技型中小企业。

第八条　本办法所称的创业投资企业，是指具有融资和投资功能，主要从事创业投资活动的公司制企业或有限合伙制企业。申请引导基金支持的创业投资企业应当具备下列条件：

（1）经工商行政管理部门登记；

（2）实收资本（或出资额）在 10000 万元以上，或者出资人首期出资在 3000 万元以上，且承诺在注册后 5 年内总出资额达到 10000 万元以上，所有投资者以货币形式出资；

（3）有明确的投资领域，并对科技型中小企业投资累计 5000 万元以上；

（4）有至少 3 名具备 5 年以上创业投资或相关业务经验的专职高级管理人员；

（5）有至少 3 个对科技型中小企业投资的成功案例，即投资所形成的股权年平均收益率不低于 20%，或股权转让收入高于原始投资 20%以上；

（6）管理和运作规范，具有严格合理的投资决策程序和风险控制机制；

（7）按照国家企业财务、会计制度规定，有健全的内部财务管理制度和会计核算办法；

（8）不投资于流动性证券、期货、房地产业以及国家政策限制类行业。

第九条　本办法所称的创业投资管理企业，是指由职业投资管理人组建的为投资者提供投资管理服务的公司制企业或有限合伙制企业。申请引导基金支持的创业投资管理企业应具备下列条件：

（1）符合本办法第八条第（1）、第（4）、第（5）、第（6）、第（7）项条件；

（2）实收资本（或出资额）在 100 万元以上；

（3）管理的创业资本在 5000 万元以上。

第十条　本办法所称的具有投资功能的中小企业服务机构，是指主要从事为初创期科技型中小企业提供创业辅导、技术服务和融资服务，且具有投资能力的科技企业孵化器、创业服务中心等中小企业服务机构。申请引导基金支持的中小企业服务机构需具备以下条件：

（1）符合本办法第八条第（5）、第（6）、第（7）项条件；

（2）具有企业或事业法人资格；

（3）有至少 2 名具备 3 年以上创业投资或相关业务经验的专职管理人员；

（4）正在辅导的初创期科技型中小企业不低于 50 家（以签订《服务协议》为准）；

（5）能够向初创期科技型中小企业提供固定的经营场地；

（6）对初创期科技型中小企业的投资或委托管理的投资累计在 500 万元以上。

第十一条　本办法所称的初创期科技型中小企业，是指主要从事高新技术产品研究、开发、生产和服务，成立期限在 5 年以内的非上市公司。享受引导基金支持的初创期科技型中小企业，应当具备下列条件：

（1）具有企业法人资格；

（2）职工人数在 300 人以下，具有大专以上学历的科技人员占职工总数的比例在 30%以上，直接从事研究开发的科技人员占职工总数比例在 10%以上；

（3）年销售额在 3000 万元以下，净资产在 2000 万元以下，每年用于高新技术研究开发的经费占销售额的 5%以上。

第三章　阶段参股

第十二条　阶段参股是指引导基金向创业投资企业进行股权投资，并在约定的期限内退出。主要支持发起设立新的创业投资企业。

第十三条　符合本办法规定条件的创业投资机构作为发起人发起设立新的创业投资企业时，可以申请阶段参股。

第十四条　引导基金的参股比例最高不超过创业投资企业实收资本（或出资额）的 25%，且不能成为第一大股东。

第十五条　引导基金投资形成的股权，其他股东或投资者可以随时购买。自引导基金投入后 3 年内购买的，转让价格为引导基金原始投资额；超过 3 年的，转让价格为引导基金原始投资额与按照转让时中国人民银行公布的 1 年期贷款基准利率计算的收益之和。

第十六条　申请引导基金参股的创业投资企业应当在《投资人协议》和《企业章程》中明确下列事项：

（1）在有受让方的情况下，引导基金可以随时退出。

（2）引导基金参股期限一般不超过 5 年。

（3）在引导基金参股期内，对初创期科技型中小企业的投资总额不低于引导基金出资额的 2 倍。

（4）引导基金不参与日常经营和管理，但对初创期科技型中小企业的投资情况拥有监督权。创新基金管理中心可以组织社会中介机构对创业投资企业进行年度专项审计。创业投资机构未按《投资人协议》和《企业章程》约定向初创期科技型中小企业投资的，引导基金有权退出。

（5）参股创业投资企业发生清算时，按照法律程序清偿债权人的债权后，剩余财产首先清偿引导基金。

第四章　跟进投资

第十七条　跟进投资是指对创业投资机构选定投资的初创期科技型中小企业，引导基金与创业投资机构共同投资。

第十八条　创业投资机构在选定投资项目后或实际完成投资 1 年内，可以申请跟进投资。

第十九条　引导基金按创业投资机构实际投资额 50% 以下的比例跟进投资，每个项目不超过 300 万元。

第二十条　引导基金跟进投资形成的股权委托共同投资的创业投资机构管理。

创新基金管理中心应当与共同投资的创业投资机构签订《股权托管协议》，明确双方的权利、责任、义务、股权退出的条件或时间等。

第二十一条　引导基金按照投资收益的 50% 向共同投资的创业投资机构支付管理费和效益奖励，剩余的投资收益由引导基金收回。

第二十二条　引导基金投资形成的股权一般在 5 年内退出。股权退出由共同投资的创业投资机构负责实施。

第二十三条　共同投资的创业投资机构不得先于引导基金退出其在被投资企业的股权。

第五章　风险补助

第二十四条　风险补助是指引导基金对已投资于初创期科技型中小企业的创业投资机构予以一定的补助。

第二十五条　创业投资机构在完成投资后，可以申请风险补助。

第二十六条　引导基金按照最高不超过创业投资机构实际投资额的 5% 给予风险补助，补助金额最高不超过 500 万元。

第二十七条　风险补助资金用于弥补创业投资损失。

第六章　投资保障

第二十八条　投资保障是指创业投资机构将正在进行高新技术研发、有投资潜力的初创期科技型中小企业确定为"辅导企业"后，引导基金对"辅导企业"给予资助。

投资保障分两个阶段进行。在创业投资机构与"辅导企业"签订《投资意向书》后，引导基金对"辅导企业"给予投资前资助；在创业投资机构完成投资后，引导基金对"辅导企业"给予投资后资助。

第二十九条　创业投资机构可以与"辅导企业"共同提出投资前资助申请。

第三十条　申请投资前资助的，创业投资机构应当与"辅导企业"签订《投资意向书》，并出具《辅导承诺书》，明确以下事项：

（1）获得引导基金资助后，由创业投资机构向"辅导企业"提供无偿创业辅导的主要内容。辅导期一般为 1 年，最长不超过 2 年。

（2）辅导期内"辅导企业"应达到的符合创业投资机构投资的条件。

（3）创业投资机构与"辅导企业"双方违约责任的追究。

第三十一条　符合本办法第三十条规定的，引导基金可以给予"辅导企业"投资前资助，资助金额最高不超过 100 万元。资助资金主要用于补助"辅导企业"高新技术研发的费用支出。

第三十二条　经过创业辅导，创业投资机构实施投资后，创业投资机构与"辅导企业"可以共同申请投资后资助。引导基金可以根据情况，给予"辅导企业"最高不超过 200 万元的投资后资助。资助资金主要用于补助"辅导企业"高新技术产品产业化的费用支出。

第三十三条　对辅导期结束未实施投资的，创业投资机构和"辅导企业"应分别提交专项报告，说明原因。对不属于不可抗力而未按《投资意向书》和《辅导承诺书》履约的，由创新基金管理中心依法收回投资前资助资金，并在有关媒体上公布违约的创业投资机构和"辅导企业"名单。

第七章　管理与监督

第三十四条　财政部、科技部履行下列职责：

（1）制定引导基金项目评审规程；

（2）聘请有关专家组成引导基金评审委员会；

（3）根据引导基金评审委员会评审结果，审定所要支持的项目；

（4）指导、监督创新基金管理中心对引导基金的日常管理工作；

（5）委托第三方机构，对引导基金的运作情况进行评估，对获得引导基金支持的创业投资机构的经营业绩进行评价。

第三十五条　引导基金评审委员会履行下列职责：

依据评审标准和评审规程公开、公平、公正地对引导基金项目进行评审。

第三十六条　创新基金管理中心履行下列职责：

（1）对申请引导基金的项目进行受理和初审，向引导基金评审委员会提出初审意见；

（2）受财政部、科技部委托，作为引导基金出资人代表，管理引导基金投资形成的股权，负责实施引导基金投资形成的股权退出工作；

（3）监督检查引导基金所支持项目的实施情况，定期向财政部、科技部报告监督检查情况，并对监督检查结果提出处理建议。

第三十七条　经引导基金评审委员会评审的支持项目，在有关媒体上公示，公示期为两周。对公示中发现问题的项目，引导基金不予支持。

第八章　附　则

第三十八条　引导基金项目管理办法由科技部会同财政部另行制定。

第三十九条　本办法由财政部会同科技部负责解释。

国务院办公厅转发发展改革委等部门关于创业投资引导基金规范设立与运作指导意见的通知

国办发〔2008〕116号

各省、自治区、直辖市人民政府，国务院各部委、各直属机构：

发展改革委、财政部、商务部《关于创业投资引导基金规范设立与运作的指导意见》已经国务院同意，现转发给你们，请认真贯彻执行。

国务院办公厅

二〇〇八年十月十八日

关于创业投资引导基金规范设立与运作的指导意见

为贯彻《国务院关于实施〈国家中长期科学和技术发展规划纲要（2006~2020年）〉若干配套政策的通知》（国发〔2006〕6号）精神，配合《创业投资企业管理暂行办法》（国家发展和改革委员会等10部委令2005年第39号）实施，促进创业投资引导基金（以下简称引导基金）的规范设立与运作，扶持创业投资企业发展，现提出如下意见：

（一）引导基金的性质与宗旨

引导基金是由政府设立并按市场化方式运作的政策性基金，主要通过扶持创业投资企业发展，引导社会资金进入创业投资领域。引导基金本身不直接从事创业投资业务。

引导基金的宗旨是发挥财政资金的杠杆放大效应，增加创业投资资本的供给，克服单纯通过市场配置创业投资资本的市场失灵问题。特别是通过鼓励创业投资企业投资处于种子期、起步期等创业早期的企业，弥补一般创业投资企业主要投资于成长期、成熟期和重建企业的不足。

（二）引导基金的设立与资金来源

地市级以上人民政府有关部门可以根据创业投资发展的需要和财力状况设立引导基金。其设立程序为：由负责推进创业投资发展的有关部门和财政部门共同提出设立引导基金的可行性方案，报同级人民政府批准后设立。各地应结合本地实际情况制订和不断完善引导基金管理办法，管理办法由财政部门和负责推进创业投资发展的有关部门共同研究提出。

引导基金应以独立事业法人的形式设立，由有关部门任命或派出人员组成的理事会行使决策管理职责，并对外行使引导基金的权益和承担相应义务与责任。

引导基金的资金来源：支持创业投资企业发展的财政性专项资金；引导基金的投资收益与担保收益；闲置资金存放银行或购买国债所得的利息收益；个人、企业或社会机构无偿捐赠的资金等。

（三）引导基金的运作原则与方式

引导基金应按照"政府引导、市场运作，科学决策、防范风险"的原则进行投资运作，扶持对象主要是按照《创业投资企业管理暂行办法》规定程序备案的在中国境内设立的各类创业投资企业。在扶持创业投资企业设立与发展的过程中，要创新管理模式，实现政府政策意图和所扶持创业投资企业按市场原则运作的有效结合；要探索建立科学合理的决策、考核机制，有效防范风险，实现引导基金自身的可持续发展；引导基金不用于市场已经充分竞争的领域，不与市场争利。

引导基金的运作方式：①参股。引导基金主要通过参股方式，吸引社会资本共同发起设立创业投资企业。②融资担保。根据信贷征信机构提供的信用报告，对历史信用记录良好的创业投资企业，可采取提供融资担保方式，支持其通过债权融资增强投资能力。③跟进投资或其他方式。产业导向或区域导向较强的引导基金，可探索通过跟进投资或其他方式，支持创业投资企业发展并引导其投资方向。其中，跟进投资仅限于当创业投资企业投资创业早期企业或需要政府重点扶持和鼓励的高新技术等产业领域的创业企业时，引导基金可以按适当股权比例向该创业企业投资，但不得以"跟进投资"之名，直接从事创业投资运作业务，而应发挥商业性创业投资企业发现投资项目、评估投资项目和实施投资管理的作用。

引导基金所扶持的创业投资企业，应当在其公司章程或有限合伙协议等法律文件中，规定以一定比例资金投资于创业早期企业或需要政府重点扶持和鼓励的高新技术等产业领域的创业企业。引导基金应当监督所扶持创业投资企业按照规定的投资方向进行投资运作，但不干预所扶持创业投资企业的日常管理。引导基金不担任所扶持公司型创业投资企业的受托管理机构或有限合伙型创业投资企业的普通合伙人，不参与投资设立创业投资管理企业。

（四）引导基金的管理

引导基金应当遵照国家有关预算和财务管理制度的规定，建立完善的内部管理制度和外部监管与监督制度。引导基金可以专设管理机构负责引导基金的日常管理与运作事务，也可委托符合资质条件的管理机构负责引导基金的日常管理与运作事务。

引导基金受托管理机构应当符合下列资质条件：①具有独立法人资格；②其管理团队具有一定的从业经验，具有较高的政策水平和管理水平；③最近 3 年以上持续保持良好的财务状况；④没有受过行政主管机关或者司法机关重大处罚的不良记录；⑤严格按委托协议管理引导基金资产。

引导基金应当设立独立的评审委员会，对引导基金支持方案进行独立评审，以确保引导基金决策的民主性和科学性。评审委员会成员由政府有关部门、创业投资行业自律组织的代表以及社会专家组成，成员人数应当为单数。其中，创业投资行业自律组织的代表和社会专家不得少于半数。引导基金拟扶持项目单位的人员不得作为评审委员会成员参与对拟扶持项目的评审。引导基金理事会根据评审委员会的评审结果，对拟扶持项目进行决策。

引导基金应当建立项目公示制度，接受社会对引导基金的监督，确保引导基金运作的公开性。

（五）对引导基金的监管与指导

引导基金纳入公共财政考核评价体系。财政部门和负责推进创业投资发展的有关部门对所设立引导基金实施监管与指导，按照公共性原则，对引导基金建立有效的绩效考核制度，定期对引导基金政策目标、政策效果及其资产情况进行评估。

引导基金理事会应当定期向财政部门和负责推进创业投资发展的有关部门报告运作情况。运作过程中的重大事件及时报告。

（六）引导基金的风险控制

应通过制订引导基金章程，明确引导基金运作、决策及管理的具体程序和规定，以及申请引导基金扶持的相关条件。申请引导基金扶持的创业投资企业，应当建立健全业绩激励机制和风险约束机制，其高级管理人员或其管理顾问机构的高级管理人员应当已经取得良好管理业绩。

引导基金章程应当具体规定引导基金对单个创业投资企业的支持额度以及风险控制制度。以参股方式发起设立创业投资企业的，可在符合相关法律法规规定的前提下，事先通过公司章程或有限合伙协议约定引导基金的优先分配权和优先清偿权，以最大限度控制引导基金的资产风险。以提供融资担保方式和跟进投资方式支持创业投资企业的，引导基金应加强对所支持创业投资企业的资金使用监管，防范财务风险。

引导基金不得用于从事贷款或股票、期货、房地产、基金、企业债券、金融衍生品等投资以及用于赞助、捐赠等支出。闲置资金只能存放银行或购买国债。

引导基金的闲置资金以及投资形成的各种资产及权益，应当按照国家有关财务规章制度进行管理。引导基金投资形成股权的退出，应按照公共财政的原则和引导基金的运作要求，确定退出方式及退出价格。

（七）指导意见的组织实施

本指导意见发布后，新设立的引导基金应遵循本指导意见进行设立和运作，已设立的引导基金应按照本指导意见逐步规范运作。

发展改革委　财政部　商务部

商务部关于外商投资创业投资企业、创业投资管理企业审批事项的通知

商资函〔2009〕9 号

各省、自治区、直辖市、计划单列市、哈尔滨、长春、沈阳、济南、南京、杭州、广州、武汉、成都、西安、新疆生产建设兵团商务主管部门，国家级经济技术开发区：

为进一步转变政府职能，规范外商投资审批工作，提高工作效率，现就外商投资创业投资领域审核管理事项通知如下：

（1）资本总额1亿美元以下的（含1亿美元）外商投资创业投资企业、外商投资创业投资管理企业的设立及变更由省、自治区、直辖市、计划单列市、哈尔滨、长春、沈阳、济南、南京、杭州、广州、武汉、成都、西安、新疆生产建设兵团商务主管部门（以下简称省级商务主管部门）和国家级经济技术开发区依法负责审核、管理。

（2）省级商务主管部门和国家级经济技术开发区应严格按照《外商投资创业投资企业管理规定》及国家有关法律法规和相关政策要求审核，在收到全部上报材料之日起30天内做出批准或不批准

的书面决定。对于设立外商投资创业投资企业的申请，应书面征求同级科学技术管理部门意见。予以批准的，省级商务主管部门和国家级经济技术开发区颁发外商投资企业批准证书，填写《外商投资创业投资企业情况备案表》（见附件），并通过外商投资企业审批管理系统一并即时向商务部备案。

（3）商务部批准设立的外商投资创业投资企业、外商投资创业投资管理企业后续变更事项（外商投资创业投资企业单次增资超过 1 亿美元和必备投资者变更的除外），由省级商务主管部门和国家级经济技术开发区审批。

（4）省级商务主管部门和国家级经济技术开发区不得再行下放其他地方部门审批，且应及时将审核管理过程中出现的问题上报商务部，如有违规审批行为，商务部将视情况给予通报批评甚至收回审核、管理权限。

（5）创投企业应于每年 3 月填写《外商投资创业投资企业情况备案表》，将上一年度的资金筹集和使用等情况报省级商务主管部门和国家级经济技术开发区。省级商务主管部门和国家级经济技术开发区应出具备案证明，作为创投企业参加联合年检的审核材料之一。省级商务主管部门和国家级经济技术开发区应于 2009 年 5 月将情况汇总报商务部。

（6）本通知自发布之日起执行。

特此通知。

附件：外商投资创业投资企业情况备案表（略）

中华人民共和国商务部
二〇〇九年三月五日

国家税务总局关于实施创业投资企业所得税优惠问题的通知

国税发〔2009〕87 号

各省、自治区、直辖市和计划单列市国家税务局、地方税务局：

为落实创业投资企业所得税优惠政策，促进创业投资企业的发展，根据《中华人民共和国企业所得税法》及其实施条例等有关规定，现就创业投资企业所得税优惠的有关问题通知如下：

（1）创业投资企业是指依照《创业投资企业管理暂行办法》（国家发展和改革委员会等 10 部委令 2005 年第 39 号，以下简称《暂行办法》）和《外商投资创业投资企业管理规定》（对外贸易经济合作部等 5 部委令 2003 年第 2 号）在中华人民共和国境内设立的专门从事创业投资活动的企业或其他经济组织。

（2）创业投资企业采取股权投资方式投资于未上市的中小高新技术企业 2 年（24 个月）以上，凡符合以下条件的，可以按照其对中小高新技术企业投资额的 70%，在股权持有满 2 年的当年抵扣该创业投资企业的应纳税所得额；当年不足抵扣的，可以在以后纳税年度结转抵扣。

1）经营范围符合《暂行办法》规定，且工商登记为"创业投资有限责任公司"、"创业投资股份有限公司"等专业性法人创业投资企业。

2）按照《暂行办法》规定的条件和程序完成备案，经备案管理部门年度检查核实，投资运作符合《暂行办法》的有关规定。

3）创业投资企业投资的中小高新技术企业，除应按照科技部、财政部、国家税务总局《关于印发〈高新技术企业认定管理办法〉的通知》（国科发火〔2008〕172 号）和《关于印发〈高新技术企业认定管理工作指引〉的通知》（国科发火〔2008〕362 号）的规定，通过高新技术企业认定以外，还应符合职工人数不超过 500 人，年销售（营业）额不超过 2 亿元，资产总额不超过 2 亿元的条件。2007 年底前，按原有规定取得高新技术企业资格的中小高新技术企业，且在 2008 年继续符合新的高新技术企业标准的，向其投资满 24 个月的计算，可自创业投资企业实际向其投资的时间起计算。

4）财政部、国家税务总局规定的其他条件。

（3）中小企业接受创业投资之后，经认定符合高新技术企业标准的，应自其被认定为高新技术企业的年度起，计算创业投资企业的投资期限。该期限内中小企业接受创业投资后，企业规模超过中小企业标准，但仍符合高新技术企业标准的，不影响创业投资企业享受有关税收优惠。

（4）创业投资企业申请享受投资抵扣应纳税所得额，应在其报送申请投资抵扣应纳税所得额年度纳税申报表以前，向主管税务机关报送以下资料备案：

1）经备案管理部门核实后出具的年检合格通知书（副本）；

2）关于创业投资企业投资运作情况的说明；

3）中小高新技术企业投资合同或章程的复印件、实际所投资金验资报告等相关材料；

4）中小高新技术企业基本情况（包括企业职工人数、年销售（营业）额、资产总额等）说明；

5）由省、自治区、直辖市和计划单列市高新技术企业认定管理机构出具的中小高新技术企业有效的高新技术企业证书（复印件）。

（5）本通知自 2008 年 1 月 1 日起执行。

国家税务总局

二〇〇九年四月三十日

国家发展改革委　财政部关于实施新兴产业创投计划、开展产业技术研究与开发资金参股设立创业投资基金试点工作的通知

发改高技〔2009〕2743 号

国务院有关部门，各省、自治区、直辖市及计划单列市发展改革委，财政厅（局），有关受托管理机构，有关单位：

为贯彻党中央、国务院关于发展新兴战略性产业的战略部署，提升自主创新能力，推动产业结构调整，抢占后金融危机时代经济科技制高点，根据《国务院办公厅转发发展改革委等部门关于促进自主创新成果产业化若干政策的通知》（国办发〔2008〕128 号）、《国务院办公厅转发发展改革委等部门关于创业投资引导基金规范设立与运作指导意见的通知》（国办发〔2008〕116 号）精神，国家发展改革委、财政部决定实施新兴产业创投计划，扩大产业技术研发资金创业投资试点，推动利用国家产业技术研发资金，联合地方政府资金，参股设立创业投资基金（即创业投资企业）试点工作。现将有关事项通知如下：

（一）指导原则

（1）政府引导。发挥政府资金的引导和杠杆作用，推动创业投资发展，引导社会资本投向高新技术产业，促进自主创新成果产业化，培育新兴战略性产业。

（2）市场运作。政府资金与社会资金按照商业规则共同发起设立创业投资基金，基金以市场化方式独立运作，政府不干预基金正常的经营管理。

（3）规范管理。基金委托具有专业背景的管理机构按照章程规范运作。基金中的国家出资部分按照公共财政原则，健全业绩激励和风险约束机制，实现滚动发展。

（4）支持创新。克服单纯通过市场配置资源的市场失灵问题，引导创业投资投向初创期、成长期创新型企业和高成长性企业，支持自主创新和创业。

（二）参股设立基金的基本要求

（1）基金的投资导向。参股设立的基金要符合国家鼓励发展的高新技术产业导向，具有鲜明的产业特点和区域优势。基金要以一定比例投资于早中期企业，鼓励参股设立主要投资于初创期企业的天使基金。基金的投资导向要在其章程或有限合伙协议中明确体现，并在运作过程中切实落实。

（2）基金的管理机构。参股设立的基金应委托专业管理机构进行管理，基金管理机构应具有良好的管理业绩，固定的营业场所和与业务相适应的软硬件设施，健全的内部管理制度，以及创业投资项目管理和风险控制流程。基金管理机构至少有 3 名具备 2 年以上创业投资或相关业务经验的管理人员，管理团队至少有对 3 个以上创业企业的投资经验。

（3）基金的资金构成及规模。参股设立的基金由国家资金、地方政府资金及社会募集资金构成，以社会投资为主，包括各类投资机构、大型企业、境外投资者及管理团队等。每只基金规模原则上不少于 2.5 亿元，国家资金参股比例原则上不超过 20%，且不控股。地方政府参股资金规模原则上不低于国家资金。社会募集资金比例应大于 60%。对于参股设立的天使基金，国家资金参股比例可适当放大。

（4）基金的治理结构。基金应当依据国家有关法律法规规范设立和运作，并按照《创业投资企业管理暂行办法》的规定进行备案，接受管理部门的监管。基金应建立投资决策、专家顾问、风险控制及评估制度等规范运作的管理模式。

（5）基金的清算。基金存续期结束后按照市场规则进行清算。对投资回报较高、产业推动效应明显的基金，鼓励设立后续基金，支持滚动发展。由于各种原因基金需提前清算的，依法律规定按照章程的约定进行清算。

（三）国家出资的权益和管理

（1）国家资金的委托管理。基金中国家出资部分由财政部和国家发展改革委委托有关专业管理机构管理。受托管理机构不得干预基金正常的经营管理，以出资额为限对基金行使股东权力。受托管理机构对受托资金专设托管账户管理，定期向财政部和国家发展改革委报告基金运行状况。国家发展改革委和财政部可委托地方政府和受托管理机构监督基金重大事项的决策，保证政策目标落实。

（2）国家资金的批复和拨付。按照参股设立基金的投资导向、出资结构等指导性要求，基金管理团队和股东研究提出基金设立方案和章程，并落实资金。基金设立的基本条件成熟后，由省级发展改革委会同财政厅（局）向国家发展改革委和财政部上报基金方案和基金章程，并提出申请国家投资的资金额度。国家发展改革委和财政部复核确认基金章程、出资金额及受托管理机构，并将资金拨付受托管理机构托管账户。受托管理机构按照基金章程约定的资金到位条件和程序拨付国家资金。

（3）国家资金的退出。基金存续期结束后，国家资金由受托管理机构按照章程约定直接收回托管账户。基金未能正常清算的，国家资金权益由受托管理机构代为履行相关法律手续。在有受让方的情况下，经国家发展改革委、财政部批准后，国家资金可协议退出基金，退出时其转让价格由双方按协议确定。以出让或基金清算方式退出的国家资金（含本金及形成的收益）直接收回托管账户，由受托管理机构代管。国家投资形成的股权待国家高技术创业投资引导基金成立后，全部转入引导基金。

（4）国家资金的权益和奖励。国家资金除在基金章程中规定的条款外，不要求优于其他社会股东的额外优惠条款。国家资金与地方政府资金同进同出。国家资金与地方政府资金、社会资金共同按创业投资基金章程规定支付基金管理机构管理费用（一般按照每年 1.5%~2.5%），并将部分基金增值收益（一般为 20%左右）奖励基金管理机构，每只基金的具体管理费用和奖励标准按照基金章程确定。为体现国家资金的政策导向和考核机制，也可考虑国家资金不支付每年的管理费用，同时将 50%的基金增值收益让渡于基金管理机构。对于参股设立的天使基金，国家资金可给予更大的让利幅度。基金的管理费用由基金公司直接支付给基金管理机构，财政部不再另行列支管理费用。

（5）国家资金管理和考核原则。按照《国务院办公厅转发发展改革委等部门关于创业投资引导基金规范设立与运作指导意见的通知》（国办发〔2008〕116 号）的精神，参股设立创业投资基金试点中的国家资金纳入公共财政考核评价体系。财政部、国家发展改革委将加强对国家投资的监管和指导，按照公共性原则，对基金建立绩效考核制度，定期对基金的政策效果进行考核评估。

各省（区、市）可结合本地实际，研究提出与国家资金共同参股设立创业投资基金的产业领域和具体方案，落实地方政府出资，配合国家发展改革委和财政部共同做好基金的设立和管理工作，探索财政资金支持创业投资发展的有效机制。同时，在工商登记、税收、投资、人才、营业场所等方面加大支持力度，加快建立有利于创业投资发展的良好政策环境。

国家发展改革委

财政部

二〇〇九年十月二十九日

财政部 国资委 证监会 社保基金会关于豁免国有创业投资机构和国有创业投资引导基金国有股转持义务有关问题的通知

财企〔2010〕278 号

国务院有关部委，有关直属机构，各省、自治区、直辖市、计划单列市财政厅（局）、国资委（局），中国证券登记结算有限责任公司，有关国有创业投资机构、国有创业投资引导基金：

《财政部 国资委 证监会 社保基金会关于印发〈境内证券市场转持部分国有股充实全国社会保障基金实施办法〉的通知》（财企〔2009〕94 号）规定，股权分置改革新老划断后，凡在境内证券市场首次公开发行股票并上市的含国有股的股份有限公司，除国务院另有规定的，均须按首次公开发行时实际发行股份数量的 10%，将股份有限公司部分国有股转由社保基金会持有，国有股东持股数量少于应转持股份数量的，按实际持股数量转持。

为进一步提高国有资本从事创业投资的积极性，鼓励和引导国有创业投资机构加大对中早期项目的投资，促进我国创业投资事业的发展和科技创新目标的实现，经国务院批准，符合条件的国有创业投资机构和国有创业投资引导基金，投资于未上市中小企业形成的国有股，可申请豁免国有股转持义务。现将有关事项通知如下：

（一）资质条件

（1）豁免国有股转持义务的国有创业投资机构应当符合下列条件：

1）经营范围符合《创业投资企业管理暂行办法》（国家发展和改革委员会等 10 部委令 2005 年第 39 号，以下简称《办法》）规定，且工商登记名称中注有"创业投资"字样。在 2005 年 11 月 15 日《办法》发布前完成工商登记的，可保留原有工商登记名称，但经营范围须符合《办法》规定。

2）遵照《办法》规定的条件和程序完成备案，经备案管理部门年度检查核实，投资运作符合《办法》有关规定。

（2）豁免国有股转持义务的国有创业投资引导基金应当为按照《关于创业投资引导基金规范设立与运作的指导意见》（国办发〔2008〕116 号）规定，规范设立并运作的国有创业投资引导基金。

（3）本通知所称未上市中小企业，应当同时符合下列条件：

1）职工人数不超过 500 人。

2）年销售（营业）额不超过 2 亿元。

3）资产总额不超过 2 亿元。

上述条件按照国有创业投资机构和国有创业投资引导基金初始投资行为发生时被投资企业的规模确定。

（二）申报资料

国有创业投资机构或国有创业投资引导基金申请豁免国有股转持义务，应当提供以下资料：

（1）申请报告。

（2）国有创业投资机构按照《创业投资企业管理暂行办法》完成备案及年检的证明文件，国有创业投资引导基金按照《关于创业投资引导基金规范设立与运作的指导意见》规范设立并运作的具体说明。

（3）经会计师事务所审计的被投资企业在国有创业投资机构或国有创业投资引导基金初始投资发生时上一年度的会计报表。

（4）由被投资企业所在地劳动和社会保障部门出具的被投资企业在国有创业投资机构或国有创业投资引导基金初始投资发生时上一年度末职工人数的证明。

（5）其他说明材料。

（三）办理程序

被投资企业拟首次公开发行股票并上市前，符合条件的国有创业投资机构或国有创业投资引导基金直接向财政部提出豁免国有股转持义务申请。财政部经审核后出具豁免国有股转持义务的批复文件，并抄送国资委、证监会、社保基金会和相关省（自治区、直辖市、计划单列市）国有资产监督管理机构、财政部门。若被投资企业有其他国有股东，需省级或省级以上国有资产管理机构出具国有股转持批复的，已豁免国有股转持额度在应转持总额度中扣除。

已按《境内证券市场转持部分国有股充实全国社会保障基金实施办法》实施国有股转持的，符合条件的国有创业投资机构或国有创业投资引导基金直接向财政部提出国有股回拨申请。财政部会同社保基金会复核后向中国证券登记结算有限责任公司（以下简称中国结算公司）下达国有股回拨通知，并抄送国资委、证监会、社保基金会和相关省（自治区、直辖市、计划单列市）国有资产监督管理机构、财政部门。中国结算公司在收到国有股回拨通知后15个工作日内，将已转持国有股，由社保基金会转持股票账户变更登记到国有创业投资机构或国有创业投资引导基金开设的股票账户。

关于印发《科技型中小企业创业投资引导基金股权投资收入收缴暂行办法》的通知

财企〔2010〕361号

各省、自治区、直辖市、计划单列市财政厅（局）、科技厅（委、局）：

　　为规范科技型中小企业创业投资引导基金股权投资收入的收缴工作，我们制定了《科技型中小企业创业投资引导基金股权投资收入收缴暂行办法》，现印发给你们，请遵照执行。执行中有何问题，请及时向我们反映。

　　附件：科技型中小企业创业投资引导基金股权投资收入收缴暂行办法

财政部　科技部

二〇一〇年十二月九日

科技型中小企业创业投资引导基金股权投资收入收缴暂行办法

　　第一条　为规范科技型中小企业创业投资引导基金（以下简称引导基金）股权投资收入的收缴工作，根据《中华人民共和国预算法》、《财政部　科技部关于印发〈科技型中小企业创业投资引导基金管理暂行办法〉的通知》（财企〔2007〕128号）及有关财政管理制度，制定本办法。

　　第二条　本办法适用于引导基金通过阶段参股方式投资于创业投资企业，以及通过跟进投资方式投资于科技型中小企业所产生的各项收入的收缴管理工作。

　　第三条　引导基金股权投资收入包括：引导基金股权退出应收回的原始投资及应取得的收益；引导基金通过跟进投资方式投资，在持有股权期间应取得的收益；被投资企业清算时，引导基金应取得的剩余财产清偿收入。

　　第四条　引导基金股权投资收入上缴中央国库，纳入中央一般预算管理，列《政府收支分类科目》103类"非税收入"06款"国有资本经营收入"下一般预算收入相关科目。其中：

　　（1）引导基金股权退出应收回的原始投资及应取得的收益，列"产权转让收入"下"其他产权转让收入"（预算科目编码：103060399）。

　　（2）引导基金通过跟进投资方式投资，在持有股权期间应取得的收益，列"股利、股息收入"下"其他股利、股息收入"（预算科目编码：103060299）。

　　（3）被投资企业清算时，引导基金应取得的剩余财产清偿收入，列"其他国有资本经营收入"（预算科目编码：1030699）。

　　第五条　财政部是引导基金股权投资收入收缴管理职能部门，对引导基金股权投资收入收缴情况进行监督检查。

第六条　科技部负责对所属执收单位及引导基金股权投资收入收缴工作实施管理和监督。

第七条　科技部科技型中小企业技术创新基金管理中心（以下简称创新基金管理中心）作为执收单位，负责引导基金股权投资收入的收缴管理工作。

第八条　引导基金股权投资收入上缴金额分别依据以下内容确定：

（1）引导基金股权退出应收回的原始投资，按照财政部、科技部有关引导基金立项、拨款文件及引导基金投资企业收到中央财政引导基金拨款收入凭证等确定。

（2）引导基金股权退出应取得的收益，按照引导基金投资企业收到中央财政引导基金拨款收入凭证及引导基金股权转让协议等确定。

（3）引导基金通过跟进投资方式投资，在持有股权期间应取得的收益，按照引导基金投资企业经会计师事务所审计的会计报表、股东会利润分配决议等确定。

（4）引导基金取得的剩余财产清偿收入，根据有关法律程序确定。

第九条　引导基金股权投资收入按以下程序上缴：

（1）创新基金管理中心在监督检查引导基金项目实施情况的基础上，与引导基金投资企业、引导基金股权受让方（或受托管理单位）等商议股权投资退出、收益分配及清算等事宜，并对引导基金投资企业项目实施情况专项审计报告、受让引导基金股权申请以及确认收入所依据的相关资料等进行审核。

（2）创新基金管理中心根据商议及审核结果，提出引导基金股权退出及收入收缴实施方案报科技部、财政部审定。

（3）创新基金管理中心根据科技部、财政部审定意见，办理股权转让、收入收缴等手续，向有关缴款单位发送缴款通知。收取时，使用《非税收入一般缴款书》，并加强对引导基金股权投资收入上缴的监督管理，确保收入按照有关规定及时、足额上缴。

（4）引导基金有关缴款单位在收到缴款通知后的 30 个工作日内，直接将应缴的引导基金股权投资收入，缴入财政部为创新基金管理中心开设的中央财政汇缴专户。

第十条　创新基金管理中心定期向科技部和财政部报告引导基金股权投资收入上缴情况，财政部、科技部不定期组织开展对引导基金股权投资收入上缴情况进行检查。

第十一条　任何单位、个人不得隐瞒、滞留、截留、挤占、挪用引导基金股权投资收入，一经查实，除收回有关资金外，将按照《财政违法行为处罚处分条例》（国务院令第 427 号）的相关规定进行处理。

第十二条　本办法由财政部会同科技部负责解释。

第十三条　本办法自印发之日起施行。

财政部关于豁免国有创业投资机构和国有创业投资引导基金国有股转持义务有关审核问题的通知

财企〔2011〕14 号

国务院有关部委，有关直属机构，各省、自治区、直辖市、计划单列市财政厅（局）、国资委（局），中国证券登记结算有限责任公司，有关国有创业投资机构、国有创业投资引导基金：

根据《财政部 国资委 证监会 社保基金会关于豁免国有创业投资机构和国有创业投资引导基金国有股转持义务有关问题的通知》（财企〔2010〕278 号），我部负责审核国有创业投资机构（以下简称创投机构）和国有创业投资引导基金（以下简称引导基金）提出的豁免国有股转持义务申请。经商国资委、证监会、社保基金会、发展改革委，现就审核中涉及的有关问题补充通知如下：

（一）创投机构备案及年检要求

创投机构应遵照《创业投资企业管理暂行办法》（国家发展和改革委员会等 10 部委令 2005 年第 39 号）规定的条件和程序完成备案，且最近一年必须通过备案管理部门的年度检查（申请豁免转持义务当年新备案的国有创业投资机构除外）。

（二）投资时点确认

创投机构投资于未上市中小企业，其投资时点以创投机构投资后，被投资企业取得工商行政管理部门核发的法人营业执照或工商核准变更登记通知书的日期为准。同一创投机构对未上市中小企业进行多轮投资的，第一次投资为初始投资，其后续投资均按初始投资的时点进行确认。

（三）被投资企业规模认定

被投资企业规模按照创投机构初始投资时点之上一年度末的相关指标进行认定。职工人数由被投资企业所在地县级以上劳动和社会保障部门或社会保险基金管理单位核定；年销售（营业）额和资产总额均须以会计师事务所审计的年度合并会计报表数据为准。

（四）国有股的回拨或解冻

创投机构已按《境内证券市场转持部分国有股充实全国社会保障基金实施办法》（财企〔2009〕94 号）实施国有股转持，经财政部会同社保基金会审核符合豁免转持政策的，实行回拨处理。回拨的国有股权包括：①由该创投机构转持至社保基金会的国有股；②社保基金会持股期内因上市公司利润分配或资本公积转增等原因，由该部分国有股派生的相关权益，包括送股、转增股本及现金分红等。

创投机构或其国有出资人已按财企〔2009〕94 号文件规定以现金替代方式履行国有股转持义务，经财政部会同社保基金会审核符合豁免转持政策的，实行回拨处理。回拨资金额按照创投机构或其国有出资人缴入中央金库的资金额确定。

按照财企〔2009〕94 号文件规定，国有全资创投机构所持上市公司国有股被冻结但尚未被转持的，须先按照《财政部 国资委 证监会 社保基金会关于加快推进国有股转持工作的通知》（财企〔2010〕393 号）的有关要求，将国有股变更登记到社保基金会转持股票账户后，再按财企〔2010〕278 号文件和本通知的规定申请办理国有股回拨手续。国有控股创投机构所持上市公司国有股被冻结但尚未被转持的，可直接向我部提出解冻申请，经我部审核符合豁免转持政策的，实行解冻处理。解冻的国有股包括：①创投机构股票账户中因实施国有股转持政策而被冻结的国有股；②该部分国有股被冻结期间因上市公司利润分配或资本公积转增等原因，由该部分国有股派生的部分权益，包括送股、转增股本等。

创投机构应于 2011 年 10 月 31 日前向我部提出回拨或解冻的申请，逾期将不予受理。

（五）申报资料

1. 被投资企业拟首次公开发行股票并上市前，创投机构申请豁免国有股转持义务，应当提供以下资料

（1）申请报告。由创投机构以红头文件形式出具，编文号并加盖创投机构公章。主要内容包括：创投机构基本情况，按照《创业投资企业管理暂行办法》规定条件和程序完成备案及经备案管理部门年度检查情况，对被投资企业进行投资的主要情况，创投机构初始投资时被投资企业的有关情况（包括企业设立时间、股东人数及性质、投资时企业名称、上一年度末资产总额、营业收入、职工人数等），被投资企业股份制改制情况及股本结构（包括国有股东及持股情况），被投资企业公开发行股票预案，国有股转持预案及创投机构所持国有股拟转持数量等。

（2）创投机构营业执照复印件及章程。

（3）创业投资企业备案管理部门同意创投机构备案的文件及近一年年检结果的通知。

（4）创投机构初始投资完成后被投资企业营业执照复印件（或工商行政管理部门出具的工商核准变更登记通知书）及公司章程。

（5）被投资企业所在地县级以上劳动和社会保障部门或社会保险基金管理单位出具的创投机构初始投资时点之上一年度末被投资企业职工人数证明。

（6）会计师事务所出具的创投机构初始投资时点之上一年度末被投资企业年度审计报告。

（7）省级以上国有资产管理部门出具的被投资企业国有股权管理批复文件。

（8）被投资企业关于公开发行股票的股东大会决议及股份发行方案。

（9）其他说明材料。

2. 已实施国有股转持或国有股已被冻结，创投机构申请国有股（现金）回拨或解冻，应当提供以下资料

（1）申请报告。由创投机构以红头文件形式出具，编文号并加盖创投机构公章。主要内容包括：创投机构基本情况，按照《创业投资企业管理暂行办法》规定条件和程序完成备案及经备案管理部门年度检查情况，对被投资企业进行投资的主要情况，创投机构初始投资时被投资企业的有关情况（包括企业设立时间、股东人数及性质、投资时企业名称、上一年度末资产总额、营业收入、职工人数等），被投资企业股份制改制情况及股本结构（包括国有股东及持股情况），被投资企业公开发行股票及上市情况，创投机构国有股转持或被冻结情况，社保基金会持股或国有股被冻结期间上市公司利润分配或资本公积转增等情况，申请回拨或解冻的国有股（现金）数量等。

（2）创投机构营业执照复印件及章程。

（3）创业投资企业备案管理部门同意创投机构备案的文件及近一年年检结果的通知。

（4）创投机构初始投资完成后被投资企业营业执照复印件（或工商行政管理部门出具的工商核准变更登记通知书）及公司章程。

（5）被投资企业所在地县级以上劳动和社会保障部门或社会保险基金管理单位出具的创投机构

初始投资时点之上一年度末被投资企业职工人数证明。

（6）会计师事务所出具的创投机构初始投资时点之上一年度末被投资企业年度审计报告。

（7）被投资企业关于利润分配和资本公积转增等方案的决议及实施公告。

（8）创投机构股票账户卡复印件，创投机构或其国有出资人上缴资金的一般缴款书复印件和承接回拨资金的银行账户复印件（仅限于涉及现金回拨情形）。

（9）其他说明材料。

创投机构提交的有关资料，如涉及上市公司相关信息的，应当符合上市公司信息披露相关法律法规和规则以及《国务院办公厅转发证监会等部门关于依法打击和防控资本市场内幕交易意见的通知》（国办发〔2010〕55号）的要求，避免涉及上市公司未公开信息，确保上市公司信息披露的公平性。

（六）引导基金审核要求

引导基金的资质认定，由我部会同发展改革委按照《关于创业投资引导基金规范设立与运作的指导意见》（国办发〔2008〕116号）有关规定进行审定，引导基金应提供相关说明材料。引导基金申请豁免的其他条件及程序，均比照对创投机构的相关要求办理。

（七）资料报送

财政部企业司具体负责豁免创投机构和引导基金国有股转持义务的审核工作，创投机构和引导基金可将申请资料（一式两份）直接寄送至：北京市西城区三里河财政部企业司企业三处，邮编：100820，联系电话：010-68552428。

财政部

二〇一一年二月二十二日

关于印发《新兴产业创投计划参股创业投资基金管理暂行办法》的通知

财建〔2011〕668号

各省、自治区、直辖市、计划单列市财政厅（局）、发展改革委：

为加快新兴产业创投计划实施，加强资金管理，根据《中华人民共和国促进科技成果转化法》、《国务院关于加快培育和发展战略性新兴产业的决定》（国发〔2010〕32号）、《国务院办公厅转发发展改革委等部门关于促进自主创新成果产业化若干政策的通知》（国办发〔2008〕128号）精神，财政部、国家发展改革委制定了《新兴产业创投计划参股创业投资基金管理暂行办法》，现予印发，请遵照执行。

财政部　国家发展改革委

二〇一一年八月十七日

新兴产业创投计划参股创业投资基金管理暂行办法

第一章 总 则

第一条 为加快新兴产业创投计划实施，加强资金管理，根据《中华人民共和国促进科技成果转化法》、《国务院关于加快培育和发展战略性新兴产业的决定》（国发〔2010〕32号）、《国务院办公厅转发发展改革委等部门关于促进自主创新成果产业化若干政策的通知》（国办发〔2008〕128号）精神，制定本办法。

第二条 本办法所称新兴产业创投计划是指中央财政资金通过直接投资创业企业、参股创业投资基金等方式，培育和促进新兴产业发展的活动。

本办法所称参股创业投资基金是指中央财政从产业技术研究与开发资金等专项资金中安排资金与地方政府资金、社会资本共同发起设立的创业投资基金或通过增资方式参与的现有创业投资基金（以下简称参股基金）。

第三条 参股基金管理遵循"政府引导、规范管理、市场运作、鼓励创新"原则，其发起设立或增资、投资管理、业绩奖励等按照市场化方式独立运作，自主经营，自负盈亏。

中央财政出资资金委托受托管理机构管理，政府部门及其受托管理机构不干预参股基金日常的经营和管理。

第四条 参股基金由财政部、国家发展改革委共同组织实施。

国家发展改革委会同财政部确定参股基金的区域和产业领域，委托受托管理机构开展尽职调查，审核确认参股基金方案并批复中央财政出资额度，对参股基金运行情况进行监督。

财政部会同国家发展改革委确定中央财政出资资金受托管理机构，拨付中央财政出资资金，对受托管理机构进行业绩考核和监督。

第二章 投资领域和方向

第五条 参股基金所在区域应具备发展战略性新兴产业和高技术产业的条件，有一定的人才、技术、项目资源储备。

第六条 参股基金投资应符合国家产业政策、高技术产业发展规划以及国家战略性新兴产业发展规划。

第七条 每只参股基金应集中投资于以下具体领域：节能环保、信息、生物与新医药、新能源、新材料、航空航天、海洋、先进装备制造、新能源汽车、高技术服务业（包括信息技术、生物技术、研发设计、检验检测、科技成果转化服务等）等战略性新兴产业和高新技术改造提升传统产业领域。

第八条 参股基金重点投向具备原始创新、集成创新或消化吸收再创新属性、且处于初创期、早中期的创新型企业，投资此类企业的资金比例不低于基金注册资本或承诺出资额的60%。

初创期创新型企业是指符合如下条件的企业，即：成立时间不超过5年，职工人数不超过300人，直接从事研究开发的科技人员占职工总数的20%以上，资产总额不超过3000万元，年销售额或营业额不超过3000万元。

早中期创新型企业是指符合如下条件的企业，即：职工人数不超过 500 人，资产总额不超过 2 亿元，年销售额或营业额不超过 2 亿元。

第九条 参股基金不得从事以下业务：

（1）投资于已上市企业，所投资的未上市企业上市后，参股基金所持股份未转让及其配售部分除外；

（2）从事担保、抵押、委托贷款、房地产（包括购买自用房地产）等业务；

（3）投资于其他创业投资基金或投资性企业；

（4）投资于股票、期货、企业债券、信托产品、理财产品、保险计划及其他金融衍生品；

（5）向任何第三人提供赞助、捐赠等；

（6）吸收或变相吸收存款，或向任何第三人提供贷款和资金拆借；

（7）进行承担无限连带责任的对外投资；

（8）以发行信托或集合理财产品的形式募集资金；

（9）存续期内，投资回收资金再用于对外投资；

（10）其他国家法律法规禁止从事的业务。

第三章 管理要求

第十条 参股基金的管理架构包括参股基金企业、参股基金管理机构、托管银行三方，三方按约定各司其职，各负其责。

第十一条 参股基金企业依照《中华人民共和国公司法》或《中华人民共和国合伙企业法》行使管理职权。包括确定参股基金投向、选择参股基金管理机构和托管银行、负责重大事项决策等。

第十二条 参股基金管理机构由参股基金企业确定，接受参股基金企业委托并签订委托管理协议，按照协议约定负责参股基金日常的投资和管理。参股基金管理机构应符合以下条件：

（1）在中国大陆注册，且注册资本不低于 500 万元，有一定的资金募集能力，有固定的营业场所和与其业务相适应的软硬件设施，具备丰富的投资管理经验和良好的管理业绩，健全的创业投资管理和风险控制流程，规范的项目遴选机制和投资决策机制，能够为被投资企业提供创业辅导、管理咨询等增值服务；

（2）至少有 3 名具备 3 年以上创业投资或基金管理工作经验的高级管理人员；至少有对 3 个以上创业企业投资的成功案例；

（3）参股基金管理机构及其工作人员无受过行政主管机关或司法机关处罚的不良记录。

第十三条 参股基金管理机构管理参股基金后，在完成对参股基金的 70% 资金委托投资之前，不得募集或管理其他创业投资基金。

第十四条 托管银行由参股基金企业确定，接受参股基金企业委托并签订资金托管协议，按照协议约定对参股基金托管专户进行管理，托管银行应符合以下条件：

（1）成立时间在五年以上全国性的股份制商业银行；

（2）与参股基金主要出资人、参股基金管理机构无股权、债务和亲属等关联和利害关系；

（3）具有创业投资基金托管经验；

（4）无重大过失及行政主管机关或司法机关处罚的不良记录。

第四章 申请条件

第十五条 新设立创业投资基金，申请中央财政资金出资的，应符合以下条件：

（1）主要发起人（合伙人，下同）、参股基金管理机构、托管银行已基本确定，并草签发起人协议、参股基金章程（合伙协议，下同）、委托管理协议、资金托管协议；其他出资人（合伙人，下同）已落实，并保证资金按约定及时足额到位。

（2）每只参股基金募集资金总额不低于 2.5 亿元；主要发起人的注册资本或净资产不低于 5000 万元人民币；地方政府出资额不低于 5000 万元；除中央财政和地方政府外的其他出资人出资额合计不低于 1.5 亿元，其中除参股基金管理机构外的单个出资人出资额不低于 1000 万元；除政府出资人外的其他出资人数量一般多于 3 个（含），不超过 15 个（含）。

（3）参股基金管理机构应对参股基金认缴出资，具体出资比例在参股基金章程中约定。

（4）创业投资基金应在设立 6 个月内按照《创业投资企业管理暂行办法》的规定进行备案。

第十六条 申请中央财政资金对现有创业投资基金进行增资的，除需符合新设立创业投资基金条件外，还应满足以下条件：

（1）创业投资基金已按有关法律法规设立，并开始投资运作，设立时间不超过 12 个月；

（2）创业投资基金全体出资人首期出资或首期认缴出资已经到位，且不低于注册资本或承诺出资额的 20%；

（3）创业投资基金全体出资人同意中央财政资金入股（入伙），且增资价格按不高于发行价格和中国人民银行公布的同期活期存款利息之和协商确定（存款利息按最后一个出资人的实际资金到位时间与中央财政资金增资到位时间差，以及同期存款利率计算）；

（4）创业投资基金已按照或在增资 6 个月内按照《创业投资企业管理暂行办法》的规定进行备案。

第五章 激励机制

第十七条 中央财政出资资金与地方政府资金、其他出资人共同按参股基金章程约定向参股基金管理机构支付管理费用。

管理费用由参股基金企业支付，财政部不再列支管理费用。年度管理费用一般按照参股基金注册资本或承诺出资额的 1.5%~2.5%确定，具体比例在委托管理协议中明确。

第十八条 除对参股基金管理机构支付管理费外，参股基金企业还要对参股基金管理机构实施业绩奖励。业绩奖励采取 "先回本后分利" 的原则，原则上将参股基金增值收益（回收资金扣减参股基金出资）的 20%奖励参股基金管理机构，剩余部分由中央财政、地方政府和其他出资人按照出资比例进行分配。

第十九条 对投资于初创期创新型企业的资金比例超过基金注册资本或承诺出资额 70%的参股基金，中央财政资金可给予更大的让利幅度。

第六章 受托管理机构

第二十条 财政部会同国家发展改革委通过招标确定中央财政出资资金受托管理机构，并签订委托管理协议。

第二十一条 受托管理机构应符合以下条件：

（1）具有独立法人资格；

（2）注册资本不低于1亿元；

（3）从事创业投资管理业务5年以上；

（4）有至少5名从事3年以上创业投资相关经历的从业人员；

（5）有完善的创业投资管理制度；

（6）有3个以上创业投资项目运作的成功经验；

（7）有作为出资人参与设立并管理创业投资基金的成功经验；

（8）最近3年以上持续保持良好的财务状况，没有受过行政主管机关或司法机关重大处罚的不良记录，严格按委托管理协议管理中央财政出资资金。

第二十二条 受托管理机构的职责主要包括：

（1）对参股基金开展尽职调查、入股谈判，签订参股基金章程；

（2）代表中央财政出资资金以出资额为限对参股基金行使出资人权利并承担相应义务，向参股基金派遣代表，监督参股基金投向；

（3）通过招标在财政部指定的国库集中支付代理银行范围内开设托管专户，根据参股基金章程约定，在地方政府、其他出资人按期缴付出资资金且足额到位后，将中央财政出资资金拨付参股基金账户；

（4）及时将中央财政出资资金的分红、退出等资金（含本金及收益）拨入托管专户并上缴中央国库；

（5）定期向财政部、国家发展改革委报告参股基金运作情况，股本变化情况及其他重大情况；

（6）受托管理机构应在创业投资备案管理部门进行附带备案。

第二十三条 财政部向受托管理机构支付日常管理费，日常管理费按年支付，当年支付上年，原则上每年按截至上年12月底已批复累计尚未回收中央财政出资额（以托管专户拨付被投资单位的金额和日期计算）的一定比例、按照超额累退方式核定，具体比例如下：

（1）中央财政出资额在20亿元（含）以下的按2%核定；

（2）中央财政出资额在20亿~50亿元（含）之间的部分按1.5%核定；

（3）中央财政出资额超过50亿元人民币的部分按1%核定。

第七章 申报审批程序

第二十四条 各省（自治区、直辖市、计划单列市）发展改革委、财政厅（局）根据当地情况按照本办法规定要求，组织编制参股基金组建方案或增资方案（具体详见附件2、附件3），联合报送国家发展改革委、财政部审核。

第二十五条 国家发展改革委、财政部组织专家对上报方案进行评审，对通过评审的方案，委托受托管理机构对拟参股基金开展尽职调查和入股谈判。

第二十六条 各省（自治区、直辖市、计划单列市）发展改革委、财政厅（局）根据评审意见，对参股基金方案进行修改完善，待各出资人签订相关协议后，联合向国家发展改革委、财政部上报正式方案，提出申请中央财政出资额度。

第二十七条 国家发展改革委、财政部参考受托管理机构尽职调查意见，正式确认参股基金方案并批复中央财政出资额度。财政部将中央财政出资资金拨付托管专户，由受托管理机构拨付参股基金账户。

第八章　中央财政出资资金的权益

第二十八条　中央财政对每只参股基金的出资，原则上不超过参股基金注册资本或承诺出资额的 20%，且与地方政府资金同进同出。对投资于初创期项目资金比例超过参股基金注册资本或承诺出资额 70% 的参股基金，可适当放宽中央财政出资资金参股比例限制。

第二十九条　参股基金的存续期限原则上不超过 10 年，一般通过到期清算、社会股东回购、股权转让等方式实现退出。

第三十条　受托管理机构应与其他出资人在参股基金章程中约定，有下述情况之一的，中央财政出资资金可无需其他出资人同意，选择退出：

（1）参股基金方案确认后超过一年，参股基金未按规定程序和时间要求完成设立或增资手续的；

（2）中央财政出资资金拨付参股基金账户一年以上，参股基金未开展投资业务的；

（3）参股基金投资领域和阶段不符合政策目标的；

（4）参股基金未按参股基金章程约定投资的；

（5）参股基金管理机构发生实质性变化的。

第三十一条　受托管理机构应与其他出资人在参股基金章程中约定，中央财政出资资金以出资额为限对参股基金债务承担责任。除参股基金章程中约定外，不要求优于其他出资人的额外优惠条款。

第三十二条　受托管理机构应与其他出资人在参股基金章程中约定，当参股基金清算出现亏损时，首先由参股基金管理机构以其对参股基金的出资额承担亏损，剩余部分由中央财政、地方政府和其他出资人按出资比例承担。

第九章　监督管理

第三十三条　国家发展改革委、财政部负责对参股基金运行情况进行监督，视工作需要委托专业机构进行审计，定期对参股基金的政策目标、政策效果及投资运行情况进行绩效评估。

第三十四条　财政部、国家发展改革委负责对受托管理机构进行业绩考核和评估检查。受托管理机构应于每年 3 月底前，将以前年度参股基金运作及中央财政出资资金托管等情况向财政部、国家发展改革委报告。主要包括：

（1）参股基金投资运作情况；

（2）中央财政出资资金的退出、收益、亏损情况；

（3）受托管理机构的经营情况、会计师事务所出具的对受托管理机构最近一年的审计报告。

第三十五条　参股基金运行中的重大问题，受托管理机构应当及时向国家发展改革委、财政部报告，主要包括：

（1）违反国家政策规定及参股基金章程约定投资的；

（2）其他重大突发事件。

第三十六条　各省（自治区、直辖市、计划单列市）发展改革委、财政厅（局）应加强监管和协调，对出现的重大变化和问题，及时报告国家发展改革委和财政部。

第三十七条　本办法由财政部、国家发展改革委负责解释。

第三十八条　本办法自发布之日起施行。

附件2：发起设立创业投资基金的方案框架

（一）创业投资基金组建方案

基金设立背景和目标、基金规模、组织形式、投资领域、发起人和基金管理机构、管理架构、项目遴选程序、投资决策机制、投资托管、风险防范、投资退出、管理费用和收益分配、经营期限等。

（二）创业投资基金发起人协议

（三）创业投资基金章程或合伙协议（草案）

（四）创业投资基金委托管理协议（草案）及基金管理机构章程（合伙协议）

（五）创业投资基金资金托管协议（草案）

（六）项目储备情况及第一阶段投资计划

（七）地方政府及社会资金出资承诺函，并明确资金到位时限

（八）会计师事务所出具的对主要发起人最近一年的审计报告

附件3：对现有创业投资基金进行增资的方案框架

（一）创业投资基金增资方案

基金设立背景和目标、基金规模、组织形式、投资领域、发起人和基金管理机构、管理架构、项目遴选程序、投资决策机制、投资托管、风险防范、投资退出、管理费用和收益分配、经营期限等；本次创业投资基金增资情况。

（二）创业投资基金股东大会（股东会议、合伙人大会）决议

（三）创业投资基金章程（合伙协议）及营业执照

（四）创业投资基金委托管理协议及基金管理机构章程（合伙协议）

（五）创业投资基金投资管理流程和尽职调查准则

（六）创业投资基金资金托管协议

（七）投资项目情况及未来一年的投资计划

（八）地方政府出资承诺函，并明确资金到位时限

（九）会计师事务所出具的对创业投资基金最近一年的审计报告

三、科技信贷与担保

中国人民银行、国务院科技领导小组办公室关于积极开展科技信贷的联合通知

中国人民银行、国务院科技领导小组办公室

为了贯彻《中共中央关于科学技术体制改革的决定》，支持科学技术事业的发展，现对科技贷款问题联合通知如下：

（1）各专业银行和其他金融机构，要在其核定的信贷计划总量范围内，调剂一部分贷款，积极支持科技事业的发展。各行今后发放中短期贷款应尽量和技术开发项目密切结合，推动企业的技术进步，取得更好的经济效益。

（2）科技贷款对象，除企业外，有偿还能力的科研单位和科研、生产联合体也可以贷款。为了搞好科技信贷工作，银行和其他金融机构与科技管理部门应密切合作，科技管理部门要向银行积极慎重地推荐科技项目，并负责对申请贷款的科技项目组织技术经济论证，银行负责贷款的审查工作。

（3）科技贷款利息，凡用于固定资产的，按固定资产贷款利率计收。用于流动资金的，按流动资金贷款利率计收。地方、部门要求减息的，可由地方、部门贴息。

（4）为了有计划、有指导地发放科技贷款，国务院一些部门推荐了一部分经济效益较高和实现把握较大的科技项目，供各行参考。如认为可行，应优先给予贷款支持。

（5）有些银行前一段时间已发放了一些科技贷款，并取得了较好效果，希望认真总结一下经验，并积极组织推广，请将总结的经验抄报国务院科技领导小组办公室、中国人民银行总行和各专业银行总行。

请各专业银行接此通知后，转发所属各行遵照执行。

关于加强中小企业信用担保体系建设意见的通知

国办发〔2006〕90 号

各省、自治区、直辖市人民政府，国务院各部委、各直属机构：

发展改革委、财政部、人民银行、税务总局、银监会《关于加强中小企业信用担保体系建设的意见》已经国务院同意，现转发给你们，请认真贯彻执行。

国务院办公厅

二○○六年十一月二十三日

关于加强中小企业信用担保体系建设的意见

近年来，主要以中小企业为服务对象的中小企业信用担保机构快速发展，担保资金不断增加，业务水平和运行质量稳步提高，服务领域进一步拓展，为解决中小企业融资难和担保难等问题发挥了重要作用。但也要看到，目前中小企业信用担保体系建设还存在许多问题，主要是担保机构总体规模较小，实力较弱，抵御风险能力不强，行业管理不完善等，亟须采取有效措施加以解决。根据《中华人民共和国中小企业促进法》和《国务院关于鼓励支持和引导个体私营等非公有制经济发展的若干意见》（国发〔2005〕3 号）的要求，为促进中小企业信用担保机构持续健康发展，现提出如下意见：

（一）建立健全担保机构的风险补偿机制

（1）切实落实《中华人民共和国中小企业促进法》有关规定，在国家用于促进中小企业发展的各种专项资金（基金）中，安排部分资金用于支持中小企业信用担保体系建设。各地区也要结合实际，积极筹措资金，加大对中小企业信用担保体系建设的支持力度。

（2）鼓励中小企业信用担保机构出资人增加资本金投入。对于由政府出资设立，经济效益和社会效益显著的担保机构，各地区要视财力逐步建立合理的资本金补充和扩充机制，采取多种形式增强担保机构的资本实力，提高其风险防范能力。

（3）各地区、各部门要积极创造条件，采取多种措施，组织和推进中小企业信用担保体系建设，引导担保机构充分发挥服务职能，根据有关法律法规和政策，积极为有市场、有效益、信用好的中小企业开展担保业务，切实缓解中小企业融资难、担保难等问题。

（4）为提高中小企业信用担保机构抵御风险的能力，各地区可根据实际，逐步建立主要针对从事中小企业贷款担保的担保机构的损失补偿机制。鼓励有条件的地区建立中小企业信用担保基金和区域性再担保机构，以参股、委托运作和提供风险补偿等方式支持担保机构的设立与发展，完善中小企业信用担保体系的增信、风险补偿机制。

（二）完善担保机构税收优惠等支持政策

（1）继续执行《国务院办公厅转发国家经贸委关于鼓励和促进中小企业发展若干政策意见的通知》（国办发〔2000〕59 号）中规定的对符合条件的中小企业信用担保机构免征三年营业税的税收

优惠政策。同时，进一步研究完善促进担保机构发展的其他税收政策。

（2）开展贷款担保业务的担保机构，按照不超过当年年末责任余额1%的比例以及税后利润的一定比例提取风险准备金。风险准备金累计达到其注册资本金30%以上的，超出部分可转增资本金。担保机构实际发生的代偿损失，可按照规定在企业所得税税前扣除。

（3）为促进担保机构的可持续发展，对主要从事中小企业贷款担保的担保机构，担保费率实行与其运营风险成本挂钩的办法。基准担保费率可按银行同期贷款利率的50%执行，具体担保费率可依项目风险程度在基准费率基础上上下浮动30%~50%，也可经担保机构监管部门同意后由担保双方自主商定。

（三）推进担保机构与金融机构的互利合作

（1）按照平等、自愿、公平及等价有偿、诚实信用的原则，鼓励、支持金融机构与担保机构加强互利合作。鼓励金融机构和担保机构根据双方的风险控制能力合理确定担保放大倍数，发挥各自优势，加强沟通协作，防范和化解中小企业信贷融资风险，促进中小企业信贷融资业务健康发展。

（2）金融机构要针对中小企业的特点，创新与担保机构的合作方式，拓展合作领域，积极开展金融产品创新，推出更多适合中小企业多样化融资需求的金融产品和服务项目。政策性银行可依托中小商业银行和担保机构，开展以中小企业为主要服务对象的转贷款、担保贷款业务。

（3）金融机构要在控制风险的前提下，合理下放对小企业贷款的审批权限，简化审贷程序，提高贷款审批效率。对运作规范、信用良好、资本实力和风险控制能力较强的担保机构承保的优质项目，可按人民银行利率管理规定适当下浮贷款利率。

（四）切实为担保机构开展业务创造有利条件

（1）担保机构开展担保业务中涉及工商、房产、土地、车辆、船舶、设备和其他动产、股权、商标专用权、专利权等抵押物登记和出质登记，凡符合要求的，登记部门要按照《中华人民共和国担保法》的规定为其办理相关登记手续。担保机构可以查询、抄录或复印与担保合同和客户有关的登记资料，登记部门要提供便利。

（2）登记部门要简化程序、提高效率，积极推进抵押物登记、出质登记的标准化和电子化，提高服务水平，降低登记成本。同时，担保机构办理代偿、清偿、过户等手续的费用，要按国家有关规定予以减免。在办理有关登记手续过程中，有关部门不得指定评估机构对抵押物（质物）进行强制性评估，不得干预担保机构正常开展业务。

（3）各部门和有关方面按照规定可向社会公开的企业信用信息，应向担保机构开放，支持担保机构开展与担保业务有关的信息查询。有条件的地方要建立互联互通机制，实现可公开企业信用信息与担保业务信息的互联互通和资源共享。

（五）加强对担保机构的指导和服务

（1）全国中小企业信用担保体系建设工作由发展改革委牵头，财政部、人民银行、税务总局、银监会参加，各部门要密切配合，加强沟通与协调，及时研究解决工作中的重大问题。地方各级人民政府要加强领导，提高认识，高度重视中小企业信用担保体系建设工作，将其纳入中小企业成长工程，积极采取措施予以推进。

（2）加强对担保机构经营的指导。各地区要指导和督促担保机构加强内部管理，规范经营行为，完善各种规章制度，努力提高经营水平和防控风险能力。要建立健全担保机构的信用评级制度，督促担保机构到有资质的评级机构进行信用评级，并将信用等级向社会公布。根据实际情况对担保机构实行备案管理，全面掌握担保机构经营状况，及时跟踪指导。

（3）积极为担保机构做好服务工作。各地区要组织开展面向中小企业信用担保机构的信息咨询、经验交流、业务培训、行业统计、权益保护、行业自律及对外交流等工作，切实推进担保机构自身建设和文化建设，促进担保机构持续健康发展。

发展改革委　财政部　中国人民银行

税务总局　银监会

中国银行业监督管理委员会关于商业银行改善和加强对高新技术企业金融服务的指导意见

银监发〔2006〕94号

各银监局，各政策性银行、国有商业银行、股份制商业银行、金融资产管理公司，国家邮政局邮政储汇局，银监会直接监管的信托公司、财务公司、金融租赁公司：

为实施《国家中长期科学和技术发展规划纲要（2006~2020年)》若干配套政策，营造支持和激励自主创新的金融环境，引导商业银行改善和加强对高新技术企业金融服务，中国银监会根据国家相关法律、法规，提出以下指导意见。

第一条　本文中所称的商业银行包括国有商业银行、股份制商业银行、城市商业银行、农村商业银行、农村合作银行和农村信用社。除政策性银行外，其他银行业金融机构可参照执行。

本文中所称的高新技术企业是指科技部和省、自治区、直辖市、计划单列市科技行政管理部门根据《国家高新技术产业开发区高新技术企业认定条件和办法》（国科发火字〔2000〕324号）、《国家高新技术产业开发区外高新技术企业认定条件和办法》（国科发火字〔1996〕018号）和《关于国家高新技术产业开发区外高新技术企业认定有关执行规定的通知》（国科火字〔2000〕120号）认定的企业。

第二条　商业银行要确立金融服务科技的意识，应当遵循自主经营、自负盈亏、自担风险和市场运作的原则，促进自主创新能力提高和科技产业发展，实现对高新技术企业金融服务的商业性可持续发展。

第三条　商业银行应当根据高新技术企业金融需求特点，完善业务流程、内部控制和风险管理，改善和加强对高新技术企业服务。

第四条　商业银行应当重点加强和改善对以下高新技术企业的服务，根据国家产业政策和投资政策，积极给予信贷支持：

（1）承担《国家中长期科学和技术发展规划纲要（2006~2020年)》确定的"重点领域及其优先主题"、"重大专项"和"前沿技术"开发任务的企业；

（2）担负有经国家有权部门批准的国家和省级立项的高新技术项目，拥有自主知识产权、有望形成新兴产业的高新技术成果转化项目和科技成果商品化及产业化较成熟的企业；

（3）属于电子与信息（尤其是软件和集成电路）、现代农业（尤其是农业科技产业化以及农业科研院所技术推广项目）、生物工程和新医药、新材料及应用、先进制造、航空航天、新能源与高效节能、环境保护、海洋工程、核应用技术等高技术含量、高附加值、高成长性行业的企业；

（4）产品技术处于国内领先水平，具备良好的国内外市场前景，市场竞争力较强，经济效益和社会效益较好且信用良好的企业；

（5）符合国家产业政策，科技含量较高、创新性强、成长性好，具有良好产业发展前景的科技型小企业。尤其是国家高新技术产业开发区内，或在高新技术开发区外但经过省级以上科技行政管理部门认定的，从事新技术、新工艺研究、开发、应用的科技型小企业。

第五条 商业银行拟提供授信的高新技术企业，应当同时满足以下条件：

（1）符合国家有关法律法规、产业政策以及国家制定的重点行业规划和《国家中长期科学和技术发展规划纲要（2006~2020年)》等相关要求；

（2）经国家批准的有关项目，其资本金、土地占用标准、环境保护、能源消耗、生产安全等方面符合相关要求；

（3）知识产权归属明晰、无重大知识产权纠纷的企业；

（4）产权清晰，建立了良好的公司治理结构、规范的内部管理制度和健全的财务管理制度，管理层具有较强的市场开拓能力和较高的经营管理水平，并有持续创新意识，具有较强的偿债能力和抗风险能力的企业；

（5）符合商业银行现行授信制度、内部控制和风险管理要求及商业银行认为应当满足的其他条件。

第六条 商业银行应当对高新技术企业进行必要的市场细分，针对不同行业和不同发展阶段的高新技术企业特点，积极开展制度创新和产品创新，开发符合高新技术企业需求的金融产品和业务流程，为其提供授信、结算、结售汇、银行卡、现金管理、财务顾问等各项服务。

第七条 商业银行应当对有效益、有还贷能力的自主创新产品出口所需的流动资金贷款根据信贷原则优先安排、重点支持，对资信好的自主创新产品出口企业可核定一定的授信额度，在授信额度内，根据信贷、结算管理要求，及时提供多种金融服务。

第八条 商业银行应当与科技型小企业建立稳定的银企关系，改善对小企业科技创新的金融服务，对创新能力强的予以重点扶持。应按照银监会《银行开展小企业贷款业务指导意见》（银监发〔2005〕54号）加强对科技型小企业的信贷支持。

第九条 商业银行应当根据高新技术企业融资需求和现金流量特点，设定合理的授信期限和还款方式，可采取分期定额、利随本清、灵活地附加必要宽限期（期内只付息不还本）等还款方式。

第十条 商业银行对高新技术企业授信，应当探索和开展多种形式的担保方式，如出口退税质押、股票质押、股权质押、保单质押、债券质押、仓单质押和其他权益抵（质）押等。对拥有自主知识产权并经国家有权部门评估的高新技术企业，还可以试办知识产权质押贷款。除资产抵、质押外，还应当加强与专业担保机构的合作，接受专业担保机构的第三方担保。

对科技型小企业授信，可以由借款人提供符合规定的企业资产、业主或主要股东个人财产抵质押以及保证担保，采取抵押、质押、保证的组合担保方式，满足其贷款需求。

第十一条 商业银行应当主动加强与政府部门沟通，及时获取相关信息。对获得国家财政贴息、科技型小企业技术创新基金支持或政府出资的专业担保机构担保的企业，应积极予以信贷支持。

第十二条 商业银行应当正确把握高新技术企业的生命周期和成长特点，根据企业技术的成熟程度和所处的产业化、市场化阶段及企业成长阶段的金融需求特点和风险状况，及时调整业务经营策略、准入及退出标准和信贷结构。

第十三条 商业银行应当按照银监会《商业银行授信工作尽职指引》（银监发〔2004〕51号）和《商业银行小企业授信工作尽职指引（试行)》（银监发〔2006〕69号）要求，加强对高新技术企业授信管理。

第十四条 商业银行应当提高识别、评价高新技术和自主知识产权及其发展方向和市场前景的能力，必要时可引入外部专家评审机制，根据需要委托相关领域的专家对其技术、产品、市场和法律、政策等进行调查和评估。

第十五条 商业银行对高新技术企业提供信贷支持应当引入贷款的风险定价机制，可在法律法规和政策允许的范围内，根据风险水平、筹资成本、管理成本、贷款目标收益、资本回报要求以及当地市场利率水平等因素自主确定贷款利率，对不同条件的借款人实行差别利率。

第十六条 商业银行应当加强与其他银行业金融机构的合作，对融资需求较大的高新技术项目，可通过组织银团贷款等方式实现利益共享、风险共担。

第十七条 商业银行应当实施有效的授信后管理，关注高新技术发展趋势，及时发现所授信高新技术企业的潜在风险并进行风险预警提示。发生影响客户履约能力的重大事项时，及时采取必要措施，并视情况决定是否对授信进行调整。

第十八条 商业银行应当加强对高新技术企业贷款的风险分类管理，并按照《金融企业呆账准备金提取管理办法》（财金〔2005〕49号）足额计提准备，增强抵御风险能力，弥补贷款损失。

请各银监局将本文转发至辖内各银监分局、城市商业银行、城市信用社、农村商业银行、农村合作银行和农村信用社。

二〇〇六年十二月二十八日

中国银行业监督管理委员会关于印发《支持国家重大科技项目政策性金融政策实施细则》的通知

银监发〔2006〕95号

各银监局，各政策性银行：

现将《支持国家重大科技项目政策性金融政策实施细则》印发给你们，请认真贯彻落实。

二〇〇六年十二月二十八日

支持国家重大科技项目政策性金融政策实施细则

第一章 总 则

第一条 为实施《国家中长期科学和技术发展规划纲要（2006~2020年)》（以下简称《规划纲要》）若干配套政策，营造激励自主创新的金融环境，鼓励和引导政策性银行等金融机构为国家重大科技项目提供金融服务，加强政策性金融对自主创新和产业化的支持力度，中国银行业监督管理委员会（以下简称银监会）根据国家有关法律、法规，制定本实施细则。

第二条　本实施细则所称政策性金融是指国家为实现特定的政策目标，要求或通过金融机构对指定的项目、产业或地域提供的金融服务。

第三条　政策性银行应当强化社会责任意识，将支持国家重大科技项目和高新技术作为落实科学发展观、推动创新型社会建设、促进可持续发展的具体举措，以及培养和拓展银行客户群的有效手段。

第四条　政策性银行应当设立专门账户，反映支持国家重大科技项目的各类政策性专项业务和项目，实行项目专项管理、单独核算。

第五条　政策性银行应当遵循政策性、安全性、流动性和效益性原则，自主经营、独立审贷、自担风险，对国家重大科技项目给予重点支持。

第六条　政策性银行应当严格依照本实施细则开办相关业务。银监会及其派出机构依法对政策性银行支持国家重大科技项目的业务活动进行监管。

第二章　支持领域和条件

第七条　政策性银行支持的国家重大科技项目包括：《规划纲要》中的重大专项和国家主要科技计划中的重大项目、经国家有关部门认定并推荐的国家重大科技专项、国家重大科技产业化项目的规模化融资和科技成果转化项目、高新技术产业化项目、引进技术消化吸收项目、高新技术产品出口项目等。

第八条　政策性银行支持的国家重大科技项目应当具备以下条件：

（1）符合《规划纲要》制定的相关政策，符合国家行业规划、产业政策、项目审核程序、用地政策、用地标准、环境保护、生产安全等方面的要求；

（2）在政策性银行支持的范围内，优先选择列入国家科技计划，且产品和技术具有创新性的项目；

（3）符合国家有关法律法规的规定，项目的建设需得到国家有权部门的批准，确保贷款资金用于国家重大科技项目；

（4）具备良好的国内外市场前景、较强的竞争力和盈利能力；

（5）项目申请人应当为在工商行政管理部门（或主管机关）依法核准登记注册的企（事）业法人，具备承担民事责任的资格，自主经营、独立核算；

（6）项目申请人建立了产权清晰、职责明确、分工合理、相互制衡的公司治理结构，制定了规范的内部管理制度和可操作的风险管理制度；

（7）项目申请人具有足够的偿债能力或风险覆盖能力，能提供符合法律规定的第三方保证或抵质押担保；

（8）政策性银行认为应当满足的其他条件。

第九条　国家通过招标投标方式确定国家重大科技项目政策性金融服务的承办人，政策性银行作为投标人依法进行投标活动。商业银行等机构对于通过国家组织的招投标获得的政策性金融业务，应当严格按照招投标约定的条件承办，分账管理。

第三章　风险防范与控制

第十条　政策性银行按照国家有关规定，享受支持的经认定的国家重大科技项目的风险补偿和贴息政策。未经认定的项目按照市场化原则运作。

第十一条 政策性银行应当高度关注国家重大科技项目和高新技术贷款的技术风险、信用风险、市场风险、操作风险、法律风险等各类风险，加强对这些风险的识别、计量、监测和控制，根据这些贷款授信的流程和特点制定专门的风险管理办法及业务操作规程，建立相应的风险管理及内控制度，建立健全激励约束和考核评价机制。

第十二条 政策性银行应当按照国家重大科技项目贷款申请的受理、审核、审批、贷后管理等环节分别制定各自的职业道德标准和行为规范，明确相应的权责和考核标准。

第十三条 政策性银行应当建立健全相应的统计信息系统，确保贷款信息的准确性、真实性、完整性，有效监控贷款整体情况。

第十四条 政策性银行应当根据重大科技项目和高新技术贷款借款人拟采用或已采用技术的原创性、领先性、适用性、知识产权的可保护性和这些技术及其相关产品的市场前景，正确评估贷款的现金流情况，并结合贷款的第三方保证、抵质押担保和其他风险缓释因素，正确评估此类贷款的债项等级。

第十五条 政策性银行应当根据重大科技项目和高新技术贷款借款人的资产负债情况、技术创新能力、经营能力、产业政策导向、政策支持力度等正确评估借款人信用等级。

第十六条 政策性银行应当根据重大科技项目和高新技术贷款借款人拟采用或已采用技术的成熟程度和所处的产业化、市场化阶段，审慎考虑银行适合承担的风险。应当注意通过与风险投资基金、产业投资基金、财政投融资或其他权益性投融资合作，或通过开展银团贷款、政府转贷款，或其他方式如保险、资产证券化、信用衍生品等分散和转移贷款风险。

第十七条 政策性银行应当基于风险可控和合规的原则，积极探索以知识产权和其他形式的无形资产为抵质押的贷款试点工作。

第十八条 政策性银行应当引入专家评审机制。根据需要委托技术、金融、财务、相关产业及法律等领域的专家对项目的技术、产品、市场、财务状况及政策法规等方面进行调查和评估。

第十九条 项目借款人必须在政策性银行或其指定的代理行设立专用账户，实行专项管理、专项核算、专款专用，严格按政策性银行的信贷管理规定及合同要求使用资金。

第二十条 政策性银行应当建立风险预警机制。在项目借款人出现信用结构缺损、挪用贷款、资本金不到位、企业经营出现重组改制、法律诉讼、重大违约及恶性事件等重大风险情况时，停止发放贷款，并提前收回已发放的贷款本息。

第二十一条 政策性银行应当积极支持科技型小企业，建立和完善贷款的风险定价机制、独立核算机制、高效的贷款审批机制、激励约束机制、专业化的人员培训机制和违约信息通报机制。

第二十二条 政策性银行应当根据贷款的风险情况，准确进行贷款的五级分类，并按照《金融企业呆账准备提取管理办法》（财金〔2005〕49号）足额计提准备，增强抵御风险能力，弥补贷款损失。

第四章　附　则

第二十三条 本实施细则由银监会解释和修改。

第二十四条 本实施细则自印发之日起施行。

国家开发银行 科学技术部关于对创新型试点企业进行重点融资支持的通知

开行发〔2007〕225 号

开发银行总行营业部、各分行、代表处，总行企业局；各省、自治区、直辖市、计划单列市、新疆生产建设兵团科技厅（委、局）；各创新型试点企业：

为贯彻落实党的十六届五中、六中全会和全国科技大会精神，促进企业成为技术创新的主体，国家开发银行（以下简称"开发银行"）和科学技术部（以下简称"科技部"）决定共同推动创新型企业试点工作（以下简称"试点工作"），通过开发性金融合作支持企业增强自主创新能力。现将有关事项通知如下：

（一）支持范围

支持范围：经科技部会同有关部门确定的创新型试点企业（以下简称"试点企业"）。根据试点工作的发展要求，科技部会同有关部门定期更新试点企业名单，并列入开发性金融支持范围（首批支持的企业名单见附件 1）。

（二）工作措施和支持方式

（1）科技部通过科技政策、国家科技计划等支持试点企业加强技术开发，促进成果转化和产业化，增强企业的融资能力，并适时向开发银行推荐试点企业的重大融资项目。科技部政策体改司负责此项工作的具体安排和统筹协调。

（2）开发银行运用开发性金融产品和金融服务对试点企业给予重点支持。对符合技术援助、软贷款和硬贷款发放条件的企业，按照开发银行有关规定和评审程序给予贷款支持；同时开发银行还将发挥其财务顾问、债券承销、基金业务等方面以及创新产品的综合优势，推进金融产品创新适应试点企业不断发展的融资需要。

（3）各省、自治区、直辖市、计划单列市、新疆生产建设兵团科技管理部门受科技部委托对所在地的试点企业进行联系和管理，可以依托多种形式的科技金融合作平台，或直接向所在地开发银行分支机构推荐试点企业的融资项目，并协助完成所推荐项目的初步审查。

（4）开发银行投资业务局负责开发银行支持试点企业工作的总体协调和调度管理，并在每季末对各分支机构上报的贷款情况表予以汇总分析，同时将汇总分析报告抄送科技部政策体改司。

（5）开发银行总行营业部、各分行、代表处，总行企业局负责与试点企业具体联系，及时了解其融资需求并提供财务顾问服务，积极受理企业的贷款申请，加快项目评审进度，及时予以信贷支持；对于不符合贷款条件的项目，应向企业说明理由并提出完善风险控制机制和信用体系建设的意见和建议；每个季度末向总行投资业务局上报贷款情况表（上报表式见附件 2）。对所在地科技管理部门会同同级有关部门确定的本地区创新型试点企业，可以参照本通知内容，给予融资支持。

（6）各试点企业要加强与所在地开发银行分支机构的联系，根据企业发展规划自行向开发银行分支机构提出融资需求；要按照开发银行有关规定推进信用建设，完善法人治理结构，建立规范的内部管理制度和风险管理制度，提高偿债能力或风险覆盖能力，严格按照合同约定用途使用贷款，保证贷款安全。

附件:

1. 首批列入开发性金融支持的创新型试点企业名单（共 103 家，略）
2. 国家开发银行分支机构支持创新型试点企业贷款汇总表（略）

国家开发银行　科学技术部

二〇〇七年六月十六日

关于进一步加大对科技型中小企业信贷支持的指导意见

银监发〔2009〕37 号

各银监局，各省、自治区、直辖市、计划单列市科技厅（委、局），各政策银行、国有商业银行、股份制商业银行、邮政储蓄银行：

为贯彻实施《国家中长期科学和技术发展规划纲要（2006~2020 年)》及其配套政策，落实《国务院办公厅关于当前金融促进经济发展的若干意见》（国办发〔2008〕126 号），加强科技资源和金融资源的结合，进一步加大对科技型中小企业信贷支持，缓解科技型中小企业融资困难，促进科技产业的全面可持续发展，建设创新型国家，现提出以下指导意见：

（1）鼓励进一步加大对科技型中小企业信贷支持。科技型中小企业是我国技术创新的主要载体和经济增长的重要推动力量，在促进科技成果转化和产业化、以创新带动就业、建设创新型国家中发挥着重要作用。银监会、科技部鼓励各银行进一步加大对科技型中小企业的信贷支持和金融服务力度。

本指导意见中的科技型中小企业是指符合以下条件的企业：

1）符合中小企业国家标准；

2）企业产品（服务）属于《国家重点支持的高新技术领域》的范围：电子信息技术、生物与新医药技术、航空航天技术、新材料技术、高技术服务业、新能源及节能技术、资源与环境技术、高新技术改造传统产业；

3）企业当年研究开发费（技术开发费）占企业总收入的 3%以上；

4）企业有原始性创新、集成创新、引进消化再创新等可持续的技术创新活动，有专门从事研发的部门或机构。

（2）完善科技部门、银行业监管部门合作机制，加强科技资源和金融资源的结合。各级科技部门、银行业监管部门应建立合作机制，整合科技、金融等相关资源，推动建立政府部门、各类投资基金、银行、科技型中小企业、担保公司等多方参与、科学合理的风险分担体系，引导银行进一步加大对科技型中小企业的信贷支持。

（3）建立和完善科技型企业融资担保体系。各级科技部门、国家高新区应设立不以盈利为目的、专门的科技担保公司，已设立的地方可通过补充资本金、担保补贴等方式进一步提高担保能力，推动建立科技型中小企业贷款风险多方分担机制。对于专门的科技担保公司，在风险可控的前提下，各银行可以在国家规定的范围内提高其担保放大倍数。研究设立相应的再担保机构，逐步建立和完善科技型企业融资担保体系。

（4）整合科技资源，营造加大对科技型中小企业信贷支持的有利环境。各级科技部门、国家高新区应积极整合政策、资金、项目、信息、专家等科技资源，建立科技型中小企业贷款风险补偿基金，制定具体的补贴或风险补偿和奖励政策，支持银行发放科技型中小企业贷款；定期推荐科技贷款项目，对属于科技计划和专项的项目优先推荐，并提出科技专业咨询意见，协助银行加强对科技贷款项目的贷后管理；推动科技型中小企业信用体系建设，建立企业信用档案，按照企业信用等级给予相应补贴；加快公共服务平台建设，建立和完善多种形式为科技型中小企业、银行服务的中介服务机构；对入驻科技企业孵化器的银行给予孵化企业待遇；通过交流、挂职等方式推荐科技副行长，协调开发地方科技资源。鼓励银行加强与科技创业投资机构的合作，通过贷投结合，拓宽科技型中小企业融资渠道。探索创新科技保险产品，分散科技型中小企业贷款风险。

（5）明确和完善银行对科技型中小企业信贷支持的有关政策。鼓励和引导银行在科技型中小企业密集地区、国家高新区的分支机构设立科技专家顾问委员会，发挥国家、地方科技计划专家库的优势，提供科技专业咨询服务；在审贷委员会中吸收有表决权的科技专家，并建立相应的考核约束机制；适当下放贷款审批权限；建立适合科技型中小企业特点的风险评估、授信尽职和奖惩制度；适当提高对科技型中小企业不良贷款的风险容忍度；开发适合科技型中小企业特点的金融服务产品，创新还款方式，提高对科技型中小企业的增值服务；推动完善知识产权转让和登记制度，培育知识产权流转市场，积极开展专利等知识产权质押贷款业务。

（6）创新科技金融合作模式，开展科技部门与银行之间的科技金融合作模式创新试点。科技部门和银行选择部分银行分支机构作为科技金融合作模式创新试点单位进行共建，开展科技资源和金融资源结合的具体实践，探索加大对科技型中小企业信贷支持和提高对科技型中小企业金融服务水平的有效途径。同时，分别在东、中、西部的涉农科技型中小企业密集省份，选择部分银行开展支持涉农科技型中小企业试点工作。各试点单位应按照"六项机制"和本指导意见的有关要求，积极加强与科技部门之间的协商与合作，共同制订试点方案，切实落实有关政策，做好科技资源和金融资源结合的有关工作。

（7）建立银行业支持科技型中小企业的长效机制。各地银行业监管部门、科技部门和各银行要深入贯彻落实科学发展观，结合本指导意见，积极加强部门合作和政策协调，加大相互开展科技与金融知识培训力度，认真做好有关试点工作，及时总结经验教训，不断创新和完善部门合作、资源结合、风险分担、信息共享等多方面的科技金融合作模式。银监会、科技部将选择部分科技金融合作模式创新试点单位作为观察联系点，对有效加大对科技型中小企业信贷支持情况进行长期跟踪和调研，确保银行业支持科技型中小企业的长效机制建立并有效运行。

中国银行业监督管理委员会　中华人民共和国科学技术部

二〇〇九年五月五日

关于选聘科技专家参与科技型中小企业项目评审工作的指导意见

银监发〔2009〕64 号

各银监局，各省、自治区、直辖市、计划单列市、新疆生产建设兵团科技厅（局），各政策性银行、国有商业银行、股份制商业银行，邮政储蓄银行：

为进一步推动银行业支持科技型中小企业发展，科技部、银监会、中国银行业协会将共同构建科技专家推荐体系，为银行业金融机构的科技型中小企业贷款审批提供科学中立的专业性咨询意见。科技专家的推荐、选聘、管理遵循科技部推荐、银监会组织、中国银行业协会建档管理、商业银行自主选聘的基本模式。现就有关工作提出以下指导意见：

（一）科技专家推荐体系的构建

（1）科技部负责从国家科技支撑计划、863 计划、星火计划、火炬计划、科技型中小企业创新基金等国家科技计划科技专家库中按照专业领域，选择 1000 名左右行业专家候选人向银监会推荐，同时提供专家候选人的相关信息。

（2）银监会将科技部推荐的专家候选人名单和相关信息资料转中国银行业协会，由中国银行业协会对专家候选人统一进行评审，在全国最终确定数百名合适人选。

中国银行业协会按照每个省和计划单列市分别确定 10~20 名专家的原则，将专家名单和相关资料转交至各地银行业协会，作为各地银行业金融机构科技专家选聘的候选人。

（3）科技专家应满足以下条件：

1）具有完全民事行为能力的自然人；

2）遵纪守法，诚实守信，勤勉尽职，具有良好的个人品行；

3）具有良好的教育背景与从业记录，在相应领域从事工作或科研 10 年以上，熟悉本领域国内外发展的技术水平和总体情况；

4）经科技部相关部门认可，能够正常参加评审和咨询工作；

5）热心科技事业发展，关注科技型中小企业成长，愿意参与对银行科技型中小企业项目的咨询和顾问；

6）了解金融、银行常识；

7）能与科技部、银监会和中国银行业协会进行充分的信息沟通，并积极配合相关工作；

8）科技部、银监会和中国银行业协会制定的其他条件。

参加过《国家中长期科学和技术发展规划纲要（2006~2020 年)》或"十一五"科技计划的研究和编制工作或具备较丰富金融、银行知识的专家优先。

（4）中国银行业协会建立科技专家库，同时建立相应的考核和调整机制，具体办法由中国银行业协会另行制定。

（二）科技专家的选聘

（1）中国银行业协会应向各银行业金融机构公开科技专家库名单及相关基础信息。

（2）银行业金融机构在对科技型中小企业项目审查时，需要科技专家提供专业咨询服务的，应从中国银行业协会确定的名单中进行选择。具体由银行业金融机构的法人机构或分支机构向所在地银行业协会提出需求，当地银行业协会协助银行业金融机构与科技专家取得联系。

（3）银行业金融机构根据自身需要和项目具体情况作出聘用科技专家的决定。银行业金融机构可以对科技专家的独立性进行充分评估，确保科技专家与银行科技型中小企业项目不存在利益冲突和任何关联关系。科技专家在工作中应主动地严格遵守相关纪律与规定。在上述评估中，科技专家有义务向银行业金融机构提供真实、完整的信息。

（4）各省（区、市）和计划单列市银行业金融机构的法人机构或分支机构至少应选聘一名专家作为相关项目审贷咨询顾问，同一名专家可以接受两个以上银行业金融机构的聘用。

（5）银行业金融机构决定聘用科技专家提供服务后，应根据市场原则与科技专家签署正式协议，明确双方权利义务和纠纷处理方式。

（6）银行业金融机构应将与科技专家签署协议的情况告知中国银行业协会或当地银行业协会。

（7）科技部、银监会、中国银行业协会及任何第三方不介入银行业金融机构与科技专家的协议签署过程。

（8）银行业金融机构在科技型中小企业项目的评审过程中，应全面、独立衡量项目的成本收益和风险状况，充分听取所聘用科技专家提出的专业性咨询意见，但不将该咨询意见作为唯一决策依据。

（9）中国银行业协会负责对银行业金融机构选聘科技专家的行为进行行业自律管理。

（三）科技专家的培训、评价及调整

（1）中国银行业协会定期对科技专家进行金融知识和银行业务知识的培训，科技专家应自觉参加培训并积极学习、提高自身的金融素养；如长期不能参加相关培训，且中国银行业协会在定期考查中认为其已不能为银行科技型中小企业项目提供有效咨询和顾问的，应将其从科技专家库中除名，并将相关情况向银监会反映，由银监会告知科技部。

（2）银行业金融机构应对科技专家的工作成效进行评估，并向中国银行业协会报告科技专家的尽职情况，如果科技专家未能有效尽职，中国银行业协会应视情况将其从科技专家库中除名，并将相关情况向银监会反映，由银监会告知科技部。

（3）科技专家库中专家数量难以满足银行业金融机构需求时，中国银行业协会应向银监会报告，由银监会向科技部提出专家候选人的进一步需求，科技部根据前述条款向银监会进行推荐。

（4）中国银行业协会定期统计银行业金融机构选聘科技专家库中专家的情况以及效果，对银行业金融机构有科技专家参与的相关信贷项目取舍状况及风险情况进行监测了解，作为对专家考核评价的基础，并向银监会报告。银监会将根据监管职责对银行业金融机构行为的合规性进行监督管理，并根据银行业金融机构对专家的使用评价情况，结合中国银行业协会统计结果向科技部进行必要的反馈。

中国银行业监督管理委员会　中华人民共和国科学技术部

二〇〇九年六月二十八日

关于科技部与中国银行加强合作促进高新技术产业发展的通知

国科发财〔2009〕620号

各省、自治区、直辖市及计划单列市科技厅（委、局），深圳市科工贸信委，新疆生产建设兵团科技局，中国银行各一级分行、直属分行：

为深入贯彻落实《国务院关于发挥科技支撑作用，促进经济平稳较快发展的意见》（国发〔2009〕9号）（以下简称《意见》）精神，进一步推进科技金融结合，集成科技资源和金融资源，积极应对金融危机，支持高新技术产业发展和科技企业融资，科学技术部（以下简称科技部）和中国银行股份有限公司（以下简称中国银行）将本着优势互补、共促发展的原则，在国家科技发展领域进行全面合作。现将有关事项通知如下：

（一）合作原则

科技部与中国银行将积极探索和实践国家科技政策引导与商业银行综合服务相结合的科技投融资体制，实现科技、银行、企业的共赢，破解科技型中小企业融资瓶颈，促进科技成果转化和产业化。双方将发挥各自优势，围绕国家鼓励发展的战略产业、科技企业以及科技计划项目，按照"科技部组织推动，中国银行独立审核，围绕重点领域，创新合作机制，执行市场化操作"的原则开展合作。

（二）合作领域

（1）应对金融危机科技支撑项目。《意见》提出的科技重大专项重点任务，促进产业振兴的重点先进技术，扩大内需、改善民生的技术和推广等应对金融危机科技支撑项目。

（2）国家关键性、战略性产业领域。《国家中长期科学和技术发展规划纲要（2006~2020年)》所提出的关键性、战略性产业领域，主要包括电子信息、新材料、先进制造、新能源、生物医药、农业、节能环保以及现代服务业等。

（3）科技型中小企业。对符合银行支持科技型中小企业条件和标准的企业，加强信贷和金融服务支持力度。

（4）国家高新技术产业开发区及大学科技园区基础设施建设。

（5）科技企业"走出去"。中国银行将充分利用多业并举、海内外联动及外汇方面优势，为科技企业"走出去"提供综合金融服务。

（6）科技金融合作共建。中国银行选定分支机构与地方科技部门（国家高新区）开展科技金融合作共建，科技部门制定有关贷款贴息、风险补偿等政策，中国银行制定专门的服务策略，为共建的高新区及区内企业提供全面高效的金融服务。

（三）合作方式

（1）科技部与中国银行建立多层次合作模式。科技部科研条件与财务司、中国银行公司金融总部负责具体组织落实和协调，各省、自治区、直辖市、计划单列市科技部门与中国银行当地分支机构加强联系和合作。

（2）科技部门可以定期或不定期向中国银行推荐科技项目，并协助中国银行对项目的技术水平、发展前景进行评估和论证，共同做好区域内科技企业信用体系建设和信贷金融培训工作。

（3）共同推进科技型中小企业融资。各地科技部门和中国银行分支机构要按照银监会、科技部《关于进一步加大对科技型中小企业信贷支持的指导意见》（银监发〔2009〕37号）、《关于选聘科技专家参与科技型中小企业项目评审工作的指导意见》（银监发〔2009〕64号）要求，创新科技金融合作机制和产品，共同搭建多种形式的科技金融合作平台，为科技型中小企业创造有利的金融服务环境。

工作中遇有问题和情况，请及时反映。

科技部联系人：沈文京、贾建平

联系电话：010-58881686 010-58881691

传　　真：010-58881691

中国银行联系人：牛甲子、刘铮

联系电话：010-66593190 010-66593274

传　　真：010-66593142

科学技术部　　中国银行股份有限公司

二〇〇九年十一月四日

关于开展科技专家参与科技型中小企业贷款项目评审工作的通知

国科发财〔2010〕44号

各省、自治区、直辖市、计划单列市科技厅（委、局），新疆生产建设兵团科技局，深圳市科工贸信委，各银监局，各银行，各有关科技专家：

为贯彻落实《国务院关于发挥科技支撑作用，促进经济平稳较快发展的意见》（国发〔2009〕9号）和中央经济工作会议精神，进一步推动银行支持科技型中小企业发展，加快培育战略性新兴产业，提高银行贷款的科学性，根据银监会、科技部《关于进一步加大对科技型中小企业信贷支持的指导意见》（银监发〔2009〕37号）和《关于选聘科技专家参与科技型中小企业项目评审工作的指导意见》（银监发〔2009〕64号）要求，科技部、银监会决定启动科技专家参与科技型中小企业贷款项目评审工作。现将有关事项通知如下：

（1）科技部从国家科技计划专家库中选择出部分符合要求的科技专家，经商银监会后，由中国银行业协会建立科技专家库。地方科技部门可参照有关条件，结合本地产业发展的需求，提出补充科技专家名单，经商银监局后联合报科技部；科技部会同银监会审核后，将审核通过的科技专家名单告知中国银行业协会、有关地方科技部门和银监局；中国银行业协会负责将通过审核的科技专家补充加入科技专家库，并告知协会会员单位；地方科技部门通知有关科技专家。

（2）银行业金融机构在进行科技型中小企业贷款项目审查或其他涉及科学技术的项目审查时，需要科技专家提供咨询服务的，可从科技专家库中选择。

（3）在进行贷款项目咨询时，银行应与科技专家约定咨询内容、咨询费用、反馈时间和要求等事项。咨询可以通过电话、邮件、实地考察等多种方式进行。

（4）科技专家要高度重视向银行提供咨询服务工作，发挥自身专业知识、信息网络和熟悉科技产业政策等优势，对银行提出的咨询服务需求，及时做出科学、合理、公正、客观的回复意见，并保守咨询工作秘密。

（5）科技部、银监会委托中国银行业协会具体负责实施科技专家为银行业金融机构提供咨询服务工作，收集整理各方面的意见和建议。中国银行业协会负责编制的科技专家手册将发至协会会员单位，供开展工作之用。

（6）考虑到该项工作涉及面广、内容复杂、创新性强，科技部、银监会决定该项工作从本通知发布之日起，先期试行一年。各地科技部门、银监局、银行业协会要加强联系与合作，注意总结经验。银行业金融机构及科技专家有何意见和建议可随时向科技部、银监会和中国银行业协会反映。

联系人及方式：

科技部：

沈文京：010-58881686　　　　shenwj@most.cn

贾建平：010-58881691　　　　jia8509@126.com

银监会：

周振宇：010-66279572　　　　zhouzhenyu@cbrc.gov.cn

中国银行业协会：

吕欢：010-66553358-8008　　　lvhuan@china-cba.net

成天乐：010-66553358-8101　　chengtianle@china-cba.net

科学技术部　中国银监会

二〇一〇年二月二日

关于加强知识产权质押融资与评估管理支持中小企业发展的通知

财企〔2010〕199 号

各省、自治区、直辖市、计划单列市财政厅（局）、中小企业管理部门、银监局、知识产权局、工商行政管理局、版权局：

为贯彻落实《国家知识产权战略纲要》（国发〔2008〕18 号）和《国务院关于进一步促进中小企业发展的若干意见》（国发〔2009〕36 号），推进知识产权质押融资工作，拓展中小企业融资渠道，完善知识产权质押评估管理体系，支持中小企业创新发展，积极推动产业结构优化升级，加快经济发展方式转变，现就知识产权质押融资与评估管理有关问题通知如下：

（一）建立促进知识产权质押融资的协同推进机制

知识产权质押融资是知识产权权利人将其合法拥有的且目前仍有效的专利权、注册商标权、著作权等知识产权出质，从银行等金融机构取得资金，并按期偿还资金本息的一种融资方式。各级财政、银监、知识产权、工商行政管理、版权、中小企业管理部门（以下统称各有关部门）要充分发挥各自的职能作用，加强协调配合和信息沟通，积极探索促进本地区知识产权质押融资工作的新模式、新方法，完善知识产权质押融资的扶持政策和管理机制，加强知识产权质押评估管理，支持中小企业开展知识产权质押融资，加快建立知识产权质押融资协同工作机制，有效推进知识产权质押融资工作。

（二）创新知识产权质押融资的服务机制

各有关部门要指导和支持银行等金融机构探索和创新知识产权信贷模式，积极拓展知识产权质押融资业务，鼓励和支持商业银行结合自身特点和业务需要，选择符合国家产业政策和信贷政策、可以用货币估价并依法流转的知识产权作为质押物，有效满足中小企业的融资需求。

各有关部门要指导和支持商业银行等金融机构根据国家扶持中小企业发展的政策，充分利用知识产权的融资价值，开展多种模式的知识产权质押融资业务，扩大中小企业知识产权质押融资规模。要鼓励商业银行积极开展以拥有自主知识产权的中小企业为服务对象的信贷业务，对中小企业以自主知识产权质押的贷款项目予以优先支持。要充分利用国家财政现有中小企业信用担保资金政策，对担保机构开展的中小企业知识产权质押融资担保业务给予支持。

各有关部门要引导商业银行、融资性担保机构充分利用资产评估在知识产权质押中的作用，促进知识产权、资产评估法律及财政金融等方面的专业协作，协助贷款、担保等金融机构开展知识产权质押融资业务。要进一步加强知识产权、资产评估、金融等专业知识培训和业务交流，开展相关政策与理论研究，提升商业银行、融资性担保机构、资产评估机构等组织及有关从业人员的专业能力。

各有关部门要支持和指导中小企业运用相关政策开展知识产权质押融资，构建中小企业与商业银行等金融机构之间的信息交流平台，提高中小企业知识产权保护和运用水平。

（三）建立完善知识产权质押融资风险管理机制

各地银监部门要指导和支持商业银行等金融机构建立健全知识产权质押融资管理体系，创新授信评级，严格授信额度管理，建立知识产权质押物价值动态评估机制，落实风险防控措施。

各有关部门要鼓励融资性担保机构为中小企业知识产权质押融资提供担保服务，引导企业开展同业担保业务，构建知识产权质押融资多层次风险分担机制。探索建立适合中小企业知识产权质押融资特点的风险补偿和尽职免责机制。支持和引导各类信用担保机构为知识产权交易提供担保服务，探索建立社会化知识产权权益担保机制。

（四）完善知识产权质押融资评估管理体系

各有关部门要根据财政部和国家知识产权局、国家工商行政管理总局、国家版权局等部门有关加强知识产权资产评估管理的意见，完善知识产权质押评估管理制度，加强评估质量管理，防范知识产权评估风险。

各有关部门要鼓励商业银行、融资性担保机构、中小企业充分利用专业评估服务，由经财政部门批准设立的具有知识产权评估专业胜任能力的资产评估机构，对需要评估的质押知识产权进行评估。要指导商业银行、融资性担保机构、中小企业等评估业务委托方，针对知识产权质押融资的评估行为，充分关注评估报告披露事项，按照约定合理使用评估报告。

中国资产评估协会要加强相关评估业务的准则建设和自律监管，促进资产评估机构、注册资产评估师规范执业，加快推进知识产权评估理论研究和数据服务系统建设，为评估机构开展知识产权评估提供理论和数据支持。要在无形资产评估准则框架下，针对各类知识产权制定具体的资产评估指导意见，形成完整的知识产权评估准则体系。要加大知识产权评估相关业务的培训，进一步提高注册资产评估师专业胜任能力。要监督资产评估机构按照国家有关规定合理收取评估费用，制止资产评估机构低价恶性竞争或超标准收费行为。

（五）建立有利于知识产权流转的管理机制

各级知识产权部门要建立动态的信息跟踪和沟通机制，及时做好知识产权质押登记，加强流程管理，强化质押后的知识产权保护，并为商业银行、融资性担保机构、质押评估委托方查询质押知识产权法律状态、知识产权质押物经营状况等信息提供必要的支持，协助商业银行逐步建立知识产权质押融资信用体系。

各级中小企业管理部门要积极引导拥有自主知识产权的中小企业进行质押融资，提高其知识产权参与资产评估的积极性和有效性，建立适应知识产权交易的多元化、多渠道投融资机制，并将其纳入当地中小企业成长工程。

各有关部门要加快推进知识产权交易市场建设，充分依托各类产权交易市场，引导风险投资机构参与科技成果产业化投资，促进知识产权流转。要积极探索知识产权许可、拍卖、出资入股等多元化价值实现形式，支持商业银行、融资性担保机构质权的实现。

财政部　工业和信息化部　银行业监督管理委员会

国家知识产权局　国家工商行政管理总局　国家版权局

二〇一〇年八月十二日

四、资本市场

首次公开发行股票并在创业板上市管理暂行办法

中国证券监督管理委员会令第 61 号

《首次公开发行股票并在创业板上市管理暂行办法》已经 2009 年 1 月 21 日中国证券监督管理委员会第 249 次主席办公会议审议通过，现予公布，自 2009 年 5 月 1 日起施行。

中国证券监督管理委员会主席　尚福林

二〇〇九年三月三十一日

第一章　总　则

第一条　为了规范首次公开发行股票并在创业板上市的行为，促进自主创新企业及其他成长型创业企业的发展，保护投资者的合法权益，维护社会公共利益，根据《证券法》、《公司法》，制定本办法。

第二条　在中华人民共和国境内首次公开发行股票并在创业板上市，适用本办法。

第三条　发行人申请首次公开发行股票并在创业板上市，应当符合《证券法》、《公司法》和本办法规定的发行条件。

第四条　发行人依法披露的信息，必须真实、准确、完整，不得有虚假记载、误导性陈述或者重大遗漏。

第五条　保荐人及其保荐代表人应当勤勉尽责，诚实守信，认真履行审慎核查和辅导义务，并对其所出具文件的真实性、准确性和完整性负责。

第六条　为证券发行出具文件的证券服务机构和人员，应当按照本行业公认的业务标准和道德规范，严格履行法定职责，并对其所出具文件的真实性、准确性和完整性负责。

第七条　创业板市场应当建立与投资者风险承受能力相适应的投资者准入制度，向投资者充分提示投资风险。

第八条　中国证券监督管理委员会（以下简称中国证监会）依法核准发行人的首次公开发行股票申请，对发行人股票发行进行监督管理。

证券交易所依法制定业务规则，创造公开、公平、公正的市场环境，保障创业板市场的正常运行。

第九条 中国证监会依据发行人提供的申请文件对发行人首次公开发行股票的核准，不表明其对该股票的投资价值或者对投资者的收益作出实质性判断或者保证。股票依法发行后，因发行人经营与收益的变化引致的投资风险，由投资者自行负责。

第二章 发行条件

第十条 发行人申请首次公开发行股票应当符合下列条件：

（1）发行人是依法设立且持续经营三年以上的股份有限公司。

有限责任公司按原账面净资产值折股整体变更为股份有限公司的，持续经营时间可以从有限责任公司成立之日起计算。

（2）最近两年连续盈利，最近两年净利润累计不少于1000万元，且持续增长；或者最近一年盈利，且净利润不少于500万元，最近一年营业收入不少于5000万元，最近两年营业收入增长率均不低于30%。净利润以扣除非经常性损益前后孰低者为计算依据。

（3）最近一期末净资产不少于2000万元，且不存在未弥补亏损。

（4）发行后股本总额不少于3000万元。

第十一条 发行人的注册资本已足额缴纳，发起人或者股东用作出资的资产的财产权转移手续已办理完毕。发行人的主要资产不存在重大权属纠纷。

第十二条 发行人应当主要经营一种业务，其生产经营活动符合法律、行政法规和公司章程的规定，符合国家产业政策及环境保护政策。

第十三条 发行人最近两年内主营业务和董事、高级管理人员均没有发生重大变化，实际控制人没有发生变更。

第十四条 发行人应当具有持续盈利能力，不存在下列情形：

（1）发行人的经营模式、产品或服务的品种结构已经或者将发生重大变化，并对发行人的持续盈利能力构成重大不利影响；

（2）发行人的行业地位或发行人所处行业的经营环境已经或者将发生重大变化，并对发行人的持续盈利能力构成重大不利影响；

（3）发行人在用的商标、专利、专有技术、特许经营权等重要资产或者技术的取得或者使用存在重大不利变化的风险；

（4）发行人最近一年的营业收入或净利润对关联方或者有重大不确定性的客户存在重大依赖；

（5）发行人最近一年的净利润主要来自合并财务报表范围以外的投资收益；

（6）其他可能对发行人持续盈利能力构成重大不利影响的情形。

第十五条 发行人依法纳税，享受的各项税收优惠符合相关法律法规的规定。发行人的经营成果对税收优惠不存在严重依赖。

第十六条 发行人不存在重大偿债风险，不存在影响持续经营的担保、诉讼以及仲裁等重大或有事项。

第十七条 发行人的股权清晰，控股股东和受控股股东、实际控制人支配的股东所持发行人的股份不存在重大权属纠纷。

第十八条 发行人资产完整，业务及人员、财务、机构独立，具有完整的业务体系和直接面向市场独立经营的能力。与控股股东、实际控制人及其控制的其他企业间不存在同业竞争，以及严重影响公司独立性或者显失公允的关联交易。

第十九条 发行人具有完善的公司治理结构,依法建立健全股东大会、董事会、监事会以及独立董事、董事会秘书、审计委员会制度,相关机构和人员能够依法履行职责。

第二十条 发行人会计基础工作规范,财务报表的编制符合企业会计准则和相关会计制度的规定,在所有重大方面公允地反映了发行人的财务状况、经营成果和现金流量,并由注册会计师出具无保留意见的审计报告。

第二十一条 发行人内部控制制度健全且被有效执行,能够合理保证公司财务报告的可靠性、生产经营的合法性、营运的效率与效果,并由注册会计师出具无保留结论的内部控制鉴证报告。

第二十二条 发行人具有严格的资金管理制度,不存在资金被控股股东、实际控制人及其控制的其他企业以借款、代偿债务、代垫款项或者其他方式占用的情形。

第二十三条 发行人的公司章程已明确对外担保的审批权限和审议程序,不存在为控股股东、实际控制人及其控制的其他企业进行违规担保的情形。

第二十四条 发行人的董事、监事和高级管理人员了解股票发行上市相关法律法规,知悉上市公司及其董事、监事和高级管理人员的法定义务和责任。

第二十五条 发行人的董事、监事和高级管理人员应当忠实、勤勉,具备法律、行政法规和规章规定的资格,且不存在下列情形:

(1)被中国证监会采取证券市场禁入措施尚在禁入期的;

(2)最近 3 年内受到中国证监会行政处罚,或者最近一年内受到证券交易所公开谴责的;

(3)因涉嫌犯罪被司法机关立案侦查或者涉嫌违法违规被中国证监会立案调查,尚未有明确结论意见的。

第二十六条 发行人及其控股股东、实际控制人最近 3 年内不存在损害投资者合法权益和社会公共利益的重大违法行为。

发行人及其控股股东、实际控制人最近 3 年内不存在未经法定机关核准,擅自公开或者变相公开发行证券,或者有关违法行为虽然发生在 3 年前,但目前仍处于持续状态的情形。

第二十七条 发行人募集资金应当用于主营业务,并有明确的用途。募集资金数额和投资项目应当与发行人现有生产经营规模、财务状况、技术水平和管理能力等相适应。

第二十八条 发行人应当建立募集资金专项存储制度,募集资金应当存放于董事会决定的专项账户。

第三章 发行程序

第二十九条 发行人董事会应当依法就本次股票发行的具体方案、本次募集资金使用的可行性及其他必须明确的事项作出决议,并提请股东大会批准。

第三十条 发行人股东大会应当就本次发行股票作出决议,决议至少应当包括下列事项:

(1)股票的种类和数量;

(2)发行对象;

(3)价格区间或者定价方式;

(4)募集资金用途;

(5)发行前滚存利润的分配方案;

（6）决议的有效期；

（7）对董事会办理本次发行具体事宜的授权；

（8）其他必须明确的事项。

第三十一条 发行人应当按照中国证监会有关规定制作申请文件，由保荐人保荐并向中国证监会申报。

第三十二条 保荐人保荐发行人发行股票并在创业板上市，应当对发行人的成长性进行尽职调查和审慎判断并出具专项意见。发行人为自主创新企业的，还应当在专项意见中说明发行人的自主创新能力。

第三十三条 中国证监会收到申请文件后，在 5 个工作日内作出是否受理的决定。

第三十四条 中国证监会受理申请文件后，由相关职能部门对发行人的申请文件进行初审，并由创业板发行审核委员会审核。

第三十五条 中国证监会依法对发行人的发行申请作出予以核准或者不予核准的决定，并出具相关文件。

发行人应当自中国证监会核准之日起 6 个月内发行股票；超过 6 个月未发行的，核准文件失效，须重新经中国证监会核准后方可发行。

第三十六条 发行申请核准后至股票发行结束前发生重大事项的，发行人应当暂缓或者暂停发行，并及时报告中国证监会，同时履行信息披露义务。出现不符合发行条件事项的，中国证监会撤回核准决定。

第三十七条 股票发行申请未获核准的，发行人可自中国证监会作出不予核准决定之日起六个月后再次提出股票发行申请。

第四章 信息披露

第三十八条 发行人应当按照中国证监会的有关规定编制和披露招股说明书。

第三十九条 中国证监会制定的创业板招股说明书内容与格式准则是信息披露的最低要求。不论准则是否有明确规定，凡是对投资者作出投资决策有重大影响的信息，均应当予以披露。

第四十条 发行人应当在招股说明书显要位置作如下提示："本次股票发行后拟在创业板市场上市，该市场具有较高的投资风险。创业板公司具有业绩不稳定、经营风险高、退市风险大等特点，投资者面临较大的市场风险。投资者应充分了解创业板市场的投资风险及本公司所披露的风险因素，审慎作出投资决定。"

第四十一条 发行人及其全体董事、监事和高级管理人员应当在招股说明书上签名、盖章，保证招股说明书内容真实、准确、完整。保荐人及其保荐代表人应当对招股说明书的真实性、准确性、完整性进行核查，并在核查意见上签名、盖章。

发行人的控股股东、实际控制人应当对招股说明书出具确认意见，并签名、盖章。

第四十二条 招股说明书引用的财务报表在其最近一期截止日后 6 个月内有效。特别情况下发行人可申请适当延长，但至多不超过 1 个月。财务报表应当以年度末、半年度末或者季度末为截止日。

第四十三条 招股说明书的有效期为 6 个月，自中国证监会核准前招股说明书最后一次签署之日起计算。

第四十四条　申请文件受理后、发行审核委员会审核前，发行人应当在中国证监会网站预先披露招股说明书（申报稿）。发行人可在公司网站刊登招股说明书（申报稿），所披露的内容应当一致，且不得早于在中国证监会网站披露的时间。

第四十五条　预先披露的招股说明书（申报稿）不能含有股票发行价格信息。

发行人应当在预先披露的招股说明书（申报稿）的显要位置声明："本公司的发行申请尚未得到中国证监会核准。本招股说明书（申报稿）不具有据以发行股票的法律效力，仅供预先披露之用。投资者应当以正式公告的招股说明书作为投资决定的依据。"

第四十六条　发行人及其全体董事、监事和高级管理人员应当保证预先披露的招股说明书（申报稿）的内容真实、准确、完整。

第四十七条　发行人股票发行前应当在中国证监会指定网站全文刊登招股说明书，同时在中国证监会指定报刊刊登提示性公告，告知投资者网上刊登的地址及获取文件的途径。

发行人应当将招股说明书披露于公司网站，时间不得早于前款规定的刊登时间。

第四十八条　保荐人出具的发行保荐书、证券服务机构出具的文件及其他与发行有关的重要文件应当作为招股说明书备查文件，在中国证监会指定网站和公司网站披露。

第四十九条　发行人应当将招股说明书及备查文件置备于发行人、拟上市证券交易所、保荐人、主承销商和其他承销机构的住所，以备公众查阅。

第五十条　申请文件受理后至发行人发行申请经中国证监会核准、依法刊登招股说明书前，发行人及与本次发行有关的当事人不得以广告、说明会等方式为公开发行股票进行宣传。

第五章　监督管理和法律责任

第五十一条　证券交易所应当建立适合创业板特点的上市、交易、退市等制度，督促保荐人履行持续督导义务，对违反有关法律、法规以及交易所业务规则的行为，采取相应的监管措施。

第五十二条　证券交易所应当建立适合创业板特点的市场风险警示及投资者持续教育的制度，督促发行人建立健全维护投资者权益的制度以及防范和纠正违法违规行为的内部控制体系。

第五十三条　发行人向中国证监会报送的发行申请文件有虚假记载、误导性陈述或者重大遗漏的，发行人不符合发行条件以欺骗手段骗取发行核准的，发行人以不正当手段干扰中国证监会及其发行审核委员会审核工作的，发行人或其董事、监事、高级管理人员、控股股东、实际控制人的签名、盖章系伪造或者变造的，发行人及与本次发行有关的当事人违反本办法规定为公开发行股票进行宣传的，中国证监会将采取终止审核并在36个月内不受理发行人的股票发行申请的监管措施，并依照《证券法》的有关规定进行处罚。

第五十四条　保荐人出具有虚假记载、误导性陈述或者重大遗漏的发行保荐书的，保荐人以不正当手段干扰中国证监会及其发行审核委员会审核工作的，保荐人或其相关签名人员的签名、盖章系伪造或变造的，或者不履行其他法定职责的，依照《证券法》和保荐制度的有关规定处理。

第五十五条　证券服务机构未勤勉尽责，所制作、出具的文件有虚假记载、误导性陈述或者重大遗漏的，中国证监会将采取12个月内不接受相关机构出具的证券发行专项文件，36个月内不接受相关签名人员出具的证券发行专项文件的监管措施，并依照《证券法》及其他相关法律、行政法规和规章的规定进行处罚。

第五十六条　发行人、保荐人或证券服务机构制作或者出具文件不符合要求，擅自改动已提交文件的，或者拒绝答复中国证监会审核提出的相关问题的，中国证监会将视情节轻重，对相关机构和责任人员采取监管谈话、责令改正等监管措施，记入诚信档案并公布；情节特别严重的，给予警告。

第五十七条 发行人披露盈利预测的，利润实现数如未达到盈利预测的 80%，除因不可抗力外，其法定代表人、盈利预测审核报告签名注册会计师应当在股东大会及中国证监会指定网站、报刊上公开作出解释并道歉；中国证监会可以对法定代表人处以警告。

利润实现数未达到盈利预测的 50% 的，除因不可抗力外，中国证监会在 36 个月内不受理该公司的公开发行证券申请。

第六章 附 则

第五十八条 本办法自 2009 年 5 月 1 日起施行。

证券公司代办股份转让系统中关村科技园区非上市股份有限公司股份报价转让试点办法（暂行）

中国证券业协会

第一章 总 则

第一条 为规范中关村科技园区非上市股份有限公司（以下简称"非上市公司"）股份进入证券公司代办股份转让系统（以下简称"代办系统"）报价转让试点工作，根据《中华人民共和国公司法》、《中华人民共和国证券法》等法律、法规，制定本办法。

第二条 证券公司从事推荐非上市公司股份进入代办系统报价转让，代理投资者参与在代办系统挂牌的非上市公司股份的报价转让（以下简称"报价转让业务"），适用本办法。

第三条 参与股份报价转让试点的非上市公司、证券公司、投资者等应当遵循自愿、有偿、诚实信用原则，遵守本办法及有关业务规则的规定。

第四条 证券公司从事非上市公司股份报价转让业务，应勤勉尽责地履行职责。

第五条 证券公司应督促挂牌公司按照中国证券业协会（以下简称"协会"）规定的信息披露要求履行信息披露义务。

挂牌公司可自愿进行更为充分的信息披露。

第六条 参与挂牌公司股份报价转让的投资者，应当具备相应的风险识别和承担能力，可以是下列人员或机构：

（1）机构投资者，包括法人、信托、合伙企业等；

（2）公司挂牌前的自然人股东；

（3）通过定向增资或股权激励持有公司股份的自然人股东；

（4）因继承或司法裁决等原因持有公司股份的自然人股东；

（5）协会认定的其他投资者。

挂牌公司自然人股东只能买卖其持股公司的股份。

第七条 协会依法履行自律性管理职责，对证券公司从事报价转让业务进行自律管理。

第八条 本办法下列用语的含义为：

"主办券商"是指取得协会授予的代办系统主办券商业务资格的证券公司。

"推荐主办券商"是指推荐非上市公司股份进入代办系统挂牌，并负责指导、督促其履行信息披露义务的主办券商。

"挂牌公司"是指股份在代办系统挂牌报价转让的非上市公司。

"报价系统"是指深圳证券交易所提供的代办系统中专门用于为非上市公司股份提供报价和转让服务的技术设施。

第二章 股份挂牌

第九条 非上市公司申请股份在代办系统挂牌，须具备以下条件：

（1）存续满两年。有限责任公司按原账面净资产值折股整体变更为股份有限公司的，存续期间可以从有限责任公司成立之日起计算；

（2）主营业务突出，具有持续经营能力；

（3）公司治理结构健全，运作规范；

（4）股份发行和转让行为合法合规；

（5）取得北京市人民政府出具的非上市公司股份报价转让试点资格确认函；

（6）协会要求的其他条件。

第十条 非上市公司申请股份在代办系统挂牌，须委托一家主办券商作为其推荐主办券商，向协会进行推荐。

申请股份挂牌的非上市公司应与推荐主办券商签订推荐挂牌协议。

第十一条 推荐主办券商应对申请股份挂牌的非上市公司进行尽职调查，同意推荐挂牌的，出具推荐报告，并向协会报送推荐挂牌备案文件。

第十二条 协会对推荐挂牌备案文件无异议的，自受理之日起五十个工作日内向推荐主办券商出具备案确认函。

第十三条 推荐主办券商取得协会备案确认函后，应督促非上市公司在股份挂牌前与证券登记结算机构签订证券登记服务协议，办理全部股份的集中登记。

证券登记结算机构是指中国证券登记结算有限责任公司。

第十四条 投资者持有的非上市公司股份应当托管在主办券商处。初始登记的股份，托管在推荐主办券商处。

主办券商应将其所托管的非上市公司股份存管在证券登记结算机构。

第十五条 非上市公司控股股东及实际控制人挂牌前直接或间接持有的股份分三批进入代办系统转让，每批进入的数量均为其所持股份的三分之一。进入的时间分别为挂牌之日、挂牌期满一年和两年。

控股股东和实际控制人依照《中华人民共和国公司法》的规定认定。

第十六条 挂牌前十二个月内控股股东及实际控制人直接或间接持有的股份进行过转让的，该股份的管理适用前条的规定。

第十七条　挂牌前十二个月内挂牌公司进行过增资的，货币出资新增股份自工商变更登记之日起满十二个月可进入代办系统转让，非货币财产出资新增股份自工商变更登记之日起满二十四个月可进入代办系统转让。

第十八条　因司法裁决、继承等原因导致有限售期的股份发生转移的，后续持有人仍需遵守前述规定。

第十九条　股份解除转让限制进入代办系统转让，应由挂牌公司向推荐主办券商提出申请。经推荐主办券商审核同意后，报协会备案。协会备案确认后，通知证券登记结算机构办理解除限售登记。

第二十条　挂牌公司董事、监事、高级管理人员所持本公司股份按《中华人民共和国公司法》的有关规定应当进行或解除转让限制的，应由挂牌公司向推荐主办券商提出申请，推荐主办券商审核同意后，报协会备案。协会备案确认后，通知证券登记结算机构办理相关手续。

第三章　股份转让

第一节　一般规定

第二十一条　挂牌公司股份必须通过代办系统转让，法律、行政法规另有规定的除外。

第二十二条　投资者买卖挂牌公司股份，应持有中国证券登记结算有限责任公司深圳分公司人民币普通股票账户。

第二十三条　投资者买卖挂牌公司股份，须委托主办券商办理。

投资者卖出股份，须委托代理其买入该股份的主办券商办理。如需委托另一家主办券商卖出该股份，须办理股份转托管手续。

第二十四条　挂牌公司股份转让时间为每周一至周五上午 9：30~11：30，下午 13：00~15：00。遇法定节假日和其他特殊情况，暂停转让。

第二十五条　投资者买卖挂牌公司股份，应按照规定交纳相关税费。

第二节　委　托

第二十六条　投资者买卖挂牌公司股份，应与主办券商签订代理报价转让协议。

第二十七条　投资者委托分为意向委托、定价委托和成交确认委托。委托当日有效。

意向委托是指投资者委托主办券商按其指定价格和数量买卖股份的意向指令，意向委托不具有成交功能。

定价委托是指投资者委托主办券商按其指定的价格买卖不超过其指定数量股份的指令。

成交确认委托是指投资者买卖双方达成成交协议，或投资者拟与定价委托成交，委托主办券商以指定价格和数量与指定对手方确认成交的指令。

第二十八条　意向委托、定价委托和成交确认委托均可撤销，但已经报价系统确认成交的委托不得撤销或变更。

第二十九条　意向委托和定价委托应注明证券名称、证券代码、证券账户、买卖方向、买卖价格、买卖数量、联系方式等内容。

成交确认委托应注明证券名称、证券代码、证券账户、买卖方向、成交价格、成交数量、拟成交对手的主办券商等内容。

第三十条　委托的股份数量以"股"为单位，每笔委托股份数量应为 30000 股以上。

投资者证券账户某一股份余额不足 30000 股的，只能一次性委托卖出。

第三十一条 股份的报价单位为"每股价格"。报价最小变动单位为 0.01 元。

第三节 申 报

第三十二条 主办券商应通过专用通道，按接受投资者委托的时间先后顺序向报价系统申报。

第三十三条 主办券商收到投资者卖出股份的意向委托后，应验证其证券账户，如股份余额不足，不得向报价系统申报。

主办券商收到投资者定价委托和成交确认委托后，应验证卖方证券账户和买方资金账户，如果卖方股份余额不足或买方资金余额不足，不得向报价系统申报。

第三十四条 主办券商应按有关规定保管委托、申报记录和凭证。

第四节 成 交

第三十五条 投资者达成转让意向后，可各自委托主办券商进行成交确认申报。

投资者拟与定价委托成交的，可委托主办券商进行成交确认申报。

第三十六条 报价系统收到主办券商的定价申报和成交确认申报后，验证卖方证券账户。如果卖方股份余额不足，报价系统不接受该笔申报，并反馈至主办券商。

第三十七条 报价系统收到拟与定价申报成交的成交确认申报后，如系统中无对应的定价申报，该成交确认申报以撤单处理。

第三十八条 报价系统对通过验证的成交确认申报和定价申报信息进行匹配核对。核对无误的，报价系统予以确认成交，并向证券登记结算机构发送成交确认结果。

第三十九条 多笔成交确认申报与一笔定价申报匹配的，按时间优先的原则匹配成交。

第四十条 成交确认申报与定价申报可以部分成交。

成交确认申报股份数量小于定价申报的，以成交确认申报的股份数量为成交股份数量。定价申报未成交股份数量不小于 30000 股的，该定价申报继续有效；小于 30000 股的，以撤单处理。

成交确认申报股份数量大于定价申报的，以定价申报的股份数量为成交股份数量。成交确认申报未成交部分以撤单处理。

第五节 结 算

第四十一条 主办券商参与非上市公司股份报价转让业务，应取得证券登记结算机构的结算参与人资格。

第四十二条 股份和资金的结算实行分级结算原则。证券登记结算机构根据成交确认结果办理主办券商之间股份和资金的清算交收；主办券商负责办理其与客户之间的清算交收。

主办券商与客户之间的股份划付，应当委托证券登记结算机构办理。

第四十三条 证券登记结算机构按照货银对付的原则，为非上市公司股份报价转让提供逐笔全额非担保交收服务。

第四十四条 证券登记结算机构在每个报价日终根据报价系统成交确认结果，进行主办券商之间股份和资金的逐笔清算，并将清算结果发送各主办券商。

第四十五条 主办券商应根据清算结果在最终交收时点之前向证券登记结算机构划付用于交收的足额资金。

第四十六条 证券登记结算机构办理股份和资金的交收，并将交收结果反馈给主办券商。

由于股份或资金余额不足导致的交收失败，证券登记结算机构不承担法律责任。

第四十七条　投资者因司法裁决、继承等特殊原因需要办理股份过户的，依照证券登记结算机构的规定办理。

第六节　报价和成交信息发布

第四十八条　股份转让时间内，报价系统通过专门网站和代办股份转让行情系统发布最新的报价和成交信息。

主办券商应在营业网点揭示报价和成交信息。

第四十九条　报价信息包括：委托类别、证券名称、证券代码、主办券商、买卖方向、拟买卖价格、股份数量、联系方式等。

成交信息包括：证券名称、证券代码、成交价格、成交数量、买方代理主办券商和卖方代理主办券商等。

第七节　暂停和恢复转让

第五十条　挂牌公司向中国证券监督管理委员会申请公开发行股票并上市的，主办券商应当自中国证券监督管理委员会正式受理其申请材料的次一报价日起暂停其股份转让，直至股票发行审核结果公告日。

第五十一条　挂牌公司涉及无先例或存在不确定性因素的重大事项需要暂停股份报价转让的，主办券商应暂停其股份报价转让，直至重大事项获得有关许可或不确定性因素消除。

因重大事项暂停股份报价转让时间不得超过 3 个月。暂停期间，挂牌公司至少应每月披露一次重大事项的进展情况、未能恢复股份报价转让的原因及预计恢复股份报价转让的时间。

第八节　终止挂牌

第五十二条　挂牌公司出现下列情形之一的，应终止其股份挂牌：

（1）进入破产清算程序；

（2）中国证券监督管理委员会核准其公开发行股票申请；

（3）北京市人民政府有关部门同意其终止股份挂牌申请；

（4）协会规定的其他情形。

第四章　主办券商

第五十三条　证券公司从事非上市公司股份报价转让业务，应取得协会授予的代办系统主办券商业务资格。

第五十四条　证券公司申请代办系统主办券商业务资格，应满足下列条件：

（1）最近年度净资产不低于 8 亿元，净资本不低于 5 亿元；

（2）具有不少于 15 家营业部；

（3）协会规定的其他条件。

第五十五条　主办券商推荐非上市公司股份挂牌，应勤勉尽责地进行尽职调查和内核，认真编制推荐挂牌备案文件，并承担推荐责任。

第五十六条　主办券商应持续督导所推荐挂牌公司规范履行信息披露义务、完善公司治理结构。

第五十七条　主办券商发现所推荐挂牌公司及其董事、监事、高级管理人员存在违法、违规行为的，应及时报告协会。

第五十八条　主办券商与投资者签署代理报价转让协议时，应对投资者身份进行核查，充分了解其财务状况和投资需求。对不符合本办法第六条规定的投资者，不得与其签署代理报价转让协议。

主办券商在与投资者签署代理报价转让协议前，应着重向投资者说明投资风险自担的原则，提醒投资者特别关注非上市公司股份的投资风险，详细讲解风险揭示书的内容，并要求投资者认真阅读和签署风险揭示书。

第五十九条　主办券商应采取适当方式持续向投资者揭示非上市公司股份投资风险。

第六十条　主办券商应依照本办法第六条的规定，对自然人投资者参与非上市公司股份转让的合规性进行核查，防止其违规参与挂牌公司股份的转让。一旦发现自然人投资者违规买入挂牌公司股份的，应督促其及时卖出。

第六十一条　主办券商应特别关注投资者的投资行为，发现投资者存在异常投资行为或违规行为的，及时予以警示，必要时可以拒绝投资者的委托或终止代理报价转让协议。

主办券商应根据协会的要求，调查或协助调查指定事项，并将调查结果及时报告协会。

第五章　信息披露

第六十二条　挂牌公司应按照本办法及协会相关信息披露业务规则、通知等的规定，规范履行信息披露义务。

第六十三条　挂牌公司及其董事、信息披露责任人应保证信息披露内容的真实、准确、完整，不存在虚假记载、误导性陈述或重大遗漏。

第六十四条　股份挂牌前，非上市公司至少应当披露股份报价转让说明书。股份挂牌后，挂牌公司至少应当披露年度报告、半年度报告和临时报告。

第六十五条　挂牌公司披露的财务信息至少应当包括资产负债表、利润表、现金流量表以及主要项目的附注。

第六十六条　挂牌公司披露的年度财务报告应当经会计师事务所审计。

第六十七条　挂牌公司未在规定期限内披露年度报告或连续三年亏损的，实行特别处理。

第六十八条　挂牌公司有限售期的股份解除转让限制前一报价日，挂牌公司须发布股份解除转让限制公告。

第六十九条　挂牌公司可参照上市公司信息披露标准，自愿进行更为充分的信息披露。

第七十条　挂牌公司披露的信息应当通过专门网站发布，在其他媒体披露信息的时间不得早于专门网站的披露时间。

第六章　其他事项

第七十一条　挂牌公司申请公开发行股票并上市的，应按照证券法的规定，报中国证券监督管理委员会核准。

第七十二条　挂牌公司可以向特定投资者进行定向增资，具体规则由协会另行制定。

第七十三条　挂牌公司控股股东、实际控制人发生变化时，其推荐主办券商应及时向协会报告。

第七十四条　挂牌公司发生重大资产重组、并购等事项时，应由主办券商进行督导并报协会备案。

第七章　违规处理

第七十五条　主办券商违反本办法的规定，协会责令其改正，视情节轻重予以以下处理，并记入证券公司诚信信息管理系统：

（1）谈话提醒；

（2）通报批评；

（3）暂停受理其推荐挂牌备案文件。

第七十六条　主办券商的相关业务人员违反本办法的规定，协会责令其改正，视情节轻重予以以下处理，并记入证券从业人员诚信信息管理系统：

（1）谈话提醒；

（2）通报批评；

（3）暂停从事报价转让业务；

（4）认定其不适合任职；

（5）责令所在公司给予处分。

第七十七条　主办券商及其相关业务人员开展业务，存在违反法律、法规行为的，协会将建议中国证券监督管理委员会或其他机关依法查处；构成犯罪的，依法追究刑事责任。

第八章　附　则

第七十八条　本办法由协会负责解释。

第七十九条　本办法经中国证券监督管理委员会批准后生效，自 2009 年 7 月 6 日起施行。

财政部　国资委　证监会　社保基金会关于印发《境内证券市场转持部分国有股充实全国社会保障基金实施办法》的通知

财企〔2009〕94 号

国务院有关部委，有关直属机构，各省、自治区、直辖市、计划单列市财政厅（局）、国有资产监督管理委员会（办公室），中国证券登记结算有限责任公司，有关国有股东、上市公司：

经国务院批准，现将《境内证券市场转持部分国有股充实全国社会保障基金实施办法》印发给你们，请认真贯彻执行。

财政部　国资委

证监会　社保基金会

二○○九年六月十九日

境内证券市场转持部分国有股充实全国社会保障基金实施办法

第一章 总 则

第一条 按照中央关于多渠道筹集社会保障基金的决定精神，根据国务院关于在境内证券市场实施国有股转持的有关政策，制定本办法。

第二条 本办法所称国有股东是指经国有资产监督管理机构确认的国有股东。

第三条 本办法所称国有资产监督管理机构，是指代表国务院和省级以上（含计划单列市）人民政府履行出资人职责、负责监督管理企业国有资产的特设机构和负责监督管理金融类企业国有资产的各级财政部门。

第四条 本办法所称国有股是指国有股东持有的上市公司股份。

第五条 本办法所称国有股转持是指股份有限公司首次公开发行股票并上市时，按实际发行股份数量的10%，将上市公司部分国有股转由全国社会保障基金理事会（以下简称社保基金会）持有。

第二章 转持范围、比例和方式

第六条 股权分置改革新老划断后，凡在境内证券市场首次公开发行股票并上市的含国有股的股份有限公司，除国务院另有规定的，均须按首次公开发行时实际发行股份数量的10%，将股份有限公司部分国有股转由社保基金会持有，国有股东持股数量少于应转持股份数量的，按实际持股数量转持。

第七条 股权分置改革新老划断后至本办法公布前首次公开发行股票并上市的股份有限公司，由经国有资产监督管理机构确认的上市前国有股东承担转持义务。经确认的国有股东在履行转持义务前已发生股份转让的，须按其承担的转持义务以上缴资金等方式替代转持国有股。

第八条 本办法公布后首次公开发行股票并上市的股份有限公司，由经国有资产监督管理机构确认的国有股东承担转持义务。

第九条 混合所有制的国有股东，由该类国有股东的国有出资人按其持股比例乘以该类国有股东应转持的权益额，履行转持义务。具体方式包括：在取得国有股东各出资人或各股东一致意见后，直接转持国有股，并由该国有股东的国有出资人对非国有出资人给予相应补偿；或者由该国有股东的国有出资人以分红或自有资金一次或分次上缴中央金库。

第十条 对符合直接转持股份条件，但根据国家相关规定需要保持国有控股地位的，经国有资产监督管理机构批准，允许国有股东在确保资金及时、足额上缴中央金库情况下，采取包括但不限于以分红或自有资金等方式履行转持义务。

第三章 转持程序

第十一条 股权分置改革新老划断后至本办法公布前首次公开发行股票并上市的股份有限公司的转持程序：

（1）国有资产监督管理机构根据现有资料对转持公司中的国有股东身份和转持股份数量进行初步核定，并由财政部、国资委、证监会和社保基金会将上市公司名称、国有股东名称及应转持股份数量等内容向社会联合公告。应转持股份自公告之日起予以冻结。

（2）国有股东对转持公告如有疑义，应在公告发布后30个工作日内向国有资产监督管理机构反馈意见，由国有资产监督管理机构予以重新核定。

（3）对于以转持股份形式履行转持义务的，国有资产监督管理机构向中国证券登记结算有限责任公司（以下简称中国结算公司）下达国有股转持通知，并抄送社保基金会。中国结算公司在收到国有股转持通知后15个工作日内，将各国有股东应转持股份，变更登记到社保基金会转持股票账户。

对于以上缴资金方式履行转持义务的，国有股东应及时足额就地上缴中央金库，凭一般缴款书（复印件）到中国结算公司办理股份解冻手续。

（4）国有股东在国有股转持程序完成后30个工作日内，应将转持股份情况，或以其他方式履行转持义务情况以及一般缴款书（复印件）等有关文件报国有资产监督管理机构备案，并抄送财政部和社保基金会。

第十二条 本办法公布后首次公开发行股票并上市的股份有限公司的转持程序：

（1）首次公开发行股票并上市的股份有限公司的第一大国有股东向国有资产监督管理机构申请确认国有股东身份和转持股份数量。国有资产监督管理机构确认后，出具国有股转持批复，并抄送社保基金会和中国结算公司。国有股转持批复应要求国有股东向社保基金会作出转持承诺，并载明各国有股东转持股份数量或上缴资金数量等内容。该批复应作为股份有限公司申请首次公开发行股票并上市的必备文件。

（2）对于以转持股份形式履行转持义务的，中国结算公司在收到国有股转持批复后、首次公开发行股票上市前，将各国有股东应转持股份，变更登记到社保基金会转持股票账户。对于以上缴资金方式履行转持义务的，国有股东须按国有股转持批复的要求，及时足额就地上缴到中央金库。

（3）国有股东在国有股转持工作完成后30个工作日内将转持股份情况，或以其他方式履行转持义务情况以及一般缴款书（复印件）等有关文件报国有资产监督管理机构备案，并抄送财政部和社保基金会。

第四章 转持股份的管理和处置

第十三条 转由社保基金会持有的境内上市公司国有股，社保基金会承继原国有股东的禁售期义务。对股权分置改革新老划断至本办法公布前首次公开发行股票并上市的股份有限公司转持的股份，社保基金会在承继原国有股东的法定和自愿承诺禁售期基础上，再将禁售期延长三年。

第十四条 社保基金会转持国有股后，享有转持股份的收益权和处置权，不干预上市公司日常经营管理。

第十五条 国有股转持给社保基金会和资金上缴中央金库后，相关国有单位核减国有权益，依次冲减未分配利润、盈余公积金、资本公积金和实收资本，并做好相应国有资产产权变动登记工作。对于转持股份，社保基金以发行价入账，并纳入基金总资产统一核算。对国有股东替代转持上缴中央金库的资金，财政部应及时拨入社保基金账户。

第十六条 财政部负责对转持国有股充实全国社保基金的财务管理实施监管。财政部可委托专业中介机构定期对社保基金会转持国有股的运营情况进行审计。

第十七条 社保基金会应设立专门账户用于接收转持股份，按本办法转持国有股以及转持股份在社保基金各账户之间转账，免征过户费。

第十八条　国有股转持过程中涉及的信息披露事项，由相关方依照有关法律法规处理。

第五章　附　则

第十九条　本办法由财政部商有关部门负责解释。

第二十条　境外上市公司减转持工作仍按现有相关规定执行。

第二十一条　本办法自公布之日起施行。

关于印发《关于支持科技成果出资入股确认股权的指导意见》的通知

证监发〔2012〕87 号

中国证监会各省、自治区、直辖市、计划单列市监管局，中国证监会各部门；各省、自治区、直辖市、计划单列市科技厅（委、局），新疆生产建设兵团科技局：

为支持科技成果出资入股确认股权，中国证监会、科技部制定了《关于支持科技成果出资入股确认股权的指导意见》，现印发给你们，请遵照执行。

中国证监会　科技部

2012 年 11 月 15 日

关于支持科技成果出资入股确认股权的指导意见

为了贯彻全国科技创新大会精神，落实中共中央、国务院《关于深化科技体制改革加快国家创新体系建设的意见》，进一步发挥资本市场的资源配置功能，促进科技成果出资入股，建立资本市场推动企业科技创新的长效机制，支持实体经济发展和企业提高科技创新能力，现就进一步优化科技成果出资入股，依法确认股权的相关制度安排提出以下指导意见。

（1）鼓励以科技成果出资入股确认股权。以科技成果出资入股的，支持在企业创立之初，通过发起人协议、投资协议或公司章程等形式对科技成果的权属、评估作价、折股数量和比例等事项作出明确约定，形成明晰的产权，避免今后发生纠纷，影响企业发行上市或挂牌转让。按照《公司法》的相关规定，包括科技成果在内的无形资产占注册资本的比例可达到70%。

（2）鼓励企业明确科技人员在科技成果中享有的权益，依法确认股权。支持企业根据《科学技术进步法》、《促进科技成果转化法》、《专利法》和《专利法实施细则》等相关法律法规的规定，在相关的职务发明合同中约定科技人员在职务发明中享有的权益，并依法确认科技人员在企业中的股权。

（3）落实北京中关村等园区先行先试政策，采取多种方式合理确认股权。支持北京中关村、上海张江、武汉东湖国家自主创新示范区和安徽合芜蚌自主创新综合试验区内的企业、高等院校及科研院所按照依据国家法律法规制定的先行先试政策进行股权和分红权激励，对做出突出贡献的科技人员和经营管理人员所实施的技术入股、股权奖励、分红权等，以合理的方式确认其在企业中的股权。

（4）进一步深化发行审核机制改革，对科技成果形成的股权予以审核确认。对于企业在股权形成及演变过程中存在的审批或者备案手续方面的瑕疵，中国证监会本着重要性原则处理。涉及的股权占比较低、不影响公司控制权稳定且没有重大风险隐患的，在做充分的信息披露并说明出现股权纠纷时的解决机制的情况下，将不再要求企业在上市前补办相关确认手续。

五、科技保险

财政部关于进一步支持出口信用保险为高新技术企业提供服务的通知

财金〔2006〕118 号

中国出口信用保险公司：

为落实《中共中央　国务院关于实施科技规划纲要、增强自主创新能力的决定》（中发〔2006〕4 号）和《国务院关于实施〈国家中长期科学和技术发展规划纲要〉的若干配套政策》，加强出口信用保险对自主创新的支持，进一步促进出口信用保险为高新技术企业提供服务，现就有关事项通知如下：

（1）要充分发挥出口信用保险对推动高新技术企业出口的作用。要主动贴近市场深入了解企业需求，根据高新技术企业的特点，不断改善服务，加强保险新产品的开发，完善业务种类，积极为高新技术产品出口提供收汇保障。

（2）要优先为高新技术企业出口提供保险保障。在国家规定的政策范围内，适当简化承保、理赔手续，加快承保和理赔工作的速度。进一步推动保险项下融资业务，扩大与商业银行的合作，拓宽高新技术企业的融资渠道。

（3）要加强出口信用保险宣传。要向高新技术企业广泛推介出口信用保险，提高高新技术企业的风险防范意识，引导高新技术企业利用出口信用保险手段，建立风险控制机制，增强国际竞争力。

（4）要强化海外风险信息的收集和分析工作。发挥出口信用保险机构的信息资源优势和商账追收经验，为高新技术企业提供信息咨询、商账管理等全方位服务。

（5）要加强同科技部、财政部等有关部门的沟通。及时汇报工作情况，反映实际工作中出现的问题，不断增强为高新技术企业提供服务的能力。

财政部

二〇〇六年十二月七日

关于加强和改善对高新技术企业保险服务有关问题的通知

保监发〔2006〕129 号

各保监局，各省、自治区、直辖市、计划单列市科技厅（局、委），各国家高新技术产业开发区，中国出口信用保险公司、华泰财产保险股份有限公司：

为贯彻实施《国家中长期科学和技术发展规划纲要（2006~2020 年)》（国发〔2005〕44 号）和《国务院关于保险业改革发展的若干意见》（国发〔2006〕23 号)，根据《国务院关于印发实施〈国家中长期科学和技术发展规划纲要（2006~2020 年)〉若干配套政策的通知》（国发〔2006〕6 号）等文件的有关规定，现就加强和改善对高新技术企业保险服务有关问题通知如下：

（1）大力推动科技保险创新发展，逐步建立高新技术企业创新产品研发、科技成果转让的保险保障机制。科技保险的险种由保监会和科技部共同分批组织开发并确定，第一批险种包括高新技术企业产品研发责任保险、关键研发设备保险、营业中断保险、出口信用保险、高管人员和关键研发人员团体健康保险和意外保险等 6 个险种。政策性出口信用保险由中国出口信用保险公司经营，其他险种初期由华泰财产保险股份有限公司进行试点经营，期限 1 年。上述 6 个险种作为高新科技研发保险险种，其保费支出纳入企业技术开发费用，享受国家规定的税收优惠政策。

（2）探索并实践通过国家财政科技投入引导推动科技保险发展的新模式，并由保监会、科技部在国家高新技术产业开发区、保险创新试点城市和火炬创新试验城市中选择科技保险试点地区，开展科技保险发展新模式的试点。各地科技主管部门、国家高新技术产业开发区要积极宣传和动员本地区高新技术企业参与科技保险，运用保险手段为科技发展服务。

（3）高新技术企业可以为符合团体人数要求的关键研发人员投保团体保险。

（4）中国出口信用保险公司对列入《中国高新技术产品出口目录》的产品出口信用保险业务，在限额审批方面，同等条件下实行限额优先；在保险费率方面，给予公司规定的最高优惠。加快出口信用保险产品创新、服务创新和模式创新，加强中国出口信用保险公司与有关部门的合作，推进高新技术企业软件出口新险种的开发，解决软件等高新技术产品出口和高新技术企业"走出去"中的收汇风险和融资需求，推动高新技术企业投保出口信用险项下的融资业务发展。在积极发展政策性出口信用保险的基础上，适当增加商业性出口信用保险业务经营主体，发展多种形式的出口信用保险业务，支持高新技术产品出口。

（5）发挥保险中介机构在高新技术企业承保理赔、风险管理和保险产品开发方面的积极作用。鼓励高新技术企业和保险公司采用保险中介服务，支持设立专门为高新技术企业服务的保险中介机构，鼓励在国家高新技术产业开发区内设立保险中介机构及其分支机构。鼓励保险经纪公司参与科技保险产品创新，专门为高新技术企业服务的保险中介机构资格由保监会和科技部共同认定，享受科技中介机构有关优惠政策。

（6）加强保险机构和保险中介机构对高新技术企业的风险管理工作，为高新技术企业提供方便快捷的保险服务，提高理赔服务质量，建立高新技术企业保险理赔快速通道，提高理赔效率，加快理赔速度。建立科技保险风险数据库，科学厘定科技保险产品费率。

（7）加强在科技保险领域内的国际合作。充分借鉴国外开展科技保险业务的经验和做法，鼓励国内保险机构在人员交流、技术研讨和专业培训等方面与境外保险机构的合作。

（8）大力提升保险行业在实施自主创新战略、建设创新型国家目标中的保险保障作用，分散高新技术企业的创新创业风险。保监会和科技部共同制定科技保险中长期发展专项规划，加强在科技保险业务和保险资金运用等多方面支持国家科技发展的统筹工作。

（9）各地保险和科技主管部门要加强与地方财政、税务部门的协调和沟通，推动高新技术企业运用保险手段分散风险，并及时将试点情况向保监会和科技部报告。

（10）本文中关键研发人员是指高新技术企业中关键技术成果的主要完成人、重大研发项目的负责人或对主导产品、核心技术进行重大创新、改进的主要技术人员。高新技术企业的资格，按照国家有关高新技术企业认定的相关规定执行。

（11）本通知自发布之日起实施。由中国保监会、科技部负责解释。

中国保监会　科技部

二〇〇六年十二月二十八

关于开展科技保险创新试点工作的通知

国科办财字〔2007〕24 号

各有关省、自治区、直辖市科技厅（委、局）、国家高新技术企业开发区管委会、保监局：

为贯彻落实《国家中长期科学和技术发展规划纲要（2006~2020 年)》配套政策，根据中国保监会、科技部《关于加强和改善对高新技术企业保险服务有关问题的通知》（保监发〔2006〕129 号）精神，科技部、中国保监会将在国家高新技术产业开发区、保险创新试点城市和火炬创新试验城市中选择科技保险试点地区，推动科技保险事业的发展。现将有关事项通知如下：

（一）试点的任务

（1）通过政府的引导和推动，提高高新技术企业的保险意识，形成科技保险发展新模式的应用示范。

（2）指导高新技术企业通过保险工具为企业的技术创新活动分散风险、提供保障；收集科技保险支持企业技术创新的经验、模式和案例。

（3）进一步研究开发适合高新技术企业需求的保险产品。

（4）积累科技保险数据，检验科技保险条款的科学性和合理性。

（二）申报科技保险试点的条件

（1）高新技术企业数量在 100 家以上。

（2）试点地区科技部门或国家高新技术产业开发区管委会制定了对高新技术企业参与科技保险的支持政策。

（三）申请程序

（1）请准备申请成为科技保险创新试点地区的政府（管委会）向省级科技部门提出申请。

（2）省级科技部门会同当地保监局对申请材料进行审核后，报送科技部并抄送中国保监会，各省市提出的试点地区不得超过 2 家。

（3）科技部、中国保监会将对申请材料进行综合评估，选择确定"科技保险创新试点地区"。

（4）科技部、中国保监会将与试点地区签订相关合作备忘录，正式启动试点。

（四）申报时间

申请材料请于 2007 年 4 月 20 日前报送科技部、中国保监会。

（五）联系人

科技部条件财务司　　　　　沈文京　010-58881686

中国保监会发展改革部　　　高大宏　010-66286559

科技部　中国保监会

二〇〇七年三月二十二日

科学技术部、中国出口信用保险公司关于进一步发挥信用保险作用支持高新技术企业发展有关问题的通知

国科发财字〔2007〕254 号

各省、自治区、直辖市、计划单列市科技厅（委、局），各国家高新技术产业开发区，中国出口信用保险公司各分支机构：

为贯彻实施《国家中长期科学和技术发展规划纲要（2006~2020 年）》，根据中国保监会、科技部《关于加强和改善对高新技术企业保险服务有关问题的通知》（保监发〔2006〕129 号）、《财政部关于进一步支持出口信用保险为高新技术企业提供服务的通知》（财金〔2006〕118 号）的要求，现就进一步发挥出口信用保险作用，支持高新技术企业发展的有关问题通知如下：

（1）各科技主管部门和国家高新技术产业开发区要高度重视信用保险在支持高新技术产品出口、高新技术企业"走出去"以及高新技术企业融资等方面的作用，发挥科技部门了解熟悉科技项目和高新技术企业的优势，采取政策和资金等多种方式，加强引导和宣传，指导、帮助和扶持高新技术企业运用信用保险工具。

（2）中国出口信用保险公司（以下简称中国信保）及其各分支机构要注重发挥政策性保险机构的职能，积极参与和支持国家自主创新战略的实施。对列入《中国高新技术产品出口目录》的产品的出口，根据不同的出口方式，提供短期出口信用保险、中长期出口信用保险、海外投资保险保障；对列入《中国高新技术产品目录》的产品的国内销售，提供国内贸易信用保险保障；对列入《鼓励外商投资高新技术产品目录》的产品，积极为国外的投资商提供来华投资保险。发挥中国信保在风险管理和信息服务的专业优势，通过国内外买家资信调查、资信评估、对外担保、应收账款代理追收等服务手段，提高企业防范风险能力，促进高新技术企业的市场化发展。

（3）科技部与中国信保建立经常性联系机制，双方加强在科技政策、信息、专家以及人员等方面的合作交流。具体工作由科技部条件财务司和中国信保业务发展部负责。各省、自治区、直辖市、计划单列市科技厅（局、委），各国家高新技术产业开发区管委会与中国信保各分支机构要建立区域性的业务协调和信息沟通机制。各地科技部门、国家高新技术产业开发区管委会，中国信保

各分支机构设立联络员，负责本地区的对口联系和业务协调。

（4）探索并实践通过国家财政科技投入引导和推动信用保险发展的新模式。鼓励各地科技部门、国家高新技术产业开发区管委会制定出台有效措施，先行先试，扶持具有自主知识产权的高新技术企业在信用保险的保障下开展国际化经营。各科技保险创新试点地区、科技兴贸高新技术产品出口基地应当利用科技发展资金，扶持具有自主知识产权的高新技术企业降低投保成本，提高市场竞争力，不断开拓国内外市场。

（5）为降低高新技术企业的投保成本，中国信保将为投保信用保险的高新技术企业提供优惠保险费率和保险条件，并按最低成本价计收资信调查费，同时为投保的高新技术企业提供承保和理赔绿色通道。

（6）中国信保将充分发挥信用保险的便利融资功能，拓宽高新技术企业的融资渠道，帮助高新技术企业利用信用保险获得融资便利。中国信保将加强与有关银行的合作，为企业搭建信用保险项下的融资平台。中国信保各分支机构要主动配合各地科技部门、国家高新技术产业开发区管委会落实针对高新技术企业的各项金融支持政策和出口扶持政策，发挥协同作用，为高新技术企业，特别是中小高新技术企业，提供融资便利，解决融资难问题。

（7）科技部与中国信保将针对高新技术企业在高新技术产品出口、高新技术企业"走出去"以及高新技术企业融资等方面的实际情况，共同开展调研活动，研究提出信用保险支持高新技术企业发展的政策建议。共同组织培训并开展相关活动，培养一批懂科技、了解信用保险的专门人才，扩大信用保险在科技界的影响。同时，不断加强产品和服务创新，丰富和完善支持高新技术企业发展的措施和手段，增强对高新技术企业的支持服务能力。

请各单位将贯彻落实本通知的情况及实际工作中存在的问题和建议及时报科技部条件财务司和中国信保业务发展部。各地科技部门、国家高新技术产业开发区管委会和中国信保各分支机构于2007年5月28日前将本单位联络员姓名、职务、联系方式（电话、传真、手机、邮箱、地址）通过电子邮件分别报科技部条件财务司和中国信保业务发展部。

联系人：科技部　沈文京 010-58881686 shenwj@most.cn

中国信保　刘凤楼 010-66582296 liufl@sinosure.com.cn

科学技术部

中国出口信用保险公司

二〇〇七年五月十日

关于确定第一批科技保险创新试点城市的通知

国科发财字〔2007〕427号

北京市、天津市、重庆市、湖北省、江苏省科技厅（委）、保监局，深圳市科技和信息局、保监局，武汉市科技局，苏州高新区管委会：

为贯彻落实《国家中长期科学和技术发展规划纲要（2006~2020年)》及其配套政策，根据中国保监会、科技部《关于加强和改善对高新技术企业保险服务有关问题的通知》（保监发〔2006〕129

号)，科技部办公厅、中国保监会办公厅《关于开展科技保险创新试点工作的通知》(国科办财字〔2007〕24 号) 精神，经研究，确定重庆市、天津市、北京市、武汉市、深圳市和苏州国家高新区为第一批科技保险创新试点城市 (区)。

同时，将中国平安人寿保险股份有限公司经营的高新技术企业特殊人员团体意外伤害保险和高新技术企业特殊人员团体重大疾病保险列为高新科技研发保险险种。

请你们按照科技部、中国保监会有关文件精神，认真组织实施科技保险工作，充分发挥保险工具对高新技术企业发展的保障与激励作用。在试点期间如有问题，请及时告知科技部 (条件财务司) 和中国保监会 (发展改革部)。

科技部　中国保监会

二〇〇七年七月十七日

关于确定成都市等第二批科技保险创新试点城市 (区) 的通知

国科发财〔2008〕521 号

四川省、上海市、江苏省、辽宁省、陕西省科技厅、保监局，成都市、沈阳市科技局，西安国家高新区管委会、合肥国家高新区管委会:

为贯彻落实《国家中长期科学和技术发展规划纲要 (2006~2020 年)》及其配套政策，根据中国保监会、科技部《关于加强和改善对高新技术企业保险服务有关问题的通知》(保监发〔2006〕129 号)，科技部办公厅、中国保监会办公厅《关于开展科技保险创新试点工作的通知》(国科办财字〔2007〕24 号) 精神，经研究，确定成都市、上海市、沈阳市、无锡市和西安国家高新区、合肥国家高新区为第二批科技保险创新试点城市 (区)。

请你们按照科技部、中国保监会有关文件精神，进一步完善本地区试点方案，落实各项扶持政策，认真组织实施科技保险工作，充分发挥保险工具对高新技术企业发展的保障与激励作用。今年年底前，科技部、中国保监会将对所有试点城市 (区) 进行检查、评估。请各试点城市 (区) 对在试点期间出现的问题和建议，及时告知科技部 (条件财务司) 和中国保监会 (发展改革部)。

科学技术部　中国保监会

二〇〇八年八月二十八日

关于进一步做好科技保险有关工作的通知

保监发〔2010〕31 号

各省、自治区、直辖市、计划单列市保监局、科技厅 (局、委)，深圳市科工贸信委，各国家高新技术开发区管委会，各中资保险公司、保险中介机构:

2007年保监会和科技部共同开展科技保险创新发展模式试点工作以来，科技保险的保险产品逐步丰富，承保范围逐步扩大，投保企业快速增加，为科技领域开展自主创新提供了风险保障。为进一步发挥科技保险的功能作用，支持国家自主创新战略的实施，现就科技保险有关工作通知如下：

（1）鼓励保险公司开展科技保险业务。保险公司要增强科技保险工作意识，主动与科技部门联系，深入科技行业研究科技领域风险特点，组建专门团队开展业务，建立科技保险理赔绿色通道，做好科技保险服务。地方保监局和科技主管部门要积极组织推动，加强工作协调，提供相关支持，与保险机构共同推动科技保险的创新发展。

（2）支持保险公司创新科技保险产品。保险机构要建立保险公司、科研机构、中介机构和科技企业共同参与的科技保险产品创新机制，根据科技行业不同特点和实际需求，针对科技领域风险特点，组织专门技术力量，积极创新，大力开发新险种，在科技型中小企业自主创业、融资、企业并购以及战略性新型产业供应链等方面提供保险支持，不断拓宽保险服务领域。

（3）进一步完善出口信用保险功能。发挥中国出口信用保险公司政策性业务在应对国际金融危机和支持科技企业出口方面的特殊作用，在信用风险管理、融资支持和企业信用体系建设等方面，为科技企业提供信用保险、资信调查、商账追收、保单融资等多方面的保障服务，扩大信用保险在科技领域的综合性服务。

（4）加大对科技人员保险服务力度。科技人员是科技工作的重要力量，要进一步研究利用保险手段分散科技人员在科研、生产过程中的风险，解决他们的后顾之忧。高新技术企业可以为符合人数要求的关键研发人员投保团体保险。

（5）提高保险中介机构服务质量。各类保险中介机构应积极参与科技保险工作，发挥保险中介机构在企业风险管理、保险方案设计、保险产品宣传推广、保单维护和保险索赔服务以及科技型中小企业风险管理等方面的作用，切实做好保险中介服务工作。保险经纪公司要主动当好科技主管部门和科技企业的顾问，在科技保险工作中作为科技行业一方的代表，维护客户合法权益。

（6）实施科技保险有关支持政策。研究在重大专项、国家科技计划经费中列支科技保险费和财政资金对自主创新首台（套）产品实施保费补贴的相关政策。地方科技主管部门要创新科研经费使用方式，制定支持科技保险发展的制度措施，推行科技保险保费补贴制度。企业科技保险保费计入高新技术企业研究与开发费用核算范围，享受国家规定的税收优惠政策。

（7）创新科技风险分担机制。鼓励保险公司、再保险公司和担保公司等金融机构共同参与重大科技项目的风险管理工作，与银行等其他金融机构一起创新科技风险管理机制与服务，为科技企业特别是科技型中小企业提供融资、担保方面的支持。

（8）探索保险资金支持科技发展新方式。根据科技领域需求和保险资金特点，研究保险资金支持国家高技术产业发展的相关机制和具体措施，探索保险资金参与国家高新技术产业开发区基础设施建设、战略性新型产业的培育与发展以及国家重大科技项目投资的方式方法，并推动相关工作。

本通知自发文之日起执行。

中国保险监督管理委员会

中华人民共和国科学技术部

二〇一〇年三月十一日

六、地方科技金融政策

关于中关村国家自主创新示范区建设国家科技金融创新中心的意见

京政发〔2012〕23 号

各有关单位:

科技金融是促进科技创新和高技术产业发展的金融资源综合配置与创新服务,是实现科技与金融更加紧密结合的一系列体制机制安排。科技金融创新包括金融制度、业务、组织、市场创新,是国家技术创新体系和金融创新系统的重要组成部分。为落实国务院批复的《中关村国家自主创新示范区发展规划纲要 (2011~2020 年)》,进一步强化金融对建设具有全球影响力科技创新中心的支撑作用,加快建设国家科技金融创新中心,现提出以下意见。

(一) 充分认识建设国家科技金融创新中心的重要意义

(1) 建设国家科技金融创新中心是提升自主创新能力、建设创新型国家的战略需要。当前,全球创新竞争日益激烈,我国正处于加快转变经济发展方式的关键时期。引导金融资源向科技领域配置、促进科技与金融结合发展,是激发创新活力、增强创新动力的根本要求,是加快科技成果转化的重要举措,是深化科技体制和金融体制改革的必然选择,是建设创新型国家的战略需要。加快建设国家科技金融创新中心,对于转变经济发展方式、培育发展战略性新兴产业、增强可持续发展能力具有重要的现实意义。

(2) 中关村国家自主创新示范区建设国家科技金融创新中心有利于充分发挥中关村创新资源密集、科技金融领先的优势,有利于更好地发挥中关村示范带动作用。中关村国家自主创新示范区 (以下简称中关村) 集聚了大量高端创新要素和支持科技创新的金融资源,是我国最具特色和活力的科技创新中心,肩负着引领全国走创新发展道路的重任。中关村具有全国领先的科技金融发展基础,集聚了大量的创新型金融机构,是我国创业投资最活跃的区域。加快推进中关村建设国家科技金融创新中心,有利于充分发挥中关村科技与金融结合发展的丰富经验,有利于示范引领和辐射带动全国科技金融创新体系的形成,为抢占全球科技创新和高技术产业发展新的战略制高点提供强有力的支撑。

(二) 建设国家科技金融创新中心的指导思想、原则与目标

(1) 指导思想。深入贯彻落实科学发展观,坚持金融服务实体经济的本质要求,深刻把握科技创新与金融创新的互动发展规律，以把中关村建设成为具有全球影响力的科技创新中心和创新型国家的重要引擎为目标，以解放思想、深化改革为动力，以科技金融创新为核心，以科技金融政策为激励，以科技与资本对接平台为保障，加强科技金融组织体系、市场体系、产品体系、服务体系的系统创新，建立覆盖科技创新与高技术产业发展全过程的科技金融体系，发挥中关村科技金融的辐射带动和引领作用，促进重大科技成果转化和产业化，支持科技企业成长壮大，培育发展战略性新兴产业，使中关村成为国家科技金融创新中心，促进我国科技创新实力整体提升。

（2）基本原则。坚持政策引领，服务国家战略，强化部市联动工作机制；坚持市场导向，创新体制机制，强化市场配置金融资源的基础性作用；坚持需求带动，加强资源整合，强化金融服务的系统创新；坚持先行先试，深化改革开放，加快创新政策的试点步伐；坚持产融结合，促进良性互动，实现科技产业与金融产业的共赢发展。

（3）发展目标。到2020年，实现科技创新和金融创新紧密结合，把中关村建设成为与具有全球影响力的科技创新中心地位相适应的国家科技金融创新中心。

科技金融发展环境显著改善。建设完善的社会信用体系，实现一批重大政策创新，培育支持创新创业的科技金融文化，形成符合创新发展需要的科技金融发展环境。

资源聚集规模效应显著增强。科技金融资本大量汇聚，天使投资、创业投资得到充分发展，聚集一批专业服务于战略性新兴产业的新兴金融机构，发展一批功能齐备、服务高效的科技金融中介组织，基本形成协同合作的科技金融组织体系。

科技与金融对接机制显著优化。信用激励、风险补偿、投保贷联动、政银企多方合作、市场选择聚焦重点和分阶段连续支持的创新服务机制进一步健全，形成政府资金与社会资金、直接融资与间接融资、金融资本与产业资本有机结合的科技金融服务体系。

资本市场服务效能显著提升。积极推进多层次资本市场建设，上市公司数量不断扩大，形成科技信贷、创业投资、多层次资本市场与科技保险等相结合的高效融资服务体系，基本确立适应科技创新的多元化、多层次、多功能的科技金融市场体系。

辐射带动功能作用显著发挥。科技金融活动高度活跃，国内外科技创新项目大量汇集，成为全球科技创新资源与创新资本高效对接的重要枢纽，建成国家科技金融功能区，形成一批具有全球影响力的科技金融服务品牌。

（三）完善科技企业信用体系，建设信用首善之区

（1）建设科技企业信用信息数据库。整合工商、税务、海关等部门的基础信息，建立科技企业信用信息数据库。强化信用信息的采集与更新机制，建立和完善科技企业信用信息归集和共享机制，进一步促进科技企业信用信息的集成、使用和共享，推动统一、完备、全覆盖和一体化的征信平台建设。

（2）加强信用制度建设和体制机制创新。充分发挥信用自律组织作用，建立完善企业信用评价体系。鼓励信用中介机构增强自身的公信力，提升服务质量，推广信用产品，发挥信用担保、信用评级、信用增进在企业投融资过程中的功能。鼓励企业开展内部信用管理，加强企业信用自律。加强政策引导和信用监督，综合运用法律、经济、舆论监督等手段，完善信用激励机制。发挥中关村作为信用首善之区在全国的示范作用，实现以信用促融资、以融资促发展。

（四）完善知识产权投融资体系，促进科技成果市场转化

（1）创新知识产权投融资方式。不断拓展专利权、商标权和著作权等各类知识产权的投融资服务。完善中关村知识产权质押贷款的培育引导机制、信用激励机制、风险补偿机制、组合融资机制和风险分担机制，扩大知识产权质押贷款业务规模。在符合现行规定的条件下，鼓励银行、保险等金融机构设立知识产权融资服务专营机构。鼓励发展知识产权融资集合资金信托计划等直接融资产品。鼓励发展知识产权投资和经营公司。支持保险机构开发与知识产权相关的保险业务。引导创业投资、担保、银行、保险等机构为知识产权的孵化、经营、转让、许可等提供组合式的创新金融服务。

（2）深化建设知识产权与技术交易市场。培育知识产权质押物流转市场体系，丰富知识产权质押贷款质权处置途径。支持中国技术交易所发展成为具有国际影响力的技术交易市场。加强对技术交易市场的规范引导，完善筛选评价、信息披露、交易撮合等交易机制。研究建立知识产权集中托管平台。

（3）完善知识产权投融资配套服务。研究建立统一的知识产权质押登记制度，健全知识产权价值评估体系，探索建立全国统一的知识产权评估信息服务网络。加强科技成果信息数据库建设，完善推广应用机制。大力发展知识产权代理、信息服务、价值评估、融资保证、技术评价等专业服务业，引导鼓励知识产权中介服务机构集聚发展。引导知识产权中介服务机构与创业投资、金融机构等开展战略合作，组建知识产权投融资服务联盟。

（五）完善创业投资体系，促进科技创新创业

（1）大力培育天使投资人。研究出台支持天使投资发展的政策，培育天使投资者队伍，引导鼓励境内外个人开展天使投资业务。建立创新创业项目库，引导鼓励为天使投资服务的中介组织体系发展。鼓励建设促进天使投资发展的聚集区和平台，加大宣传力度，营造有利于天使投资发展的氛围。

（2）大力支持创业投资集聚发展。建立和完善以政府资金为引导、社会资金为主体的创业资本筹集机制和市场化的创业资本运作机制。发挥国家相关部委和北京市设立的创业投资引导资金的杠杆和引导作用，采取阶段参股、跟进投资、风险补偿等多种方式，鼓励创业投资企业投向战略性新兴产业领域的初创期科技企业。不断完善支持创业投资发展的政策环境。完善创业投资退出机制。

（3）积极创新科技企业孵化模式。鼓励和引导创业投资机构与科技孵化器、大学科技园等创业孵化平台开展深入合作，强化创业孵化平台对在孵项目的金融服务与创业指导功能。鼓励战略性新兴产业的平台型公司和行业龙头企业利用"创投+孵化"模式，为初创期科技企业提供资金、平台与业务相结合的组合支持。鼓励民间资本参与设立科技企业孵化器，并在资金、土地、人才引进等方面给予政策支持，降低其运营成本。

（六）完善多层次资本市场，支持科技企业做强做大

（1）积极参与建设统一监管下的全国场外股权交易市场。总结中关村代办股份报价转让试点经验，完善制度，扩大规模，稳健运行，进一步发挥资本市场作用，拓宽科技企业直接融资渠道，扩大直接融资规模。积极参与建设统一监管下的全国场外股权交易市场。

（2）支持符合条件的优秀科技企业发行上市。建立由政府部门、证券交易所、证券公司和中介服务机构联合参与的科技企业上市联动机制，形成"培育一批、改制一批、辅导一批、送审一批、上市一批"的科技企业上市促进工作体系。完善企业改制上市服务机制，支持符合条件的企业在境内外资本市场上市，不断做强做大"中关村板块"。完善资本市场转板制度，建立有机联系的多层次资本市场体系。

（3）支持科技企业利用资本市场进行兼并重组。完善企业并购重组公共服务体系，引导上市公司加强市值管理，提供信息、政策协调、中介服务、人才支持等公共服务。支持科技企业借助并购贷款、并购基金等多种并购融资工具开展兼并收购。

（4）不断完善中小科技企业债务融资市场。积极支持科技型中小企业发行集合融资工具、企业债券、公司债、短期融资券、中期票据及其他新型债务融资工具，对科技型中小企业发行债务融资工具开辟绿色通道，简化审批手续，完善信用增进服务。大力培育银行间债券市场合格投资者，为科技型中小企业直接融资创造条件。

（5）推动股权投资基金发展。积极支持在中关村设立和发展股权投资基金，建立从注册登记、办公场所、人才激励到项目对接的一条龙服务体系，引导股权投资基金投资于战略性新兴产业和重点企业。积极推进中关村股权投资企业的备案工作，促进股权投资企业规范运行和健康发展。

（6）完善非上市科技企业股权交易市场。依托北京金融资产交易所等各类产权交易机构，完善非上市科技公司股份转让途径。完善未上市股份公司股权集中托管、转让、市场监管等配套制度。

（7）开展战略性新兴产业孵化器信托投资基金试点。搭建专业机构管理的金融平台，募集社会资金，投资发展长期持有型的科技物业。引入科技物业专业运营商，发展产业孵化等服务业务，打造优质创新环境，实现科技物业建设模式创新与金融创新的有效结合。

（七）创新金融产品和服务，强化科技信贷支持

（1）完善科技信贷机构体系。鼓励银行进一步加大对科技企业的金融服务，在中关村建立为科技企业服务的科技金融事业部、特色支行等机构，增强对科技企业的服务功能。实施单独的考核和奖励政策，完善授信尽职免责机制，简化贷款审批流程，提高审批效率。深化小额贷款公司试点工作，鼓励以科技企业贷款为主要业务的小额贷款服务机构在中关村设立和发展，支持其在中关村范围内开展业务。

（2）大力开展符合科技企业特点的金融产品和服务方式创新。完善政银企合作机制，开展以企业信用为基础的金融产品和服务方式创新，深化开展信用贷款、知识产权质押贷款、信用保险和贸易融资、股权质押贷款、产业链融资等各类科技信贷创新试点。完善投保贷一体化机制，加强创业投资机构与银行、保险、担保、小额贷款机构的对接与合作，创新组合金融服务模式。

（3）实施科技企业金融服务差异化管理。进一步完善科技企业信贷政策导向效果评估制度，督促银行提高对科技企业的信贷支持力度。对金融机构科技金融业务进行单独评价，作为政府部门补贴、补偿等优惠和奖励政策的参考依据，引导金融机构不断提高信贷政策执行力。对于风险成本计量到位、资本与拨备充足、科技型中小企业金融服务良好的商业银行，经银行监管部门认定，对激励约束、贷款审批、不良贷款容忍度、拨备和核销等方面的相关监管指标可做差异化考核。银行等金融机构开展小型、微型科技企业金融服务，符合相关条件的，按规定享受现行有关财税政策。

（4）完善信用担保支持体系。鼓励企业和其他市场主体在中关村依法设立信用担保机构、再担保机构，为科技企业提供以融资担保为主的信用担保。积极落实国家对融资性担保机构的各项财政政策和税收优惠政策。鼓励担保机构加入再担保体系。鼓励担保机构对战略性新兴产业领域的科技企业扩大担保规模，完善现行中关村信用担保机构风险准备金制度和财政有限补偿担保代偿损失制度，稳步扩大中关村科技担保机构的资本规模和担保业务规模。

（5）构建多方参与的风险分担机制。发挥财政资金的杠杆和引导作用，北京市设立中关村科技企业贷款风险补偿资金，对银行、担保、小额贷款公司等机构的科技信贷相关业务给予一定的贷款

风险补偿，改善信贷服务外部环境。推动建立市场化的风险分担机制，完善担保和再担保机制，通过担保为银行贷款分散风险；推动信用保险和银行信贷的优势互补，通过保险分散企业及银行风险；促进创业投资业务和信贷业务的结合，建立利益共享机制。

（6）发展融资租赁服务。发展面向战略性新兴产业发展的融资租赁服务，推动设立中关村融资租赁公司，鼓励有条件的科技企业通过申请设立融资租赁公司直接开展融资租赁业务。鼓励科技企业通过融资租赁的方式取得为科技研发和创新创业服务的设备、器材、研发场所等。

（八）创新风险管理机制，培育发展科技保险市场

（1）深入开展科技保险工作。鼓励保险公司在中关村设立为科技企业服务的科技保险专营机构。建立和完善地方支持的科技保险保费补贴机制，支持企业购买科技企业产品研发责任保险、关键研发设备保险、出口信用保险、员工忠诚险等保险产品和服务。研究明确科技企业有关保险费用计入高新技术企业研究与开发费用核算的范围。落实相关政策措施，做好中关村首台（套）重大技术装备试验和示范项目保险试点。建立科技企业保险理赔绿色通道，提高科技保险理赔服务水平。研究发展科技再保险。

（2）支持保险资金参与战略性新兴产业培育和国家重大科技项目建设。加大保险资金投资中关村战略性新兴产业的力度，建立国家相关部门和北京市的沟通协调机制。根据中关村建设需求，研究推动保险资金支持国家自主创新示范区建设的相关机制和措施，探索保险资金参与中关村基础设施建设、战略性新兴产业培育、重大科技项目投资的方式方法。

（3）完善创新信用保险服务。鼓励保险公司、商业银行与中关村企业联合开展信用保险及贸易融资等系列金融创新。发挥信用保险的风险管理、信用保障、促进销售和融资推动功能，支持企业开拓国际市场。

（九）创新科技项目管理机制，引导社会投资积极参与

（1）完善科技项目管理机制。创新科技计划项目的立项选择模式，形成多渠道、市场化的项目发现筛选机制。以培育战略性新兴产业为重点，鼓励以需求为导向、企业为主体、产学研用有机结合，强化科技资源开放共享，提高科研院所和高等学校服务经济社会发展能力。对市场潜力大、产业化前景好的科技项目，加强对市场的信息公开和投资开放，吸引社会资本提前介入、共同参与。

（2）发挥财税政策引导作用。加大对产业共性技术和中试实验发展、中小科技企业专业孵化器、公共服务平台建设的引导支持力度。发挥科技型中小企业创业投资引导基金、国家科技成果转化引导基金等财政资金的杠杆作用，增强政府在科技发展中对产业资本、金融资本的引导功能。强化税收政策的激励引导作用，落实好企业研发费用加计扣除等政策，增强企业创新主体地位。

（3）鼓励社会资本广泛参与。北京市实施重大科技成果转化和产业化的政府股权投资引导和股权激励政策，加快形成多元化、多层次、多渠道的科技投入体系。鼓励企业增加研发投入，建设高水平研发中心，激发全社会创造活力。支持中关村发展集团等政府投融资平台完善服务功能、创新运营机制，形成推动科技园区和高新技术产业发展的创新资源整合利用模式。

（十）完善配套服务体系，优化科技金融发展环境

（1）建设国家科技金融功能区。以中关村核心区为基础建设国家科技金融功能区，加快聚集科技金融机构和中介服务组织，形成聚集效应。增强中关村"一区多园"的科技金融服务功能，配套建设面向科技金融服务机构的公共服务设施，为科技金融服务机构提供高效优质的办公环境。

（2）引进培养科技金融创新人才。全面落实中关村建设人才特区的政策措施，健全完善科技金

融创新人才吸引、培养、使用、流动和激励机制，培养一批科技金融领军人才，打造多元化的科技金融创新人才队伍。研究出台针对科技金融人才，尤其是领军人才的户籍、住房、子女教育、出入境等方面的专门政策，营造和谐宜居、环境优美、有利于人才创业工作和生活的环境。

（3）加强科技金融创新文化建设。营造鼓励创新、共担风险、讲求信用的投融资文化环境，建立科技金融创新奖励机制。支持在中关村举办各类国际学术文化交流活动，积极营造具有中关村特色的科技金融文化氛围。

（4）打造中关村科技金融品牌。搭建中关村企业和各类金融机构之间的沟通交流平台，与境内外有关方面建立科技金融交流合作机制。联合国家相关部委和社会相关机构，举办"中关村科技金融论坛"和各类专项金融论坛。开展科技金融宣传推广和信息交流活动，打造具有全球影响力的"中关村科技金融"品牌。

（5）强化对金融服务的科技支撑。完善科技专家参与科技企业信贷项目评审工作机制，建立中关村科技金融服务专家库，为金融机构提供专业咨询意见。发挥中关村科技创新资源优势，支持中关村科技企业加大在移动支付、电子交易系统、金融信息系统、系统互联互通等领域的研发和市场推广，引导企业参与金融机构的技术创新和应用示范，为金融机构提供专业设备、软件开发、信息管理服务、电子商务后台支撑、金融外包服务等多种类型的产品、技术和服务。

（十一）深化金融支撑作用，激发科技创新活力

（1）完善金融支持人才发展的机制，促进人才特区建设。鼓励企业和社会组织建立人才发展基金，加大人才资源开发。北京市引导设立高层次人才创新创业基金，以直接投资、股权激励、奖励等方式，吸纳社会资金投入，支持高层次人才科研成果的转化和产业化。探索通过股权投资、人才引进及产业化载体相结合的模式，推动国际领先的重大技术成果转化和产业化。

（2）完善金融对高技术企业市场拓展的综合服务。采取政府、金融机构、企业多方合作的方式，进一步聚集金融服务资源，建立涵盖供给方和采购方、企业和金融机构的金融综合服务机制，构建包括担保、银行、小额贷款、保险、发行直接融资产品、融资租赁、改制上市等在内的科技金融政策支持体系，帮助企业拓展市场。

（3）促进贸易和投资便利化，支持企业国际化发展。开展支持科技企业创新创业的外汇管理政策试点。进一步完善外商投资股权投资结汇、中关村企业员工直接持有境外关联公司股权及其通过境外企业返程投资所涉外汇管理政策。加快推动科技企业参与跨境人民币结算业务，拓展跨境人民币结算网络，改进金融服务，降低结算成本。发展符合科技企业特点的跨境人民币金融产品。稳妥推进人民币境外直接投资和外商直接投资跨境人民币业务。

（十二）加强组织保障，稳步推进国家科技金融创新中心建设

（1）加强组织领导。依托中关村科技创新和产业化促进中心，由国家相关部门与北京市共同成立国家科技金融创新中心建设指导委员会，具体负责国家科技金融创新中心建设工作的组织领导与统筹协调，组织编制本意见的实施细则并推动落实。

（2）加强政策协调和实施效果监测评估。加强金融政策、财税政策与科技政策的协调，形成推动国家科技金融创新中心建设的政策合力。国家相关部门和北京市联合研究制定一系列先行先试政策的落实措施，建立健全跨部门、跨层级的工作协调机制，完善政府各有关部门的政策服务体系。加强对政策实施效果的信息沟通和监测评估，建立金融支持高技术产业发展的专项政策导向效果评估机制。

（3）分阶段推进国家科技金融创新中心建设。到 2013 年，中关村科技金融工作基础得到夯实提升，部市联动的各项先行先试政策得到推进落实，形成科技金融机构和中介服务组织汇聚发展态势。到 2015 年，中关村科技金融发展环境建设取得重大突破，科技金融公共服务平台充分发挥资源对接与政策服务功能，科技金融创新的监管环境安全稳定，各项机制创新、模式创新广泛开展，形成鼓励创新的投融资文化和良好的金融服务环境。到 2020 年，初步形成具有全球影响力的中关村科技金融服务体系，辐射带动全国科技金融创新发展。

国家发展改革委　科技部　财政部　人民银行　税务总局

银监会　证监会　保监会　外汇局　北京市人民政府

2012 年 8 月 3 日

转发市科委等九部门拟定的天津市促进科技和金融结合试点城市建设意见的通知

津政办发〔2012〕50 号

各区、县人民政府，各委、局，各直属单位：

市科委、市财政局、市金融办、人民银行天津分行、市国资委、市地税局、天津银监局、天津证监局、天津保监局拟定的《天津市促进科技和金融结合试点城市建设的意见》已经市人民政府同意，现转发给你们，请照此执行。

天津市人民政府办公厅

二〇一二年五月九日

天津市促进科技和金融结合试点城市建设的意见

为深入贯彻落实国家关于促进科技和金融结合的工作部署，加快我市促进科技和金融结合试点城市建设，更好地推动科技型中小企业和战略性新兴产业发展，促进我市经济发展方式转变和产业结构调整，现提出如下意见：

（一）目的意义

推进科技和金融结合，是深化科技体制和金融体制改革的重要内容，对加强自主创新、促进经济社会发展具有重要意义。当前我市正处于经济社会发展的关键时期，加快科技和金融结合，对我市进一步促进科技型中小企业发展，破解融资难、科技成果转化难等突出问题，大力提升自主创新能力，真正走上科技引领、创新驱动、内生增长的发展轨道，将起到重要推动作用。全市要以加快促进科技和金融结合试点城市建设为契机，深化科技和金融创新，实现科技资源与金融资源的有效对接，推动我市经济社会又好又快发展。

（二）指导思想

深入贯彻落实科学发展观，以为我市经济发展方式转变和产业结构调整提供有力支撑为目标，以体制机制创新为突破口，按照科学、审慎、风险可控的原则，积极探索科技资源与金融资源相结合的新模式，率先突破科技型中小企业融资发展瓶颈，在促进科技和金融结合方面取得新进展。

（三）建设目标

通过加快促进科技和金融结合试点城市建设，全市基本形成完备的科技金融体系，成为我市自主创新、深化科技体制改革的重要支撑，科技企业融资能力进一步提升，科技金融体制机制、科技金融服务模式、财政科技投入方式进一步创新，力争在3年内实现以下目标：

（1）科技企业运用金融手段、金融工具的能力和水平大幅提升，融资渠道进一步拓宽；

（2）科技金融专营机构进一步发展，形成多层次、多渠道的科技投融资体系；

（3）科技资源与金融资源有效融合，投融资信息不对称矛盾得到有效缓解；

（4）基本实现财政科技投入多元化运作模式，财政科技投入带动社会资本能力进一步提升；

（5）建成一批科技金融示范区，形成市和区县联动、全市一体的科技金融体系。

（四）着力提升科技企业融资意识和能力

各区县、市有关部门要组织全市科技企业加强金融知识的学习和培训，进一步提升科技企业运用金融工具的意识和能力。强化资产负债管理，增资减债，建立资本权属明确、负债合理的管理制度。引导鼓励科技企业积极参加信用评级和信用评价，牢固树立失信减值、守信保值、诚信增值的发展理念。市有关部门要根据科技企业发展需要，制定合理的融资规划方案，提高企业融资成功率。

（五）大力发展科技金融专营机构

加快发展具备贷款、股权投资、融资担保等服务功能的综合性、政策性科技金融专营机构。商业银行应积极创造条件，开办科技支行或设立专门为科技企业服务的业务部门，积极开展服务和产品创新，形成符合科技企业发展规律的服务机制。建设一批行业性、区域性专业科技小额贷款公司。支持设立专业的科技担保和再担保公司，建立担保、投资、贷款相结合的业务模式。鼓励科技融资租赁公司为科技型中小企业提供融资租赁服务。鼓励组建科技保险分支机构，完善科技保险试点，创新保险产品。扶持证券中介机构发展，为科技企业上市融资提供服务。加快完善服务科技企业的天津股权交易所和天津滨海柜台交易市场建设，吸引鼓励更多科技企业挂牌交易。推动滨海国际知识产权交易所发展，不断完善和规范知识产权融资标准和程序，争取设立国家知识产权转让市场。

（六）加快科技资源与金融资源的有效对接

以科技金融为主题，办好每年的中国企业国际融资洽谈会暨科技国际融资洽谈会；大力开展日常性的科技企业与金融机构对接活动。完善科技企业投融资服务网，搭建投融资需求有机对接平台。充分发挥科技金融促进会及"金桥之友"联谊会的作用，有针对性地开展科技资源与金融资本对接活动。进一步加强社会信用体系建设，完善与科技金融创新相适应的现代信用服务体系。完善科技成果管理，建设科学、规范的科技成果评价和交易体系。

（七）不断创新财政科技投入方式

进一步完善科技计划项目打包贷款运作模式，加快推进财政科技经费支持方式和科技项目经费投入方式创新。综合运用无偿资助、打包贷款、贷款贴息、担保费保险费补贴、偿还性资助、后补助、政府购买服务等多种方式，对科技计划项目及相关企业给予支持。支持科技企业开展融资租赁和运用银行间市场融资。加快设立科技型中小企业成长资金，带动区县财政共同为科技型中小企业成长壮大及吸引高水平创新成果来津转化和产业化提供支持。统筹全市财政资源，大力发展创业投资引导资金、成果转化引导资金等，综合采用先期投资、跟进投资、参股商业投资等多种形式，充分放大财政投入对金融资本和社会资本投资科技型中小企业的引导和带动作用。进一步加大财政资金对商业担保的奖励和补贴力度，鼓励商业担保机构为科技型中小企业融资提供担保服务；启动政策性担保，在有效控制风险的基础上，建立代偿补偿机制。围绕科技型中小企业在初创期、成长期、壮大期三个发展阶段的融资需求，以财政科技支持为引导，带动社会资本和金融资本共同投入，构建系列化、全程覆盖的科技型中小企业成长促进链。

（八）着力打造一批科技金融示范区

按照市和区县联动、逐步推进的思路，积极引导和支持条件较为成熟的区县或功能区，结合区域特色和科技金融发展需求，建立科技金融示范区，形成全市促进科技和金融紧密结合的有力支撑。建设科技金融示范区的区县或功能区，要根据本地科技企业和金融机构发展需求，建立较为完善的政策支持体系；聚集一批银行、投资、担保、保险、租赁、评估、咨询等机构，为科技型中小企业融资提供专业化服务；选择条件适宜的楼宇为载体，建设科技金融大厦及区域科技金融服务中心；打造企业与金融机构融资合作的综合性服务对接平台，为企业提供"一站式"科技金融服务。

（九）建立科技金融培训、统计制度

各区县、市有关部门要加大科技和金融知识的培训力度，提高全社会科技和金融意识以及运用金融工具的能力和水平。人民银行天津分行、市科委、市金融办等相关部门要密切配合，开展信贷、投资、担保、保险等科技投融资活动领域的统计工作，在全市形成及时、全面、精准的科技金融统计制度。

（十）加强组织领导与政策支持

充分发挥市科技金融改革创新工作领导小组作用，形成上下联动、协同推进的工作格局。各区县、市有关部门要综合运用税收、奖励、补贴等多种方式，支持银行、担保、保险、风险投资、中介服务机构开展科技金融服务，进一步完善并落实各项政策，形成系统、有效的科技金融政策支持体系。

天津市科学技术委员会　天津市财政局　天津市人民政府金融服务办公室
中国人民银行天津分行　天津市人民政府国有资产监督管理委员会
天津市地方税务局　中国银行业监督管理委员会天津监管局
中国证券监督管理委员会天津监管局　中国保险监督管理委员会天津监管局
二〇一二年四月十三日

上海市人民政府关于推动科技金融服务创新促进科技企业发展的实施意见

沪府发〔2011〕84号

各区、县人民政府，市政府各委、办、局：

为进一步发挥金融促进科技产业化和支持科技企业特别是科技型中小企业发展的作用，推动本市"十二五"时期"创新驱动、转型发展"的进程，根据科技部等八部门《关于促进科技和金融结

合加快实施自主创新战略的若干意见》（国科发财〔2011〕540号）精神，现就推动科技金融服务创新，促进科技企业发展提出如下实施意见：

（一）明确科技金融发展的目标任务

立足国家科技创新发展战略，面向战略性新兴产业发展和高新技术产业化，依托上海国际金融中心建设优势，抓住建设张江国家自主创新示范区的契机，以市场化为导向，以体制机制改革为动力，力争通过3年左右的创新试点，建立健全与上海科技企业和高新技术产业化发展相适应的科技金融服务体系与政策环境，丰富业务产品体系，拓宽科技产业化投融资渠道，切实解决当前科技企业创新发展的融资瓶颈，促进上海科技与金融融合发展，初步把上海建成全国科技金融服务中心，发挥上海在我国科技金融服务体系建设中的示范引领作用。

（二）完善科技企业信贷服务体系

引导上海银行业建立符合科技企业成长特点的融资服务机制，制定专门的科技企业信贷政策。鼓励商业银行在上海张江高新技术产业开发区、上海紫竹国家高新技术产业开发区、上海杨浦国家创新型试点城区等区域内，设立专门为科技企业服务的科技金融支行，制定专门的科技型中小企业金融服务政策并形成相应考核机制，建立科学合理的尽职免责机制，提高对科技型中小企业不良贷款风险容忍度，加大对单户授信总额500万元及以下小企业贷款的支持力度，将银监会有关小企业授信业务的要求及差别化监管制度落到实处。

（三）建立健全科技型中小企业信贷风险分担机制

按照"政策引导、市场化运作"以及"市、区县联动，以区县为主"的原则，完善科技金融财政支持措施，建立健全科技型中小企业信贷风险分担机制，进一步调动商业银行在信贷投向方面支持和促进本市科技型中小企业发展的积极性。自今年起3年内，对各商业银行在上海张江高新技术产业开发区、上海紫竹国家高新技术产业开发区、上海杨浦国家创新型试点城区等区域内发放的科技型中小企业贷款所发生的超过一定比例的不良贷款净损失，可在相关商业银行实施尽职审查的前提下，由各级政府分担50%的风险，所需资金在市、区县两级财政设立的相关园区专项资金中安排。具体办法，由市财政局、市科委、市金融办另行制定。

（四）加大科技融资担保支持力度

创新财政专项资金运用方式，以国有投资公司投资参股等形式，重点引导商业性融资担保机构为科技型中小企业服务。鼓励具备科技金融服务能力的社会资本参与设立融资担保公司。鼓励商业银行与担保公司、科技园区开展科技融资服务业务合作，简化信贷手续。进一步扩大市、区县两级财政的中小企业融资担保专项资金规模，加大对商业性担保机构的风险补偿力度。对商业性融资担保机构为上海张江高新技术产业开发区、上海紫竹国家高新技术产业开发区、上海杨浦国家创新型试点城区等区域内的科技型中小企业提供融资担保所发生的代偿净损失，在按照有关规定提供风险补偿的基础上，由市、区县两级财政进一步加大风险补偿力度，补偿比例从现行的20%~40%提高到40%~60%。进一步鼓励区县开展科技型中小企业政策性融资担保业务。市级财政在现有政策性担保风险代偿市、区县分担比例的基础上，通过财政专项转移支付方式，对区县开展的政策性中小企业融资担保业务发生的代偿损失给予适当扶持。

（五）扩大科技企业直接融资

市、区县两级政府进一步完善科技企业改制上市支持政策和工作推进机制，加大对科技企业改制上市的资金支持力度。市财政将通过中小企业发展专项转移支付项目，重点对各区县实际发生的支持中小企业改制上市经费补助支出给予专项转移支付扶持。继续推动科技企业发行中小企业集合债券、集合票据和集合信托等产品，重点缓解科技企业中长期融资困难。全力推进上海股权托管交易中心的建设，为本市非上市科技企业的改制、股权登记、托管及非公开转让交易等提供服务，为多层次资本市场培育更多的上市科技企业资源。积极推动上海张江高新技术产业开发区内具备条件的非上市企业进入代办股份转让系统，进行股份转让。

（六）积极发展"天使投资"和风险投资

进一步扩大市、区县两级财政的创业风险投资引导基金规模，并通过与社会资本共同发起或配投等方式，引导更多资金投资早期科技企业。充分发挥上海市大学生科技创业基金的"天使投资"效应，扩大大学生创业的资助范围。进一步营造"天使投资"、风险投资、私募股权投资发展的政策环境，吸引更多国内外知名风险投资基金和风险投资管理公司落户上海。按照市政府办公厅转发的市金融办等三部门《关于本市开展外商投资股权投资企业试点工作的若干意见》（沪府办〔2010〕17号），对专门投资科技型中小企业的外资股权投资企业给予重点支持，积极引导国际资本为本市科技型中小企业和科技产业发展服务。

（七）加大科技金融服务创新力度

积极开展科技投融资服务模式创新，鼓励商业银行、担保公司、创业投资公司、科技金融服务公司等开展"投贷联动"、"投贷保联动"、"保贷联动"等服务创新。鼓励银行业金融机构积极开展科技金融服务产品创新，扩大知识产权质押、股权质押、订单质押、应收账款质押、保证保险贷款、票据贴现等融资业务总量。鼓励金融及投资咨询等机构为科技企业的兼并重组提供并购贷款和各类中介服务，推动科技企业并购市场发展。鼓励各类投资机构在本市设立并购基金，探索兼并重组融资新模式。继续吸引各类资本在本市投资设立小额贷款公司，引导更多的资金投入科技产业化中。探索发展创业人员人身险、创业企业财产险、创业职业保险、产品责任险等科技保险产品，为科技企业及创业人员提供保险保障服务。深化本市科技投融资体制改革，整合资源，创新科技投融资服务组织模式。实施科技金融创新奖励，并纳入本市"金融创新奖"奖励计划。

（八）健全科技与金融相结合的服务平台

本市各科技园区要组建科技型中小企业融资服务中心，帮助科技企业根据其各自的资本结构、经营模式制定不同的融资模式，加强与各金融服务机构的对接，为园区内企业提供政策服务、金融创新、中介服务等一门式多方位服务。建立由海内外科技专家、金融专家、科技企业经营者等组成的科技金融专家库，鼓励银行业金融机构引入科技专家，为科技企业提供行业地位、核心竞争力、市场化应用前景、产业化管理水平等方面的专业评估咨询服务。鼓励各科技企业为完善企业商业模式、资产结构、资金管理等聘用金融专家。

（九）完善科技金融信用服务体系

进一步推进科技企业信用征信、评级等中介服务体系建设，努力营造良好的科技金融发展信用环境。实施政府购买服务，委托会计师事务所对本市处于开办初期、属首次向商业银行申请贷款的小型、微型企业年度财务会计报表提供审计服务，并将经注册会计师审计的财务会计报表纳入全市统一的企业财务会计数据信息管理平台集中管理，为本市金融机构、融资担保公司提供规范、有效和安全的财务会计信息查询服务，进一步完善本市小企业的信用体系建设。相关审计费用，由市、区县两级财政在有关专项资金中予以补助。

（十）加强对科技金融服务的组织协调

成立市科技金融试点工作领导小组（以下简称"领导小组"），负责决策并协调落实科技金融政策和相关重大事项。领导小组下设推进工作小组，由市金融办、市科委牵头，市财政局、人民银行上海分行、上海银监局、上海证监局、上海保监局等部门参加，负责研究确定科技金融工作的目标任务分解和计划安排，组织开展科技金融服务工作情况定期检查，并对科技金融政策的效果进行总结与后评估，促进科技与金融更好结合。

本实施意见自发布之日起 30 日后施行，有效期 5 年。

上海市人民政府

二〇一一年十二月六日

江苏省人民政府关于加快促进科技和金融结合的意见

苏政发〔2012〕79 号

各市、县（市、区）人民政府，省各委办厅局，省各直属单位：

加快促进科技和金融结合是深入贯彻落实科学发展观、推动创新驱动战略实施和创新型省份建设的重要举措，对于加快科技成果转化、增强自主创新能力、促进经济转型升级，具有重要意义。2011 年 10 月，科技部、中国人民银行、中国银监会、中国证监会、中国保监会联合下发了《关于确定首批开展促进科技和金融结合试点地区的通知》（国科发财〔2011〕539 号），确定我省为促进科技和金融结合试点地区。为推动试点工作深入开展，促进科技和金融紧密结合，大力提升科技金融发展水平，结合我省实际，提出如下意见。

（一）深刻认识促进科技和金融结合的重要性紧迫性，明确促进科技和金融结合的总体要求

（1）坚持把促进科技和金融结合摆上重要位置。当前，我省正处于全面建成更高水平小康社会、开启基本实现现代化新征程的关键时期。建设创新型省份，加快转变发展方式，在新的起点上奋力开创科学发展新局面，不仅需要科技创新的引领，而且需要金融创新的支撑。只有促进科技和金融结合，构建完善的科技金融体系，才能更好地实施创新驱动战略、提升科技进步与创新水平，才能加速科研成果转化、培育发展高新技术产业和战略性新兴产业，才能进一步优化资源配置、推进科技体制和金融体制改革。经过多年努力，我省科技和金融结合工作有了长足进步，2011 年被列为首个国家促进科技和金融结合试点省。但总体上看，我省科技金融发展仍较薄弱，科技和金融结合不够紧密，科技信贷总量较小，种子期、初创期科技创新活动融资难的矛盾突出，科技金融产品和服务创新力度有待加大，高层次科技金融人才短缺。各地、各有关部门和单位一定要深刻认识促进科技和金融结合的重大意义，准确把握面临的新形势、新任务，进一步解放思想、开拓创新、攻坚克难，以更高的标准、下更大的决心，坚持不懈地把科技和金融结合工作抓紧、抓好、抓实。

（2）明确促进科技和金融结合的总体要求。当前和今后一个时期，科技和金融结合工作要深入贯彻落实科学发展观，紧紧围绕科学发展主题和转变发展方式主线，抓住我省被列为国家科技和金融结合试点省的有利时机，正确把握科技创新和金融创新的客观规律，着力推动科技创新和金融创新的良性互动，大力推进科技资源和金融资源的有效对接，努力形成具有江苏特色的多元化、多层

次、多渠道科技投融资体系，促进技术、资本、人才等创新要素向科技型企业、新兴产业集聚，使江苏成为全国技术与资本要素最密集、科技金融发展最活跃的地区之一，为建设创新型省份、又好又快推进"两个率先"提供有力支撑和保障。到 2015 年，确保科技贷款余额及科技企业境内外上市数和融资额在"十一五"基础上实现翻一番，创业投资管理资金规模达到 2000 亿元，科技支行、科技保险支公司、科技担保公司等科技金融专营机构发展到 100 家以上，科技小额贷款公司发展到 100 家以上。到 2020 年，以上各项指标在"十二五"基础上实现翻一番。

（二）着力发展科技支行和科技信贷业务部，创新与科技结合的有效信贷支持体系

（1）积极增加科技创新信贷支持。引导支持政策性银行、商业银行和非银行金融机构不断增加对科技领域的信贷投入，有条件的要安排专项信贷规模和资金支持科技创新，确保"十二五"期间科技贷款年均增长率高于各项贷款平均增长水平；树立创新意识，创新信贷管理机制，培养高素质信贷专业团队，开发适应科技信贷特点的信贷产品和抵（质）押方式；重点支持新能源、新材料、生物技术和新医药、节能环保、物联网和云计算、新一代信息技术和软件、高端装备制造、新能源汽车、智能电网、海洋工程装备等战略性新兴产业，满足其合理资金需要。鼓励各商业银行探索以贷款和投资相结合的方式支持中小型科技企业发展。

（2）加快科技信贷专营机构建设。到 2015 年，各国有商业银行和总部在我省的骨干商业银行要依托国家及省级高新区，在苏南、苏中、苏北地区合理布局、平衡发展，设立 4 家以上科技支行，其他商业银行和相关金融机构至少设立 2 家科技支行或科技信贷业务部。要从总行、省级分行层面对科技支行和科技信贷业务部实行专门的信贷管理与考核机制，不以存款为主要考核指标，主要考核科技贷款总量和结构；不以利润为主要考核指标，原则上要求盈亏平衡、保本微利；提高科技支行和科技信贷业务部信贷风险容忍度，允许加倍计提普通呆账准备金（即科技贷款余额的 2%）；在贷款总量中科技贷款比重不低于 50%，科技贷款增长速度每年不低于 20%；科技贷款结构要求达到 3∶7，即对研发机构和种子期、初创期科技企业的贷款占比不低于 30%，对成长期和成熟期科技企业的贷款占比不高于 70%。

（三）大力发展创业投资企业和创业投资基金，构建与科技结合的多层次资本市场体系

（1）引导创业投资企业和创业投资基金加快发展。充分发挥省级创业投资引导基金作用，推动市、县（市、区）设立创业投资引导基金或母基金，吸引社会资金创立或参股创业投资企业。鼓励和支持海外资金来我省设立创业投资机构，海外资金设立的创业投资机构凡投资于中小型科技企业的，给予结汇便利，并积极争取开展合格境外有限合伙（QFLP）试点。有条件的市、县（市、区）要探索建立创业投资集聚区，吸引境内外创业投资企业和创业投资基金入驻。国有创业投资企业投资于未上市中小企业，符合条件的，可协议转让国有股或申请豁免国有股转持义务。探索建立适合创业投资特点的资本筹集、投资决策、考核评价、转让退出和激励约束等制度，引导创业投资基金特别是国有创业投资基金加大对种子期和初创期高科技企业的投入力度。以省科技成果转化专项资金有偿回收资金为来源设立省级天使引导资金。

（2）推动科技企业上市和发行债券。促进非上市科技企业进行股份制改造，建立现代企业制度，完善公司治理。加强对拟上市科技企业的分类指导和培育，支持其尽快上市。鼓励已上市科技企业通过再融资、股权激励和并购重组等资本市场功能，加快做强做大。推动部分重点高新技术园区进入"新三板"扩大试点范围，支持尚未达到上市要求的科技企业在科技产权交易市场挂牌交易。支持符合条件的科技企业发行公司债券、企业债、短期融资券和中期票据，组织中小型科技企业发行集合债券、集合票据，有效运用不同债券产品扩大科技企业直接融资规模。总部在我省的骨干证券公司和相关金融机构要充分发挥自身优势与作用，为科技企业上市和发行债券提供优质服务。

（3）建立健全科技企业产权交易市场。完善省及各市产权交易中心（所），依托省技术市场，加快建设区域性非上市科技企业产权交易中心，依法合规开展企业产权和股权交易、科技成果和知识产权转让、相关抵质押物流转和处置。完善有利于技术产权流转的服务和监管机制，搞活市场交易，增加中小型科技企业融资选择，拓宽创业投资基金退出渠道。健全知识产权抵质押登记系统，大力推动股权登记工作，建立全省统一的股权登记数据库，鼓励非公开上市的科技企业通过股权质押进行融资。

（四）加快发展科技小额贷款公司，打造与科技结合的新型金融组织体系

（1）扩大科技小额贷款公司覆盖面。在认真总结试点经验和加强规范管理的基础上，稳步扩大科技小额贷款公司覆盖面。科技企业集聚度较高的省级以上高新技术产业开发园区、经济开发区、大学科技园以及建有省级以上科技产业园的县（市、区），可申请设立科技小额贷款公司。实行股东招投标制度，引导和鼓励具有社会责任感、有资金实力、经营诚信度高的民营科技企业投资兴办科技小额贷款公司，鼓励大型高新技术企业和具有实力的创投公司成为科技小额贷款公司的发起股东。鼓励科技小额贷款公司采取贷款和投资相结合的经营方式，支持中小型科技企业发展。

（2）引导科技小额贷款公司健康发展。科技小额贷款公司要树立社会责任感，强化规范经营意识，坚持做到"三不"和"三个不低于70%"，即不吸收公众存款、不做假账、不放高利贷；投向科技企业和科技项目的贷款总量占全部贷款比重不低于70%，小额贷款总量占全部贷款的比重不低于70%，3个月以上期限的贷款总量占全部贷款的比重不低于70%。要逐步提高科技小额贷款公司股权投资比例，原则上，科技小额贷款公司开业1年以上的，股权投资金额占注册资本金的比重不得低于5%；开业2年以上的，股权投资金额占注册资本金的比重不得低于10%；开业3年以上的，股权投资金额占注册资本金的比重不得低于15%。

（五）积极发展科技保险和科技担保业务，健全与科技结合的金融风险分散体系

（1）积极推动科技保险业务发展。引导支持保险公司着力研究开发科技保险产品、创新科技保险服务，为新产品研发、试生产和高新技术企业提供保险保障。鼓励有条件的保险公司在科技企业和科研单位集聚的省级以上高新区设立科技保险支公司或科技保险业务部，并实行专门的考核管理办法：不以保费收入为主要考核指标，突出对科技企业的承保金额或业务结构的考核；不以利润为主要考核指标，原则上要求盈亏平衡、保本微利；提高科技保险支公司和科技保险业务部抗风险运营的能力，允许根据实际风险分布调整未到期责任准备金提取方式和执行2倍的同类业务提取比例；大力推广科技企业小额贷款履约保证保险，在承保金额中科技保险的比重不低于50%，增长率高于当地财产保险平均增长率。科技保险业务结构要达到3：7，即对研发机构和种子期、初创期科技企业的承保额占比不低于30%，对成长期和成熟期科技企业的承保额占比不高于70%。各保险公司要在保费收入中安排一定比例资金，专门用于充实科技保险偿付准备金，促进科技保险业务扩大和发展。

（2）积极推动科技担保业务发展。引导支持融资性担保公司积极研究开发科技担保产品、创新科技担保服务，为新产品研发、试生产和高新技术企业提供融资保证。有条件的市、县（市、区）要以政府资金为引导，吸引社会资金参与，设立科技担保公司，鼓励和吸引大型担保公司到当地设立科技担保事业部。允许科技担保公司和科技担保事业部加倍计提未到期责任准备及赔偿准备。科技担保业务结构要达到 3 : 7，即对研发机构和种子期、初创期科技企业的担保额占比不低于 30%，对成长期和成熟期科技企业的担保额占比不高于 70%。省和各市再担保公司要切实承担政策引导作用，设立科技再担保业务部，实行专门的业务管理和考核机制，配置必要的财务资源，引导和促进科技担保业务加快发展。

（六）开发建立科技金融支撑平台，完善促进科技和金融结合的综合配套服务体系

（1）建立科技金融基础数据库。以国家及省级科技企业认定范围为基础，结合全省科技企业发展特点和创新驱动战略的需要，兼顾苏南、苏中和苏北地区差异，由省科技厅牵头，出台适合科技和金融结合的科技企业及科技项目分类指导认定办法。各市、县（市、区）定期发布本地科技企业名录，通过设立严格规范的标准和程序，遴选科技创业人才和科技创新项目，归集形成科技金融基础数据库，由相关职能部门和金融机构共享数据，作为各类金融机构和金融资源提供支持与兑现财税扶持政策的重要依据。依托科技金融基础数据库提供科技人才和科技项目查询，发布融资需求信息和科技信贷、创业投资的融资供给信息，促进供求双方融资对接和有效合作。充分利用省科技专家库和科技专家网上咨询工作平台，建立科技项目专家评审长效工作机制，为科技企业和金融机构提供相关信息服务。

（2）建设促进科技和金融结合的中介服务体系。规范发展科技成果和知识产权评估、定价、流转及监管等方面的中介服务，积极发展律师、注册会计师、资产评估、信息咨询等中介机构，逐步建立一批集评估、咨询、法律、财务、融资、担保、培训等多功能为一体的科技金融中介服务中心，鼓励发展财务外包、法律咨询、技术认证等科技企业服务平台，充分发挥各类中介组织促进科技和金融结合的积极作用。支持有条件的市及国家高新区、建设区域性科技金融服务平台或一站式服务中心。加快建设具有投融资功能的科技园区、科技企业加速器、科技企业孵化器、生产力促进中心、创业服务中心等创新创业载体。

（七）探索发展科技金融合作示范区，加强对不同区域科技和金融结合的分类指导

（1）建设一批省级科技金融合作示范区。鼓励和支持各地结合自身实际申报建设省级科技金融合作示范区，加大政策支持力度，强化多种要素集成，形成促进科技和金融结合的示范与带动效应。地方政府要加强对科技金融合作示范区建设的组织领导，财政部门要安排专项资金给予扶持，税务部门要在政策范围内给予税收优惠。各金融机构要在合作示范区内部署建设一批科技金融专营机构、安排一批科技金融先行先试业务。鼓励和支持合作示范区内金融机构探索建立联动机制，商业银行、创投机构、保险公司、小额贷款公司和担保公司等其中之一，可作为主办机构，会同其他有关金融机构，研究开发相应的金融产品，整合信贷、股权投资、保险、担保和财政补偿等要素，对同一科技项目和企业进行联合支持，做到收益共享、风险共担。

（2）分类推进不同区域科技和金融结合。苏南、苏中、苏北地区要因地制宜，根据当地科技和经济发展水平、产业结构层次，围绕自主创新和转型升级目标，合理确定科技创新重点和科技企业范畴，定期发布本地科技企业名录，引导各类金融机构明确支持方向，加大支持力度。苏南地区科技创新基础好、金融实力强，是推进科技和金融结合的重点区域，要围绕一些重大前沿、关键和核心技术的自主创新及集成创新，高水平、高标准推进科技金融合作示范区建设。苏中地区具备一定的科技创新基础和金融服务实力，要围绕战略性新兴产业发展和关键技术的引进消化吸收，积极推进具有特色的科技金融合作示范区建设。苏北地区科技创新和金融服务基础相对薄弱，要从实际出发，围绕承接先进制造业转移以及应用性技术的开发和转化，探索发展具有特色的科技金融功能区

和试验区。

（3）依托国家有关试点工程，推进科技金融合作示范区建设。南京作为国家科技体制综合改革试点城市，要充分发挥高校和科研院所集中、科技人才集聚的优势，以深化改革为动力，着力打造科技金融综合示范区。苏州市要发挥沙湖股权投资中心的示范带动作用，大力推进"千人计划"和"双创计划"创投中心建设，促进股权投资机构和基金加速集聚，为各类创新创业人才提供专业化的投融资支持和综合配套服务。连云港市要抢抓建设国家东中西区域合作示范区的战略机遇，积极探索科技、人才和金融结合的有效途径。

（八）有效发挥财税杠杆作用，加大货币政策和金融监管政策支持力度

（1）强化财政政策对科技和金融结合的支持。各级人民政府要注重运用财政杠杆促进科技和金融结合。增加安排专项资金，支持新设科技支行、科技保险支公司、科技担保公司、科技小额贷款公司和科技产权交易市场等科技金融专营机构，对其科技金融业务给予风险补偿和奖励。增加创业投资引导资金，通过参与发起和投资参股等方式，支持推动社会资金建立和发展创业投资企业及创业投资基金。进一步完善科技贷款增长风险补偿机制和科技成果转化风险补偿机制，研究制定科技保险和科技担保风险补偿、保费补贴以及促进科技企业上市和发行债券奖励的补贴机制等，引导金融资源更多地流向科技创新领域。加快推进科技经费管理改革，创新财政科技投入方式与机制，综合运用无偿资助、偿还性资助、创业投资引导、风险补偿、贷款贴息、保费和担保费专项补贴等多种方式，引导和带动金融机构资金和社会资金参与实施各级各类科技计划，促进科技成果转化，提高政府资金使用效益和效率。

（2）认真落实促进科技和金融结合的税收政策。积极落实促进创业投资企业发展的税收优惠政策，创业投资企业采取股权投资方式投资于未上市中小型高新技术企业 2 年以上的，可以按照其投资额的 70%，在股权持有满 2 年的当年抵扣该创业投资企业的应纳税所得额，当年不足抵扣的，可以在以后纳税年度结转抵扣。科技小额贷款公司的业务经营符合"三个不低于 70%"，享受农村小额贷款公司营业税优惠政策。对科技支行和科技信贷业务部增加计提拨备、科技保险支公司和科技保险业务部增加计提偿付准备、科技担保公司增加计提未到期责任准备和赔偿准备的，符合税法规定的允许税前列支。对科技支行、科技信贷业务部、科技保险支公司、科技担保公司、创业投资机构等为科技创新服务的机构，可按规定享受相关税收优惠。

（3）充分发挥货币政策和金融监管政策的积极作用。人行南京分行要积极发挥再贷款、再贴现等货币政策工具的作用，促进科技和金融结合。银行业、证券业和保险业监管部门要加强对金融机构为科技创新服务的业务指导，建立和执行差异化监管标准，积极支持设立科技金融专营机构，支持实行专门的业务管理和考核机制，鼓励增加计提拨备和相关准备金，促进金融机构更好地为科技创新服务。

（4）建立和落实科技金融免责制度。在开发建立科技金融基础数据库的基础上，实行科技金融项目公示制度，金融机构对科技创新项目的融资和授信，在统一信息平台上进行公示，接受社会公众监督。凡纳入科技金融基础数据库、融资和授信审核审批程序合规、实行事前公示，并且资金用途符合要求的科技项目，如由于不可预测原因和项目本身未知性特点而出现违约等风险，应免于追究或酌情减轻相关金融机构和人员的责任。

（5）在科技金融合作示范区探索建立科技成果转化激励机制。学习借鉴中关村先行先试经验，选择部分省级科技金融合作示范区，试行企业产权制度、股权激励、税收政策等改革。省辖市级以上事业单位处置科技成果，价值在 500 万元以下的，可由本单位自主处置；科研机构、高等院校转化职务科技成果，以股份或出资比例等形式给予个人奖励，获奖人在取得股份、出资比例时，暂不缴纳个人所得税，取得按股份、出资比例分红或转让股权、出资比例所得时，依法缴纳个人所得税。科技金融合作示范区企业可按规定享受研发费用加计扣除、职工教育经费税前扣除等税收优惠政策。

（九）加强组织领导和统筹协调，营造促进科技和金融结合的良好环境

（1）加强组织领导。各级人民政府要把科技和金融结合工作摆上突出位置，加大统筹协调和组织推进力度，切实做到认识到位、决策科学、措施有力。建立工作责任制，层层分解任务，加强督促检查，确保各项工作落到实处。深入调查研究，及时研究新情况、新问题，有针对性地解决影响科技和金融结合的突出问题。建立省促进科技和金融结合试点工作联席会议制度，加强协调配合，形成合力推进科技和金融结合工作的良好局面。

（2）争取先行先试政策。各级科技、经济和金融主管部门以及各类金融机构驻苏分支机构，要充分利用科技部和"一行三会"在我省开展促进科技和金融结合试点的机遇，积极争取中央主管部门和总行、总公司在各自领域内支持我省开展科技和金融结合的先行先试，并给予政策鼓励和倾斜。

（3）建立考评奖励机制。加强科技和金融结合实施成效的监测评估，制订科技和金融融合发展水平及服务能力评价指标，建立相应的统计制度和监测体系，对科技和金融结合实施成效进行动态评估考核，由省科技厅和金融办牵头，省有关部门根据各自职责，分别组织实施。各级人民政府、各有关部门和金融机构对促进科技与金融结合成绩突出的单位及人员，应及时予以表彰和奖励。

（4）加强人才队伍建设。大力实施科技金融人才战略，结合省"双创计划"、"创新团队计划"、"企业博士集聚计划"等人才工程的实施，吸引国内外高端科技和金融人才来我省创业。加大培训和培养力度，加快培育一批既懂科技又懂金融的复合型人才。深入开展思想政治教育和职业道德教育，不断提高科技金融从业人员的思想政治素质和职业道德素质。

（5）强化信用体系建设。广泛开展诚信建设，普及信用知识，培育诚信文化。组织有关部门与金融机构、投资机构、信用评级机构等相互配合，开展对科技企业的信用评级工作，建立信用档案，树立守信企业典型，鼓励金融机构为其降低综合融资成本。建立健全失信约束机制，打击逃废金融债务行为，有效维护金融债权安全。

（6）加大宣传力度。省各有关部门、金融机构和新闻单位要积极组织开展促进科技与金融结合的理论研讨及经验交流，创新发展思路、破解发展难题。广泛宣传促进科技和金融结合的重要意义，大力宣扬新机制新举措，推广好经验好典型。积极争取科技部等国家有关部门、中央金融主管部门和金融机构的政策支持与倾斜，不断把我省促进科技和金融结合工作引向深入。

浙江省人民政府办公厅转发省科技厅等部门关于进一步促进科技与金融结合若干意见的通知

浙政办发〔2011〕76号

各市、县（市、区）人民政府，省政府直属各单位：

省科技厅、省财政厅、省金融办、省中小企业局、省国税局、人行杭州中心支行、浙江银监局、浙江证监局、浙江保监局《关于进一步促进科技与金融结合的若干意见》已经省政府同意，现予转发，请结合实际认真贯彻落实。

二〇一一年七月十五日

（此件公开发布）

关于进一步促进科技与金融结合的若干意见

为加速科技成果转化及产业化，提高企业技术创新能力，改造提升传统产业，培育发展战略新兴产业，加快经济转型升级和发展方式转变，现就进一步促进科技与金融结合提出如下意见：

（一）充分认识科技与金融结合的重要意义

科学技术是第一生产力，金融是现代经济的核心，科技与金融结合有利于加速科技成果转化及产业化，推动运用先进技术改造提升传统产业、培育战略新兴产业，提升自主创新能力，推进科技强省和创新型省份建设，加快经济转型升级，促进发展方式转变取得实质性进展。各地、各有关部门和金融机构要在深刻把握科技创新创业和金融创新规律的基础上，按照国家有关部门的部署和要求，在科技与金融资源密集的地区组织开展促进科技创新创业与金融结合试点，探索科技创新创业和金融资源对接的新机制和新模式，集聚技术、资本、企业等各方资源，着力破解科技创新创业发展"融资难"问题，力争"十二五"期间建立健全促进科技与金融结合的工作体制机制，形成符合科技创新创业和现代金融发展规律的科技投融资合作体系。

（二）金融支持科技发展的重点领域

按照省委、省政府有关科技工作的战略部署，以浙江省科学技术"十二五"发展规划为指导，综合运用各种金融手段，支持科技创业、科技创新、科技服务业发展以及科技创新基地建设，推动国家技术创新工程试点省建设，提升自主创新能力，促进经济转型升级。

（1）支持科技人员与成果创业。充分发挥浙江民营经济、民间资本的优势，着力引导民间资金，支持产学研合作，支持科技人员依托创新成果创业。完善各类政府性创业资助政策资金、担保资金与创投市场投资资金的有机配合，发挥创业投资和资本市场等资源配置作用，加快创新研发和产业化进程，积极支持海内外科技人才兴办企业创业，培育一大批拥有自主知识产权、技术领先、高成长的科技型中小企业，并推动其不断发展壮大。强化科技企业孵化器和大学科技园等的融资服务功能，完善服务设施，为初创期科技企业发展营造良好环境，提高创业成功率。

（2）支持企业性等科研机构科技创新和高新技术企业、科技型中小企业的进一步发展。围绕培育发展战略新兴产业和传统产业转型升级，综合运用财政、信贷、担保、保险等手段，加大科技投入力度，推动重大科技专项的组织实施，掌握一批具有自主知识产权的核心技术，开发一批重大战略产品，突破制约发展的技术瓶颈。支持企业工程技术研究中心、企业研究院等重大科研基础设施建设，提升企业研发能力，推动研发、设计、工程及生产的有机结合。为高新技术企业、创新型企业和行业龙头骨干企业等提供全方位、多层次的金融服务和产品，形成优质科技和金融资源的集聚效应，促进企业做大做强，打造一批具有核心竞争力的行业领军企业。以长期的、战略性眼光，有序支持具有自主知识产权的大型企业集团和产业技术创新联盟的研发、中试、产业化、市场拓展等各环节，通过"整体方案"设计，覆盖整个产业链的近、中、远期各阶段融资需求。

（3）支持各类科技服务业发展。支持工业设计服务业、科技中介服务业、科技成果推广类服务业、网络技术信息服务业、节能环保服务业等各类企业类服务业及相应的产业基地的发展。发展创业投资、风险投资、基金投资、信贷服务、知识产权评估质押等创业投资服务业。支持科技咨询、评估鉴定、检验检测、知识产权事务等科技中介服务业以及科技信息、技术转让、技术经纪、成果推广、技术转移等创新服务业。完善网上技术市场的创新服务功能和创业服务功能，畅通创新与创业渠道，推动产业化。支持软件研发及服务、产品技术研发及工业设计服务、信息技术研发及外包服务、技术性业务流程外包服务等技术先进型服务企业的发展，加快信息技术、生物技术及节能减排技术等高新技术的推广应用。

（4）支持科技创新创业产业基地的建设和发展。重点支持各类以科技创新研发为依托的产业基地的建设与发展。加快高新技术产业开发区（园区）、青山湖科技城、浙江海外高层次人才创新园、国家海洋科技国际创新园等科技创新产业基地建设。加强与有关政府与管委会的合作，支持研发园、创业园、创新城等各类科技产业集聚区发展，满足基地和园区基础设施、公用配套设施、主体工程等建设的资金需求。支持推动重大创新平台和载体建设，完善服务设施，扩大服务范围，促进区域内部及区域之间创新要素的有序流动，完善区域创新体系建设。

（三）金融支持科技发展的主要方式

针对科技支撑引领经济转型升级面临的新形势、新任务，通过创新财政科技投入方式，引导和促进银行业、证券业、保险业金融机构及创业投资等各类资本创新金融产品、改进服务模式、搭建服务平台，实现科技创新链条与金融资本链条的有机结合，满足科技企业从初创期到成熟期各发展阶段的融资需求。

（1）鼓励设立创业风险投资引导基金。逐步扩大省创业投资引导基金规模，鼓励有条件的市、县（市、区）设立创业投资引导基金。充分发挥政府性科技创业资助政策性资金的作用，致力于带动民营企业和民间创业资本、金融市场投资资本和服务的倍增效应和服务效应。发挥引导基金的引导放大作用，通过阶段参股、跟进投资和风险补助等方式，扶持创业投资企业发展，逐级放大，引导社会资本进入创业风险投资领域。鼓励创业风险投资、产业投资基金等股权投资基金加大对处于种子期和初创期的科技企业的投资力度，引导民间资金转化为产业资本。

（2）提高对科技创业投资与信贷服务水平。进一步改革和完善信贷管理制度，探索建立适合科技型企业融资的专业化管理模式和业务流程，执行尽职免责信贷制度，简化信贷审批手续，提高服务效率，适当提高风险容忍度。根据科技型企业特点设计内部信用评级体系，建立和完善科学、合理的科技企业信用评级和信用评分制度。设立科技专家评审团队，组织开展科技专家参与科技型中小企业贷款项目评审工作机制，为银行信贷提供专业咨询意见。加快形成银行、创投、担保、融资租赁等资源集成、优势互补的合作机制，进一步探索债权、股权相结合的科技企业融资模式。

（3）加强科技类信贷产品开发和创新。银行业金融机构要深入研究科技型企业融资的需求和特点，综合运用各类金融工具和产品，创新信贷模式，开发面向不同企业的多元化、多层次信贷产品。按照《浙江省专利权质押贷款管理办法》和《浙江省商标专用权质押贷款暂行规定》等规定，进一步推动知识产权质押贷款业务发展，着力抓好扩面增量工作。积极推动和发展应收账款、订单、仓单、保单质押等基于产业链的融资创新产品，推动科技型企业集合信托债权基金、金融仓储、小企业网络融资等特色产品创新。灵活运用外汇贷款、买方信贷、履约保函、出口信用证、对外担保等方式，满足高新技术产品出口以及引进国外成套设备和关键技术的外汇信贷和贸易融资需求。

（4）加快推进科技信贷专营机构建设试点。按照试点完善、稳步推进、风险可控的原则，支持银行在科技型企业比较集中的地区，设立专门面向科技型企业的科技支行等信贷专营机构，实行专门的客户准入标准、信贷审批机制、风险控制政策、业务协同政策和专项拨备政策，进一步拓展服务科技型企业的深度和广度。建立贷款风险补偿基金，形成政府引导、多方参与的科技型中小企业贷款风险补偿机制，引导和支持银行业金融机构加大对科技的信贷投入。支持国家和省级高新技术产业开发区（园区）所在地县（市、区）政府采取政府引导、市场化运作的方式，逐步开展设立科技小额贷款公司试点工作。科技小额贷款公司主要面向开发区（园区）的高新技术企业等科技型企业提供融资等金融服务。有关地方政府要研究制定鼓励科技小额贷款公司规范发展的政策措施，使其逐步发展成为专门服务于科技型企业的专业金融组织。

（5）加快发展科技融资担保服务。鼓励和支持设立为高成长、轻资产、初创期科技型企业提供融资服务的政策性担保公司。探索与商业性担保公司的合作机制，发展科技型企业融资担保业务。进一步完善科技型企业融资担保公司的资本注入和补充机制，探索建立科技型企业融资担保损失补偿机制。各银行对于专门的科技担保机构可在国家规定的范围内适当提高其担保放大倍数。加快再担保机构建设，为中小企业信用担保机构提供增信和分险服务，促进担保机构扩大规模、提高水平、规范运作。

（6）加强科技保险产品创新。针对科技型企业在技术研发、成果转化和产业化过程中的风险问题，创新科技保险产品。积极推进自主创新高新技术产品和首台（套）产品质量保险、科技型企业融资保险以及科技人员保障类保险等产品，完善出口信用保险功能，分散企业技术创新的市场风险，改善企业信贷环境，为科技型中小企业融资提供新途径。研究制定推进科技保险的政策措施，探索建立科技保险保费财政补贴制度，引导保险公司开展科技保险业务。加大对科技保险的宣传，提高科技型企业对科技保险的认识和投保积极性，扩大科技保险覆盖面。

（7）支持利用资本市场进行融资。支持和鼓励具备条件的科技型企业开展股份制改造，充分利用并发挥资本市场的作用，在主板、中小企业板、创业板或到境外上市融资，并研究制定和落实按规定减免拟上市科技型企业在改制重组过程中办理资产置换、剥离、收购、财产登记过户涉及的交易税费和其他费用的政策。鼓励和支持杭州、宁波、绍兴国家高新技术开发区争取进入股份代办转让系统试点，加强对申报工作的组织和指导，深化高新技术开发区与券商的合作，做好企业的动员、组织和辅导工作，为开发区高新技术企业股份公开转让提供通道。在全国统一的场外市场和省内未上市公司股份转让平台挂牌交易的科技型企业，均享受企业上市同等扶持优惠政策。

（8）支持利用债券市场开展融资。加大债务融资工具的宣传和推广力度，积极支持经济效益好、信誉度高的科技型企业在银行间债券市场发行短期融资券、中期票据等债务融资工具。在不断完善风险控制、信用增进等相关配套服务的基础上，依托高新技术产业开发区（园区）、产业基地、科技企业孵化器等产业集聚区积极开展科技型中小企业集合票据等中小企业集合类债券产品发行工作。鼓励科技型上市公司发行公司债券和可转换债券，加大债券市场产品创新力度。进一步推进企业资产证券化产品的创新，多渠道扩大科技型企业债务融资规模。

（四）促进科技与金融结合的主要措施

（1）建立健全促进科技与金融结合工作体系。各级政府加强对促进科技与金融结合工作的组织领导，科技、金融办、财政、税务、中小企业、人行、银监、证监、保监等部门建立促进科技与金融工作联动机制，进一步总结经验、完善机制、统筹协调，贯彻落实相关政策措施，创新合作模式，促进科技与资本的对接。

（2）落实支持企业自主创新的财税政策。重点做好高新技术企业减按15%的税率征收企业所得税、企业研发费在计算应纳税所得额时加计扣除、国家级科技企业孵化器税收优惠等政策的落实，认真执行国家鼓励发展新技术、新产品的财政补贴和采购政策，引导企业利用金融资源加大技术创新投入，努力营造有利于促进科技与金融结合的政策环境。

（3）发挥财政科技投入的引导作用。进一步深化财政科技经费管理改革，通过引导基金、贷款贴息、风险补偿、绩效奖励、保费补贴等多种方式，加强与银行、保险、担保、投资等机构的合作，探索财政资金和金融资本带动民营和民间创业资本促进新兴产业发展的有效合作方式，鼓励和引导金融机构扩大对科技型企业的资金投放，降低企业融资成本和门槛。

（4）探索建立科技型企业信用评价体系。依托央行企业征信系统和浙江省企业联合征信系统，统筹分散在相关部门的科技型企业信用信息，加强信用信息统计分析，研究制定科技型企业信用评价指标体系，科学衡量企业创新能力，及时了解企业融资需求，破解金融机构与科技型企业间信息不对称的问题，推动金融机构加大对优秀、守信科技型企业的支持力度。

（5）合理履行监管和服务职能。各级人民银行要进一步灵活运用有区别的存款准备金率、再贷款、再贴现等货币政策工具，进一步发挥征信系统和支付清算系统的作用，完善境外投融资外汇管理政策，为科技型企业融资提供有力的政策支撑和金融服务。各级银监、证监、保监等监管机构在履行监管职能和制定实施政策过程中，要充分考虑科技型企业的成长规律和融资需求，正确把握规范管理和鼓励创新之间的关系，鼓励和支持有关金融机构创新服务理念、经营模式和金融工具，服务和支持企业技术创新活动。

（6）探索完善科技与金融结合企业化运作的服务平台建设。科技企业和金融资源相对密集的地区，科技部门要统筹政策、信用、企业、资金、人才、项目等资源，主动对接银行、保险、创业投资等机构，打造综合性的促进科技与金融结合企业化运作的服务平台建设，引入银行、创业投资、担保、保险以及专利、律师、会计师事务所等机构，开展多种形式的投融资服务，形成科技资源和金融资源的集聚效应，提高金融机构运行效率，为科技企业融资提供便利；加强对服务平台与有关机构的监管，防范财政性和金融性风险，确保科技与金融合作的健康有序发展。

省科技厅　省财政厅　省金融办

省中小企业局　省国税局　人行杭州中心支行

浙江省银监局　浙江省证监局　浙江省保监局

湖南省人民政府关于促进科技和金融结合加快创新型湖南建设的实施意见

湘政发〔2012〕32 号

各市州、县市区人民政府，省政府各厅委、各直属机构：

为促进科技和金融结合，加快创新型湖南建设，根据《国家中长期科学和技术发展规划纲要（2006~2020 年）》和《关于促进科技和金融结合加快实施自主创新战略的若干意见》（国科发财〔2011〕540 号）等文件精神，结合我省实际，提出以下实施意见：

（一）充分认识科技和金融结合的重要意义

促进科技和金融结合是加快科技成果转化和培育发展战略性新兴产业的重要举措；是深化科技、金融体制和管理改革创新，实现科技资源与金融资源有效对接，提升区域创新能力与产业竞争力的根本要求；是发挥科技创新对经济社会发展的支撑引领作用，促进经济转型升级、结构调整的有效保证；是推进"四化两型"建设、实现"两个加快"的战略选择。

（二）创新科技投入方式与机制

（1）创新财政科技投入方式。推动建立以企业为主体、市场为导向、产学研相结合的技术创新体系，加快推进科技计划和科技经费管理制度改革，促进政产学研用结合。综合运用无偿资助、产权参股、偿还性资助、创业投资引导、贷款风险补偿、贷款贴息、绩效奖励、担保费保险费补贴、后补助、政府购买服务等方式，引导和带动社会资本投资科技创新领域。逐步构建以政府投入为引导、企业投入为主体，政府资金与社会资金、股权融资与债权融资、直接融资与间接融资有机结合的科技投融资体系。

（2）建立科技金融服务的统筹协调机制。建立和完善科技部门与金融管理部门、财税部门、中小企业监管服务机构的科技金融协调联络机制，协同促进科技创新和产业化的目标制定和相关支持政策与措施的落实。各级政府要加强对科技金融工作的组织领导，推进高新区与地方金融管理部门的合作，搭建科技金融合作平台，推动创业投资机构、银行、券商、保险和担保机构等创新金融产品及服务模式，优化金融生态环境，提升经济活力和创新能力。

（三）培育和发展创业风险投资

（1）发展壮大创业投资体系。发挥湖南省创业投资引导基金的作用，鼓励有条件的市州、县市区出台和完善创业投资相关政策，通过基金参股、跟进投资和风险补贴等方式，引导和支持社会资本创办或参股科技创业投资机构，促进创业风险投资健康发展。

（2）设立科技成果转化引导基金。引导投资机构、地方政府共同参与设立科技成果转化子基金，为转化科技成果的企业提供股权投资；引导商业银行、地方政府共同参与设立风险补偿基金，按比例共担科技成果转化贷款风险；对科技成果转化业绩突出的企业、科研机构、高等院校和科技中介服务机构，给予绩效奖励。

（3）发展天使投资基金。发挥湖南高新麓谷天使基金的引领示范作用，建立健全天使基金风险管理、项目组织、专家评审、盈利退出模式以及激励约束机制。出台优惠政策，通过政府让利、风险补偿等方式，支持社会资本参与天使投资。

（四）完善科技型中小企业信贷体系

（1）支持科技信贷专营机构发展。支持商业银行将科技产业密集地区设立的机构网点打造成科技支行。通过风险补偿、贷款贴息等方式，鼓励科技支行加大对科技型中小企业的信贷支持。科技支行实行专门的客户准入标准、信贷审批机制、风险控制政策、独立考核奖励机制和业务协同政策，提高对科技型中小企业不良贷款风险容忍度。支持科技担保公司发展。完善科技型中小企业融资担保公司的资本注入和补充机制，探索科技型中小企业融资担保损失补偿机制。支持具备科技金融服务能力的社会资本参与设立融资担保公司。鼓励各银行对科技担保机构在国家规定的范围内适当提高其担保放大倍数。支持在科技产业密集地区设立科技小额贷款公司，创新小额贷款服务模式和流程，为科技型中小企业提供个性化融资服务，建立科技型中小企业小额贷款风险补偿机制。支持设立科技金融租赁公司，为成长期的科技型中小企业提供研发、生产设备租赁服务。支持金融租赁公司与各金融机构搭建交流合作平台，发展成熟适用的租赁融资模式。

（2）创新科技金融产品。支持金融机构产品创新。支持金融机构对具有发展潜力、拥有自主知识产权的科技型中小企业开展专利权质押、商标权质押、版权质押、订单质押、应收账款质押、股权质押、动产抵押、信用贷款等信贷业务，支持开展软件外包贷款、集成电路贷款、文化创意贷款、节能减排贷款等产品和服务创新。支持科技型中小企业集合贷款。鼓励金融机构开发适合多个科技创新型中小企业参与的集合信贷产品，对产学研战略联盟、技术联盟、销售联盟以及紧凑的上下游企业自律组织联盟进行集合授信支持。

（五）推动多层次资本市场建设

（1）支持科技型中小企业开展股份制改造，在主板、中小板、创业板或境外上市融资。通过贷款贴息、资金垫付和专项补贴等方式，加大对科技型中小企业改制和上市辅导等环节的支持力度，为拟上市科技型中小企业在改制重组过程中办理资产置换、剥离、收购、财产登记过户等开辟绿色通道，促进科技型中小企业加快上市融资发展步伐。

（2）支持国家高新区开展全国"代办股份转让系统"试点。加强对申报全国"代办股份转让系统"扩大试点工作的组织和指导，深化高新区与券商的合作，做好企业的动员、组织和辅导工作，为高新区科技型中小企业股份公开转让提供便利。加大科技计划项目对进入"代办股份转让系统"的科技型中小企业的扶持力度。鼓励有条件的市州、高新区出台相应政策。

（3）推进股权、技术产权交易所建设。建立股权、技术产权交易机构联盟和统一规范的交易标准流程，以股权、技术产权交易机构为平台，向本省非上市科技型中小企业提供股权登记托管服务，知识产权、技术产权登记评估服务，企业（个人）信用服务，产权交易等科技金融创新服务。

（4）支持企业发行债权市场融资产品。支持科技型中小企业以发行公司债券、短期融资券和中期票据等多种形式筹集资金。支持各科技型中小企业联合发行中小企业集合票据、集合债券、集合信托计划等直接融资产品，形成多元化直接融资渠道。

（六）推进科技保险工作

（1）完善创新科技保险产品。不断创新科技保险产品，将保险服务拓展到科技型企业成长的各个阶段。鼓励和推动科技型中小企业投保科技保险的企业财产保险类、责任保险类、信用保险类及科技人员保障类等保险。引导保险公司建立科技保险理赔绿色通道，提高科技保险理赔服务水平。

（2）实施科技保险政策。鼓励科技型中小企业积极投保科技保险，其保险费支出纳入企业技术研发费用，依法享受国家规定的税收优惠政策，并给予部分补助。

（七）强化保障措施

（1）加强组织领导。由省科技厅牵头，省经信委、省财政厅、省地税局、省政府金融办、省国税局、人民银行长沙中心支行、湖南银监局、湖南证监局、湖南保监局等单位和市州政府、高新区共同参与建立湖南省促进科技和金融结合工作联席会议和协调会商制度，负责科技和金融结合工作的组织领导和重大决策，定期就科技和金融结合工作沟通信息和交流意见，落实相关工作。

（2）加强制度建设。落实《科技部关于进一步鼓励和引导民间资本进入科技新领域的意见》（国科发财〔2012〕739号）、《企业研究开发费用税前扣除管理办法（试行）》（国税发〔2008〕116号）、《湖南省人民政府关于进一步加快发展资本市场的若干意见》等科技金融相关政策，引导与鼓励各市州、高新区出台配套政策，为推进科技和金融结合工作提供保障。

（3）培育科技金融创新的复合型人才。结合海外高层次人才引进计划（"千人计划"）、国家高技能人才振兴计划和湖南省"百人计划"等各项国家重大人才工程的实施，吸引高端人才进入创新创业领域。依托高校和社会培训机构等开展相关培训工作，加快培育一批既懂科技又懂金融的复合型人才，支持科技型中小企业吸引创新创业人才。

（4）建立信用信息归集和共享机制。依托湖南信用信息系统，依法归集和整合工商、税务、海关、劳动和社会保障等部门以及中介机构的科技型中小企业基础信用信息，完善科技型中小企业信用信息库。建立和完善信用信息共享机制，推动统一征信平台建设。

（5）建立和完善科技金融中介服务体系。支持金融机构、知识产权代理机构、律师事务所、会计师事务所、评估公司、保险公司、担保公司等发挥专业优势，为科技型中小企业提供政策服务、金融创新、中介服务等一站式多方位服务，形成科技资源和金融资源的集聚效应。

（6）创新科技金融组织服务模式。建立由海内外科技专家、金融专家、科技企业经营者等组成的科技金融专家库，鼓励各金融机构和科技型中小企业聘用金融专家，开展融资产品设计、融资方案设计、融资风险分析等科技金融专业服务。组织各类金融机构、中介机构，创新融资方式和服务模式，形成科技型中小企业的金融服务联盟；定期举办科技金融沙龙，为科技和金融资源有效对接架设桥梁。

湖南省人民政府

二〇一二年九月十五日

陕西省人民政府关于进一步促进科技和金融结合的若干意见

陕政发〔2012〕39号

各设区市人民政府、省人民政府各工作部门、各直属机构：

根据《中共中央、国务院关于深化科技体制改革加快国家创新体系建设的意见》（中发〔2012〕6号）及科技部等八部委《关于促进科技和金融结合加快实施自主创新战略的若干意见》（国科发财〔2011〕540号）精神，为进一步发挥金融在推进企业创新主体地位建设中的作用，加快科技成果产业化进程，推动科技型中、小、微企业健康快速发展，加快创新型区域建设步伐，现就促进我省科技和金融紧密结合提出如下意见。

（一）开展科技和金融结合试点

（1）推进国家科技和金融结合试点。以"关中—天水经济区（陕西）"列为国家促进科技和金融结合首批试点地区为契机，以平台建设为基础，以机制创新为切入点，以财政科技投入为杠杆，推进金融机构、金融产品和金融服务方式创新，着力做好国家促进科技和金融结合试点工作。

（2）开展省级科技和金融结合试点。科技和金融基础较好的设区市、国家级高新区，可以根据本地科技发展和金融资源聚集特点，在科技和金融结合方面先行先试，开展不同类型和层次的试点。

（二）创新财政科技投入方式

（1）创新财政科技投入方式。各级科技、财政部门联合有关部门，开展拨改补（风险补偿）、拨改保（融资担保）等新型财政资助工作，综合运用无偿资助、偿还性资助、创业投资引导、贷款贴息以及后补助等多种方式，发挥财政资金的引导作用，带动社会资本参与科技创新。

（2）设立科技成果转化引导基金。支持具备条件的设区市、省级以上高新区设立科技成果转化引导基金及相应的管理机构。引导、带动社会资本设立专业化子基金，支持企业科技成果转化、分担金融机构科技贷款风险、对科技成果转化进行绩效奖励。省科技成果转化引导基金到 2015 年达到 5 亿元，引导社会资本形成总规模 40 亿元的若干科技成果转化子基金。

（3）支持风险投资参与科技型企业股权投资。通过政策引导，支持风险投资基金、社会风险投资机构对科技型企业进行股权投资。创业投资企业采取股权投资方式，投资于未上市的科技型企业2 年以上的，可以按照其投资额的 70%，在股权持有满 2 年的当年抵扣该创业投资企业的应纳税所得额；当年不足抵扣的，可以在以后纳税年度结转抵扣。

（三）加强对科技信贷的引导

（1）加大科技信贷投入。金融机构要加大对企业自主创新和成果转化的信贷支持力度，安排专项信贷规模和资金支持科技创新，"十二五"期间，金融机构的科技贷款年均增长率要高于其他各类贷款的年均增长率。金融机构逐步建立适应科技型企业特点的信贷管理制度和差异化考核机制，适当提高科技型中小企业不良贷款比率容忍度。

（2）创新科技金融组织和金融产品。鼓励金融机构设立为科技型中、小、微企业提供金融服务的科技支行等新型金融服务组织。在审贷委员会中吸纳技术专家参与审贷决策；探索推广供应链融资、应收账款融资、保理、贸易融资等业务；积极开展知识产权、高新技术企业股权质押贷款。

（3）完善科技贷款风险补助机制。省及各设区市、省级以上高新区，设立科技贷款风险补助资金。省级科技贷款风险补助资金在"十二五"末达到 5000 万元。对科技型中、小、微企业科技转化项目贷款及自主知识产权质押贷款的本金损失，经追偿、处置后，对最终本金损失额按一定比例予以风险补助。

（4）加强科技型企业信用体系建设。建设以高新技术企业为主的科技型企业和科技人员信用信息系统，健全科技型企业信用信息共享、信用评价、科技信用管理机制。以西安高新区为重点，示范建立高新技术企业信用服务体系，建立入区企业信息有效传递机制、企业守信激励机制、企业失信约束机制和惩罚机制。

（5）完善知识产权质押融资激励机制。完善以知识产权质押、知识产权证券化等形式进行融资或直接投资的机制。对以知识产权质押获得贷款并按期偿还本息的企业进行二年贴息，贴息比例为企业应支付贷款利息额的30%。

（6）引导担保机构支持科技融资。按照《陕西省融资性信用担保机构风险补偿资金管理办法》的要求，建立担保机构风险补偿机制，对融资性担保机构进行担保风险补偿。纳入全国试点范围的非营利性中小企业信用担保机构从事科技型中、小、微企业信用担保或者再担保业务取得的收入（不含信用评级、咨询、培训等收入）3年内免征营业税，免税时间自纳税人享受免税之日起算起。

（四）大力发展多层次资本市场

（1）支持科技型企业多渠道融资。建立科技型企业上市后备资源库，各地、各有关部门要积极推荐符合条件的科技企业入库，按照"一事一议"方式，从科技资源配置、财税等方面加大培育力度。对重点拟上市企业，给予一定的上市前期费用补助。支持符合条件的科技型中小企业，通过发行企业债、短期融资券、中期票据、集合债券、集合票据等方式融资。对整体改制并进入证监部门辅导备案阶段的拟上市科技企业，经审批，可在三年内缓缴整体改制政策要求缴纳的个人所得税。

（2）建立科技型企业股权流转和融资服务产权交易平台。建立技术交易、技术产权报价系统、创业投资联盟等服务平台；继续支持西安高新区、杨凌示范区进入"新三板"扩容试点园区；积极争取建设区域性股权交易市场。促进科技成果流通，企业股权交易和技术产权交易。

（五）积极推动科技保险发展

（1）建立科技保险补贴机制。对参加出口信用类保险的科技型中、小、微企业，按照年度实际保费支出的40%给予补贴，对于参加贷款信用保证类保险的科技型中、小、微企业，按照年度实际保费支出的50%给予补贴。对每户企业的年科技保险费补贴最高不超过20万元。

（2）创新科技保险产品和服务。积极开发首台（套）重大技术装备质量保证保险、首台（套）重大技术装备产品责任保险等险种，扩大信用保证保险在科技领域的综合性服务，制订和完善个性化的保险方案。

（六）强化有利于促进科技和金融结合的保障措施

（1）加强科技金融服务体系建设。充分发挥各类投资基金和技术创新服务机构的作用，在省科技资源统筹中心建立集政策咨询、资产评估、法律服务、财务顾问、投资融资、成果拍卖、专业培训等功能为一体的科技金融超市和科技金融服务中心。鼓励各试点市、区采取多样化方式，建立相应的服务体系。依托高等院校和社会培训机构开展专业化培训，培养一批懂科技、懂金融、懂管理的复合型人才。

（2）加强科技和金融结合实施成效的监测评估。制订科技金融发展水平和服务能力评价指标，建立相应的统计制度和监测体系，并在监测基础上建立评估体系，对科技和金融结合实施成效进行动态评估。对促进科技和金融结合、支持自主创新贡献突出的相关机构和人员给予表彰。

（3）加强组织保障。成立省促进科技和金融结合工作领导小组，负责全省促进科技和金融结合工作的领导和组织，协调解决科技金融结合以及我省开展国家试点工作中的有关重大问题。

陕西省人民政府

二〇一二年九月十日

（青岛市）关于促进科技和金融结合的实施意见

青政办发〔2012〕25 号

各区、市人民政府，市政府各部门，市直各单位：

为深入推进金融服务科技创新工作，提升金融对科技成果向生产力转化的资金保障功能，推动科技在我市转变经济发展方式和调整经济结构中发挥支撑引领作用，根据国家开展科技和金融结合试点工作的有关要求，经市政府同意，制定本意见。

（一）指导思想

以邓小平理论、"三个代表"重要思想和科学发展观为指导，按照率先科学发展，实现蓝色跨越，加快建设宜居幸福的现代化国际城市要求，围绕提高企业自主创新能力、培育发展战略性新兴产业、加快转变经济发展方式的目标，加大金融资源投入，充分发挥金融杠杆调节作用，探索科技和金融结合的新机制，引导社会资本参与自主创新，提高财政资金使用效益，加速科技成果转化，促进科技型中小企业成长，推动我市打造科技特别是海洋科技研发中心、成果孵化中心、新兴产业培育中心。

（二）基本原则

（1）突出特色优势。根据我市科技创新特点和金融业发展基础，发挥区位优势，突出产业特色，创新科技金融服务产品，重点在金融服务海洋、信息技术、高端装备制造、新材料、节能环保等方面的科研成果产业化上实现突破。

（2）强化统筹协调。统筹科技资源与金融资源，加强部门沟通与协调，全面优化科技金融发展环境，形成推进科技和金融结合工作合力。

（3）实现多方共赢。发挥市场对资源配置的基础性作用，加强政府引导和带动，鼓励各类金融机构和金融组织参与科技创新，满足科技型中小企业的金融服务需求，实现科技、企业、金融多方共赢和长远发展。

（4）坚持规范运作。制定完善科技金融引导资金管理办法，构建科技金融风险防控体系，形成由科技专家和金融专业人员为主评价科技金融项目的机制，确保财政资金和金融系统安全。

（三）发展目标

力争用 5 年时间，建立适应我市科技创新及战略性新兴产业发展需要的科技金融体系，形成功能完善、特色突出、保障有力、运作规范的科技金融发展模式，培育一批科技金融专营机构、科技型上市企业和科技金融创新产品，推动我市成为国内科技和金融结合工作的先行区和示范区。

（四）重点任务

（1）创新财政科技投入方式。综合运用风险补偿、贷款贴息、引导基金、政策性担保等方式，通过财政资金投入撬动金融资源，引导金融资本参与实施国家、省、市各类科技计划以及科技成果产业化，提高财政资金使用效率。完善科技信贷风险补偿机制，市、区（市）两级财政共同设立科技信用贷款风险补偿资金，支持科技型中小企业知识产权质押等贷款方式，降低科技型企业融资门槛。对有明确产品导向或产业化前景的科技项目，各级科技部门应逐步将无偿拨款资助改为贷款贴息，提高贷款贴息在财政科技资金中的比重，降低科技型企业融资成本。以财政科技资金为引导，探索设立创业投资企业、科技担保公司、科技小额贷款公司等机构，为科技型企业融资提供服务。建立科技保险保费补助机制，重点支持融资类保险，推广科技型企业贷款信用保证保险产品。

（2）设立引进科技金融专营机构。支持设立引进服务科技型企业的各类专业金融机构，对其按照新设或引进金融机构的有关政策给予开办经费等补助。在蓝色硅谷设立以服务海洋科技创新与蓝色经济发展为主的蓝色硅谷社区银行，鼓励银行机构设立以服务科技型企业为重点的专营机构，为科技型企业提供专业化服务。鼓励保险公司设立科技保险支公司，开展科技保险专营服务。支持在高新技术集中的区域和行业内，由龙头企业发起设立科技小额贷款公司、科技融资租赁公司等机构，面向科技型企业开展多元化金融服务。采取市财政科技专项资金注资的方式，设立政策性科技担保公司，建立完善资本注入和资本补充机制，提升科技型企业融资担保能力。

（3）加强对科技型中小企业信贷支持。引导银行机构建立适应科技型企业特点的信贷管理和贷款评审制度，探索设立科技创新信贷业务的专门账务，对中小型科技型企业贷款实行专门的客户准入标准、信贷审批机制、风险控制政策、利率优惠政策、业务协同政策和拨备政策，在国家规定的范围内适当提高其担保放大倍数，积极推进知识产权质押贷款、股权质押贷款、信用贷款、产业链融资等金融产品和服务。建立和完善科技专家库，组织科技专家参与科技型中小企业贷款项目评审工作，为银行信贷提供专业咨询意见。

（4）引导企业通过多层次资本市场融资。实施科技型企业上市培育计划，引导和推动科技型企业特别是科技型中小企业在中小板、创业板及其他板块上市融资。对拟上市科技型企业，在高新技术企业认定、企业研发中心建设、科技项目立项、知识产权服务等方面给予重点支持。对完成上市的科技型企业，按照有关规定给予补助。支持高新区争取"新三板"扩大试点资格，支持企业成为非上市公众公司，对符合条件并拟在"新三板"挂牌的企业和非上市公众公司，优先安排发展用地，优先办理相关手续，优先给予政策性资金支持，优先给予科技政策扶持。加快产权交易平台建设，建立区域性非上市公司股权场外交易市场，完善股权交易标准和程序，为科技型中小企业通过非公开方式进行股权融资提供便利。鼓励符合条件的科技型企业通过公司债券、企业债券、银行间债券等方式进行融资，并按照有关规定给予政策扶持。

（5）大力发展科技风险投资。发挥财政资金的杠杆放大效应，增加科技风险投资供给，积极引导创业投资企业投资处于种子期、起步期等创业早期的企业。由财政资金引导，社会资金参与，设立面向科技型小企业的天使投资基金，降低支持门槛，扩大支持范围，为初创期科技型企业提供资本支持。发挥市级创业投资引导基金作用，进一步扩大创业投资规模，带动社会资金投向科技型企业。制定完善促进创业投资和股权投资行业健康发展的配套政策和实施细则，积极引导设立引进专门服务于科技型企业的股权投资企业，并鼓励其面向我市科技型企业扩大投资。

（6）搭建科技金融服务平台。重点建设科技成果转化项目库、科技型中小企业数据库和科技金融资源库等科技金融基础信息库，强化科技金融信息共享，促进科技成果、科技型企业与金融资源对接。加快建设国家海洋技术交易服务与推广中心，完善技术产权交易机制，为已质押知识产权流转和科技成果融资提供便利。建立科技型企业信用评价体系，根据科技型企业的科技项目实施绩效、高新技术企业认定、科技奖励等情况，开展专项信用评级工作，引导金融机构在科技金融服务中广泛应用评级结果。

（7）拓展科技保险服务领域。加强政府引导和推动，探索科技保险发展新模式，积极争取成为全国科技保险试点城市。鼓励保险公司开展科技保险业务，组建专业服务团队，创新科技保险产品，建立科技保险理赔绿色通道，提高科技保险承保规模和业务比重。在有条件的领域逐步实行科技保险保费补贴政策，支持开展自主创新首台（套）产品推广应用、科技型企业融资以及科技研发活动保障类保险，推广科技型企业贷款信用保证保险、科技产品出口信用保险和商业信用保险。探索保险资金参与科技孵化器和科技园区基础设施建设、战略性新兴产业培育、重大科技项目投资等的方式、途径。

（8）培育科技金融民间组织和中介机构。引导设立各具特色、形式多样的科技金融服务联盟，鼓励金融机构积极参与联盟建设，探索产学研和金融紧密结合的长效机制，构建科技金融服务链条，为处于不同发展阶段的科技型企业以及科研活动提供金融服务。加强技术转移中心、专利事务所、会计师事务所、资产评估事务所、律师事务所、咨询公司等各类中介机构建设，提升为科技型企业提供成果评价、技术交易、成果转化、资产评估、融资咨询等服务的能力。组织开展各类科技金融专项活动，鼓励金融机构为科技创业计划、大学生科技创新创业大赛等提供服务。举办科技金融论坛，开展科技金融培训，普及科技金融知识，营造全社会关心科技金融发展的良好氛围。

（9）建立服务蓝色硅谷的综合金融服务体系。发挥蓝色硅谷的海洋科研优势和海洋产业孵化优势，将蓝色硅谷打造成为科技和金融结合的示范区，建设服务蓝色经济的科技金融高地。积极通过开发性金融、保险资金、股权投资、债券融资等方式，加大对蓝色硅谷基础设施建设投资力度。建立适应海洋科研活动和海洋产业发展的金融体系，在蓝色硅谷引进设立各类科技金融专营机构，形成国内蓝色金融机构较为集中的区域。大力发展天使基金、创业投资，制定和完善在蓝色硅谷内聚集发展风险投资机构的引导政策，加强各类风险投资机构与科研机构、科技型企业对接，积极推动科研成果产业化。建立科技信贷与科技项目、风险投资协同模式，鼓励银行机构加大对蓝色硅谷内科技型企业的信贷支持力度。搭建综合金融服务平台，通过融资租赁、信托、债券、担保、贷款信用保证保险等多种方式，为蓝色硅谷内企业提供多元化金融服务。

（10）提升"千万平方米"科技孵化器金融服务水平。落实我市关于激励创新创业加快科技企业孵化器建设与发展的若干政策，对各项科技金融政策在孵化器内先行试点。鼓励和支持多元化主体参与投资建设"千万平方米"科技孵化器。引导金融机构到孵化器内设立科技金融专营分支机构，开展各类科技金融创新业务。建立天使投资引导资金，参股引导孵化器、民间投资机构等共同组建天使投资基金，为在孵企业提供不超过 500 万元的天使投资支持。设立科技信贷风险补偿资金，引导社会金融机构为在孵企业提供信贷支持。组建政策性科技担保公司，为在孵企业提供不超过 500 万元的贷款担保。

（五）保障措施

（1）加强组织领导。建立由市政府分管市长担任召集人的市科技和金融结合工作联席会议制度，负责组织制定促进科技和金融结合的政策措施，研究决定科技金融试点工作的重大事项，推进实施科技和金融结合相关工作。

（2）制定扶持政策。在市科技计划中设立科技金融工作专项，用于引导科技和金融结合工作的实施。根据科技和金融结合的重点工作任务，完善相关配套扶持政策，制定实施细则，规范建立科技和金融结合的工作机制和实施流程。

（3）加强区市联动。进一步加强与各区、市科技金融工作的互动与对接，引导和鼓励区、市设立科技金融专项资金与服务平台，有条件的区、市要建立科技金融工作联动机制，利用市、区（市）两级科技金融专项资金设立联合担保资金或信贷风险补偿资金，优先支持区、市科技型中小企业创新发展。

（4）储备专门人才。鼓励科技和金融结合的实施机构培养引进专门的复合型人才，成立科技专家和金融专家组成的顾问组，为科技和金融结合工作提供人才支撑和智力支持。

（5）加强督查考核。科技和金融结合工作有关组织实施单位，要按照各自职能，建立健全工作调度制度，定期对工作推进情况进行跟踪汇总和督查考核。

青岛市人民政府办公厅

2012 年 11 月 28 日

深圳市人民政府印发《关于促进科技和金融结合的若干措施》的通知

深府〔2012〕125 号

各区人民政府，市政府直属各单位：

《关于促进科技和金融结合的若干措施》已经市政府同意，现予印发，请遵照执行。

深圳市人民政府

二〇一二年十一月二日

关于促进科技和金融结合的若干措施

为促进科技和金融结合，构建充满活力的科技创新生态体系，充分发挥科技对经济社会的支撑引领作用，加快经济发展方式转变，提升深圳质量，建设国家创新型城市，根据国家有关规定，制定本措施。

（一）促进科技资源的优化配置和高效利用

（1）优化科技投入结构。加大对科技研发和战略性新兴产业重大项目的投入，引导民间资本参与重大科技创新基础设施建设。注重对基础研究、前沿技术研究以及公益性科学研究的投入，注重科技成果应用示范和技术转移公共服务体系建设。

（2）创新科技投入方式。完善科技项目投融资扶持体系，创立财政科技投入机制。利用财政资金的引导和放大作用，撬动民间资本加大科技投入，为新兴产业创造良好的投融资环境。

（二）发展创业投资和股权投资

（1）促进创业投资企业发展。发挥市政府创业投资引导基金的引导和放大作用，支持各区政府（新区管委会）设立创业投资引导基金，引导创业投资机构投资初创期、成长期的战略性新兴产业领域企业。支持民间资本参与发起设立创业投资、股权投资和天使投资基金。

（2）扶持股权投资基金发展。落实我市促进股权投资基金业发展的有关规定，对符合条件的股权投资基金企业实施优惠政策。鼓励符合条件的创业投资企业通过债券融资等方式增强投资能力。创业投资企业采取股权投资方式投资于未上市的中小高新技术企业 2 年以上，可以按照其对中小高新技术企业投资额的 70%，在股权持有满 2 年的当年依法抵扣该创业投资企业的应纳税所得额；当年不足抵扣的，可以在以后纳税年度结转抵扣。

（3）营造创业投资集聚发展环境。利用我市股权投资基金政策，探索设立股权投资服务中心，构建"一站式"综合型服务平台。鼓励企业孵化器、科技园区通过天使投资俱乐部、创业投资俱乐部等形式，汇聚创业投资资源。加强创业投资和股权投资行业发展的前瞻性研究，支持在深圳举办科技金融高端论坛。

（三）发挥金融机构的间接融资主渠道作用

（1）加强科技金融专营机构建设。支持金融机构与科技部门开展科技金融合作模式创新试点。支持银行依托高新区、企业孵化器新设或者改造部分支行成为专门从事科技金融服务的科技支行。加大对现有融资租赁公司的支持力度，支持符合条件的机构设立融资租赁公司。

（2）创新金融机构服务模式。支持银行针对中小高新技术企业经营特点和贷款需求，专列贷款计划、专建审批通道，简化审批程序，完善科技专家为企业贷款提供咨询服务的工作机制，完善业务营销和风险管理机制。

（3）引导金融机构创新业务品种。建立健全信用体系，完善无形资产质押融资的风险补偿机制，引导金融机构开展知识产权质押贷款、股权质押贷款等新型信贷业务；支持金融机构综合运用买方信贷、卖方信贷、贸易融资、融资租赁等方式，加大对高新技术企业的信贷支持力度。

（4）发展投贷联动战略联盟。支持金融机构与创业投资、产业投资基金等结成投贷联动战略联盟，实现贷款、投资联动。

（5）探索开展信贷债权转股权试点。创新高新技术企业信贷债权转股权机制，支持金融机构扩大信贷规模。

（6）提高融资性担保机构的融资担保能力。支持担保机构创新担保方式，开展担保转期权、担保转股权等新业务，推动担保与创业投资结合，实现担保对初创期、成长期高新技术企业的全面覆盖。

（7）发展企业信托融资。支持信托机构探索发行面向社会投资人的高新技术企业信托金融产品，促进民间资本支持高新技术企业发展。

（四）拓展科技型企业的直接融资渠道

（1）促进企业改制、挂牌与上市。通过以主板、中小板、创业板和代办股份转让系统为核心的多层次资本市场体系，支持符合条件的高新技术企业改制、挂牌、上市。

（2）发展深圳区域性交易市场。加快区域性场外交易市场建设，促进企业股权流动和股权融资。争取深圳柜台交易市场成为全国场外市场的重要组成部分，为非上市高新技术企业提供融资和股权交易平台。

（3）争取代办股份转让系统试点。建立健全争取代办股份转让系统试点工作机制，支持高新区企业在代办股份转让系统挂牌。

（4）支持企业通过债券市场融资。利用银行间债券市场和交易所，发展中小企业集合债券、私募债、集合票据等新兴债务融资工具，制定并组织实施区域集优债等适应高新企业融资特点的金融服务方案。

（5）加快建设知识产权交易市场。创新知识产权交易模式，为知识产权或者科技成果所有者和投资者提供技术与资本对接通道，支持创新成果实施转化或者二次开发。

（五）加强科技保险服务

（1）支持科技保险试点。对高新技术企业购买创新科技保险产品予以保费资助。探索利用保险资金参与重大科技基础设施建设制度。

（2）创新科技保险产品。支持保险机构为高新技术企业开发知识产权保险、首台（套）产品保险、产品研发责任险、关键研发设备险、成果转化险等创新保险产品。支持保险机构与银行、小额贷款公司等合作开发知识产权质押贷款保险、信用贷款保险、企业债保险、小额贷款保证保险等为高新技术企业融资服务的新险种。

（3）完善科技保险风险分担机制。畅通政府、保险机构、企业之间的信息共享渠道，支持保险机构、银行、再保险机构和担保机构等共同参与科技保险新产品风险管理工作。

（六）完善科技和金融服务体系

（1）促进科技金融公共服务体系发展。建立科技金融服务体系，加快推进深圳高新区创业投资广场建设。各区政府（新区管委会）应当设立区级科技金融服务体系。支持搭建科技金融高端人才服务、培训咨询服务、企业孵化服务、知识产权服务、技术转移服务、信用体系服务、项目产品信息交流服务、投贷联动服务、中介机构服务等公共服务平台。探索建设科技金融集团。

（2）发展科技金融中介服务机构。支持从事成果孵化、科技评估、科技咨询、技术产权交易、技术检测等专业化科技中介机构发展。发展集评估、咨询、法律、财务、融资、培训等多种功能为一体的高端科技金融服务机构。

（3）培育科技金融孵化器。支持民间资本依托虚拟大学园、西丽大学城、企业孵化器、产业技术创新战略联盟、行业协会等机构或者社会组织建设科技金融孵化器。

（4）推动科技金融人才队伍建设。将高端科技金融人才引进纳入我市高层次人才引进计划，支持在深圳高等院校开展科技金融人才培训。探索建立科技成果转化经纪人、科技保险经纪人、科技融资租赁经纪人等制度。

（七）促进前海建设开放创新的科技金融体制

（1）推动前海金融创新。探索符合条件的高新技术企业和金融机构在香港发行人民币债券，拓宽企业债务融资渠道。探索设立前海科技银行等各种创新型金融机构。推进前海金融资产交易所、前海股权交易中心等各类新型要素市场建设，促进高新技术企业以非公开方式进行股权融资。

（2）促进股权投资的国际化。支持与国际知名股权投资机构合作，探索推动合格境外有限合伙人（QFLP）试点，尝试境外资金投资国内市场，促进股权投资行业的规模化发展。

（八）强化保障措施

（1）完善协同工作机制。市政府成立深圳市促进科技和金融结合试点工作领导小组，负责统筹规划全市试点工作，领导小组办公室设在市科技部门。建立科技、财政、金融等部门协同工作机制，推进科技和金融结合试点工作。

（2）创新财政资金资助方式。在市科技研发资金设立科技和金融结合计划，通过股权投资、再担保、联保贷款、集合债、银政企合作梯级贴息、委托无息借款等方式，发挥专项资金的引导和放大作用。

（3）本措施规定的优惠政策与本市其他优惠政策不重复享受。

（4）本措施自发布之日起实施。市政府相关部门应当制定相应的实施办法，明确申请条件，简化操作流程，确保各项政策落实。

本措施由市科技部门会同有关部门负责解释。

武汉市人民政府关于印发《东湖国家自主创新示范区科技金融创新实施方案》的通知

武政〔2010〕53 号

各区人民政府，市人民政府各部门：

经研究，现将《东湖国家自主创新示范区科技金融创新实施方案》印发给你们，请认真贯彻执行。

二○一○年九月二十八日

东湖国家自主创新示范区科技金融创新实施方案

为贯彻落实《国务院关于同意支持东湖新技术产业开发区建设国家自主创新示范区的批复》（国函〔2009〕144 号）精神，推进东湖国家自主创新示范区（以下简称东湖示范区）科技金融创新，促进科技与金融结合，加快东湖示范区建设步伐，特制订本方案。

（一）加快东湖示范区科技金融创新的重要意义

国务院批复同意在武汉东湖新技术开发区建设国家自主创新示范区，其对东湖示范区的定位，就是要在 21 世纪前 20 年使东湖开发区的发展再上一个新台阶，使其成为推动资源节约型和环境友好型社会建设、依靠创新驱动的典范。国务院的批复赋予了东湖示范区先行先试、改革创新的任务，其中一项重要工作就是深化科技金融改革创新试点。东湖示范区拥有丰富的科技和金融资源，其发展已进入到新的历史阶段，创新突破也进入了关键时期，推进东湖示范区科技金融创新试点，对探索科技与金融结合的有效途径，实现科技成果产业化，加快东湖示范区建设具有十分重要的意义。

（二）指导思想、总体目标及基本原则

1. 指导思想

深入贯彻落实科学发展观，抢抓国家促进东湖示范区建设的战略性历史机遇，以信用建设为基础，以机制创新为切入点，以财政资金为杠杆，充分利用市场机制，重点推进金融机构、金融市场、金融产品及业务、金融服务方式等创新，充分发挥金融支撑作用，为科技企业自主创新提供金融体制机制保障和优良的金融生态环境，加快东湖示范区建设。

2. 总体目标

以东湖示范区光电子信息、生物、新能源、环保、消费电子等 5 大产业集群为重点，深入推进科技金融创新试点工作，着力夯实一个基础，实现四个突破，完善六大运行机制。到 2015 年以前，设立和引进各类私募股权基金 60 家以上；科技企业在主板和创业板首次公开募股（IPO）新增 30 家以上，科技企业在证券市场融资和再融资 500 亿元以上；每家银行金融机构至少在东湖示范区设立一家为科技企业服务的专营机构；银行金融机构每年向东湖示范区科技企业新增贷款的增幅超过全市平均水平 5 个百分点。基本实现科技金融机构多元化、科技金融市场多层次化、科技金融产品及业务特色化，形成服务科技成果产业化不同阶段的科技金融创新体系，为加快东湖示范区建设提供强有力的金融支持。

（1）夯实一个基础。即夯实信用基础。加快科技企业信用体系建设，建立东湖示范区信用信息数据库，加大企业信息归集力度和加快企业信息更新速度，率先建立科技企业信用档案，发挥信用体系的基础作用。全面推进科技企业信用评级和信用增级工作，增强企业信用在融资中的地位与作用。

（2）实现四个突破。

1）以建立和完善科技企业融资担保体系为支撑，鼓励设立科技金融专营机构，在建立科技金融服务机构体系上实现突破。

2）以推进科技企业股权流动为依托，在股权交易市场建设方面实现突破。

3）以扩大股权和信用产品融资为重点，在科技金融产品及业务创新上实现突破。

4）以创新科技金融服务模式为落脚点，在构建科技金融服务方式上实现突破。

（3）完善六大机制。

1）信用激励机制。培育信用产品应用市场，鼓励金融机构、担保机构和投资机构在为东湖示范区企业提供各类融资服务时，将企业信用作为重要参考依据，并在业务受理过程中对诚信企业简化审核程序；加大对失信企业惩罚力度，形成守信受益、失信惩戒的信用激励机制。

2）差异化持续融资机制。鼓励金融机构根据科技成果产业化的不同阶段所面临的风险特征，提供差异化融资产品和服务，形成高新技术产业在不同阶段持续融资机制。

3）风险分担补偿机制。给予银行、担保机构和创业投资机构一定的风险补贴；建立和完善科技企业融资担保体系，健全担保、再担保制度，分散和规避科技企业融资风险，形成政府、金融机构、金融中介服务机构、科技企业共同参与的科技企业融资风险分担补偿机制。

4）多方合作机制。加强政府、高校、科研机构、金融机构和企业合作，建立高效、便捷的信息沟通渠道，形成并完善多方合作机制。

5）金融人才激励机制。完善金融人才培养、引进、使用和管理制度，形成激发金融人才不断创新的机制。

6）科技金融创新与风险防范互动机制。加强与湖北银监局、湖北证监局、湖北保监局、人行武汉分行营管部等金融监管机构的联系与合作，形成指导支持金融机构在东湖示范区内开展科技金融创新试点的机制。

3. 基本原则

（1）坚持科技金融创新与科技产业发展需要相结合原则，促进金融业更好地服务于科技产业发展。科技金融创新要立足于科技产业发展需要，着力解决科技产业发展的"金融瓶颈"，以"产业链"为主线构建科技产业投融资服务链与金融产品链。

（2）坚持科技金融创新的先进性与实用性相结合原则，强化科技金融创新的可操作性。既要有利于同国际金融业接轨，又要根据现实条件和创新基础，提高科技金融创新的可操作性。

（3）坚持政府引导与市场运作相结合原则，完善科技金融创新机制。遵循市场规律，充分发挥政府的政策引导作用，正确处理市场在资源配置中的基础作用与发挥政府推动作用的关系，实现"政、产、学、研、金"五结合。

（4）坚持鼓励科技金融创新与防范风险相结合原则，提高科技金融创新失败宽容度。在金融风险可控的前提下，鼓励和推进科技金融创新，宽容失败。

（三）科技金融创新的主要内容

1. 推进金融机构创新，完善科技金融组织体系

（1）设立和引进服务科技企业的银行专营机构。在东湖示范区扩大商业银行设立科技支行的试点，推进商业银行设立为科技企业服务的专营机构，积极争取政策支持，引进或设立村镇银行（科技社区银行），专门开展科技企业贷款业务。

（2）设立和引进各类基金及基金管理公司。鼓励设立和引进境内外以创业投资、风险投资、股权投资、产业投资为主的各类基金及基金管理公司。

（3）支持融资租赁公司发展。积极争取金融机构在东湖示范区设立融资租赁分公司，支持科技企业发展。支持光大金融租赁公司做大做强，在东湖示范区设立分支机构，大力推进科技企业融资租赁业务。

（4）发展科技保险服务机构。鼓励保险业金融机构在东湖示范区内设立专门的科技保险服务机构；大力引进国内外各类保险机构总部及区域管理总部、省级分公司落户东湖示范区。争取国际著名的保险经纪、公估机构在东湖示范区设立分支机构，为科技企业融资提供科技保证保险服务。

（5）扩大小额贷款公司试点。设立专门为科技服务的小额贷款公司，探索设立外资科技小额贷款公司。

（6）构建科技企业融资担保体系。发挥国有担保机构的主导和引导作用，鼓励行业协会、社会团体、企业和自然人组建科技企业互助性融资担保机构，支持民间资本发起设立信用担保公司，鼓励各担保机构创新科技企业融资担保方式，完善信用担保公司的风险补偿机制和风险分担机制。

（7）形成和完善科技金融中介机构服务体系。大力扶持金融中介服务机构发展。规范发展会计师事务所、律师事务所、投资咨询、财务顾问、资产评估、保险代理、信用评级等中介服务机构，推进中介服务的规模化、集约化。

（8）积极支持民间资本参与设立科技金融机构。鼓励民间资本参与设立村镇银行、科技贷款公司等金融机构，积极争取政策，放宽村镇银行中法人银行最低出资比例的限制。鼓励民间资本发起设立金融中介服务机构、信用担保机构等，参与证券、保险等金融机构的改组、改制。

2. 推进金融市场创新，为科技企业资金流动提供交易平台

（1）积极发展科技企业票据市场。按照市场需求创新票据贴现方式，探索小额贷款公司办理贴现、转贴现业务；充分利用大型企业集团的产业链优势，鼓励和支持为其配套的科技企业使用商业承兑汇票；促进电子商业汇票业务发展；探索设立票据经纪公司，试行票据买卖业务。

（2）大力发展证券市场。落实鼓励企业上市的优惠政策，建立科技企业上市绿色通道，开拓性解决科技企业上市过程中的问题，引导科技企业在境内外资本市场融资，积极发挥股票市场创业板、中小板作用。

（3）探索建立非上市公司股权流动市场。力争东湖示范区早日被纳入代办股份转让系统扩大试点范围；探索设立未上市股权交易市场；积极探索私募股权投资基金转让途径，推动科技企业股权流动。

（4）引导产权市场创新发展。扩大武汉光谷联合产权交易所知识产权交易规模，鼓励科研机构、企业、自然人开展知识产权交易，探索建立知识产权经纪人中介服务体系，为加快科研成果转化提

供绿色通道。通过业务补贴等方式，积极引导武汉光谷联合产权交易所开展股权质押融资业务。

3. 发展科技金融产品及业务，满足科技企业融资需求

（1）拓展抵押担保类信贷产品及业务。鼓励开展各类满足科技企业需求的抵押担保类信贷产品及业务。引导银行采用"应收账款抵押"、"仓单抵押"、"小企业联保联贷"等贷款抵押方式，增强科技企业的融资能力。

（2）创新各类权利质押贷款业务及产品。探索推广股权质押类贷款产品。探索实用新型专利权、国家知识产权局授予的发明专利、企业合法商标专用权、版权等知识产权类质押贷款。

（3）扩大信用贷款试点。支持金融机构在风险可控的前提下，开展各类信用贷款业务。鼓励商业银行根据企业信用报告良好的记录，提供不需要抵押和担保的信用贷款，对于信用贷款出现风险，银行经全力催收，仍然无法收回，进入银行核销程序后的，经审核由东湖示范区给予适当补贴。大力拓展贸易融资类信用贷款产品。扩大科技企业授信贷款业务。

（4）开展信贷资产证券化产品试点。在现行相关法规政策指引下，在东湖示范区审慎开展信贷资产证券化产品试点，提高直接融资比例，优化资产结构。

（5）探索发展适合科技企业发展的基金类产品。进一步发展武汉科技创业投资引导基金，引导社会资金流向科技企业。支持大企业、集团公司和上市公司在东湖示范区设立行业投资基金，鼓励境内外各类投资主体在东湖示范区设立天使基金、风险（创业）投资、产业投资等各类基金，投资于不同阶段的科技企业。

（6）发展直接融资产品。鼓励有条件的科技企业发行企业债券，积极推进科技企业发行集合债券；争取政策支持，积极发行科技企业短期融资券及中期票据。积极支持符合条件的证券公司在东湖示范区内开展直投业务。

（7）支持典当机构创新业务。探索知识产权典当的可行性，为科技企业进行自主创新融通资金创造条件。

（8）大力探索科技保险产品创新。引导保险业金融机构根据企业成长的阶段性特点和风险等，不断创新保险产品和服务方式，继续扩大东湖示范区保险覆盖面。在风险可控前提下，为科技企业提供国内信用保险、产品质量保险等服务；积极探索保险与信贷的结合，鼓励保险公司对贷款项目进行承保，开展科技企业贷款信用保证保险试点；发展科技再保险。进一步鼓励东湖示范区企业通过申报科技保险，化解技术研发、成果转化、产品生产和贸易等各个环节的科技市场风险。针对不同科技企业及不同岗位的科技人员进行科学分类，优化保险方案。鼓励保险公司积极发展科技人才人身意外伤害保险、健康保险、责任保险及各类养老保险等险种，引导保险公司积极探索并不断完善科技人才各类人生保障。

4. 创新科技金融服务模式，完善科技金融服务方式

（1）有序推进供应链金融服务试点。支持在东湖示范区开展供应链金融服务试点工作，探索商业银行联合核心企业对核心企业供应链上的科技企业提供融资服务模式，实现银行、核心企业和科技企业三方共赢。

（2）创新银行与担保公司、股权投资机构合作模式。探索在对科技企业发放担保贷款的基础上，由股权投资机构事先承诺，当借款企业发生财务危机而无法偿还贷款时，只要满足一定的条件，由股权投资机构购买企业股权，为企业注入现金流；或者由股权投资机构直接为企业贷款提供担保，股权投资机构获取企业股权认购期权。

（3）建立金融超市。加强银行、证券、保险、评估、抵押登记、公证等部门合作，实现向科技企业提供涵盖众多金融产品与增值服务的一体化经营方式，打造金融投资产品集中式融资服务平台。

（4）开办科技企业融资服务网。建设东湖示范区科技企业融资服务网络平台，为科技企业提供融资政策咨询、融资产品和服务宣传、融资申请受理、融资问题答疑等综合服务。

（四）保障措施

1. 成立工作机构，加强对科技金融创新工作的组织领导

成立东湖示范区科技金融创新领导小组（以下简称领导小组），由市人民政府分管副市长任组长，邀请湖北银监局、湖北证监局、湖北保监局、人行武汉分行营管部相关负责人参加，市人民政府金融办、市发展改革委、市财政局、市科技局、武汉东湖新技术开发区管委会等部门和单位分管领导为小组成员，负责东湖示范区科技金融创新的组织领导和统筹规划，对科技金融创新的重大事项进行决策，对重大跨部门金融事务进行协调。领导小组下设办公室，在市人民政府金融办办公，负责制定政策措施、联系金融部门、推动科技金融创新、防范金融风险、加强金融交流。建立金融监管联席会议制度和日常沟通联络机制，定期研究部署科技金融创新工作，通报重点工作进展情况，协调解决工作中遇到的困难和问题。

2. 加大政策支持力度，为科技金融创新创造良好环境

一是每年对金融机构支持科技企业融资情况进行测评、表彰和奖励；二是设立创业投资引导基金，发挥财政资金的杠杆放大效应，引导各类社会资金支持东湖示范区处于创业期的科技企业发展；三是对金融机构在东湖示范区内开展科技金融业务实行差别化监管，鼓励创新，宽容失败；四是对在东湖示范区内试行创新业务、增设分支机构或其他金融服务机构的，开辟市场准入"绿色通道"，鼓励汉口银行、武汉农村商业银行、长江证券、合众人寿、光大租赁等地方法人金融机构对东湖示范区内科技企业加大金融创新服务力度。

3. 加强金融人才队伍建设，为金融产业提供智力支持

在全面落实《市人民政府关于促进武汉金融业加快发展的意见》（武政〔2008〕42号）等相关政策的基础上，进一步完善各项配套政策，吸引国内外高层次金融人才。研究制订人才培养计划，采取与各金融机构配合、与金融监管部门及武汉高校联合组建金融人才培训中心等方式，对政府机关、金融机构、科技企业人员进行有计划的专业培训。选拔优秀人才到国外金融机构培训，培养国际型金融人才。

4. 加强风险控制，提高监管的有效性

支持各类金融机构不断完善内控机制，加强风险管理，保证金融资产安全；加强对科技企业金融从业人员的道德、法律教育，增强自律意识，发挥社会舆论的监督作用，逐步形成"政府协调、监管部门监管、执法部门支撑、金融机构内控、从业人员自律、全社会共同参与"的金融安全体系，提高监管的有效性，防范金融风险。

绵阳市人民政府关于印发《绵阳市促进科技和金融结合试点工作方案》的通知

绵府发〔2012〕25 号

各县市区人民政府，科技城管委会，各园区管委会，科学城办事处，市级各部门：

《绵阳市促进科技和金融结合试点工作方案》已经市政府同意，现印发给你们，请结合实际，认真组织实施。

在推进科技与金融结合试点工作中，各地各部门要勇于探索，不断创新，在推进创新性国家建设、探索中国特色自主创新道路中发挥好试点示范作用。

特此通知。

附件：绵阳市促进科技和金融结合试点工作方案

二〇一二年六月二十七日

绵阳市促进科技和金融结合试点工作方案

科技城建设十余年来，绵阳市服务国家战略，解放思想、实事求是、锐意进取，在探索机制体制改革、推动科技创新、加速高新技术产业化、推进科技金融创新和建设创新型经济等方面发挥了重要的作用。在新的历史时期，面对新形势、新挑战、新机遇和新任务，绵阳市将促进科技与金融结合作为推进城市发展，活跃地方经济的战略举措，进一步推动经济结构调整升级、促进经济发展方式转变和加强创新型城市建设，持续发挥绵阳市在推进创新型国家建设、探索中国特色自主创新道路中引领与示范作用。为此，特依据《国家中长期科学和技术发展规划纲要（2006~2020年)》及《关于促进科技和金融结合加快实施自主创新战略的若干意见》(国科发财〔2011〕540号)，编制本工作方案。

（一）指导思想与原则

1. 指导思想

实施国家自主创新和建设创新型国家战略，以发展科技金融机构及活跃科技金融市场为基础，推进科技金融产品/模式创新为核心，以科技金融人才为资源，政府引导机制为牵引，科技金融服务平台为载体，相关制度为保障，促进科技与金融有机结合。坚持"政府引导、市场驱动、军民融合、互动协同、重点突破"的原则，从优化科技金融政策体系、建立科技金融服务平台、围绕关键共性技术培育战略性新兴产业等三方面着手，争取先行先试的科技金融政策，创新科技金融制度，营造一个有利于科技创新与成果转化的金融环境，不断推动科技型中小企业融资方式的创新与军转民技术的产业化，把绵阳建成为全国具有影响力的科技创新中心和科技金融中心，成为建设国家创新体系和创新型城市的重要引擎。

2. 基本原则

（1）政府引导。政府引导就是创新财政投入方式、改革科技管理体制和优化政府作用机制，综合利用财政投入、税收优惠和金融政策引导企业加大研发投入；引导非政府资金对重大科技项目或计划的投入；引导科技金融机构加大对科技型中小企业的融资支持，发挥政府政策的引导作用和公共资本的杠杆效应。

（2）市场驱动。市场驱动就是发挥市场在资源配置中的基础作用；发挥企业推动科技进步和技术升级的主体作用；发挥商业银行、保险公司、创业投资及其他社会市场力量在促进科技与金融结合过程中的主力作用。

（3）军民融合。军民融合就是充分利用驻绵科研院所的科技创新能力，通过金融创新来促进军转民技术外溢，加快军转民项目的产业化，围绕关键共性技术来培育战略性新兴产业。就是要积极探索金融支持军转民技术成果转化的有效方式，建立有效的对接机制。

（4）互动协同。互动协同就是要促进科技金融要素由孤立到互动，科技金融资源由聚集到协同；就是要不断加强银行、创投、券商、保险公司、担保机构之间的互动合作；就是要不断加强政府与科技金融（服务）机构之间的反馈与交流，实现政府与市场之间的联动。联动中形成科技金融网络，并通过科技金融创新，不断优化金融交易结构，实现科技金融参与主体的互利共赢。

（5）重点突破。重点突破就是要重点解决阻碍科技成果转化和高新技术产业化，抑制科技型中小企业融资的体制机制障碍；就是要根据绵阳现有科技基础、金融基础和科技与金融结合情况，率先在科研院所技术成果产业化、创投与科技金融专营机构的科技金融产品设计以及科技保险发展等优势领域推进创新，取得重点领域的新突破。

（二）工作目标

积极推动科技创新与金融创新相结合，营造绵阳实施科技金融创新政策空间，以试点带动示范，不断完善体制，创新机制模式，加快形成多元化、多层次、多渠道的科技投融资体系，把绵阳市建设成为"中国特色军民融合、科技金融结合促进经济发展的示范城市"。

1. 科技实力进一步增强，高新技术产业发展水平显著提高

科技投入稳步增长。市和各县（区）财政科技投入增幅明显高于同期财政收入增幅，逐年提高财政性科技投入占本级财政支出的比例；到2014年，全社会研究与开发经费占地区生产总值的比例提高到6.8%以上，其中企业投入的比例逐年提高。

科技载体建设不断加强，科技人力资源不断富集。结合绵阳市产业集聚优势，围绕关键共性技术，力争在三年内建成国家重点实验室7个，国家工程技术研究中心5家，省级工程技术研究中心20家；国家企业技术中心8家，省级技术中心40家。在全市范围内引进、培养"两院"院士、国家与省级层面的高层次人才1000名，创新团队80个，培育一批具有开拓创新意识的科技企业家，实现人才结构与城市经济社会发展的高度协调。

自主创新能力大幅增强，高新技术产业发展水平显著提高。到2014年，全市专利申请数达到2800件，其中发明专利数占30%以上，年专利授权数超过1600件，技术自给率超过60%。科技型中小企业数量达到3000家，按新标准认定的高新技术企业达到150家，全市组建产业技术创新联盟14个，高新技术产值达1000亿元以上，增加值占全市工业增加值60%。

2. 培育和发展科技信贷专营机构，提高科技信贷产品/模式创新能力

到2014年，新建2~3家科技支行，贷款余额达到8亿元以上，贷款科技型企业达到500家以上，科技型中小企业贷款类风险补助池规模达到1亿元以上。继续推进知识产权质押融资，完善知识产权质押融资的风险控制机制，大力推动"委托贷款"、"统借统还"和"风险补偿贷款"平台模

式，到 2014 年累计科技贷款超过 100 亿元。

3. 进一步吸引创投机构，活跃绵阳创投市场

至 2014 年，新设各类投资基金、基金管理公司 5~8 家，基金总规模达到 50 亿元，并形成 30 亿元的租赁融资和信托融资规模。培育、引进 3 家全国一流的股权投资企业（团队）。全市备案股权投资机构达到 20 家。引导基金类股权投资基金总额超过 10 亿元。推进绵阳市科技城股权投资中心建设。构建并完善包括创业投资基金、私募股权投资基金、高新区建设开发基金、新兴产业投资基金在内的多元化股权投资基金体系。

4. 鼓励企业拓宽融资渠道，通过多层次资本市场融资

积极推动科技企业在创业板、中小板、主板及海外市场上市，至 2014 年，力争全市新增上市公司 5~8 家，融资额超过 100 亿元。积极探索新三板实现模式，争取新三板试点，至 2014 年，挂牌企业数达到 20 家。以中小企业集合债、集合票据，中小企业集合债权信托基金、创投企业债等方式发行债券融资，至 2014 年，通过中小企业集合债、集合票据，中小企业集合债权信托基金和创投企业债累计融资额超过 100 亿元。

5. 大力发展科技保险、积极建立科技担保、科技小贷与科技租赁等科技金融专营机构

开发或开展 1~2 种科技保险新险种，科技保险保费规模超过 1000 万元，投保累计企业超过 100 家。争取保险资金以多种形式支持绵阳高新技术企业的发展。推动绵阳本地科技担保、科技小贷与科技租赁公司等科技金融专营机构的设立，各专营机构形成独特的科技金融创新产品，在三年内为 500 家以上的科技企业提供科技金融服务。

（三）主要任务

1. 加强政府资金引导，创新财政投入方式与机制

优化财政科技经费的使用模式，由一次拨款向滚动支持转变；建立健全财政科技投入的追踪问效机制，加强对项目资金安排后的"追踪"；开展科研经费使用绩效考核改革，完善成果评级体系。探索政府购买科技创新成果/服务及采购高科技企业产品的新模式；发挥税收政策的引导作用，落实企业研发费用加计扣除政策和创业投资税收优惠政策，引导企业进一步增加科技投入。

充分发挥财政资金的杠杆作用。市级财政每年安排一定资金，分别设立科技创业投资引导基金和信贷融资风险补偿资金池，综合运用无偿资助、偿还性资助、创业投资引导、风险补偿、贷款贴息等多种方式，扶持创业投资企业发展、引导商业银行创新信贷产品，积极开展科技型中小企业投融资服务，放大金融机构对企业的投资规模，逐步形成政府、金融机构、企业以及中介机构多元参与的信贷风险分担机制。

整合各方资源，建立"债务融资发展基金"。该基金主要用于区域集优直接债务融资保障和偿债风险保护，基金围绕一些关键共性技术，降低一定领域内的科技型企业债务融资门槛，促进科技型企业债务融资，推动区域内核心产业发展。

2. 重点发展一些战略性新兴产业，形成绵阳特色的"军民融合"机制

以支柱产业为基础，重点扶持战略性新兴产业。在绵阳特色优势产业的基础上，对国家指定的战略性新兴产业内的龙头企业予以扶持。科创区、高新区与经开区积极互动，整合资源，加强各园区之间的有机融合和协调发展，形成互补性的知识创新体系。继续推动长虹集团、九洲集团等拥有关键共性技术的企业做大做强，发挥龙头企业的带动效应，提升关键共性技术的外溢效应，以点带线，以线带面，全面拉动绵阳的本土企业高速发展，有序地推进产业集聚。

发挥军地、院地工作委员会的协调功能，落实联席会议制度，建立军民融合的长效机制。对中国物理工程研究院等国防科研院所自有的军转民项目，要发挥地方政府优势，从产业配套招商，基础设施建设，金融资源、土地资源配套等方面出发，设计一套可行的地方政府工作机制与其对接，引导军民融合发展模式走向深入。

改革科研院所技术成果管理体制，开展职务科技成果股权和分红权激励试点，探索对贡献突出的科技人员和经营管理人员实施期权、技术入股、股权奖励、分红权等激励措施。

建立科技成果转化机制，探索风险共担，利益共享的技术转移利益分配机制，开展对职务科技成果完成人进行科技成果转化收益激励试点，推动院企互动联盟。建立健全科技成果转化信息共享平台与科技成果评价体系，培育科技成果评估队伍和机构，加强财税支持，促进科研院所和高等院校创新成果向企业顺畅流动。

3. 拓宽直接融资渠道，扩大直接融资规模

完善促进股权投资发展的政策，大力引进全国性或区域性创业（风险）投资基金和产业投资基金来绵设立机构和拓展业务，通过落实税收优惠、提供全方位"一站式"办公服务和项目对接等政策优惠，创造绵阳创业风险投资市场发展的良好环境。逐步形成各类股权投资基金聚集区，促进私募股权投资市场的健康发展。

充分发挥市政府金融办的统筹协调职能，进一步加强与在绵各金融机构的沟通和交流。积极争取国、省证券管理部门，将绵阳高新区列入全国性统一监管的场外市场（OTCBB）试点范围，推动园区内企业股权流动，为 PE、VC 等风投资本提供通道，拉动银行贷款等间接融资跟进。

实施科技企业上市培育计划，进一步扩大企业上市融资规模。为企业改制上市所涉及的信息获取、资产评估、股改、土地、税务、法律、审计、辅导等提供配套服务，完善中小企业改制上市培育系统。通过上市奖励、土地优惠，财政补贴或返还和提供中介桥梁、历史遗留解决、协调服务等，促进科技企业上市。同时，采取有效措施，积极促进已上市公司恢复再融资能力，通过定向增发、配股等方式，帮助已上市公司再融资。

鼓励和支持符合条件的科技企业发行企业债、超短期融资券、短期融资券、中期票据及中小企业集合票据；鼓励和支持上市公司发行公司债、可转债。加强对拟发行债券、中期票据及中小企业集合票据企业的遴选和融资辅导。

培育和发展与科技成果相关的技术产权交易市场体系，为中小企业资本合理流动，建立便捷、有效的进退渠道，实现资本项目的融资和转让。

4. 加大信贷支持力度，开展好间接融资服务

推动在绵商业银行及外资银行设立中小企业信贷专营机构，管理规范化、队伍专业化、产品标准化、作业流程化、核算独立化、风险分散化，建立符合科技型中小企业特点的管理体系、核算体系、信审体系、风险管控体系、风险定价体系和产品研发营销体系；建立科学的利率风险定价机制、自成体系的内部核算机制、高效的贷款审批机制、完善的激励约束机制、专业化的人员培训机制、准确的违约信息通报机制，加大对科技型中小企业的金融服务和信贷支持。支持绵阳市商业银行通过增资扩股、发行次级债等途径增强资本实力；稳步开展跨地区布设网点和经营业务，条件成熟时更名为"绵阳银行"或"绵阳科技城发展银行"。

逐步设立不低于 1 亿元的风险补偿资金池，与商业银行合作，建立"风险补偿"机制，引导商业银行创新信贷产品，争取在 3 年内将风险补偿基金规模增加到 1 亿元，累计贷款规模达到 30 亿

元，支持科技型中小企业数达到 1000 家（次）以上。完善"风险补偿"贷款产品风险甄别办法、风险分配机制、风险再补偿办法，并激励银行尽职调查，达到风险可控。

采取贴息、风险补偿基金和开放专家库等措施加大对股权、产权等轻资产质押和直接信用融资的政策扶持；全面开展知识产权质押贷款需求状况调查和知识产权评估状况调查；简化知识产权质押贷款业务流程，开通知识产权质押评估"绿色通道"；制定并完善知识产权质押评估技术规范和实施办法；探索"评估+担保+信评+辅导"的知识产权质押评估模式。

大力开展批发式信贷、供应链融资、"统借统还"等模式创新。不断完善国开行融资平台贷款；探索与商业银行建立"统借统还"融资平台的模式；探索信贷工场模式；创新担保模式，推进联合互保贷款；探索"贷款银行（国开行、大型国有商业银行等）+助贷机构"的小额贷款模式。推进在存货抵押贷款、应收账款质押贷款、预收款质押贷款、订单质押贷款、仓单质押贷款方面的创新；不断创新保理融资模式。推进在股权质押贷款、合同能源贷款、勿等贷、应收租金保理、债权保险融资等方面的创新。

培育和发展科技信贷专营机构。大力支持绵阳科技支行的建立，积极与科技支行总行沟通，为科技支行争取总行更多的优惠政策。在未来 3 年内推动至少 2~3 家科技支行在绵成立。探索科技支行"一行两制"模式，坚持并完善科技支行"五个单独"管理体制——单独的客户准入机制、单独的信贷审批机制、单独的风险容忍政策、单独的拨备政策和单独的业务协同政策；推动贷款审批权限的下放；坚持信贷评估时财务信息与非财务信息的兼顾、重大项目的联合评审、风险管理前移、团队责任制。完善银行科技贷款的监督与风险管控机制，从科技型中小企业贷款余额占比不低于 50% 和科技型中小企业贷款家数占比不低于 50% 等指标加强对科技支行的监管。以加强监管的风险监测预警、完善银行的风险管控机制为支撑，以完善风险监管体系为保障，全方位控制银行科技贷款的信用风险与操作风险，保证风险的早预警、早发现、早控制和早处置，着力构建风险防控的长效机制。

借鉴经验，鼓励各市（区）围绕科技创新载体建设，由政府出资设立专门的科技小额贷款公司，重点为园区孵化器内的初创型科技型企业提供便捷融资服务。落实支持科技小额信贷公司税收优惠政策，执行科技小额贷款公司已到位注册资本一定比例的奖励，为科技小额贷款公司科技型中小企业小额贷款新增建立风险补偿。

探索以知名创投机构作为主发起人建立和运营的科技小额贷款公司，与创投机构形成的债权+股权融资平台运营模式；逐步探索保险资金入股、引导规范民间资本入股科技小额贷款公司的股本增长长效机制。鼓励科技小额贷款公司内部的投贷联动，科技小额贷款公司与创投之间的投贷联动；推进科技小额贷款公司完善包括小额信贷、创业投资、融资担保、中间业务和创业管理服务等在内的业务组合。

从放贷速度、单笔放贷规模、投资规模、放贷利率、客户构成、各业务比例、融入资金限制等方面加强对科技小额贷款公司的监管。

5. 发展科技担保、科技租赁和科技保险，为企业提供切实有效的服务

完善科技型中小企业信用担保体系。以绵阳市中小企业融资担保公司为基础，组建科技型中小企业担保公司，同时引导商业性担保机构开展科技担保业务。继续通过担保补贴、风险补偿和业务奖励等政策优惠，大力支持绵阳科技担保机构的运营和发展；积极探索科技部门及其他相关部门以提供业务指引方式引导科技担保机构及政策性中小企业信用担保机构开展科技担保业务，引导商业

性担保机构开展科技担保业务。推进科技担保在担保模式和反担保模式方面的创新，推进科技担保在业务模式和盈利模式方面的创新，探索贷款银行、产业园孵化器、创业风险投资机构、政府专项支撑资金、科技担保机构共同担保的"科技型企业融资联合担保平台"模式。

培育和发展科技租赁公司，大力支持科技租赁业做大做强。制定并推进以加强宣传、财政补贴、风险补偿和业务奖励等方式支持绵阳本地科技租赁的设立和发展；吸引欧力士集团、东方中科集成等国际国内知名科技租赁公司落户绵阳；争取在 3 年内为 50 家以上科技企业提供租赁服务。大力推进科技租赁与科技信贷机构、创投、科技保险之间的互动创新。

全方位促进科技保险发展。继续推进科技保险 4 个险种的试点，对承担科技保险试点的高新技术企业和省级创新型企业的保险费用给予补贴。政府采取除补贴之外的业务奖励和建立科技保险风险补偿基金等方式鼓励试点保险公司开发科技保险新险种。扩大全市科技企业的参保面，增加业务量，降低科技保险风险。鼓励试点保险公司以"共保体"模式开展创新性科技保险险种业务。适当引入科技保险市场的市场竞争，控制科技保险市场的过度竞争，不断提高科技保险风险质量。建立和完善融资类保险险种风险控制机制。

6. 推进科技金融服务平台建设，完善科技金融服务体系

推进绵阳科技金融信息服务平台的建设，建立健全科技型企业项目库、科技金融专家库和科技型中小企业综合服务体系。以政府政策和资金为引导，以科技企业发展为核心，融合银行、担保、保险、创投、民间资金等多项金融资源，开展创业担保、担保分红、担保换期权、投贷一体化等创新性业务，充分发挥平台综合服务优势，为科技型中小企业提供一站式、立体化、个性化的投融资综合服务和创新金融产品。

借鉴国内科技金融服务物理平台建设经验，建立科技金融服务中心。大力推动创业投资及私募股权投资、技术产权交易、银行、证券公司、保险公司、资产管理公司、信托公司和租赁公司、资产评估机构、信用评级公司、律师事务所、会计师事务所等机构的聚集。

7. 加强科技金融方面的对外合作交流和科技金融人才培养

设立协调机构，加强与其他科技金融试点城市的合作交流，加强与科技金融研究机构的长期合作，在科技金融产品创新、人才培养、理论研究、案例探讨等方面互通有无。

建立科技金融人才引进培养机制，积极落实市"千英百团"人才引进政策，利用财政补贴、创业支持和其他优惠措施吸引高端创投人才，GP 团队，金融工程师、银行家和保险专家。加大与人才培训机构合作，举办各类金融财税培训班，培训创业人员和科技人员。成立高端的金融专家顾问组，举办系列沙龙，开拓投资者眼界。

（四）保障措施

1. 组织保障

（1）加强组织领导。成立由主要领导任组长，相关领导任副组长，财政、科技和金融相关单位为成员的"绵阳市促进科技和金融结合试点工作领导小组"（以下简称"领导小组"），"领导小组办公室"设在绵阳市科技局，领导小组及办公室的工作职责包括：开展科技金融结合试点日常工作，研究制定绵阳市开展科技金融结合试点的实施方案和具体工作计划和措施，建立科技金融合作试点联系会议制度和科技与金融结合座谈会制度，定期召集各部门，听取工作进展汇报，解决工作过程中遇到的具体问题，形成多方联动、协同推进的工作格局。同时，为高新技术企业提供有关业务政策咨询，组织科技金融结合试点知识培训等。

（2）智力支撑。邀请科技部、财政部、金融监管部门、国内外知名的科技金融专家、高校学者、金融机构高管，组成绵阳市科技金融发展咨询委员会。

（3）明确职责分工。明确各有关单位职能分工，落实责任，加强衔接协调和工作配合，各单位要按照领导小组统一部署，及时总结实践经验和研究实践中遇到的新问题；与上级部门保持密切沟通，及时交流试点进展，研讨重点问题，总结工作经验，配合上级相关部门，加大对试点典型经验的宣传和推广，发挥试点区域的示范作用，带动更多地方促进科技和金融结合，共同推进科技金融发展。

（4）严格督查考核。由市委目督办负责我市科技金融的督查考核工作，以工作方案确定的目标为基础，研究制定考核体系，全面考核政策落实、搭建平台、人才培养、项目建设、产业发展等科技金融工作业绩和工作目标完成情况，整改薄弱环节。

2. 财政投入保障

稳步推进绵阳市科技金融专项扶植基金的增长；确保专项基金中中小企业信贷风险补偿资金、创业投资引导基金、科技保险费补贴资金、科技贷款贴息资金的稳定增长；加大自主创新产品的政府采购投入。保障绵阳市政府对科技金融服务平台建设的投入，推动科技金融服务平台逐年扩大与完善。

3. 政策保障

促进科技与金融的进一步结合，绵阳市将制定、完善及贯彻关于财政投入、科技信贷、股权投资、科技保险、多层次资本市场融资、科技人才等方面的政策。

4. 创新环境保障

以软科学研究计划资助关于科技金融创新的案例研究，介绍和总结国内外科技金融创新产品/模式；定期举办金融创新理念和金融工程技术的讲座或辅导班；设置绵阳市科技金融创新奖，重奖对科技金融创新有突出贡献的金融机构和科技金融。

宁夏回族自治区人民政府办公厅转发自治区科技厅等部门《关于促进科技和金融结合加快科技型中小微企业发展的实施意见》的通知

宁政办发〔2012〕225 号

各市、县（区）人民政府，自治区政府各部门、直属机构：

自治区科技厅、经济和信息化委、财政厅、国资委、金融办、地税局、宁夏国税局、人行银川中心支行、宁夏银监局、宁夏证监局、宁夏保监局《关于促进科技和金融结合加快科技型中小微企业发展的实施意见》已经自治区人民政府同意，现转发给你们，请认真贯彻执行。

宁夏回族自治区人民政府办公厅

2012 年 12 月 27 日

关于促进科技和金融结合加快科技型中小微企业发展的实施意见

为认真贯彻全国科技创新大会精神，积极落实科技部等八部委《关于促进科技和金融结合加快实施自主创新战略的若干意见》（国科发财〔2011〕540号）和《自治区人民政府关于采取优惠政策措施启动实施中小企业"百家成长千家培育"发展工程的意见》（宁政发〔2010〕181号）精神，推动我区科技资源和金融资源有效对接，缓解科技型中小微企业融资困难，扶持科技型中小微企业发展，加速科技成果产业化，促进我区经济发展方式转变，加快创新型宁夏建设，现提出本实施意见：

一、建立科技金融协调推进机制

创新科技金融工作管理方式，推动科技部门与金融管理部门、财税部门、国资监管部门全面合作，建立自治区科技厅牵头召开的定期联席会议机制，签订面向科技型中小微企业金融服务合作备忘录，加强工作联动，统筹协调科技和金融资源，搭建科技和金融合作平台，引导金融资源投向科技领域。针对科技型中小微企业成长过程中不同阶段的融资需求，共同构建多元化、多层次、多渠道的科技投融资体系。重点围绕科技型中小微企业技术创新、技术引进、科技成果转化和生产扩大等方面，通过创新政策环境和加强金融服务，有效改善科技型中小微企业、科研机构创新发展的融资环境，不断培育新的经济增长点。

二、创新财政科技投入方式

推进自治区科技计划和科技经费管理改革，综合运用无偿资助、偿还性资助、风险补偿、贷款贴息、保费补贴、建立科技引导基金等多种方式，强化财政科技资金的引导带动作用。自治区科技和财政部门协调存量和增量资源，共同设立自治区科技成果转化引导基金，与国家科技成果转化引导基金紧密联动，通过分设风险补偿基金、担保基金和绩效奖励资金等方式，引导带动银行业、证券、保险、担保、小额贷款等金融资本和社会资本服务于科技型中小微企业发展。自治区本级财政及各市、县（区）设立的中小企业发展专项资金对科技型中小微企业的贷款、担保涉及的贴息补助和风险补偿给予重点倾斜。

三、落实企业技术创新等税费优惠政策

各地要全面落实国务院第174次常务会议关于小型微型企业的税收优惠政策，自治区各级税务部门要切实落实国家发展改革委、财政部、科技部等部门《关于支持中小企业技术创新的若干政策》（发改企业〔2007〕2797号）关于高新技术企业所得税减免、研发费用加计扣除、因技术进步原因仪器设备的加速折旧、设备进口等税收优惠政策，进一步优化科技型中小微企业的税收服务环境。

四、建立科技型中小微企业融资需求信息库

自治区科技部门要进一步强化自治区科技型中小企业的定期认定工作，通过优选技术含量高、市场潜力大、成长性好的科技型中小微企业，建立优势科技型中小微企业融资需求信息库，定期向银行、证券、保险等金融机构和创业投资机构发布推荐。建立科技部门和金融机构、创业投资机构之间的"互荐"机制，对已取得银行贷款或创投支持的科技型中小微企业，科技部门将优先给予科技立项支持。对已承担各类科技计划项目的科技型中小微企业，银行、证券、保险等金融机构及创业投资机构在融资方面给予优先支持。各市、县（区）科技部门也要积极向当地金融机构推荐科技型中小微企业的自主知识产权项目、产学研合作项目、科技成果转化项目、企业信息化项目、品牌建设项目等，促进地方经济发展。

五、培育和发展创业投资

各地要认真落实《自治区党委人民政府关于加强自主创新建设创新型宁夏的决定》（宁党发〔2006〕49号），支持创业投资企业发展。自治区科技、财政部门设立创业投资引导资金，通过政府引导和市场运作方式，以阶段参股、风险补助、投资保障等形式，引导创业投资机构向初创期科技型中小微企业投资，促其快速发展。支持国有投资企业对初创期科技型中小微企业开展创业投资，其投资可依法自主进退；国有及国有控股企业可以科技成果转化项目引入私募股权基金、风险资本等各类社会资本，组建科技型企业实体，实现投资主体多元化。凡外埠创业投资机构在我区设立分支机构开展业务的，在正式开业后，对其购置的办公用房，由自治区财政给予房屋买价10%的一次性补助，最高不超过100万元。

六、加大对科技型中小微企业的信贷支持

鼓励银行业金融机构建立适合科技型企业特点的贷款风险评估、尽职免责和考核奖励制度，适当放宽对科技型中小微企业贷款不良率的容忍度。银行业监管部门细化对科技型中小微企业金融服务的差异化监管政策。对具有稳定物流和现金流的科技型中小微企业，可发放信用贷款、应收账款质押和仓单质押贷款。对无抵押、无担保的科技型中小微企业实施科技计划项目与银行贷款相结合的打包贷款工作。推行高新技术企业股权质押贷款业务和科技型中小微企业知识产权质押贷款业务。鼓励商业银行新设或改造部分分（支）行作为专门从事科技型中小微企业金融服务的专业分支机构，加大对科技型中小微企业的信贷支持，确保科技型中小微企业贷款增速不低于全部贷款增速。对我区银行业金融机构按银行同期基准利率向科技型中小微企业融资需求库企业发放的贷款，由自治区财政给予贷款银行2.5%（年利率）的利息补助。以自治区科技成果转化引导基金中的风险补偿基金为引导，形成政府、银行、企业以及中介机构多元参与的贷款风险分担机制。对银行业金融机构增加科技型中小微企业贷款的，按照贷款增加额给予一定比例的资金补助。设立自治区科技金融专项资金，用于支持科技型中小微企业贷款贴息、知识产权质押贷款、担保贷款、科技保险等费用补贴，在自治区科技金融专项未设立前，从自治区有关科技计划中筹资安排。

七、鼓励建立科技小额贷款公司

依托银川国家高新区、银川国家经济技术开发区等科技型中小微企业聚集地区，在统筹规划、加强监管、防控风险的基础上，推动银行业金融机构与民间资本深入合作，在符合《宁夏回族自治区小额贷款公司管理暂行办法》的前提下，建立面向科技型中小微企业的科技小额贷款公司。鼓励科技小额贷款公司积极探索适合科技型中小微企业的信贷管理模式，促进民间资本投向科技创新创业。自治区金融管理部门对科技小额贷款公司的成立给予优惠政策支持。对于银行业金融机构给科技小额贷款公司的批发贷款，给予批发银行0.1%（年利率）的利息补助。科技小额贷款公司贷款利率不得超过基准利率的2倍，由自治区财政按照贷款增长额的2%给予补贴。

八、积极发挥各类担保机构作用

积极发挥自治区国有政策性担保机构、商业性担保机构作用，逐步完善科技型中小微企业融资担保体系，为科技型中小微企业提供担保服务。自治区政策性再担保公司要积极为科技型中小微企业担保业务提供再担保服务，推动建立科技型中小微企业贷款风险多方分担机制。鼓励科技型中小微企业建立多户联保、互保，共同融资。对于向科技型中小微企业提供贷款担保的担保机构，各银行业金融机构可以在国家规定范围内适当提高担保放大倍数。对年度内给予科技型中小微企业信用担保累计达到一定金额的担保机构，自治区财政给予相应的保费补助。鼓励科技型中小微企业相互

支持，建立信用互助担保基金，发挥杠杆作用，促使企业做大做强。

九、支持科技型中小微企业直接融资

进一步完善债务融资工具发行机制，支持符合条件的科技型中小微企业通过发行公司债券、企业债、短期融资券、中期票据、集合债券、中小企业集合票据等方式直接融资。探索符合条件的高新技术企业发行高收益债券融资。各级中介机构要积极辅导科技型中小微企业进一步完善公司治理与财务结构，促其直接债务融资。进入科技型中小微企业融资需求库的企业，经辅导培育成功实现直接上市融资的，由自治区财政给予50万~100万元的一次性奖励。对成功上市的高新技术企业，由自治区财政给予200万元的一次性奖励。

十、加快科技资源产权交易机构建设

依托现有机构，加快建设我区股权报价交易系统等场外科技资源产权交易市场，不断完善产权交易体系，提高交易效率，为科技型中小企业的产权（股份）转让、知识产权质押物流转、资产处置、招商引资等提供服务。建立统一的科技型中小微企业信息披露系统，为科技成果流通和科技型中小微企业通过非公开方式进行股权融资提供服务。

十一、积极推动科技保险发展

加快培育和发展科技保险市场。在现有工作基础上，自治区有关保险机构根据科技型企业的特点，进一步拓宽科技保险服务领域，积极开发适合科技创新的保险产品，积累科技保险风险数据，科学确定保险费率，在科技型中小微企业自主创业、并购以及战略性新兴产业等方面提供保险支持。支持开展自主创新首台（套）产品的推广应用、科技型企业融资以及科技人员保障类保险。对一些技术含量高、创新能力强、拥有自主知识产权并易于实现市场化的优质创新项目，保险机构应在风险可控的前提下给予一定的保费优惠。

十二、加强科技金融中介服务体系建设

依托现有科技中介机构，建立科技金融服务中心，为科技型中小微企业提供创业风险投资、银行信贷、产品保险、贷款担保、金融产品推介、企业上市等一站式咨询服务。制订相关制度性文件，规范贷前审查、贷后管理以及不良资产处置等程序及方法。加强科技型企业信用体系建设，建立统一规范的信用评价体系，实施星级管理。同时，帮助企业建立现代企业制度，更新投融资观念，为科技和金融结合奠定基础。

十三、建立科技金融结合效果评估机制

加强科技和金融结合实施成效监测评估。制订科技金融发展水平和服务能力评价指标，建立相应的统计制度和监测体系，并在监测基础上建立评估体系，对科技和金融结合实施成效进行动态评估。根据评估结果，对促进科技和金融结合、支持企业创新表现突出的人员、机构予以表彰。

北京市海淀区人民政府关于印发《海淀区促进科技金融创新发展支持办法》的通知

海行规发〔2012〕7号

各镇政府、街道（地区）办事处，各委、办、局，区属各单位：

经区政府研究同意，现将《海淀区促进科技金融创新发展支持办法》印发给你们，请遵照执行。

北京市海淀区人民政府

二〇一二年六月二十一日

海淀区促进科技金融创新发展支持办法

第一章 总 则

第一条　为贯彻落实区委区政府《关于加快核心区自主创新和产业发展的若干意见》（京海发〔2012〕12号），深化首都科技金融综合改革，加快国家科技金融创新中心建设，根据国务院和北京市关于建设中关村国家自主创新示范区及其核心区批复以及《北京市人民政府关于推进首都科技金融创新发展的意见》（京政发〔2010〕32号）、《北京市海淀区人民政府关于加快建设中关村科技金融创新中心的实施意见》（海政发〔2011〕5号）等文件精神，制定本办法。

第二条　通过完善中小微融资政策扶持体系，拓展中小微企业融资渠道；完善创业投资体系，促进科技创新创业；构建多层次资本市场，支持企业做强做大；引导金融机构聚集，打造国家科技金融功能区等措施，实现建设科技金融创新中心的目标。力争到2020年，实现科技创新和金融创新紧密结合，把海淀建设成为具有国际影响力的国家科技金融创新中心的重要承载区。

（一）形成一个科技金融创新服务体系，即以多层次资本市场为核心，以科技金融服务体制为支撑，以创新型金融机构为主体，以股权投资、证券、信贷、保险等金融业务综合并用为特色的科技金融创新服务体系。

（二）建设两个科技金融功能区，即中关村西区和西直门外科技金融商务区，形成科技金融机构集聚效应，成为国家科技金融创新中心示范引领和辐射带动的重要功能区。

（三）打造三个科技金融服务平台，即中小企业融资创新服务示范平台、区域科技型企业征信平台、金政企资源对接和交流平台，形成服务高效、对接有效、服务深化的政府公共服务体制机制创新。

第三条　本办法所指的金融机构是指经国家金融监管部门批准，具有独立法人资格的从事金融业务，且在海淀区注册并纳税的国内外金融机构及其分支机构。具体包括银行、证券公司、保险公司、基金公司、企业集团财务公司、股权投资机构、担保机构、小额贷款公司、券商直投机构、金融租赁公司、第三方支付机构以及金融要素市场机构等。

第四条　本办法所指的非金融企业是指工商、税务登记均在海淀区域内，从事非金融业务的企业。其中，中小微企业符合工信部《中小企业划型标准规定》（工信部联企业〔2011〕300 号）的企业。培育期企业是指财务指标基本符合上市要求或组织形式符合上市要求，具有成长性和上市意愿，但处于上市进程早期阶段的企业。辅导期企业，是指已在中国证监会北京监管局辅导备案的企业。

第五条 本办法涉及的支持资金从核心区自主创新和产业发展专项资金中安排。

第六条 本办法由区金融办、海淀园管委会（区科委）负责组织实施。

第二章 支持金融业发展政策

第七条 促进金融产业发展，吸引金融机构聚集。加大财政资金支持力度，鼓励各类科技金融要素和主体落户海淀发展。

（一）对于在我区新设立或新迁入我区的银行、证券、保险等总部金融机构给予注册资金一次性补贴；购买自用办公用房（或购买土地自建办公用房）从事金融业务的，给予购房补贴；租用办公用房从事金融业务的，可以享受三年租金价格补贴。

（二）对于在我区新设立或新迁入我区的，除银行、证券、保险等总部金融机构以外经区政府认定的具备一定规模的其他金融机构，租用办公用房从事金融业务的，可以享受三年租金价格补贴。

（三）对于税务关系新迁入我区或对区域经济社会发展贡献较大的银行、保险、证券等金融机构的分支机构，参照《海淀区重点企业服务和引进支持办法》享受优惠政策。

第八条 推动股权投资行业规范、快速发展，吸引国内外各类股权投资机构聚集并投资于我区企业。

（一）对于经国务院或国家主管部门批准设立（备案），在我区注册并纳税的股权投资基金的管理企业（其发起设立的基金在海淀区注册并纳税，且累计实收资本在 5 亿元以上），根据《关于促进股权投资基金业发展的意见》（京金融办〔2009〕5 号），可参照总部金融机构享受注册资金一次性补贴。

（二）对于新设立或新迁入海淀区的公司制股权投资企业，租用办公用房从事投资业务并投资于我区初创期或符合产业发展方向的创业企业后，可以享受三年租金价格补贴。

（三）对于新设立或新迁入海淀区的股权投资企业，投资于我区初创期或符合产业发展方向的创业企业后，给予一次性投资补助。

（四）对于股权投资机构投资于工商注册和税务登记在海淀区的企业且成功上市的，按持股比例给予奖励。

（五）海淀区政府相关部门为入驻机构提供包括选址注册、项目对接、政策申报等一站式公务服务，积极营造良好的办公和投资环境。

第九条 鼓励金融机构在中关村西区和西直门外科技金融商务区聚集，加快我区重点金融功能区建设。对于新设立或从海淀区外新迁入上述两个金融功能区或区政府指定楼宇，且对海淀区经济社会发展和自主创新能力提升有突出贡献的金融机构，可给予一定的资金支持。

对于金融功能区内重点楼宇的租金优惠政策，海淀区结合功能区建设需求情况，择时调整发布相关楼宇招商方案。

第三章　金融支持企业发展政策

第十条　推动科技金融创新，拓展中小微企业融资渠道。

（一）充分发挥财政资金拉动中小微企业融资的杠杆作用，设立信用贷款引导资金、融资性担保扶持资金、履约保险保证贷款扶持资金、知识产权质押贷款质权处置引导资金，引导金融机构创新适合中小微企业的金融产品；建立小微企业贷款风险、担保风险补偿机制，对科技型信贷专营机构为我区小微企业发放贷款的给予风险拨备补贴、业务增量补贴，对担保机构开展小微企业贷款担保业务给予担保补助。

（二）设立财政贴息资金，降低中小微企业融资成本。对信用贷款、履约保险保证贷款、知识产权质押贷款、投贷联动贷款、高层次人才贷款、债务工具等创新型融资方式取得融资的中小微企业给予一定比例贴息。

（三）建立海淀中小微企业融资创新服务示范平台，形成包含"金融机构"、"金融产品"、"重点产业"、"政策体系"四位一体的融资服务体系。通过完善区域科技型企业征信体系，开展中小微企业融资生态文化建设，优化政府公共服务环境等措施，营造中小微企业融资支持环境。

第十一条　推动天使投资、股权投资机构支持我区实体经济发展，加速科技成果转化和中小微企业成长。设立海淀区创业投资引导基金（以下简称引导基金），按照"准确定位阶段、聚焦重点行业"的原则，引导更多社会资本重点支持区域内特色、优势产业领域的初创期（含天使期）和成长期企业。

（一）设立初创期参股基金（含天使基金）。由政府向社会公开征集管理机构，通过参股设立子基金的方式，引导社会资本重点支持海淀区初创期企业发展。

（二）设立成长期参股基金。由政府向社会公开征集管理机构，通过参股设立子基金的方式，引导社会资本重点支持海淀区成长期企业发展。

（三）设立初创期投资基金。由政府全额出资设立，全部用于支持海淀区初创期企业发展。

设立引导基金投资决策委员会，投资决策委员会下设办公室，办公室设在区金融办和海淀园管委会（区科委）。

第十二条　积极参与多层次资本市场建设，支持企业做强做大。

（一）密切关注资本市场体制机制创新，深化与交易所的战略合作，支持深圳证券交易所建设中国资本市场多功能演示中心。探索与境外证券交易所的合作机制。支持企业发行上市，充分发挥海淀区促进企业上市联席会议的作用，建立促进企业上市服务机构联盟，加强对上市种子企业的发现，建立拟上市企业资源数据库。

（二）加大财政资金对企业上市支持力度，对企业上市中培育期、辅导期相关费用给予补贴。形成"培育一批、改制一批、辅导一批、送审一批、上市一批"的工作体系。鼓励企业参与全国场外交易市场建设，支持挂牌公司转板，鼓励境外上市公司回归境内资本市场，支持上市公司利用资本市场进行兼并重组。

第四章　申报与受理

第十三条　申报企业须在海淀区办理工商注册并纳税。

第十四条　区金融办依据本办法制定实施细则。企业根据实施细则，在统一申报平台上进行申报，并向区金融办报送纸质材料。

第十五条 区金融办会同相关部门按照《海淀区支持核心区自主创新和产业发展专项资金管理办法》的相关规定，具体组织项目的审批和资金的拨付。

第五章 监督与管理

第十六条 确定支持的企业在区政府和区金融办网站等公共信息平台进行公布。

第十七条 专项资金必须专款专用。接受资助的企业须配合区金融办、区财政局及其他有关单位对资金使用情况进行监督和检查。

第六章 附 则

第十八条 本办法由海淀区人民政府负责解释。

第十九条 本办法自发布之日起三十日后实施。《海淀区促进金融产业发展支持办法》(海政发〔2006〕72号)、《海淀区创业投资引导基金管理暂行办法》(海行规发〔2009〕21号)、《海淀区促进信用担保机构开展中小企业贷款担保业务支持办法》(海行规发〔2010〕8号)、《海淀区促进科技型中小企业金融服务专营机构发展支持办法》(海行规发〔2010〕9号)、《海淀区促进股权投资企业发展支持办法》(海行规发〔2010〕10号)、《海淀区促进企业上市支持办法》(海行规发〔2010〕11号)、《海淀区知识产权质押贷款贴息实施办法》(海行规发〔2010〕12号)同时废止。依原有政策文件尚在实施中的项目，按照原有办法执行并进行监理、验收。

(政策整理：黄福宁　张明喜)

大事记

※ 科技金融大事记

科技金融大事记

★ 1979 年 10 月 4 日，邓小平在中共省、自治区、直辖市党委第一书记座谈会上指出："银行应该抓经济，现在只是算账、当会计，没有真正起到银行的作用。"10 月 8 日，邓小平再次指出："银行要成为发展经济的、革新技术的杠杆，要把银行办成真正的银行。"

★ 1982 年 10 月，全国科技奖励大会提出了"经济建设必须依靠科学技术，科学技术工作必须面向经济建设"。

★ 1984 年，国家科委科技促进发展研究中心组织"新的技术革命与我国的对策"研究，提出了建立创业投资机制促进高新技术发展的建议。

★ 1984 年，中国工商银行率先突破传统业务领域，正式开办科技开发贷款业务。

★ 1985 年 3 月 13 日，《中共中央关于科学技术体制改革的决定》颁布，提出"广开经费来源，鼓励部门、企业和社会集团向科学技术投资"、"银行要积极开展科学技术信贷业务，并对科学技术经费的使用进行监督管理"、"对于变化迅速、风险较大的高技术开发工作，可以设立创业投资给予支持"。

★ 1985 年 9 月，以国家科委和中国人民银行为依托，国务院正式批准成立了中国境内第一家创业投资公司——中国新技术创业投资公司，国家科委占 40% 股份，财政部占 23% 股份。

★ 1985 年 10 月 7 日，中国人民银行、国务院科技领导小组办公室发布《关于积极开展科技信贷的联合通知》（〔85〕银发字第 379 号）。

★ 1986 年 5 月 10 日，《中国工商银行关于科技开发贷款的若干规定》发布。

★ 1986 年 11 月 19 日，《中国工商银行关于科技开发贷款几个问题的通知》发布。

★ 1990 年，中国人民银行在国家综合信贷计划中正式设立科技开发贷款项目。

★ 1990 年 4 月 21 日，国家科委、中国工商银行印发《科技开发贷款项目管理办法（试行）》。

★ 1990 年 4 月，举办首届全国科技贷款成果展览会，李鹏总理、田纪云副总理等领导为展览会题词，田纪云副总理为展会剪彩，国务委员宋健、李贵鲜到会讲话。

★ 1990 年 7 月 5 日，国家科委、中国人民建设银行发布《关于办理科技开发专项贷款有关事项的通知》。

★ 1990 年 8 月 3 日，国家科委、中国农业银行发布《关于办理科技开发贷款的若干规定》。

★ 1991 年 2 月，国家科委、财政部和中国工商银行联合发起成立"科技风险开发事业中心"。

★ 1991 年 3 月 6 日，国务院发布《国家高新技术产业开发区若干政策暂行规定》明确指出，可在高新技术产业开发区设立风险投资基金、风险投资公司。

★ 1991 年 7 月 4 日，国家科委、交通银行发布《关于办理科技开发专项贷款有关事项的通知》。

★ 1991 年 8 月 2 日，国家科委、中国银行发布《关于办理科技开发贷款的若干规定（试行）》。

★ 1992 年 11 月 10 日，中国科技金融促进会成立。同年 12 月 30 日，国务院副总理邹家华为中国科技金融促进会题写会名。

★ 1992 年，沈阳市在国内率先建立了第一家地方性科技风险基金——沈阳市科技开发风险基金。

★ 1993 年 6 月，国际数据集团（IDG）下属的太平洋风险投资基金和上海市科学技术委员会创立中国第一家中美合资的风险投资公司——太平洋技术风险投资中国基金（PTV-China）。

★ 1993 年，国家经贸委、财政部创办中国第一家以促进科技进步为主要目标、以人民币经济担保为主业的全国性非银行金融机构——中国经济技术投资担保公司。

★ 1993 年，北京市、黑龙江省哈尔滨市、河南省许昌市等地纷纷成立了科技信用社。

★ 1995 年 5 月 6 日，《中共中央、国务院关于加速科学技术进步的决定》颁布，提出"发展科技风险投资事业，建立科技风险投资机制"。

★ 1995 年 9 月，国家科委制定《科技开发贷款项目管理暂行规定》。

★ 1996 年 4 月 7 日，《关于促进企业技术进步有关财务税收问题的通知》（财工字〔1996〕41 号）颁布，规定"国有、集体工业企业发生的技术开发费"可在所得税前扣除，同时"当年发生的技术开发费比上年增长超过 10% 的"，允许"再按实际发生额的 50% 抵扣应纳税所得额"。2008 年出台《企业研究开发费用税前扣除管理办法（试行）》（国税发〔2008〕116 号），规范企业研究开发费用的税前扣除及有关税收优惠政策的执行，鼓励企业开展研究开发活动。

★ 1996 年 5 月 15 日，《中华人民共和国促进科技成果转化法》颁布，提出"国家鼓励设立科技成果转化基金和风险基金，其资金来源由国家、地方、企业、事业单位以及其他组织或者个人提供，用于支持高投入、高风险、高产出的科技成果的转化，加速重大科技成果的产业化"。

★ 1996 年 9 月 15 日，《国务院关于"九五"期间深化科学技术体制改革的决定》颁布，提出"积极探索发展科技风险投资机制，促进科技成果转化"。

★ 1997 年，中共中央、国务院出台《关于深化金融改革，整顿金融秩序，防范金融风险的通知》，取消了科技贷款科目和指标，改变了政府分配科技贷款指标的做法。

★ 1998 年，民建中央向全国政协提出一号提案《关于借鉴国外经验，尽快发展我国创业投资事业的提案》。

★ 1998 年，中央财政启动国家高新区基本建设贷款财政贴息，加强基本建设贷款财政贴息资金的管理，提高财政资金使用效益，更好地发挥政策扶持引导作用。

★ 1998 年 6 月，首批中国高新技术产业开发区企业债券成功发行。

★ 1999 年 3 月 19 日，中国第一家高科技企业——有研半导体材料股份有限公司成功完成上市融资。

★ 1999 年 5 月 21 日，《国务院办公厅转发科学技术部 财政部关于科技型中小企业技术创新基金的暂行规定的通知》（国办发〔1999〕47 号）出台，并于 1999 年 6 月 25 日正式启动科技型中小企业技术创新基金。

★ 1999 年 8 月 20 日，《中共中央、国务院关于加强技术创新发展高科技实现产业化的决定》颁布，提出"培育有利于高新技术产业发展的资本市场，逐步建立风险投资机制"，"适当时候在现有的上海、深圳证券交易所专门设立高新技术企业板块"。

★ 1999 年 12 月 30 日，《国务院办公厅转发科技部等部门关于建立风险投资机制若干意见的通知》（国办发〔1999〕105 号）出台。

★ 2001 年 8 月 28 日，《关于设立外商投资创业企业的暂行规定》颁布。

★ 2003 年 1 月 30 日，科技部、对外贸易经济合作部、国家税务总局、国家工商总局、外汇管理局联合颁布《外商投资创业投资企业管理规定》。

★ 2003 年 6 月 4 日，《国家税务总局关于外商投资创业投资公司缴纳企业所得税有关税收问题的通知》（国税发〔2003〕61 号）发布。

★ 2003 年 6 月 10 日，《关于外商投资举办投资性公司的规定》颁布。

★ 2003 年 10 月 14 日，《中共中央关于完善社会主义市场经济体制若干问题的决定》颁布，提出"推进风险投资和创业板市场建设"。

★ 2003 年，科技部等有关部门在 12 家高新区按照"政府指导、市场化运作"方式发行了 8 亿元"国家高新技术产业开发区企业债券"。

★ 2004 年 1 月 31 日，《国务院关于推进资本市场改革开放和稳定发展的若干意见》颁布。提出"分步推进创业板市场建设，完善风险投资机制，拓展中小企业融资渠道，积极推动我国资本市场的改革开放和稳定发展"。

★ 2004 年 4 月，国家开发银行和科技部科技型中小企业技术创新基金管理中心签署了科技型中小企业贷款业务合作协议，并在北京、上海、成都、重庆四个城市进行试点，打包贷款总额达 3 亿元。

★ 2004 年 5 月 17 日，深圳证券交易所推出中小企业板。

★ 2004 年 6 月 25 日，首批"新八股"在深圳证券交易所中小企业板上市。

★ 2004 年 11 月 17 日，《关于外商投资举办投资性公司的规定》修订。

★ 2005 年，科技部、国家开发银行针对北京、上海、重庆、西安四个城市的高新技术产业开发区进行集合贷款试点。

★ 2005 年 11 月 15 日，国家发展改革委、科技部、财政部、商务部、中国人民银行、国家税务总局、国家工商行政管理总局、中国银监会、中国证监会、国家外汇管理局联合发布《创业投资企业管理暂行办法》。

★ 2005 年 12 月 31 日，《国家中长期科学和技术发展规划纲要（2006~2020 年）》（国发〔2005〕44 号）颁布。

★ 2006 年 1 月 16 日，科技部、证监会以及中关村科技园区管委会共同启动了"中关村科技园区非上市股份有限公司进入证券公司代办股份转让系统进行股份报价转让试点"，世纪瑞尔和中科软两家公司成为首批试点企业。

★ 2006 年 2 月 7 日，《国务院关于实施〈国家中长期科学和技术发展规划纲要（2006~2020 年）〉若干配套政策的通知》（国发〔2006〕6 号）颁布。

★ 2006 年 8 月 27 日，《合伙企业法》修订，增加有利于创业投资发展的有限合伙制度。

★ 2006 年 12 月 7 日，《财政部关于进一步支持出口信用保险为高新技术企业提供服务的通知》（财金〔2006〕118 号）出台。

★ 2006 年 12 月 28 日，《关于加强和改善对高新技术企业保险服务有关问题的通知》（保监发〔2006〕129 号）、《中国银行业监督管理委员会关于商业银行改善和加强对高新技术企业金融服务的指导意见》（银监发〔2006〕94 号）、《中国银行业监督管理委员会关于印发〈支持国家重大科技项目政策性金融政策实施细则〉的通知》（银监发〔2006〕95号）出台。

★ 2007年2月7日，《财政部　国家税务总局关于促进创业投资企业发展有关税收政策的通知》（财税〔2007〕31号）出台。

★ 2007年3月20日，《科技部、中国保监会关于开展科技保险创新试点工作的通知》（国科办财〔2007〕24号）出台。

★ 2007年5月10日，《科学技术部、中国出口信用保险公司关于进一步发挥信用保险作用支持高新技术企业发展有关问题的通知》（国科发财字〔2007〕254号）出台。

★ 2007年6月16日，《国家开发银行　科学技术部关于对创新型试点企业进行重点融资支持的通知》（开行发〔2007〕225号）出台。

★ 2007年7月6日，《财政部　科技部关于印发〈科技型中小企业创业投资引导基金管理暂行办法〉的通知》（财企〔2007〕128号）出台。

★ 2007年7月17日，《关于确定第一批科技保险创新试点城市的通知》（国科发财字〔2007〕427号）出台。

★ 2007年7月20日，科技保险创新发展试点城市签字仪式在北京举行，科技部和保监会与北京市、天津市、重庆市、深圳市、武汉市、苏州高新区分别签署了科技保险合作备忘录，上述五市一区正式成为我国第一批科技保险创新发展试点城市。

★ 2007年8月，科技部与招商银行在北京签署了《支持自主创新科技金融合作协议》。

★ 2007年11月22日，科技部与中国进出口银行在京签署了《支持自主创新战略实施科技金融合作协议》。

★ 2008年8月28日，《关于确定成都市等第二批科技保险创新试点城市（区）的通知》（国科发财〔2008〕521号）发布。

★ 2008年10月18日，《国务院办公厅转发发展改革委等部门关于创业投资引导基金规范设立与运作指导意见的通知》（国办发〔2008〕116号）发布。

★ 2009年3月5日，《商务部关于外商投资创业投资企业、创业投资管理企业审批事项的通知》（商资函〔2009〕9号）发布。

★ 2009年3月31日，《首次公开发行股票并在创业板上市管理暂行办法》（中国证券监督管理委员会令第61号）发布。

★ 2009年4月30日，《国家税务总局关于实施创业投资企业所得税优惠问题的通知》（国税发〔2009〕87号）和《证券公司直接投资业务试点指引》（机构部函〔2009〕192号）发布。

★ 2009年5月5日，《关于进一步加大对科技型中小企业信贷支持的指导意见》（银监发〔2009〕37号）发布。

★ 2009年6月19日，《财政部　国资委　证监会　社保基金会关于印发〈境内证券市场转持部分国有股充实全国社会保障基金实施办法〉的通知》（财企〔2009〕94号）发布。

★ 2009年6月28日，《关于选聘科技专家参与科技型中小企业项目评审工作的指导意见》（银监发〔2009〕64号）发布。

★ 2009年8月1~2日，中国科学技术发展战略研究院、中国科技金融促进会在青岛召开了"国有创业投资机构发展研讨会"，商讨新时期国有创业投资机构的发展问题，并达成"青岛共识"。

★ 2009年10月29日，《国家发展改革委　财政部关于实施新兴产业创投计划、开展产业技术研究与开发资金参股设立创业投资基金试点工作的通知》（发改高技〔2009〕2743 号）发布。

★ 2009 年 10 月 30 日，创业板正式开板，首批 28 家企业实现首发上市。

★ 2009 年 11 月 4 日，《关于科技部与中国银行加强合作促进高新技术产业发展的通知》（国科发财〔2009〕620 号）发布。

★ 2010 年 1 月，中共中央政治局委员、国务委员刘延东同志对科技部等七部门上报的《关于深化科技金融合作加快实施自主创新战略的报告》做重要批示。

★ 2010 年 2 月 2 日，科技部、银监会联合下发《关于开展科技专家参与科技型中小企业贷款项目评审工作的通知》（国科发财〔2010〕44 号）。

★ 2010 年 3 月，国务院颁布《外国企业或者个人在中国境内设立合伙企业管理办法》（国务院第 567 号令）。

★ 2010 年 3 月 31 日，中国保险监督管理委员会、科学技术部联合下发《关于进一步做好科技保险有关工作的通知》（保监发〔2010〕31 号）。

★ 2010 年 4 月，全国科技与金融结合工作座谈会在京召开，科技部部长万钢、书记李学勇与相关部门领导同志出席。

★ 2010 年 5 月，国务院颁布《关于鼓励和引导民间投资健康发展的若干意见》（国发〔2010〕13 号），进一步鼓励、支持和引导民间投资，拓宽民间投资的领域和范围。

★ 2010 年 5 月，银监会、科技部联合发布《关于进一步加大对科技型中小企业信贷支持的指导意见》（银监发〔2009〕37 号）。

★ 2010 年 8 月，保监会发布《关于调整保险资金投资政策有关问题的通知》，明确保险公司投资证券投资基金和股票的余额合计不超过该保险公司上季度末总资产的 25%。

★ 2010 年 8 月 12 日，财政部、工业和信息化部、银行业监督管理委员会、国家知识产权局、国家工商行政管理总局、国家版权局联合下发《关于加强知识产权质押融资与评估管理支持中小企业发展的通知》（财企〔2010〕199 号），推进知识产权质押融资工作。

★ 2010 年 10 月，中国共产党第十七届中央委员会第五次全体会议通过的《中共中央关于制定国民经济和社会发展第十二个五年规划的建议》中指出"促进科技和金融结合"。

★ 2010 年 10 月 13 日，《财政部 国资委 证监会 社保基金会关于豁免国有创业投资机构和国有创业投资引导基金国有股转持义务有关问题的通知》（财企〔2010〕278 号）出台，规定符合条件的国有创业投资机构和国有创业投资引导基金，投资于未上市中小企业形成的国有股，可申请豁免国有股转持义务。

★ 2010 年 10 月，第一届创业板专家咨询委员会成立大会暨创业板市场与战略性新兴产业研讨会在深圳举行。

★ 2010 年 12 月 9 日，《关于印发〈科技型中小企业创业投资引导基金股权投资收入收缴暂行办法〉的通知》（财企〔2010〕361 号）出台。

★ 2010 年 12 月 16 日，科技部、中国人民银行、银监会、证监会和保监会等部门联合制定《关于印发〈促进科技和金融结合试点实施方案〉的通知》（国科发财〔2010〕720 号）。

★ 2010 年 12 月 28 日，中国首只国家级股权投资母基金——国创母基金在北京成立。该基金总规模 600 亿元，首期 150 亿元，主要投资于中国市场上优秀团队管理的人民币基金。

★ 2011 年 1 月 11 日，上海市金融办、市商务委和市工商局正式发布了《关于本市开展外商投资股权投资企业试点工作的实施办法》。

★ 2011 年 1 月 31 日，发改委发布《国家发展改革委办公厅关于进一步规范试点地区股权投资企业发展和备案管理工作的通知》。根据《通知》，北京、天津、上海三市及江苏、浙江、湖北三省范围内，除已经备案的创投企业和资本规模不足 5 亿元或单一出资人设立的股权投资企业外，其余股权投资企业均需在工商注册登记及募资成功后，持验资报告等文件到国家发改委进行备案。

★ 2011 年 2 月 22 日，《财政部关于豁免国有创业投资机构和国有创业投资引导基金国有股转持义务有关审核问题的通知》（财企〔2011〕14 号）就创投机构的备案、投资时点、被投资企业规模国有股回拨或解冻、申报资料、引导基金审核要求、资料报送等做出明确规定。

★ 2011 年 2 月 24 日，科技部、中国人民银行、中国银监会、中国证监会、中国保监会在京召开了"促进科技和金融结合试点启动会议"。

★ 2011 年 4 月 8 日，科技部经商中国人民银行、中国银监会、中国证监会、中国保监会制定出台《关于印发〈地方促进科技和金融结合试点方案提纲〉的通知》（国科办财〔2011〕22 号）。

★ 2011 年 5 月 30~31 日，促进科技和金融结合试点工作部际协调指导小组秘书处在京组织召开了促进科技和金融结合试点专家评审会。

★ 2011 年 7 月 4 日，财政部、科技部设立国家科技成果转化引导基金，并出台《关于印发〈国家科技成果转化引导基金管理暂行办法〉的通知》（财教〔2011〕289 号）。

★ 2011 年 8 月 17 日，《关于印发〈新兴产业创投计划参股创业投资基金管理暂行办法〉的通知》（财建〔2011〕668 号）发布。

★ 2011 年 10 月 20 日，科技部、中国人民银行、中国银监会、中国证监会、中国保监会共同确定中关村科技园区等 16 个地区首批开展促进科技和金融结合试点。

★ 2011 年 10 月 20 日，科技部、财政部、中国人民银行、国务院国资委、国家税务总局、中国银监会、中国证监会、中国保监会联合出台《关于促进科技和金融结合加快实施自主创新战略的若干意见》（国科发财〔2011〕540 号）。

★ 2011 年 10 月 25 日，国家社科基金重大招标项目"建设创新型国家背景下的科技创新与金融创新结合问题研究"获得立项。

★ 2011 年 11 月，国家科技支撑计划"面向科技型中小企业的科技金融综合服务平台及应用示范"项目获得立项。

★ 2012 年 1 月 5 日，中国银行业协会在北京组织召开"科技专家选聘系统发布暨启动仪式"。

★ 2012 年 3 月 6~7 日，科技部科研条件与财务司、浙江省科技厅在杭州共同举办了"科技金融结合创新管理培训班"。

★ 2012 年 6 月 18 日，《科技部关于印发进一步鼓励和引导民间资本进入科技创新领域意见的通知》（国科发财〔2012〕739 号）出台。

★ 2012 年 8 月 3 日，经国务院批准，扩大非上市股份公司股份转让试点，首批扩大试点除北京中关村科技园区外，新增上海张江高新技术产业开发区、武汉东湖新技术产业开发区、天津滨海高新区。

★ 2012 年 8 月 6 日，国家发改委、科技部、财政部、中国人民银行、税务总局、证监会、银监会、保监会、外汇管理局与北京市人民政府联合发布《关于中关村国家自主创新示范区建设国家科技金融创新中心的意见》。

★ 2012 年 8 月 31 日，科学技术部与中国进出口银行在北京签署了《支持科技创新合作协议》。

★ 2012 年 9 月 12 日，国家开发银行在北京召开支持企业科技创新发展工作会议，科技部与国开行签署了《支持国家科技创新开发性金融合作协议》。

★ 2012 年 9 月 26 日，"2012 年全国国有创业投资机构座谈会"在江苏省南京市召开，会议达成"南京共识"。

★ 2012 年 11 月 15 日，科技部会同证监会出台《关于印发〈关于支持科技成果出资入股确认股权的指导意见〉的通知》（证监发〔2012〕87 号）。

★ 2012 年 11 月 22 日，中国人保财险苏州科技支公司获得保监会颁发的经营许可证，并于 12 月 4 日在苏州市举行了揭牌仪式。

★ 2012 年 12 月 3~4 日，"促进科技和金融结合试点工作经验交流会"在苏州召开。

★ 2012 年 12 月 11 日，中国第一家"科技银行"——浦发硅谷银行在上海正式运营。

（大事记整理：张明喜）

致 谢

（排名不分先后）

科学技术部科研条件与财务司

中国人民银行金融市场司

中国银监会法规部

中国证监会市场监管部

中国保监会发展改革部

中国科学技术发展战略研究院

科学技术部火炬高技术产业开发中心

科学技术部科技经费监管服务中心

国家科技风险事业开发中心

中国银行间市场交易商协会

中国银行业协会

全国中小企业股份转让系统有限责任公司

中关村科技园区管委会

天津市科委

上海市科委

江苏省科技厅

浙江省科技厅

安徽省科技厅

武汉市科技局

长沙高新区管委会

广东省科技厅

重庆市科委

成都高新区管委会

绵阳市科技局

陕西省科技厅

大连市科技局

青岛市科技局

深圳市科技创新委

长春高新区管委会

福建省科技厅

济宁高新区管委会

洛阳高新区管委会

南昌市科技局

潍坊市科技局

乌鲁木齐市科技局

郑州市科技局

新疆生产建设兵团科技局

保定高新区管委会

银川市科技局

厦门市科技局

山东省科技厅

贵阳市科技局

国家开发银行股份有限公司

中国进出口银行

中国农业发展银行

交通银行股份有限公司

中国光大银行股份有限公司

招商银行股份有限公司

上海浦东发展银行股份有限公司

深圳证券交易所

西部证券股份有限公司

中国人民财产保险股份有限公司

中国出口信用保险公司

江苏高科技投资集团有限公司

深圳市创新投资集团有限公司

图书在版编目（CIP）数据

中国科技金融发展报告.2012/促进科技和金融结合试点工作部际协调指导小组秘书处主编. —北京：经济管理出版社，2013.1

ISBN 978-7-5096-2359-6

Ⅰ.①中… Ⅱ.①促… Ⅲ.①科学技术—金融—研究报告—中国—2012 Ⅳ.①F832

中国版本图书馆 CIP 数据核字（2013）第 036959 号

组稿编辑：陈 力
责任编辑：杨国强
责任印制：木 易
责任校对：陈 颖 李玉敏

出版发行：经济管理出版社
　　　　　（北京市海淀区北蜂窝 8 号中雅大厦 A 座 11 层　100038）
网　　址：www.E-mp.com.cn
电　　话：(010) 51915602
印　　刷：北京画中画印刷有限公司
经　　销：新华书店
开　　本：880mm×1230mm/16
印　　张：28.5
字　　数：758 千字
版　　次：2013 年 1 月第 1 版　2013 年 1 月第 1 次印刷
书　　号：ISBN 978-7-5096-2359-6
定　　价：198.00 元